MICROSSISTEMA DE ENFRENTAMENTO À CRIMINALIDADE ORGANIZADA

COLEÇÃO
LEGISLAÇÃO PENAL
ESPECIAL

Fernando Abreu
Marcelo Schirmer Albuquerque

MICROSSISTEMA DE ENFRENTAMENTO À CRIMINALIDADE ORGANIZADA

ABORDA:

- Estatuto do Desarmamento (Lei 10.826/03)
- Lei Antiterrorismo
- Lei de Drogas
- Lei de Interceptações Telefônicas
- Lei de Lavagem de Capitais
- Lei de Organizações Criminosas
- Lei dos Crimes Hediondos
- Lei de Investigação Criminal conduzida pelo Delegado de Polícia
- Lei de Prisão Temporária
- Lei de Proteção a Vítimas e Testemunhas
- Política Institucional de Proteção às Vítimas
- Procedimento de Investigação Criminal

2025

EDITORA JusPODIVM
www.editorajuspodivm.com.br

EDITORA
*Jus*PODIVM
www.editorajuspodivm.com.br

Rua Canuto Saraiva, 131 – Mooca – CEP: 03113-010 – São Paulo – São Paulo
Tel: (11) 3582.5757
• Contato: https://www.editorajuspodivm.com.br/central-de-relacionamento

Diagramação: Maitê Coelho e Cendi Coelho *(cendicoelho@gmail.com)*

Capa: Ana Caquetti

A162m Abreu, Fernando
Microssistema de Enfrentamento à Criminalidade Organizada / Fernando Abreu e Marcelo Schirmer Albuquerque – São Paulo: Editora JusPodivm, 2025.

752 p.

ISBN: 978-85-442-5938-2

1. Direito Penal. I. Abreu, Fernando. II. Albuquerque, Marcelo Schirmer. III. Título.

CDD 341.5

BIBLIOTECÁRIA RESPONSÁVEL

Ana Carolina Ribeiro Mois – CRB7 – RJ 007348/0

1.ª ed., *2.ª tir.:* jul./2025.

A Deus, pelas provações que nos ensina e proteção conferida

À minha mãe, símbolo maior do significado da palavra amor

Ao meu saudoso pai, pelos valores e princípios ensinados

À minha filha Nicole, razão de ser da minha vida

À minha esposa Letícia, razão de ser do equilíbrio, pelo amor e dedicação

Aos amigos Enéias Xavier Gomes e Rodrigo Carvalho da Silva Araújo

Aos meus alunos, pelos constantes ensinamentos e experiências conjuntas

Aos Colegas do Ministério Público do Estado de Minas Gerais

Fernando Ferreira Abreu

A Nosso Senhor Jesus Cristo, por renovar minha fé!

Aos amigos Rodrigo Sousa de Albuquerque, Paulo Roberto Moreira Cançado e Marco Antônio Lopes de Almeida, pela confiança e apoio inestimáveis.

Aos demais colegas de Ministério Público, inclusive os que ainda serão, que me trouxeram de volta aos Estudos do Direito Penal e do Processo Penal. Nesse particular e em especial, aos professores André Estevão Ubaldino Pereira, Carlos Augusto Canedo Gonçalves da Silva e Wagner Marteleto Filho.

Para Alê, Dan e Lipe, porque ainda que nem sempre esteja evidente, é tudo por eles e para eles.

Marcelo Schirmer Albuquerque

APRESENTAÇÃO

Ao iniciarmos o estudo da Legislação Penal Especial, em especial, o microssistema de enfrentamento à criminalidade organizada, deparamo-nos com o desafio inicial de eleger as leis e atos normativos que seriam abordados ao longo da obra.

Em razão da conexão temática, optamos por comentar doze diplomas normativos: 1) Estatuto do Desarmamento; 2) Lei Antiterrorismo; 3) Lei de Drogas; 4) Lei de Interceptações Telefônicas; 5) Lei de Lavagem de Capitais; 6) Lei de Organizações Criminosas; 7) Lei dos Crimes Hediondos; 8) Lei de Investigação Criminal Conduzida pelo Delegado de Polícia; 9) Lei de Prisão Temporária; 10) Lei de Proteção a Vítimas e Testemunhas; 11) Política Institucional de Proteção às Vítimas; e 12) Procedimento de Investigação Criminal.

Por razões naturais, há temas que se afeiçoam a outras Leis Penais Especiais, motivo pelo qual a organização eleita não pode ser concebida de forma estanque. Buscamos, tão somente, conectar os assuntos por proximidade, sem qualquer pretensão de sistematizá-los dogmaticamente.

Todos os tipos penais comentados seguiram o mesmo padrão técnico, com breve introdução indicando o bem jurídico tutelado, análise dos sujeitos da infração penal, estrutura típica, consumação e ação penal, além, por necessário, do apontamento das especificidades pertinentes e jurisprudência correlata.

Em cada crime, analisamos a possibilidade de aplicação da teoria da imputação objetiva, sem nos olvidarmos de que a tradicional concepção da teoria da imputação objetiva a restringe aos crimes materiais, isto é, que produzem resultado naturalístico.

Ao longo da obra, o leitor perceberá que mesmo os delitos formais receberam o tratamento sob a luz da teoria, vez que a concebemos sob a luz do risco criado e não somente sob a perspectiva tradicional.

Roxin e Jakobs, entre outros, valem-se da materialização do risco não permitido no resultado como parâmetro de aplicação da teoria. Não obstante, entendemos que não existem razões de ordem normativa para que a teoria não seja aplicada aos crimes formais ou de resultados meramente normativos, porquanto a violação à norma jurídica, por si só, é significativa a ponto de se perquirir o nexo normativo.

Ainda que o tipo penal não exija a produção do resultado naturalístico para sua conformação, a exemplo dos crimes de mera conduta e formais, parece-nos inegável que a realização do comportamento típico, por si, cria ou incrementa um risco juridicamente proibido, haja vista que, por essência, a realização do comportamento proibido amolda-se à previsão típica, sendo apta, portanto, a causar lesão ou, no mínimo, ameaça de lesão ao bem jurídico tutelado.

Logo, se não existe crime sem resultado, ainda que normativo, a conduta do agente que deflagra um risco juridicamente proibido, atacando, por exemplo, a norma jurídica mandamental, concretiza, em nossa compreensão, o risco criado no resultado, ainda que jurídico, pois a necessidade de se perquirir a lesão ou ameaça de lesão ao bem jurídico tutelado decorre do consagrado princípio da lesividade.

Assim, entendemos que a teoria da imputação objetiva possui fundamentos próprios para sua aplicação no contexto dos crimes de resultado normativo, pois visa, precipuamente, estabelecer critérios de imputação, necessários, tanto nos crimes materiais, como nos formais.

Outro ponto que merece destaque diz respeito ao registro, em todos os crimes, sobre a possibilidade de serem praticados por ação ou omissão, apenas ação ou apenas omissão. No que toca à primeira situação, o leitor deve se ater à possibilidade da prática do delito por comportamentos praticados por agentes que possuem o dever jurídico de agir e que, com seu comportamento, contribuem para o resultado.

No que se refere às elementares típicas, analisadas e classificadas delito por delito, não temos pretensão alguma de fixar entendimento único, pois certamente algumas das elementares recebem classificações diversas por parte de outros doutrinadores. De fato, em termos práticos, não há diferença, em regra, na classificação de uma elementar como objetiva ou normativa. Especial relevo merece, contudo, as elementares classificadas como subjetivas, pois não se comunicam ao coautor.

O leitor perceberá, portanto, que nos valemos amplamente da classificação de elementares como normativas, porque entendemos que devem ser interpretadas sob a luz da norma jurídica. Dedicamos, em cada delito, um quadro com a análise das elementares típicas.

Importante ainda destacar que a classificação das infrações penais como materiais, formais ou de mera conduta foi apresentada em cada artigo comentado. Em diversas infrações penais, não há consenso doutrinário acerca da classificação, razão pela qual buscamos, ainda que de forma objetiva, apresentar nossa posição.

A presente obra segue, em linhas gerais, a perspectiva crítica, mas sem perder a objetividade necessária para o exercício profissional.

O livro aborda a Legislação Especial Penal sob a perspectiva primária finalista, mas traça, em diversos pontos, o paralelo no âmbito da Teoria do Crime com as teorias causalistas, neokantistas, funcionalistas e da ação significativa.

A lei foi amplamente explorada, assim como a jurisprudência dos Tribunais Superiores. As correntes doutrinárias divergentes foram igualmente expostas, de forma a permitir que o leitor conheça os alicerces do Direito Penal e possa, ao final da leitura, conhecer os entendimentos dominantes e, principalmente, extrair suas próprias convicções. O Direito é dinâmico e você, leitor, certamente contribuirá para sua modificação no futuro.

Valemo-nos de tabelas e gráficos ao longo da obra, por entendermos que o aspecto visual é importante para o reforço do conteúdo, às vezes denso e repleto de detalhes.

Esperamos contribuir com seu estudo, plantar a semente crítica do Direito Penal. Partindo da premissa de que a troca autor/leitor é constante, em verdadeira linha de mão dupla: ensinar é aprender. Por isso, torcemos por seu sucesso profissional, para que alcance seus objetivos.

Não sem antes pedir a necessária vênia antecipada, pelos erros de digitação que certamente foram materializados e passaram desapercebidos, agradecemos pela confiança, pelas críticas e sugestões que esperamos e certamente virão, pelo aprendizado que construiremos juntos em nossas redes sociais e pelo prazer que será poder saber que contribuímos para a realização de seu sonho!

Forte abraço e fiquem com Deus!

SUMÁRIO

1

ESTATUTO DO DESARMAMENTO (LEI 10.826/03) 29

1.1 Introdução 29

1.2 Crimes em espécie 30

1.2.1 Posse irregular de arma de fogo de uso permitido 30

1.2.1.1 Introdução 31

1.2.1.2 Sujeitos do crime 31

1.2.1.3 Estrutura do tipo penal 31

1.2.1.4 Consumação e tentativa 37

1.2.1.5 Conflito aparente de normas 37

1.2.1.6 Ação penal 38

1.2.2 Omissão de cautela 38

1.2.2.1 Introdução 38

1.2.2.2 Sujeitos do crime 38

1.2.2.3 Estrutura do tipo penal 39

1.2.2.4 Consumação e tentativa 41

1.2.2.5 Figura equiparada 41

1.2.2.6 Ação penal 42

1.2.3 Porte ilegal de arma de fogo de uso permitido 42

1.2.3.1 Introdução 42

1.2.3.2 Sujeitos do crime 42

1.2.3.3 Estrutura do tipo penal 42

1.2.3.4 Consumação e tentativa 48

1.2.3.5 Causas de aumento de pena 49

1.2.3.6 Crime inafiançável? 49

1.2.3.7 Conflito aparente de normas 49

1.2.3.8 Ação penal 50

1.2.4 Disparo de arma de fogo 50

1.2.4.1 Introdução 50

1.2.4.2 Sujeitos do crime 50

1.2.4.3 Estrutura do tipo penal ... 50
1.2.4.4 Consumação e tentativa ... 55
1.2.4.5 Causas de aumento de pena ... 55
1.2.4.6 Crime inafiançável? ... 55
1.2.4.7 Conflito aparente de normas ... 56
1.2.4.8 Ação penal ... 56
1.2.5 Posse ou porte ilegal de arma de fogo de uso restrito ... 56
1.2.5.1 Introdução ... 57
1.2.5.2 Sujeitos do crime ... 57
1.2.5.3 Estrutura do tipo penal ... 57
1.2.5.4 Consumação e tentativa ... 64
1.2.5.5 Figuras equiparadas ... 64
1.2.5.6 Figura qualificada ... 72
1.2.5.7 Causas de aumento de pena ... 72
1.2.5.8 Crime hediondo? ... 72
1.2.5.9 Conflito aparente de normas ... 74
1.2.5.10 Ação penal ... 74
1.2.6 Comércio ilegal de arma de fogo ... 75
1.2.6.1 Introdução ... 75
1.2.6.2 Sujeitos do crime ... 75
1.2.6.3 Estrutura do tipo penal ... 75
1.2.6.4 Consumação e tentativa ... 78
1.2.6.5 Figura equiparada ... 78
1.2.6.6 Causa de aumento de pena ... 82
1.2.6.7 Conflito aparente de normas ... 82
1.2.6.8 Ação penal ... 83
1.2.7 Tráfico internacional de arma de fogo ... 83
1.2.7.1 Introdução ... 83
1.2.7.2 Sujeitos do crime ... 83
1.2.7.3 Estrutura do tipo penal ... 84
1.2.7.4 Consumação e tentativa ... 86
1.2.7.5 Figura equiparada ... 87
1.2.7.6 Causa de aumento de pena ... 87
1.2.7.7 Conflito aparente de normas ... 87
1.2.7.8 Ação penal ... 88
1.3 Causas de aumento de pena ... 88
1.4 Liberdade provisória ... 88
1.5 Destinação das armas de fogo apreendidas ... 89

2

LEI ANTITERRORISMO (LEI 13.260/16) 91

2.1 Introdução 91

2.2 Dos crimes em espécie 93

2.2.1 Atos de terrorismo 93

2.2.1.1 Introdução 94

2.2.1.2 Sujeitos do crime 94

2.2.1.3 Estrutura do tipo penal 95

2.2.1.4 Consumação e tentativa 99

2.2.1.5 Causa excludente da tipicidade 100

2.2.1.6 Concurso obrigatório 101

2.2.1.7 Conflito aparente de normas 101

2.2.1.8 Ação penal 102

2.2.2 Organização terrorista 102

2.2.2.1 Introdução 102

2.2.2.2 Sujeitos do crime 103

2.2.2.3 Estrutura do tipo penal 103

2.2.2.4 Fundamentação tradicional x fundamentação funcionalista sistêmica 107

2.2.2.5 Consumação e tentativa 107

2.2.2.6 Conflito aparente de normas 108

2.2.2.7 Ação penal 108

2.2.3 Apologia ao terrorismo 108

2.2.4 Atos preparatórios de terrorismo 109

2.2.4.1 Introdução 109

2.2.4.2 Sujeitos do crime 110

2.2.4.3 Estrutura do tipo penal 110

2.2.4.4 Figuras equiparadas 114

2.2.4.5 Desistência voluntária e arrependimento eficaz na Lei de Terrorismo 116

2.2.4.6 Consumação e tentativa 117

2.2.4.7 Pena 117

2.2.4.8 Conflito aparente de normas 119

2.2.4.9 Ação penal 119

2.2.5 Financiamento do terrorismo 120

2.2.5.1 Introdução 120

2.2.5.2 Sujeitos do crime 121

2.2.5.3 Estrutura do tipo penal 121

2.2.5.4 Figura equiparada 124

2.2.5.5 Consumação e tentativa 125

2.2.5.6 Conflito aparente de normas ... 125
2.2.5.7 Ação penal ... 125
2.3 Causas de aumento de pena ... 126
2.4 Competência e ação penal ... 126
2.5 Medidas assecuratórias ... 127
2.6 Vedações ... 131

3

LEI DE DROGAS (LEI 11.343/06) ... 133
3.1 Introdução ... 133
3.2 Sistema Nacional de Políticas Públicas sobre Drogas - SISNAD ... 135
3.3 Drogas ou substância entorpecente? ... 137
3.4 *Abolitio criminis* ... 138
3.5 Crimes em espécie ... 139
3.5.1 Posse e cultivo de drogas para consumo pessoal ... 139
3.5.1.1 Introdução ... 140
3.5.1.2 Tema 506 de Repercussão Geral - STF ... 141
3.5.1.3 Sujeitos do crime ... 152
3.5.1.4 Estrutura do tipo penal ... 153
3.5.1.5 Consumação e tentativa ... 157
3.5.1.6 Penas ... 158
3.5.1.7 Reincidência ... 159
3.5.1.8 Recusa no cumprimento ... 161
3.5.1.9 Prescrição ... 162
3.5.1.10 Confisco ... 162
3.5.1.11 Conflito aparente de normas ... 162
3.5.1.12 Ação penal ... 163
3.5.2 Tráfico de drogas ... 164
3.5.2.1 Introdução ... 165
3.5.2.2 Sujeitos do crime ... 165
3.5.2.3 Estrutura do tipo penal ... 166
3.5.2.4 Consumação e tentativa ... 173
3.5.2.5 Figuras equiparadas ... 173
3.5.2.5.1 Tráfico de matéria-prima, insumo ou produto químico destinado à preparação de drogas ... 174
3.5.2.5.2 Semeadura, cultivo ou colheita de plantas matéria-prima para preparação de drogas ... 178
3.5.2.5.3 Uso de local para tráfico de drogas ... 180

3.5.2.5.4 Venda ou entrega de drogas ou insumos a policial disfarçado ... 182
3.5.2.6 Tráfico privilegiado ... 185
3.5.2.6.1 Introdução ... 185
3.5.2.6.2 Requisitos ... 186
3.5.2.6.3 Patamar de redução ... 194
3.5.2.6.4 Fixação da pena ... 197
3.5.2.7 Conflito aparente de normas ... 198
3.5.2.8 Ação penal ... 199
3.5.3 Instigação, induzimento ou auxílio ao uso de drogas ... 199
3.5.3.1 Introdução ... 199
3.5.3.2 Sujeitos do crime ... 200
3.5.3.3 Estrutura do tipo penal ... 200
3.5.3.4 Consumação e tentativa ... 202
3.5.3.5 Conflito aparente de normas ... 203
3.5.3.6 Ação penal ... 203
3.5.4 Oferecimento de droga para consumo conjunto ... 203
3.5.4.1 Introdução ... 203
3.5.4.2 Sujeitos do crime ... 204
3.5.4.3 Estrutura do tipo penal ... 204
3.5.4.4 Consumaçao e tentativa ... 208
3.5.4.5 Conflito aparente de normas ... 208
3.5.4.6 Ação penal ... 208
3.5.5 Instrumentos e objetos para produção de drogas ... 209
3.5.5.1 Introdução ... 209
3.5.5.2 Sujeitos do crime ... 209
3.5.5.3 Estrutura do tipo penal ... 209
3.5.5.4 Consumação e tentativa ... 213
3.5.5.5 Conflito aparente de normas ... 214
3.5.5.6 Ação penal ... 214
3.5.6 Associação para o tráfico ... 215
3.5.6.1 Introdução ... 215
3.5.6.2 Sujeitos do crime ... 216
3.5.6.3 Estrutura do tipo penal ... 216
3.5.6.4 Fundamentação tradicional x fundamentação funcionalista sistêmica ... 219
3.5.6.5 Diferença entre associação criminosa e concurso de pessoas ... 223
3.5.6.6 Continuidade delitiva ou associação criminosa? ... 223
3.5.6.7 Consumação e tentativa ... 224

3.5.6.8 Figura equiparada ... 225
3.5.6.9 Participação em mais de uma entidade associativa criminosa ... 226
3.5.6.10 Conflito aparente de normas ... 230
3.5.6.11 Ação penal ... 231
3.5.7 Financiamento ou custeio do tráfico ... 231
3.5.7.1 Introdução ... 231
3.5.7.2 Sujeitos do crime ... 232
3.5.7.3 Estrutura do tipo penal ... 232
3.5.7.4 Consumação e tentativa ... 236
3.5.7.5 Conflito aparente de normas ... 240
3.5.7.6 Ação penal ... 241
3.5.8 Colaboração ao tráfico ... 241
3.5.8.1 Introdução ... 241
3.5.8.2 Sujeitos do crime ... 242
3.5.8.3 Estrutura do tipo penal ... 242
3.5.8.4 Consumação e tentativa ... 248
3.5.8.5 Conflito aparente de normas ... 248
3.5.8.6 Ação penal ... 248
3.5.9 Prescrição culposa de drogas ... 249
3.5.9.1 Introdução ... 249
3.5.9.2 Sujeitos do crime ... 249
3.5.9.3 Estrutura do tipo penal ... 249
3.5.9.4 Consumação e tentativa ... 255
3.5.9.5 Conflito aparente de normas ... 255
3.5.9.6 Ação penal ... 255
3.5.10 Condução de embarcação ou aeronave após o consumo de drogas ... 256
3.5.10.1 Introdução ... 256
3.5.10.2 Sujeitos do crime ... 256
3.5.10.3 Estrutura do tipo penal ... 256
3.5.10.4 Consumação e tentativa ... 259
3.5.10.5 Figura qualificada ... 259
3.5.10.6 Conflito aparente de normas ... 260
3.5.10.7 Ação penal ... 260
3.5.10.8 Penas ... 260
3.6 Causas de aumento de pena ... 261
3.6.1 Introdução ... 262
3.6.2 Causas de aumento em espécie ... 262

3.6.2.1 Transnacionalidade ... 262
3.6.2.2 Prevalência de função pública ou desempenho de missão de educação, poder familiar, guarda ou vigilância ... 265
3.6.2.3 Prática nas dependências ou imediações de locais específicos ... 266
3.6.2.4 Prática com violência, grave ameaça, emprego de arma de fogo, ou qualquer processo de intimidação difusa ou coletiva ... 268
3.6.2.5 Interestadualidade ... 269
3.6.2.6 Prática envolvendo ou visando atingir criança, adolescente ou pessoa com diminuída ou suprimida capacidade de entendimento e determinação ... 271
3.6.2.7 Financiamento ou custeio ... 272

3.7 Dosimetria da pena ... 274

3.8 Pena de multa ... 281

3.9 Benefícios vedados ... 283

3.10 Inimputabilidade ... 287
3.10.1 Critérios ou sistemas para aferição da inimputabilidade ... 288
3.10.2 Capacidade diminuída ... 289

3.11 Procedimento ... 291
3.11.1 Introdução ... 291
3.11.2 Especificidades do procedimento para o consumo pessoal de drogas ... 291
3.11.3 Da investigação ... 293
3.11.3.1 Da prisão em flagrante ... 293
3.11.3.1.1 Laudo de constatação ... 295
3.11.3.1.2 Audiência de custódia ... 296
3.11.4 Inquérito policial ... 304
3.11.4.1 Provas ... 306
3.11.4.1.1 Colaboração/Delação premiada ... 307
3.11.4.1.2 Infiltração de agentes ... 308
3.11.4.1.3 Ação controlada ... 323
3.11.5 Rito ... 325
3.11.5.1 Atuação do Ministério Público ... 325
3.11.5.1.1 Arquivamento ... 326
3.11.5.1.2 Diligências ... 327
3.11.5.1.3 Denúncia ... 328
3.11.5.2 Defesa prévia ... 329

3.11.5.3 Recebimento da denúncia e aplicação de medida cautelar de natureza pessoal ... 332
3.11.5.4 Audiência de instrução e julgamento ... 336
3.11.5.5 Síntese gráfica do procedimento ... 338
3.11.5.6 Recolhimento à prisão para apelar ... 339
3.12 Apreensão, arrecadação e destinação de bens do acusado ... 340
3.12.1 Introdução ... 340
3.12.2 Apreensão ... 341
3.12.3 Objeto da diligência ... 341
3.12.4 Medidas assecuratórias ... 343
3.12.4.1 Sequestro ... 346
3.12.4.1.1 Requisitos ... 346
3.12.4.1.2 Legitimidade ... 349
3.12.4.1.3 Procedimento – Sequestro de bens imóveis ... 350
3.12.4.1.4 Procedimento ... 351
3.12.4.2 Hipoteca legal ... 352
3.12.4.2.1 Aplicação à Lei de Drogas ... 354
3.12.4.2.2 Requisitos ... 356
3.12.4.2.3 Legitimidade ... 356
3.12.4.2.4 Procedimento ... 357
3.12.4.2.5 Finalização ... 358
3.12.4.3 Arresto prévio ou preventivo ... 359
3.12.4.4 Arresto ... 359
3.12.4.4.1 Requisitos ... 360
3.12.4.4.2 Legitimidade ... 360
3.12.4.4.3 Procedimento ... 360
3.12.4.4.4 Peculiaridades do arresto ... 361
3.12.4.5 Defesa ... 363
3.12.5 Ação controlada na apreensão e sequestro ... 366
3.12.6 Medidas assecuratórias sobre bens específicos – tratamento legal ... 366
3.12.6.1 Utilização dos instrumentos, produto e proveito do tráfico ... 370
3.13 Destinação das drogas e bens apreendidos ... 372
3.13.1 Destruição de plantações ilícitas e drogas apreendidas ... 372
3.13.2 Perdimento e confisco ... 374
3.13.2.1 Confisco alargado ... 378
3.14 Cooperação internacional ... 380

4
LEI DE INTERCEPTAÇÕES TELEFÔNICAS (LEI 9.296/96) 383

4.1 Introdução 383
4.2 Conceitos 385
4.3 Objeto e limites da Lei de Interceptações Telefônicas 387
4.4 Lei 9.296/96 - Interceptação telefônica - aspectos materiais e processuais 389
4.4.1 Contraditório nas interceptações telefônicas 390
4.4.2 Requisitos 391
4.4.2.1 O encontro fortuito de provas nas interceptações telefônicas 397
4.4.3 Procedimento 400
4.4.4 Execução 404
4.5 Captação ambiental de sinais eletromagnéticos, ópticos ou acústicos 407
4.5.1 Captação ambiental 408
4.5.1.1 Quando há necessidade de autorização judicial? 410
4.5.1.2 Requisitos e procedimento 413
4.5.1.3 A prova obtida por aplicativos de mensagens - WhatsApp 417
4.6 Dos crimes em espécie 424
4.6.1 Interceptação ilegal de comunicação 424
4.6.1.1 Introdução 425
4.6.1.2 Sujeitos do crime 425
4.6.1.3 Estrutura do tipo penal 425
4.6.1.4 Figura equiparada 429
4.6.1.5 Consumação e tentativa 429
4.6.1.6 Conflito aparente de normas 429
4.6.1.7 Ação penal 429
4.6.2 Captação ambiental ilegal 430
4.6.2.1 Introdução 430
4.6.2.2 Sujeitos do crime 430
4.6.2.3 Estrutura do tipo penal 430
4.6.2.4 Forma qualificada 433
4.6.2.5 Consumação e tentativa 434
4.6.2.6 Conflito aparente de normas 434
4.6.2.7 Ação penal 434

5

LEI DE LAVAGEM DE CAPITAIS (LEI 9.613/98) 435

5.1 Introdução 435

5.2 Fases da lavagem de capitais 436

5.3 Autolavagem x heterolavagem 437

5.4 Infração penal antecedente - crime parasitário 439

5.4.1 Lavagem em cadeia - lavagem da lavagem 441

5.5 Bem jurídico tutelado 442

5.6 Do Crime de "Lavagem" ou Ocultação de Bens, Direitos e Valores 443

5.6.1 Introdução 444

5.6.2 Sujeitos do crime 444

5.6.2.1 Advogado como sujeito ativo da lavagem - obrigação ou inconstitucionalidade? 444

5.6.3 Estrutura do tipo penal 447

5.6.4 O problema do dolo - teoria da cegueira deliberada 450

5.6.5 Figuras equiparadas 453

5.6.6 Consumação e tentativa 455

5.6.7 Causas de aumento de pena 456

5.6.8 Conflito aparente de normas 459

5.6.9 Ação penal 460

5.7 Colaboração premiada 460

5.8 Infiltração de agentes e ação controlada 461

5.9 Aspectos processuais 461

5.9.1 Rito processual 461

5.9.2 Autonomia processual 461

5.9.3 Competência 463

5.9.4 Suspensão do processo e do curso do prazo prescricional 464

5.9.5 Denúncia 465

5.10 Medidas assecuratórias 466

5.10.1 Alienação antecipada 468

5.10.2 Liberação total ou parcial dos bens 470

5.10.3 Afastamento de servidor por indiciamento 471

5.11 Efeitos da condenação 471

5.12 Ação controlada - suspensão das medidas cautelares pessoais ou patrimoniais 472

5.13 Acesso a dados cadastrais 473

6
LEI DE ORGANIZAÇÕES CRIMINOSAS (LEI 12.850/13) 475

6.1 Introdução 475
6.2 Histórico legal e conceitual 475
6.3 Âmbito de incidência normativa 477
6.4 Do crime de organização criminosa 478
6.4.1 Introdução 478
6.4.2 Premissa conceitual – organização criminosa 478
6.4.3 Fundamentação tradicional x fundamentação funcionalista sistêmica 480
6.4.4 Sujeitos do crime 484
6.4.5 Estrutura do tipo penal 484
6.4.6 Figura equiparada 488
6.4.7 Causas de aumento de pena 489
6.4.8 Consumação e tentativa 494
6.4.9 Organização criminosa e delitos agravados pelo concurso de pessoas 496
6.4.10 Funcionário público como integrantes de organizações criminosas 496
6.4.11 Cumprimento de pena 498
6.4.12 Ação penal 499
6.4.13 Conflito aparente de normas 499
6.5 Da investigação e dos meios de obtenção da prova 500
6.5.1 Colaboração premiada (inciso I) 502
6.5.1.1 Introdução 502
6.5.1.2 Natureza jurídica 502
6.5.1.3 Colaboração premiada ou delação premiada? 503
6.5.1.4 Reserva de jurisdição 504
6.5.1.5 Previsão legal 504
6.5.1.6 Pressupostos 504
6.5.1.6.1 Voluntariedade/Livre expressão do conhecimento 504
6.5.1.6.2 Resultados 506
6.5.1.7 Legitimados para oferecimento do acordo 511
6.5.1.8 Benefícios e vinculação do magistrado 513
6.5.1.9 Suspensão do prazo para oferecimento da denúncia e prescrição 523
6.5.1.10 Valor probatório da colaboração premiada 524
6.5.1.11 Corroboração mútua ou cruzada 527

6.5.1.12 O acordo de colaboração premiada – negociação, proposta e homologação ... 528
6.5.1.13 Proposta e negociações ... 530
6.5.1.13.1 Ampla defesa – renúncia ao direito ao silêncio 533
6.5.1.13.2 Controle e homologação ... 534
6.5.1.13.3 Retratação e rescisão ... 540
6.5.1.13.4 Anulação e contraditório ... 541
6.5.1.13.5 Sentença ... 544
6.5.2 Captação ambiental de sinais eletromagnéticos, ópticos ou acústicos (inciso II) ... 544
6.5.3 Ação controlada (inciso III) ... 544
6.5.3.1 Ação controlada na Lei de Organizações Criminosas ... 545
6.5.3.2 Quadro comparativo com as demais espécies ... 546
6.5.4 Acesso a registros de ligações telefônicas e telemáticas, a dados cadastrais constantes de bancos de dados públicos ou privados e a informações eleitorais ou comerciais (inciso IV) ... 547
6.5.5 Interceptação de comunicações telefônicas e telemáticas, nos termos da legislação específica (inciso V) ... 549
6.5.6 Afastamento dos sigilos financeiro, bancário e fiscal, nos termos da legislação específica (inciso VI) ... 549
6.5.7 Infiltração de agentes (inciso VII) ... 553
6.5.7.1 O agente infiltrado ... 553
6.5.7.2 Direitos do agente infiltrado ... 554
6.5.7.2.1 Prerrogativas e limites do agente infiltrado – *entrapment doctrine* ou teoria da armadilha ... 555
6.5.7.3 Requisitos para a infiltração de agentes ... 557
6.5.7.4 Procedimento ... 560
6.5.7.5 Prazo da infiltração ... 564
6.5.7.6 Responsabilidade penal do agente infiltrado ... 564
6.5.7.7 Infiltração virtual de agentes ... 568
6.5.8 Cooperação entre instituições e órgãos federais, distritais, estaduais e municipais na busca de provas e informações de interesse da investigação ou da instrução criminal (inciso VIII) ... 571
6.6 Dos Crimes Ocorridos na Investigação e na Obtenção da Prova ... 572
6.6.1 Revelação ilegal de identidade do colaborador ... 572
6.6.1.1 Introdução ... 572
6.6.1.2 Sujeitos do crime ... 572
6.6.1.3 Estrutura do tipo penal ... 573
6.6.1.4 Consumação e tentativa ... 575
6.6.1.5 Conflito aparente de normas ... 575

6.6.1.6 Ação penal 575
6.6.2 Imputação ou revelação falsa em colaboração com a Justiça 576
6.6.2.1 Introdução 576
6.6.2.2 Sujeitos do crime 576
6.6.2.3 Estrutura do tipo penal 576
6.6.2.4 Consumação e tentativa 579
6.6.2.5 Conflito aparente de normas 579
6.6.2.6 Ação penal 579
6.6.3 Descumprimento determinação de sigilo 579
6.6.3.1 Introdução 580
6.6.3.2 Sujeitos do crime 580
6.6.3.3 Estrutura do tipo penal 580
6.6.3.4 Consumação e tentativa 583
6.6.3.5 Conflito aparente de normas 583
6.6.3.6 Ação penal 583
6.6.4 Sonegação de informações requisitadas 584
6.6.4.1 Introdução 584
6.6.4.2 Sujeitos do crime 584
6.6.4.3 Estrutura do tipo penal 585
6.6.4.4 Figura equiparada 588
6.6.4.5 Consumação e tentativa 588
6.6.4.6 Conflito aparente de normas 589
6.6.4.7 Ação penal 589
6.7 Rito processual 589
6.8 Sigilo da investigação 590

7

LEI DOS CRIMES HEDIONDOS (LEI 8.072/90) 591
7.1 Introdução 591
7.2 Sistemas para definição da hediondez 592
7.3 Fundamento constitucional 594
7.4 Crimes hediondos x crimes equiparados a hediondos 595
7.5 Rol de crimes hediondos 595
7.5.1 Homicídio praticado em atividade típica de grupo de extermínio 596
7.5.2 Homicídio qualificado 597
7.5.3 Lesão corporal gravíssima funcional e lesão corporal seguida de morte funcional 598
7.5.4 Feminicídio 600
7.5.5 Roubo circunstanciado 600

7.5.6 Extorsão qualificada pela restrição da liberdade da vítima, ocorrência de lesão corporal ou morte 601
7.5.7 Extorsão mediante sequestro e forma qualificada 602
7.5.8 Estupro e estupro de vulnerável 604
7.5.9 Epidemia com resultado morte 604
7.5.10 Falsificação, corrupção, adulteração ou alteração de produto destinado a fins terapêuticos ou medicinais 605
7.5.11 Favorecimento da prostituição ou de outra forma de exploração sexual de criança ou adolescente ou de vulnerável 607
7.5.12 Furto qualificado pelo emprego de explosivo ou de artefato análogo que cause perigo comum 607
7.5.13 Induzimento, instigação ou auxílio a suicídio ou a automutilação realizados por meio da rede de computadores, de rede social ou transmitidos em tempo real (art. 122, caput e § 4º) 608
7.5.14 Sequestro e cárcere privado cometido contra menor de 18 (dezoito) anos (art. 148, § 1º, inciso IV) 609
7.5.15 Tráfico de pessoas cometido contra criança ou adolescente (art. 149-A, caput, incisos I a V, e § 1º, inciso II) 609
7.5.16 Genocídio 610
7.5.17 Crime de posse ou porte ilegal de arma de fogo de uso proibido 611
7.5.18 Crime de comércio ilegal de armas de fogo 613
7.5.19 Crime de tráfico internacional de arma de fogo, acessório ou munição 613
7.5.20 Crime de organização criminosa, quando direcionado à prática de crime hediondo ou equiparado 613
7.5.21 Crime militares que apresentem identidade com os previstos no art. 1º da Lei dos Crimes Hediondos 614
7.5.22 Crimes de pornografia infanto-juvenil previstos no § 1º do art. 240 e no art. 241-B do ECA 615
7.6 Crimes equiparados a hediondos 616
7.6.1 Tortura 616
7.6.2 Tráfico ilícito de drogas 618
7.6.3 Terrorismo 621
7.7 Vedação à anistia, graça e indulto 621
7.7.1 Anistia 622
7.7.2 Graça 623
7.7.3 Indulto 623
7.8 Institutos despenalizantes 626
7.9 Vedação à fiança 627
7.10 Penas restritivas de direitos 629

7.11 Prisão temporária ... 630
7.12 Direito de apelar em liberdade ... 631
7.13 Regime inicial fechado ... 632
7.14 Progressão de regime nos crimes hediondos e equiparados ... 632
7.15 Particularidades na execução penal ... 635
7.15.1 Estabelecimentos penais ... 635
7.15.2 Exame criminológico ... 635
7.15.3 Separação de presos provisórios e condenados ... 636
7.15.4 Saída temporária ... 636
7.15.5 Livramento condicional ... 637
7.16 Alterações no Código Penal e Legislação Especial ... 638
7.16.1 Associação criminosa qualificada ... 639
7.17 Prioridade de tramitação ... 639
7.18 Síntese gráfica ... 640

8
LEI DE INVESTIGAÇÃO CRIMINAL CONDUZIDA PELO DELEGADO DE POLÍCIA (LEI 12.830/13) ... 643

9
PRISÃO TEMPORÁRIA (LEI 7.960/89) ... 651
9.1 Conceito ... 651
9.2 Requisitos ... 651
9.2.1 Imprescindibilidade para as investigações ... 653
9.2.2 Agente sem residência fixa ou não fornecimento de elementos necessários ao esclarecimento de sua identidade ... 653
9.2.3 Estar a infração penal contemplada no rol taxativo do inciso III do art. 1º da Lei 7.960/89 ... 654
9.2.4 Contemporaneidade ... 660
9.2.5 Necessidade e adequação ... 660
9.2.6 Subsidiariedade da medida – caráter de *ultima ratio* ... 661
9.3 Procedimento e prazo ... 661

10

LEI DE PROTEÇÃO A VÍTIMAS E TESTEMUNHAS (LEI 9.807/99) ... 663

10.1 Introdução ... 663
10.2 Da proteção especial as vítimas e as testemunhas ... 663
10.2.1 Parâmetros e requisitos para ingresso no programa ... 664
10.2.2 Exclusão do programa e tempo de duração ... 668
10.2.3 Regulamentação ... 668
10.3 Da proteção aos réus colaboradores ... 669
10.4 Prioridade de tramitação ... 672

11

POLÍTICA INSTITUCIONAL DE PROTEÇÃO ÀS VÍTIMAS (RESOLUÇÃO CNMP 243/21) ... 673

11.1 Âmbito de incidência normativo ... 674
11.2 Direitos tutelados ... 676
11.3 Justiça restaurativa e atuação ministerial ... 678

12

PROCEDIMENTO DE INVESTIGAÇÃO CRIMINAL (PIC) - RESOLUÇÃO CNMP 181/17 ... 681

12.1 Introdução ... 681
12.2 Definição e finalidade ... 681
12.3 Formalização ... 684
12.4 Das investigações conjuntas ... 685
12.5 Instrução ... 685
12.6 Persecução patrimonial ... 690
12.7 Publicidade ... 691
12.8 Dos direitos das vítimas ... 693
12.9 Acordo de não persecução penal ... 694
12.9.1 Introdução ... 694
12.9.2 Natureza jurídica ... 694
12.9.3 Requisitos, condições e vedações ... 698
12.9.3.1 Requisitos ... 698
12.9.3.2 Condições positivas ... 701
12.9.3.3 Condições negativas (vedações) ... 705

12.9.3.4 Outras condições possíveis ... 709
12.9.4 Normas regentes e controle ... 710
12.9.5 Execução e rescisão do ANPP e extinção da punibilidade ... 717
12.9.6 Efeitos do ANPP ... 722
12.9.7 Valor probatório da confissão na ação penal decorrente de ANPP rescindido ... 723
12.9.8 Momento e oportunidade de propositura do ANPP ... 726
12.9.9 Direitos das vítimas a serem observados no ANPP ... 729
12.10 Arquivamento ... 730
12.10.1 Quadro-resumo ... 734

13
REFERÊNCIAS BIBLIOGRÁFICAS ... 735

1

ESTATUTO DO DESARMAMENTO
(LEI 10.826/03)

1.1 INTRODUÇÃO

O Estatuto do Desarmamento, instituído pela Lei 10.826/03, revogou a Lei 9.437/97, reformulando toda estrutura normativa relacionada ao registro, posse e comercialização de armas de fogo.

A estrutura do Estatuto do Desarmamento inicia-se com o Capítulo I, que regulamenta o Sistema Nacional de Armas (SINARM), órgão instituído no Ministério da Justiça, no âmbito da Polícia Federal, com circunscrição em todo o território nacional (Art. 1º), a quem compete: I – identificar as características e a propriedade de armas de fogo, mediante cadastro; II – cadastrar as armas de fogo produzidas, importadas e vendidas no País; III – cadastrar as autorizações de porte de arma de fogo e as renovações expedidas pela Polícia Federal; IV – cadastrar as transferências de propriedade, extravio, furto, roubo e outras ocorrências suscetíveis de alterar os dados cadastrais, inclusive as decorrentes de fechamento de empresas de segurança privada e de transporte de valores; V – identificar as modificações que alterem as características ou o funcionamento de arma de fogo; VI – integrar no cadastro os acervos policiais já existentes; VII – cadastrar as apreensões de armas de fogo, inclusive as vinculadas a procedimentos policiais e judiciais; VIII – cadastrar os armeiros em atividade no País, bem como conceder licença para exercer a atividade; IX – cadastrar mediante registro os produtores, atacadistas, varejistas, exportadores e importadores autorizados de armas de fogo, acessórios e munições; X – cadastrar a identificação do cano da arma, as características das impressões de raiamento e de microestriamento de projétil disparado, conforme marcação e testes obrigatoriamente realizados pelo fabricante; XI – informar às Secretarias de Segurança Pública dos Estados e do Distrito Federal os registros e autorizações de porte de armas de fogo nos respectivos territórios, bem como manter o cadastro atualizado para consulta.

De acordo com o parágrafo único do art. 1º, "as disposições deste artigo não alcançam as armas de fogo das Forças Armadas e Auxiliares, bem como as demais que constem dos seus registros próprios".

O Capítulo II do Estatuto do Desarmamento trata do registro de arma de fogo, ao passo que o Capítulo III regula o porte de arma de fogo, com destaque para a proibição do art. 6º.

O Capítulo IV, especificamente objeto de nossa análise, versa sobre os crimes e penas, ao passo que os Capítulos V e VI trazem, respectivamente, Disposições Gerais e Finais.

Qualquer estudo ou análise do Estatuto do Desarmamento, especialmente dos tipos penais ali descritos, deve ser feito em conjunto com os decretos 10.030/2019 (com seus anexos) e 11.615/2023, atos regulamentares que apresentam, entre outros, o conceito normativo de arma de fogo, essencial para a integração heterogênea das normas penais em branco que aparecem em profusão na Lei.

Precisamente porque seu conceito é normatizado, as armas de brinquedo, simulacros ou réplicas não constituem armas de fogo, de modo que o seu porte não está abrangido nas figuras penais. Na Lei 10.826/2003, não foi repetido o crime descrito no art. 10, § 1º, II, da revogada Lei 9.437/97, que punia com detenção de um a dois anos, e multa, quem utilizasse arma de brinquedo ou simulacro de arma capaz de atemorizar outrem, para o fim de cometer crimes. Houve, portanto, *abolitio criminis* em relação a tais condutas. O Estatuto do Desarmamento se limita a proibir (sem prever sanção penal) a fabricação, a venda, a comercialização e a importação de brinquedos, réplicas e simulacros de armas de fogo, que possam com estas se confundir, exceto para instrução, adestramento ou coleção, desde que autorizados pelo Comando do Exército (art. 26). As armas de brinquedo que estejam sendo comercializadas ou fabricadas devem ser apreendidas pela fiscalização, na medida em que são proibidas

1.2 CRIMES EM ESPÉCIE

1.2.1 Posse irregular de arma de fogo de uso permitido

Art. 12. Possuir ou manter sob sua guarda arma de fogo, acessório ou munição, de uso permitido, em desacordo com determinação legal ou regulamentar, no interior de sua residência ou dependência desta, ou, ainda no seu local de trabalho, desde que seja o titular ou o responsável legal do estabelecimento ou empresa:

Pena – detenção, de 1 (um) a 3 (três) anos, e multa.

1.2.1.1 Introdução

O delito de posse irregular de arma de fogo de uso permitido, previsto no art. 12 do Estatuto do Desarmamento, tutela, de forma direta, a incolumidade pública, marcada pela necessidade de segurança coletiva.

Trata-se de **crime permanente, de perigo abstrato**, pois além da norma não exigir o dano, a simples posse de arma de fogo revela-se uma circunstância hábil a dar vazão a outras espécies de crimes. Nesse sentido é a jurisprudência do STJ:

> O crime de posse irregular de arma de fogo, acessório ou munição de uso permitido (art. 12 da Lei n. 10.826/2003) é de perigo abstrato, prescindindo de demonstração de efetiva situação de perigo, porquanto o objeto jurídico tutelado não é a incolumidade física e sim a segurança pública e a paz social. AgRg no AREsp 1212969/AL, Rel. Ministro Joel Ilan Paciornik, 5ª Turma, DJe 16/03/2018.

1.2.1.2 Sujeitos do crime

O crime de posse irregular de arma de fogo de uso permitido é **comum**, pois pode ser praticado por qualquer pessoa. O sujeito passivo do delito é a coletividade.

1.2.1.3 Estrutura do tipo penal

A estrutura típica do crime previsto no art. 12 do Estatuto do Desarmamento é formada pelo núcleo verbal *possuir ou manter sob sua guarda*; pelas elementares normativas *arma de fogo, acessório ou munição, de uso permitido, em desacordo com determinação legal ou regulamentar*; e pelas elementares objetivas *no interior de sua residência ou dependência desta*[1]*, ou, ainda no seu local de trabalho, desde que seja o titular ou o responsável legal do estabelecimento ou empresa.*

1. Nos termos do §5º do art. 5º do Estatuto do Desarmamento: "Aos residentes em área rural, para os fins do disposto no *caput* deste artigo, considera-se residência ou domicílio toda a extensão do respectivo imóvel rural". Em razão da previsão legal, a elementar também pode ser concebida como normativa.

Conduta nuclear

- possuir ou manter sob sua guarda

Elementares objetivas

- no interior de sua residência ou dependência desta, ou, ainda no seu local de trabalho, desde que seja o titular ou o responsável legal do estabelecimento ou empresa

Elementares normativas

- arma de fogo, acessório ou munição
- de uso permitido
- em desacordo com determinação legal ou regulamentar

Elementares subjetivas, especial fim de agir e elementos volitivos

- dolo

A estrutura, todavia, não se resume aos elementos revelados pela leitura literal, pois também traz a estrutura basilar finalista, composta na sua integralidade pela conduta, resultado, nexo de causalidade e tipicidade.

No sentido do tipo penal, *possuir* significa ter, deter, ao passo que *manter sob sua guarda* significa guardar, ter em depósito para fins de uso. A posse ou manutenção da arma de fogo, acessório ou munição de uso permitido deve ocorrer no interior da residência ou dependência desta, ou ainda no seu local de trabalho, desde que seja o titular ou responsável legal do estabelecimento ou empresa. Nos termos do §5º do art. 5º do Estatuto do Desarmamento, aos residentes em área rural, "considera-se residência ou domicílio toda a extensão do respectivo imóvel rural".

Do tipo penal, portanto, pode-se concluir que se o agente for encontrado com arma, acessório ou munição de uso permitido, fora dos locais acima descritos, incorrerá no delito previsto no art. 14 do Estatuto do Desarmamento (porte ilegal). Em entendimento já pacificado desde 2012, o STJ rechaça a tese de extensão do local de trabalho para veículo de motoristas profissionais, taxistas e outros (REsp 1.219.901).

O objeto material do delito envolve a compreensão dos conceitos de arma de fogo, acessório e munição, de uso permitido. Naturalmente, o tipo penal revela o conteúdo de **norma penal em branco**, haja vista que a definição de tais conceitos deriva de outras normas, conforme se extrai do teor do art. 23 do Estatuto: "A classificação legal, técnica e geral bem como a definição das armas de fogo e demais produtos controlados, de usos proibidos, restritos, permitidos ou obsoletos e de valor histórico serão disciplinadas em ato do chefe do Poder Executivo Federal, mediante proposta do Comando do Exército".

E, nesse sentido, diversos Decretos foram expedidos ao longo dos anos, sendo que o atual Decreto Federal 11.615/23, além de promover alterações nos Decretos 9.607/18, 9.847/19, 9.981/19, 10.030/19, 11.035/22, 11.366/23 e 11.455/23, disciplinou os conceitos de armas de fogo e munições de uso permitido, restrito e proibido nos artigos 11, 12 e 14, respectivamente.

O Decreto Federal nº 10.030/19 define arma de fogo como *"arma que arremessa projéteis empregando a força expansiva dos gases, gerados pela combustão de um propelente confinado em uma câmara, normalmente solidária a um cano, que tem a função de dar continuidade à combustão do propelente, além de direção e estabilidade ao projétil"*. Tal conceito é complementado, especificamente no tipo penal em comento, pelo artigo 11 do Decreto 11.615/23:

> São de uso permitido as armas de fogo e munições cujo uso seja autorizado a pessoas físicas e a pessoas jurídicas, especificadas em ato conjunto do Comando do Exército e da Polícia Federal, incluídas:
>
> I – armas de fogo de porte, de repetição ou semiautomáticas, cuja munição comum tenha, na saída do cano de prova, energia de até trezentas libras-pé ou quatrocentos e sete joules, e suas munições;
>
> II – armas de fogo portáteis, longas, de alma raiada, de repetição, cuja munição comum não atinja, na saída do cano de prova, energia cinética superior a mil e duzentas libras-pé ou mil seiscentos e vinte joules;
>
> III – armas de fogo portáteis, longas, de alma lisa, de repetição, de calibre doze ou inferior; e
>
> IV – armas de fogo portáteis, longas, de alma raiada, semiautomáticas, de calibre nominal igual ou inferior ao ponto vinte e dois Long Rifle.
>
> § 1º É permitido o uso de armas de pressão por ação de gás comprimido ou por ação de mola, com calibre igual ou inferior a seis ponto trinta e cinco milímetros, e de armas que lancem esferas de plástico com tinta, como os lançadores de paintball, facultado o apostilamento ao CR, mediante manifestação do atirador desportivo.

> § 2º A aquisição, o apostilamento e o uso de armas de pressão acima do calibre de que trata o § 1º observarão o disposto neste Decreto.

Vale destacar que por acessório de arma de fogo, há que se conceber o artefato que, eventualmente acoplado à arma de fogo, tem o condão de potencializar o uso da arma ou melhorar sua eficácia, a exemplo de miras especiais e silenciadores. Por sua vez, por munição deve se compreender o cartucho inteiro, que inclui o projétil, o estojo, o propelente, bucha e a espoleta.

No que toca à **arma de fogo quebrada, com defeito ou inoperante**, o STJ possui entendimento de que não haverá a caracterização do delito se houver comprovação pericial de que a arma de fogo não está apta a efetuar disparos em razão de defeito. Nesses casos, há crime impossível por ineficácia absoluta do meio (REsp 1.726.686/MS, 5ª Turma, Rel. Min. Jorge Mussi, DJe 28-5-2018). Naturalmente, a mesma lógica deve ser aplicada à munição inoperante ou com defeito.

A figura típica ainda pressupõe que o comportamento seja praticado em desacordo com determinação legal ou regulamentar, de forma que, havendo norma autorizativa, a tipicidade não se conformará. Em se tratando de situação de posse de arma de fogo de uso permitido, com registro expirado, o STJ entende que "se o agente já procedeu ao registro da arma, a expiração do prazo é mera irregularidade administrativa que autoriza a apreensão do artefato e aplicação de multa. A conduta, no entanto, não caracteriza ilícito penal" (APn 686/AP, Rel. Min. João Otávio de Noronha, Corte Especial, DJe 29.10.15).

No que toca à aplicação do princípio da insignificância, o STJ segue, em regra, o entendimento pela sua inaplicabilidade:

> "A jurisprudência deste Superior Tribunal de Justiça apontava que os crimes previstos nos arts. 12, 14 e 16 da Lei n. 10.826/2003 são de perigo abstrato, sendo desnecessário perquirir sobre a lesividade concreta da conduta, porquanto o objeto jurídico tutelado não é a incolumidade física e sim a segurança pública e a paz social, colocadas em risco com o porte de munição, ainda que desacompanhada de arma de fogo. Por esses motivos, **via de regra**, é inaplicável o princípio da insignificância aos crimes de posse e de porte de arma de fogo ou munição" (AgRg no HC n. 804.912/BA, Rel. Min. Ribeiro Dantas, 5ª Turma, DJe de 26/5/2023) *Grifamos.*

Não obstante, há diversos julgados na Corte reconhecendo a possibilidade de aplicação do princípio da insignificância, nos casos de **apreensão de reduzido número de munições, desacompanhadas da arma de fogo, e agente com baixa periculosidade**:

> Segundo o entendimento desta Corte Superior, embora o crime de posse de armamentos e munições se trate de delito de mera conduta e de perigo abstrato, nos casos de apreensão de pequena quantidade de munição desacompanhada de arma de fogo capaz de deflagrá-la, é devido o reconhecimento da atipicidade material da conduta, tendo em vista a ausência de lesão ou probabilidade de dano ao bem jurídico tutelado pela norma penal. Na situação dos autos, foram apreendidas cerca de 5 (cinco) cartuchos calibre .38, desacompanhadas de qualquer arma de fogo, quantidade que autoriza o reconhecimento da atipicidade. AgRg no REsp 2026674/MG. Rel. Min. Laurita Vaz, 6ª Turma, DJe 05.10.23.

Vale destacar que o STJ tem afastado, reiteradamente, a aplicação do princípio da insignificância nos casos de agentes com alta periculosidade ou maus antecedentes:

> A posse irregular de munições por **agente dotada de periculosidade** (possui envolvimento com tráfico de drogas), mesmo sem arma de fogo a pronto alcance, reduz de forma relevante o nível de segurança, a pública, afigurando-se formalmente e materialmente típica a conduta. AgRg no HC 859750/SP. Rel. Min. Rogério Schietti Cruz, 6ª Turma, DJe 07.12.23.

> Não se desconhece que esta Corte Superior de Justiça, acompanhando entendimento do Supremo Tribunal Federal, passou a admitir a incidência do princípio da insignificância quando se tratar de posse de pequena quantidade de munição, desacompanhada de armamento capaz de deflagrá-la, uma vez que ambas as circunstâncias conjugadas denotam a inexpressividade da lesão jurídica provocada. Todavia, no caso concreto, apesar de apreendidas apenas 2 munições de calibre .38, desacompanhadas da arma de fogo, **o ora recorrente possui maus antecedentes e é reincidente**, o que obsta a aplicação do referido princípio. AgRg no REsp 2101153 / PR. Rel. Min. Reynaldo Soares da Fonseca, 5ª Turma, DJe 27.11.23.

O assunto, apesar de relativamente pacificado no âmbito das Cortes Superiores, merece uma breve reflexão, especialmente pela existência de paradigmas diversos quanto à aplicação do princípio da bagatela.

De antemão, destacamos que, em nossa compreensão, o reduzido número de munições, por si só, não deveria se revelar apto a afastar o perigo de lesão ao bem jurídico penalmente protegido, especialmente por estarmos diante de um crime de perigo abstrato, verdadeiro delito de flanco que tutela, em forma de redoma, outros bens jurídicos.

A rigor, a caracterização do crime como de perigo abstrato e a equiparação típica dos objetos materiais (armas, acessórios e munições) autoriza presunção lógica (enquanto meio de prova) de que estejam, como regra, vinculados, é dizer, de que munições apreendidas isoladamente poderiam ser utilizadas em arma de fogo que esteja também circulando ilicitamente. É possível, contudo, que tal presunção (processual, repita-se) seja afastada no caso concreto, sendo este um fundamento não aprofundado das decisões que afastam a lesividade da conduta, recorrendo impropriamente ao princípio da insignificância e associando-o ao número de munições, ao mesmo passo em que recorrem à periculosidade do agente. Nessa linha de raciocínio, a nosso sentir, para afastar a tipicidade, mais relevante que a quantidade de munições seria a comprovação de que o autor não tinha acesso a arma em que pudesse utilizá-las.

De toda forma, conforme destacamos, as Cortes Superiores têm aplicado o princípio da insignificância somente nos casos em que a conduta pretérita do agente não revele periculosidade, mesmo diante da linha de entendimento deflagrada a partir de 2018, com o julgamento paradigmático pelo STF (HC 155.920/MG), no qual o Relator, então Min. Celso de Mello, entendeu que a insignificância da lesão atinge diretamente o aspecto material da tipicidade e, portanto, as circunstâncias pessoais do agente não teriam o condão de impedir a aplicação do princípio.

Em outro julgamento, RE 583.523, o Min. Gilmar Mendes destacou que

> "deve-se inadmitir infração penal que privilegia o direito penal do autor em detrimento do direito penal do fato", concluindo que (...) não se mostra compatível com a atual égide constitucional considerar o passado do agente como forma de tipificar a infração penal".
>
> De pronto, podemos assinalar a contradição, igualmente verificada no âmbito do STJ, que mistura a lesividade da conduta com a vida pregressa do agente, valendo-se, ainda que de forma não expressa, do famigerado Direito Penal do autor. Não há, in casu, a desejada integridade da jurisprudência pátria, pois ora se afirma que a insignificância ataca a própria lesividade típica, ora sua análise pressupõe a reduzida periculosidade do agente.
>
> Parece-nos inegável, todavia, que o comportamento do agente reincidente ou portador de maus antecedentes ataca, de forma sensível, não somente a expectativa normativa, mas também o grau de confiabilidade na norma jurídica, revelando uma contramotivação normativa apta a afastar a insignificância do comportamento, porquanto a conduta do agente revela a comunicação e, consequentemente, o significado de que "a norma não vale".

Superada a questão da insignificância, temos que o delito, em regra, é praticado por ação. É possível, contudo, a prática por omissão, como na hipótese do agente que detém o dever jurídico de agir e deixa de adotar as providências necessárias, mesmo podendo e devendo agir, omitindo-se quanto ao seu dever.

Ainda no contexto da conduta, o crime pode ser praticado sob as **modalidades dolo direto** e **eventual**, não exigindo o tipo penal qualquer finalidade específica.

O **resultado** deve ser analisado sob a perspectiva normativa, haja vista que o tipo penal se contenta com a criação do perigo abstrato.

A solução do nexo de causalidade pela **teoria da imputação objetiva**, a despeito da compreensão tradicional, em nossa perspectiva não diverge da apresentada pela doutrina tradicional. O agente que possui arma de fogo de uso permitido no interior de sua residência, em desacordo com determinação legal ou regulamentar, **cria um risco juridicamente proibido**, que se materializa em um **resultado normativo (situação de perigo abstrato)**, sendo que resultado se encontra dentro do **alcance do tipo**.

Por fim, a estrutura do tipo penal completa-se com a tipicidade, expressamente consignada no art. 12 do Estatuto do Desarmamento.

1.2.1.4 Consumação e tentativa

O delito de posse irregular de arma de fogo de uso permitido é concebido como **crime formal**, de modo que a consumação ocorre com a simples realização do comportamento típico, isto é, possuir ou manter sob sua guarda arma de fogo, acessório ou munição, de uso permitido, em desacordo com determinação legal ou regulamentar, no interior de sua residência ou dependência desta, ou, ainda no seu local de trabalho, desde que seja o titular ou o responsável legal do estabelecimento ou empresa.

A tentativa não nos parece admissível, haja vista a natureza dos comportamentos típicos, *possuir ou manter sob sua guarda*, condutas que não admitem o fracionamento do *iter criminis*.

1.2.1.5 Conflito aparente de normas

a) **Art. 14, Estatuto do Desarmamento:** Portar, deter, adquirir, fornecer, receber, ter em depósito, transportar, ceder, ainda que gratuitamente, emprestar, remeter, empregar, manter sob guarda ou ocultar arma de fogo, acessório ou munição, de uso permitido, sem autorização e em desacordo com determinação legal ou regulamentar: Pena – reclusão, de 2 (dois) a 4 (quatro) anos, e multa.

b) **Art. 16, Estatuto do Desarmamento:** Possuir, deter, portar, adquirir, fornecer, receber, ter em depósito, transportar, ceder, ainda que gratuitamente, emprestar, remeter, empregar, manter sob sua guarda ou ocultar arma de fogo, acessório ou munição de uso restrito, sem autorização e em desacordo com determinação legal ou regulamentar: Pena – reclusão, de 3 (três) a 6 (seis) anos, e multa.

1.2.1.6 Ação penal

A ação penal no delito em questão é pública incondicionada.

Em razão da pena cominada (detenção, de um a três anos, e multa), o delito admite a suspensão condicional do processo e o ANPP, não admitindo a transação penal.

1.2.2 Omissão de cautela

> **Art. 13.** Deixar de observar as cautelas necessárias para impedir que menor de 18 (dezoito) anos ou pessoa portadora de deficiência mental se apodere de arma de fogo que esteja sob sua posse ou que seja de sua propriedade:
>
> Pena – detenção, de 1 (um) a 2 (dois) anos, e multa.
>
> Parágrafo único. Nas mesmas penas incorrem o proprietário ou diretor responsável de empresa de segurança e transporte de valores que deixarem de registrar ocorrência policial e de comunicar à Polícia Federal perda, furto, roubo ou outras formas de extravio de arma de fogo, acessório ou munição que estejam sob sua guarda, nas primeiras 24 (vinte quatro) horas depois de ocorrido o fato.

1.2.2.1 Introdução

O delito de omissão de cautela, previsto no art. 13 do Estatuto do Desarmamento, tutela, de forma direta, a incolumidade pública, marcada pela necessidade de segurança coletiva. Especificamente, tutela a incolumidade física e a saúde dos menores de 18 anos e pessoas com deficiência mental.

Trata-se, em nossa perspectiva, de **crime de perigo concreto**, vez que a norma pressupõe o perigo de dano, de forma que se exige a criação do risco decorrente da omissão da cutela necessária.

1.2.2.2 Sujeitos do crime

O crime de omissão de cautela é **próprio**, pois só pode ser praticado pelo agente que tenha arma de fogo sob sua posse ou que seja de sua propriedade. O sujeito passivo direito do delito é a coletividade.

1.2.2.3 Estrutura do tipo penal

A estrutura típica do crime previsto no *caput* art. 13 do Estatuto do Desarmamento é formada pelo núcleo verbal *deixar de observar*; pelas elementares normativas *cautelas necessárias para impedir que menor de 18 (dezoito) anos ou pessoa portadora de deficiência mental se apodere de arma de fogo que esteja sob sua posse ou que seja de sua propriedade.*

Conduta nuclear

- deixar de observar

Elementares objetivas

Elementares normativas

- cautelas necessárias para impedir que menor de 18 (dezoito) anos ou pessoa portadora de deficiência mental se apodere de arma de fogo que esteja sob sua posse ou que seja de sua propriedade.

Elementares subjetivas, especial fim de agir e elementos volitivos

- culpa

A estrutura, todavia, não se resume aos elementos revelados pela leitura literal, pois também traz a estrutura basilar finalista, composta na sua integralidade pela conduta, resultado, nexo de causalidade e tipicidade.

No sentido do tipo penal, *deixar de observar* significa omitir-se, ignorar, não se ater às *cautelas necessárias* para impedir que pessoas vulneráveis, menores de dezoito anos e pessoas com deficiência mental, tenham acesso e se apoderem de arma de fogo que se encontra em sua posse ou seja de sua propriedade.

Embora existam diretrizes normativas (*v.g.* Portaria 166 do Comando Logístico do Exército) sobre armazenamento e guarda de armas de fogo que podem auxiliar como vértice interpretativo, sobretudo para afastar a tipicidade, certo é que não exaurem o significado normativo ou conteúdo da elementar "cautela necessária", de forma que a expressão deve ser compreendida como o conjunto de medidas aptas a afastar o risco de que menores de dezoito anos e pessoas com deficiência mental tenham acesso à arma de fogo. Assim, age com a cautela necessária a pessoa que tranca a arma de fogo em um armário ou cofre e mantém as chaves em seu poder, que a mantém em cômodo trancado, sem permitir o acesso de pessoas vulneráveis, ou que mantém, dentre outras situações, a arma em um local e a munição separada em outro.

Ao se analisar o tipo penal, nitidamente podemos extrair sua estrutura culposa, na modalidade negligência, porquanto ao deixar de observar a cautela necessária, o agente resta por atuar de forma negligente, dando vazão à estrutura normativa da culpa.

O objeto material do delito envolve a compreensão do conceito de arma de fogo, pelo que revela o conteúdo de **norma penal em branco**, haja vista que a definição de arma de fogo deve ser extraída de outros diplomas legais, conforme vimos no estudo do art. 12, ao qual remetemos o leitor para evitarmos repetições.

Ao analisarmos a redação típica, parece-nos razoável a compreensão de que o **resultado** deve ser analisado sob a perspectiva normativa, haja vista que o tipo penal se contenta com a criação do perigo concreto. Não se pode olvidar, entretanto, que caso o agente se encontre na condição de garante (art. 13, §2º do CP), ocorrendo resultado danoso, poderá ser responsabilizado pelo delito praticado (arts. 121 e 129, CP, por exemplo) por omissão imprópria, a depender também do elemento subjetivo.

A solução do nexo de causalidade pela **teoria da imputação objetiva**, em nossa perspectiva não diverge da apresentada pela doutrina tradicional. O agente que deixa de observar as cautelas necessárias para impedir que menor de 18 (dezoito) anos ou pessoa portadora de deficiência mental se apodere de arma de fogo que esteja sob sua posse ou que seja de sua propriedade, resta por **criar um risco juridicamente proibido**, que se materializa em um **resultado normativo (situação de perigo)**, sendo que resultado se encontra dentro do **alcance do tipo**.

Por fim, a estrutura do tipo penal completa-se com a tipicidade, expressamente consignada no art. 13 do Estatuto do Desarmamento.

1.2.2.4 Consumação e tentativa

O delito de omissão de cautela é concebido como **crime formal**, de modo que a consumação ocorre, em nossa compreensão, quando o menor de dezoito anos ou pessoa com deficiência mental tem acesso à arma de fogo em decorrência da omissão do autor quanto à cautela necessária esperada. Não se exige, contudo, a ocorrência de qualquer espécie de dano ou resultado naturalístico como decorrência do acesso indevido à arma de fogo, contentando-se o tipo com a criação do perigo concreto.

A tentativa não nos parece admissível, haja vista a natureza omissiva pura do comportamento.

1.2.2.5 Figura equiparada

O parágrafo único do art. 13 do Estatuto do Desarmamento prevê que incorrem nas mesmas penas o proprietário ou diretor responsável de empresa de segurança e transporte de valores que deixarem de registrar ocorrência policial e de comunicar à Polícia Federal perda, furto, roubo ou outras formas de extravio de arma de fogo, acessório ou munição que estejam sob sua guarda, nas primeiras 24 (vinte e quatro) horas depois de ocorrido o fato.

A figura típica em questão, ao contrário da prevista no *caput*, é dolosa, haja vista a existência de norma específica estabelecedora da obrigação de registro da ocorrência policial e comunicação à Polícia Federal (art. 7º, §1º Lei 10.826/03). Não se trata, em nossa perspectiva, de mera negligência, porquanto o tipo, próprio por natureza, por só poder ser praticado pelo proprietário ou diretor responsável de empresa de segurança e transporte de valores, impõe o dever de conhecimento da obrigação legal, de forma que a inobservância do dever imposto dá vazão ao conhecimento exigido pelo dolo e, ainda que se considere a vontade como fator imprescindível ao dolo, estaremos diante do dolo eventual, haja vista que se pode exigir do agente que adote as providências legais diante dos eventos típicos previstos no parágrafo único. Como o conhecimento é pressuposto, por se tratar de obrigação legal, não há como se conceber o comportamento omissivo como culposo.

A consumação do delito pressupõe o decurso do prazo legal de 24h da ocorrência do evento. Ocorre que, a depender da situação de fato, referido prazo, em nossa compreensão, somente poderá ser computado após o conhecimento por parte do sujeito responsável pela comunicação, sob pena de se estabelecer uma responsabilidade objetiva diante da ausência de conhecimento.

1.2.2.6 Ação penal

A ação penal no delito em questão é pública incondicionada.

Em razão da pena cominada (detenção, de um a dois anos, e multa), o delito admite a transação penal e a suspensão condicional do processo.

1.2.3 Porte ilegal de arma de fogo de uso permitido

> **Art. 14.** Portar, deter, adquirir, fornecer, receber, ter em depósito, transportar, ceder, ainda que gratuitamente, emprestar, remeter, empregar, manter sob guarda ou ocultar arma de fogo, acessório ou munição, de uso permitido, sem autorização e em desacordo com determinação legal ou regulamentar:
>
> Pena – reclusão, de 2 (dois) a 4 (quatro) anos, e multa.
>
> Parágrafo único. O crime previsto neste artigo é inafiançável, salvo quando a arma de fogo estiver registrada em nome do agente. (Vide ADI 3.112-1)

1.2.3.1 Introdução

O delito de porte ilegal de arma de fogo de uso permitido, previsto no art. 14 do Estatuto do Desarmamento, tutela, de forma direta, a incolumidade pública, marcada pela necessidade de segurança coletiva.

Trata-se de **crime permanente, de perigo abstrato**, porquanto o porte de arma de fogo revela-se circunstância hábil de dar vazão a outras espécies de crimes.

1.2.3.2 Sujeitos do crime

O crime de porte ilegal de arma de fogo de uso permitido é **comum**, pois pode ser praticado por qualquer pessoa. O sujeito passivo do delito é a coletividade.

1.2.3.3 Estrutura do tipo penal

A estrutura típica do crime previsto no art. 14 do Estatuto do Desarmamento é formada pelo núcleo verbal portar, deter, adquirir, fornecer, receber, ter em depósito, transportar, ceder, ainda que gratuitamente, emprestar, remeter, empregar, manter sob guarda ou ocultar; e pelas elementares normativas, arma de fogo, acessório ou munição, de uso permitido, sem autorização e em desacordo com determinação legal ou regulamentar.

Conduta nuclear

- portar, deter, adquirir, fornecer, receber, ter em depósito, transportar, ceder, ainda que gratuitamente, emprestar, remeter, empregar, manter sob guarda ou ocultar

Elementares objetivas

Elementares normativas

- arma de fogo, acessório ou munição, de uso permitido, sem autorização e em desacordo com determinação legal ou regulamentar.

Elementares subjetivas, especial fim de agir e elementos volitivos

- dolo

A estrutura, todavia, não se resume aos elementos revelados pela leitura literal, pois também traz a estrutura basilar finalista, composta na sua integralidade pela conduta, resultado, nexo de causalidade e tipicidade.

O núcleo típico verbal é formado por treze comportamentos:

1) **Portar**: significa trazer, carregar consigo em relação de proximidade para acesso imediato, como na hipótese do agente que carrega a arma de uso permitido na cintura ou no interior de uma mochila. Exige-se, portanto, que a arma esteja ao alcance do agente. Consuma-se com o simples trazer consigo a arma.

2) **Deter**: significa possuir a detenção arma, tê-la sob seu alcance.

3) **Adquirir**: significa obter, conseguir o objeto material de forma onerosa (compra ou permuta), ou gratuita (doação). Assim, aquele que compra ou recebe gratuitamente a arma de fogo de uso permitido realiza a conduta nuclear de adquirir.

4) **Fornecer**: para fins típicos, significa entregar a arma de fogo de uso permitido. A figura típica é aberta e visa abarcar eventuais situações não previstas nas outras condutas nucleares.

5) **Receber**: significa entrar na posse da arma de fogo de uso permitido. A conduta diferencia-se da mera posse quando não for praticada no contexto territorial previsto no art. 12 do Estatuto do Desarmamento.

6) **Ter em depósito**: significa armazenar, manter guardada, em circunstância que evidencie não se tratar de mera posse, a exemplo do agente que possui em depósito diversas armas de fogo de uso permitido, em circunstâncias que revelem o escopo comercial ou de guarda para fins de uso pessoal ou de grupo criminoso.

7) **Transportar**: significa levar a arma de fogo de uso permitido de um local para outro por intermédio de algum meio de locomoção, que não seja por meio pessoal ou acessível para uso imediato, que dá vazão à conduta de portar. Assim, ao levar a arma de fogo no porta-malas de um veículo, o agente a transporta, porquanto se vale de um meio de locomoção e não tem acesso imediato para fins de uso.

8) **Ceder**: significa transferir a posse, entregar a arma de fogo sem autorização e em desacordo com determinação legal ou regulamentar. Diferencia-se da modalidade emprestar por assumir, ao menos em tese, ares de cessão mais longa e permanente, não se exigindo qualquer espécie de contraprestação, pois a cessão pode ser gratuita.

9) **Emprestar**: significa colocar à disposição com a entrega, de forma breve e temporária. A conduta assemelha-se à modalidade de ceder, acima delineada, diferenciando-se pela brevidade. Assim, o agente empresta a arma de fogo para que alguém realize um comportamento específico, ao passo que cede a arma para que esse mesmo alguém a utilize quando lhe aprouver. A dificuldade na diferenciação é nítida, especialmente porque o legislador vale-se de diversos comportamentos semelhantes e que, por vezes, se sobrepõem.

10) **Remeter:** significa enviar, mandar, encaminhar o objeto material de um local para outro, dentro do território nacional, a exemplo da remessa via correio. A consumação do delito ocorre com a mera remessa, despacho da arma de fogo, não se exigindo, para a consumação, que o objeto material chegue a seu destino.

11) **Empregar**: significa fazer uso, utilizar. A conduta, na expressiva maioria dos casos, é subsidiária, haja vista que o emprego de arma de fogo de uso permitido, em inobservância à norma, geralmente se revela como

conduta meio para prática de outros delitos (roubo, homicídio etc.), concebidos como crimes-fim, de sorte que haverá a absorção do comportamento diante do fato mais grave e cuja norma de perigo visava impedir.

12) **Manter sob sua guarda**: diferentemente do *ter em depósito*, que pressupõe a propriedade ou posse definitiva da arma, o manter sob sua guarda trilha a linha da ocultação da arma, da retenção em nome de terceiro, de forma que o agente não é proprietário, mas a guarda para alguém.

13) **Ocultar**: significa esconder, colocar em local desconhecido.

A expressiva quantidade de verbos sinaliza que o *nomen iuris* (porte ilegal de arma de fogo de uso permitido) não contempla a dimensão típica, pois não somente o porte enquadra-se da descrição típica.

Assim, como no delito de posse irregular de arma de fogo de uso permitido, previsto no art. 12 do Estatuto do Desarmamento, o objeto material do delito envolve a compreensão dos conceitos de arma de fogo, acessório e munição, de uso permitido. O tipo penal revela o conteúdo de **norma penal em branco**[2], haja vista que a definição de tais conceitos deriva de outras normas, conforme se extrai do teor do art. 23 do Estatuto do Desarmamento[3].

Conforme vimos no estudo do art. 12 da Lei 10.826/03, ao qual remetemos o leitor para evitarmos repetições quanto às definições de arma de fogo de uso permitido, munições e acessórios, a matéria está regida atualmente pelos decretos federais 10.030/19 e 11.615/23 que disciplinam, entre outros, os conceitos de armas de fogo e munições de uso permitido, restrito e proibido nos artigos 11, 12 e 14, respectivamente.

Conforme se extrai do art. 10 do Estatuto do Desarmamento, "a autorização para o porte de arma de fogo de uso permitido, em todo o território nacional, é de competência da Polícia Federal e somente será concedida após autorização do Sinarm". Logo, a adequada compreensão da elementar típica "sem autorização e em desacordo com determinação legal ou regulamentar",

2. O art. 14 da Lei n. 10.826/2003 é norma penal em branco, que exige complementação por meio de ato regulador, com vistas a fornecer parâmetros e critérios legais para a penalização das condutas ali descritas. RHC 035260/PI, Rel. Ministro Antônio Saldanha Palheiro, DJE 21/11/2017.

3. A classificação legal, técnica e geral bem como a definição das armas de fogo e demais produtos controlados, de usos proibidos, restritos, permitidos ou obsoletos e de valor histórico serão disciplinadas em ato do chefe do Poder Executivo Federal, mediante proposta do Comando do Exército.

passa pelo teor do art. 10[4] e, eventualmente, por atos administrativos expedidos pelas autoridades competentes, aptos a permitir, por exemplo, o transporte de uma arma de fogo de uso permitido do local de sua apreensão para a delegacia de polícia ou central da cadeia de custódia.

O porte de arma de fogo foi regulado pelo Capítulo III do Estatuto do Desarmamento, artigos 6º a 11-A, e Decreto 11.615/23, que regulamentou a Lei nº 10.826/03, para estabelecer regras e procedimentos relativos à aquisição, ao registro, à posse, ao porte, ao cadastro e à comercialização nacional de armas de fogo, munições e acessórios, disciplinar as atividades de caça excepcional, de caça de subsistência, de tiro desportivo e de colecionamento de armas de fogo, munições e acessórios, disciplinar o funcionamento das entidades de tiro desportivo e dispor sobre a estruturação do Sistema Nacional de Armas – Sinarm. A compreensão das regras do Estatuto e Decreto regulamentar é crucial para o adequado enquadramento típico em razão da elementar de cunho normativo associada à autorização e inobservância do conteúdo das normas legais e regulamentares.

À guisa de exemplo, vale a lembrança de que o art. 51 do Decreto 11.615/23 dispõe que "o titular de porte de arma de fogo para defesa pessoal concedido nos termos do disposto no art. 10 da Lei nº 10.826, de 2003, não poderá conduzi-la ostensivamente ou com ela adentrar ou permanecer em locais públicos, como igrejas, escolas, estádios desportivos, clubes, agências bancárias ou outros locais onde haja aglomeração de pessoas em decorrência de eventos de qualquer natureza".

No que toca à arma de fogo quebrada, com defeito ou inoperante, o STJ possui entendimento de que não haverá a caracterização do delito se houver comprovação pericial de que a arma de fogo não está apta a efetuar disparos em razão de defeito. Nesses casos, há crime impossível por ineficácia absoluta do meio (REsp 1.726.686/MS, 5ª Turma, Rel. Min. Jorge Mussi, DJe 28-5-2018). Naturalmente, a mesma lógica deve ser aplicada à munição inoperante ou com defeito.

Não obstante, para o STJ, é irrelevante o fato de a arma estar desmuniciada ou, até mesmo, desmontada, porquanto o objeto jurídico tutelado não é a incolumidade física, e sim a segurança pública e a paz social, colocados em risco com o porte de arma de fogo sem autorização ou em desacordo com determinação legal, revelando-se despicienda a comprovação do

4. ADI 6.139/DF, J. 30.03.23: O art. 10, §1º, I do Estatuto do Desarmamento deve ser interpretado de modo a vedar à atividade regulamentar do Poder Executivo a criação de presunções de "efetiva necessidade" diversas daquelas já disciplinadas em lei.

potencial ofensivo do artefato através de laudo pericial (HC 396.863/SP, DJe 22/06/2017).

Ainda na seara jurisprudencial, o STJ entendeu por atípica a conduta de colecionador, com registro para a prática desportiva e guia de tráfego, que se dirigia ao clube de tiros sem portar a guia de trânsito da arma de fogo (AgRg no AgRg no RHC 148516/SC, rel. Min. Joel Ilan Paciornik, 5ª Turma, DJe 15.08.22).

Ocorrendo a apreensão de mais de uma arma de fogo, há que se analisar o contexto fático e a natureza do armamento apreendido. Havendo uma só conduta projetada sobre múltiplos objetos materiais da mesma natureza, a exemplo do porte de duas armas de uso permitido ou de arma de uso restrito acompanhada de suas munições, há crime único (podendo a quantidade ser objeto de valoração na primeira fase de aplicação da pena). Todavia, na combinação entre condutas e armas de diferentes níveis de restrição, entende o STJ que "os tipos penais dos arts. 12, 14 e 16 do Estatuto do Desarmamento tutelam bens jurídicos distintos, o que torna inviável o reconhecimento do crime único quando o agente é denunciado e condenado por infração a mais de um dispositivo legal" (AgRg no REsp 1497670/GO, Rel. Ministro Rogério Schietti Cruz, 6ª Turma, DJe 07/04/2017).

Importante destaque merece o julgamento do Resp 1887992/PR, Rel. Min. Laurita Vaz, 6ª Turma, DJe 16.12.21, que firmou o entendimento de que "o crime de porte de arma de fogo, seja de uso permitido ou restrito, na modalidade transportar, admite participação, de modo que praticam os referidos delitos não apenas aqueles que realizam diretamente o núcleo penal transportar, mas todos aqueles que concorreram material ou intelectualmente para esse transporte, nos termos do art. 29 do Código Penal".

Na esfera da Suprema Corte, no julgamento da ADI 5538, DJe 18.05.21, o Tribunal Pleno declarou a inconstitucionalidade do inciso III do art. 6º da Lei 10.826/2003, a para invalidar as expressões "das capitais dos Estados" e "com mais de 500.000 (quinhentos mil) habitantes", bem como para declarar a inconstitucionalidade do inciso IV do art. 6º da Lei 10.826/2003, por desrespeito aos princípios constitucionais da igualdade e da eficiência.

Por via de consequência, por ausência de razoabilidade e isonomia nas normas impugnadas que restringiam o porte de arma de fogo somente aos integrantes de guardas municipais das capitais dos Estados e dos Municípios com mais de 500.000 (quinhentos mil) habitantes e de guardas municipais dos Municípios com mais de 50.000 (cinquenta mil) e menos de 500.000 (quinhentos mil) habitantes, quando em serviço, o STF entendeu que todos os integrantes das guardas municipais possuem direito ao porte de arma de fogo, em serviço ou não, independentemente do número de habitantes do Município.

No que toca à aplicação do princípio da insignificância, para evitarmos repetições, remetemos o leitor ao estudo e críticas ao art. 12 do Estatuto do Desarmamento, oportunidade em que apontamos, com transcrição do julgados, a posição predominante do STJ pela **inaplicabilidade, em regra**[5]**, do princípio, bem como a realização da filtragem típica nos casos de apreensão de reduzido número de munições, desacompanhadas da arma de fogo, e agente com baixa periculosidade**[6], e o afastamento do princípio nos casos de agentes com **alta periculosidade ou maus antecedentes**[7].

O delito, em regra, é praticado por ação. É possível, contudo, a prática por omissão, como na hipótese do agente que detém o dever jurídico de agir e deixa de adotar as providências necessárias, mesmo podendo e devendo agir, omitindo-se quanto ao seu dever.

Ainda no contexto da conduta, o crime pode ser praticado **sob** as **modalidades dolo direto** e **eventual**, não exigindo o tipo penal qualquer finalidade específica.

O **resultado** deve ser analisado sob a perspectiva normativa, haja vista que o tipo penal se contenta com a criação do perigo abstrato.

A solução do nexo de causalidade pela **teoria da imputação objetiva**, em nossa perspectiva não diverge da apresentada pela doutrina tradicional. O agente que porta arma de fogo de uso permitido, sem autorização e em desacordo com determinação legal ou regulamentar, **cria um risco juridicamente proibido**, que se materializa em um **resultado normativo (situação de perigo abstrato)**, sendo que resultado se encontra dentro do **alcance do tipo**.

Por fim, a estrutura do tipo penal completa-se com a tipicidade, expressamente consignada no art. 14 do Estatuto do Desarmamento.

1.2.3.4 Consumação e tentativa

O delito de porte ilegal de arma de fogo de uso permitido é concebido como **crime formal**, de modo que a consumação ocorre com a simples realização do comportamento típico.

5. AgRg no HC n. 804.912/BA, Rel. Min. Ribeiro Dantas, 5ª Turma, DJe 26.05.23.
6. AgRg no REsp 2026674/MG. Rel. Min. Laurita Vaz, 6ª Turma, DJe 05.10.23.
7. AgRg no HC 859750/SP. Rel. Min. Rogério Schietti Cruz, 6ª Turma, DJe 07.12.23.
AgRg no REsp 2101153 / PR. Rel. Min. Reynaldo Soares da Fonseca, 5ª Turma, DJe 27.11.23.

A tentativa, apesar de difícil configuração, em razão da amplitude típica e existência de treze núcleos verbais, é admissível, ante a possibilidade de fracionamento do *iter criminis* em determinados comportamentos.

1.2.3.5 Causas de aumento de pena

Nos termos do art. 20 do Estatuto, a pena será aumentada, da metade, na hipótese de prática dos crimes previstos nos artigos 14, 15, 16, 17 e 18: I – se forem praticados por integrante dos órgãos e empresas referidas nos arts. 6º, 7º e 8º desta Lei; ou II – o agente for reincidente específico em crimes dessa natureza. Sobre tal agravante, entende o STJ que "a reincidência específica se caracteriza pela prática de dois ou mais crimes da mesma espécie, assim considerados aqueles delitos que tutelam o mesmo bem jurídico, independentemente de constarem do mesmo tipo penal" (AgRg no AgRg no AREsp 1276547/ RS. Rel. Min. Ribeiro Dantas, 5ª Turma, DJe 26.09.18), não se aplicando, para fins de majoração da pena, a interpretação restritiva apresentada no enunciado 706 da súmula de sua Jurisprudência, que termina por diferenciar "reincidência específica" da "prática do mesmo crime".

1.2.3.6 Crime inafiançável?

O parágrafo único do art. 14 da Lei 10.826/03 dispunha que o crime previsto neste artigo é inafiançável, salvo quando a arma de fogo estiver registrada em nome do agente.

O dispositivo foi questionado por meio da ADI 3.112-1, tendo a Suprema Corte decidido, por maioria, pela inconstitucionalidade dos parágrafos únicos dos artigos 14 e 15 e do artigo 21 da Lei 10.826/03, por entender não razoável a equiparação dos delitos com os crimes de terrorismo, tortura, tráfico de drogas ou aos crimes hediondos.

1.2.3.7 Conflito aparente de normas

a) **Art. 12, Estatuto do Desarmamento**: Possuir ou manter sob sua guarda arma de fogo, acessório ou munição, de uso permitido, em desacordo com determinação legal ou regulamentar, no interior de sua residência ou dependência desta, ou, ainda no seu local de trabalho, desde que seja o titular ou o responsável legal do estabelecimento ou empresa: Pena – detenção, de 1 (um) a 3 (três) anos, e multa.

b) **Art. 16, Estatuto do Desarmamento:** Possuir, deter, portar, adquirir, fornecer, receber, ter em depósito, transportar, ceder, ainda que gratuitamente, emprestar, remeter, empregar, manter sob sua guarda ou ocultar arma de fogo, acessório ou munição de uso restrito, sem autorização e em desacordo com determinação legal ou regulamentar: Pena - reclusão, de 3 (três) a 6 (seis) anos, e multa.

1.2.3.8 Ação penal

A ação penal no delito em questão é pública incondicionada.

Em razão da pena cominada (reclusão, de dois a quatro anos, e multa), o delito somente admite o ANPP, não admitindo a transação penal e a suspensão condicional do processo.

1.2.4 Disparo de arma de fogo

Art. 15. Disparar arma de fogo ou acionar munição em lugar habitado ou em suas adjacências, em via pública ou em direção a ela, desde que essa conduta não tenha como finalidade a prática de outro crime: Pena – reclusão, de 2 (dois) a 4 (quatro) anos, e multa.

Parágrafo único. O crime previsto neste artigo é inafiançável. (Vide Adin 3.112-1)

1.2.4.1 Introdução

O delito de disparo de arma de fogo, previsto no art. 15 do Estatuto do Desarmamento, tutela, de forma direta, a incolumidade pública, marcada pela necessidade de segurança coletiva. Trata-se de **crime de perigo abstrato**.

1.2.4.2 Sujeitos do crime

O crime de disparo de arma de fogo é comum, pois pode ser praticado por qualquer pessoa. O sujeito passivo do delito é a coletividade.

1.2.4.3 Estrutura do tipo penal

A estrutura típica do crime previsto no art. 15 do Estatuto do Desarmamento é formada pelo núcleo verbal *disparar ou acionar*; pelas elementares normativas, *arma de fogo, munição* e *desde que essa conduta não tenha como finalidade a prática de outro crime*; e pelas elementares objetivas *em lugar habitado ou em suas adjacências, em via pública ou em direção a ela.*

Conduta nuclear

- disparar ou acionar

Elementares objetivas

- em lugar habitado ou em suas adjacências, em via pública ou em direção a ela.

Elementares normativas

- arma de fogo
- munição
- desde que essa conduta não tenha como finalidade a prática de outro crime;

Elementares subjetivas, especial fim de agir e elementos volitivos

- dolo

A estrutura, todavia, não se resume aos elementos revelados pela leitura literal, pois também traz a estrutura basilar finalista, composta na sua integralidade pela conduta, resultado, nexo de causalidade e tipicidade.

O núcleo típico verbal é formado pelas condutas de *disparar* (efetuar disparos, atirar) e *acionar* (detonar, deflagrar) munição. A quantidade de disparos de arma de fogo efetuada não interfere na quantidade de crimes, de forma que, havendo mais de um disparo, ocorrerá crime único, podendo o magistrado levar em consideração a quantidade de disparos na primeira fase da dosimetria da pena. Por sua vez, o acionamento da munição pressupõe que essa seja hábil a causar perigo, de modo que a deflagração de cartuchos de festim não satisfaz a tipicidade penal.

A conformação típica exige que o disparo ou acionamento da munição seja realizado em **lugar habitado ou em suas adjacências, em via pública ou em direção a ela**. A limitação espacial para a prática do delito associa-se à necessidade de construção do perigo, nesse caso, presumido, haja vista que o disparo de arma de fogo em região desértica, sem qualquer habitante, revela-se conduta inábil a gerar qualquer espécie de risco, afastando, de tal modo, a presunção.

Por lugar habitado há que conceber aquele onde residem pessoas ou núcleos familiares, como cidades, vilarejos ou povoados. Por adjacências, há que compreender os locais próximos, conectados ao lugar habitado, onde não se revela incomum o trânsito de pessoas, ainda que de forma esporádica. O legislador, ao construir o tipo penal, buscou criminalizar condutas potencialmente lesivas.

A realização do tipo penal ainda pressupõe que o comportamento seja praticado em via pública ou em direção a ela, presumindo o perigo apenas nesses ambientes. Via pública é o local de acesso livre, aberto à população em geral, a exemplo, de ruas, praças e estradas. É perfeitamente possível que estejamos diante do tipo penal quando o agente, mesmo não estando em via pública, efetue disparos em direção a ela. Por *direção a ela* há que se compreender, por exemplo, disparos de arma de fogo efetuados no quintal da residência para o alto, haja vista que o agente não possui o domínio, o controle dos projéteis após os disparos, caracterizando o risco de, na queda, atingirem pessoas em via pública ou mesmo no interior de suas residências. O fator a ser considerado, portanto, é o da criação do risco, ainda que potencial.

Não haverá o delito, portanto, se o agente efetuar disparos no interior de sua residência, visando atingir um alvo instalado, sem qualquer risco de os projéteis alcancem a via pública. Apesar da atipicidade, referida conduta poderá ensejar a perda do direito à posse ou porte com lastro no art. 15 do Decreto 11.615/23, que pressupõe a comprovação de aptidão psicológica para aquisição/manutenção de arma de fogo, entre outras condições.

A previsão típica exige, de forma desnecessária e assistemática, que o disparo de arma de fogo ou acionamento de munição não tenha sido realizado com a finalidade de praticar outro crime, valendo-se da elementar condicionante *desde que essa conduta não tenha como finalidade a prática de outro crime.*

Por razões óbvias, efetuando o agente disparos de arma de fogo com o escopo de praticar outro delito, especialmente os que ocasionam dano (art. 121, CP, *v.g.*), por esse deverá responder, porquanto o delito de disparo de arma de fogo é crime de perigo. Assim, se os disparos foram efetuados para a prática de delito de homicídio, naturalmente o agente deverá responder pelo delito em questão, ainda que na sua forma tentada, haja vista a nítida evolução do perigo abstrato do art. 15 para o perigo concreto abarcado pela tentativa de homicídio.

A condicionante revela uma falha sistêmica ao dar preponderância a finalidade específica para a prática de outro crime, induzindo a uma certa autonomia relativa do crime previsto no art. 15 do Estatuto do Desarmamento. Isso porque, tendo o agente por finalidade a prática do crime de lesões corporais leves, mediante disparo de arma de fogo, estaríamos diante da absurda situação na qual o agente responderia por crime menos grave, pois a pena prevista para o art. 129, *caput*, CP, é bem inferior à pena prevista para o art. 15 da Lei 10.826/03 (3 meses a 1 ano x 2 anos a 4 anos), além de ser processado mediante ação penal pública condicionada à representação.

Visando solucionar a questão CAPEZ[8] (2023, p. 203) aduz que:

> (...) o delito definido no art. 129, *caput*, do CP é de menor gravidade do que o disparo. Por essa razão, a infração definida na nova Lei não pode ser considerada simplesmente fase de sua execução. Seria estranho que o "todo" (lesões leves) fosse menos grave do que uma de suas partes integrantes (o disparo). Sendo assim, não podemos conceber os disparos como simples fase normal de execução das lesões. No princípio da subsidiariedade, a norma definidora do fato mais amplo e de maior gravidade (norma primária) absorve a norma que descreve o fato menos grave (norma subsidiária), e não o contrário. Existe, portanto, uma impossibilidade jurídica de considerar absorvidos os disparos. Em resumo, o delito previsto no art. 15, *caput*, da Lei n. 10.826/2003 não é absorvido pelo crime de lesões corporais de natureza leve, em face de sua maior gravidade. O agente responde por ambos os crimes em concurso. No momento em que foi efetuado o disparo de arma de fogo em qualquer dos locais previstos no tipo, necessariamente seu autor incorreu no crime definido no art. 15. A incidência desse tipo somente deixará de ter lugar no caso de os disparos, ao mesmo tempo, se enquadrarem em norma de maior severidade que a da Lei n. 10.826/2003. Não é o caso da norma que define as lesões corporais de natureza leve. Estas constituem infração menos grave e, por essa razão, incapaz de proceder a qualquer absorção. Assim, os disparos não podem dar lugar à lesão. O contrário também não pode ocorrer, uma vez que a ofensa à integridade corporal de outrem restaria impune, equiparando quem disparou a arma de fogo e não acertou ninguém com quem desfechou tiros e atingiu intencionalmente pessoa determinada. O mais correto é responsabilizar o agente por ambas as infrações.

A solução proposta pelo autor, a despeito de lógica, incorre também em dois problemas sistêmicos. Primeiro, é apta a gerar uma punição mais gravosa pelo crime fim de lesões corporais leves em comparação ao delito de lesões

8. CAPEZ, Fernando. **Curso de direito penal. Legislação penal especial**. 18ª ed. São Paulo: Saraiva, 2023.

corporais graves, pois a somatória das penas mínimas do concurso entre o delito de disparo de arma de fogo e lesões leves, a depender do caso concreto, seria maior do que a pena mínima prevista para crime lesões graves (2 anos e 3 meses x 1 ano). A inconsistência persistiria mesmo se aplicássemos o raciocínio na hipótese do crime fim ser o de lesões corporais graves, aplicando as regras do concurso de crimes.

A desproporção é tamanha que, eventualmente, um delito de lesões corporais leves, praticado em concurso de crimes com crime de disparo de arma de fogo, poderia ser apenado com pena superior à de um homicídio simples tentado, no qual se aplicaria o máximo patamar de redução pela tentativa, admitindo a possibilidade de uma pena de dois anos, inferior à mínima apurada do concurso entre o art. 15 do ED e 129, *caput*, CP, de dois anos e três meses.

A segunda inconsistência sistêmica decorre do fato de que não há como se desconsiderar o conteúdo do tipo penal, especialmente porque sua aplicação literal trilha a linha do benefício para o réu. Há que se partir da premissa de que não existem palavras inúteis na lei e, *in casu*, gostemos ou não de tais palavras, sua interpretação caminha favoravelmente aos acusados, pelo que o agente, na hipótese de concurso entre o delito de lesões corporais leves e disparo de arma de fogo, deverá responder somente pelo crime fim, aplicando-se então o princípio da consunção e não o da subsidiariedade.

O caso concreto, todavia, poderá viabilizar o reconhecimento de um crime de porte de arma de fogo antecedente que, podendo ser dissociado do crime de dano (homicídio ou lesões) quando este não for a finalidade única da conduta anterior, ensejará concurso material com o crime do art. 14 ou 16, corrigindo a partir de uma perspectiva processual (provas e imputação) a distorção apresentada acima.

Por outro lado, para corrigir de forma definitiva a disfuncionalidade do sistema, é possível assimilar, a despeito da redação insatisfatória, que a *mens legis* do tipo penal em estudo foi estruturar resposta penal àquele sujeito que, autorizado a portar e manusear arma de fogo, efetue disparo indevido, arriscado, em local impróprio e fora das regras de segurança, na medida em que o porte ilegal já é crime (e punido com mesma pena ou maior), independente do uso (disparo). Para tanto, basta incluir os demais crimes do Estatuto, notadamente os arts. 14 e 16, no conceito de "outro crime" constante da redação típica do art. 15.

O delito, em regra, é praticado por ação. É possível, contudo, a prática por omissão, como na hipótese do agente que detém o dever jurídico de agir e deixa de adotar as providências necessárias, mesmo podendo e devendo agir, omitindo-se quanto ao seu dever.

Ainda no contexto da conduta, o crime pode ser praticado sob as **modalidades dolo direto** e **eventual**, não exigindo o tipo penal qualquer finalidade específica.

O **resultado** deve ser analisado sob a perspectiva normativa, haja vista que o tipo penal se contenta com a criação do perigo abstrato.

A solução do nexo de causalidade pela **teoria da imputação objetiva**, em nossa perspectiva não diverge da apresentada pela doutrina tradicional. O agente que dispara arma de fogo, em lugar habitado e em via pública, **cria um risco juridicamente proibido**, que se materializa em um **resultado normativo (situação de perigo abstrato)**, sendo que resultado se encontra dentro do **alcance do tipo**.

Por fim, a estrutura do tipo penal completa-se com a tipicidade, expressamente consignada no art. 15 do Estatuto do Desarmamento.

1.2.4.4 *Consumação e tentativa*

O delito de disparo de arma de fogo é concebido como **crime formal**, de modo que a consumação ocorre com a simples realização do comportamento típico.

A tentativa, apesar de difícil configuração, é possível, como na hipótese do agente que, ao acionar o gatilho, não consegue efetuar o disparo porque terceira pessoa segura com a mão o tambor do revólver, impedindo o acionamento.

1.2.4.5 *Causas de aumento de pena*

Nos termos do art. 20 do Estatuto, a pena será aumentada, da metade, na hipótese de prática dos crimes previstos nos artigos 14, 15, 16, 17 e 18: I - se forem praticados por integrante dos órgãos e empresas referidas nos arts. 6º, 7º e 8º desta Lei; ou II - o agente for reincidente específico em crimes dessa natureza.

1.2.4.6 *Crime inafiançável?*

O parágrafo único do art. 15 da Lei 10.826/03 dispunha que o crime previsto neste artigo é inafiançável, salvo quando a arma de fogo estiver registrada em nome do agente.

O dispositivo foi questionado por meio da ADI 3.112-1, tendo a Suprema Corte decidido, por maioria, pela inconstitucionalidade dos parágrafos únicos dos artigos 14 e 15 e do artigo 21 da Lei 10.826/03, por entender não razoável a equiparação dos delitos com os crimes de terrorismo, tortura, tráfico de drogas ou aos crimes hediondos.

1.2.4.7 Conflito aparente de normas

a) **Art. 14, Estatuto do Desarmamento**: PROCESSUAL PENAL. AGRAVO REGIMENTAL NO AGRAVO EM RECURSO ESPECIAL. PORTE DE ARMA DE FOGO E DISPARO. CONSUNÇÃO. CONTEXTOS FÁTICOS DISTINTOS. SÚMULA 7/STJ. AGRAVO IMPROVIDO. "Aplica-se o princípio da consunção aos crimes de porte ilegal e de disparo de arma de fogo ocorridos no mesmo contexto fático, quando presente nexo de dependência entre as condutas, considerando-se o porte crime-meio para a execução do disparo de arma de fogo" (STJ – AgRg no AREsp 1211409/MS – Agravo Regimental no Agravo em Recurso Especial 2017/0309596-2 – Rel. Min. Nefi Cordeiro – 6ª T. – DJe 21-5-2018).

1.2.4.8 Ação penal

A ação penal no delito em questão é pública incondicionada.

Em razão da pena cominada (reclusão, de dois a quatro anos, e multa), o delito admite somente o ANPP, não admitindo a transação penal e a suspensão condicional do processo.

1.2.5 Posse ou porte ilegal de arma de fogo de uso restrito

Art. 16. Possuir, deter, portar, adquirir, fornecer, receber, ter em depósito, transportar, ceder, ainda que gratuitamente, emprestar, remeter, empregar, manter sob guarda ou ocultar arma de fogo, acessório ou munição, de uso restrito, sem autorização e em desacordo com determinação legal ou regulamentar:

Pena – reclusão, de 3 (três) a 6 (seis) anos, e multa.

§ 1º Nas mesmas penas incorre quem:

I – suprimir ou alterar marca, numeração ou qualquer sinal de identificação de arma de fogo ou artefato;

II – modificar as características de arma de fogo, de forma a torná-la equivalente a arma de fogo de uso proibido ou restrito ou para fins de dificultar ou de qualquer modo induzir a erro autoridade policial, perito ou juiz;

III – possuir, detiver, fabricar ou empregar artefato explosivo ou incendiário, sem autorização ou em desacordo com determinação legal ou regulamentar;

IV – portar, possuir, adquirir, transportar ou fornecer arma de fogo com numeração, marca ou qualquer outro sinal de identificação raspado, suprimido ou adulterado;

V – vender, entregar ou fornecer, ainda que gratuitamente, arma de fogo, acessório, munição ou explosivo a criança ou adolescente; e

VI – produzir, recarregar ou reciclar, sem autorização legal, ou adulterar, de qualquer forma, munição ou explosivo.

§2º Se as condutas descritas no caput e no § 1º deste artigo envolverem arma de fogo de uso proibido, a pena é de reclusão, de 4 (quatro) a 12 (doze) anos.

1.2.5.1 Introdução

O delito de posse ou porte ilegal de arma de fogo de uso restrito, previsto no art. 16 do Estatuto do Desarmamento, tutela, de forma direta, a incolumidade pública, marcada pela necessidade de segurança coletiva.

Trata-se de **crime permanente, de perigo abstrato**, porquanto a posse ou porte de arma de fogo de uso restrito, de forma ilegal, revela-se circunstância hábil da dar vazão a outras espécies de crimes.

1.2.5.2 Sujeitos do crime

O crime de posse ou porte ilegal de arma de fogo de uso restrito é **comum**, pois pode ser praticado por qualquer pessoa. O sujeito passivo do delito é a coletividade.

1.2.5.3 Estrutura do tipo penal

A estrutura típica do crime previsto no art. 16, *caput*, do Estatuto do Desarmamento é formada pelo núcleo verbal possuir, deter, portar, adquirir, fornecer, receber, ter em depósito, transportar, ceder, ainda que gratuitamente, emprestar, remeter, empregar, manter sob guarda ou ocultar; e pelas elementares normativas, arma de fogo, acessório ou munição, de uso restrito, sem autorização e em desacordo com determinação legal ou regulamentar.

Conduta nuclear

- possuir, deter, portar, adquirir, fornecer, receber, ter em depósito, transportar, ceder, ainda que gratuitamente, emprestar, remeter, empregar, manter sob guarda ou ocultar

Elementares objetivas

Elementares normativas

- arma de fogo, acessório ou munição, de uso restrito, sem autorização e em desacordo com determinação legal ou regulamentar.

Elementares subjetivas, especial fim de agir e elementos volitivos

- dolo

A estrutura, todavia, não se resume aos elementos revelados pela leitura literal, pois também traz a estrutura basilar finalista, composta na sua integralidade pela conduta, resultado, nexo de causalidade e tipicidade.

O núcleo típico verbal é formado por catorze comportamentos:

1) **Possuir:** significa ter, manter.

2) **Deter**: significa possuir a detenção arma, tê-la sob seu alcance.

3) **Portar**: significa trazer, carregar consigo em relação de proximidade para acesso imediato, como na hipótese do agente que carrega a arma na cintura ou no interior de uma mochila. Exige-se, portanto, que a arma esteja ao alcance do agente. Consuma-se com o simples trazer consigo a arma.

4) **Adquirir**: significa obter, conseguir o objeto material de forma onerosa (compra ou permuta), ou gratuita (doação). Assim, aquele que compra ou recebe gratuitamente a arma de fogo de uso restrito realiza a conduta nuclear de adquirir.

5) **Fornecer**: para fins típicos, significa entregar a arma de fogo de uso restrito. A figura típica é aberta e visa abarcar eventuais situações não previstas nas outras condutas nucleares.

6) **Receber**: significa entrar na posse da arma de fogo de uso restrito.

7) **Ter em depósito**: significa armazenar, manter guardada, em circunstância que evidencie não se tratar da mera posse, a exemplo do agente que possui em depósito diversas armas de fogo de uso restrito, em circunstâncias que revelem o escopo comercial ou de guarda para fins de uso pessoal ou de grupo criminoso.

8) **Transportar**: significa levar a arma de fogo de uso restrito de um local para outro por intermédio de algum meio de locomoção, que não seja por meio pessoal ou acessível para uso imediato, que dá vazão à conduta de portar. Assim, ao levar a arma de fogo no porta-malas de um veículo, o agente a transporta, porquanto se vale de um meio de locomoção e não tem acesso imediato para fins de uso.

9) **Ceder**: significa transferir a posse, entregar a arma de fogo sem autorização e em desacordo com determinação legal ou regulamentar. Diferencia-se da modalidade emprestar por assumir, ao menos em tese, ares de cessão mais longa e permanente, não se exigindo qualquer espécie de contraprestação, pois a cessão pode ser gratuita.

10) **Emprestar**: significa colocar à disposição com a entrega, de forma breve e temporária. A conduta assemelha-se à modalidade de ceder, acima delineada, diferenciando-se pela brevidade. Assim, o agente empresta a arma de fogo para que alguém realize um comportamento específico, ao passo que cede a arma para que esse mesmo alguém a utilize quando lhe aprouver. A dificuldade na diferenciação é nítida, especialmente porque o legislador vale-se de diversos comportamentos semelhantes e que, por vezes, se sobrepõem.

11) **Remeter:** significa enviar, mandar, encaminhar o objeto material de um local para outro, dentro do território nacional, a exemplo da remessa via correio. A consumação do delito ocorre com a mera remessa, despacho da arma de fogo, não se exigindo, para a consumação, que o objeto material chegue a seu destino.

12) **Empregar**: significa fazer uso, utilizar. A conduta, na expressiva maioria dos casos, é subsidiária, haja vista que o emprego de arma de fogo de uso restrito, em inobservância à norma, geralmente se revela como conduta meio para prática de outros delitos (roubo, homicídio etc.), concebidos

como crimes-fim, de sorte que haverá a absorção do comportamento diante do fato mais grave e cuja norma de perigo visava impedir.

13) **Manter sob sua guarda**: diferentemente do *ter em depósito*, que pressupõe a propriedade ou posse definitiva da arma, o manter sob sua guarda trilha a linha da ocultação da arma, da retenção em nome de terceiro, de forma que o agente não é proprietário, mas a guarda para alguém.

14) **Ocultar**: significa esconder, colocar em local desconhecido.

Assim como no delito de porte ilegal de arma de fogo de uso permitido, a expressiva quantidade de verbos sinaliza que o *nomen iuris* (posse ou porte ilegal de arma de fogo de uso restrito) não contempla a dimensão típica, pois não somente a posse ou o porte enquadram-se na descrição.

Assim, como nos delitos de posse e porte irregular de arma de fogo de uso permitido, previstos no art. 12 e 14 do Estatuto do Desarmamento, o objeto material do delito envolve a compreensão dos conceitos de arma de fogo, acessório e munição, desta feita, de uso restrito. O tipo penal revela o conteúdo de **norma penal em branco**, haja vista que a definição de tais conceitos deriva de outras normas, conforme se extrai do teor do art. 23 do Estatuto do Desarmamento[9].

Conforme vimos no estudo do art. 12 da Lei 10.826/03, ao qual remetemos o leitor para evitarmos repetições quanto às definições de arma de fogo, munições e acessórios[10], a matéria está regida pelo atual Decreto Federal 11.615/23, que promoveu alterações nos Decretos 9.607/18, 9.847/19, 9.981/19, 10.030/19, 11.035/22, 11.366/23 e 11.455/23, e disciplinou os conceitos de armas de fogo e munições de uso permitido, restrito e proibido nos artigos 11, 12 e 14, respectivamente.

Nos termos dos arts. 12 e 13 do Decreto 11.615/23:

> Art. 12. **São de uso restrito** as armas de fogo e munições especificadas em ato conjunto do Comando do Exército e da Polícia Federal, incluídas:
>
> I – armas de fogo automáticas, independentemente do tipo ou calibre;

9. A classificação legal, técnica e geral bem como a definição das armas de fogo e demais produtos controlados, de usos proibidos, restritos, permitidos ou obsoletos e de valor histórico serão disciplinadas em ato do chefe do Poder Executivo Federal, mediante proposta do Comando do Exército.

10. Nos termos do Decreto 10.030/19: art. 15, §2º São produtos controlados de uso restrito: II - os acessórios de arma de fogo que tenham por objetivo: a) suprimir ou abrandar o estampido; ou b) modificar as condições de emprego, conforme regulamentação do Comando do Exército.

II – armas de pressão por gás comprimido ou por ação de mola, com calibre superior a seis ponto trinta e cinco milímetros, que disparem projéteis de qualquer natureza, exceto as que lancem esferas de plástico com tinta, como os lançadores de paintball;

III – armas de fogo de porte, cuja munição comum tenha, na saída do cano de prova, energia superior a trezentas libras-pé ou quatrocentos e sete joules, e suas munições;

IV – armas de fogo portáteis, longas, de alma raiada, cuja munição comum tenha, na saída do cano de prova, energia superior a mil e duzentas libras-pé ou mil seiscentos e vinte joules, e suas munições;

V – armas de fogo portáteis, longas, de alma lisa:

a) de calibre superior a doze; e

b) semiautomáticas de qualquer calibre; e

VI – armas de fogo não portáteis.

Art. 13. É vedada a comercialização de armas de fogo de uso restrito e de suas munições, ressalvadas as aquisições:

I – por instituições públicas, no interesse da segurança pública ou da defesa nacional;

II – pelos integrantes das instituições a que se refere o inciso I;

III – pelos atiradores de nível 3, na forma prevista no § 3º do art. 37; e

IV – pelos caçadores excepcionais, na forma prevista no inciso III do *caput* do art. 39.

Conforme se extrai do art. 10 do Estatuto do Desarmamento, "a autorização para o porte de arma de fogo de **uso permitido**, em todo o território nacional, é de competência da **Polícia Federal** e somente será concedida após autorização do Sinarm". Por outro lado, nos termos do art. 27 do Estatuto do Desarmamento, "caberá ao **Comando do Exército** autorizar, excepcionalmente, a aquisição de armas de fogo de **uso restrito**", objeto de análise do STF no julgamento da ADI 6.139/DF, que assim decidiu: "Se interpretado em conformidade com a Constituição da República, o art. 27 do Estatuto do Desarmamento deve restringir o juízo de autorização do ente administrativo, no que respeita à aquisição de armas de fogo de uso restrito, ao só interesse da própria segurança pública ou da defesa nacional, jamais ao interesse pessoal do requerente".

Logo, a adequada compreensão da elementar típica "sem autorização e em desacordo com determinação legal ou regulamentar", passa pelo teor do art. 27 e, eventualmente, por atos administrativos expedidos pelas autoridades competentes, aptos a permitir, por exemplo, o transporte de uma arma de fogo de uso restrito do local de sua apreensão para a delegacia de polícia ou central da cadeia de custódia.

O porte de arma de fogo foi regulado pelo Capítulo III do Estatuto do Desarmamento, artigos 6º a 11-A, e Decreto 11.615/23, que regulamentou a Lei nº 10.826/03, para estabelecer regras e procedimentos relativos à aquisição, ao registro, à posse, ao porte, ao cadastro e à comercialização nacional de armas de fogo, munições e acessórios, disciplinar as atividades de caça excepcional, de caça de subsistência, de tiro desportivo e de colecionamento de armas de fogo, munições e acessórios, disciplinar o funcionamento das entidades de tiro desportivo e dispor sobre a estruturação do Sistema Nacional de Armas – Sinarm. A compreensão das regras do Estatuto e Decreto regulamentar é crucial para o adequado enquadramento típico em razão da elementar de cunho normativo associada à autorização e inobservância do conteúdo das normas legais e regulamentares.

No que toca à arma de fogo quebrada, com defeito ou inoperante, o STJ possui entendimento de que não haverá a caracterização do delito se houver comprovação pericial de que a arma de fogo não está apta a efetuar disparos em razão de defeito. Nesses casos, há crime impossível por ineficácia absoluta do meio (REsp 1.726.686/MS, 5ª Turma, Rel. Min. Jorge Mussi, DJe 28-5-2018). Naturalmente, a mesma lógica deve ser aplicada à munição inoperante ou com defeito.

Não obstante, para o STJ, é irrelevante o fato de a arma estar desmuniciada ou, até mesmo, desmontada, porquanto o objeto jurídico tutelado não é a incolumidade física, e sim a segurança pública e a paz social, colocados em risco com o porte de arma de fogo sem autorização ou em desacordo com determinação legal, revelando-se despicienda a comprovação do potencial ofensivo do artefato através de laudo pericial (HC 396.863/SP, DJe 22/06/2017).

Ainda na seara jurisprudencial, o STJ entendeu por atípica a conduta de colecionador, com registro para a prática desportiva e guia de tráfego, que se dirigia ao clube de tiros sem portar consigo a guia de trânsito da arma de fogo (AgRg no AgRg no RHC 148516/SC, rel. Min. Joel Ilan Paciornik, 5ª Turma, DJe 15.08.22).

Ocorrendo a apreensão de mais de uma arma de fogo, há que se analisar o contexto fático e a natureza do armamento apreendido. Havendo uma só conduta projetada sobre múltiplos objetos materiais da mesma natureza, a exemplo do porte de duas armas de uso permitido ou de arma de uso restrito acompanhada de suas munições, há crime único (podendo a quantidade ser objeto de valoração na primeira fase de aplicação da pena). Todavia, na combinação entre condutas e armas de diferentes níveis de restrição, entende o STJ que "os tipos penais dos arts. 12, 14 e 16 do Estatuto do Desarmamento tutelam bens jurídicos distintos, o que torna inviável o reconhecimento do crime único quando o agente é denunciado e condenado por infração a mais de um dispositivo legal" (AgRg no REsp 1497670/GO, Rel. Ministro Rogério Schietti Cruz, 6ª Turma, DJe 07/04/2017).

Importante destaque merece o julgamento do Resp 1887992/PR, Rel. Min. Laurita Vaz, 6ª Turma, DJe 16.12.21, que firmou o entendimento de que "o crime de porte de arma de fogo, seja de uso permitido ou restrito, na modalidade transportar, admite participação, de modo que praticam os referidos delitos não apenas aqueles que realizam diretamente o núcleo penal transportar, mas todos aqueles que concorreram material ou intelectualmente para esse transporte, nos termos do art. 29 do Código Penal".

No que toca à aplicação do princípio da insignificância, para evitarmos repetições, remetemos o leitor ao estudo e críticas ao art. 12 do Estatuto do Desarmamento, oportunidade em que apontamos, com transcrição do julgados, a posição predominante do STJ pela **inaplicabilidade, em regra**[11]**, do princípio, bem como a realização da filtragem típica nos casos de apreensão de reduzido número de munições, desacompanhadas da arma de fogo, e agente com baixa periculosidade**[12], e o afastamento do princípio nos casos de agentes com **alta periculosidade ou maus antecedentes**[13].

O delito, em regra, é praticado por ação. É possível, contudo, a prática por omissão, como na hipótese do agente que detém o dever jurídico de agir e deixa de adotar as providências necessárias, mesmo podendo e devendo agir, omitindo-se quanto ao seu dever.

Ainda no contexto da conduta, o crime pode ser praticado sob as **modalidades dolo direto** e **eventual**, não exigindo o tipo penal qualquer finalidade específica.

O **resultado** deve ser analisado sob a perspectiva normativa, haja vista que o tipo penal se contenta com a criação do perigo abstrato.

A solução do nexo de causalidade pela **teoria da imputação objetiva**, em nossa perspectiva não diverge da apresentada pela doutrina tradicional. O agente que porta arma de fogo de uso restrito, sem autorização e em desacordo com determinação legal ou regulamentar, **cria um risco juridicamente proibido**, que se materializa em um **resultado normativo (situação de perigo abstrato)**, sendo que resultado se encontra dentro do **alcance do tipo**.

11. AgRg no HC n. 804.912/BA, Rel. Min. Ribeiro Dantas, 5ª Turma, DJe 26.05.23.
12. AgRg no REsp 2026674/MG. Rel. Min. Laurita Vaz, 6ª Turma, DJe 05.10.23.
13. AgRg no HC 859750/SP. Rel. Min. Rogério Schietti Cruz, 6ª Turma, DJe 07.12.23. AgRg no REsp 2101153 / PR. Rel. Min. Reynaldo Soares da Fonseca, 5ª Turma, DJe 27.11.23.

Por fim, a estrutura do tipo penal completa-se com a tipicidade, expressamente consignada no art. 16, *caput*, do Estatuto do Desarmamento.

1.2.5.4 Consumação e tentativa

O delito de porte ilegal de arma de fogo de uso restrito é concebido como **crime formal**, de modo que a consumação ocorre com a simples realização do comportamento típico.

A tentativa, apesar de difícil configuração, em razão da amplitude típica e existência de treze núcleos verbais, é admissível, ante a possibilidade de fracionamento do *iter criminis* em determinados comportamentos.

1.2.5.5 Figuras equiparadas

O §1º do art. 16 do Estatuto do Desarmamento elencou diversas condutas como equiparadas ao *caput* para fins de pena.

Segundo o dispositivo, nas mesmas penas incorre quem:

I – suprimir ou alterar marca, numeração ou qualquer sinal de identificação de arma de fogo ou artefato: *suprimir* significa eliminar, erradicar, eliminar, ao passo que *alterar* equivale a mudar, modificar marca, numeração ou sinal de identificação de arma de fogo ou artefato. Nos termos do art. 2º do ED, compete ao SINARM o cadastro das características das armas de fogo, como marca, numeração, sinais de identificação e demais características de identificação.

A previsão contempla, por exemplo, a situação na qual o agente realiza a raspagem, total ou parcial, da numeração ou do sinal de identificação de arma de fogo, revelando-se a hipótese como crime material, porquanto se exige a produção do resultado naturalístico.

Trata-se de conduta que afeta a Administração Pública, responsável pelo controle das armas no país. Conforme destaca CAPEZ[14] (2023, p. 208):

> A alteração dos dados individualizadores da arma aumenta o perigo de que esta seja usada para a prática de ilícitos penais, pois essa conduta se presta a criar sérios embaraços à investigação e ao descobrimento da autoria. Nesse passo, cuida-se também de crime contra a incolumidade pública, ante o presumível risco iminente da ocorrência de dano efetivo a um número indeterminado de pessoas.

14. *op.cit.*

O delito consuma-se com a efetiva supressão ou alteração da marca, numeração ou sinal de identificação da arma de fogo ou artefato. A tentativa é perfeitamente admissível, porquanto o *iter criminis* é fracionável.

II - modificar as características de arma de fogo, de forma a torná-la equivalente a arma de fogo de uso proibido ou restrito ou para fins de dificultar ou de qualquer modo induzir a erro autoridade policial, perito ou juiz: *modificar* significa alterar, mudar as característica da arma de fogo. A previsão típica abarca duas hipóteses distintas: a) modificação que transforma a arma de fogo em equivalente a arma de uso proibido ou restrito; e b) que tenha por finalidade dificultar ou de qualquer modo induzir a erro autoridade policial, perito ou juiz.

Conforme vimos no estudo da estrutura típica, as definições de arma de fogo, munições e acessórios foi regida pelo Decreto Federal 11.615/23, que promoveu alterações nos Decretos 9.607/18, 9.847/19, 9.981/19, 10.030/19, 11.035/22, 11.366/23 e 11.455/23, e disciplinou os conceitos de armas de fogo e munições de uso permitido, restrito e proibido nos artigos 11, 12 e 14, respectivamente. Ao que nos interessa:

> Art. 12. **São de uso restrito** as armas de fogo e munições especificadas em ato conjunto do Comando do Exército e da Polícia Federal, incluídas:
>
> I - armas de fogo automáticas, independentemente do tipo ou calibre;
>
> II - armas de pressão por gás comprimido ou por ação de mola, com calibre superior a seis ponto trinta e cinco milímetros, que disparem projéteis de qualquer natureza, exceto as que lancem esferas de plástico com tinta, como os lançadores de paintball;
>
> III - armas de fogo de porte, cuja munição comum tenha, na saída do cano de prova, energia superior a trezentas libras-pé ou quatrocentos e sete joules, e suas munições;
>
> IV - armas de fogo portáteis, longas, de alma raiada, cuja munição comum tenha, na saída do cano de prova, energia superior a mil e duzentas libras-pé ou mil seiscentos e vinte joules, e suas munições;
>
> V - armas de fogo portáteis, longas, de alma lisa:
>
> a) de calibre superior a doze; e
>
> b) semiautomáticas de qualquer calibre; e
>
> VI - armas de fogo não portáteis.

> Art. 14. São de uso proibido:
>
> I - as armas de fogo classificadas como de uso proibido em acordos ou tratados internacionais dos quais a República Federativa do Brasil seja signatária;

II – os brinquedos, as réplicas e os simulacros de armas de fogo que com estas possam se confundir, exceto as classificadas como armas de pressão e as réplicas e os simulacros destinados à instrução, ao adestramento ou à coleção de usuário autorizado, nas condições estabelecidas pela Polícia Federal;
III – as armas de fogo dissimuladas, com aparência de objetos inofensivos; e
IV – as munições:
a) classificadas como de uso proibido em acordos ou tratados internacionais dos quais a República Federativa do Brasil seja signatária; ou
b) incendiárias ou química.

O tipo penal, aprioristicamente, contempla a prática de atos preparatórios para outros delitos, dentre os quais se insere a simples posse ou porte. A razão da maior repressão reside não somente na maior potencialidade lesiva que as armas de fogo de uso restrito ou proibido podem ter, mas também na fraude processual revelada para o fim de dificultar ou de qualquer modo induzir a erro a autoridade policial, perito ou juiz.

Trata-se de conduta que afeta a Administração Pública e a Administração da Justiça. O delito consuma-se com a efetiva realização da modificação, revelando-se como crime material na primeira parte do dispositivo, e como crime formal, na segunda parte, haja vista que basta a modificação da arma com a finalidade específica para a consumação, sendo irrelevante a comprovação do induzimento a erro da autoridade policial, perito ou juiz. A tentativa é perfeitamente admissível, porquanto o *iter criminis* é fracionável.

III – possuir, detiver, fabricar ou empregar artefato explosivo ou incendiário, sem autorização ou em desacordo com determinação legal ou regulamentar: além das condutas de possuir (ter, deter) e detiver (manter sob seu poder), a figura típica contempla os comportamentos de *fabricar* e *empregar*. *Fabricar*, no sentido da previsão típica, significa preparar e produzir artefato explosivo ou incendiário em grande escala. Por artefato explosivo há que compreender aquele apto a se decompor rapidamente, com grande liberação de calor e desenvolvimento súbito de pressão (Anexo III do Decreto 10.030/19[15]), a exemplo de granadas, bombas caseiras e dinamite). Por vez, artefato incendiário é aquele cuja detonação ou utilização é apto a causar,

15. Para fins de conhecimento:
Explosivo: tipo de matéria que, quando iniciada, sofre decomposição muito rápida, com grande liberação de calor e desenvolvimento súbito de pressão.
Explosivos de ruptura ou altos explosivos: são destinados à produção de um trabalho de destruição pela ação da força viva dos gases e da onda de choque produzidos em sua transformação.

de forma imediata, incêndio de grande proporção, a exemplo dos chamados coquetéis *Molotov*. Por outro lado, *empregar* significa utilizar, fazer uso do artefato explosivo ou incendiário.

No que toca à conduta de empregar, marcada, por exemplo, pelo ato detonar o explosivo ou lançá-lo em via pública, poder-se-ia cogitar de eventual conflito aparente de normas com o crime de explosão, previsto no art. 251 do Código Penal. Ocorre que o delito em questão pressupõe a realização de perigo concreto, isto é, a efetiva exposição a perigo à vida, integridade física ou patrimônio de alguém, ao passo que o delito previsto no Estatuto do Desarmamento contenta-se com o perigo abstrato, ou seja, afasta-se a necessidade de demonstração do risco para a vida, a integridade física ou o patrimônio de outrem. Registre-se, igualmente, que o delito previsto na legislação especial não exige que a explosão ocorra, configurando-se com o mero emprego (colocação ou lançamento).

Em parte, o tipo penal contempla o teor do art. 253 do CP: Fabricar, fornecer, adquirir, possuir ou transportar, sem licença da autoridade, substância ou engenho explosivo, gás tóxico ou asfixiante, ou material destinado à sua fabricação.

As condutas de fabricar e possuir foram revogadas pelo Estatuto do Desarmamento em razão da previsão idêntica. Entendemos que as formas de *fornecer* e *transportar* também foram revogadas pelo Estatuto do Desarmamento, vez que para que ocorra o fornecimento ou o transporte, necessariamente o agente deve possuir ou deter a substância ou engenho explosivo, gás tóxico ou asfixiante.

Na modalidade *adquirir*, persiste o tipo penal do art. 253 do Código Penal, pois não necessariamente a aquisição levará à posse por inúmeras razões. Entretanto, concretizada a negociação com a aquisição, com entrega da coisa ilícita, a conduta prevista no art. 16, §1º, III, da Lei 10.826/03, absorverá a prevista no art. 253 do CP.

Registre-se ainda que no tocante ao material destinado à fabricação de substância ou engenho explosivo, gás tóxico ou asfixiante, o tipo penal permanece hígido e completo, haja vista a inexistência de previsão de conduta correlata no Estatuto do Desarmamento[16].

Explosivos primários ou iniciadores: são os que se destinam a provocar a transformação (iniciação) de outros explosivos menos sensíveis. Decompõem-se, unicamente, pela detonação e o impulso inicial exigido é a chama (calor) ou choque.

16. RECURSO ESPECIAL. PENAL. ESTATUTO DO DESARMAMENTO. DELITO TIPIFICADO NO ARTIGO 16, PARÁGRAFO ÚNICO, III, DA LEI N. 10.826/2003. PORTE DE ARTEFATO EXPLO-

IV – portar, possuir, adquirir, transportar ou fornecer arma de fogo com numeração, marca ou qualquer outro sinal de identificação raspado, suprimido ou adulterado: no inciso I do §1º do art. 16, foi prevista a conduta de suprimir ou alterar marca, numeração ou qualquer sinal de identificação de arma de fogo ou artefato. No inciso IV, em desdobramento natural, o legislador previu a conduta de portar, possuir, adquirir, transportar ou fornecer arma de fogo com numeração, marca ou qualquer outro sinal de identificação raspado, suprimido ou adulterado[17]. A exemplo de outras previsões similares, nas quais o legislador pune a conduta preparatória e seus desdobramentos, *in casu*, a norma previu as condutas de portar, possuir, adquirir, transportar ou fornecer arma de fogo com sinal raspado, suprimido ou adulterado, delineando comportamentos que pressupõem a supressão ou adulteração anterior, que pode não ter sido realizada pelo agente flagrado em qualquer das

---

SIVO. GRANADA DE GÁS LACRIMOGÊNEO/PIMENTA. INADEQUAÇÃO TÍPICA. RECURSO IMPROVIDO. 1. Explosivo é, em sentido amplo, um material extremamente instável, que pode se decompor rapidamente, formando produtos estáveis. Esse processo é denominado de explosão e é acompanhado por uma intensa liberação de energia, que pode ser feita sob diversas formas e gera uma considerável destruição decorrente da liberação dessa energia. 2. Não será considerado explosivo o artefato que, embora ativado por explosivo, não projete e nem disperse fragmentos perigosos como metal, vidro ou plástico quebradiço, não possuindo, portanto, considerável potencial de destruição. 3. Para a adequação típica do delito em questão, exige-se que o objeto material do delito, qual seja, o artefato explosivo, seja capaz de gerar alguma destruição, não podendo ser tipificado neste crime a posse de granada de gás lacrimogêneo/pimenta, porém, não impedindo eventual tipificação em outro crime. 4. Recurso especial improvido. (REsp 1627028/SP, Rel. Ministra MARIA THEREZA DE ASSIS MOURA, SEXTA TURMA, julgado em 21/02/2017, DJe 03/03/2017).

17. 1. Não tendo o agravante, nas razões deste recurso, infirmado especificamente todos os fundamentos da decisão agravada, deve ser aplicado, por analogia, o teor da Súmula n. 182 deste Tribunal Superior, segundo a qual "é inviável o Agravo do art. 545 do CPC que deixa de atacar especificamente os fundamentos da decisão agravada". 2. Ainda que assim não fosse, o posicionamento do acórdão recorrido se encontra em perfeita harmonia com a jurisprudência desta Corte na época da prática delitiva, a atrair o óbice da Súmula n. 83/STJ, segundo a qual, "[a] conduta de possuir arma de fogo com número de série e marca suprimidos por processo abrasivo, no momento da apreensão, se subsome ao crime tipificado no art. 16, parágrafo único, IV, da Lei n. 10.826/2003, que dispõe incorrer nas mesmas penas do *caput* quem portar, possuir, adquirir, transportar ou fornecer arma de fogo com numeração, marca ou qualquer outro sinal de identificação raspado, suprimido ou adulterado" (HC n. 334.693/RS, relator Ministro Rogerio Schietti Cruz, Sexta Turma, julgado em 15/3/2016, DJe de 28/3/2016). 3. Ademais, "[é] imprópria a desclassificação do delito, sob o fundamento de que exame pericial 'químico-metalográfico' revelou o número de série do armamento então apreendido" (REsp n. 1.328.023/RS, relatora Ministra Laurita Vaz, Quinta Turma, julgado em 13/11/2012, DJe de 23/11/2012). 4. Agravo regimental do qual não se conhece. (AgRg no AREsp n. 2.165.381/SP, relator Ministro Antonio Saldanha Palheiro, Sexta Turma, julgado em 21/3/2023, DJe de 27/3/2023.)

situações previstas no inciso IV. Naturalmente, comprovando-se que quem porta a arma de fogo com numeração raspada é o próprio autor da raspagem, estaremos diante da aplicação do princípio da consunção, sob pena de *bis in idem*.

Caso o agente venha a disparar arma de fogo com sinal identificador suprimido ou adulterado, entendemos que o agente deverá responder pelo crime mais grave (porte, art. 16, IV) caso se verifique em contexto único. Por outro lado, verificando-se que porte ilegal se materializou em outro contexto, além do consolidado no disparo de arma de fogo, haverá o concurso material de crimes.

No plano teórico, se o agente ignora a raspagem, supressão ou adulteração feita por terceiro na arma de uso permitido que porta ou possui, incorre em erro de tipo (art. 20, CP). A classificação do delito em questão como formal ou mesmo de mera conduta não rechaça tal conclusão, pois mesmo nestes crimes sem resultado naturalístico, o dolo deve alcançar todas as elementares descritivas e normativas. A dificuldade de tal solução no caso concreto repousa tão somente no plano probatório, que dependerá sempre de indícios e presunções para responder à corriqueira alegação de desconhecimento.

Havendo a aquisição, transporte ou qualquer espécie de fornecimento de arma de fogo com numeração suprimida, adulterada ou raspada, aplica-se o princípio da especialidade, afastando-se o crime de receptação, previsto no art. 180 do CP.

V - vender, entregar ou fornecer, ainda que gratuitamente, arma de fogo, acessório, munição ou explosivo a criança ou adolescente: a previsão típica, em razão de seu conflito aparente com outras normas penais, demanda a realização de uma análise mais pormenorizada, especialmente pelo teor do art. 242 do Estatuto da Criança e do Adolescente: Vender, fornecer ainda que gratuitamente ou entregar, de qualquer forma, a criança ou adolescente arma, munição ou explosivo: Pena – reclusão, de 3 a 6 anos.

Tratando-se de fornecimento ou cessão de **arma de fogo**, munição ou acessório de uso **permitido**, incluindo a venda, para **maior de dezoito anos**, incorrerá o agente no crime previsto no art. 14 do ED, ao passo que estando configurada a venda, entrega ou fornecimento, ainda que gratuito, a **criança ou adolescente**, incorrerá o agente na previsão específica do art. 16, §1º, V do ED, com pena de 3 a 6 anos de reclusão, e multa.

Frise-se, contudo, que sendo realizada venda de arma de fogo, munição ou acessório de **uso permitido**, **"no exercício de atividade comercial ou industrial"**, incorrerá o agente na previsão do art. 17, que prevê a pena de reclusão de 6 a 12 anos, e multa, **independentemente da idade do adquirente,** vez que, nesse caso, o legislador não estabelece distinção.

Tratando-se de fornecimento ou cessão de arma de fogo, munição ou acessório **de uso restrito**, incluindo a venda, para **maior de dezoito anos**, incorrerá o agente no crime previsto no art. 16, *caput*, ED. Sendo a arma de fogo, munição ou acessório de **uso proibido**, incorrerá o agente na previsão do §2º do art. 16 do ED, que prevê a pena de 4 a 12 anos de reclusão. Tratando-se de venda de arma de fogo, munição ou acessório de **uso proibido ou restrito, no exercício de atividade comercial ou industrial**, incorrerá o agente na previsão do art. 17 c/c art. 19, apenado com apena de reclusão, de 6 a 12 anos, e multa, aumentada da metade por envolver arma de fogo de uso proibido ou restrito

Em paralelo, tratando-se de fornecimento ou cessão de arma de fogo, munição ou acessório **de uso restrito**, incluindo a venda, para **criança ou adolescente**, incorrerá o agente no crime previsto no art. 16, §1º, V, ED. Sendo a arma de fogo, munição ou acessório de **uso proibido**, incorrerá o agente na previsão dos §§1º, V, e 2º, do art. 16 do ED, que prevê a pena de 4 a 12 anos de reclusão. Tratando-se de venda de arma de fogo, munição ou acessório de **uso proibido ou restrito, no exercício de atividade comercial ou industrial**, incorrerá o agente na previsão do art. 17 c/c art. 19, apenado com apena de reclusão, de 6 a 12 anos, e multa, aumentada da metade por envolver arma de fogo ou munição de uso proibido ou restrito.

Verifica-se, portanto, que o teor do art. 242 do ECA, relacionado à arma de fogo, foi derrogado pelo Estatuto do Desarmamento. Em síntese gráfica:

ARMA DE FOGO, MUNIÇÃO E ACESSÓRIO/FORNECIMENTO CESSÃO OU VENDA	USO PERMITIDO	USO RESTRITO	USO PROIBIDO
Maior de 18 anos	Art. 14 ED	Art. 16, *caput*, ED	Art. 16, §2º, ED
Criança ou adolescente	Art. 16, §1º, V do ED	Art. 16, §1º, V, ED.	Art. 16, §1º, V, e §2º, ED
Atividade comercial ou industrial	Art. 17, ED, para maiores e menores de 18 anos.	Art. 17 c/c art. 19, ED, para maiores e menores de 18 anos.	Art. 17 c/c art. 19, ED, para maiores e menores de 18 anos.

Tratando-se, contudo, de arma branca ou de arremesso, a situação revela-se distinta, haja vista que o Estatuto do Desarmamento abarcou, dentre as armas, apenas as de fogo. Assim, ocorrendo a venda, fornecimento, ainda que gratuitamente, ou entrega, de qualquer forma, de arma branca ou de arremesso a criança ou adolescente, o agente responderá pelo crime previsto no art. 242 do ECA.

Por outro lado, ocorrendo a venda de arma branca ou de arremesso a maior de 18 anos, responderá o agente pela contravenção penal prevista no art. 18 da Lei de Contravenções Penais, haja vista que referido artigo, nesse particular, não foi revogado pelo Estatuto do Desarmamento.

No que tange aos artefatos incendiários, o Estatuto do Desarmamento não seguiu a mesma trilha das armas de fogo, munição, acessórios e explosivos, haja vista que o inc. V, do §1º, do art. 16, foi omisso quanto a esses. Não obstante, o comportamento de vender, entregar ou fornecer artefatos incendiários a crianças e adolescentes amolda-se, residualmente, na conduta prevista no inciso III do §1º: possuir, detiver, fabricar ou empregar artefato explosivo ou incendiário, sem autorização ou em desacordo com determinação legal ou regulamentar.

Por outro lado, no que concerne aos explosivos, o legislador somente fez menção expressa à venda, entrega ou fornecimento a menores de 18 anos, olvidando-se de regular a conduta quando direcionada a maiores de 18 anos. Apesar disso, parece-nos que o comportamento de vender, entregar ou fornecer explosivo também se amolda, residualmente, na conduta prevista no inciso III do §1º, haja vista que referido comportamento pressupõe ao menos a posse ou detenção.

VI – produzir, recarregar ou reciclar, sem autorização legal, ou adulterar, de qualquer forma, munição ou explosivo: a figura típica prevê as condutas de *produzir* (criar, fabricar em escala pequena), *recarregar* (carregar novamente, repor) e *reciclar* (reutilizar, reaproveitar o material), sem autorização legal, munição ou explosivo. A diferença entre as condutas de produzir, do inciso VI e fabricar, do inciso III, reside, sob a perspectiva doutrinária, na escala, de sorte que fabricação assumiria escala industrial, a e a produção a confecção de forma artesanal.

A previsão legal ainda contempla a conduta de *adulterar*, de qualquer forma, munição ou explosivo. A adulteração modifica as características originais do produto e, em razão da própria natureza de risco de munições e explosivos, entende-se por justificada a tipificação em razão do incremento do risco, não somente no momento da adulteração, mas também no posterior e eventual emprego.

1.2.5.6 Figura qualificada

Nos termos do §2º do art. 16 do Estatuto do Desarmamento, se as condutas descritas no *caput* e no § 1º deste artigo envolverem arma de fogo de uso proibido, a pena é de reclusão, de 4 (quatro) a 12 (doze) anos.

Trata-se de forma qualificada que alcança o *caput* e §1º do artigo 16, prevendo patamares maiores de pena em razão do objeto material do delito, arma de fogo de uso proibido.

O art. 16, § 2º, do Estatuto do Desarmamento não faz referência às munições de uso proibido. A infeliz omissão permite duas interpretações: a) por ausência de previsão expressa, a posse e porte de munições de uso proibido não é crime hediondo; b) a omissão pode ser solucionada por interpretação extensiva, pois nitidamente o legislador disse menos do que gostaria de dizer. Parece-nos que, de fato, a omissão legislativa não foi proposital, vez que a referência do §2º ao *caput* do art. 16 visa conferir o tratamento mais gravoso aos artefatos proibidos e não haveria sentido se prever a hediondez para a posse e porte de armas de uso proibido e não o fazê-lo com relação às munições.

1.2.5.7 Causas de aumento de pena

Nos termos do art. 20 do Estatuto, a pena será aumentada, da metade, na hipótese de prática dos crimes previstos nos artigos 14, 15, 16, 17 e 18: I – se forem praticados por integrante dos órgãos e empresas referidas nos arts. 6º, 7º e 8º desta Lei; ou II – o agente for reincidente específico em crimes dessa natureza. Sobre tal agravante, entende o STJ que "a reincidência específica se caracteriza pela prática de dois ou mais crimes da mesma espécie, assim considerados aqueles delitos que tutelam o mesmo bem jurídico, independentemente de constarem do mesmo tipo penal" (AgRg no AgRg no AREsp 1276547/ RS. Rel. Min. Ribeiro Dantas, 5ª Turma, DJe 26.09.18), não se aplicando, para fins de majoração da pena, a interpretação restritiva apresentada no enunciado 706 da súmula de sua Jurisprudência, que termina por diferenciar "reincidência específica" da "prática do mesmo crime".

1.2.5.8 Crime hediondo?

Antes da Lei n. 13.964/2019, tanto o porte e a posse de arma de fogo de uso proibido quanto as condutas relacionadas a arma de fogo de uso restrito eram considerados crimes hediondos. No entanto, a Lei do Pacote Anticrime trouxe uma importante modificação, afastando o caráter hediondo em relação àqueles que cometeram crime de porte ou posse ilegal de arma de fogo de uso restrito durante a vigência da lei anterior. Por se tratar de *novatio legis* benéfica, as condutas anteriores devem ter sua hediondez afastada.

A 6ª Turma do STJ, em decisão proferida no HC 525.249, DJe 18.12.20, superando o entendimento anterior, entendeu que o porte ou a posse de arma de fogo de uso permitido com numeração, marca ou qualquer outro sinal de identificação raspado, suprimido ou adulterado, não tem natureza de crime hediondo. O Entendimento foi materializado na Súmula 668 do STJ:

> Não é hediondo o delito de porte ou posse de arma de fogo de uso permitido, ainda que com numeração, marca ou qualquer outro sinal de identificação raspado, suprimido ou adulterado.

O crime de porte ou posse ilegal de arma de fogo de uso proibido é atualmente definido no artigo 16, §2º, do Estatuto do Desarmamento, tendo como preceito secundário a pena de reclusão de 4 e 12 anos.

Trata-se de **norma penal em branco**, pois demanda o **complemento normativo** para saber quais armas de fogo se adequam ao conceito de uso proibido.

As definições de arma de fogo, munições e acessórios foi regida pelo Decreto Federal 11.615/23, que promoveu alterações nos Decretos 9.607/18, 9.847/19, 9.981/19, 10.030/19, 11.035/22, 11.366/23 e 11.455/23, e disciplinou os conceitos de armas de fogo e munições de uso permitido, restrito e proibido nos artigos 11, 12 e 14, respectivamente. Ao que nos interessa:

> Art. 14. São de uso proibido:
>
> I – as armas de fogo classificadas como de uso proibido em acordos ou tratados internacionais dos quais a República Federativa do Brasil seja signatária;
>
> II – os brinquedos, as réplicas e os simulacros de armas de fogo que com estas possam se confundir, exceto as classificadas como armas de pressão e as réplicas e os simulacros destinados à instrução, ao adestramento ou à coleção de usuário autorizado, nas condições estabelecidas pela Polícia Federal;
>
> III – as armas de fogo dissimuladas, com aparência de objetos inofensivos; e
>
> IV – as munições:
>
> a) classificadas como de uso proibido em acordos ou tratados internacionais dos quais a República Federativa do Brasil seja signatária; ou
>
> b) incendiárias ou química.

O art. 16, § 2º, do Estatuto do Desarmamento não faz referência às munições de uso proibido. A infeliz omissão permite duas interpretações: a) por ausência de previsão expressa, a posse e porte de munições de uso proibido não é crime hediondo; b) a omissão pode ser solucionada por interpretação extensiva, pois nitidamente o legislador disse menos do que gostaria de dizer. Parece-nos que, de fato, a omissão legislativa não foi proposital, vez que a referência do §2º ao *caput* do art. 16 visa conferir o tratamento mais gravoso aos artefatos proibidos e não haveria sentido se prever a hediondez para a posse e porte de armas de uso proibido e não o fazê-lo com relação às munições.

1.2.5.9 Conflito aparente de normas

a) **Art. 12, Estatuto do Desarmamento**: Possuir ou manter sob sua guarda arma de fogo, acessório ou munição, de uso permitido, em desacordo com determinação legal ou regulamentar, no interior de sua residência ou dependência desta, ou, ainda no seu local de trabalho, desde que seja o titular ou o responsável legal do estabelecimento ou empresa: Pena – detenção, de 1 (um) a 3 (três) anos, e multa.

b) **Art. 14, Estatuto do Desarmamento:** Portar, deter, adquirir, fornecer, receber, ter em depósito, transportar, ceder, ainda que gratuitamente, emprestar, remeter, empregar, manter sob guarda ou ocultar arma de fogo, acessório ou munição, de uso permitido, sem autorização e em desacordo com determinação legal ou regulamentar: Pena - reclusão, de 2 (dois) a 4 (quatro) anos, e multa.

c) **Art. 242, Estatuto da Criança e do Adolescente:** Vender, fornecer ainda que gratuitamente ou entregar, de qualquer forma, a criança ou adolescente arma, munição ou explosivo: Pena - reclusão, de 3 (três) a 6 (seis) anos. (vide comentários acima).

d) **Art. 18, Lei de Contravenções Penais:** Fabricar, importar, exportar, ter em depósito ou vender, sem permissão da autoridade, arma ou munição: Pena - prisão simples, de três meses a um ano, ou multa, de um a cinco contos de réis, ou ambas cumulativamente, se o fato não constitui crime contra a ordem política ou social. (vide comentários acima).

1.2.5.10 Ação penal

A ação penal no delito em questão é pública incondicionada.

Em razão da pena cominada (reclusão, de três a seis anos, e multa), a forma delitiva simples o delito admite somente o ANPP, não admitindo a transação penal e a suspensão condicional do processo.

1.2.6 Comércio ilegal de arma de fogo

Art. 17. Adquirir, alugar, receber, transportar, conduzir, ocultar, ter em depósito, desmontar, montar, remontar, adulterar, vender, expor à venda, ou de qualquer forma utilizar, em proveito próprio ou alheio, no exercício de atividade comercial ou industrial, arma de fogo, acessório ou munição, sem autorização ou em desacordo com determinação legal ou regulamentar:

Pena – reclusão, de 6 (seis) a 12 (doze) anos, e multa.

§1º Equipara-se à atividade comercial ou industrial, para efeito deste artigo, qualquer forma de prestação de serviços, fabricação ou comércio irregular ou clandestino, inclusive o exercido em residência.

§2º Incorre na mesma pena quem vende ou entrega arma de fogo, acessório ou munição, sem autorização ou em desacordo com a determinação legal ou regulamentar, a agente policial disfarçado, quando presentes elementos probatórios razoáveis de conduta criminal preexistente.

1.2.6.1 Introdução

O delito de comércio ilegal de arma de fogo, previsto no art. 17 do Estatuto do Desarmamento, tutela, de forma direta, a incolumidade pública, marcada pela necessidade de segurança coletiva. Trata-se de **crime de perigo abstrato,** haja vista que não se exige a produção de resultado naturalístico, contentando-se a norma com o risco criado pelo comércio ilegal.

A Lei 13.964/19 incluiu o crime previsto no art. 17 do Estatuto do Desarmamento como crime hediondo (art. 1º, parágrafo único, III, da Lei dos Crimes Hediondos).

1.2.6.2 Sujeitos do crime

O crime de comércio ilegal de arma de fogo é **próprio**, pois somente pode ser praticado por quem exerça atividade comercial ou industrial, ainda que informalmente, haja vista a equiparação realizada pelo §1º. O sujeito passivo do delito é a coletividade.

1.2.6.3 Estrutura do tipo penal

A estrutura típica do crime previsto no art. 17, *caput*, do Estatuto do Desarmamento é formada pelo núcleo verbal adquirir, alugar, receber, transportar, conduzir, ocultar, ter em depósito, desmontar, montar, remontar, adulterar, vender, expor à venda, ou de qualquer forma utilizar; e pelas elementares normativas em proveito próprio ou alheio; no exercício de atividade comercial ou industrial; arma de fogo, acessório ou munição; e sem autorização ou em desacordo com determinação legal ou regulamentar.

Conduta nuclear

- adquirir, alugar, receber, transportar, conduzir, ocultar, ter em depósito, desmontar, montar, remontar, adulterar, vender, expor à venda, ou de qualquer forma utilizar

Elementares objetivas

Elementares normativas

- em proveito próprio ou alheio
- no exercício de atividade comercial ou industrial
- arma de fogo, acessório ou munição
- sem autorização ou em desacordo com determinação legal ou regulamentar.

Elementares subjetivas, especial fim de agir e elementos volitivos

- dolo

A estrutura, todavia, não se resume aos elementos revelados pela leitura literal, pois também traz a estrutura basilar finalista, composta na sua integralidade pela conduta, resultado, nexo de causalidade e tipicidade.

O núcleo típico verbal é formado por catorze comportamentos: *adquirir, alugar, receber, transportar, conduzir, ocultar, ter em depósito, desmontar, montar, remontar, adulterar, vender, expor à venda, ou de qualquer forma utilizar*. A forma plúrima, de conteúdo misto ou variado, objetiva, essencialmente, coibir todo e qualquer espécie de comércio ilegal de arma de fogo, munição ou acessório.

Trata-se de uma espécie de receptação qualificada pelo objeto (arma de fogo, munição ou acessório), especialmente quando se compara o núcleo verbal do delito com sua irmã, a receptação qualificada prevista no §1º do art. 180 do CP. As diferenças entre os núcleos verbais residem tão somente nas condutas de *alugar* e *adulterar*, previstas no art. 17 do ED, e não constantes do art. 180, §1º do CP. Até mesmo a condutar de *conduzir*, não aplicável às armas de fogo, munição ou acessórios, prevista no art. 180, §1º do CP, foi repetida do art. 17 do ED.

O ponto fulcral do tipo penal reside na realização dos comportamentos no exercício de atividade comercial ou industrial, seja ela formal ou informal, conforme se extrai da essência do §1º, que equipara à atividade comercial ou industrial, para efeito do art. 17, qualquer forma de prestação de serviços, fabricação ou comércio irregular ou clandestino, inclusive o exercido em residência. Assim, caso o agente venha, por exemplo, a vender uma arma de fogo para um conhecido, sem que exerça atividade comercial ou industrial tipicamente relacionada às armas de fogo, responderá pelos delitos previstos no arts. 14 ou 16 do ED, a depender na natureza do armamento, não se amoldando à figura especial do art. 17 do ED.

A distinção, portanto, em nossa compreensão, dependerá da valoração fática e contextualizada do evento, haja vista que o exercício de atividade comercial ou industrial, em nossa perspectiva, pressupõe a habitualidade necessária para sua caracterização como *atividade*. Frise-se que, **por habitualidade, não nos referimos à configuração de crime habitual**, vez que a prática das condutas previstas no art. 17 não pressupõe tal característica. A habitualidade a que nos referimos envolve tão somente a construção da atividade comercial ou industrial como meio de vida, profissão, atividade rotineira e usual do agente. Não se confundem, portanto, os conceitos de crime habitual com o de habitualidade.

Assim como nos delitos de posse e porte irregular de arma de fogo, anteriormente estudados, o objeto material do delito envolve a compreensão dos conceitos de arma de fogo, acessório e munição. O tipo penal revela o conteúdo de **norma penal em branco**, haja vista que a definição de tais conceitos deriva de outras normas, conforme se extrai do teor do art. 23 do Estatuto do Desarmamento[18].

Conforme vimos no estudo do art. 12 da Lei 10.826/03, ao qual remetemos o leitor para evitarmos repetições quanto às definições de arma de fogo, munições e acessórios[19], a matéria está regida pelo atual Decreto Fe-

18. A classificação legal, técnica e geral bem como a definição das armas de fogo e demais produtos controlados, de usos proibidos, restritos, permitidos ou obsoletos e de valor histórico serão disciplinadas em ato do chefe do Poder Executivo Federal, mediante proposta do Comando do Exército.

19. Nos termos do Decreto 10.030/19: art. 15, §2º São produtos controlados de uso restrito: II - os acessórios de arma de fogo que tenham por objetivo: a) suprimir ou abrandar o estampido; ou b) modificar as condições de emprego, conforme regulamentação do Comando do Exército;

deral 11.615/23, que promoveu alterações nos Decretos 9.607/18, 9.847/19, 9.981/19, 10.030/19, 11.035/22, 11.366/23 e 11.455/23, e disciplinou os conceitos de armas de fogo e munições de uso permitido, restrito e proibido nos artigos 11, 12 e 14, respectivamente.

O delito, em regra, é praticado por ação. É possível, contudo, a prática por omissão, como na hipótese do agente que detém o dever jurídico de agir e deixa de adotar as providências necessárias, mesmo podendo e devendo agir, omitindo-se quanto ao seu dever.

Ainda no contexto da conduta, o crime pode ser praticado sob as **modalidades dolo direto e eventual**, não exigindo o tipo penal qualquer finalidade específica.

O **resultado** deve ser analisado sob a perspectiva normativa, haja vista que o tipo penal se contenta com a criação do perigo abstrato. A modalidade de expor à venda, por exemplo, revela-se de mera conduta e, portanto, apta a produzir o resultado normativo com a simples exposição.

A solução do nexo de causalidade pela **teoria da imputação objetiva**, em nossa perspectiva não diverge da apresentada pela doutrina tradicional. O agente que vende arma de fogo, em proveito próprio, sem autorização e em desacordo com determinação legal ou regulamentar, no exercício de atividade comercial, **cria um risco juridicamente proibido**, que se materializa em um **resultado normativo (situação de perigo abstrato)**, sendo que resultado se encontra dentro do **alcance do tipo**.

Por fim, a estrutura do tipo penal completa-se com a tipicidade, expressamente consignada no art. 17, *caput*, do Estatuto do Desarmamento.

1.2.6.4 Consumação e tentativa

O delito de comércio ilegal de arma de fogo é concebido como **crime formal**, de modo que a consumação ocorre com a simples realização do comportamento típico.

A tentativa, apesar de difícil configuração, em razão da amplitude típica e existência de catorze núcleos verbais, é admissível, ante a possibilidade de fracionamento do *iter criminis* em determinados comportamentos.

1.2.6.5 Figura equiparada

O §2º do art. 17 do Estatuto do Desarmamento dispõe que incorre na mesma pena quem vende ou entrega arma de fogo, acessório ou munição, sem autorização ou em desacordo com a determinação legal ou regulamentar, a agente policial disfarçado, quando presentes elementos probatórios razoáveis de conduta criminal preexistente.

Conforme destacamos em nosso Manual de Processo Penal, o dispositivo, incluído pela Lei do Pacote Anticrime, criou a figura do agente policial disfarçado, permitindo a atuação proativa do policial como forma de caracterização do delito e, consequentemente, do próprio flagrante. Cumpre-nos indagar, trata-se de flagrante provocado?

Antes de apresentarmos nossa posição, exemplifiquemos para melhor contextualizar a questão. Agentes policiais, no curso de investigação realizada para apuração de tráfico de armas, recebem a informação de que Caio, já investigado pelo delito comércio ilegal de arma de fogo, estaria num determinado local vendendo armas e munições. Disfarçadamente, um dos policiais comparece ao local e, simulando interesse, tenta e consegue comprar uma arma nas mãos de Caio, prendendo-o em flagrante delito porquanto o fato ocorrido trilha a linha da investigação, evidenciando a presença de elementos probatórios razoáveis de conduta criminal preexistente, qual seja, ter em depósito a arma de fogo.

O flagrante pela venda é nitidamente provocado, pois a relação não teria se estabelecido sem que o policial provocasse o agente. Contudo, o flagrante pela conduta criminal preexistente, "ter em depósito", nos parece válido, vez que a ação policial, ainda que provocativa, não interferiu na conduta pretérita do agente. Há, no caso, um crime de natureza permanente, não induzido pelos policiais, cujo elemento intelectivo deriva exclusivamente do agente. O flagrante, portanto, será válido se lavrado pela conduta preexistente, permanente, cuja confirmação probatória tão somente ocorre da conduta do agente disfarçado. Por não haver influência no *animus* do agente, não observamos ilegalidade no procedimento.

O ponto crítico do dispositivo, todavia, não está no procedimento em si, que melhor teria nascido sem vinculação típica a um determinado delito ou forma equiparada. Isso porque há uma **contradição sistêmica nos dispositivos**. O §2º do art. 17 do Estatuto do Desarmamento, ao prever a conduta típica de vender armas, sem autorização ou em desacordo com determinação legal ou regulamentar, a agente policial disfarçado, quando presentes elementos probatórios razoáveis de conduta criminal preexistente, **mistura a tipicidade com atividade probatória**, porquanto pressupõe a existência de elementos probatórios razoáveis de conduta criminal preexistente.

Se há conduta criminal preexistente e essa não for permanente, descabe o flagrante, mas tão somente atividade probatória sobre sua configuração, posto que, em tese, deve haver conduta criminal preexistente. Por outro lado, se há conduta criminal preexistente e essa for permanente, a prisão em flagrante fundar-se-á na permanência do delito, cuja consumação se protrai no tempo.

Em ambos os casos, a venda, por si só, deriva de provocação e não permite o flagrante e, para nós, muito menos a caracterização típica, que parte da premissa de evento anterior já consumado, sendo mero exaurimento do crime ocorrido por provocação.

Nesse sentido, afastamos a configuração típica do dispositivo, não obstante preservamos parte do seu conteúdo como atividade probatória possível para caracterização de delito preexistente.

Em nossa compreensão, o comportamento ilegal do agente provocador dá ensejo à aplicação da **teoria da armadilha**, ou ***entrapment defense***, configurando a nulidade da prova obtida por meio do flagrante preparado no curso de um crime impossível por ineficácia absoluta do meio, nos termos da Súmula 145 do STF: "**Não há crime, quando a preparação do flagrante pela polícia torna impossível a sua consumação**".

De toda forma, não obstante nosso entendimento acima exposto, a previsão típica é formada pelos núcleos *vender* (alienar mediante contraprestação, trocar por dinheiro ou objeto) e *entregar* (repassar onerosa ou gratuitamente) arma de fogo, munição ou acessório, sem autorização ou em desacordo com a determinação legal ou regulamentar, a agente policial disfarçado, quando presentes elementos probatórios razoáveis de conduta criminal preexistente.

A figura do agente policial disfarçado não se confunde com a figura do agente infiltrado. O agente infiltrado é o policial que, no curso de investigação, atua em estrita observância às regras da infiltração previstas no art. 10 da Lei 12.850/13, que pressupõe a representação formal pelo delegado de polícia ou requerimento do Ministério Público; autorização judicial prévia e delimitada; *fumus comissi delicti e periculum in mora*; indispensabilidade da infiltração; e anuência do agente policial. Tratando-se de infiltração virtual de agentes, a normatização foi regulada pelo art. 10-A, da mesma lei, e art. 190-A, do ECA.

Por outro lado, o agente policial disfarçado age sem necessidade de autorização judicial ou prévia comunicação ao juízo competente e não atua, necessariamente, na investigação de grupos organizados. Na prática, conforme vimos anteriormente, o agente oculta sua real identidade, diante da existência de elementos probatórios razoáveis de conduta criminal preexistente, para provocar o indivíduo a vender ou entregar o produto ilícito, com o escopo de colher provas acerca do comportamento ilícito.

Apesar das críticas apresentadas, a se entender como válido o dispositivo, a consumação ocorre com a efetiva venda, sendo dispensável a tradição, desde que realizada a apreensão do produto ilícito, ou entrega, efetiva tradição da arma de fogo, munição ou acessório.

A tentativa não nos parece possível, haja vista que exigência de presença de elementos probatórios razoáveis de conduta criminal preexistente revela comportamento ilícito anterior.

Divergindo do coautor desta obra, para Marcelo Schirmer ALBUQUERQUE, o dispositivo legal utiliza técnica redacional imprópria, sugerindo a criação de um tipo penal por equiparação (o que, a rigor, não ocorre) e invocando matéria probatória para, na verdade, apresentar um vértice de interpretação autêntica visando a corroborar a tipicidade e punibilidade da venda de armas para "policial disfarçado" e validar eventual prisão em flagrante, inclusive em seu aspecto cautelar-probatório.

Assim, o referido parágrafo serve, em primeiro lugar, para esclarecer que **o fato de o comprador ou recebedor da arma ser um "policial disfarçado" não torna atípica a conduta descrita no *caput***, sendo esta (a conduta descrita no *caput*) o objeto de imputação em eventual ação penal.

Em matéria de concurso de agentes, o policial exercendo tal papel não será nada mais, nada menos, que partícipe/instigador do delito, atuando (o policial) de modo atípico ou não ilícito, conforme a teoria do crime que se adote. E, precisamente porque a instigação não exclui, em nenhuma hipótese, a imputação ao autor instigado, o flagrante que se seguir à consumação do delito será formal e materialmente válido.

A despeito de notável e recorrente confusão doutrinária e jurisprudencial acerca do tema, **a existência do "agente provocador"**, figura central à teoria da armadilha (*entrapment defense*), por si só, **não exclui o crime do "agente provocado" e muito menos aponta para a ocorrência de crime impossível (art. 17, CP)**. E, afinal, embora tangencie o tema do flagrante preparado, não tem com este uma relação direta de causa e efeito ou de gênero-espécie.

A Súmula 145 do STF, outro texto tanto simples quanto mal interpretado, segundo a qual "não há crime, quando a preparação do flagrante pela polícia torna impossível a sua consumação", evidencia que o conceito de flagrante preparado diz respeito ao controle ambiental e situacional pelos agentes policiais durante o *iter criminis* e não à presença de um deles se relacionando diretamente com o investigado. A par disso, o crime impossível (não só em caso de flagrante preparado, mas nele e em qualquer outro), além de não contar com o "agente provocador" entre seus requisitos (que são alternativamente a ineficácia absoluta do *meio* ou a absoluta impropriedade do *objeto*) é causa de exclusão da punibilidade apenas de crimes tentados – "*não se pune a tentativa quando*" – quando o crime de comércio de arma de fogo se consuma com a venda ou fornecimento, sendo o flagrante que a ele se segue incide sobre delito já consumado.

1.2.6.6 Causa de aumento de pena

Nos termos do art. 19 do Estatuto do Desarmamento, nos crimes previstos nos arts. 17 e 18, a pena é aumentada da metade se a arma de fogo, acessório ou munição forem de uso proibido ou restrito, conceitos vistos nos comentários ao artigo 16, ao qual remetemos o leitor para evitarmos repetições.

Nos termos do art. 20 do Estatuto, a pena será aumentada, da metade, na hipótese de prática dos crimes previstos nos artigos 14, 15, 16, 17 e 18: I - se forem praticados por integrante dos órgãos e empresas referidas nos arts. 6º, 7º e 8º desta Lei; ou II - o agente for reincidente específico em crimes dessa natureza.

1.2.6.7 Conflito aparente de normas

a) **Art. 12, Estatuto do Desarmamento**: Possuir ou manter sob sua guarda arma de fogo, acessório ou munição, de uso permitido, em desacordo com determinação legal ou regulamentar, no interior de sua residência ou dependência desta, ou, ainda no seu local de trabalho, desde que seja o titular ou o responsável legal do estabelecimento ou empresa: Pena - detenção, de 1 (um) a 3 (três) anos, e multa.

b) **Art. 14, Estatuto do Desarmamento:** Portar, deter, adquirir, fornecer, receber, ter em depósito, transportar, ceder, ainda que gratuitamente, emprestar, remeter, empregar, manter sob guarda ou ocultar arma de fogo, acessório ou munição, de uso permitido, sem autorização e em desacordo com determinação legal ou regulamentar: Pena - reclusão, de 2 (dois) a 4 (quatro) anos, e multa.

c) **Art. 16, Estatuto do Desarmamento**: Possuir, deter, portar, adquirir, fornecer, receber, ter em depósito, transportar, ceder, ainda que gratuitamente, emprestar, remeter, empregar, manter sob sua guarda ou ocultar arma de fogo, acessório ou munição de uso restrito, sem autorização e em desacordo com determinação legal ou regulamentar: Pena - reclusão, de 3 (três) a 6 (seis) anos, e multa.

d) **Art. 242, Estatuto da Criança e do Adolescente:** Vender, fornecer ainda que gratuitamente ou entregar, de qualquer forma, a criança ou adolescente arma, munição ou explosivo: Pena – reclusão, de 3 (três) a 6 (seis) anos. (vide comentários ao art. 16).

e) **Art. 18, Lei de Contravenções Penais:** Fabricar, importar, exportar, ter em depósito ou vender, sem permissão da autoridade, arma ou munição: Pena – prisão simples, de três meses a um ano, ou multa, de um a cinco contos de réis, ou ambas cumulativamente, se o fato não constitui crime contra a ordem política ou social. (vide comentários ao art. 16).

1.2.6.8 Ação penal

A ação penal no delito em questão é pública incondicionada.

Em razão da pena cominada (reclusão, de seis a doze anos, e multa), a forma delitiva não admite qualquer espécie de instituto despenalizante.

1.2.7 Tráfico internacional de arma de fogo

Art. 18. Importar, exportar, favorecer a entrada ou saída do território nacional, a qualquer título, de arma de fogo, acessório ou munição, sem autorização da autoridade competente:

Pena – reclusão, de 8 (oito) a 16 (dezesseis) anos, e multa.

Parágrafo único. Incorre na mesma pena quem vende ou entrega arma de fogo, acessório ou munição, em operação de importação, sem autorização da autoridade competente, a agente policial disfarçado, quando presentes elementos probatórios razoáveis de conduta criminal preexistente.

1.2.7.1 Introdução

O delito de tráfico internacional de arma de fogo, previsto no art. 18 do Estatuto do Desarmamento, tutela, de forma direta, a incolumidade pública, marcada pela necessidade de segurança coletiva. Trata-se de **crime de perigo abstrato,** haja vista que não se exige a produção de resultado naturalístico, contentando-se a norma com o risco criado pelo comércio internacional ilegal.

Trata-se de crime hediondo por força das alterações promovidas na Lei dos Crimes Hediondos pela Lei 13.964/19 (art. 1º, parágrafo único, IV).

1.2.7.2 Sujeitos do crime

O crime de tráfico internacional de arma de fogo é **comum**, pois pode ser praticado por qualquer pessoa. O sujeito passivo do delito é a coletividade.

1.2.7.3 Estrutura do tipo penal

A estrutura típica do crime previsto no art. 18, *caput*, do Estatuto do Desarmamento é formada pelo núcleo verbal *importar, exportar, favorecer a entrada ou saída*; e pelas elementares normativas *território nacional; a qualquer título; arma de fogo, acessório ou munição;* e *sem autorização da autoridade competente.*

Conduta nuclear

- importar, exportar, favorecer a entrada ou saída

Elementares objetivas

Elementares normativas

- território nacional
- a qualquer título
- arma de fogo, acessório ou munição
- sem autorização da autoridade competente

Elementares subjetivas, especial fim de agir e elementos volitivos

- dolo

A estrutura, todavia, não se resume aos elementos revelados pela leitura literal, pois também traz a estrutura basilar finalista, composta na sua integralidade pela conduta, resultado, nexo de causalidade e tipicidade.

O núcleo típico verbal é formado pelas seguintes condutas:

1) ***Importar***: significa fazer entrar no território nacional o objeto material, trazer de fora para dentro, trazer de outro país. Não se exige que o agente traga direta e pessoalmente o objeto material do delito para conformação típica, porquanto a importação pode ser materializada por terceira pessoa, a mando do agente. A consumação do delito ocorre com a efetiva entrada no território nacional, não se exigindo que o destinatário final tenha acesso à arma, munição ou acessório, mero exaurimento do delito.

2) ***Exportar***: significa fazer sair do território nacional o objeto material, encaminhar a arma de fogo, munição ou acessório, por via aérea, marítima ou terrestre, para fora do país. A consumação do delito, nessa modalidade, ocorre com a efetiva saída do objeto material do território brasileiro.

3) ***Favorecer a entrada ou saída do território nacional***: significa contribuir, de qualquer modo, para que armas de fogo, munições e acessórios entrem ou saiam do território brasileiro de forma ilegal.

O delito é uma forma especial de contrabando, especializado em razão do objeto material – arma de fogo, acessório ou munição. De forma injustificada, o tipo penal não contempla os explosivos ou artefatos incendiários.

A exemplo dos tipos penais anteriores, que se valem de conteúdos normativos que se encontram fora do próprio tipo penal, o delito de tráfico internacional de arma de fogo também se revela como norma penal em branco, não somente por buscar a definição de arma de fogo, acessórios e munições em outros diplomas legais, conforme vimos nos comentários aos crimes anteriores, mas também por atrair a necessidade de complemento quanto à definição de território nacional.

Compreende-se o território nacional como o espaço em que há soberania estatal, seja situado nos limites geográficos do país ou não. É delimitado pelo espaço físico ou geográfico e espaço jurídico (espaço por extensão, por equiparação, por ficção ou território flutuante).

Em síntese, o território nacional, para fins de aplicação da lei penal, é composto por:

a) limites delineados pelas fronteiras nacionais;

b) mar territorial brasileiro, que compreende 12 milhas marítimas de largura, medidas a partir da linha de baixa-mar do litoral continente e insular (art. 1º da Lei 8.617/93);

c) espaço aéreo inerente ao território geográfico e ao mar territorial (princípio da absoluta soberania do país subjacente, art. 2º da Lei 8.617/93 e art. 11 do Código Brasileiro de Aeronáutica);

d) embarcações e aeronaves brasileiras, de natureza pública ou a serviço do governo brasileiro, onde quer que se encontrem (art. 5º, §1º do CP);

e) as aeronaves e as embarcações brasileiras, mercantes ou de propriedade privada, que se achem, respectivamente, no espaço aéreo correspondente ou em alto-mar art. 5º, §1º do CP).

A antinormatividade pode ser constatada pela ausência de autorização da autoridade competente. A importação de armas de fogo, munições e demais produtos controlados pelo Exército (PCE) estão sujeitas a autorização prévia e licenciamento pelo Comando do Exército. A Portaria Cmt EX n° 1.729/2019 regulamenta os procedimentos administrativos relativos ao comércio exterior de PCE. Nos termos do art. 2º do Anexo I do Decreto 10.030/19:

> Art. 2º Para fins do disposto neste Regulamento, Produto Controlado pelo Comando do Exército – PCE é aquele que:
>
> I – apresenta:
>
> a) poder destrutivo;
>
> b) propriedade que possa causar danos às pessoas ou ao patrimônio; ou
>
> c) indicação de necessidade de restrição de uso por motivo de incolumidade pública; ou
>
> II – seja de interesse militar.

Assim, salvo nas hipóteses previstas no art. 26 do Anexo I, nos termos do art. 25, "a importação de PCE ficará sujeita à autorização prévia do Comando do Exército".

O delito, em regra, é praticado por ação nas modalidades importar e exportar. É possível, igualmente, a prática por omissão, como na hipótese de favorecimento para entrada ou saída do território nacional.

Ainda no contexto da conduta, o crime pode ser praticado sob as **modalidades dolo direto** e **eventual**, não exigindo o tipo penal qualquer finalidade específica.

O **resultado** deve ser analisado sob a perspectiva normativa, haja vista que o tipo penal se contenta com a criação do perigo abstrato.

A solução do nexo de causalidade pela **teoria da imputação objetiva**, em nossa perspectiva não diverge da apresentada pela doutrina tradicional. O agente que importa arma de fogo, sem autorização da autoridade competente, **cria um risco juridicamente proibido**, que se materializa em um **resultado normativo (situação de perigo abstrato)**, sendo que resultado se encontra dentro do **alcance do tipo**.

Por fim, a estrutura do tipo penal completa-se com a tipicidade, expressamente consignada no art. 18, *caput*, do Estatuto do Desarmamento.

1.2.7.4 Consumação e tentativa

O delito de comércio ilegal de arma de fogo é concebido como **crime formal**, de modo que a consumação ocorre com a simples realização do comportamento típico. Assim, na modalidade "importar", a consumação ocorrerá com o efetivo ingresso da arma de fogo, acessório ou munição no território nacional. Na modalidade "exportar", com a efetiva saída do objeto material do território nacional. Por mim, na modalidade "favorecer a entrada ou saída do território nacional", com a realização do efetivo ato de favorecimento, não sendo necessário para a consumação, em nossa compreensão, que o agente alcance seu intento (importar ou exportar).

A tentativa é admissível, salvo na hipótese de favorecimento por omissão, vez que o comportamento típico se materializa de imediato.

1.2.7.5 Figura equiparada

O parágrafo único do art. 18 do ED dispõe que incorre na mesma pena quem vende ou entrega arma de fogo, acessório ou munição, em operação de importação, sem autorização da autoridade competente, a agente policial disfarçado, quando presentes elementos probatórios razoáveis de conduta criminal preexistente.

A redação típica diferencia-se do §2º do art. 17 do Estatuto do Desarmamento tão somente pelo contexto "em operação de importação", razão pela qual, para evitarmos repetições, remetemos o leitor aos comentários desenvolvidos quanto à figura equiparada do art. 17 do ED.

1.2.7.6 Causa de aumento de pena

Nos termos do art. 19 do Estatuto do Desarmamento, nos crimes previstos nos arts. 17 e 18, a pena é aumentada da metade se a arma de fogo, acessório ou munição forem de uso proibido ou restrito, conceitos vistos nos comentários ao artigo 16, ao qual remetemos o leitor para evitarmos repetições.

Nos termos do art. 20 do Estatuto, a pena será aumentada, da metade, na hipótese de prática dos crimes previstos nos artigos 14, 15, 16, 17 e 18: I - se forem praticados por integrante dos órgãos e empresas referidas nos arts. 6º, 7º e 8º desta Lei; ou II - o agente for reincidente específico em crimes dessa natureza.

1.2.7.7 Conflito aparente de normas

a) **Art. 14, Estatuto do Desarmamento:** Portar, deter, adquirir, fornecer, receber, ter em depósito, transportar, ceder, ainda que gratuitamente, emprestar, remeter, empregar, manter sob guarda ou ocultar arma de fogo, acessório ou munição, de uso permitido, sem autorização e em desacordo com determinação legal ou regulamentar: Pena – reclusão, de 2 (dois) a 4 (quatro) anos, e multa.

b) **Art. 16, Estatuto do Desarmamento**: Possuir, deter, portar, adquirir, fornecer, receber, ter em depósito, transportar, ceder, ainda que gratuitamente, emprestar, remeter, empregar, manter sob sua guarda ou ocultar arma de fogo, acessório ou munição de uso restrito, sem autorização e em desacordo com determinação legal ou regulamentar: Pena – reclusão, de 3 (três) a 6 (seis) anos, e multa.

c) **Art. 334-A, CP**: Importar ou exportar mercadoria proibida: Pena – reclusão, de 2 (dois) a 5 (cinco) anos.

1.2.7.8 Ação penal

A ação penal no delito em questão é pública incondicionada.

Em razão da pena cominada (reclusão, de oito a dezesseis anos, e multa), a forma delitiva não admite qualquer espécie de instituto despenalizante.

1.3 CAUSAS DE AUMENTO DE PENA

Nos termos do art. 19 do Estatuto do Desarmamento, nos crimes previstos nos arts. 17 e 18, a pena é aumentada da metade se a arma de fogo, acessório ou munição forem de uso proibido ou restrito, conceitos vistos nos comentários ao artigo 16, ao qual remetemos o leitor para evitarmos repetições.

Nos termos do art. 20 do Estatuto, a pena será aumentada, da metade, na hipótese de prática dos crimes previstos nos artigos 14, 15, 16, 17 e 18: I – se forem praticados por integrante dos órgãos e empresas referidas nos arts. 6º, 7º e 8º desta Lei; ou II – o agente for reincidente específico em crimes dessa natureza.

1.4 LIBERDADE PROVISÓRIA

O art. 21 do Estatuto do Desarmamento assinala que os crimes previstos nos arts. 16, 17 e 18 são insuscetíveis de liberdade provisória. Não obstante, o STF, no julgamento da ADI 3.112, ocorrido em 02.05.07, declarou o dispositivo por inconstitucional, em conjunto com a vedação à fiança nos parágrafos únicos dos artigos 14 e 15 do ED. Assim, juridicamente, não há qualquer obstáculo normativo à concessão da liberdade provisória.

1.5 DESTINAÇÃO DAS ARMAS DE FOGO APREENDIDAS

Conforme se extrai do art. 25 do ED, "as armas de fogo apreendidas, após a elaboração do laudo pericial e sua juntada aos autos, quando não mais interessarem à persecução penal serão encaminhadas pelo juiz competente ao Comando do Exército, no prazo de até 48 (quarenta e oito) horas, para destruição ou doação aos órgãos de segurança pública ou às Forças Armadas, na forma do regulamento desta Lei."

Nos termos do §1º-A do dispositivo. "as armas de fogo e munições apreendidas em decorrência do tráfico de drogas de abuso, ou de qualquer forma utilizadas em atividades ilícitas de produção ou comercialização de drogas abusivas, ou, ainda, que tenham sido adquiridas com recursos provenientes do tráfico de drogas de abuso, perdidas em favor da União e encaminhadas para o Comando do Exército, devem ser, após perícia ou vistoria que atestem seu bom estado, destinadas com prioridade para os órgãos de segurança pública e do sistema penitenciário da unidade da federação responsável pela apreensão.

2

LEI ANTITERRORISMO
(LEI 13.260/16)

2.1 INTRODUÇÃO

A Constituição Federal, em seu art. 5º, inciso XLIII, estabeleceu um verdadeiro **mandado de criminalização** contra o terrorismo ao prever que "a lei considerará crimes inafiançáveis e insuscetíveis de graça ou anistia a prática da tortura, o tráfico ilícito de entorpecentes e drogas afins, o **terrorismo** e os definidos como crimes hediondos, por eles respondendo os mandantes, os executores e os que, podendo evitá-los, se omitirem".

Além do tratamento mais severo, como crime equiparado a hediondo previsto no art. 2º da Lei 8.072/90, o legislador somente avançou na promulgação da Lei 13.260/16 quase trinta anos após e entrada em vigor da Constituição de 1988.

Antes, contudo, timidamente o art. 20 da Lei 7.170/83[1] (revogada Lei de Segurança Nacional) previa a punição de atos terrorismo no contexto de inconformismo político ou para obtenção de fundos destinados à manutenção de organizações políticas clandestinas ou subversivas. Posteriormente, o Brasil promulgou o Decreto 3.018/99, trazendo para o ordenamento jurídico

1. Art. 20 – Devastar, saquear, extorquir, roubar, sequestrar, manter em cárcere privado, incendiar, depredar, provocar explosão, praticar atentado pessoal ou atos de terrorismo, por inconformismo político ou para obtenção de fundos destinados à manutenção de organizações políticas clandestinas ou subversivas.
Pena: reclusão, de 3 a 10 anos.
Parágrafo único – Se do fato resulta lesão corporal grave, a pena aumenta-se até o dobro; se resulta morte, aumenta-se até o triplo.

pátrio a Convenção para Prevenir e Punir os Atos de Terrorismo Configurados em Delitos Contra as Pessoas e a Extorsão Conexa, Quando Tiverem Eles Transcendência Internacional, concluída em Washington, 1971.

O art. 1º da mencionada convenção dispõe que:

> Os Estados Contratantes obrigam-se a cooperar entre si, tomando todas as medidas que considerem eficazes de acordo com suas respectivas legislações e, especialmente, as que são estabelecidas nesta Convenção, para prevenir e punir os atos de terrorismo e, em especial, o sequestro, o homicídio e outros atentados contra a vida e a integridade das pessoas a quem o Estado tem o dever de proporcionar proteção especial conforme o direito internacional, bem como a extorsão conexa com tais delitos.

Em 2005, editou o Decreto 5.639/05, promulgando a Convenção Interamericana contra o Terrorismo, assinada em Barbados, 2002[2], cujo artigo 1º prevê:

---

2. Além dos diplomas legais mencionados, vale o registro: **Organização das Nações Unidas**: Convenção sobre a Prevenção e Punição de Crimes Contra Pessoas que Gozam de Proteção Internacional, inclusive Agentes Diplomáticos, firmada em 14 de dezembro de 1973 e promulgada pelo Decreto nº 3.167, de 14 de setembro de 1999; Convenção Internacional contra a Tomada de Reféns, firmada em 18 de dezembro de 1979 e promulgada pelo Decreto nº 3.517, de 20 de junho de 2000; Convenção sobre a Segurança do Pessoal das Nações Unidas e Pessoal Associado, firmada em 9 de dezembro de 1994 e promulgada pelo Decreto nº 3.615, de 29 de setembro de 2000; Convenção Internacional sobre a Supressão de Atentados Terroristas com Bombas, firmada em 15 de dezembro de 1997 e promulgada pelo Decreto nº 4.394, de 26 de setembro de 2002; Convenção Internacional para Supressão do Financiamento do Terrorismo, firmada em 10 de novembro de 2001 e promulgada pelo Decreto nº 6.640, de 26 de dezembro de 2005; Convenção Internacional para a Supressão de Atos de Terrorismo Nuclear, firmada em 14 de novembro de 2005, aprovada pelo Decreto Legislativo nº 267, de 10 de junho de 2009, e ainda não promulgada.
Organização da Aviação Civil Internacional: Convenção Relativa às Infrações e a Certos Outros Atos Cometidos a Bordo de Aeronaves, firmada em 14 de setembro de 1963 e promulgada pelo Decreto nº 66.520, de 30 de abril de 1970; Convenção para a Repressão ao Apoderamento Ilícito de Aeronaves, firmada em 16 de dezembro de 1970 e promulgada pelo Decreto nº 70.201, de 24 de fevereiro de 1972; Convenção para a Repressão aos Atos ilícitos Contra a Segurança da Aviação Civil, firmada em 23 de setembro de 1971 e promulgada pelo Decreto nº 72.383, de 20 de junho de 1973; Protocolo para a Repressão de Atos Ilícitos de Violência em Aeroportos que Prestem Serviços à Aviação Civil Internacional, firmado em 24 de fevereiro de 1988 e promulgado pelo Decreto nº 2.611, de 1 de junho de 1988; Convenção sobre a Marcação de Explosivos Plásticos para Fins de Detecção, firmada em 1 de março de 1991 e promulgada pelo Decreto nº 4.021, de 19 de novembro de 2001.
Organização Marítima Internacional: Convenção para a Supressão de Atos Ilícitos contra a Segurança da Navegação Marítima, firmada em 10 de março de 1988 e promulgada pelo Decreto nº 6.136, de 26 de junho de 2007; Protocolo para a Supressão de Atos Ilícitos contra

> Esta Convenção tem por objeto prevenir, punir e eliminar o terrorismo. Para esses fins, os Estados Partes assumem o compromisso de adotar as medidas necessárias e fortalecer a cooperação entre eles, de acordo com o estabelecido nesta Convenção.

No âmbito específico da Lei 13.260/16, o legislador definiu o terrorismo no art. 2º, como "a prática por um ou mais indivíduos dos atos previstos neste artigo, por razões de xenofobia, discriminação ou preconceito de raça, cor, etnia e religião, quando cometidos com a finalidade de provocar terror social ou generalizado, expondo a perigo pessoa, patrimônio, a paz pública ou a incolumidade pública".

A estrutura da Lei 13.260/16 foi balizada na definição do terrorismo e atos de terrorismo, no art. 2º, tipificação de comportamentos criminosos nos arts. 2º a 7º, e demais regras de ordem penal e processual nos dispositivos seguintes.

2.2 DOS CRIMES EM ESPÉCIE

2.2.1 Atos de terrorismo

> Art. 2º O terrorismo consiste na prática por um ou mais indivíduos dos atos previstos neste artigo, por razões de xenofobia, discriminação ou preconceito de raça, cor, etnia e religião, quando cometidos com a finalidade de provocar terror social ou generalizado, expondo a perigo pessoa, patrimônio, a paz pública ou a incolumidade pública.
>
> § 1º São atos de terrorismo:
>
> I – usar ou ameaçar usar, transportar, guardar, portar ou trazer consigo explosivos, gases tóxicos, venenos, conteúdos biológicos, químicos, nucleares ou outros meios capazes de causar danos ou promover destruição em massa;
>
> II – (VETADO);
>
> III – (VETADO);

---

a Segurança de Plataformas Fixas Localizadas na Plataforma Continental, firmado em 24 de fevereiro de 1988 e promulgado pelo Decreto nº 2.611, de 1 de junho de 1988.
Agência Internacional de Energia Atômica: Convenção sobre a Proteção Física do Material Nuclear, firmada em 3 de março de 1980 e promulgada pelo Decreto nº 95, de 16 de abril de 1991.

IV - sabotar o funcionamento ou apoderar-se, com violência, grave ameaça a pessoa ou servindo-se de mecanismos cibernéticos, do controle total ou parcial, ainda que de modo temporário, de meio de comunicação ou de transporte, de portos, aeroportos, estações ferroviárias ou rodoviárias, hospitais, casas de saúde, escolas, estádios esportivos, instalações públicas ou locais onde funcionem serviços públicos essenciais, instalações de geração ou transmissão de energia, instalações militares, instalações de exploração, refino e processamento de petróleo e gás e instituições bancárias e sua rede de atendimento;

V – atentar contra a vida ou a integridade física de pessoa:

Pena – reclusão, de doze a trinta anos, além das sanções correspondentes à ameaça ou à violência.

2.2.1.1 Introdução

O delito de **atos de terrorismo**[3], previsto no §1º do art. 2º da Lei Antiterrorismo, tutela, em regra, a paz social e a segurança pública.

O crime tipifica comportamentos hábeis a promover danos de ordem massificada não somente à população como um todo, mas a bens e serviços essenciais. O delito é equiparado a hediondo.

Conforme se infere do *caput* do art. 2º da Lei 13.260/16, o terrorismo se caracteriza pela prática, por um ou mais indivíduos, das condutas descritas no §1º, **por razões de xenofobia, discriminação ou preconceito de raça, cor, etnia e religião**, quando cometidos com **a finalidade de provocar terror social ou generalizado**, expondo a perigo pessoa, patrimônio, a paz pública ou a incolumidade pública. A análise da tipologia legal será realizada na estrutura do delito.

2.2.1.2 Sujeitos do crime

O delito de atos de terrorismo é **comum**, pois pode ser praticado por qualquer pessoa.

Os sujeitos passivos diretos do delito são o Estado e a coletividade, tratando-se de crime vago. Vale destacar que as pessoas atingidas diretamente pelos comportamentos típicos são também concebidas como vítimas do delito.

3. O *nomen iuris* não consta da Lei, sendo decorrente de construção doutrinária.

2.2.1.3 Estrutura do tipo penal

A estrutura típica do crime previsto no art. 2º, §1º da Lei 13.260/06, é formada, no inciso I, pelo núcleo verbal *usar ou ameaçar usar, transportar, guardar, portar ou trazer consigo*; pelas elementares normativas *explosivos, gases tóxicos, venenos, conteúdos biológicos, químicos, nucleares ou outros meios capazes de causar danos ou promover destruição em massa; e expondo a perigo pessoa, patrimônio, a paz pública ou a incolumidade pública*, conforme se depura do *caput*; pela elementar subjetiva extraída do *caput, por razões de xenofobia, discriminação ou preconceito de raça, cor, etnia e religião*; e pelo especial fim de agir, igualmente extraído do *caput, de provocar terror social ou generalizado.*

Por sua vez, a estrutura típica do crime previsto inciso IV é formada pelo núcleo verbal sabotar o funcionamento ou apoderar-se; pelas elementares objetivas controle total ou parcial; de meio de comunicação ou de transporte, de portos, aeroportos, estações ferroviárias ou rodoviárias, hospitais, casas de saúde, escolas, estádios esportivos, instalações públicas, instalações de geração ou transmissão de energia, instalações militares, instalações de exploração, refino e processamento de petróleo e gás e instituições bancárias e sua rede de atendimento; pelas elementares normativas violência ou grave ameaça a pessoa; servindo-se de mecanismos cibernéticos; ainda que de modo temporário e locais onde funcionem serviços públicos essenciais; expondo a perigo pessoa, patrimônio, a paz pública ou a incolumidade pública, conforme se depura do *caput*; pela elementar subjetiva extraída do *caput*, por razões de xenofobia, discriminação ou preconceito de raça, cor, etnia e religião; e pelo especial fim de agir, igualmente extraído do *caput*, de provocar terror social ou generalizado;

Por fim, a estrutura típica do crime previsto inciso V é formada pelo núcleo verbal *atentar*; pelas elementares objetivas *contra a vida ou integridade física de pessoa;* pela elementar normativa *expondo a perigo pessoa, patrimônio, a paz pública ou a incolumidade pública*, conforme se depura do *caput*; pela elementar subjetiva extraída do *caput, por razões de xenofobia, discriminação ou preconceito de raça, cor, etnia e religião*; e pelo especial fim de agir, igualmente extraído do *caput, de provocar terror social ou generalizado;*

Conduta nuclear

- usar ou ameaçar usar, transportar, guardar, portar ou trazer consigo (I)
- sabotar o funcionamento ou apoderar-se (IV)
- atentar (V)

Elementares objetivas

- controle total ou parcial; de meio de comunicação ou de transporte, de portos, aeroportos, estações ferroviárias ou rodoviárias, hospitais, casas de saúde, escolas, estádios esportivos, instalações públicas, instalações de geração ou transmissão de energia, instalações militares, instalações de exploração, refino e processamento de petróleo e gás e instituições bancárias e sua rede de atendimento (IV)
- contra a vida ou integridade física de pessoa (V)

Elementares normativas

- explosivos, gases tóxicos, venenos, conteúdos biológicos, químicos, nucleares ou outros meios capazes de causar danos ou promover destruição em massa (I)
- violência ou grave ameaça a pessoa; servindo-se de mecanismos cibernéticos; ainda que de modo temporário e locais onde funcionem serviços públicos essenciais (IV)
- expondo a perigo pessoa, patrimônio, a paz pública ou a incolumidade pública (I, IV e V)

Elementares subjetivas, especial fim de agir e elementos volitivos

- dolo
- por razões de xenofobia, discriminação ou preconceito de raça, cor, etnia e religião (I, IV e V)
- finalidade de provocar terror social ou generalizado

A estrutura, todavia, não se resume aos elementos revelados pela leitura literal, pois também traz a estrutura basilar finalista, composta na sua integralidade pela conduta, resultado, nexo de causalidade e tipicidade.

Do *caput* do art. 2º, extrai-se, inicialmente, as elementares de cunho subjetivo, que evidenciam a razão subjetiva dos comportamentos proscritos. Assim, somente estaremos diante de conduta terrorista quando o agente praticar a conduta **por razões de xenofobia, discriminação ou preconceito de raça, cor, etnia e religião**.

Outras motivações podem ensejar comportamentos de natureza terrorista, como, por exemplo, questões de fundo político, que não necessariamente se associam às questões relacionadas à raça, cor, etnia e religião. Não se pode afastar, igualmente, a possibilidade de ação dos chamados "lobos solitários" que, mesmo sem qualquer espécie de motivação típica, realizam atos terroristas tão somente por prazer ou desequilíbrio mental. Não obstante, tais comportamentos não se amoldam à figura típica por opção do legislador, devendo o agente responder pelos delitos efetivamente praticados, na forma do Código Penal e Legislação Especial Penal.

As figuras típicas previstas nos incisos I, IV e V (os incisos II e III foram vetados), igualmente exigem a finalidade específica de agir, voltada para provocar terror social ou generalizado, além de pressupor a satisfação da elementar normativa afeta à efetiva exposição a perigo de pessoa, patrimônio, paz pública ou incolumidade pública.

A figura típica do **inciso I** prevê as condutas de usar ou ameaçar usar, transportar, guardar, portar ou trazer consigo explosivos, gases tóxicos, venenos, conteúdos biológicos, químicos, nucleares ou outros meios capazes de causar danos ou promover destruição em massa.

Usar significa utilizar, *ameaçar usar* significa intimidar, anunciar mal injusto e grave. A previsão equipara, para fins de consumação, as condutas de usar e ameaçar usar, antecipando a punição do Direito Penal para uma conduta tipicamente de perigo. *Transportar* é levar de um lugar para outro; *guardar* significa manter, preservar, ter em depósito; *portar* é carregar, ter consigo, ao passo que *trazer consigo* significa ter o objeto ilícito ao seu alcança, para pronto e imediato uso. Trata-se, dessa forma, de crime de ação múltipla ou conteúdo variado.

O tipo penal prevê como objeto material explosivos, gases tóxicos, venenos, conteúdos biológicos, químicos, nucleares ou outros meios capazes de causar danos ou promover destruição em massa. À fórmula descritiva inicial soma-se a forma analógica da parte final - outros meios capazes de causar danos ou promover destruição em massa - que nos fornece o adequado parâmetro interpretativo.

A leitura conglobada da previsão com o *caput* nos sugere a necessária associação do meio eleito, que precisa ser apto a causar dano ou promover destruição em massa, com a finalidade de provocar terror social ou generalizado. Logo, a simples explosão de dinamite não satisfaz o tipo penal, pois deve ser perquirido o fim do agente e a potencialidade do objeto ilícito sob a perspectiva da possibilidade de causação de dano ou de promoção de destruição em massa. É imprescindível que da conduta praticada se extraia a finalidade de provocar terror social ou generalizado.

À exceção da conduta de usar, nas demais formas o tipo penal prevê a punição de **atos tidos como meramente preparatórios**, revelando a antecipação do Direito Penal em razão do risco inerente à conduta.

A previsão do **inciso IV** contém dois núcleos distintos. *Sabotar* é destruir, demolir, inutilizar, inviabilizar o funcionamento. *Apoderar-se*, por outro lado, significa ter controle total ou parcial, ainda que de forma temporária, dos serviços descritos na figura típica, quais sejam: meio de comunicação ou de transporte; de portos, aeroportos, estações ferroviárias ou rodoviárias; hospitais, casas de saúde, escolas, estádios esportivos, instalações públicas ou locais onde funcionem serviços públicos essenciais; instalações de geração ou transmissão de energia, instalações militares, instalações de exploração, refino e processamento de petróleo e gás e instituições bancárias e sua rede de atendimento.

Nitidamente se verifica que o legislador buscou tutelar serviços essenciais, estratégicos ou voltados à segurança coletiva. O apoderamento pode ser realizado por meio de violência, grave ameaça à pessoa ou servindo-se o agente de mecanismos cibernéticos.

Vale registrar que se o agente destruir ou inutilizar meios de comunicação ao público, serviço público essencial, estabelecimentos, instalações ou serviços destinados à defesa nacional, com o fim de abolir o Estado Democrático de Direito, incorrerá no crime de sabotagem, previsto no art. 359-R, CP.

Por fim, a exegese da previsão típica do inciso V – atentar contra a vida ou a integridade física de pessoa – trilha a linha, em nossa compreensão, da tutela da coletividade, não obstante a norma indicar, expressamente, a tutela do indivíduo. Ao se analisar a figura em sua literalidade, parece que o legislador, ao prever como crime o atentado contra a vida ou integridade física de pessoa, teria trazido para o contexto da Lei Antiterrorismo a mesma tutela fornecida pelo Código Penal, nos crimes, por exemplo, de homicídio e lesões corporais. Não é essa, contudo, a melhor compreensão.

O *caput* do art. 2º pressupõe a finalidade de provocar terror social ou generalizado, sendo certo que tal finalidade não pode automaticamente ser extraída de um atentado contra vida de alguém. Conforme vimos, o terrorismo consiste na prática de atos por razões de xenofobia, discriminação ou preconceito de raça, cor, etnia e religião, cometidos com a finalidade de provocar terror social ou generalizado, expondo a perigo pessoa, patrimônio, a paz pública ou a incolumidade pública. Logo, nitidamente se extrai, como premissa, a exigência de um risco maior, superior àquele ordinariamente verificado na conduta de um homicida.

Não obstante, é possível que se verifique a satisfação típica na conduta praticada contra apenas um indivíduo, como na hipótese de atentado contra uma liderança religiosa ou racial, com a finalidade de provocar terror generalizado, circunstância apta a causar distúrbios na ordem social. Nesse caso, não se trata de um mero homicídio ou tentativa de homicídio, condutas, aliás, equiparadas pelo inciso V ao se valer do verbo *atentar*, desvinculando-o do resultado, mas de verdadeiro ato terrorista, razão pela qual deverá responder pela figura especial e pela conduta correspondente à ameaça ou violência na forma do inciso V.

No que toca à **conduta**, as figuras típicas são praticadas, em regra, por **ação**, podendo ser verificada modalidade omissiva quando o indivíduo, garantidor e ciente da prática criminosa por parte de agente, compartilhando do mesmo fim especial, deixa tomar providências para evitar o resultado. O crime, por exigir a finalidade especial de agir, somente pode ser praticado sob a **modalidade dolo direto**. O tipo penal não prevê a forma culposa.

O delito de atos de terrorismo é concebido, de forma geral, como **crime material**, não exigindo a produção de outro resultado além da exposição a perigo à pessoa, patrimônio, paz pública ou incolumidade pública.

A solução do nexo de causalidade pela **teoria da imputação objetiva** não diverge da doutrina tradicional. O agente que usa explosivos, por razões de xenofobia, com a finalidade de provocar terror generalizado, expondo a perigo a incolumidade pública, cria um **risco juridicamente desaprovado para o bem jurídico paz social**. Por sua vez, **o risco criado com a violação da norma** materializa-se no resultado exposição a perigo concreto, sendo certo que esse se encontra dentro do **alcance do tipo**.

Por fim, a estrutura do tipo penal completa-se com a tipicidade, expressamente consignada no art. 2º, incisos I, IV e V da Lei de Antiterrorismo.

2.2.1.4 Consumação e tentativa

O delito de atos de terrorismo, na figura do inciso I, é concebido como crime formal, não exigindo a produção de outro resultado naturalístico além da exposição a perigo concreto. Consuma-se, portanto, com o mero uso ou ameaça de usar, transporte, guarda, porte ou trazer consigo explosivos, gases tóxicos, venenos, conteúdos biológicos, químicos, nucleares ou outros meios capazes de causar danos ou promover destruição em massa, desde que, conforme vimos, por razões de xenofobia, discriminação ou preconceito de raça, cor, etnia e religião, quando cometidos com a finalidade de provocar terror social ou generalizado, expondo a perigo pessoa, patrimônio, a paz pública ou a incolumidade pública.

O crime previsto no inciso IV, por sua vez, é material e consuma-se com a efetiva sabotagem de funcionamento ou apoderamento, com violência, grave ameaça a pessoa ou servindo-se de mecanismos cibernéticos, do controle total ou parcial, ainda que de modo temporário, de meio de comunicação ou de transporte, de portos, aeroportos, estações ferroviárias ou rodoviárias, hospitais, casas de saúde, escolas, estádios esportivos, instalações públicas ou locais onde funcionem serviços públicos essenciais, instalações de geração ou transmissão de energia, instalações militares, instalações de exploração, refino e processamento de petróleo e gás e instituições bancárias e sua rede de atendimento, desde que, na forma do *caput*, por razões de xenofobia, discriminação ou preconceito de raça, cor, etnia e religião, quando cometidos com a finalidade de provocar terror social ou generalizado, expondo a perigo pessoa, patrimônio, a paz pública ou a incolumidade pública.

Por fim, o crime previsto no inciso V consuma-se com o atentado contra a vida ou a integridade física de pessoa, independentemente do sucesso da empreitada, desde que praticado, na forma do *caput*, por razões de xenofobia, discriminação ou preconceito de raça, cor, etnia e religião, quando presente a finalidade de provocar terror social ou generalizado, expondo a perigo a pessoa, patrimônio, a paz pública ou a incolumidade pública.

A tentativa nos parece perfeitamente admissível, em razão da possibilidade de fracionamento do *iter criminis*.

2.2.1.5 Causa excludente da tipicidade

§ 2º O disposto neste artigo não se aplica à conduta individual ou coletiva de pessoas em manifestações políticas, movimentos sociais, sindicais, religiosos, de classe ou de categoria profissional, direcionados por propósitos sociais ou reivindicatórios, visando a contestar, criticar, protestar ou apoiar, com o objetivo de defender direitos, garantias e liberdades constitucionais, sem prejuízo da tipificação penal contida em lei.

O §2º do art. 2º da Lei 13.260/16 prevê o afastamento da incidência típica quando a conduta, individual ou coletiva, for praticada no seio de manifestações políticas, movimentos sociais, sindicais, religiosos, de classe ou categoria profissional quando direcionados por propósitos sociais ou reivindicatórios. De forma lógica, estando configurado o fim social ou meramente reivindicatório, não se estará diante da finalidade de provocar terror social ou generalizado, elementar típica.

De igual sorte, o comportamento praticado com o escopo de contestar, criticar, protestar ou apoiar, com o objetivo de defender direitos, garantias e liberdades constitucionais, não se revela apto a caracterizar o crime de terrorismo, porquanto deriva de manifestações livres e amparadas constitucionalmente.

Não obstante, nada impede que, no curso de tais manifestações, os agentes venham a praticar ilícitos penais, vez que a liberdade de manifestação não confere uma autorização legal para prática de crimes. Havendo excesso nas manifestações ou movimentos, os indivíduos serão responsabilizados nos termos da lei penal comum, pelos atos efetivamente praticados no curso da manifestação, não atraindo, frise-se, a aplicação da Lei Antiterrorismo.

2.2.1.6 Concurso obrigatório

O preceito secundário do delito prevê a pena de reclusão, de doze a trinta anos, além das sanções correspondentes à ameaça ou à violência. Há, portanto, a imposição de aplicação da regra do cúmulo material com a pena prevista para a ameaça ou violência, em razão do concurso formal impróprio (art. 70, *caput*, segunda parte, do CP).

2.2.1.7 Conflito aparente de normas

a) **Art. 151, CP**: (...) Violação de comunicação telegráfica, radioelétrica ou telefônica: II – quem indevidamente divulga, transmite a outrem ou utiliza abusivamente comunicação telegráfica ou radioelétrica dirigida a terceiro, ou conversação telefônica entre outras pessoas; III – quem impede a comunicação ou a conversação referidas no número anterior; IV – quem instala ou utiliza estação ou aparelho radioelétrico, sem observância de disposição legal.

b) **Art. 154-A, CP**: Invadir dispositivo informático de uso alheio, conectado ou não à rede de computadores, com o fim de obter, adulterar ou destruir dados ou informações sem autorização expressa ou tácita do usuário do dispositivo ou de instalar vulnerabilidades para obter vantagem ilícita: Pena – reclusão, de 1 (um) a 4 (quatro) anos, e multa.

c) **Art. 261, CP**: Expor a perigo embarcação ou aeronave, própria ou alheia, ou praticar qualquer ato tendente a impedir ou dificultar navegação marítima, fluvial ou aérea: Pena – reclusão, de dois a cinco anos.

d) **Art. 265, CP**: Atentar contra a segurança ou o funcionamento de serviço de água, luz, força ou calor, ou qualquer outro de utilidade pública: Pena – reclusão, de um a cinco anos, e multa. Parágrafo único – Aumentar-se-á a pena de 1/3 (um terço) até a metade, se o dano ocorrer em virtude de subtração de material essencial ao funcionamento dos serviços.

e) **Art. 359-R, CP**: Destruir ou inutilizar meios de comunicação ao público, estabelecimentos, instalações ou serviços destinados à defesa nacional, com o fim de abolir o Estado Democrático de Direito: Pena – reclusão, de 2 (dois) a 8 (oito) anos.

2.2.1.8 Ação penal

A ação penal, nos crimes previstos na Lei Antiterrorismo, é pública incondicionada.

Na forma do art. 11 da Lei, os crimes de terrorismo são praticados contra o interesse da União, cabendo à Polícia Federal a investigação criminal, em sede de inquérito policial, e à Justiça Federal o seu processamento e julgamento, nos termos do inciso IV do art. 109 da Constituição Federal.

Em razão da pena cominada (reclusão de 12 a 30 anos) e da natureza da conduta praticada, o delito não admite qualquer benefício despenalizante.

2.2.2 Organização terrorista

> Art. 3º Promover, constituir, integrar ou prestar auxílio, pessoalmente ou por interposta pessoa, a organização terrorista:
> Pena – reclusão, de cinco a oito anos, e multa.

2.2.2.1 Introdução

O delito de **organização terrorista**[4], previsto no art. 3º da Lei Antiterrorismo, tutela, em regra, a paz social e a segurança pública.

O crime tipifica a promoção, constituição e a participação, *latu sensu*, em organização de cunho terrorista. O conceito de organização terrorista foi fornecido pelo inciso II do §2º do art. 1 da Lei 12.850/13, que a concebe como aquela voltada para a prática dos atos de terrorismo legalmente definidos.

Da vinculação legal estabelecida pelo complemento legal fornecido pela Lei de Organizações Criminosas, pode-se concluir que a organização terrorista é uma espécie do gênero organização criminosa, de forma que, por força da leitura conjugada do §1º do art. 1º, com o inciso II do §2º, ambos da Lei

4. O *nomen iuris* não consta da Lei, sendo decorrente de construção doutrinária.

12.850/13, podemos definir a organização terrorista como a associação de 4 (quatro) ou mais pessoas, estruturalmente ordenada e caracterizada pela divisão de tarefas, ainda que informalmente, voltada para prática de atos de terrorismo legalmente definidos pela Lei Antiterrorismo.

Do conceito fornecido, pode-se perceber que afastamos a elementar com objetivo de obter, direta ou indiretamente, vantagem de qualquer natureza, haja vista que o fim previsto nos atos de terrorismo é o de **provocar terror social ou generalizado**. Ainda que, naturalmente, a organização terrorista possa ter por escopo a obtenção de vantagem de qualquer natureza, o escopo normativo para seu enquadramento como organização terrorista é específico.

O delito revela-se como **crime obstáculo**, pois pune a fase de preparação para a prática de atos terroristas, antecipando a intervenção do Direito Penal ante o risco inerente à conduta. Trata-se, igualmente, de **delito plurissubjetivo ou de concurso necessário**, vez que exige a participação de pelo menos quatro agentes. O delito é equiparado a hediondo.

2.2.2.2 Sujeitos do crime

O delito de **organização terrorista** é **comum**, pois pode ser praticado por qualquer pessoa. Por exigir o concurso necessário de quatro ou mais pessoas, é concebido como delito plurissubjetivo.

Os sujeitos passivos diretos do delito são o Estado e a coletividade, tratando-se de crime vago. Vale destacar que as pessoas atingidas diretamente pelos comportamentos típicos são também concebidas como vítimas do delito.

2.2.2.3 Estrutura do tipo penal

A estrutura típica do crime previsto no art. 3º, da Lei 13.260/16, é formada pelo núcleo verbal *promover, constituir, integrar ou prestar auxílio*; pela elementar objetiva *pessoalmente ou por interposta pessoa*; e pela elementar normativa *organização terrorista*, norma penal em branco que atrai complemento duplo, do art. 2º, da Lei Antiterrorismo, e art. 1º, §1º, e inc. II, da Lei 12.850/13. A hipótese revela, para nós, uma situação de **norma penal em branco cruzada**, vez que o complemento normativo do art. 3º da Lei Antiterrorismo encontra-se no §1º e inciso II do §2º do art. 1º da Lei 12.850/13, sendo que o inciso II, do referido dispositivo, busca seu complemento no art. 2º, *caput* e §1º da Lei 13.260/16.

Conduta nuclear

- promover, constituir, integrar ou prestar auxílio

Elementares objetivas

- pessoalmente ou por interposta pessoa

Elementares normativas

- organização terrorista

Elementares subjetivas, especial fim de agir e elementos volitivos

- dolo
- complementos normativos associação de 4 (quatro) ou mais pessoas estruturalmente ordenada e caracterizada pela divisão de tarefas, ainda que informalmente (art. 1º, §1º da Lei 12.850/13)
- voltada para prática de atos de terrorismo legalmente definidos (art. 1º, §2º, II, da Lei 12.850/13)
- por razões de xenofobia, discriminação ou preconceito de raça, cor, etnia e religião (art. 2º, §1º, I, IV e V da Lei 13.260/16)
- finalidade de provocar terror social ou generalizado (art. 2º, *caput*, da Lei 13.260/16)

A estrutura, todavia, não se resume aos elementos revelados pela leitura literal, pois também traz a estrutura basilar finalista, composta na sua integralidade pela conduta, resultado, nexo de causalidade e tipicidade.

Do art. 3º, extrai-se, inicialmente, as elementares de cunho subjetivo, que evidenciam a razão subjetiva dos comportamentos proscritos. Assim, somente estaremos diante de organização terrorista quando essa for voltada para a prática de atos de terrorismo legalmente definidos, isto é, os previstos na Lei Antiterrorismo. Logo, exige-se que o escopo seja o de praticar condutas criminosas por razões de xenofobia, discriminação ou preconceito de raça, cor, etnia e religião, com a finalidade de provocar terror social ou generalizado, mediante a prática de algum dos atos previstos no §1º do art. 2º da Lei 13.260/16.

Associar significa reunir, constituir uma espécie de sociedade do crime, de forma duradoura e sólida. A "sociedade" não precisa ser perpétua, mas igualmente não pode ser meramente transitória ou passageira, como na hipótese de um grupo de indivíduos que se reúne uma única vez para praticar um único ato. Não se confunde, portanto, com o mero concurso de agentes, de natureza eventual.

A configuração da organização terrorista, assim como as demais entidades associativas criminosas, pressupõe a existência do **vínculo normativo atinente à associação**, de forma que a fotografia do crime contemple diversos fatos pretéritos ou a projeção da prática de vários delitos futuros como obra do vínculo estabelecido. E, nesse sentido, é perfeitamente possível que o agente participe de mais de uma entidade associativa criminosa.

O tipo penal, por força de seu complemento extraído da Lei de Organizações Criminosas, pressupõe a participação de pelo menos quatro agentes para a configuração do delito, não sendo relevante a posição de cada um na associação ou mesmo se possuem qualquer contato pessoal, como nas associações constituídas por meio da internet. Basta, para a caracterização do delito, que a **associação seja estável, permanente e voltada para a prática de atos de terrorismo.**

Para a configuração da organização terrorista **não se exige que todos os agentes sejam conhecidos ou imputáveis**, de forma que a participação de agentes não identificados ou menores de dezoito anos pode ser computada para a caracterização do número mínimo de quatro agentes.

A redação típica contempla quatro condutas nucleares: promover, constituir, integrar ou prestar auxílio. *Promover* significa inaugurar, criar as condições para sua constituição; *constituir* é efetivar, formar; *integrar* é fazer parte, compor; e *prestar auxílio* significa contribuir, ajudar a organização terrorista. Especificamente com relação à modalidade *prestar auxílio*, o legislador equiparou a figura da participação à autoria delitiva, vez que tipificou atos nitidamente acessórios.

Em nossa compreensão, por hermenêutica construída com as demais entidades coletivas criminosas (organização criminosa, associação para o tráfico, associação criminosa e constituição de milícia privada), aquele que presta auxílio para entidade criminosa deveria, na realidade, ser concebido como integrante da entidade criminosa, haja vista que, para o adequado enquadramento típico, todo e qualquer suporte prestado à entidade associativa ilícita pressupõe o conhecimento de sua finalidade, de forma que, quem auxilia uma organização terrorista, em nossa perspectiva, acabaria por integrar tal entidade, contribuído, a seu modo, para consecução dos fins ilícitos.

Não obstante, não foi essa a escolha do legislador, que optou, talvez pela finalidade particular dos atos de terrorismo, por considerar a conduta autônoma da prestação de auxílio como hipótese de autoria específica, mas enquadrada no mesmo tipo. Nesse sentido, optou por caminho distinto do trilhado pela Lei 11.343/06 (Antidrogas), que optou pela tipificação apartada de pelo menos uma forma de participação (colaboração como informante, art. 37).

Não se pode olvidar que as organizações terroristas são tipicamente marcadas pela xenofobia, discriminação ou preconceito de raça, cor, etnia ou religião, de forma que nos parece possível, em razão de tal particularidade, que o agente, ainda que não integre de forma efetiva a organização terrorista, participando de reuniões ou decisões, possa, por simpatia à causa ilícita, contribuir financeiramente para entidade.

A elementar típica – *pessoalmente ou por interposta pessoa* – merece especial análise. O termo *pessoalmente* não nos traz maiores problemas, vez que parte da premissa da promoção, constituição, integração ou prestação de auxílio de forma pessoal. Entretanto, ao tipificar a prática do comportamento por interposta pessoa, o legislador atrai grande parte da carga doutrinária que se relaciona com a teoria do erro e do concurso de pessoas.

Isso porque, imperativamente, a responsabilidade penal é pessoal e só poderá ser estendida a alguém quando, minimamente, tiver conhecimento ou dispor de elementos suficientes para que dele se exija o conhecimento. Logo, se a interposta pessoa conhecer a natureza do auxílio e ainda assim o preste à organização terrorista, realizará, por si, o tipo penal. De igual modo, aquele que presta o auxílio, valendo-se de terceiro, igualmente realiza, por si, o tipo penal.

De fato, não nos parece haver sentido na previsão relacionada à interposta pessoa, porque a teoria geral do Direito Penal já contempla as hipóteses de autoria mediata quando o agente se vale de interposta pessoa, seja por induzi-la a erro ou valendo-se de sua inimputabilidade, dentre outras situações possíveis.

A figura do homem de trás, que se vale de interposta pessoa, já seria enquadrada na previsão típica. Ainda que não fosse o homem de trás, isto é, que não se valesse de interposta pessoa desprovida de conhecimento ou capacidade de conhecimento acerca da ilicitude da conduta, estaria prestando auxílio à organização terrorista da mesma forma, em concurso, inclusive, com a interposta pessoa, porquanto conhecedora da ilicitude do comportamento. A existência de um agente meio não afasta a conduta daquele que o provoca.

À guisa de exemplo, aquele que financia organização terrorista, ainda que se valendo de terceira pessoa para repasse dos recursos, efetivamente presta auxílio à organização terrorista. O meio eleito para o repasse dos recursos é irrelevante para o financiador.

No que toca à **conduta**, a figura típica pode ser praticada por **ação ou omissão**, como no caso do delegado de polícia que deixa tomar providências quando descobre a existência da organização terrorista e nada faz para impedir suas ações criminosas porque possui interesse no aumento da criminalidade para tomar a posição de Delegado Regional. O crime somente pode ser praticado sob a **modalidade dolo direto**, pois exige o especial fim de agir. O tipo penal não prevê a forma culposa.

O delito de organização terrorista é concebido pela doutrina majoritária como crime **formal**, de resultado cortado ou consumação antecipada.

A solução do nexo de causalidade pela **teoria da imputação objetiva** não diverge da doutrina tradicional. O agente que integra organização terrorista cria um **risco juridicamente desaprovado para o bem jurídico "paz pública"**. Por sua vez, **o risco criado com a violação da norma** materializa-se no resultado exposição a perigo abstrato, sendo certo que esse se encontra dentro do **alcance do tipo.**

Por fim, a estrutura do tipo penal completa-se com a tipicidade, expressamente consignada no art. 3º da Lei Antiterrorismo.

2.2.2.4 Fundamentação tradicional x fundamentação funcionalista sistêmica

Para evitarmos repetições, porquanto a essência os comentários seria a mesma, remetemos o leitor para o estudo do tópico, com igual designação, desenvolvido nos comentários ao art. 35 da Lei de Drogas.

2.2.2.5 Consumação e tentativa

O delito de organização criminosa é concebido como crime formal, não exigindo a produção do resultado **naturalístico**. O delito estará consumado quando o agente promover, constituir, integrar ou prestar auxílio, pessoalmente ou por interposta pessoa, a organização terrorista, concebida essa como a associação de quatro ou mais pessoas com escopo de praticar ato de terrorismo por razões de xenofobia, discriminação ou preconceito de raça, cor, etnia e religião, com a finalidade de provocar terror social ou generalizado.

Trata-se, nas modalidades prometer, constituir e integrar, de **crime permanente**, cuja consumação se protrai no tempo. Na modalidade prestar auxílio, a consumação se dá de forma imediata, sendo crime instantâneo.

A tentativa, como regra, não é admitida em razão da impossibilidade de fracionamento do *iter criminis*. Admitimos a possibilidade da tentativa na modalidade de prestar auxílio, pois se trata de conduta fracionável.

2.2.2.6 Conflito aparente de normas

a) **Art. 288, CP**: Associarem-se 3 (três) ou mais pessoas, para o fim específico de cometer crimes: Pena – reclusão, de 1 (um) a 3 (três) anos. Parágrafo único. A pena aumenta-se até a metade se a associação é armada ou se houver a participação de criança ou adolescente.

b) **Art. 2º da Lei 2.889/56**: Associarem-se mais de 3 (três) pessoas para prática dos crimes mencionados no artigo anterior: Pena: Metade da cominada aos crimes ali previstos.

c) **Art. 2º da Lei de Organizações Criminosas**: Promover, constituir, financiar ou integrar, pessoalmente ou por interposta pessoa, organização criminosa: Pena – reclusão, de 3 (três) a 8 (oito) anos, e multa, sem prejuízo das penas correspondentes às demais infrações penais praticadas. Art. 1º (...) § 1º Considera-se organização criminosa a associação de 4 (quatro) ou mais pessoas estruturalmente ordenada e caracterizada pela divisão de tarefas, ainda que informalmente, com objetivo de obter, direta ou indiretamente, vantagem de qualquer natureza, mediante a prática de infrações penais cujas penas máximas sejam superiores a 4 (quatro) anos, ou que sejam de caráter transnacional.

2.2.2.7 Ação penal

A ação penal, nos crimes previstos na Lei Antiterrorismo, é pública incondicionada.

Na forma do art. 11 da Lei, os crimes de terrorismo são praticados contra o interesse da União, cabendo à Polícia Federal a investigação criminal, em sede de inquérito policial, e à Justiça Federal o seu processamento e julgamento, nos termos do inciso IV do art. 109 da Constituição Federal.

Em razão da pena cominada (reclusão de cinco a oito anos, e multa) e da natureza da conduta praticada, o delito não admite qualquer benefício despenalizante.

2.2.3 Apologia ao terrorismo

> "Art. 4º Fazer, publicamente, apologia de fato tipificado como crime nesta Lei ou de seu autor:
>
> Pena – reclusão, de quatro a oito anos, e multa.
>
> § 1º Nas mesmas penas incorre quem incitar a prática de fato tipificado como crime nesta Lei.

§ 2º Aumenta-se a pena de um sexto a dois terços se o crime é praticado pela rede mundial de computadores ou por qualquer meio de comunicação social."
(VETADO na íntegra)

2.2.4 Atos preparatórios de terrorismo

Art. 5º Realizar atos preparatórios de terrorismo com o propósito inequívoco de consumar tal delito:

Pena – a correspondente ao delito consumado, diminuída de um quarto até a metade.

§ 1º Incorre nas mesmas penas o agente que, com o propósito de praticar atos de terrorismo:

I – recrutar, organizar, transportar ou municiar indivíduos que viajem para país distinto daquele de sua residência ou nacionalidade; ou

II – fornecer ou receber treinamento em país distinto daquele de sua residência ou nacionalidade.

§ 2º Nas hipóteses do § 1º, quando a conduta não envolver treinamento ou viagem para país distinto daquele de sua residência ou nacionalidade, a pena será a correspondente ao delito consumado, diminuída de metade a dois terços.

Art. 10. Mesmo antes de iniciada a execução do crime de terrorismo, na hipótese do art. 5º desta Lei, aplicam-se as disposições do art. 15 do Decreto-Lei nº 2.848, de 7 de dezembro de 1940 – Código Penal.

2.2.4.1 Introdução

O delito de **atos preparatórios de terrorismo**[5], previsto no art. 5º da Lei Antiterrorismo, tutela, em regra, a paz social e a segurança pública.

O crime tipifica a prática de atos preparatórios de terrorismo, antecipando a incidência do Direito Penal para contemplar uma das fases do *iter criminis*, marcado pela cogitação, preparação, execução e consumação.

5. O *nomen iuris* não consta da Lei, sendo decorrente de construção doutrinária.

Decidindo o agente pelo ataque ao bem jurídico, a fase de preparação corresponde à reunião de condições para a prática do delito. Os chamados ***atos preparatórios*** ou ***conatus remotus*** são as providencias adotadas pelo agente para a realização da infração penal, como a aquisição de uma faca para a prática de um homicídio ou obtenção de um veículo para viabilizar a fuga num roubo.

Equivale à primeira fase externa do iter criminis e se caracteriza pelo início da materialização do projeto interno do agente construído na fase da cogitação. Em regra, os atos preparatórios não são puníveis sequer a título tentado por não violarem ou exporem a perigo de lesão bens jurídicos penalmente protegidos.

De forma excepcional, o legislador cria tipos penais antecipadores de perigo, os chamados crimes-obstáculo, prevendo condutas nitidamente preparatórias de outros crimes, punindo-as de forma autônoma. É o que se verifica, por exemplo, no crime em estudo. No tipo, para sua consumação basta que o agente realize atos preparatórios de terrorismo com o propósito inequívoco de consumar tal delito, ou seja, não se exige que o fim seja concretizado para que o crime se consume. O legislador, portanto, antecipa a repressão penal a atos tipicamente preparatórios por entender que a conduta merece reprovação penal.

2.2.4.2 Sujeitos do crime

O delito de **atos preparatórios de terrorismo** é **comum**, pois pode ser praticado por qualquer pessoa.

Os sujeitos passivos diretos do delito são o Estado e a coletividade, tratando-se de crime vago.

2.2.4.3 Estrutura do tipo penal

A estrutura típica do crime previsto no art. 5º, da Lei 13.260/16, é formada pelo núcleo verbal *realizar*; pelas elementares normativas *atos preparatórios de terrorismo*; e pelo fim especial marcado pelo *propósito de consumar tal delito*.

A hipótese revela, para nós, assim como no crime de organização terrorista, uma situação de **norma penal em branco cruzada**, vez que o complemento normativo do art. 5º da Lei Antiterrorismo, atinente à elementar *tal delito*, encontra-se na conjugação do teor do §1º do art. 2º da Lei 13.260/16 com o §1º e inciso II do §2º do art. 1º da Lei 12.850/13.

Conduta nuclear

- realizar

Elementares objetivas

Elementares normativas

- atos preparatórios de terrorismo

Elementares subjetivas, especial fim de agir e elementos volitivos

- dolo
- propósito inequívoco de consumar tal delito

A estrutura, todavia, não se resume aos elementos revelados pela leitura literal, pois também traz a estrutura basilar finalista, composta na sua integralidade pela conduta, resultado, nexo de causalidade e tipicidade.

Realizar significa praticar, efetivar, dar vazão a atos preparatórios de terrorismo. Por *atos preparatórios*, em razão da expressiva abertura normativa, há que compreender aqueles próximos a ensejar a realização do terrorismo. A amplitude da expressão *atos preparatórios*, entretanto, precisa ser modulada, sob pena alcançarmos a mera fase da cogitação.

Não nos parece haver dúvidas de que a colocação da bomba ou do dispositivo que liberará gás tóxico após o decurso de um tempo pré-programado caracteriza a realização de atos preparatórios para o terrorismo, porquanto tais comportamentos inegavelmente são aptos a gerar risco. Aliás, tais condutas já caracterizam o crime de terrorismo, previsto no §1º do art. 2º, vez que descritas no inciso I. Frisa-se, nesse ponto, a complexidade do tipo penal em questão. Qual ato preparatório será apto a caracterizar o delito, sem que se ingresse na esfera da mera cogitação?

Da leitura conglobada do tipo com o art. 2º, parece-nos que os atos imediatamente antecedentes às condutas de usar, transportar, guardar, portar ou trazer consigo explosivos, gases tóxicos, venenos, conteúdos biológicos, químicos, nucleares ou outros meios capazes de causar danos ou promover destruição em massa, que **pressupõem a posse do objeto artefato ilícito**, sejam hábeis a caracterizar o delito em comento, a exemplo da aquisição e importação de tais objetos. Assim, o agente que adquire uma bomba, ainda que não a tenha recebido, com o propósito de usá-la em atentado terrorista, na forma do art. 2º da Lei, realiza um ato preparatório do crime de terrorismo.

A ameaça de usar, por outro lado, revela outra complexidade caso o agente não tenha em seu poder o artefato criminoso, pois pode representar a inimaginável realização de ato preparatório da conduta de ameaçar usar artefato sequer em poder do agente, de forma que não entendemos como possível a configuração do art. 5º quando o ato preparatório envolver a mera ameaça de uso.

A complexidade típica vai além dos singelos comentários acima, pois a infração penal não deixa de ser regida pela estrutura do Direito Penal tão somente por se tratar de crime grave. A "tentacularização" do Direito Penal para alcançar tais comportamentos atrai, de certo modo, uma das concepções deturpadas do Direito Penal do Inimigo, de Günther Jakobs, para, em tese, permitir a antecipação da punição para atos sequer praticados.

Em nosso Direito Penal, Parte Geral, ao trabalharmos a teoria da *actio libera in causa* e, ao assinalarmos nossas críticas à sua concepção tradicional, registramos que, de forma exemplificativa, a teoria da *actio libera in causa* é aquela em que o agente, de forma livre e consciente, coloca-se em estado de embriaguez, e, em razão dessa, vem a praticar um delito. A teoria, portanto, entende que a intenção ou a culpa do agente ao se embriagar contribui para a realização do resultado e, independente de, no momento da prática do crime não reunir completamente condições de conhecer o caráter ilícito do fato ou se autodeterminar de acordo com esse conhecimento, a causa anterior (embriaguez) deve ser concebida como causa do resultado. Logo, transporta-se a análise da imputabilidade para um momento precedente à conduta delituosa, ao do ato de embriagar-se, posto que, nesse particular, a ação é livre em sua causa.

Ocorre que as críticas à teoria são inúmeras e partem dos mais variados autores, porquanto juridicamente é complexo explicar sua aplicação. Imagine-se, por exemplo, a aplicação do modelo tradicional ao delito em análise, que prevê: "realizar atos preparatórios de terrorismo com o propósito inequívoco de consumar tal delito".

A se seguir a lógica tradicional da teoria, na hipótese de o agente decidir por se embriagar para "criar coragem" para realizar um ato de terrorismo, no "primeiro gole" terá consumado um crime de terrorismo, porquanto se a causa anterior é causa do resultado e o resultado, nesse particular é a realização de atos preparatórios, a tipicidade estará realizada.

O exemplo, apesar de na linha da teoria, revela-se absurdo diante da necessidade da caracterização mínima de ameaça de lesão ao bem jurídico penalmente protegido, de modo que a conformação típica, em nossa compreensão, vai além do texto legal, vez que da realização dos atos preparatórios há que se aferir, minimamente, o risco no comportamento praticado.

O tipo penal pressupõe que a realização dos atos preparatórios de terrorismo seja calcada em propósito inequívoco de consumar tal delito. Além de conferir um excessivo apego à finalidade específica, a previsão típica vale-se da elementar normativa *inequívoco*, incrementando a complexidade do tipo penal. Uma ligação, combinando um atentado, é apta a revelar o propósito inequívoco? A busca no mercado ilícito de artefatos explosivos, sem formalização da aquisição, é hábil a revelar tal propósito?

Ao se valer da expressão normativa "propósito inequívoco", o legislador trilha a linha do excesso de subjetivismo ao potencializar o propósito, a intenção, em detrimento do moderno Direito Penal que trilha o caminho da análise dos riscos criados e tem se valido, cada vez mais, de critérios de imputação objetivos para casos similares. O Direito Penal não pune o mero pensamento, de forma que propósito, ainda que inequívoco, é um irrelevante penal se o agente não criar, com seu comportamento, o risco para o bem jurídico penalmente protegido.

De toda sorte, não obstante a reflexão, por propósito inequívoco há que se compreender aquele induvidoso, claro, voltado para a prática de atos de terrorismo.

No que toca à **conduta**, a figura típica pode ser praticada por **ação ou omissão**, como no caso do agente público que deixa tomar providências quando descobre a realização de atos preparatórios de terrorismo e nada faz para impedir suas ações criminosas porque é simpático à causa do terrorista. O crime somente pode ser praticado sob a **modalidade dolo direto**, pois exige o especial fim de agir. O tipo penal não prevê a forma culposa.

O delito é concebido pela doutrina majoritária como crime **formal**, de resultado cortado ou consumação antecipada.

A solução do nexo de causalidade pela **teoria da imputação objetiva** não diverge da doutrina tradicional. O agente que realiza atos preparatórios de terrorismo com o propósito inequívoco de consumar o crime de terrorismo cria um **risco juridicamente desaprovado para o bem jurídico paz pública**.

Por sua vez, **o risco criado com a violação da norma** materializa-se no resultado exposição a perigo abstrato, sendo certo que esse se encontra dentro do **alcance do tipo.**

Por fim, a estrutura do tipo penal completa-se com a tipicidade, expressamente consignada no art. 5º da Lei Antiterrorismo.

2.2.4.4 Figuras equiparadas

> § 1º Incorre nas mesmas penas o agente que, com o propósito de praticar atos de terrorismo:
>
> I – recrutar, organizar, transportar ou municiar indivíduos que viajem para país distinto daquele de sua residência ou nacionalidade; ou
>
> II – fornecer ou receber treinamento em país distinto daquele de sua residência ou nacionalidade.
>
> § 2º Nas hipóteses do § 1º, quando a conduta não envolver treinamento ou viagem para país distinto daquele de sua residência ou nacionalidade, a pena será a correspondente ao delito consumado, diminuída de metade a dois terços.

Na figura equiparada do §1º do inciso I, pune-se o recrutamento, organização, transporte ou municiamento de indivíduos que viajem para país distinto daquele de sua residência ou nacionalidade com o propósito de praticar atos de terrorismo.

Por sua vez, a figura prevista no inciso II do mesmo parágrafo pune o fornecimento ou recebimento de treinamento em país distinto daquele de sua residência ou nacionalidade, igualmente com o propósito de praticar atos de terrorismo.

O que nos chama a atenção nas figuras equiparadas é a amplitude normativa apta a atrair as regras de aplicação da penal brasileira quando a conduta for praticada no exterior, pois em sendo praticada no Brasil, não haverá qualquer espécie de problema por força do princípio da territorialidade.

A extraterritorialidade é o fenômeno que permite a aplicação da lei penal brasileira aos crimes cometidos no exterior. Há situações em que o próprio Código Penal prevê a possibilidade de incidência da lei penal brasileira a crimes praticados no exterior. Essa aplicação pode ou não se submeter a condições específicas, motivo pelo qual a doutrina classifica a extraterritorialidade em incondicionada e condicionada.

É importante destacar que todas as hipóteses legais possuem ao menos uma condição, de forma que a terminologia extraterritorialidade incondicionada não nos parece bem empregada. Nos crimes contra a vida ou liberdade do Presidente da República, por exemplo, temos as condições inerentes ao atributo do cargo e natureza dos crimes (vida ou liberdade). Nos crimes contra a administração pública, sem qualquer restrição quanto a natureza do delito, que tenha sido praticado por quem está a seu serviço.

A figura típica prevista no inciso I do §1º, por exemplo, prevê a punição para o recrutamento, organização, transporte ou municiamento de indivíduos que viajem para país distinto daquele de sua residência ou nacionalidade com o propósito de praticar atos de terrorismo. Diante da redação, há que se indagar: a lei brasileira será aplicada ao agente chinês, não residente no Brasil, que recruta indivíduos do Paquistão para praticarem um atentado terrorista na Índia? Em tese, seria possível, por força do inciso II do art. 7º, alínea "a" do Código Penal, desde que satisfeitas as condições do §2º do mesmo artigo:

> Art. 7º - Ficam sujeitos à lei brasileira, embora cometidos no estrangeiro
>
> II - os crimes:
>
> a) que, por tratado ou convenção, o Brasil se obrigou a reprimir[6]
>
> § 2º - Nos casos do inciso II, a aplicação da lei brasileira depende do concurso das seguintes condições:
>
> a) entrar o agente no território nacional;
>
> b) ser o fato punível também no país em que foi praticado;
>
> c) estar o crime incluído entre aqueles pelos quais a lei brasileira autoriza a extradição;
>
> d) não ter sido o agente absolvido no estrangeiro ou não ter aí cumprido a pena;
>
> e) não ter sido o agente perdoado no estrangeiro ou, por outro motivo, não estar extinta a punibilidade, segundo a lei mais favorável.

A figura típica do inciso II do §1º, que pune o fornecimento ou recebimento treinamento em país distinto daquele de sua residência ou nacionalidade encontra-se também na mesma situação jurídica quanto à aplicação da Lei brasileira.

Das previsões típicas se extrai, nitidamente, que o legislador, motivado, senão pressionado pela realização das Olimpíadas no Rio de Janeiro, em 2016, editou a Lei 13.260/16 às pressas para trazer um maior conforto à sociedade internacional, prevendo tais figuras equiparadas como forma de ampliar o leque punitivo.

6. Decreto 3.018/99.

Destaque-se, contudo, que a Lei era necessária, pois o Brasil não possuía uma legislação específica, não obstante ser signatário de importantes Tratados Internacionais sobre o assunto, a exemplo da Convenção para Prevenir e Punir os Atos de Terrorismo Configurados em Delitos Contra as Pessoas e a Extorsão Conexa, Quando Tiverem Eles Transcendência Internacional, concluída em Washington, 1971, trazida para o Direito interno pelo Decreto 3.018/99, e Convenção Interamericana contra o Terrorismo, assinada em Barbados, 2002, incluída internamente por meio do Decreto 5.639/05.

Por derradeiro, o §2º, do art. 5º, prevê que nas hipóteses do §1º, quando a conduta não envolver treinamento ou viagem para país distinto daquele de sua residência ou nacionalidade, a pena será a correspondente ao delito consumado, diminuída de metade a dois terços. Cria-se, portanto, uma causa especial de diminuição de pena em razão do menor risco criado, por não envolver treinamento, e pela inexistência de deslocamento para país distinto, circunstância apta a dificultar a prevenção e repressão ao delito de terrorismo.

2.2.4.5 Desistência voluntária e arrependimento eficaz na Lei de Terrorismo

Conforme destacamos em nosso Direito Penal, Parte Geral, a Lei 13.260/16 inovou ao prever a possibilidade de aplicação dos institutos da desistência voluntária e arrependimento eficaz a atos preparatórios, chamada pela doutrina de "**ponte de ouro antecipada**".

O art. 10 da referida Lei dispõe que: "Mesmo antes de iniciada a execução do crime de terrorismo, na hipótese do art. 5º desta Lei, aplicam-se as disposições do art. 15 do Decreto-Lei 2.848, de 7 de dezembro de 1940 – Código Penal".

Não obstante a redação legal, paradoxal por sinal, parece-nos impossível a aplicação dos institutos na esfera do art. 5º da Lei de Terrorismo[7], porquanto o delito já representa uma antecipação do Direito Penal, prevendo como típicas condutas meramente preparatórias. Nesse aspecto, é de se indagar, se na esfera do *iter criminis*, há outra fase entre a cogitação e a preparação, pois como sabemos, a mera cogitação não pode ser punida.

Diante desse fato, qual o significado da expressão "mesmo antes de iniciada a execução"? O crime, para receber a punição a título de tentativa, pressupõe que o agente dê início aos atos executórios. Ainda que os atos

7. Cléber Masson entende de forma contrária, sustentando que o dispositivo pode ser adaptado.

executórios sejam atos preparatórios, como no caso do art. 5º da Lei de Terrorismo, parece-nos inconcebível a desistência voluntária de algo que sequer foi tentado. De igual sorte, como se arrepender eficazmente do que não fez e, por consequência, nenhum resultado produziu? Como responder pelos atos já praticados (art. 15 do CP) se não há previsão típica? Ou o agente realiza atos preparatórios e materializa o crime ou ainda estará na fase da mera cogitação.

O regresso mental da expressão "mesmo antes de iniciada a execução" conduz à fase de cogitação, de forma que, para nós, o art. 10 da Lei de Terrorismo é teratológico. Isso não significa, contudo, que os institutos não possam ser aplicados ao crime do art. 5º, com fundamento no art. 15 do Código Penal, desde que tenhamos o ***início da fase executória***, curiosamente, a própria preparação do crime de terrorismo.

2.2.4.6 *Consumação e tentativa*

O delito de atos preparatórios de terrorismo é concebido como crime formal, não exigindo a produção do resultado **naturalístico**. O delito previsto no *caput* estará consumado quando o agente realizar atos preparatórios de terrorismo com o propósito inequívoco de consumar tal delito, bastando, portanto, a prática de atos de cunho preparatórios.

Nas figuras equiparadas, a consumação ocorrerá com o efetivo recrutamento, organização, transporte ou municiamento de indivíduos que viajem para país distinto daquele de sua residência ou nacionalidade (I) e com o fornecimento ou recebimento de treinamento em país distinto daquele de sua residência ou nacionalidade (II), ambos com o propósito de consumar o delito de atos de terrorismo.

A tentativa não nos parece possível, haja vista a impossibilidade de duplo fracionamento do *iter criminis*, já fracionado, aliás, pela própria punição dos atos preparatórios.

2.2.4.7 *Pena*

A pena prevista no crime do art. 5º, da Lei 13.560/16, revela uma das piores construções de preceito secundários em nosso ordenamento jurídico pátrio. Não por se tratar de norma penal em branco invertida, porque remete à pena do crime previsto no art. 2º, mas por prever, no próprio preceito secundário a ser complementado, a diminuição de pena, trazendo a dúvida sobre sua natureza, se preceito secundário puro, ou causa diminuição de pena.

Como regra, os preceitos secundários são previstos com patamares fixos de pena, a exemplo do próprio art. 2º, pena de 12 a 30 anos, e do art. 3º, pena de 5 a 8 anos.

De forma inovadora, mas longe da melhor técnica, o legislador previu como pena, no art. 5º, a pena cominada para o art. 2º, conforme se infere da perigosa expressão "tal delito", porquanto outros podem ser acrescentados à Lei, de 12 a 30 anos de reclusão reduzida de um quarto até a metade.

Não se trata, para nós, de causa de diminuição pena, haja vista que causa não há. Há, de fato e tão somente, a previsão típica pura, sem que se indique qualquer razão ou causa, a não ser a própria realização do tipo penal para a redução. Logo, a pena cominada ao delito deve ser concebida de acordo com a teoria das margens, isto é, aplicando-se o maior patamar de redução à pena mínima, e o menor patamar de redução à pena máxima, como forma de estabelecer o máximo e o mínimo legal.

Frise-se, por oportuno, que dada a peculiaridade, referido cálculo deverá ser realizado antes, inclusive, da primeira fase da dosimetria da pena, como pré-fase da dosimetria, sob pena de violação do princípio da individualização da pena, haja vista **que não há como se conceber penas, abstratamente concebidas**, com patamares distintos para agentes que realizam o mesmo fato típico.

A se seguir esse modelo, teríamos a absurda construção de uma pena mínima de 6 a 9 anos (12 anos reduzidos de metade e um quatro, respectivamente), e uma máxima de 15 anos a 22 anos e 06 meses (30 anos reduzidos de metade e um quatro, respectivamente). Não nos parece que, juridicamente, os parâmetros de máximo e mínimo comportem distinções em abstrato. Isso porque, obviamente, mínimo é mínimo, e máximo é máximo.

Assim, temos que à pena mínima de 12 anos deve ser aplicado o maior redutor, de metade, levando-a para 6 anos. À pena máxima de 30 anos, deve-se aplicar o menor redutor, de um quarto, levando-a para os inacreditáveis 22 anos e 06 meses de reclusão. Logo, a pena, para nós, é de 6 anos a 22 anos e 06 meses de reclusão, a ser utilizada como parâmetro para construção da pena em suas três fases subsequentes.

Fixada tal premissa, não podemos nos olvidar de demonstrar a falta de proporcionalidade da pena, especialmente quando comparada com a "conduta-mãe", base normativa dos atos preparatórios, o art. 2º.

Pela lógica fornecida pela Parte Geral do Código Penal, o agente que tenta usar explosivos com o escopo terrorista, deveria responder pela modalidade tentada, devendo sua reprimenda ser reduzida de um a dois terços (art. 14, II, CP). Inegavelmente, ao iniciar a execução, o agente resta por ultrapassar a mera fase de atos preparatórios, porquanto **inicia o toque lesivo ao bem jurídico penalmente protegido.**

Entretanto, ao se aplicar a regra da tentativa, ainda que aplicável na terceira fase da dosimetria, teríamos que pena abstratamente concebida estaria entre o patamar mínimo de 04 anos (12 anos reduzidos com o maior patamar de redução de 2/3), e o máximo de 20 anos (30 anos reduzidos com o menor patamar de diminuição de 1/3). Logo, a pena deveria ser fixada entre 04 e 20 anos de reclusão.

Não obstante, o art. 5º, conforme vimos, fixa os patamares de 6 a 22 anos e 06 meses de reclusão à prática de meros atos preparatórios, em flagrante desproporcionalidade com a conduta mais gravosa, evidenciada com o início dos atos de execução, a tentativa, que trilha os patamares de uma pena em abstrato entre 04 e 20 anos de reclusão. Logo, o legislador prevê uma punição maior para a prática de atos preparatórios do que para a própria tentativa do crime de terrorismo em si, em flagrante desproporcionalidade.

Com relação às figuras equiparadas, há que se observar a causa de diminuição prevista no §2º, esta sim, aplicável à terceira fase de aplicação da pena, como causa de diminuição da pena. Isso porque o §1º, que prevê as figuras equiparadas, dispõe que "incorre nas mesmas penas o agente que". Quais penas? Do art. 2º, referenciado pelo *caput* do art. 5º, ou a prevista especificamente pelo art. 5º (pena do art. 2º, diminuída de um quatro até a metade)?

Por se tratar de figura equiparada, a expressão "incorre nas **mesmas penas**" não nos deixa dúvidas de que o redutor previsto no §2º deve ser aplicado à pena prevista no *caput* do artigo 5º, conforme vimos acima, de 6 a 22 anos e 06 meses de reclusão. Assim construída as penas base e intermediária (1ª e 2ª fases da dosimetria), sobre a última será aplicada redução de metade a dois terços.

2.2.4.8 Conflito aparente de normas

a) **Art. 3º**: Promover, constituir, integrar ou prestar auxílio, pessoalmente ou por interposta pessoa, a organização terrorista: Pena – reclusão, de cinco a oito anos, e multa.

2.2.4.9 Ação penal

A ação penal, nos crimes previstos na Lei Antiterrorismo, é pública incondicionada.

Na forma do art. 11 da Lei, os crimes de terrorismo são praticados contra o interesse da União, cabendo à Polícia Federal a investigação criminal, em sede de inquérito policial, e à Justiça Federal o seu processamento e julgamento, nos termos do inciso IV do art. 109 da Constituição Federal.

Em razão da pena cominada (reclusão, de doze a trinta anos, diminuída de um quarto até a metade) e da natureza da conduta praticada, o delito não admite qualquer benefício despenalizante.

Em razão da possibilidade de aplicação do §2º ao §1º, permitindo a diminuição da pena de metade a dois terços à já reduzida pena do *caput*, em tese seria admissível, pela pena, o ANPP. Não obstante, nitidamente qualquer conduta de cunho terrorista não deve admitir o acordo, porquanto, nesse particular, as condições passíveis de serem ajustadas, distintas da pena privativa de liberdade jamais alcançariam o status de necessidade e suficiência para reprovação e prevenção do crime. Entretanto, considerando que desde o julgamento do HC 84.928/MG pelo STF, a Jurisprudência (amparada em parcela considerável da Doutrina) tem, majoritariamente, entendido pela possibilidade de substituição das penas privativas de liberdade por restritivas de direito em crimes hediondos (se atendidos os requisitos do art. 44, CP), é possível se apontar uma tendência a prevalecer nos tribunais superiores, de entendimento contrário ao aqui apresentado.

2.2.5 Financiamento do terrorismo

> Art. 6º Receber, prover, oferecer, obter, guardar, manter em depósito, solicitar, investir, de qualquer modo, direta ou indiretamente, recursos, ativos, bens, direitos, valores ou serviços de qualquer natureza, para o planejamento, a preparação ou a execução dos crimes previstos nesta Lei:
>
> Pena – reclusão, de quinze a trinta anos.
>
> Parágrafo único. Incorre na mesma pena quem oferecer ou receber, obtiver, guardar, mantiver em depósito, solicitar, investir ou de qualquer modo contribuir para a obtenção de ativo, bem ou recurso financeiro, com a finalidade de financiar, total ou parcialmente, pessoa, grupo de pessoas, associação, entidade, organização criminosa que tenha como atividade principal ou secundária, mesmo em caráter eventual, a prática dos crimes previstos nesta Lei.

2.2.5.1 Introdução

O delito de **financiamento do terrorismo**[8], previsto no art. 6º da Lei Antiterrorismo, tutela, em regra, a paz social e a segurança pública.

8. O *nomen iuris* não consta da Lei, sendo decorrente de construção doutrinária.

O crime, a exemplo do art. 5º da Lei Antiterrorismo, tipifica a prática de atos preparatórios de terrorismo, antecipando a incidência do Direito Penal para alcançar atos de planejamento, a preparação ou a execução dos crimes previstos na Lei 13.260/16, associados, de forma macro, ao financiamento da atividade terrorista.

2.2.5.2 Sujeitos do crime

O delito de **financiamento do terrorismo** é **comum**, pois pode ser praticado por qualquer pessoa.

Os sujeitos passivos diretos do delito são o Estado e a coletividade, tratando-se de crime vago.

2.2.5.3 Estrutura do tipo penal

A estrutura típica do crime previsto no art. 6º, da Lei 13.260/16, é formada pelo núcleo verbal receber, *prover, oferecer, obter, guardar, manter em depósito, solicitar, investir, de qualquer modo*; e pelas elementares normativas *direta ou indiretamente; recursos, ativos, bens, direitos, valores ou serviços de qualquer natureza;* e pelo fim de agir voltado *para o planejamento, preparação ou execução dos crimes previstos nesta Lei.*

Conduta nuclear

- receber, prover, oferecer, obter, guardar, manter em depósito, solicitar, investir, de qualquer modo

Elementares objetivas

Elementares normativas

- direta ou indiretamente;
- recursos, ativos, bens, direitos, valores ou serviços de qualquer natureza

Elementares subjetivas, especial fim de agir e elementos volitivos

- dolo
- fim especial de agir: para o planejamento, preparação ou execução dos crimes previstos nesta Lei

A estrutura, todavia, não se resume aos elementos revelados pela leitura literal, pois também traz a estrutura basilar finalista, composta na sua integralidade pela conduta, resultado, nexo de causalidade e tipicidade.

No sentido do tipo penal, *receber* significa obter, perceber; *prover* é fornecer, dar; *oferecer* significa dar acesso, deixar à disposição; *guardar* é ocultar, reter em nome de terceiro, esconder; *manter em depósito* é armazenar, manter em estoque; *solicitar* significa pedir, requerer; e *investir*, acrescida da expressão ampliativa *de qualquer modo*, significa fazer aportes, custear, financiar a atividade ilícita quem envolve o planejamento, preparação ou execução dos crimes previstos na Lei 13.260/16.

Nos tipos penais anteriores, destacamos a antecipação do Direito Penal para punição de atos meramente preparatórios. No tipo em comento, referida antecipação vai além, porque chega a alcançar o mero planejamento, isto é, invade, de certo modo, a seara do plano do autor, em flerte com a cogitação, etapa puramente subjetiva do delito e inalcançável pelo Direito Penal.

O tipo penal expressamente assinala que as condutas que envolvem recursos, ativos, bens, direitos, valores ou serviços de qualquer natureza, devem ser voltadas para o *planejamento, preparação ou execução* dos crimes previstos na Lei Antiterrorismo.

Nitidamente, da própria redação típica, porque não existem palavras inúteis na lei, o legislador diferenciou as etapas de planejamento, preparação e execução. Para fins didáticos, optamos por inverter a ordem de análise.

A execução marca da terceira fase do iter criminis, sendo ***representada pela manifestação no mundo exterior da conduta criminosa com o início da agressão ao bem jurídico por meio da realização do verbo núcleo do tipo***. Caracteriza-se pelo momento em que o agente dá início ao ataque ao bem jurídico, seja efetuando os disparos contra a vítima no crime de homicídio, quebrando o vidro de um veículo para subtrair os bens que se encontram no interior, ou trazendo explosivos na forma e modo do art. 2º, inciso I, da Lei 13.260/16, em razão da expressa descrição como ato de terrorismo. Exige-se, nessa etapa delitiva, que os atos praticados sejam ***idôneos***, isto é, capazes de lesionar o bem jurídico, seja em aspecto naturalístico ou normativo, e que sejam ***inequívocos***, no sentido de se direcionar ao atingimento do bem jurídico.

A fase executiva, entretanto, é marcada pela fase preparatória, porquanto decidindo o agente pelo ataque ao bem jurídico, a fase de preparação corresponde à reunião de condições para a prática do delito. Os chamados ***atos preparatórios*** ou ***conatus remotus*** são as providencias adotadas pelo agente para a realização da infração penal, como a aquisição de uma faca para a prática de um homicídio, a obtenção de um veículo para viabilizar a fuga num roubo ou, no caso da Lei Antiterrorismo, a aquisição da bomba, ainda sem a tradição, que, em razão da particularidade típica, é punida de forma autônoma (art. 5º).

Não obstante, equivale à primeira fase externa do iter criminis e se caracteriza pelo início da materialização do projeto interno do agente construído na fase da cogitação.

A etapa anterior do *iter criminis* e primeira em sua sequência natural, é a da cogitação. A cogitação é concebida como a ***fase interna do delito***, que repousa exclusivamente na mente do indivíduo. Inacessíveis por natureza, as ideias criminosas do agente, enquanto permanecerem exclusivamente em sua mente, são impuníveis, porque não possuem significado social.

A cogitação pode ser dividida em três etapas: *a) idealização; b) deliberação; c) resolução.*

Na ***idealização***, surge a ideia no sujeito da prática de uma infração penal, como fruto do querer. Desabrochada a ideia do crime na mente do agente, entra-se na fase da ***deliberação***, momento em que analisa circunstâncias, vantagens e desvantagens da prática do crime, em cotejo com seu querer. A fase da ***resolução*** é representada pela vitória do querer sobre a razão, da vontade sobre os fins preventivos do Direito Penal, do egoísmo em detrimento do altruísmo. É a fase em que o agente decide pela prática do crime.

Retomando a análise do tipo, em qual contexto entraria o planejamento, cogitação ou preparação? Parece-nos que o planejamento, previsto no tipo penal, representa a própria fase preparatória, em seu estágio embrionário, tendo sido prevista no tipo penal apenas de forma exemplificativa e em reforço à punição dos atos preparatórios. Não haveria sentido em se punir o mero planejamento sem que esse tenha se materializado em algum ato externo, sob pena de se afastar a aplicação do princípio da alteridade ou se ampliar, em demasia, a aplicação do Direito Penal.

O tipo penal em questão, em sua essência principal, ataca o financiamento, direto ou indireto, de atos terroristas, isto é, visa atingir aqueles que, por de trás de agentes criminosos, atua clandestinamente provendo os recursos e meios necessários para que os atos terroristas sejam praticados.

No que toca à **conduta**, a figura típica pode ser praticada por **ação ou omissão**, como no caso do agente público que deixa tomar providências quando descobre o financiamento contínuo de criminosos para a prática de atos de terrorismo e nada faz para impedir suas ações criminosas porque é simpático à causa terrorista. O crime somente pode ser praticado sob a

modalidade dolo direto, pois exige o especial fim de agir. O tipo penal não prevê a forma culposa.

O delito é concebido pela doutrina majoritária como crime **formal**, de resultado cortado ou consumação antecipada.

A solução do nexo de causalidade pela **teoria da imputação objetiva** não diverge da doutrina tradicional. O agente que mantem em depósito recursos para a execução de atos de terrorismo cria um **risco juridicamente desaprovado para o bem jurídico paz pública**. Por sua vez, **o risco criado com a violação da norma** materializa-se no resultado exposição a perigo abstrato, sendo certo que esse se encontra dentro do **alcance do tipo.**

Por fim, a estrutura do tipo penal completa-se com a tipicidade, expressamente consignada no art. 6º da Lei Antiterrorismo.

2.2.5.4 Figura equiparada

> Parágrafo único. Incorre na mesma pena quem oferecer ou receber, obtiver, guardar, mantiver em depósito, solicitar, investir ou de qualquer modo contribuir para a obtenção de ativo, bem ou recurso financeiro, com a finalidade de financiar, total ou parcialmente, pessoa, grupo de pessoas, associação, entidade, organização criminosa que tenha como atividade principal ou secundária, mesmo em caráter eventual, a prática dos crimes previstos nesta Lei.

A figura equiparada do parágrafo único prevê a mesma pena para quem atua na fase anterior à do próprio financiamento do terrorismo, isto é, atinge o **captador de recursos** que atua com a finalidade de financiar, total ou parcialmente, pessoa, grupo de pessoas, associação, entidade, organização criminosa que tenha como atividade principal ou secundária, mesmo em caráter eventual, a prática dos crimes previstos na Lei 13.260/16.

O tipo penal, em parte e de forma desnecessária, repete o teor do *caput* ao se valer dos verbos oferecer, receber, obtiver (obter), guardar, mantiver em depósito (manter em depósito), solicitar e investir. A diferenciação fundada na finalidade de financiar não se distingue, ontologicamente, do planejamento ou preparação previstos no *caput.* Juridicamente, as condutas se equivalem, não havendo razões de ordem prática para a repetição.

A importância do parágrafo único pode ser verificada em sua parte final, que prevê como criminosa a conduta daquele que, de qualquer modo, contribui para a obtenção de ativo, bem ou recurso financeiro, com a finalidade de financiar, total ou parcialmente, pessoa, grupo de pessoas, associação, entidade, organização criminosa que tenha como atividade principal ou secundária, mesmo em caráter eventual, a prática dos crimes previstos na Lei. Isso porque a figura equiparada atinge o intermediário, o corretor do terrorismo, que atua na captação de recursos.

2.2.5.5 Consumação e tentativa

O delito de financiamento do terrorismo é concebido como crime formal, não exigindo a produção do resultado **naturalístico**. O delito previsto no *caput* estará consumado quando o agente receber, prover, oferecer, obter, guardar, manter em depósito, solicitar, investir, de qualquer modo, direta ou indiretamente, recursos, ativos, bens, direitos, valores ou serviços de qualquer natureza, para o planejamento, a preparação ou a execução dos crimes previstos na Lei, não se exigindo qualquer resultado além do normativo.

A figura equiparada, por sua vez, consuma-se com o efetivo oferecimento, recebimento, obtenção, guarda, manutenção em depósito, solicitação, investimento ou de qualquer modo, com a contribuição para a obtenção de ativo, bem ou recurso financeiro, com a finalidade de financiamento, total ou parcialmente, de pessoa, grupo de pessoas, associação, entidade ou organização criminosa que tenha como atividade principal ou secundária, mesmo em caráter eventual, a prática dos crimes previstos na Lei.

A tentativa, em tese, é admissível pela possibilidade de fracionamento em alguns verbos nucleares, a exemplo do investimento, que pode ser frustrado por algum problema de ordem técnica nas transferências bancárias.

2.2.5.6 Conflito aparente de normas

a) **Art. 3º**: Promover, constituir, integrar ou prestar auxílio, pessoalmente ou por interposta pessoa, a organização terrorista: Pena – reclusão, de cinco a oito anos, e multa.

2.2.5.7 Ação penal

A ação penal, nos crimes previstos na Lei Antiterrorismo, é pública incondicionada.

Na forma do art. 11 da Lei, os crimes de terrorismo são praticados contra o interesse da União, cabendo à Polícia Federal a investigação criminal, em sede de inquérito policial, e à Justiça Federal o seu processamento e julgamento, nos termos do inciso IV do art. 109 da Constituição Federal.

Em razão da pena cominada (reclusão, de quinze a trinta anos), a maior prevista na Lei Antiterrorismo, o delito não admite qualquer benefício despenalizante.

2.3 CAUSAS DE AUMENTO DE PENA

Art. 7º Salvo quando for elementar da prática de qualquer crime previsto nesta Lei, se de algum deles resultar lesão corporal grave, aumenta-se a pena de um terço, se resultar morte, aumenta-se a pena da metade.

A previsão legal do art. 7º estabelece duas majorantes, a serem aplicadas na terceira fase da dosimetria da pena em patamar fixo. A primeira dispõe que ocorrendo lesão corporal de natureza grave, a pena será aumentada de um terço. A segunda, por sua vez, assinala que, se da conduta resultar morte, a pena será aumentada de metade. Ambas as hipóteses se fundam no desvalor do resultado, sendo indiferente que o resultado agravador seja doloso ou culposo.

A ressalva inicial, atinente à não aplicação das majorantes quando o resultado agravador for elementar típica, parece-nos completamente desnecessária, pois se trata de consequência natural da aplicação das regras da teoria geral do crime e dosimetria da pena.

Destaque-se outrossim, que a Lei 13.260/16 não prevê, nas condutas descritas, os resultados morte ou lesões corporais nos tipos penais, porquanto prevê apenas crimes de perigo.

Questão que nos interessa decorre da previsão do preceito secundário do art. 2º, §1º, e sua conjugação com o art. 7º. Isso porque a pena prevista para o crime de atos de terrorismo, reclusão, de doze a trinta anos, impõe a necessidade de aplicação das sanções correspondentes à ameaça ou à violência, sendo certo que a segunda, por sua vez, pode dar ensejo à incidência da majorante, porquanto apta a causar morte ou lesões corporais.

Assim, diante do suposto conflito normativo, apto a caracterizar o *bis in idem* pela imposição do concurso formal imperfeito na pena do art. 2º, §1º, e agravação do resultado pelo art. 7º, pelo mesmo motivo, morte, por exemplo, entendemos por aplicável somente a regra específica do preceito secundário do tipo penal, que impõe o concurso de crimes, por ser especial em relação à causa de aumento genérica.

2.4 COMPETÊNCIA E AÇÃO PENAL

A ação penal, nos crimes previstos na Lei Antiterrorismo, é pública incondicionada.

Na forma do art. 11 da Lei, os crimes de terrorismo são praticados contra o interesse da União, cabendo à Polícia Federal a investigação criminal, em sede de inquérito policial, e à Justiça Federal o seu processamento e julgamento, nos termos do inciso IV do art. 109 da Constituição Federal.

O art. 16 da Lei 13.260/16 prevê que as disposições da Lei 12.850/13 (Lei de Organizações Criminosas) aplicam-se à investigação, processo e julgamento dos crimes nela previstos, de forma que remetemos o leitor ao estudo da referida Lei, para evitarmos repetições.

O art. 18 expressamente incluiu os crimes previstos na Lei de Terrorismo como passíveis de prisão temporária.

2.5 MEDIDAS ASSECURATÓRIAS

Art. 12. O juiz, de ofício, a requerimento do Ministério Público ou mediante representação do delegado de polícia, ouvido o Ministério Público em vinte e quatro horas, havendo indícios suficientes de crime previsto nesta Lei, poderá decretar, no curso da investigação ou da ação penal, medidas assecuratórias de bens, direitos ou valores do investigado ou acusado, ou existentes em nome de interpostas pessoas, que sejam instrumento, produto ou proveito dos crimes previstos nesta Lei.

§ 1º Proceder-se-á à alienação antecipada para preservação do valor dos bens sempre que estiverem sujeitos a qualquer grau de deterioração ou depreciação, ou quando houver dificuldade para sua manutenção.

§ 2º O juiz determinará a liberação, total ou parcial, dos bens, direitos e valores quando comprovada a licitude de sua origem e destinação, mantendo-se a constrição dos bens, direitos e valores necessários e suficientes à reparação dos danos e ao pagamento de prestações pecuniárias, multas e custas decorrentes da infração penal.

§ 3º Nenhum pedido de liberação será conhecido sem o comparecimento pessoal do acusado ou de interposta pessoa a que se refere o **caput** deste artigo, podendo o juiz determinar a prática de atos necessários à conservação de bens, direitos ou valores, sem prejuízo do disposto no § 1º.

§ 4º Poderão ser decretadas medidas assecuratórias sobre bens, direitos ou valores para reparação do dano decorrente da infração penal antecedente ou da prevista nesta Lei ou para pagamento de prestação pecuniária, multa e custas.

Art. 13. Quando as circunstâncias o aconselharem, o juiz, ouvido o Ministério Público, nomeará pessoa física ou jurídica qualificada para a administração dos bens, direitos ou valores sujeitos a medidas assecuratórias, mediante termo de compromisso.

Art. 14. A pessoa responsável pela administração dos bens:

I – fará jus a uma remuneração, fixada pelo juiz, que será satisfeita preferencialmente com o produto dos bens objeto da administração;

II – prestará, por determinação judicial, informações periódicas da situação dos bens sob sua administração, bem como explicações e detalhamentos sobre investimentos e reinvestimentos realizados.

Parágrafo único. Os atos relativos à administração dos bens serão levados ao conhecimento do Ministério Público, que requererá o que entender cabível.

Art. 15. O juiz determinará, na hipótese de existência de tratado ou convenção internacional e por solicitação de autoridade estrangeira competente, medidas assecuratórias sobre bens, direitos ou valores oriundos de crimes descritos nesta Lei praticados no estrangeiro.

§ 1º Aplica-se o disposto neste artigo, independentemente de tratado ou convenção internacional, quando houver reciprocidade do governo do país da autoridade solicitante.

§ 2º Na falta de tratado ou convenção, os bens, direitos ou valores sujeitos a medidas assecuratórias por solicitação de autoridade estrangeira competente ou os recursos provenientes da sua alienação serão repartidos entre o Estado requerente e o Brasil, na proporção de metade, ressalvado o direito do lesado ou de terceiro de boa-fé.

O art. 12 da Lei de Antiterrorismo previu, em reforço à disciplina ordinária do Código de Processo Penal, a possibilidade de aplicação de medidas assecuratórias sobre bens, direitos ou valores do investigado ou acusado, ou existentes em nome de interpostas pessoas, que sejam instrumento, produto ou proveito dos crimes previstos na Lei 13.260/16.

Em razão da adoção do sistema acusatório, não nos parece possível a decretação de ofício pelo magistrado, apesar da previsão legal. Assim, o magistrado deverá analisar o pedido formulado pelo Ministério Público ou a representação do delegado de polícia, neste caso, após ouvir o *parquet* em vinte e quatro horas, e decidir, para nós, também em vinte quatro horas diante do parâmetro de urgência fornecido, sobre a questão.

Ao contrário, por exemplo, da Lei de Drogas, a Lei Antiterrorismo não fez referência expressa ao Código de Processo Penal no tocante às medidas assecuratórias. Não obstante, por se tratar de regra geral e, diante da ausência de regulação específica e exaustiva na Lei 13.260/16, há que se observar o teor dos arts. 125 e seguintes do CPP, que versam sobre o sequestro, arresto e especialização de hipoteca legal.

Destaque-se, entretanto, que o *caput* do art. 12 estabelece o ***standard* probatório** para decretação das medidas assecuratórias: **existência de indícios suficientes da prática de crimes previstos na Lei Antiterrorismo**, fugindo, em parte, da regulação do CPP. De modo semelhante ao disposto no Decreto 3.240/41, as medidas aqui previstas não exigem, para sua decretação, qualquer tipo de *periculum in mora*, seja de ineficácia da medida, seja de dilapidação patrimonial.

O §1º do art. 12 admite a possibilidade de alienação antecipada para preservação do valor dos bens sempre que estiverem sujeitos a qualquer grau de deterioração ou depreciação, ou quando houver dificuldade para sua manutenção.

O §2º, por seu turno, prevê que comprovada a origem lícita dos bens, o juiz determinará a liberação total ou parcial dos bens, direitos e valores, mantendo-se, contudo, a constrição dos bens, direitos e valores necessários e suficientes à reparação dos danos e ao pagamento de prestações pecuniárias, multas e custas decorrentes da infração penal.

Não obstante, o §3º assinala que nenhum pedido de liberação será conhecido sem o comparecimento pessoal do acusado, ou de interposta pessoa a que se refere o *caput* do artigo 12, podendo o juiz determinar a prática de atos necessários à conservação de bens, direitos ou valores, sem prejuízo da possibilidade de alienação antecipada, na forma do §1º. A regra impõe o dever especial de comparecimento pessoal do acusado ou de interposta pessoa, caso os bens, direitos ou valores estejam em seu nome, para que o pedido seja conhecido. A regra, para nós, não guarda qualquer razão de ordem prática, nada impedindo que o pedido seja formulado por procurador, com poderes especiais, vez que não será o comparecimento pessoal o elemento probatório necessário para demonstrar a origem lícita dos bens.

O §4º dispõe que poderão ser decretadas medidas assecuratórias sobre bens, direitos ou valores para reparação do dano decorrente da infração penal antecedente ou da prevista na Lei ou para pagamento de prestação pecuniária, multa e custas.

A inovação do §4º reside na possibilidade utilização das medidas assecuratórias decretadas no curso de investigação ou processo por crime previsto na Lei Antiterrorismo para assegurar reparação dos danos decorrentes de infrações penais antecedentes. Por infrações penais antecedentes devemos conceber aquelas diretamente conectadas com o terrorismo praticadas pelo investigado ou acusado, sob pena de indevida ampliação de objeto.

Os artigos 13 a 14 da Lei Antiterrorismo não apresentam maiores dificuldades de compreensão, pois disciplinam as hipóteses de nomeação de pessoa física ou jurídica para administração dos bens, direitos e valores sujeitos a medidas assecuratórias. Nesse sentido, o art. 13 assinala que "quando as circunstâncias o aconselharem, o juiz, ouvido o Ministério Público, nomeará pessoa física ou jurídica qualificada para a administração dos bens, direitos ou valores sujeitos a medidas assecuratórias, mediante termo de compromisso".

Por sua vez, o art. 14 dispõe que "a pessoa responsável pela administração dos bens: I – fará jus a uma remuneração, fixada pelo juiz, que será satisfeita preferencialmente com o produto dos bens objeto da administração; II – prestará, por determinação judicial, informações periódicas da situação dos bens sob sua administração, bem como explicações e detalhamentos sobre investimentos e reinvestimentos realizados. Parágrafo único. Os atos relativos à administração dos bens serão levados ao conhecimento do Ministério Público, que requererá o que entender cabível".

Por fim, o art. 15 assinala que "o juiz determinará, na hipótese de existência de tratado ou convenção internacional e por solicitação de autoridade estrangeira competente, medidas assecuratórias sobre bens, direitos ou valores oriundos de crimes descritos nesta Lei praticados no estrangeiro".

O dispositivo permite a aplicação da lei processual penal brasileira a crimes praticados no exterior, fora do âmbito de incidência da jurisdição pátria. Não obstante, exige a satisfação de três requisitos: a) existência de tratado ou convenção internacional; b) solicitação de autoridade estrangeira competente; e c) que os crimes estejam previstos na Lei Antiterrorismo e tenham sido praticados no estrangeiro.

Não obstante a previsão legal, que não estabelece outros requisitos, parece-nos que deverá ser perquirido ao menos um fundamento a justificar a medida, como, por exemplo, o ingresso do agente no território nacional, pois não haveria sentido uma autoridade estrangeira competente pleitear a medida para o Estado brasileiro.

O §1º, por sua vez, admite a aplicação da medida, independentemente de tratado ou convenção internacional, quando houver reciprocidade do governo do país da autoridade solicitante.

Segundo o §2º, "na falta de tratado ou convenção, os bens, direitos ou valores sujeitos a medidas assecuratórias por solicitação de autoridade estrangeira competente ou os recursos provenientes da sua alienação serão repartidos entre o Estado requerente e o Brasil, na proporção de metade, ressalvado o direito do lesado ou de terceiro de boa-fé".

2.6 VEDAÇÕES

O art. 5º, XLIII, da Constituição Federal dispõe que "a lei considerará crimes inafiançáveis e insuscetíveis de graça ou anistia a prática da tortura, o tráfico ilícito de entorpecentes e drogas afins, o terrorismo e os definidos como crimes hediondos, por eles respondendo os mandantes, os executores e os que, podendo evitá-los, se omitirem".

Logo, os crimes de terrorismo, por serem concebidos como equiparados a hediondos[9], não admitem anistia, graça, indulto e fiança (art. 2º da Lei dos Crimes Hediondos e art. 17 da Lei 13.260/13).

Conforme se infere do art. 3º, III, da Lei 9.474/97, os indivíduos que tenham participado de atos terroristas não podem gozar da condição de refugiado e, consequentemente, dos direitos previstos nos arts. 4º a 6º da referida Lei.

---

9. Sobre as vedações atinentes aos crimes hediondos e equiparados, remetemos o leitor para o Capítulo destinado ao estudo de tais crimes.

3

LEI DE DROGAS (LEI 11.343/06)

3.1 INTRODUÇÃO

A Constituição Federal, em seu art. 5º, inciso XLIII, estabeleceu um verdadeiro **mandado de criminalização** contra as drogas ao prever que "a lei considerará crimes inafiançáveis e insuscetíveis de graça ou anistia a prática da tortura, **o tráfico ilícito de entorpecentes e drogas afins**, o terrorismo e os definidos como crimes hediondos, por eles respondendo os mandantes, os executores e os que, podendo evitá-los, se omitirem".

Além do tratamento mais severo, como crime equiparado a hediondo previsto no art. 2º da Lei 8.072/90, o legislador avançou na promulgação da Lei 11.343/06, que revogou as Lei 6.368/76 e 10.409/02, fixando o novo regime penal e processual penal no combate às drogas, além de instituir o Sistema Nacional de Políticas Públicas sobre Drogas – SISNAD (arts. 3º a 17), entre outras construções.

A estrutura da Lei 11.343/06 foi dividida em sete títulos, sendo um vetado pelo Presidente da República: a) Título I – Disposições preliminares; b) Título II – Do sistema nacional de políticas públicas sobre drogas; c) Título III – Das atividades de prevenção ao uso indevido, atenção e reinserção social de usuários e dependentes de drogas; d) Título IV – Da repressão à produção não autorizada e ao tráfico ilícito de drogas; e) Título V – Da cooperação internacional; f) Título V-A – Do financiamento das políticas sobre drogas (inserido pela Lei 13.840/19 – VETADO); g) Título VI – Das disposições finais e transitórias.

Da arquitetura legal, portanto, podemos concluir que o escopo do legislador não ficou restrito à punição e prevenção penais, por também englobar o tratamento e recuperação do dependente, superando o paradigma anterior ao estabelecer uma **política criminal bifronte, preventiva e repressiva.**

Dentre as principais novidades, que sofrem, cotidianamente, impactos das decisões dos Tribunais Superiores, podemos destacar: a) a impossibilidade de pena privativa de liberdade nos casos de porte de drogas para consumo pessoal (art. 28); b) a figura do tráfico privilegiado (art. 33, § 4º); c) a elevação da pena do tráfico de drogas (art. 33); d) tipificação específica do delito de cessão de pequena quantia de droga para consumo compartilhado; e) criminalização específica do financiamento ao tráfico (art. 36); entre outras medidas que veremos na sequência, inclusive com o estabelecimento de novo rito processual.

Em síntese introdutiva, em seu aspecto preventivo, a lei: a) instituiu sanções menos severas para o agente que porta droga para consumo pessoal; b) impediu o encarceramento de tais agentes; c) criou políticas preventivas e de reinserção social (arts. 8º-D, 8º-E e arts. 18 a 26-A, por exemplo); e d) criou condições para tratamento, inclusive com possibilidade de internações voluntárias ou involuntárias em unidades de saúde ou hospitais gerais (art. 23-A, §§ 2º a 10) e terapêuticas (art. 26-A), além de ter criado a chamada **justiça terapêutica**[1], que envolve a política de redução de danos.

Sob a perspectiva repressiva, a legislação, objeto de estudo: a) criou normas para repressão à produção não autorizada e ao tráfico ilícito (arts. 31 e 32); b) estabeleceu crimes (arts. 28 e 33 a 39); c) regulou o procedimento penal (arts. 48 a 59); d) previu e disciplinou meios especiais de investigação (arts. 41 e 53); e) dispôs sobre a apreensão, arrecadação e destinação de bens do investigado ou réu (arts. 60 a 64); e f) estabeleceu a cooperação internacional (art. 65).

O objetivo precípuo da presente obra é analisar os aspectos penais e processuais penais da Lei 11.343/06, motivo pelo qual o aprofundamento será realizado sobre tais temas e não sobre os seguintes, analisados, de forma sucinta, tão somente para fins de contextualização.

Em grande parte dos comentários, valemo-nos do conteúdo da obra Lei de Drogas Comentada, publicada em 2024 por esta editora, escrita por Fernando Abreu e Enéias Xavier Gomes, razão pela qual rendemos nossas homenagens ao amigo Enéias pela anuência.

1. Vide §7º do art. 28: O juiz determinará ao Poder Público que coloque à disposição do infrator, gratuitamente, estabelecimento de saúde, preferencialmente ambulatorial, para tratamento especializado.

3.2 SISTEMA NACIONAL DE POLÍTICAS PÚBLICAS SOBRE DROGAS – SISNAD

A Lei de Drogas estabeleceu a criação do **Sistema Nacional de Políticas Públicas sobre Drogas (SISNAD)**, com o objetivo de articular, integrar, organizar e coordenar as ações relacionadas à prevenção do uso indevido de drogas, atenção e reintegração social de usuários e dependentes, além da repressão à produção não autorizada e ao tráfico ilícito de drogas.

Segundo o §1º do art. 3º da Lei, incluído pela Lei 13.840/19, "entende-se por Sisnad o conjunto ordenado de princípios, regras, critérios e recursos materiais e humanos que envolvem as políticas, planos, programas, ações e projetos sobre drogas, incluindo-se nele, por adesão, os Sistemas de Políticas Públicas sobre Drogas dos Estados, Distrito Federal e Municípios". Conforme o §2º, o Sisnad atuará em articulação com o Sistema Único de Saúde - SUS, e com o Sistema Único de Assistência Social - SUAS.

O art. 4º da Lei de Drogas estabeleceu os **princípios do Sisnad**: I – o respeito aos direitos fundamentais da pessoa humana, especialmente quanto à sua autonomia e à sua liberdade; II – o respeito à diversidade e às especificidades populacionais existentes; III – a promoção dos valores éticos, culturais e de cidadania do povo brasileiro, reconhecendo-os como fatores de proteção para o uso indevido de drogas e outros comportamentos correlacionados; IV – a promoção de consensos nacionais, de ampla participação social, para o estabelecimento dos fundamentos e estratégias do Sisnad; V – a promoção da responsabilidade compartilhada entre Estado e Sociedade, reconhecendo a importância da participação social nas atividades do Sisnad; VI – o reconhecimento da intersetorialidade dos fatores correlacionados com o uso indevido de drogas, com a sua produção não autorizada e o seu tráfico ilícito; VII – a integração das estratégias nacionais e internacionais de prevenção do uso indevido, atenção e reinserção social de usuários e dependentes de drogas e de repressão à sua produção não autorizada e ao seu tráfico ilícito; VIII – a articulação com os órgãos do Ministério Público e dos Poderes Legislativo e Judiciário visando à cooperação mútua nas atividades do Sisnad; IX – a adoção de abordagem multidisciplinar que reconheça a interdependência e a natureza complementar das atividades de prevenção do uso indevido, atenção e reinserção social de usuários e dependentes de drogas, repressão da produção não autorizada e do tráfico ilícito de drogas; X – a observância do equilíbrio entre as atividades de prevenção do uso indevido, atenção e reinserção social de usuários e dependentes de drogas e de repressão à sua produção não autorizada e ao seu tráfico ilícito, visando a garantir a estabilidade e o bem-estar social; XI – a observância às orientações e normas emanadas do Conselho Nacional Antidrogas – Conad.

O art. 5º, por sua vez, elencou os **objetivos do Sisnad**: I – contribuir para a inclusão social do cidadão, visando a torná-lo menos vulnerável a assumir comportamentos de risco para o uso indevido de drogas, seu tráfico ilícito e outros comportamentos correlacionados; II – promover a construção e a socialização do conhecimento sobre drogas no país; III – promover a integração entre as políticas de prevenção do uso indevido, atenção e reinserção social de usuários e dependentes de drogas e de repressão à sua produção não autorizada e ao tráfico ilícito e as políticas públicas setoriais dos órgãos do Poder Executivo da União, Distrito Federal, Estados e Municípios; IV – assegurar as condições para a coordenação, a integração e a articulação das atividades de que tratam o art. 3º desta Lei.

Ainda em sede legal, a Lei 13.840/19 criou o **Plano Nacional de Políticas sobre Drogas**[2], com duração de cinco anos (art. 8º-D, §1º), com os seguintes **objetivos**: I – promover a interdisciplinaridade e integração dos programas, ações, atividades e projetos dos órgãos e entidades públicas e privadas nas áreas de saúde, educação, trabalho, assistência social, previdência social, habitação, cultura, desporto e lazer, visando à prevenção do uso de drogas, atenção e reinserção social dos usuários ou dependentes de drogas; II – viabilizar a ampla participação social na formulação, implementação e avaliação das políticas sobre drogas; III – priorizar programas, ações, atividades e projetos articulados com os estabelecimentos de ensino, com a sociedade e com a família para a prevenção do uso de drogas; IV – ampliar as alternativas de inserção social e econômica do usuário ou dependente de drogas, promovendo programas que priorizem a melhoria de sua escolarização e a qualificação profissional; V – promover o acesso do usuário ou dependente de drogas a todos os serviços públicos; VI – estabelecer diretrizes para garantir a efetividade dos programas, ações e projetos das políticas sobre drogas; VII – fomentar a criação de serviço de atendimento telefônico com orientações e informações para apoio aos usuários ou dependentes de drogas; VIII – articular programas, ações e projetos de incentivo ao emprego, renda e capacitação para o trabalho, com objetivo de promover a inserção profissional da pessoa que haja cumprido o plano individual de atendimento nas fases de tratamento ou acolhimento; IX – promover formas coletivas de organização para o trabalho, redes de economia solidária e o cooperativismo, como forma de promover autonomia ao usuário ou dependente de drogas egresso de tratamento ou acolhimento, observando-se as especificidades regionais; X – propor a formulação de políticas públicas que conduzam à efetivação das diretrizes e princípios previstos no art. 22; XI – articular as instâncias de

2. A Política Nacional sobre Drogas foi aprovada pelo Decreto n. 9.761, de 11 de abril de 2019.

saúde, assistência social e de justiça no enfrentamento ao abuso de drogas; e XII - promover estudos e avaliação dos resultados das políticas sobre drogas.

A Lei 13.840/19 também criou os chamados **Conselhos de Políticas sobre Drogas**, constituídos por Estados, Distrito Federal e Municípios, com os objetivos de: I - auxiliar na elaboração de políticas sobre drogas; II - colaborar com os órgãos governamentais no planejamento e na execução das políticas sobre drogas, visando à efetividade das políticas sobre drogas; III - propor a celebração de instrumentos de cooperação, visando à elaboração de programas, ações, atividades e projetos voltados à prevenção, tratamento, acolhimento, reinserção social e econômica e repressão ao tráfico ilícito de drogas; IV - promover a realização de estudos, com o objetivo de subsidiar o planejamento das políticas sobre drogas; V - propor políticas públicas que permitam a integração e a participação do usuário ou dependente de drogas no processo social, econômico, político e cultural no respectivo ente federado; e VI - desenvolver outras atividades relacionadas às políticas sobre drogas em consonância com o Sisnad e com os respectivos planos.

3.3 DROGAS OU SUBSTÂNCIA ENTORPECENTE?

Diferentemente das leis anteriores, que utilizavam a expressão "substância entorpecente ou que determine dependência física ou psíquica", a Lei 11.343/06 adotou uma terminologia mais simples e amplamente conhecida, preferida pela Organização Mundial de Saúde: "drogas".

Para fins legais, são consideradas drogas "as substâncias ou os produtos capazes de causar dependência, assim especificados em lei ou relacionados em listas atualizadas periodicamente pelo Poder Executivo da União" (parágrafo único do art. 1º). Em síntese, **droga é a substância capaz de causar dependência, prevista em lei ou regulamento administrativo**. Atualmente, a relação das drogas é prevista por ato administrativo editado pela Agência Nacional de Vigilância Sanitária, Portaria SVS/MS 344/1998.

Em razão da abertura conceitual, alimentada pelo art. 66 da Lei de Drogas, que dispõe que "para fins do disposto no parágrafo único do art. 1º desta Lei, até que seja atualizada a terminologia da lista mencionada no preceito, denominam-se drogas substâncias entorpecentes, psicotrópicas, precursoras e outras sob controle especial, da Portaria SVS/MS nº 344, de 12 de maio de 1998", os crimes previstos na Lei de Drogas precisam de complemento normativo no tocante ao conceito de drogas, motivo pelo qual são concebidos como **normas penais em branco heterogêneas**, vez que seu complemento normativo advém de outra fonte formal, diversa da lei.

Assim, segundo o entendimento pacífico do STJ[3], a simples verificação de que as substâncias se encontram elencadas na Portaria nº 344/98 da Secretaria de Vigilância Sanitária do Ministério da Saúde (SVS/MS), é suficiente para a sua caracterização como droga, sendo prescindível a realização de exame pericial para a constatação de que tais substâncias, efetivamente, causam dependência.

De igual sorte, segundo o entendimento do STJ[4], ainda que uma determinada substância cause dependência física ou psíquica, se ela não estiver prevista no rol das substâncias legalmente proibidas, ela não será tratada como droga para fins de incidência da Lei n. 11.343/2006.

3.4 *ABOLITIO CRIMINIS*

Conforme destacamos em nosso Direito Penal, Parte Geral, a ***abolitio criminis*** é o fenômeno da descriminalização da conduta, de forma que um determinado comportamento, anteriormente considerado crime em nosso ordenamento jurídico, deixa de sê-lo por lei posterior, como no crime de adultério (art. 240, CP).

A *abolitio criminis* é expressamente prevista causa extintiva de punibilidade pelo artigo 107, inciso III do Código Penal e, como tal, extingue o *ius puniendi* estatal. Assim, ocorrendo a *abolitio criminis*, todos os processos em curso deverão ser encerrados em razão da extinção da punibilidade. De igual sorte, todos os indivíduos estiverem em cumprimento de pena pela prática da conduta que deixou de ser típica deverão ser colocados em liberdade, cessando-se qualquer espécie de cumprimento de pena. Preserva-se, contudo, os efeitos extrapenais da condenação.

No que toca às normas penais em branco, consoante a lição de GARCIA[5] (1951, p. 155):

> A circunstância mais favorável é a preferível, não pela simples circunstância de ser mais branda, o que, na dúvida, constitui sempre uma razão a atender em assunto de repressão criminal. A nosso ver, a disposição extra-penal de que se entrece a norma penal em branco – corpo à procura de alma, como se exprimia Binding – impregna-se de cunho penal, como parte que passa a constituir da figura delituosa. E por isso, a retroatividade benéfica se impõe.

3. HC 139.667/RJ, rel. Min. Felix Fischer, 5ª Turma, j. 17.12.2009.
4. REsp 1.444.537/RS, rel. Min. Rogerio Schietti Cruz, 6ª Turma, j. 12.04.2016, noticiado no Informativo 582.
5. GARCIA, Basileu. **Instituições de Direito Penal:** v.1, Tomo I. São Paulo: Max Limonad, 1951.

A norma complementar, a despeito de heterogênea, **integra e absorve** os atributos de norma penal, submetendo-se às mesmas consequências e efeitos dessa, como a irretroatividade gravosa e a retroatividade benigna. Assim, salvo se a norma complementar gozar do atributo da excepcionalidade, sempre retroagirá para beneficiar o réu[6]. Logo, ocorrendo alterações no ato administrativo regulamentar que define as substâncias concebidas como drogas, ainda que de forma temporária, para excluir determinada substância, ocorrerá a *abolitio criminis*, a exemplo do ocorrido com o cloreto de etila, substância verificada no chamado "lança perfume", que foi excluída do rol e posteriormente reincluída. Analisando o caso, o STF, no julgamento do HC 94.397/BA, rel. Min. Cezar Peluso, 2ª Turma, j. 23.04.2010, seguindo precedente anterior (HC 68.904/SP), entendeu para configuração da *abolitio criminis*.

3.5 CRIMES EM ESPÉCIE

3.5.1 Posse e cultivo de drogas para consumo pessoal

> Art. 28. Quem adquirir, guardar, tiver em depósito, transportar ou trouxer consigo, para consumo pessoal, drogas sem autorização ou em desacordo com determinação legal ou regulamentar será submetido às seguintes penas:
>
> I – advertência sobre os efeitos das drogas;
>
> II – prestação de serviços à comunidade;
>
> III – medida educativa de comparecimento a programa ou curso educativo.
>
> § 1º Às mesmas medidas submete-se quem, para seu consumo pessoal, semeia, cultiva ou colhe plantas destinadas à preparação de pequena quantidade de substância ou produto capaz de causar dependência física ou psíquica.
>
> § 2º Para determinar se a droga destinava-se a consumo pessoal, o juiz atenderá à natureza e à quantidade da substância apreendida, ao local e às condições em que se desenvolveu a ação, às circunstâncias sociais e pessoais, bem como à conduta e aos antecedentes do agente.
>
> § 3º As penas previstas nos incisos II e III do caput deste artigo serão aplicadas pelo prazo máximo de 5 (cinco) meses.
>
> § 4º Em caso de reincidência, as penas previstas nos incisos II e III do caput deste artigo serão aplicadas pelo prazo máximo de 10 (dez) meses.

---

6. STF: HC 73168- Rel. Min. Moreira Alves, DJ 15/03/1995; STF: HC 68904, rel. Min. Carlos 'Velloso, DJ 03/04/1992.

§ 5º A prestação de serviços à comunidade será cumprida em programas comunitários, entidades educacionais ou assistenciais, hospitais, estabelecimentos congêneres, públicos ou privados sem fins lucrativos, que se ocupem, preferencialmente, da prevenção do consumo ou da recuperação de usuários e dependentes de drogas.

§ 6º Para garantia do cumprimento das medidas educativas a que se refere o caput, nos incisos I, II e III, a que injustificadamente se recuse o agente, poderá o juiz submetê-lo, sucessivamente, a:

I – admoestação verbal;

II – multa.

§ 7º O juiz determinará ao Poder Público que coloque à disposição do infrator, gratuitamente, estabelecimento de saúde, preferencialmente ambulatorial, para tratamento especializado.

3.5.1.1 Introdução

O delito de **posse e cultivo de drogas para uso**[7], previsto no art. 28 da Lei de Drogas, tutela de forma direta a saúde pública e, indiretamente, a saúde e vida do usuário.

Parcela da doutrina sustenta que o art. 28 da Lei 11.343/06 promoveu a descriminalização do porte de droga para uso próprio, ante a ausência de previsão de pena privativa de liberdade ao usuário, que somente pode ser penalizado com advertência, prestação de serviços à comunidade e medidas educativas.

O tema encontrava-se sob repercussão geral no STF, RE 635.659/SP, sob o seguinte fundamento:

> Trata-se de recurso extraordinário interposto pelo Defensor Público-Geral do Estado de São Paulo contra acórdão do Colégio Recursal do Juizado Especial Cível de Diadema/SP que, por entender constitucional o art. 28 da Lei 11.343/2006, manteve a condenação pelo crime de porte de drogas para consumo pessoal. Neste recurso extraordinário, fundamentado no art. 102, inciso III, alínea a, da Constituição Federal, alega-se violação ao artigo 5º, inciso X, da Constituição Federal. O recorrente argumenta que o crime (ou a infração) previsto no artigo 28 da Lei 11.343/2006 ofende o princípio da intimidade e vida privada, direito expressamente previsto no artigo 5º, X da Constituição Federal e, por conseguinte, o princípio da lesividade, valor

7. O *nomen iuris* não consta da Lei, sendo decorrente de construção doutrinária.

basilar do direito penal. (fl.153). Observados os demais requisitos de admissibilidade do presente recurso extraordinário, passo à análise da existência de repercussão geral. No caso, a controvérsia constitucional cinge-se a determinar se o preceito constitucional invocado autoriza o legislador infraconstitucional a tipificar penalmente o uso de drogas para consumo pessoal. Trata-se de discussão que alcança, certamente, grande número de interessados, sendo necessária a manifestação desta Corte para a pacificação da matéria. Portanto, revela-se tema com manifesta relevância social e jurídica, que ultrapassa os interesses subjetivos da causa. Nesse sentido, entendo configurada a repercussão geral da matéria constitucional.

3.5.1.2 Tema 506 de Repercussão Geral – STF

O Supremo Tribunal Federal, no julgamento do caso acima, Tema 506 de Repercussão Geral, DJe 28.06.24, assim decidiu:

> O Tribunal, por maioria e nos termos do voto do Relator, apreciando o tema 506 da repercussão geral, deu provimento ao recurso extraordinário, para i) declarar a inconstitucionalidade, sem redução de texto, do art. 28 da Lei 11.343/2006, de modo a afastar do referido dispositivo todo e qualquer efeito de natureza penal, ficando mantidas, no que couber, até o advento de legislação específica, as medidas ali previstas, vencidos os Ministros Cristiano Zanin, André Mendonça, Nunes Marques, Dias Toffoli e Luiz Fux.
>
> "1. Não comete infração penal quem adquirir, guardar, tiver em depósito, transportar ou trouxer consigo, para consumo pessoal, a substância *cannabis sativa*, sem prejuízo do reconhecimento da ilicitude extrapenal da conduta, com apreensão da droga e aplicação de sanções de advertência sobre os efeitos dela (art. 28, I) e medida educativa de comparecimento a programa ou curso educativo (art. 28, III);
>
> 2. As sanções estabelecidas nos incisos I e III do art. 28 da Lei 11.343/06 serão aplicadas pelo juiz em procedimento de natureza não penal, sem nenhuma repercussão criminal para a conduta;
>
> 3. Em se tratando da posse de *cannabis* para consumo pessoal, a autoridade policial apreenderá a substância e notificará o autor do fato para comparecer em Juízo, na forma do regulamento a ser aprovado pelo CNJ. Até que o CNJ delibere a respeito, a competência para julgar as condutas do art. 28 da Lei 11.343/06 será dos Juizados Especiais Criminais, segundo a sistemática atual, vedada a atribuição de quaisquer efeitos penais para a sentença;
>
> 4. Nos termos do § 2º do artigo 28 da Lei 11.343/2006, será presumido usuário quem, para consumo próprio, adquirir, guardar, tiver em depósito, transportar ou trouxer consigo, até 40 gramas de *cannabis sativa* ou seis plantas-fêmeas, até que o Congresso Nacional venha a legislar a respeito;

5. A presunção do item anterior é relativa, não estando a autoridade policial e seus agentes impedidos de realizar a prisão em flagrante por tráfico de drogas, mesmo para quantidades inferiores ao limite acima estabelecido, quando presentes elementos que indiquem intuito de mercancia, como a forma de acondicionamento da droga, as circunstâncias da apreensão, a variedade de substâncias apreendidas, a apreensão simultânea de instrumentos como balança, registros de operações comerciais e aparelho celular contendo contatos de usuários ou traficantes;

6. Nesses casos, caberá ao Delegado de Polícia consignar, no auto de prisão em flagrante, justificativa minudente para afastamento da presunção do porte para uso pessoal, sendo vedada a alusão a critérios subjetivos arbitrários;

7. Na hipótese de prisão por quantidades inferiores à fixada no item 4, deverá o juiz, na audiência de custódia, avaliar as razões invocadas para o afastamento da presunção de porte para uso próprio;

8. A apreensão de quantidades superiores aos limites ora fixados não impede o juiz de concluir que a conduta é atípica, apontando nos autos prova suficiente da condição de usuário". Ficaram vencidos: no item 1 da tese, os Ministros Cristiano Zanin, André Mendonça, Nunes Marques e Luiz Fux; no item 2 da tese, os Ministros Cristiano Zanin, André Mendonça e Nunes Marques; no item 3 da tese, o Ministro Luiz Fux; no item 4 da tese, os Ministros Flávio Dino e Luiz Fux; e, nos itens 5 e 7 da tese, o Ministro Luiz Fux. Votou na fixação da tese o Ministro Flávio Dino.

Por fim, o Tribunal deliberou, ainda, nos termos do voto do Relator:

1) Determinar ao CNJ, em articulação direta com o Ministério da Saúde, Anvisa, Ministério da Justiça e Segurança Pública, Tribunais e CNMP, a adoção de medidas para permitir (i) o cumprimento da presente decisão pelos juízes, com aplicação das sanções previstas nos incisos I e III do art. 28 da Lei 11.343/06, em procedimento de natureza não penal; (ii) a criação de protocolo próprio para realização de audiências envolvendo usuários dependentes, com encaminhamento do indivíduo vulnerável aos órgãos da rede pública de saúde capacitados a avaliar a gravidade da situação e oferecer tratamento especializado, como os Centros de Atenção Psicossocial de Álcool e Drogas - CAPS AD;

2) Fazer um apelo aos Poderes Legislativo e Executivo para que adotem medidas administrativas e legislativas para aprimorar as políticas públicas de tratamento ao dependente, deslocando o enfoque da atuação estatal do regime puramente repressivo para um modelo multidisciplinar que reconheça a interdependência das atividades de (a) prevenção ao uso de drogas; (b) atenção especializada e reinserção social de dependentes; e (c) repressão da produção não autorizada e do tráfico de drogas;

3) Conclamar os Poderes a avançarem no tema, estabelecendo uma política focada não na estigmatização, mas (i) no engajamento dos usuários,

especialmente os dependentes, em um processo de autocuidado contínuo que lhes possibilite compreender os graves danos causados pelo uso de drogas; e (ii) na agenda de prevenção educativa, implementando programas de dissuasão ao consumo de drogas; (iii) na criação de órgãos técnicos na estrutura do Executivo, compostos por especialistas em saúde pública, com atribuição de aplicar aos usuários e dependentes as medidas previstas em lei;

4) Para viabilizar a concretização dessa política pública - especialmente a implementação de programas de dissuasão contra o consumo de drogas e a criação de órgãos especializados no atendimento de usuários - caberá aos Poderes Executivo e Legislativo assegurar dotações orçamentárias suficientes para essa finalidade. Para isso, a União deverá liberar o saldo acumulado do Fundo Nacional Antidrogas (Funad), instituído pela Lei 7.560/86 e gerido pelo Ministério da Justiça e Segurança Pública (MJSP), e se abster de contingenciar os futuros aportes no fundo, recursos que deverão ser utilizados, inclusive, para programas de esclarecimento sobre os malefícios do uso de drogas. Por fim, a Corte determinou que o CNJ, com a participação das Defensorias Públicas, realize mutirões carcerários para apurar e corrigir prisões decretadas em desacordo com os parâmetros fixados no voto do Relator. Ausente, justificadamente, o Ministro André Mendonça, que já havia proferido voto em assentada anterior. Presidência do Ministro Luís Roberto Barroso. Plenário, 26.6.2024.

Em julgamento anterior, o STF[8] entendeu que houve tão somente a "despenalização", entendida como exclusão, para o tipo, das penas privativas de liberdade".

O STJ, por sua vez, em diversas oportunidades, seguiu a linha do STF, conforme se infere da Tese 6 da Jurisprudência em Teses do STJ, edição 131[9]:

> "A conduta de porte de substância entorpecente para consumo próprio, prevista no art. 28 da Lei n. 11.343/2006, foi apenas despenalizada pela nova Lei de Drogas, mas não descriminalizada, não havendo, portanto, abolitio criminis".

A nova decisão do STF não afasta, por completo, o teor das decisões acima, vez que o objeto especifico, apesar da redação equivocada do acordão, envolve a maconha, de forma que não se pode negar que os entendimentos acima expostos são plenamente aplicáveis às outras drogas.

---

8. RE 430105 QO/RJ, 1ª Turma, Rel. Min. Sepúlveda Pertence, j. 13.02.07.
9.. *v.g.* AgRg no HC 475304/MG, Rel. Ministro Reynaldo Soares da Fonseca, Quinta Turma, julgado em 12/03/2019, DJe 29/03/2019; HC 465535/RS, Rel. Ministro Joel Ilan Paciornik, quinta turma, julgado em 26/02/2019, DJe 11/03/2019.

Especificamente com relação ao julgamento do tema 506, *ab initio*, o STF, ao decidir, por maioria, dar provimento ao recurso extraordinário para ***declarar a inconstitucionalidade, sem redução de texto, do art. 28 da Lei 11.343/2006****, de modo a afastar do referido dispositivo todo e qualquer efeito de natureza penal, ficando mantidas, no que couber, até o advento de legislação específica, as medidas ali previstas*, revela uma **contradição** com o próprio teor do acórdão, haja vista que o cerne da discussão foi **restrito à maconha**, não abarcando as demais espécies de drogas.

Não por outra razão, o item I da decisão dispõe que *não comete infração penal quem adquirir, guardar, tiver em depósito, transportar ou trouxer consigo, para consumo pessoal, a* ***substância cannabis sativa****, sem prejuízo do reconhecimento da ilicitude extrapenal da conduta, com apreensão da droga e aplicação de sanções de advertência sobre os efeitos dela (art. 28, I) e medida educativa de comparecimento a programa ou curso educativo (art. 28, III)*[10]. Logo, **não houve a descriminalização do porte para consumo pessoal de toda e qualquer espécie de droga, mas tão somente da maconha**, não obstante, ontologicamente, inexistir razões para trato distinto entre o usuário de maconha ou crack, por exemplo.

A decisão, em nossa compreensão, revela uma série de inconsistências, conforme veremos na sequência, porquanto ingressa em esfera que, aprioristicamente, não se revela própria do Poder Judiciário, a exemplo do indevido toque no ato administrativo editado pela Agência Nacional de Vigilância Sanitária, Portaria SVS/MS 344/1998, que define as substâncias concebidas como drogas. Em linhas gerais, o STF, sobrepondo-se ao órgão técnico responsável, entendeu que a *cannabis sativa*, não obstante sua ilicitude e possibilidade de ser considerada droga para outros delitos previstos na Lei de Drogas, não reúne os atributos necessários, ao arrepio do ato administrativo técnico, para conformação típica aos fins penais do art. 28 da Lei de Drogas, caracterizando a posse para consumo pessoal como mero **ilícito administrativo**.

Conforme o acórdão proferido no RE nº 635.659 ED, não houve modulação de efeitos da declaração de inconstitucionalidade, nem indicada qualquer exceção vinculada a fase em que se encontre o processo criminal. Muito

---

10. A questão foi objeto de embargos declaratórios que, embora rejeitados, não deixaram de enfatizar que "tanto o acórdão embargado quanto os debates ocorridos durante o julgamento não dão ensejo ao entendimento de que a declaração de inconstitucionalidade do art. 28 da Lei 11.343/2006, sem redução de texto, abrangeria outras drogas além da cannabis sativa" e, ainda, que "nenhuma manifestação estendeu tal entendimento para os entorpecentes citados pelo embargante (haxixe e skunk)" muito embora estes, inclusive, tenham o mesmo princípio ativo da maconha.

pelo contrário, o acórdão determinou até mesmo a realização de mutirões carcerários pelo CNJ para **identificar condenações e sanções penais aplicadas por fato não mais considerado penalmente típico**, a indicar que a decisão impacta casos pretéritos.

Consta da ementa, expressamente: "*declaração de inconstitucionalidade, sem redução de texto, do art. 28 da Lei 11.343/2006, para afastar a repercussão criminal do dispositivo em relação ao porte de cannabis sativa para uso pessoal*".

É sabido que a retroatividade prevista no art. 5º, CR/88 e art. 2º, CP, é apenas de Lei em sentido estrito, não alcançando a interpretação jurisprudencial. Com efeito, "*os preceitos constitucionais relativos à aplicação retroativa da norma penal benéfica, bem como à irretroatividade da norma mais grave ao acusado, ex vi do artigo 5º, XL, da Constituição Federal, são inaplicáveis aos precedentes jurisprudenciais*" (HC 161452 AgR, Relator(a): Min. LUIZ FUX, Primeira Turma, julgado em 6/3/2020, DJe 1/4/2020).

Entretanto, considerando o conhecido e há muito estudado fenômeno da "*abstrativização*" do controle difuso (vide Temas 881 e 885, STF) soa evidente que o reconhecimento da atipicidade (nas palavras do acórdão: "*afastar a repercussão criminal*" ou "*não comete infração penal quem*") via declaração de inconstitucionalidade incidental com repercussão geral reconhecida, tem o mesmo efeito da revogação (ou, pior, nulidade) da Lei e, portanto, equivale à *abolitio criminis* legislativa típica.

Nesse sentido, Pedro Lenza ensina que, "*de modo geral, vimos, a declaração de inconstitucionalidade no controle concentrado tem efeitos retroativos (ex tunc), declarando-se a nulidade da lei.*" (LENZA, Pedro. *Coleção Esquematizado - Direito Constitucional - 29ª Edição 2025.* 29. ed. Rio de Janeiro: SRV, 2025. E-book. p.Capa. ISBN 9788553628100. Disponível em: https://integrada.minhabiblioteca.com.br/reader/books/9788553628100/. Acesso em: 08 abr. 2025. Destaques não originais).

Lado outro, importante atentar para o fato de que **a retroatividade da declaração de inconstitucionalidade não induz a retroatividade de todas as teses fixadas no acórdão**, sobretudo daquelas que constituem teses interpretativas e vinculadas à análise de provas, inclusive porque dizem respeito ao processo penal e, portanto, para além da irretroatividade da Jurisprudência, mesmo a Lei "*aplicar-se-á desde logo, sem prejuízo da validade dos atos realizados sob a vigência da lei [processual] anterior*" (art. 2º, CPP). Ainda com amparo nas lições de Pedro Lenza "*nesse contexto, há necessidade de se respeitar a coisa julgada, exceto na hipótese de matéria penal (art. 5.º, XL, CF/88), que, a qualquer tempo, permite a revisão criminal.*" Uma simples interpretação *a contrario sensu*, portanto, autoriza dizer que sequer no controle concentrado há retroatividade em matéria processual penal, respeitando-se, portanto, a coisa julgada e a preclusão. (*Op. Cit.*).

Esclarece-se, com isso, que **não padecem de qualquer mácula e nem merecem revisão a denúncia ou a condenação por tráfico de drogas que não tenham considerado a presunção prevista na tese 4, por exemplo, nem é nula a prisão em flagrante que não tenha elaborado a justificativa prevista na tese 6.**

Em resumo, **a declaração de inconstitucionalidade sobre lei penal (art. 28, da Lei 11.343/06) atinge todas as investigações e ações penais em curso**, além de termos circunstanciados de ocorrência, transações penais ainda não cumpridas, **bem como, execuções de penas aplicadas aos crimes do art. 28 da Lei nº 11.343/06 que tenham por objeto material a maconha, mas não se inserem no conteúdo de tal declaração de inconstitucionalidade as teses interpretativas sobre processo penal** que, de resto, em qualquer caso devem respeitar a preclusão e a Coisa Julgada como o deve a própria Lei Processual Penal eventualmente modificada e, assim sendo, não retroagem.

Em sequência, o item II da decisão dispõe que *as sanções estabelecidas nos incisos I e III do art. 28 da Lei 11.343/06 serão aplicadas pelo juiz em procedimento de natureza não penal, sem nenhuma repercussão criminal para a conduta.* Do teor da decisão verifica-se, pela inconstitucionalidade, a impossibilidade de aplicação da "pena" prestação de serviços à comunidade e que o STF criou uma "nova" função administrativa para os magistrados de todo o país, de **órgão sancionador administrativo-sanitário.**

Parece-nos, no mínimo paradoxal, que o STF tenha **reconhecido a inconstitucionalidade** do art. 28 da LD **e que não comete infração penal** (por óbvio, porquanto já reconhecida a inconstitucionalidade) quem adquirir, guardar, tiver em depósito, transportar ou trouxer consigo, para consumo pessoal, a **substância cannabis sativa**, e, simultaneamente, **ter conferido ao juiz de Direito, no pleno exercício da jurisdição, o dever de aplicar sanções de ordem administrativo-sanitárias, como se fiscal sanitário fosse.**

Os problemas da decisão não ficam restritos aos assuntos acima, haja vista que o item III da decisão prevê que *em se tratando da posse de cannabis para consumo pessoal, a autoridade policial apreenderá a substância e notificará o autor do fato para comparecer em Juízo, na forma do regulamento a ser aprovado pelo CNJ. Até que o CNJ delibere a respeito, a competência para julgar as condutas do art. 28 da Lei 11.343/06 será dos Juizados Especiais Criminais, segundo a sistemática atual, vedada a atribuição de quaisquer efeitos penais para a sentença.*

Novamente, na linha dos paradoxos, o STF, a despeito de conceber o art. 28 da LD como inconstitucional e de afirmar que a aquisição, guarda, manutenção em depósito, transporte ou porte de maconha, para consumo pessoal, não é infração penal, ainda assim determinou que a autoridade policial deverá notificar o **autor do fato (qual, se inconstitucional?)** para comparecimento perante o Juizado Especial Criminal, "competente", segundo o STF, para "julgar" as condutas do art. 28 até que o CNJ delibere a respeito e aprove regulamento.

A decisão, ao conferir ao CNJ o poder regulamentar para fins de julgamentos administrativo-sanitários, parece ter flertado com a modificação, com a vênia da surpresa, quiçá ironia, os arts. 24, XII, e 30, I, da Constituição Federal, situando o CNJ como órgão legiferante sobre procedimentos administrativo-sanitários, a serem processados e presididos por juiz de Direito, no exercício da Jurisdição. Ainda, parece ter conferido aos Juizados Especiais Criminais, ao arrepio do art. 1º da Lei 9.099/95, indevida função administrativa, ainda que provisoriamente.

Por fim, ainda sobre o item III, uma última questão ainda merece reflexão: qual papel do Ministério Público nos casos de apreensão de maconha para consumo pessoal, se não mais se trata de infração penal? Não nos parece haver dúvidas de que o *parquet* deverá analisar o procedimento, porquanto a caracterização primária de posse para consumo pessoal, realizada pela autoridade policial, precisa ser chancelada pelo Ministério Público, pois esse pode perfeitamente entender que o caso envolve tráfico de drogas e não a mera posse para consumo próprio.

Não obstante, partindo-se da premissa de que a situação é, de fato, posse para consumo pessoal, qual seria o papel do titular da ação penal, se ação penal positiva (denúncia) não haverá? Promover o arquivamento internamente para fins penais para afastar o tráfico de drogas? Acompanhar ou atuar no procedimento administrativo-sanitário sancionador? Poderia o CNMP "criar" uma função administrativa para o Ministério Público?

Diante de tantos questionamentos, parece-nos claro uma única providência na seara penal em razão da titularidade da ação penal: a necessidade de promoção de arquivamento das peças de informação para afastar a caracterização de outros delitos previstos na Lei de Drogas. Realizado o arquivamento das peças de informação, encerra-se, em nossa perspectiva, a atuação do Ministério Público na questão criminal, podendo atrair, contudo, outras áreas de atuação, a exemplo da atuação das Promotorias de Justiça com atribuição na área da saúde.

Com efeito, a subsunção do fato à norma penal, com a leitura que lhe foi dada pelo STF, demanda aprofundamento no quadro fático-probatório (sobretudo à vista da tese 5), de modo que, **para firmar a *opinio delicti* (consectário do exercício exclusivo da titularidade da ação penal), o fato (posse de droga) deve ser levado ao conhecimento do membro do Ministério Público, cabendo a este, ratificando a conclusão da autoridade policial quanto à natureza e destinação do entorpecente, promover o arquivamento do expediente policial ou, discordando, determinar a instauração de investigação ou mesmo oferecer denúncia por tráfico de drogas.**

Lado outro, nos casos em curso em que já haja denúncia ou condenação, ou seja, em que já manifestada, portanto e anteriormente, a *opinio delicti* no sentido da prática de um fato agora atípico, **a providência é o requerimento de declaração de extinção da punibilidade, quanto ao crime do art. 28 da Lei 11.343/06, quando seu objeto material for a mesma substância psicotrópica, por *abolitio criminis*.**

Dando sequência aos comentários à decisão proferida, o item IV assinala que *nos termos do § 2º do artigo 28 da Lei 11.343/2006, será presumido usuário quem, para consumo próprio, adquirir, guardar, tiver em depósito, transportar ou trouxer consigo, até 40 gramas de cannabis sativa ou seis plantas-fêmeas, até que o Congresso Nacional venha a legislar a respeito.*

Não obstante a criativa hermenêutica realizada pelo STF, fundada em dados divergentes, a ponto de, no mesmo julgamento, em 2023, ter-se, ainda que de forma não definitiva, fixado o parâmetro de 25 a 60g de maconha, em sede de decisão final prevaleceu a lógica do voto médio, ou seja, em operação aritmética que nem Malba Tahan conseguiria compreender, porque, de fato, se buscava definir um parâmetro para fins de caracterização de usuário de maconha, o STF fixou o entendimento de que a aquisição, guarda, manutenção em depósito, transporte ou porte de 40 gramas de maconha ou seis plantas-fêmeas caracteriza a presunção relativa de que o agente é usuário de drogas e não traficante.

Em complementação ao item IV, o item V da decisão prevê que a presunção é relativa, não estando a autoridade policial e seus agentes impedidos de realizar a prisão em flagrante por tráfico de drogas, mesmo para quantidades inferiores ao limite estabelecido, quando presentes elementos que indiquem intuito de mercancia, como a forma de acondicionamento da droga, as circunstâncias da apreensão, a variedade de substâncias apreendidas, a apreensão simultânea de instrumentos como balança, registros de operações comerciais e aparelho celular contendo contatos de usuários ou traficantes.

Apesar de compreensível e paradoxalmente lógica a previsão do item V, em se considerando que a decisão é repleta de paradoxos, a operacionalização do item IV não se revela tão simples. Teria, por exemplo, o militar que realiza a captura do agente e apreensão da droga, que realizar a pesagem da droga? Ainda, correria o militar o risco de incorrer no crime de abuso de autoridade, previsto no art. 9º da Lei 13.869/19, ao dar voz de prisão nos termos do art. 307 do CPP ou, para evitar o risco, realizaria tão somente a captura e condução perante a autoridade policial? Nessa última hipótese, caso se verifique que a hipótese era de tráfico e não porte para consumo pessoal, qual autoridade seria responsável pela prisão em flagrante delito? O delegado, que não presenciou o fato, ou o militar que não deu a voz de prisão? De forma objetiva, em qualquer das situações, o risco de estarmos diante de prisões formalmente ilegais é severo.

Ainda na linha de desdobramento do item IV, o item VI da decisão prevê que nesses casos, caberá ao Delegado de Polícia consignar, no auto de prisão em flagrante, justificativa minudente para afastamento da presunção do porte para uso pessoal, sendo vedada a alusão a "critérios subjetivos arbitrários", como se a eleição das 40g pelo próprio STF não o fosse.

Por sua vez, o item VII dispõe que na hipótese de prisão por quantidades inferiores à fixada no item 4, deverá o juiz, na audiência de custódia, avaliar as razões invocadas para o afastamento da presunção de porte para uso próprio.

Por fim, o item VIII, em fórmula aberta, assinala que a apreensão de quantidades superiores aos limites ora fixados não impede o juiz de concluir que a conduta é atípica, apontando nos autos prova suficiente da condição de usuário.

A decisão, nesse particular, precisa de modulação, porquanto a análise primária a respeito da tipicidade material **compete ao Ministério Público** e não ao magistrado. Logo, não cabe ao juiz, de plano, decidir sobre a atipicidade, haja vista que deverá aguardar a manifestação ministerial, que pode ser de arquivamento, sendo o juiz simplesmente cientificado da decisão do Ministério Público, ou de oferecimento da denúncia pelo crime de tráfico, oportunidade em que juiz poderá, não se convencendo a respeito da caracterização delitiva, rejeitar a denúncia, ensejando a possibilidade de recurso por parte do órgão ministerial.

Em sede encaminhamentos, o STF deliberou pela (1) determinação ao CNJ, em articulação direta com o Ministério da Saúde, Anvisa, Ministério da Justiça e Segurança Pública, Tribunais e CNMP, a adoção de medidas para permitir (i) o cumprimento da presente decisão pelos juízes, com aplicação das sanções previstas nos incisos I e III do art. 28 da Lei 11.343/06, em procedimento de natureza não penal; (ii) a criação de protocolo próprio para realização de audiências envolvendo usuários dependentes, com encaminhamento do indivíduo vulnerável aos órgãos da rede pública de saúde capacitados a avaliar a gravidade da situação e oferecer tratamento especializado, como os Centros de Atenção Psicossocial de Álcool e Drogas - CAPS AD; (2) fazer um apelo aos Poderes Legislativo e Executivo para que adotem medidas administrativas e legislativas para aprimorar as políticas públicas de tratamento ao dependente, deslocando o enfoque da atuação estatal do regime puramente repressivo para um modelo multidisciplinar que reconheça a interdependência das atividades de (a) prevenção ao uso de drogas; (b) atenção especializada e reinserção social de dependentes; e (c) repressão da produção não autorizada e do tráfico de drogas; (3) conclamar os Poderes a avançarem no tema, estabelecendo uma política focada não na estigmatização, mas (i) no engajamento dos usuários, especialmente os dependentes, em um processo de autocuidado contínuo que lhes possibilite compreender os graves danos causados pelo uso de drogas; e (ii) na agenda de prevenção educativa, implementando programas de dissuasão ao consumo de drogas; (iii) na criação de órgãos técnicos na estrutura do Executivo, compostos por especialistas em saúde pública, com atribuição de aplicar aos usuários e dependentes as medidas previstas em lei; (4) para viabilizar a concretização dessa política pública - especialmente a implementação de programas de dissuasão contra o consumo de drogas e a criação de órgãos especializados no atendimento de usuários - caberá aos Poderes Executivo e Legislativo assegurar dotações orçamentárias suficientes para essa finalidade. Para isso, a União deverá liberar o saldo acumulado do Fundo Nacional Antidrogas (Funad), instituído pela Lei 7.560/86 e gerido pelo Ministério da Justiça e Segurança Pública (MJSP), e se abster de contingenciar os futuros aportes no fundo, recursos que deverão ser utilizados, inclusive, para programas de esclarecimento sobre os malefícios do uso de drogas e; (5) a Corte determinou que o CNJ, com a participação das Defensorias Públicas, realize mutirões carcerários para apurar e corrigir prisões decretadas em desacordo com os parâmetros fixados no voto do Relator.

A decisão, a despeito da omissão, ainda reverbera em outros dispositivos legais, a exemplo do §1º do art. 28. O STF, ao assinalar que *nos termos do § 2º do artigo 28 da Lei 11.343/2006, será presumido usuário quem, para consumo próprio, adquirir, guardar, tiver em depósito, transportar ou trouxer consigo, até 40 gramas de cannabis sativa ou* ***seis plantas-fêmeas****, até que o Congresso Nacional venha a legislar a respeito*, restou por dizer, ainda que implicitamente, que aquele que, para consumo pessoal, *semeia, cultiva ou colhe* "frutos" de até seis plantas-fêmeas de *cannabis sativa*, não comente qualquer infração penal.

De fato, não haveria sentido em se descriminalizar o uso de maconha, não punindo criminalmente, por exemplo, a guarda de até seis plantas-fêmeas, e se considerar crime a realização de condutas umbilicalmente associadas (semear, cultivar ou colher).

Igualmente, apesar da ausência de análise pelo STF, entendemos que a decisão produz reflexos quanto ao §3º do art. 33 da Lei de Drogas, especificamente quando o caso envolver o consumo compartilhado de maconha. O dispositivo prevê a conduta de "**oferecer** droga, eventualmente e sem objetivo de lucro, a pessoa de seu relacionamento, para juntos a consumirem", sancionando o comportamento com a pena de detenção, de 6 (seis) meses a 1 (um) ano, e pagamento de 700 (setecentos) a 1.500 (mil e quinhentos) dias-multa, sem prejuízo das penas previstas no art. 28.

O *oferecimento* ocorre quando o agente sugere, disponibiliza a droga, de forma eventual e sem objetivo de lucro, a pessoa de seu relacionamento, como amigos, parentes e namoradas(os) para uso conjunto. O tipo penal trata da hipótese de compartilhamento da droga para uso comum e eventual, sem conotação evidente de tráfico de drogas, porquanto o próprio tipo penal exige a ausência de fim lucrativo, eventualidade e o uso compartilhado.

Sendo a droga ofertada para pessoa diversa e não integrante do relacionamento do agente, haverá o crime de tráfico na forma do *caput*, vez que ausente a elementar típica atinente ao relacionamento.

Por *eventualmente*, elementar típica, há que se compreender a conduta não reiterada, habitual ou constante. Logo, o agente que diária ou semanalmente oferece a droga a um amigo para consumo compartilhado, incorre no crime de tráfico de drogas previsto no *caput* e não na modalidade especial do §3º, haja vista que comporta como verdadeiro traficante.

Questão interessante e que sofre, para nós, impacto com a decisão do STF, envolve a circunstância do agente que **pede "emprestado" o cigarro de maconha** ao autor do delito para fumar. *In casu*, **não há oferecimento**, no sentido típico, mas a cessão (**entregar ou fornecer**) diante do atendimento de um pedido.

Os verbos entregar e fornecer não foram contemplados pela figura típica do §3º do art. 33, mas tão somente pela previsão do *caput*. Entretanto, parece-nos evidente que a conduta daquele que fornece a maconha para um amigo, **para uso compartilhado, atendendo a um pedido**, revela um comportamento menos gravoso do que aquele que **oferece** a droga para uso comum, haja vista que na primeira hipótese há **provocação** e na segunda **ato espontâneo**.

Parcela da doutrina[11] sustenta que a questão deve ser resolvida pela analogia em *bonam partem*, pois as condutas de *entregar* e *fornecer*, ainda que a pedido de terceiro, estariam contempladas pelo "uso compartilhado".

---

11. Por todos, Masson (*op. cit.* p. 147), valendo-se das lições de Andrey Borges de Mendonça e Paulo Roberto Galvão de Carvalho, in. Lei de drogas: Lei 11.343, de 23 de agosto de 2006 – comentada artigo por artigo. 3. ed. São Paulo: Método, 2012.

Não nos parece, contudo, a melhor solução, especialmente pela imperativa necessidade de observância do princípio da legalidade. De fato, falta proporcionalidade na punição por tráfico de drogas (art. 33, *caput*) do agente que fornece maconha a alguém, no seio de relacionamento pessoal e para consumo pessoal compartilhado, tão somente porque, ao invés de oferecer, entrega ou fornece a droga nas circunstâncias descritas no §3º. Não há, para nós, a lesividade necessária para configuração da conduta mais grave, não obstante o comportamento ser merecedor de resposta estatal.

Entretanto, a doutrina, ao sustentar a aplicação da analogia *in bonam partem* à hipótese, na realidade agrava a situação do agente sob outra perspectiva. Equiparar a conduta de *oferecer* às condutas de *entregar* e *fornecer*, apesar de, em tese, demover a aplicação da norma do art. 33, *caput*, não somente amplia o conteúdo típico do art. 33, §3º, valendo de indevida interpretação extensiva sobre a conduta nuclear, em prejuízo do agente, mas também **equipara o "porte" para consumo pessoal com a "traficância" de pequeno potencial ofensivo**, revelada pelo §3º, em verdadeira analogia *in malam partem*.

Se o legislador, ainda que de forma equivocada e rasa, tipificou somente a conduta de oferecer, não cabe ao intérprete ampliar o conteúdo na norma para alcançar o exaurimento da oferta, isto é, a entrega ou fornecimento, sequer necessárias para configuração típica. De mesma forma, se concebemos a punição pela figura prevista no *caput* desproporcional ante a baixa lesividade, outro caminho não nos resta senão concebermos a conduta sob a luz do art. 28 da Lei de Drogas, haja vista que o consumo compartilhado, por **premissa existencial**, é também uma conduta pessoal. E, se para fazer uso da droga, o agente deve tê-la consigo ou ao seu alcance, adquirido, guardado, mantido em depósito ou transportado, incorreu, previamente, na conduta prevista no art. 28 da Lei 11.343/06, mera infração administrativa segundo o STF, razão pela qual entendemos que, caso o agente realize a conduta de entregar ou fornecer droga, de forma eventual e sem objetivo de lucro, a pessoa de seu relacionamento, para juntos a consumirem, **quando realizada a pedido**, deve ser resolvida com lastro no art. 28 da Lei de Drogas, evitando-se a ampliação do conteúdo normativo-típico do §3º do art. 33 da mesma lei.

De toda forma, mesmo inexistindo razões de cunho ontológico para realização de distinção entre usuários de drogas diferentes, apresentaremos os comentários penais ao dispositivo, com o destaque para sua não aplicação, sob a perspectiva penal, quanto à maconha.

3.5.1.3 Sujeitos do crime

O delito de posse e cultivo de drogas para uso pessoal é **comum**, pois pode ser praticado por qualquer pessoa.

Os sujeitos passivos do delito são o Estado e a coletividade, tratando-se de crime vago. Vale destacar que o usuário também se revela vítima do próprio comportamento, não se aplicando, contudo, o princípio da alteridade, haja vista que a conduta não somente contribui para o aumento da criminalidade em inúmeros aspectos, mas contribui para o incremento das despesas estatais com tratamento, repressão e prevenção, circunstância reverbera em toda a sociedade.

3.5.1.4 Estrutura do tipo penal

A estrutura típica do crime previsto no art. 28, da Lei 11.343/06, é formada pelo núcleo verbal adquirir, guardar, ter em depósito, transportar, trazer consigo; pelas elementares normativas drogas; sem autorização ou em desacordo com determinação legal ou regulamentar; e pelo fim especial para consumo pessoal.

A figura equiparada do §1º, por sua vez, é estruturada pelo núcleo verbal semeia, cultiva ou colhe; pelas elementares normativas plantas destinadas à preparação de pequena quantidade de substância ou produto capaz de causar dependência física ou psíquica; e pelo especial fim de agir para seu consumo pessoal.

Conduta nuclear

- adquirir, guardar, tiver em depósito, transportar, trouxer consigo (*caput*)
- semeia, cultiva ou colhe (§ 1º)

Elementares objetivas

Elementares normativas

- drogas (*caput*)
- sem autorização ou em desacordo com determinação legal ou regulamentar (*caput*)
- plantas destinadas à preparação de pequena quantidade de substância ou produto capaz de causar dependência física ou psíquica (§ 1º)

Elementares subjetivas, especial fim de agir e elementos volitivos

- dolo
- para consumo pessoal (*caput* e § 1º)

A estrutura, todavia, não se resume aos elementos revelados pela leitura literal, pois também traz a estrutura basilar finalista, composta na sua integralidade pela conduta, resultado, nexo de causalidade e tipicidade.

Adquirir significa obter a propriedade, seja a título oneroso (compra, permuta) ou gratuito (doação), conseguir; *guardar* é conservar, manter; *ter em depósito* significa manter em estoque, armazenar; *transportar* significa levar de um lugar para outro, modificar a posição da localização; e *trazer consigo* significa portar, carregar.

Em todos as espécies, caso o agente realize mais de um comportamento, incorrerá em crime único, haja vista que se trata de crime de **ação múltipla ou conteúdo variado**, revelando-se o tipo penal como alternativo.

Igualmente, em todas as modalidades se exige que o agente realize a conduta nuclear com o escopo de *consumo pessoal*, circunstância sensível a diferenciar o comportamento, por exemplo, do crime de tráfico de drogas, previsto no art. 33 da mesma lei.

Nos termos do §2º do art. 28, para determinar se a droga se destina a consumo pessoal, o juiz deverá atender à natureza e à quantidade da substância apreendida, ao local e às condições em que se desenvolveu a ação, às circunstâncias sociais e pessoais, bem como à conduta e aos antecedentes do agente.

De forma clara, o dispositivo elege vetores hermenêuticos para que o magistrado analise a finalidade do indivíduo que se encontra em uma das situações descritas no *caput*.

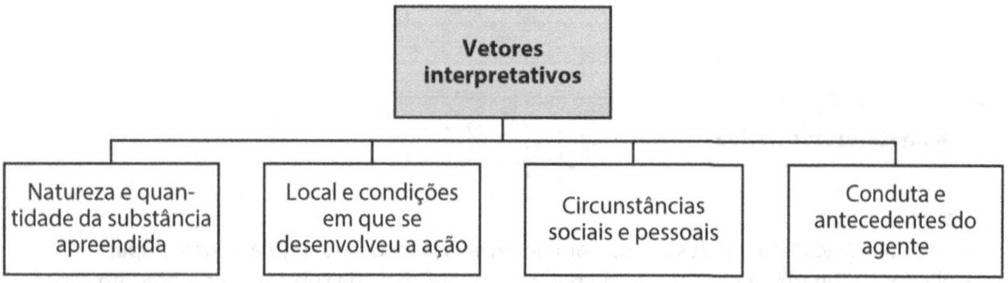

A natureza e a quantidade de drogas, por si sós, não implicam a posse para consumo pessoal. Antes da decisão do STF no Tema RR 506, pouco importava a natureza da droga. Com a decisão, a lógica continua a mesma, excetuando-se, naturalmente, a maconha da conformação típica. A natureza, por essencial, não se revela indicativo da realização de outro delito, devendo ser analisada em cotejo com os demais vetores interpretativos.

Por sua vez, a posse de pequena quantidade de droga igualmente não nos fornece parâmetros suficientes para caracterizar a posse para fins de consumo pessoal, pois nada impede que o traficante traga consigo drogas em pequena quantidade para fins de comercialização ou, quando preso, possua pouca quantidade porque já havia comercializado grande parte de seu estoque. Vale destacar que, consoante o STJ, o princípio da insignificância não se aplica ao delito previsto no art. 28 da Lei de Drogas, pois se trata de crime de perigo abstrato ou presumido[12]. De igual modo, nada impede que o usuário, para evitar reiteradas visitas a pontos de tráfico de drogas, venha a adquirir uma quantidade maior para guardar para fins de consumo pessoal.

O local e as condições em que se desenvolve a ação, outro parâmetro legal, nos fornece importantes informações sobre as circunstâncias da conduta, vez que a permanência do agente, ainda que com baixa quantidade de substância entorpecente, em local cuja investigação revela ser ponto de traficância, pode afastar a posse para consumo pessoal caso, por exemplo, além da droga, traga consigo alto valor em espécie, não sendo capaz de revelar a origem lícita dos recursos.

De igual forma, as circunstâncias sociais e pessoais, bem como a conduta e os antecedentes do agente podem contribuir para o adequado enquadramento típico e efetiva caracterização do agente como usuário de drogas. O mero antecedente criminal revelado por condenação anterior por tráfico de drogas não implica, por si só, que a posse de drogas seja sempre para fins de narcotraficância, pois nada impede que o traficante seja também usuário de drogas. Há que se ter, dessa forma, especial atenção às circunstâncias pessoais do agente, sob pena de aplicação do famigerado **Direito Penal do autor**, que pune o agente pelo modo de vida passado, como fruto de um indevido etiquetamento social criminal.

Tem-se, portanto, que somente a análise conglobada das circunstâncias do §2º do art. 28 será capaz de permitir o correto enquadramento típico.

Importante registrar, em reforço à análise realizada no início do capítulo, que, em razão da abertura conceitual, alimentada pelo art. 66 da Lei 11.343/06, os crimes previstos na Lei de Drogas precisam de complemento normativo no tocante ao conceito de drogas, motivo pelo qual são concebidos como **normas penais em branco heterogêneas**, vez que seu complemento normativo advém de outra fonte formal, diversa da lei, atualmente prevista por ato administrativo editado pela Agência Nacional de Vigilância Sanitária, Portaria SVS/MS 344/1998. Conforme vimos no início do capítulo, para fins

12. HC 461377/PR, Rel. Ministro Ribeiro Dantas, 5ª Turma, DJe 22/11/2018.

de conformação da tipicidade penal, o STF promoveu o *distinguishing* com relação à *cannabis sativa*.

A conformação típica ainda pressupõe que o comportamento seja praticado sem autorização ou em desacordo com determinação legal ou regulamentar, de forma que, havendo autorização legal ou judicial, a tipicidade não se configurará.

No que tange à figura equiparada do §1º, *semear* significa plantar; *cultivar* é produzir; ao passo que *colher* significa retirar, obter e recolher os frutos de plantas destinadas à preparação de pequena quantidade de substância ou produto capaz de causar dependência física ou psíquica. Em linha gerais, o tipo penal incrimina conduta daquele que produz a própria droga, salvo a maconha, ainda que para fins de consumo pessoal.

Mesmo antes da decisão do STF acerca do Tema 506, o STJ, no julgamento do RHC 147.169/SP, j. 14.06.22, já havia decidido que "o cultivo de planta psicotrópica para extração de princípio ativo **é conduta típica apenas se desconsiderada a motivação e a finalidade**. A norma penal incriminadora mira o uso recreativo, a destinação para terceiros e o lucro, visto que, nesse caso, coloca-se em risco a saúde pública. A relação de tipicidade não vai encontrar guarida na conduta de cultivar planta psicotrópica para extração de canabidiol para uso próprio, visto que a finalidade, aqui, é a **realização do direito à saúde**, conforme prescrito pela medicina".

No julgado, ainda se firmou a compreensão de que "a previsão legal acerca da possibilidade de regulamentação do plantio para fins medicinais, art. 2º, parágrafo único, da Lei 11.343/2006, permite concluir tratamento legal díspar acerca do tema: enquanto o uso recreativo estabelece relação de tipicidade com a norma penal incriminadora, **o uso medicinal, científico ou mesmo ritualístico-religioso não desafia persecução penal dentro dos limites regulamentares**".

Com o novo entendimento do STF, a distinção realizada pelo STJ entre uso recreativo e medicinal não mais guarda relevância penal.

A figura típica, por se tratar de crime de perigo abstrato, é crime formal, vez que não exige a produção de resultado naturalístico, isto é, que ocorra o efetivo prejuízo à saúde pública.

O crime, em regra, é praticado por ação. Em tese, contudo, pode se materializar por omissão, como na hipótese do agente que, sendo detentor do dever jurídico de agir na forma do art. 13, §2º do CP, omite-se quanto ao seu dever, por exemplo, de cuidado, proteção e vigilância, deixando o pai de impedir que o adolescente cultive a droga para consumo pessoal.

Ainda no contexto da conduta, o crime somente pode ser praticado sob a **modalidade dolo direto**, vez que a conformação típica pressupõe a existência da finalidade específica relacionada ao consumo pessoal. O crime não admite a modalidade culposa.

A solução do nexo de causalidade, conforme sustentamos na apresentação da obra, à qual remetemos o leitor para evitarmos repetições, pode ocorrer pela **teoria da imputação objetiva**. Assim, o agente que traz consigo cocaína, para consumo pessoal, sem autorização ou em desacordo com determinação legal ou regulamentar, cria um **risco juridicamente desaprovado para o bem jurídico saúde pública**. Por sua vez, **o risco criado com a violação da norma** materializa-se no resultado normativo, sendo certo que esse se encontra dentro do **alcance do tipo**.

Por fim, a estrutura do tipo penal completa-se com a tipicidade, expressamente consignada no art. 28 da Lei 11.343/06.

3.5.1.5 Consumação e tentativa

O delito de posse e cultivo de drogas para consumo pessoal é **formal** e se consuma quando o agente adquire, guarda, tenha em depósito, transporte ou traga consigo, para consumo pessoal, drogas sem autorização ou em desacordo com determinação legal ou regulamentar (*caput*) ou quando, para seu consumo pessoal, semeia, cultiva ou colhe plantas destinadas à preparação de pequena quantidade de substância ou produto capaz de causar dependência física ou psíquica (§1º). Por se tratar de crime de perigo, não se exige a configuração de resultado naturalístico, isto é, que ocorra efetivo dano à saúde pública.

Vale destacar que, segundo o STJ, "o art. 50, §1º, da Lei de Drogas dispõe que para o estabelecimento da materialidade do delito é necessário o laudo de constatação da natureza e quantidade da droga"[13]. Em síntese, revela-se imprescindível a realização de exame pericial, vez que o tipo penal exige a apreensão da droga para realização da prova, porquanto **a ilicitude da substância precisa ser atestada por exame toxicológico**. Assim, o agente que é flagrado injetando heroína ou inalando cocaína, por exemplo, caso não se apreenda a droga para fins de constatação, não será responsabilizado, porquanto sua conduta será atípica, vez que **o tipo penal não pune o uso**, mas as condutas de adquirir, guardar, ter em depósito, transportar ou trazer consigo drogas sem autorização ou em desacordo com determinação legal ou

13. AgRg no AgRg no Agravo em REsp 418.615/RS, 5ª Turma, rel. Marco Aurélio Bellizze, j. 18.06.2014.

regulamentar. É possível afirmar, portanto, que o uso integral da droga consome o delito, por inviabilizar a prova da materialidade delitiva. A despeito de tal entendimento ser amplamente majoritário, convém apresentar aqui, nossa divergência. Embora o uso de droga seja comportamento atípico, ele quase sempre pressupõe conduta antecedente típica que, se puder ser comprovada por outros meios de prova (um registro audiovisual ou um depoimento verossímil de fatos anteriores ao uso, por exemplo), atestando-se a materialidade por exame médico (clínico ou laboratorial) do próprio autor sob efeito de drogas, deveria viabilizar tanto o processo quanto eventual condenação por porte de drogas (para uso ou tráfico, conforme o caso).

Não obstante a divergência doutrinária, a tentativa, apesar de difícil configuração, em tese parece-nos admissível nas modalidades *adquirir, semear, cultivar* e *colher*, em razão da possibilidade de fracionamento do *iter criminis*, sendo incabível nas demais hipóteses.

Ainda com relação à tentativa, parcela da doutrina sustenta sua inaplicabilidade em razão da natureza alternativa das penas cominadas. Não obstante, não observamos qualquer incompatibilidade legal na hipótese dos inciso III[14], haja vista que, segundo o art. 12 do CP, as regras gerais do Código Penal aplicam-se aos fatos incriminados por lei especial, se esta não dispuser de modo diverso. Assim, na hipótese de tentativa de crime de posse de droga para consumo pessoal, aplicar-se-á a 1/3 a 2/3 do tempo fixado, sem qualquer inconsistência legal. Naturalmente, aplicada a sanção de advertência (inciso I), a redução de pena pela tentativa revelar-se-á incompatível.

3.5.1.6 Penas

O preceito secundário do delito não prevê pena privativa de liberdade[15], assinalando que a sanção penal será de advertência sobre os efeitos das drogas (inc. I), prestação de serviços à comunidade (inc. II), ou medida educativa de comparecimento a programa ou curso educativo (inc. III). Não há, portanto, possibilidade de pena privativa de liberdade, de forma que, por necessário paralelo, não se poderá impor ao agente qualquer prisão ou medida de natureza cautelar prevista no art. 319 do CPP, em respeito ao princípio

14. O inciso II, em nossa compreensão, foi declarado inconstitucional pelo STF no julgamento do Tema Repetitivo 506.

15. No tocante aos adolescentes, vide entendimento consolidado no STJ: Configura ofensa ao princípio da proteção integral a aplicação de medida de semiliberdade ao adolescente pela prática de ato infracional análogo ao crime previsto no art. 28 da Lei n. 11.343/2006. REsp 1753563/MG, Rel. Ministro Nefi Cordeiro, 6ª Turma, DJe 16/10/2018.

da homogeneidade e, no caso das medidas cautelares pessoais, por expressa vedação legal do art. 283, §1º, CPP[16].

Nos termos do art. 27 da Lei de Drogas, as penas previstas poderão ser aplicadas isolada ou cumulativamente, bem como substituídas a qualquer tempo, ouvidos o Ministério Público e o defensor.

Conforme o §3º do dispositivo, as penas de prestação de serviços à comunidade (inc. II) e medida educativa de comparecimento a programa ou curso educativo serão aplicadas pelo prazo máximo de 5 (cinco) meses. O §4º, por sua vez, assinala que, em caso de reincidência, referidas penas (incisos II e III) serão aplicadas pelo prazo máximo de 10 (dez) meses.

Especificamente quanto a prestação de serviços à comunidade, o §5º estabelece que essa será cumprida em programas comunitários, entidades educacionais ou assistenciais, hospitais, estabelecimentos congêneres, públicos ou privados sem fins lucrativos, que se ocupem, preferencialmente, da prevenção do consumo ou da recuperação de usuários e dependentes de drogas.

O inciso II do *caput*, §3º, §4º, §5º e §6º, inciso II (previsões atinentes ao inciso II), sofreram, em nossa compreensão, ataque direto pela decisão do STF no Tema 506, de forma que, na hipótese de porte de maconha para consumo pessoal, não nos parece mais possível a aplicação da pena de prestação de serviços à comunidade.

3.5.1.7 Reincidência

Conforme destacado por ABREU *in* Direito Penal, Parte Geral, a espécie de pena fixada no delito anterior não interfere, em regra, na caracterização da reincidência, de forma que, por exemplo, a pena de multa fixada isoladamente é hábil a caracterizar a reincidência no crime posterior[17].

Entretanto, a natureza do delito anterior pode afastar a ocorrência da reincidência, conforme se verifica do teor do art. 64, II, do CP, que impede que os crimes militares próprios[18] e os políticos (art. 2º da Lei nº 7.170/83) ensejem a reincidência.

16. §1º As medidas cautelares previstas neste Título não se aplicam à infração a que não for isolada, cumulativa ou alternativamente cominada pena privativa de liberdade.
17. Há entendimento minoritário em sentido contrário, ao argumento de que a condenação anterior à pena de multa não impede o *sursis*, e, por tal razão, a pena de multa isoladamente aplicada não pode caracterizar a reincidência, haja vista que o reincidente não possui direito ao *sursis* (art. 77, I do CP).
18. A reincidência nos crimes militares próprios (tipificados apenas no CPM) é regulada pelo art. 71 do CPM. Admite-se, portanto, a reincidência entre dois crimes militares próprios.

O STJ[19] tem se posicionado contrariamente à possibilidade da reincidência[20] quando a condenação anterior tiver por fundamento o art. 28 da Lei de Drogas, posicionamento por nós sufragado:

> "Consoante o posicionamento firmado pela Suprema Corte, na questão de ordem no RE n. 430.105/RJ, a conduta de porte de substância entorpecente para consumo próprio, prevista no art. 28 da Lei n. 11.343/2006, foi apenas despenalizada pela nova Lei de Drogas, mas não descriminalizada, em outras palavras, não houve *abolitio criminis*. Desse modo, tratando-se de conduta que caracteriza ilícito penal, a condenação anterior pelo crime de porte de entorpecente para uso próprio pode configurar, em tese, reincidência. 4. Contudo, as condenações anteriores por contravenções penais não são aptas a gerar reincidência, tendo em vista o que dispõe o art. 63 do Código Penal, que apenas se refere a crimes anteriores. E, se as contravenções penais, puníveis com pena de prisão simples, não geram reincidência, mostra-se desproporcional o delito do art. 28 da Lei n. 11.343/2006 configurar reincidência, tendo em vista que nem é punível com pena privativa de liberdade. 5. Nesse sentido, a Sexta Turma deste Superior Tribunal de Justiça, no julgamento do REsp n. 1.672.654/SP, da relatoria da Ministra MARIA THEREZA, julgado em 21/8/2018, proferiu julgado considerando desproporcional o reconhecimento da reincidência por condenação pelo delito anterior do art. 28 da Lei n. 11.343/2006".

Na mesma linha de compreensão, modificando posicionamento anterior, a Segunda Turma do STF[21], por maioria de votos, seguindo o voto do relator, Min. Edson Fachin, entendeu que "se o legislador excluiu a cominação de pena privativa de liberdade para o tipo do artigo 28 da Lei de Drogas, não parece razoável que condenação anterior repercuta negativamente na dosimetria", determinado a realização de nova dosimetria da pena sem considerar a reincidência de condenação anterior por porte de droga para consumo próprio.

Não obstante, parece-nos inegável que a reincidência prevista no §4º do art. 28 seja apenas a específica, no sentido de que a condenação anterior pelo

19. HC 453.437/SP, rel. Ministro Reynaldo Soares da Fonseca, 5ª Turma, DJe 15/10/2018.

20. O mesmo entendimento tem sido aplicado quanto aos maus antecedentes: "(...) este Superior Tribunal de Justiça consolidou entendimento no sentido de que se revela desproporcional o reconhecimento da reincidência em virtude de anterior condenação pelo delito previsto no art. 28, da Lei n. 11.343/2006."61 "(...) revela-se desproporcional o reconhecimento da reincidência em virtude de anterior condenação pelo delito previsto no art. 28 da Lei n. 11.343/2006, argumento que também se aplica para os maus antecedentes." AgRg no HC 552.355/SP, rel. Min. Nefi Cordeiro, 6ª Turma, j. 10.03.2020.

21. RHC 178512, j. 22.03.22.

crime previsto no art. 28 da Lei de Drogas somente tenha relevo na hipótese de outra condenação pelo mesmo delito. Nesse sentido é a jurisprudência do STJ:

> A reincidência de que trata o § 4º do art. 28 da Lei nº 11.343/2006 é a específica. Segundo a interpretação topográfica (que leva em consideração à posição dos artigos, parágrafos, incisos), os parágrafos não são unidades autônomas, estando vinculadas ao *caput* do artigo a que se referem. Logo, quando o § 4º fala em reincidência, quer se referir à nova prática do mesmo crime previsto no *caput* do art. 28. STJ. 6ª Turma. REsp 1.771.304-ES, Rel. Min. Nefi Cordeiro, julgado em 10/12/2019.

Em razão da decisão do STF quanto ao Tema 506, vale o destaque que a condenação anterior pela prática do crime previsto no art. 28 que tenha tido a maconha por objeto típico não poderá ser levada em consideração para fins da reincidência específica.

3.5.1.8 Recusa no cumprimento

Conforme assinala o §6º do art. 28, "para garantia do cumprimento das medidas educativas a que se refere o *caput*, nos incisos I, II e III, a que injustificadamente se recuse o agente, poderá o juiz submetê-lo, sucessivamente a: I – admoestação verbal; II – multa".

A admoestação verbal e a multa não se revestem do caráter de pena, vez que não integram o preceito secundário do delito. A admoestação somente guarda aplicação nas penas previstas nos incisos II e III (prestação de serviços à comunidade e medida educativa de comparecimento a programa ou curso educativo, respectivamente), haja vista que a pena advertência esgota-se no ato, não havendo possibilidade de recusa pelo agente. Conforme sustentamos acima, entendemos que a pena de prestação de serviços à comunidade não mais subsiste no tipo penal em questão.

Logo, a admoestação verbal e a multa revelam caráter de garantia para cumprimento das medidas, de forma que, para nós, possuem caráter extrapenal, pois a multa, enquanto pena, pressupõe a prática de um crime, já apenado, *in casu*, com uma das sanções previstas nos incisos I a III do art. 28, que não contemplam a pena de multa.

Especificamente quanto à multa-garantia, o art. 29 dispõe que "na imposição da medida educativa a que se refere o inciso II do § 6º do art. 28, o juiz, atendendo à reprovabilidade da conduta, fixará o número de dias-multa, em quantidade nunca inferior a 40 (quarenta) nem superior a 100 (cem), atribuindo depois a cada um, segundo a capacidade econômica do agente, o valor de um trinta avos até 3 (três) vezes o valor do maior salário-mínimo". Nos termos do parágrafo único, "os valores decorrentes da imposição da multa a que se refere o § 6º do art. 28 serão creditados à conta do Fundo Nacional Antidrogas".

3.5.1.9 Prescrição

> Art. 30. Prescrevem em 2 (dois) anos a imposição e a execução das penas, observado, no tocante à interrupção do prazo, o disposto nos arts. 107 e seguintes do Código Penal.

O crime previsto no art. 28 da Lei de Drogas foge à regra geral do Código Penal quanto ao prazo prescricional (art. 109, CP), recebendo tratamento específico quanto ao prazo pela Lei 11.343/06. Assim, tanto a prescrição punitiva quanto a executória prescrevem em dois anos. Não obstante, a expressa menção ao art. 107 e seguintes do CP pelo dispositivo implica a obrigatoriedade de observância das demais normas atinentes à prescrição, como a observância do termo inicial (arts. 111 e 112, CP), redução da prescrição pela metade (art. 115, CP), causas interruptivas e suspensivas da prescrição (arts. 116 e 117, respectivamente, CP), e demais normas reitoras da matéria.

3.5.1.10 Confisco

O art. 243, *caput*, da Constituição Federal, prevê que "as propriedades rurais e urbanas de qualquer região do País onde forem localizadas culturas ilegais de plantas psicotrópicas ou a exploração de trabalho escravo na forma da lei serão expropriadas e destinadas à reforma agrária e a programas de habitação popular, sem qualquer indenização ao proprietário e sem prejuízo de outras sanções previstas em lei, observado, no que couber, o disposto no art. 5º".

Apesar da previsão, em tese de cunho geral e, portanto, aplicável ao crime tipificado no art. 28, §1º, da Lei 11.343/06, não se revela razoável e proporcional sua aplicação às hipóteses de cultura ilegal de plantas psicotrópicas para uso pessoal, porquanto a penalidade ultrapassaria, em demasia, o âmbito de prevenção do tipo penal, de forma a mera destruição da plantação ilícita, prevista no art. 32, revela-se suficiente nas hipóteses do art. 28, §1º da Lei de Drogas.

3.5.1.11 Conflito aparente de normas

a) **Art. 33 da Lei 11.343/06**: Importar, exportar, remeter, preparar, produzir, fabricar, adquirir, vender, expor à venda, oferecer, ter em depósito, transportar, trazer consigo, guardar, prescrever, ministrar, entregar a consumo ou fornecer drogas, ainda que gratuitamente, sem autorização ou em desacordo com determinação legal ou regulamentar: Pena – reclusão de 5 (cinco) a 15 (quinze) anos e pagamento de 500 (quinhentos) a 1.500 (mil e quinhentos) dias-multa.

3.5.1.12 Ação penal

A ação penal, nos crimes previstos na Lei de Drogas, é pública incondicionada.

No crime em estudo, o procedimento a ser seguido é o do rito especial dos Juizados Especiais Criminais, em razão da inexistência de previsão de pena privativa de liberdade e ausência de previsão em tratado internacional, conforme a Tese nº 8 da Jurisprudência em Teses do STJ, edição 131: "O crime de uso de entorpecente para consumo próprio, previsto no art. 28 da Lei n. 11.343/2006, é de menor potencial ofensivo, o que determina a competência do Juizado Especial estadual, já que ele não está previsto em tratado internacional e o art. 70 da Lei n. 11.343/2006 não o inclui dentre os que devem ser julgados pela justiça federal".

O §2º do art. 48 veda, de forma expressa, a prisão em flagrante do agente surpreendido na posse de drogas para consumo pessoal. Não obstante, parece-nos perfeitamente sua captura e condução imediata ao juízo competente, vedada, contudo, a detenção[22].

Em razão da pena cominada, o delito admite a transação penal e suspensão condicional do processo. É importante destacar que, no caso de descumprimento da transação penal, não se aplica, necessariamente, o teor da Súmula Vinculante 35 do STF[23], haja vista que o magistrado poderá, nos termos do §6º do art. 28, submeter o agente à admoestação verbal ou multa.

---

22. § 2º Tratando-se da conduta prevista no art. 28 desta Lei, não se imporá prisão em flagrante, devendo o autor do fato ser imediatamente encaminhado ao juízo competente ou, na falta deste, assumir o compromisso de a ele comparecer, lavrando-se termo circunstanciado e providenciando-se as requisições dos exames e perícias necessários.
§ 3º Se ausente a autoridade judicial, as providências previstas no § 2º deste artigo serão tomadas de imediato pela autoridade policial, no local em que se encontrar, vedada a detenção do agente.
23. A homologação da transação penal prevista no artigo 76 da Lei 9.099/1995 não faz coisa julgada material e, descumpridas suas cláusulas, retoma-se a situação anterior, possibilitando-se ao Ministério Público a continuidade da persecução penal mediante oferecimento de denúncia ou requisição de inquérito policial.

3.5.2 Tráfico de drogas

Art. 33. Importar, exportar, remeter, preparar, produzir, fabricar, adquirir, vender, expor à venda, oferecer, ter em depósito, transportar, trazer consigo, guardar, prescrever, ministrar, entregar a consumo ou fornecer drogas, ainda que gratuitamente, sem autorização ou em desacordo com determinação legal ou regulamentar:

Pena – reclusão de 5 (cinco) a 15 (quinze) anos e pagamento de 500 (quinhentos) a 1.500 (mil e quinhentos) dias-multa.

§ 1º Nas mesmas penas incorre quem:

I – importa, exporta, remete, produz, fabrica, adquire, vende, expõe à venda, oferece, fornece, tem em depósito, transporta, traz consigo ou guarda, ainda que gratuitamente, sem autorização ou em desacordo com determinação legal ou regulamentar, matéria-prima, insumo ou produto químico destinado à preparação de drogas;

II – semeia, cultiva ou faz a colheita, sem autorização ou em desacordo com determinação legal ou regulamentar, de plantas que se constituam em matéria-prima para a preparação de drogas;

III – utiliza local ou bem de qualquer natureza de que tem a propriedade, posse, administração, guarda ou vigilância, ou consente que outrem dele se utilize, ainda que gratuitamente, sem autorização ou em desacordo com determinação legal ou regulamentar, para o tráfico ilícito de drogas;

IV – vende ou entrega drogas ou matéria-prima, insumo ou produto químico destinado à preparação de drogas, sem autorização ou em desacordo com a determinação legal ou regulamentar, a agente policial disfarçado, quando presentes elementos probatórios razoáveis de conduta criminal preexistente.

2º Induzir, instigar ou auxiliar alguém ao uso indevido de droga:

Pena – detenção, de 1 (um) a 3 (três) anos, e multa de 100 (cem) a 300 (trezentos) dias-multa.

§ 3º Oferecer droga, eventualmente e sem objetivo de lucro, a pessoa de seu relacionamento, para juntos a consumirem:

Pena – detenção, de 6 (seis) meses a 1 (um) ano, e pagamento de 700 (setecentos) a 1.500 (mil e quinhentos) dias-multa, sem prejuízo das penas previstas no art. 28.

§ 4º Nos delitos definidos no caput e no § 1º deste artigo, as penas poderão ser reduzidas de um sexto a dois terços, vedada a conversão em penas restritivas de direitos, desde que o agente seja primário, de bons antecedentes, não se dedique às atividades criminosas nem integre organização criminosa.

3.5.2.1 *Introdução*

O delito de **tráfico de drogas**[24], previsto no art. 33 da Lei de Drogas, tutela de forma direta a saúde pública e, indiretamente, a saúde e vida do usuário.

A expressão "tráfico ilícito de entorpecentes e drogas afins", presente na Constituição Federal (art. 5º, XLIII) e na Lei dos Crimes Hediondos (art. 2º, *caput*), não foi utilizada na Lei de Drogas para definir os crimes ali previstos. Por sua vez, a Lei dos Crimes Hediondos equiparou o tráfico ilícito de entorpecentes e drogas afins aos crimes hediondos, mas não especificou quais tipos penais estariam incluídos nessa definição.

De forma expressa, a Lei 11.343/06 não dispôs quais são os crimes concebidos como "tráfico de drogas". Não obstante, infere-se, da previsão do art. 44, que os crimes tipificados nos arts. 33, *caput* e §1º, e 34 a 37, sem exceção, deveriam ser tratados como equiparados a hediondos em razão da previsão que dispõe serem inafiançáveis, insuscetíveis de *sursis*, graça, indulto, anistia e liberdade provisória, sendo ainda vedada a conversão de suas penas em restritivas de direitos. Logo, sob uma perspectiva macroconstitucional, amoldar-se-iam à roupagem genérica de "tráfico ilícito de entorpecentes e drogas afins". Apesar da nossa conclusão genérica, que destrincharemos na análise específica de cada artigo, tem prevalecido que o crime previsto no artigo 35 não deve ser concebido como hediondo, havendo divergência quanto ao delito previsto no art. 37 da Lei de Drogas.

Assim, pacificamente, podemos assinalar que são crimes hediondos por equiparação: art. 33, *caput* (tráfico propriamente dito) e §1º (tráfico por equiparação ou assimilação); art. 34 (maquinário para fabricação); e art. 36 (financiamento do tráfico).

3.5.2.2 *Sujeitos do crime*

O delito de tráfico de drogas, **à exceção da conduta de prescrever**, que é própria (médico ou dentista), é **comum**, pois pode ser praticado por qualquer pessoa.

Os sujeitos passivos diretos do delito são o Estado e a coletividade, tratando-se de crime vago. Vale destacar que consumidor da droga também se revela vítima secundária do delito.

24. O *nomen iuris* não consta da Lei, sendo decorrente de construção doutrinária.

3.5.2.3 Estrutura do tipo penal

Diferentemente dos demais tipos penais, que buscamos trabalhar as figuras equiparadas em conjunto com a previsão do *caput*, no delito em estudo fracionaremos, para fins didáticos, a análise da estrutura típica das figuras equiparadas, em razão da dimensão e importância do dispositivo. Igualmente, para evitarmos repetições futuras, analisaremos a consumação do delito quando da análise de cada conduta nuclear.

A estrutura típica do crime previsto no art. 33, da Lei 11.343/06, é formada pelo núcleo verbal importar, exportar, remeter, preparar, produzir, fabricar, adquirir, vender, expor à venda, oferecer, ter em depósito, transportar, trazer consigo, guardar, prescrever, ministrar, entregar a consumo ou fornecer; pelas elementares normativas drogas; sem autorização ou em desacordo com determinação legal ou regulamentar; e pela elementar objetiva ainda que gratuitamente.

Conduta nuclear

- importar, exportar, remeter, preparar, produzir, fabricar, adquirir, vender, expor à venda, oferecer, ter em depósito, transportar, trazer consigo, guardar, prescrever, ministrar, entregar a consumo ou fornecer

Elementares objetivas

- ainda que gratuitamente

Elementares normativas

- drogas
- sem autorização ou em desacordo com determinação legal ou regulamentar

Elementares subjetivas, especial fim de agir e elementos volitivos

- dolo

A estrutura, todavia, não se resume aos elementos revelados pela leitura literal, pois também traz a estrutura basilar finalista, composta na sua integralidade pela conduta, resultado, nexo de causalidade e tipicidade.

O núcleo verbal do crime de tráfico de drogas, previsto no *caput* do art. 33 da Lei de Drogas, é formado por dezoito verbos nucleares, revelando-se o crime como de ação múltipla[25], conteúdo variado ou tipo misto alternativo, de forma que a prática de qualquer das condutas previstas é suficiente para caracterizar o delito, podendo a realização de mais de um verbo nuclear ser utilizada para fins de dosimetria da pena, na fase do art. 59 do CP.

Isso não significa, entretanto, que se o agente importar uma espécie de droga, cocaína, por exemplo, e exportar heroína, não incorrerá em dois crimes autônomos. Deve-se se analisar o objeto material da infração penal e a autonomia dos comportamentos. De fato, o agente que guarda e vende cocaína, incorre em uma única prática delitiva, haja vista que a venda se encontra na mesma linha de desdobramento causal da guarda da droga. Entretanto, não havendo conexão entre as condutas, a exemplo da importação de cocaína e exportação de heroína, parece-nos claro o concurso de crimes.

Vejamos as condutas nucleares previstas no tipo penal, separadamente.

1) ***Importar***: significa fazer entrar no território nacional o objeto material, trazer de fora para dentro, trazer de outro país. Não se exige que o agente traga direta e pessoalmente a droga para a efetiva conformação típica, porquanto a importação pode ser materializada por terceira pessoa, a mando do traficante. A consumação do delito ocorre com a efetiva entrada da droga no território nacional[26], não se exigindo que o destinatário final tenha acesso à droga, mero exaurimento do delito[27].

2) ***Exportar***: significa fazer sair do território nacional o objeto material, encaminhar a droga, por via aérea, marítima ou terrestre, para fora do país. A consumação do delito, nessa modalidade, ocorre com a efetiva saída da droga do território brasileiro.

3) ***Remeter***: significa enviar, mandar, encaminhar o objeto material de um local para outro, dentro do território nacional, a exemplo da remessa via correio. A consumação do delito ocorre com a mera remessa, despacho

25. Tese 13 da Jurisprudência em Teses do STJ, edição 131: "O tráfico de drogas é crime de ação múltipla e a prática de um dos verbos contidos no art. 33, *caput*, da Lei n. 11.343/2006 é suficiente para a consumação do delito".

26. STJ: CC 140.394/RJ, rel. Min. Reynaldo Soares da Fonseca, 3ª Seção, j. 10.06.2015.

27. STJ: CC 132.897/PR, rel. Min. Rogerio Schietti Cruz, 3ª Seção, j. 28.05.2014.

da droga, não se exigindo, para a consumação, que o objeto material chegue a seu destino[28].

7) ***Preparar***: no sentido o tipo, significa misturar, combinar ou decompor substâncias ou produtos para a efetiva elaboração da droga, a exemplo da mistura da folha da coca com o ácido clorídrico. Caso a preparação envolva alguma substância já concebida como droga, como no caso do crack, que tem por base o cloridrato de cocaína, a preparação será concebida como mero exaurimento do antecedente delito de tráfico já configurado pela guarda ou depósito, por exemplo, da droga ingrediente. A consumação, pela própria natureza do verbo, ocorre com o efetivo preparo da droga. Sendo o agente flagrado antes do término da preparação, responderá pela figura equiparada prevista no §1º do art. 33 da Lei de Drogas, que engloba a matéria-prima, insumo ou produto químico destinado à preparação de drogas.

8) ***Produzir***: significar elaborar, desenvolver, criar uma nova espécie de droga. Produzir não se confunde, no sentido do tipo, com o verbo preparar, pois enquanto a última se vale de ingredientes de uma droga já conhecida, a primeira cria um novo tipo de droga, a exemplo das drogas sintéticas produzidas em laboratório. A consumação, pela própria natureza do verbo, ocorre com a efetiva produção da droga. Sendo o agente flagrado antes do término da produção, responderá pela figura equiparada prevista no §1º do art. 33 da Lei de Drogas, que engloba a matéria-prima, insumo ou produto químico destinado à preparação de drogas.

9) ***Fabricar***: apesar do sentido próximo ao *preparar* e *produzir*, *fabricar* significa preparar ou produzir a droga em larga escala, valendo-se de instrumentos industriais ou equivalente para fabrico da droga. A consumação, pela própria natureza do verbo, ocorre com a efetiva fabricação da droga. Sendo o agente flagrado antes do término da fabricação, responderá pela figura equiparada prevista no §1º do art. 33 da Lei de Drogas, que engloba a matéria-prima, insumo ou produto químico destinado à preparação de drogas.

10) ***Adquirir***: significa obter, conseguir o objeto material de forma onerosa (compra ou permuta), ou gratuita (doação). Assim, aquele que compra ou recebe gratuitamente a droga realiza a conduta nuclear de adquirir. *Adquirir* é, certamente, um dos verbos nucleares mais conturbados no

28. STJ: CC 41.775/RS, rel. Min. Laurita Vaz, 3ª Seção, j. 14.06.2004.

âmbito da jurisprudência pátria no tocante à consumação, não obstante sua clareza quanto ao conteúdo.

À guisa de exemplo, a 5ª Turma do STJ, no julgamento do AgRg no Resp 1999604/MG, DJe 24.03.23, decidiu "que a mera solicitação, sem a efetiva entrega do entorpecente ao destinatário no estabelecimento prisional, configura, no máximo, ato preparatório e, sendo assim, impunível", concluindo pela absolvição agente em razão da atipicidade de sua conduta, notadamente porque não comprovada a propriedade da droga.

A decisão, com a devida vênia, não trilha a melhor lógica decorrente da natureza que a essência do verbo impõe. Conceber que a solicitação, sem a efetiva entrega da droga ao destinatário, caracteriza no máximo ato preparatório do delito, significa, minimamente, ignorar a natureza da concorrência delitiva pelo induzimento e as regras do concurso de pessoas. Quem adquire, adquire algo de alguém, ainda de forma não onerosa. Significa, igualmente, ignorar a natureza da relação estabelecida, sem a qual a droga não teria sido apreendida, posto que a apreensão só ocorreu porque, no caso concreto, a sua companheira, corré no processo, atendeu ao pedido do agente. Significa que o pedido de drogas realizado pelo agente por aplicativo de mensagem ou telefone é mero ato preparatório, contrariando a jurisprudência da própria Corte[29].

Ao assinalar que o agente "não praticou qualquer conduta que possa configurar o início do iter criminis do delito", exigindo a efetiva tradição, a 5ª Turma do STJ olvidou-se que o *iter criminis* deflagrado pela corré teve

29. "A conduta consistente em negociar por telefone a aquisição de droga e também disponibilizar o veículo que seria utilizado para o transporte do entorpecente configura o crime de tráfico de drogas em sua forma consumada – e não tentada –, ainda que a polícia, com base em indícios obtidos por interceptações telefônicas, tenha efetivado a apreensão do material entorpecente antes que o investigado efetivamente o recebesse. Inicialmente, registre-se que o tipo penal em análise é de ação múltipla ou conteúdo variado, pois apresenta várias formas de violação da mesma proibição, bastando, para a consumação do crime, a prática de uma das ações ali previstas. Nesse sentido, a Segunda Turma do STF (HC 71.853-RJ, DJ 19.05.1995) decidiu que a modalidade de tráfico 'adquirir' completa-se no instante em que ocorre a avença entre comprador e vendedor. De igual forma, conforme entendimento do STJ, incide no tipo penal, na modalidade 'adquirir', o agente que, embora sem receber a droga, concorda com o fornecedor quanto à coisa, não havendo necessidade, para a configuração do delito, de que se efetue a tradição da droga adquirida, pois que a compra e venda se realiza pelo consenso sobre a coisa e o preço (REsp 1.215-RJ, Sexta Turma, DJ 12.03.1990). Conclui-se, pois, que a negociação com aquisição da droga e colaboração para seu transporte constitui conduta típica, encontrando--se presente a materialidade do crime de tráfico de drogas." HC 212.528/SC, rel. Min. Nefi Cordeiro, 6ª Turma, j. 01.09.2015.

origem na solicitação formulada pelo agente, nitidamente caracterizadora do induzimento e, consequentemente, participação. Frise-se que tal entendimento contraria a própria jurisprudência da Corte, que não exigia a tradição[30].

11) ***Vender***: É a alienação onerosa da droga. No sentido do tipo penal, a venda não necessariamente precisa ser efetivada mediante pagamento em dinheiro, podendo, por exemplo, ser realizada por permuta, como na hipótese em que o pagamento é realizado com a entrega de um objeto qualquer em troca da droga. A consumação ocorre com a pactuação entre comprador e vendedor.

12) ***Expor à venda***: a exposição à venda significa deixar em exposição ou exibir a droga com o escopo de comercialização, que pode ocorrer tanto em ambientes privados, como festas fechadas, como em ambientes aberto ao público, como uma praça. A consumação ocorre com a simples exposição à venda, perceptível por qualquer pessoa.

13) ***Oferecer***: significa sugerir a terceira pessoa que aceite a droga gratuitamente ou a adquira de forma onerosa. Exige-se, portanto, um comportamento proativo do indivíduo de oferecer a droga a terceira pessoa. Consuma-se com o mero oferecimento da droga.

14) ***Ter em depósito***: significa armazenar, manter em estoque a droga de propriedade do agente. Consuma-se com o mero depósito, sendo modalidade de crime permanente.

15) ***Transportar***: significa levar a droga de um local para outro por meio de algum meio de locomoção, que não seja por meio pessoal ou acessível para uso imediato, que dá vazão à conduta de trazer consigo. Assim, ao

---

30. HC 650712, 6ª Turma, DJe 18.08.22: É desnecessário, para a configuração do delito previsto no art. 33, *caput*, da Lei n. 11.343/2006, que a droga seja encontrada em poder do acusado ou que haja a efetiva tradição ou entrega da substância entorpecente ao seu destinatário final. O simples ajuste de vontades sobre o objeto, por ocasião da encomenda da droga, basta para constituir a conduta abrangida pelo verbo "adquirir".
AgRg no AREsp 483.235/BA, 6ª Turma, julgado em 25/9/2018, DJe 9/10/2018Tendo o réu conhecimento prévio e pleno domínio da conduta da corré, que tentou ingressar com droga em estabelecimento prisional, deve ser condenado pelo delito de tráfico de drogas. É desnecessária, para a configuração do delito de tráfico, a efetiva tradição ou entrega da substância entorpecente ao seu destinatário final.
REsp 1561485, 5ª Turma, DJe 24.11.17: A jurisprudência deste Tribunal Superior e do Supremo Tribunal Federal já reconheceu que o delito de tráfico de drogas na modalidade adquirir consuma-se com a tratativa acerca da compra e venda do entorpecente, sendo desnecessária a efetiva entrega deste para restar percorrido todo iter criminis.

levar a droga no porta-malas de um veículo, o agente a transporta, porquanto se vale de um meio de locomoção e não tem acesso imediato para fins de uso. Consuma-se a conduta com o mero transporte, caracterizando-se como crime permanente enquanto transporta a droga.

16) ***Trazer consigo***: significa portar, carregar consigo em relação de proximidade para acesso imediato, como na hipótese do agente que carrega a droga no bolso ou no interior de uma mochila. Exige-se, portanto, que a droga esteja ao alcance do agente. Consuma-se com o simples trazer consigo a droga.

17) ***Guardar***: diferentemente do *ter em depósito*, que pressupõe a propriedade da droga em razão da existência da modalidade *guardar*, essa trilha a linha da ocultação da droga, da retenção em nome de terceiro, de forma que o agente não é proprietário da droga, mas a guarda para alguém. Consuma-se a conduta com a simples guarda, tratando-se de crime permanente.

18) ***Prescrever***: significa receitar, indicar o uso. A modalidade revela-se como crime próprio, pois só pode ser praticada por quem detém o poder de prescrever, a exemplo de médicos e dentistas. Naturalmente, a prescrição deve ser realizada sem autorização ou em desacordo com determinação legal ou regulamentar. Consuma-se com a simples prescrição.

19) ***Ministrar***: significa introduzir, inocular a droga no organismo de terceira pessoa. A conduta pode ser realizada por meio de aplicação, ingestão ou qualquer outro meio invasivo. Consuma-se com a introdução da droga no organismo.

20) ***Entregar a consumo***: a fórmula aberta representa a tradição eventual da droga para alguém, contemplando eventuais situações não abarcadas pelas condutas anteriores relacionadas à disseminação da droga. Consuma-se com a efetiva tradição.

21) ***Fornecer***: igualmente de forma aberta, visa abarcar eventuais situações não previstas anteriormente. Fornecer, para fins típicos, significa entregar a droga de forma continuada, ainda que não diretamente para consumo imediato.

O tráfico de drogas, consoante se infere do tipo penal, pode ser realizado de forma onerosa ou gratuita, de forma que "não é necessário se comprovar a venda da droga ou que o agente tenha sido flagrado no momento da transação para configurar o crime de tráfico de drogas – até porque o próprio tipo penal menciona 'ainda que gratuitamente' – basta que as circunstâncias em que ocorreu a ação criminosa indiquem a intenção de traficar"[31]. Em outras palavras, a presença de indícios de tráfico é suficiente para caracterizar o crime, independentemente da comprovação da venda ou da prisão em flagrante.

Exige-se, contudo, que a conduta seja praticada sem autorização ou em desacordo com determinação legal ou regulamentar. Assim, não incorre no delito o militar que transporta a droga apreendida até a delegacia de polícia ou o médico que prescreve o uso medicinal do canabidiol em observância às normas legais ou decisão judicial autorizadora.

Importante registrar, em reforço à análise realizada no início do capítulo, que, em razão da abertura conceitual, alimentada pelo art. 66 da Lei 11.343/06, os crimes previstos na Lei de Drogas precisam de complemento normativo no tocante ao conceito de drogas, motivo pelo qual são concebidos como **normas penais em branco heterogêneas**, vez que seu complemento normativo advém de outra fonte formal, diversa da lei, atualmente prevista por ato administrativo editado pela Agência Nacional de Vigilância Sanitária, Portaria SVS/MS 344/1998.

A figura típica, por se tratar de crime de perigo abstrato, é crime formal, vez que não exige a produção de resultado naturalístico, isto é, que ocorra o efetivo prejuízo à saúde pública.

O delito, em regra, é praticado por meio de ação, porquanto pressupõe um comportamento ativo do agente. Entretanto, pode ser praticado por omissão quando existente o dever jurídico de agir e o autor se omite quanto ao dever legal podendo agir para evitar o resultado, como na hipótese do militar que, conhecendo a prática do tráfico de drogas, nada faz para impedir a atuação do traficante.

Ainda no contexto da conduta, o crime, em regra, é praticado sob a **modalidade dolo direto**. É possível, contudo, sua prática por meio de dolo eventual, como na hipótese do agente que, na rodoviária, recebe o pedido de uma pessoa para levar uma encomenda de um Estado para outro mediante farta remuneração e, mesmo suspeitando da natureza ilícita da encomenda, assume o risco de transportá-la em razão do retorno financeiro. O crime não admite a modalidade culposa.

A solução do nexo de causalidade, conforme sustentamos na apresentação da obra, à qual remetemos o leitor para evitarmos repetições, pode ocorrer pela **teoria da imputação objetiva**. Assim, o agente que vende drogas sem autorização ou em desacordo com determinação legal ou regulamentar, cria

31. STJ: AgRg no AREsp 1580132/SP, rel. Min. Rogerio Schietti, 6ª Turma, j. 19.05.2020.

um **risco juridicamente desaprovado para o bem jurídico saúde pública.** Por sua vez, **o risco criado com a violação da norma** materializa-se no resultado normativo, sendo certo que esse se encontra dentro do **alcance do tipo.**

Por fim, a estrutura do tipo penal completa-se com a tipicidade, expressamente consignada no art. 33 da Lei 11.343/06.

3.5.2.4 Consumação e tentativa

O delito de tráfico de drogas, na forma do *caput*, é **formal** e se consuma, conforme vimos acima, com a importação, exportação, remessa, preparo, produção, fabrico, aquisição, venda, exposição à venda, oferecimento, depósito, transporte, porte sem finalidade de uso pessoal (trazer consigo), guarda, prescrição, introdução do organismo (ministrar), entrega a consumo ou fornecimento de drogas, ainda que gratuitamente, sem autorização ou em desacordo com determinação legal ou regulamentar.

O crime é classificado como instantâneo nas modalidades importar, exportar, remeter, preparar, produzir, fabricar, adquirir, vender, oferecer, prescrever, ministrar e entregar a consumo, haja vista que a simples realização do comportamento caracteriza a infração penal. Por outro lado, será permanente nas formas expor à venda, ter em depósito, transportar, trazer consigo e guardar, de sorte que, nesses casos, a consumação se protrai no tempo.

A tentativa, apesar de difícil configuração em razão da existência de diversos núcleos verbais, que alcançam comportamentos múltiplos, parece-nos perfeitamente possível, não obstante a resistência doutrinária e jurisprudencial. O agente, ao tentar adquirir drogas, para fins de traficância, que não alcança seu intento por circunstâncias alheias à sua vontade, dá início aos atos executórios do delito sem que incorra em nenhum dos outros núcleos do art. 33, *caput*, da Lei 11.343/06.

3.5.2.5 Figuras equiparadas

> § 1º Nas mesmas penas incorre quem:
>
> I – importa, exporta, remete, produz, fabrica, adquire, vende, expõe à venda, oferece, fornece, tem em depósito, transporta, traz consigo ou guarda, ainda que gratuitamente, sem autorização ou em desacordo com determinação legal ou regulamentar, matéria-prima, insumo ou produto químico destinado à preparação de drogas;
>
> II – semeia, cultiva ou faz a colheita, sem autorização ou em desacordo com determinação legal ou regulamentar, de plantas que se constituam em matéria-prima para a preparação de drogas;

III – utiliza local ou bem de qualquer natureza de que tem a propriedade, posse, administração, guarda ou vigilância, ou consente que outrem dele se utilize, ainda que gratuitamente, sem autorização ou em desacordo com determinação legal ou regulamentar, para o tráfico ilícito de drogas;

IV – vende ou entrega drogas ou matéria-prima, insumo ou produto químico destinado à preparação de drogas, sem autorização ou em desacordo com a determinação legal ou regulamentar, a agente policial disfarçado, quando presentes elementos probatórios razoáveis de conduta criminal preexistente.

As figuras equiparadas previstas no §1º são consideradas hediondas por estarem contempladas pela locução tráfico ilícito de entorpecentes e drogas afins, prevista no art. 5º, XLIII, CF, art. 2º, *caput*, da Lei 8.072/90.

3.5.2.5.1 Tráfico de matéria-prima, insumo ou produto químico destinado à preparação de drogas

> § 1º Nas mesmas penas incorre quem:
>
> I – importa, exporta, remete, produz, fabrica, adquire, vende, expõe à venda, oferece, fornece, tem em depósito, transporta, traz consigo ou guarda, ainda que gratuitamente, sem autorização ou em desacordo com determinação legal ou regulamentar, matéria-prima, insumo ou produto químico destinado à preparação de drogas;

Na **figura equiparada do inciso I** – importa, exporta, remete, produz, fabrica, adquire, vende, expõe à venda, oferece, fornece, tem em depósito, transporta, traz consigo ou guarda, ainda que gratuitamente, sem autorização ou em desacordo com determinação legal ou regulamentar, matéria-prima, insumo ou produto químico destinado à preparação de drogas – o objeto material do delito é a matéria-prima, insumo ou produto químico destinado à preparação de drogas.

Em comparação com as condutas nucleares do *caput*, o dispositivo repete quatorze condutas, quais sejam: importar, exportar, remeter, produzir, fabricar, adquirir, vender, expor à venda, oferecer, ter em depósito, transportar, trazer consigo, fornecer e guardar. Por conseguinte, as condutas de preparar, prescrever, ministrar e entregar a consumo não foram previstas na figura equiparada em razão da própria natureza do comportamento e objeto material do delito.

Não obstante se tratar de figura equiparada, há divergência doutrinária acerca da autonomia do tráfico de drogas por equiparação.

Nucci[32] sustenta a autonomia das condutas, de forma que o agente que importa droga e também o insumo destinado à sua preparação, pratica dois crimes em concurso material, formal ou em continuidade. Para o autor, "sempre que o legislador deseja aproveitar a mesma pena, prevista para a figura descrita no *caput* de um tipo penal incriminador, vale-se da fórmula 'nas mesmas penas incorre quem...', inserida em um ou mais parágrafos".

Damásio de Jesus[33], por outro lado, sustenta que o §1º revela-se subsidiário ao *caput*, de forma que praticadas dois comportamentos no mesmo contexto, um previsto no *caput* e outro no §1º, o agente responderá somente por um delito. Assim, no caso de importação de insumo para produção da droga e posterior venda, o agente responderá apenas pelo tráfico de drogas, na forma do *caput*, em razão da progressividade da conduta,

A questão, de fato, não é simples caso se pretenda, de forma dogmática, optar de forma fechada pela subsidiariedade ou autonomia. Entendemos que, aprioristicamente, somente as circunstâncias do caso concreto serão capazes de fornecer o devido enquadramento típico.

À guisa de exemplo, a hipótese fornecida pelo saudoso professor Damásio de Jesus nos parece perfeita a evidenciar a subsidiariedade, haja vista que o destino final dos insumos é a própria preparação e produção da droga para fins de venda, de forma que a comercialização posterior do produto final se encontra na mesma linha de desdobramento causal projetado pelo agente.

O delito, portanto, revela-se como **crime obstáculo**, pois pune a fase de preparação para a prática do crime previsto do art. 33, *caput*, da Lei de Drogas, antecipando a intervenção do Direito Penal ante o risco inerente à conduta. *In casu*, estamos diante de um *crime mutilado de dois ou mais atos*, verdadeiro crime de intenção, isto é, exige-se a intenção específica do dispensável resultado para fins de consumação delitiva. Nos crimes mutilados de dois atos, o almejado resultado depende da realização de uma nova conduta por parte do agente.

Na figura equiparada, por exemplo, a mera realização da importação dos insumos já caracteriza o crime, porquanto o resultado-desejo de produzir a droga para colocá-la em circulação, intenção natural de quem importa insumos ou matéria-prima, está fora do tipo penal e depende de comportamento posterior do agente, razão pela qual é concebido como delito mutilado de

32. NUCCI, Guilherme de Souza. **Leis penais e processuais penais comentadas**, Vol. 1. 8ª ed. Rio de Janeiro: Forense, 2014, p. 311.
33. JESUS, Damásio Evangelista de. **Lei Antitóxicos anotada**. 8. ed. São Paulo: Saraiva, 2005, p. 53.

dois atos, um anterior, caracterizador do crime, e outro posterior, o real desejo do agente.

Entretanto, na mesma hipótese, se o agente importa insumos ou matéria-prima para produção de uma determinada droga e, simultaneamente, produz outra espécie de droga, que não pressupõe a utilização dos insumos ou matérias-primas importadas para sua produção, parece-nos possível a concepção de autonomia da figura equiparada prevista no inciso I, de forma a caracterizar o concurso de infrações.

No contexto do tipo penal, matéria-prima[34] é substância principal utilizada no fabrico da droga, ou seja, o elemento necessário para a extração ou produção da droga; *insumo*[35], por sua vez, é um elemento instrumental, não indispensável porquanto outro pode ser utilizado para produzir a droga; e *produto químico é* substância resultante de uma elaboração química utilizada para produção e fabrico da droga, a exemplo da acetona.

No que tange à realização de algum verbo nuclear envolvendo sementes de maconha, há divergência doutrinária. A primeira posição, que sustentamos, **prevalente na doutrina e 3ª Seção STJ**, entende que a matéria-prima ou insumo deve ter condições e qualidades químicas que permitam, mediante transformação ou adição, por exemplo, a produção da droga ilícita, não sendo esse o caso das sementes da planta *cannabis sativa*, as quais não possuem a substância psicoativa.

> [...]Compulsando a lista do referido ato administrativo, do que se pode denominar 'droga', vê-se que dela não consta referência a sementes da planta Cannabis Sativum. 2. O Tetrahidrocanabinol – THC é a substância psicoativa encontrada na planta Cannabis Sativum, mas ausente na semente, razão pela qual esta não pode ser considerada 'droga', para fins penais, o que afasta a subsunção do caso a qualquer uma das hipóteses do art. 33, *caput*, da Lei n.º 11.343/2006. 3. Dos incisos I e II do § 1.º do art. 33 da mesma Lei infere-se que 'matéria-prima' ou 'insumo' é a substância utilizada 'para a

34. Éter sulfúrico e acetona, substâncias que, reconhecidamente, servem para o refino da cocaína. A expressão 'matéria-prima' constante do inc. I do § 1º do art. 12 da Lei n. 6.368/76 compreende não só as substâncias destinadas exclusivamente à preparação da droga, como as que, eventualmente, se prestem a essa finalidade (STF – RT, 612/431).

35. STJ: HC 441.695/SP, 5ª Turma, DJe 25.10.19: É firme o entendimento do Superior Tribunal de Justiça de que a cafeína constitui insumo comumente utilizado para aumentar a quantidade e o volume de entorpecentes. Sendo assim, sua posse para tal finalidade configura o delito do art. 33, § 1º, I, da Lei n. 11.343/2006. 3. Conforme pontuou julgado da Sexta Turma, "[...] a expressão 'matéria-prima' abrange não só as substâncias destinadas exclusivamente à preparação de drogas, mas também aquelas que, eventualmente, se prestam a esse objetivo" (HC 45.003/SP, Rel. Ministro OG FERNANDES, DJe 26/10/2009).

> preparação de drogas'. A semente não se presta a tal finalidade, porque não possui o princípio ativo (THC), tampouco serve de reagente para a produção de droga. 4. No mais, a Lei de regência prevê como conduta delituosa o semeio, o cultivo ou a colheita da planta proibida (art. 33, § 1.º, inciso II; e art. 28, § 1.º). Embora a semente seja um pressuposto necessário para a primeira ação, e a planta para as demais, a importação (ou qualquer dos demais núcleos verbais) da semente não está descrita como conduta típica na Lei de Drogas. 5. A conduta de importar pequena quantidade de sementes de maconha é atípica, consoante precedentes do STF [...]. STJ: EREsp 1.624.564/SP, rel. Min. Laurita Vaz, 3ª Seção, j. 14.10.2020.

A segunda posição, por outro lado, também ancorada em posicionamento, desta feita, da 5ª Turma do STJ[36], sustenta que a importação clandestina de sementes maconha configura o tipo penal descrito no art. 33, §1º, I, da Lei n. 11.343/06, haja vista que o fruto da planta *cannabis sativa lineu*, conquanto não apresente a substância tetrahidrocannabinol (THC), destina-se à produção da planta, e esta à substância entorpecente, sendo, pois, matéria prima para a produção de droga.

Registre-se que há divergência entre os defensores da última posição. A 6ª Turma do STJ, no Resp 1.687.058, DJe 08.03.18, entendeu que: "tratando-se de pequena quantidade de sementes e inexistindo expressa previsão normativa que criminaliza, entre as condutas do artigo 28 da Lei de Drogas, a importação de pequena quantidade de matéria prima ou insumo destinado à preparação de droga para consumo pessoal, forçoso reconhecer a atipicidade do fato".

Por outro lado, Rogério Sanches, Ronaldo Batista Pinto e Renee do Ó[37], sustentam que:

---

36. AgRg no Resp 1691992/SP, 5ª Turma, DJe 18.12.2017: A jurisprudência desta Corte é no sentido de que a importação clandestina de sementes de cannabis sativa linneu (maconha) configura o tipo penal descrito no art. 33, § 1º, I, da Lei n. 11.343/2006. 2. Nessa linha de raciocínio, o fruto da planta cannabis sativa lineu, conquanto não apresente a substância tetrahidrocannabinol (THC), destina-se à produção da planta, e esta à substância entorpecente, sendo, pois, matéria prima para a produção de droga. Por isso, sua importação clandestina, por si só, amolda-se ao tipo penal insculpido no artigo 33, § 1º, da Lei n. 11.343/2006, não havendo falar em atipicidade da conduta, tampouco em desclassificação para contrabando. (AgRg no REsp 1658937/SP, Rel. Ministra MARIA THEREZA DE ASSIS MOURA, SEXTA TURMA, julgado em 25/04/2017, DJe 03/05/2017.
37. CUNHA, Rogério Sanches; PINTO, Ronaldo Batista; SOUZA, Renee do Ó. **Drogas – Lei n. 11.343/2006**. Leis penais especiais comentadas. 3ª ed. Salvador: JusPodivm, 2020. p. 1744-1745.

> "[...] se a conduta de importar sementes de cannabis se amolda ao art. 33, §1º, porque se trata, afinal, de matéria-prima para a produção de drogas, não há sentido em estabelecer a atipicidade somente porque, em razão da pequena quantidade e da suposta destinação da droga futuramente produzida, não há no art. 28 tipificação específica para esta situação. É evidente que a não inclusão dessa conduta no art. 28 se deve ao fato de que o legislador não pretendeu equiparar a importação ao ato de quem semeia, cultiva ou colhe plantas com a finalidade de consumo pessoal. Não se trata de uma lacuna, mas de um ato deliberado do legislador, que não pode ser desconsiderado pelo julgador. [...] Há de se considerar, todavia, que a importação de sementes, ainda que com a finalidade de utilizá-las para consumo pessoal, é mais grave, pois inegavelmente envolve indivíduos ligados ao tráfico internacional de drogas. Não é possível diminuir a relevância da importação sob o simples argumento de que a semeadura para consumo próprio é tratada de forma mais branda; é imperioso que se analise todo o contexto que envolve a importação".

O delito, por se tratar de crime formal, consuma-se com a realização das condutas nucleares. No que toca à tentativa, não obstante a divergência doutrinária, apesar de difícil configuração em razão da existência de diversos núcleos verbais, que alcançam comportamentos múltiplos, parece-nos perfeitamente possível, não obstante a resistência doutrinária e jurisprudencial. O agente, ao tentar adquirir insumos, para fins de produção de drogas, que não alcança seu intento por circunstâncias alheias à sua vontade, dá início aos atos executórios do delito sem que incorra em nenhum dos outros núcleos do art. 33, §1º, I, da Lei 11.343/06. De toda forma, remetemos o leitor aos comentários realizados quanto *caput* do dispositivo, relacionados à consumação e tentativa, para evitarmos repetições.

3.5.2.5.2 Semeadura, cultivo ou colheita de plantas matéria-prima para preparação de drogas

> II – semeia, cultiva ou faz a colheita, sem autorização ou em desacordo com determinação legal ou regulamentar, de plantas que se constituam em matéria-prima para a preparação de drogas;

Semear significa espalhar, deitar sementes à terra para que germinem; *cultivar* é tratar, cuidar da terra, propiciando condições para o desenvolvimento da planta; e *colher* significa recolher a produção, isto é, fazer a colheita, apanhar o que a planta produz.

Conforme se extrai do teor do art. 2º, *caput*, da Lei de Drogas, é vedado, em todo o território nacional, o plantio, a cultura, a colheita e a exploração de vegetais e substratos dos quais possam ser extraídas ou produzidas drogas, ressalvada a hipótese de autorização legal ou regulamentar, bem como o que estabelece a Convenção de Viena, das Nações Unidas, sobre Substâncias Psicotrópicas, de 1971, a respeito de plantas de uso estritamente ritualístico-religioso.

Nesse sentido, o art. 32 da Lei de Drogas dispõe que "as plantações ilícitas serão imediatamente destruídas pelo delegado de polícia na forma do art. 50-A, que recolherá quantidade suficiente para exame pericial, de tudo lavrando auto de levantamento das condições encontradas, com a delimitação do local, asseguradas as medidas necessárias para a preservação da prova".

Não obstante a vedação do art. 2º, o parágrafo único do dispositivo assinala a União poderá autorizar o plantio, a cultura e a colheita dos vegetais exclusivamente para fins medicinais ou científicos, em local e prazo predeterminados, mediante fiscalização, respeitadas as ressalvas legais.

Conforme destacamos no estudo o §1º do art. 28 da Lei de Drogas, o tipo penal originário incriminava a conduta daquele que produzia a própria droga, ainda que para fins de consumo pessoal. O STJ, no julgamento do RHC 147.169/SP, j. 14.06.22, decidiu que "o cultivo de planta psicotrópica para extração de princípio ativo **é conduta típica apenas se desconsiderada a motivação e a finalidade**, de forma que a norma penal incriminadora ataca somente o uso recreativo, a destinação para terceiros e o lucro, visto que, nesse caso, coloca-se em risco a saúde pública. *In casu*, a destinação para terceiros e fim de lucro é o móvel do inciso II do §2º do art. 33, que não se insere, portanto, no contexto do fim medicinal acolhido pelo STJ.

Com a decisão do STF no Tema 506, em se tratando de maconha, não mais se diferencia o uso recreativo ou medicinal, isto é, será a conduta concebida como atípica quando destinada a consumo pessoal.

No caso de "plantio" para consumo compartilhado, a exemplo do estudante de república que cultiva um "pé de maconha" no ambiente doméstico para compartilhar com seus amigos, ou do rapaz que cultiva a maconha para consumo com sua namorada, não aderimos à solução apresentada pela doutrina, por todos MASSON[38] (2022, p. 129), que sustenta a aplicação "analógica benéfica" do art. 33, §3º da Lei de Drogas[39], vez que, na realidade, a analogia é maléfica.

38. MASSON, Cléber. MARÇAL, Vinícius. **Lei de drogas: aspectos penais e processuais.** 3ª ed. rev. atual e ampl. Rio de Janeiro: Método, 2022.

39. Oferecer droga, eventualmente e sem objetivo de lucro, a pessoa de seu relacionamento, para juntos a consumirem: Pena – detenção, de 6 (seis) meses a 1 (um) ano, e pagamento de 700 (setecentos) a 1.500 (mil e quinhentos) dias-multa, sem prejuízo das penas previstas no art. 28".

O §3º do art. 33 criminaliza a conduta de oferecer droga, eventualmente e sem objetivo de lucro, a pessoa de seu relacionamento, para juntos a consumirem. Portanto, pressupõe a existência do produto final – droga – para consumo conjunto. Se, de fato, o plantio é destinado a **consumo pessoal**, ainda que o agente tenha o escopo de partilhar a substância com pessoas de seu ciclo de relacionamento, **sendo flagrado apenas com a plantação**, incorrerá tão somente na figura do art. 28, §1º da Lei de Drogas, atípica por força de compreensão da decisão do STF (Tema 506), haja vista que o "tráfico" previsto no §3º pressupõe o oferecimento da droga, **crime impossível, na hipótese, por inexistência do objeto material**. Não se pode olvidar que **o consumo compartilhado pressupõe, necessariamente, o consumo pessoal**, que expandirá seu potencial lesivo com o oferecimento do produto final a terceiro. Assim, a suposta "analogia benéfica", na realidade, é maléfica, por antecipar o resultado do oferecimento do produto final, ainda inexistente.

Vale destacar que à espécie, é perfeitamente aplicável o teor do art. 243, *caput*, da Constituição Federal, que dispõe que "as propriedades rurais e urbanas de qualquer região do País onde forem localizadas culturas ilegais de plantas psicotrópicas ou a exploração de trabalho escravo na forma da lei serão expropriadas e destinadas à reforma agrária e a programas de habitação popular, sem qualquer indenização ao proprietário e sem prejuízo de outras sanções previstas em lei, observado, no que couber, o disposto no art. 5º".

3.5.2.5.3 Uso de local para tráfico de drogas

> III – utiliza local ou bem de qualquer natureza de que tem a propriedade, posse, administração, guarda ou vigilância, ou consente que outrem dele se utilize, ainda que gratuitamente, sem autorização ou em desacordo com determinação legal ou regulamentar, para o tráfico ilícito de drogas;

A figura equiparada é crime **próprio**, porquanto só pode ser praticada pelo agente que detém a propriedade, posse, administração, guarda ou vigilância do bem ou local.

Utilizar, no sentido do tipo penal, é fazer uso, servir-se de local ou bem de que tem a propriedade, posse, administração, guarda ou vigilância; *consentir* é anuir, permitir, autorizar que alguém faça alguma coisa, *in casu*, que utilize de local ou bem de que tem a propriedade, posse, administração, guarda ou vigilância para o tráfico ilícito de drogas. Caso a utilização ou consentimento sejam destinados ao uso de drogas por terceiro, a conduta pode se amoldar à figura típica do §2º do art. 33 da Lei 11.343/06[40].

40. § 2º Induzir, instigar ou auxiliar alguém ao uso indevido de droga: Pena – detenção, de 1 (um) a 3 (três) anos, e multa de 100 (cem) a 300 (trezentos) dias-multa.

O tipo penal vincula o bem e o local à existência de propriedade, posse, administração, guarda ou vigilância, estabelecendo uma relação de poder, controle sobre o bem ou local. Em regra, o objeto material (bem ou local) são privados, mas nada impede a prática do delito em prédios ou bens públicos, quando o agente tiver a administração, guarda ou vigilância, e for detentor do dever de agir para impedir o resultado.

A figura típica, dada sua autonomia, revela uma **exceção à aplicação da teoria monista do concurso de pessoas**, regra geral do CP (art. 29), porquanto aquele que consente, por exemplo, que alguém se valha do bem ou local para o tráfico de drogas, em tese participa do próprio crime de tráfico. Entretanto, a conduta foi punida de forma autônoma pelo legislador no inciso III do §1º do art. 33 da Lei de Drogas.

A elementar normativa *sem autorização ou em desacordo com determinação legal ou regulamentar*, amplamente utilizada pelo legislador na Lei de Drogas, revela-se desnecessária no tipo em questão, haja vista que o legislador parte da premissa da configuração do tráfico ilícito de drogas para a conformação típica, de forma que não haveria, de fato, como se conceder autorização ou existir determinação legal ou regulamentar para a conduta ilícita.

Por *tráfico ilícito de drogas*, conceito aberto, há que se compreender, de acordo com o entendimento dominante na doutrina, as figuras previstas no art. 33, *caput*, §1º, I, II e IV, e art. 34 da Lei de Drogas. Isso porque se o agente, por exemplo, cede um imóvel para os traficantes se reúnam para tomada de decisões, poderá, a depender do caso, incorrer no crime de associação para o tráfico, caso se verifique a estabilidade e permanência (art. 35), ou financiamento do tráfico (art. 36).

A figura equiparada, em sua construção típica, evidencia a necessidade de verificação do fim especial de agir, revelado pela elementar *para o tráfico ilícito de drogas*.

A consumação do delito ocorre com a efetiva prática do tráfico ilícito de drogas no local ou bem, não se exigindo a habitualidade para a conformação típica. Exige-se, portanto, que a utilização ou consentimento para uso do bem ou local sejam materializados na efetiva traficância, não se configurando o delito, por exemplo, quando o agente consente no uso do local de que tem a posse para fins de tráfico, mas nenhum comportamento delitivo é praticado no local.

A tentativa nos parece perfeitamente admissível em ambas as modalidades por possibilidade fracionamento do *iter criminis*, como na hipótese do agente que prepara o local para recebimento de insumos e matéria-prima para preparação ou produção da droga, mas tem seu escopo frustrado porque o descarregamento dos produtos foi impedido pela polícia. No que toca à modalidade *consentir para que outrem se utilize*, ao contrário do que a redação parece sugerir, a consumação não ocorre com o mero consentimento, pois se exige a efetiva utilização. E, nesse sentido, a tentativa igualmente nos parece possível caso a utilização, a despeito do consentimento, seja frustrada por circunstâncias alheias à vontade do agente.

3.5.2.5.4 Venda ou entrega de drogas ou insumos a policial disfarçado

> IV – vende ou entrega drogas ou matéria-prima, insumo ou produto químico destinado à preparação de drogas, sem autorização ou em desacordo com a determinação legal ou regulamentar, a agente policial disfarçado, quando presentes elementos probatórios razoáveis de conduta criminal preexistente.

Conforme destacamos em nosso Manual de Processo Penal, o dispositivo, incluído pela Lei do Pacote Anticrime, criou a figura do agente policial disfarçado, permitindo a atuação proativa do policial como forma de caracterização do delito e, consequentemente, do próprio flagrante. Cumpre-nos indagar, trata-se de flagrante provocado?

Antes de apresentarmos nossa posição, exemplifiquemos para melhor contextualizar a questão. Agentes policiais, no curso de investigação realizada para apuração de tráfico de drogas, recebem a informação de que Caio, já investigado pelo delito de tráfico, estaria num determinado local vendendo drogas. Disfarçadamente, um dos policiais comparece ao local e, simulando ser usuário, tenta e consegue comprar drogas nas mãos de Caio, prendendo-o em flagrante delito porquanto o fato ocorrido trilha a linha da investigação, evidenciando a presença de elementos probatórios razoáveis de conduta criminal preexistente, qual seja, o trazer consigo a droga para comercialização.

O flagrante pela venda é nitidamente provocado, pois a relação não teria se estabelecido sem que o policial provocasse o agente. Contudo, o flagrante pela conduta criminal preexistente, "trazer consigo", nos parece válido, vez que a ação policial, ainda que provocativa, não interferiu na conduta pretérita do agente. Há, no caso, um crime de natureza permanente, não induzido pelos policiais, cujo elemento intelectivo deriva exclusivamente do agente. O flagrante, portanto, será válido se lavrado pela conduta preexistente, permanente, cuja confirmação probatória tão somente decorre da conduta do agente disfarçado. Por não haver influência no *animus* do agente, não observamos ilegalidade no procedimento.

O ponto crítico do dispositivo, todavia, não está no procedimento em si, que melhor teria nascido sem vinculação típica a um determinado delito ou forma equiparada. Isso porque há uma **contradição sistêmica nos dispositivos.** O inc. IV do §1º do art. 33 da Lei de Drogas, ao prever a conduta típica de vender drogas, sem autorização ou em desacordo com determinação legal ou regulamentar, a agente policial disfarçado, quando presentes elementos probatórios razoáveis de conduta criminal preexistente, **mistura a tipicidade com atividade probatória**, porquanto pressupõe a existência de elementos probatórios razoáveis de conduta criminal preexistente.

Se há conduta criminal preexistente e essa não for permanente, descabe o flagrante, mas tão somente atividade probatória sobre sua configuração, posto que, em tese, deve haver conduta criminal preexistente. Por outro lado, se há conduta criminal preexistente e essa for permanente, a prisão em flagrante fundar-se-á na permanência do delito, cuja consumação se protrai no tempo.

Em ambos os casos, a venda, por si só, deriva de provocação e não permite o flagrante e, para nós, muito menos a caracterização típica, que parte da premissa de evento anterior já consumado, sendo mero exaurimento do crime ocorrido por provocação.

Nesse sentido, afastamos a configuração típica dos dispositivos, não obstante preservamos parte do seu conteúdo como atividade probatória possível para caracterização de delito preexistente.

Em nossa compreensão, o comportamento ilegal do agente provocador dá ensejo à aplicação da **teoria da armadilha**, ou ***entrapment defense***, configurando a nulidade da prova obtida por meio do flagrante preparado no curso de um crime impossível por ineficácia absoluta do meio, nos termos da Súmula 145 do STF: "**Não há crime, quando a preparação do flagrante pela polícia torna impossível a sua consumação**".

De toda forma, não obstante nosso entendimento acima exposto, a previsão típica é formada pelos núcleos *vender* (alienar mediante contraprestação, trocar por dinheiro ou objeto) e *entregar* (repassar onerosa ou gratuitamente) drogas, matéria-prima, insumos ou produto químico destinado à preparação de drogas, sem autorização ou em desacordo com a determinação legal ou regulamentar, a agente policial disfarçado, quando presentes elementos probatórios razoáveis de conduta criminal preexistente.

A figura do agente policial disfarçado não se confunde com a figura do agente infiltrado. O agente infiltrado é o policial que, no curso de investigação, atua em estrita observância às regras da infiltração previstas no art. 10 da Lei 12.850/13, que pressupõe a representação formal pelo delegado de polícia ou requerimento do Ministério Público; autorização judicial prévia e delimitada; *fumus comissi delicti e periculum in mora*; indispensabilidade da infiltração; e anuência do agente policial. Tratando-se de infiltração virtual de agentes, a normatização foi regulada pelo art. 10-A, da mesma lei, e art. 190-A, do ECA.

Por outro lado, o agente policial disfarçado age sem necessidade de autorização judicial ou prévia comunicação ao juízo competente e não atua, necessariamente, na investigação de grupos organizados. Na prática, conforme vimos anteriormente, o agente oculta sua real identidade, diante da existência de elementos probatórios razoáveis de conduta criminal preexistente, para provocar o indivíduo a vender ou entregar o produto ilícito, com o escopo de colher provas acerca do comportamento ilícito.

Apesar das críticas apresentadas, a se entender como válido o dispositivo, a consumação ocorre com a efetiva venda, sendo dispensável a tradição, desde que realizada a apreensão do produto ilícito, ou entrega, efetiva tradição da droga, matéria-prima, insumo ou produto químico destinado à preparação de drogas.

A tentativa não nos parece possível, haja vista que exigência de presença de elementos probatórios razoáveis de conduta criminal preexistente revela comportamento ilícito anterior, já consumado nos termos do art. 33, *caput*, da Lei de Drogas.

Divergindo do coautor desta obra, para Marcelo Schirmer ALBUQUERQUE, o dispositivo legal utiliza técnica redacional imprópria, sugerindo a criação de um tipo penal por equiparação (o que, a rigor, não ocorre) e invocando matéria probatória para, na verdade, apresentar um vértice de interpretação autêntica visando a corroborar a tipicidade e punibilidade da venda de armas para "policial disfarçado" e validar eventual prisão em flagrante, inclusive em seu aspecto cautelar-probatório.

Assim, o referido parágrafo serve, em primeiro lugar, para esclarecer que **o fato de o comprador ou recebedor da droga ser um "policial disfarçado" não torna atípica a conduta descrita no *caput***, sendo esta (a conduta descrita no *caput*) o objeto de imputação em eventual ação penal.

Em matéria de concurso de agentes, o policial exercendo tal papel não será nada mais, nada menos, que partícipe/instigador do delito, atuando (o policial) de modo atípico ou não ilícito, conforme a teoria do crime que se adote. E, precisamente porque a instigação não exclui, em nenhuma hipótese, a imputação ao autor instigado, o flagrante que se seguir à consumação do delito será formal e materialmente válido.

A despeito de notável e recorrente confusão doutrinária e jurisprudencial acerca do tema, **a existência do "agente provocador"**, figura central à teoria da armadilha (*entrapment defense*), por si só, **não exclui o crime do "agente provocado" e muito menos aponta para a ocorrência de crime impossível (art. 17, CP)**. E, afinal, embora tangencie o tema do flagrante preparado, não tem com este uma relação direta de causa e efeito ou de gênero-espécie.

A Súmula 145 do STF, outro texto tanto simples quanto mal interpretado, segundo a qual "não há crime, quando a preparação do flagrante pela polícia torna impossível a sua consumação", evidencia que o conceito de flagrante preparado diz respeito ao controle ambiental e situacional pelos agentes policiais durante o *iter criminis* e não à presença de um deles se relacionando diretamente com o investigado. A par disso, o crime impossível (não só em caso de flagrante preparado, mas nele e em qualquer outro), além de não contar com o "agente provocador" entre seus requisitos (que são alternativamente a ineficácia absoluta do *meio* ou a absoluta impropriedade do *objeto*) é causa de exclusão da punibilidade apenas de crimes tentados - "*não se pune a tentativa quando*" - quando o crime de tráfico de drogas se consuma com a venda ou fornecimento (ou ainda antes, com a guarda ou o transporte), sendo o flagrante que a ele se segue incide sobre delito já consumado.

3.5.2.6 Tráfico privilegiado

> § 4º Nos delitos definidos no caput e no § 1º deste artigo, as penas poderão ser reduzidas de um sexto a dois terços, ~~vedada a conversão em penas restritivas de direitos~~, desde que o agente seja primário, de bons antecedentes, não se dedique às atividades criminosas nem integre organização criminosa.

3.5.2.6.1 Introdução

O artigo 33, §4º, da Lei de Drogas, com o objetivo de distinguir o pequeno do grande traficante, ao passo em que aumentou as penas para o crime de tráfico de drogas, previu a possibilidade de redução da pena de um sexto a dois terços como causa especial de diminuição de pena aos crimes definidos no *caput* e no §1º do artigo 33. Cuida-se, a rigor, de minorante a ser aplicada quando presentes circunstâncias específicas (todas elas subjetivas) que não afeta em nada a estrutura objetiva do tipo penal, razão pela qual constitui grave atecnia falar em tráfico "privilegiado" (expressão que, aliás, não está na lei), porquanto o tipo privilegiado guarda autonomia em relação ao tipo-base, em relação ao qual acrescenta ou modifica elementares. Nada obstante, a Doutrina e a Jurisprudência consagraram amplamente a expressão e disso decorreram diversos outros equívocos - como o de afastar o regime mais gravoso (hediondez equiparada) para um crime que objetivamente nada difere daquele verdadeiramente previsto no *caput*, se não pelas condições pessoais de seu autor.

À vista do propósito desta obra e por considerarmos irreversíveis os entendimentos que violam o espírito do mandado constitucional de criminalização, os tratados internacionais sobre drogas e o princípio da proporcionalidade (vedação à proteção deficiente), fiquemos apenas neste registro, inclusive adotando, com pesar, a expressão "tráfico privilegiado".

Segundo o entendimento do STJ[41], causa de diminuição da pena em questão revela-se verdadeiro **direito subjetivo do réu**, devendo ser aplicado quando atendidos os requisitos legais.

A redação original do dispositivo vedada a conversão da pena privativa de liberdade em restritivas de direitos. Contudo, o Plenário do STF, no julgamento do HC 97.256/RS, decidiu pela inconstitucionalidade da vedação por ofensa ao princípio da individualização da pena, permitindo a substituição da pena quando satisfeitos os requisitos do art. 44 do Código Penal. Dando vazão à decisão, com lastro no art. 52, inc. X, CF, foi editada pelo Senado a Resolução 5/2012, prevendo a suspensão da execução da expressão "vedada a conversão em penas restritivas de direitos", do § 4º do art. 33 da Lei 11.343/06 (art. 1º).

3.5.2.6.2 Requisitos

Para que o agente faça *jus* ao reconhecimento do "privilégio", exige-se a satisfação cumulativa[42] de todos os requisitos:

41. STJ: AgRg no AREsp 1.667.364/GO, rel. Min. Nefi Cordeiro, 6ª Turma, j. 23.06.2020.
42. STJ: (...) De acordo com o aludido art. 33, § 4º, da Lei de Drogas, o agente poderá ser beneficiado com a redução de 1/6 (um sexto) a 2/3 (dois terços) da pena, desde que seja, cumulativamente, primário e portador de bons antecedentes e não se dedique às atividades criminosas nem integre organização criminosa (...). AgRg no HC 635588/SP, 6ª Turma, Rel. Min. Antônio Saldanha Palheiro, DJe 30.03.21.

a) **Primariedade**: O Código Penal não define a primariedade, restringindo-se a definir a reincidência. Logo, o conceito de agente primário é obtido por exclusão, de forma que a primariedade estará presente quando ausente o atributo pessoal de reincidente. A legislação penal trata de forma geral da reincidência em dois dispositivos específicos: art. 63 do CP e art. 7º da Lei de Contravenções Penais:

> "Art. 63. Verifica-se a reincidência quando o agente comete novo crime, depois de transitar em julgado a sentença que, no País ou no estrangeiro, o tenha condenado por crime anterior".
>
> "Art.7º. Verifica-se a reincidência quando o agente pratica uma contravenção depois de passar em julgado a sentença que o tenha condenado, no Brasil ou no estrangeiro, por qualquer crime, ou no Brasil, por motivo de contravenção".

Conjugando-se os dispositivos, podemos concluir:

1) As condenações definitivas no exterior por contravenção penal em hipótese alguma caracterizam a reincidência no Brasil;

2) Condenado definitivamente por crime[43], no Brasil ou exterior[44], que praticar novo crime, no Brasil ou exterior, será considerado reincidente;

3) Condenado definitivamente por contravenção no Brasil, que praticar nova contravenção no Brasil será considerado reincidente;

4) Condenado definitivamente por contravenção no Brasil, que praticar novo crime em qualquer lugar não será considerado reincidente por ausência de previsão legal.

Infração penal anterior	Infração penal posterior	Reincidência
Crime	Crime	Sim
Crime	Contravenção	Sim
Contravenção	Crime	Não[45]
Contravenção	Contravenção	Sim

43. Para os crimes cometidos no exterior, exige-se a dupla tipicidade, isto é, o fato deve ser crime no Brasil e no exterior. A condenação por crime previsto no estrangeiro, mas atípico no Brasil não gera reincidência.
44. Segundo o art. 9º do CP, não há necessidade de homologação da sentença estrangeira para fins de reincidência.
45. Caracteriza maus antecedentes.

Do quadro acima podemos concluir que são requisitos para a reincidência: 1) trânsito em julgado de uma infração penal anterior; 2) prática de nova infração penal. Logo, só se verifica a reincidência quando o segundo crime for praticado após[46] o trânsito em julgado do primeiro. Ocorrendo posteriormente a desconstituição do julgado gerador do fundamento da reincidência, essa também é prejudicada[47].

Vale lembrar, contudo, conforme analisamos no estudo do art. 28 da Lei de Drogas, que a jurisprudência[48] afasta as condenações pela prática do crime previsto art. 28 como aptas a gerar a reincidência, não obstando, por via de consequência, a incidência do privilégio do §4º do art. 33 da Lei de Drogas.

É usual na prática forense o uso da expressão "tecnicamente primário". Mas o que significa isso? É possível que o agente com várias condenações seja primário? Sim, basta que não tenha cometido nenhum crime após uma condenação definitiva transitada em julgado. Nesse caso, é considerado tecnicamente primário.

Por se tratar de circunstância de natureza pessoal, não se comunica aos coautores ou partícipes na forma do art. 30 do Código Penal. A prova da recidiva é feita, segundo o entendimento predominante, por simples certidão de antecedentes criminais, não se exigindo, em regra, certidão detalhada sobre o processo que originou o fator agravante. O Brasil adota o sistema da temporariedade da reincidência ao prever o chamado período depurador da recidiva no art. 64, I, do CP.

Dessa forma, não se revestindo o agente do atributo da reincidência, poderá obter a concessão do benefício legal, desde que satisfaça os demais requisitos legais previstos no §4º do art. 33 da Lei 11.343/06. Registre-se, por oportuno, que sendo reincidente, segundo o entendimento do STF[49], não haverá *bis in idem* na valoração da reincidência tanto na segunda da dosimetria da pena como para afastar a incidência da causa de diminuição do § 4º do artigo 33 da Lei de Drogas, verificada na terceira fase de fixação da pena.

b) **Bons antecedentes**: conforme destacamos em nosso Direito Penal, Parte Geral, os antecedentes criminais do agente representam sua vida pregressa, seu grau de capacidade de agir contra o Direito, de agredir a norma e as expectativas sociais. Contudo, não é qualquer fato que pode ser

46. No mesmo dia do trânsito em julgado não caracteriza reincidência.
47. STF: RHC 88.022/RJ, rel. Min. Sepúlveda Pertence, 1ª Turma, J. 28.03.06.
48. REsp 1.672.654/SP, j. em 21.08.18.
49. RHC 141.044 AgR, rel. Min. Rosa Weber, 1ª Turma, j. 19.11.18.

concebido como antecedentes criminais. Os inquéritos policiais e ações penais em curso[50] ou finalizadas com absolvição não podem ser concebidos como antecedentes negativos. De igual forma, os atos infracionais praticados pelo agente enquanto menor também não podem ser utilizados como fator de consideração para fins de antecedentes criminais.

O conceito de antecedentes criminais, portanto, é construído por exclusão. Excluem-se as ações penais em curso, inquéritos policiais, ações penais em que o agente foi absolvido e, naturalmente, as condenações que geram a reincidência, posto que essa agrava a pena de forma autônoma (art. 61, I do CP). Resta, portanto, as condenações definitivas inaptas a caracterizar a reincidência (art. 63 do CP), ou seja, aquelas em que houve decurso do prazo de 5 anos após o cumprimento ou extinção da pena (art. 64, I do CP), as decorrentes da prática de crime militar ou político (art. 64, II) ou aquelas decorrentes da prática de novo crime antes da condenação por outro delito.

Com relação à última hipótese, estando o agente sendo processado pela prática de um crime e, durante o processo pratica um novo delito, na sentença pela prática do novo crime a condenação pelo delito anterior não é capaz de gerar a reincidência, mas apta a caracterizar maus antecedentes.

A ***doutrina dominante entende que não existe limite temporal*** para caracterização dos maus antecedentes. ***O STJ possui entendimento nesse sentido***[51]. O ***STF possuía posição distinta, compreendendo que não seria possível considerar a condenação como maus antecedentes após o período depurador de cinco anos***, sob o argumento de que se a condenação anterior da qual decorreu o prazo de cinco anos após a extinção da pena não poderia ser considerada para fins de reincidência, com maior razão não poderia caracterizar maus antecedentes. ***O STF modificou o entendimento no julgamento do RE 593818, em julgamento de agosto de 2020, passando a sufragar a posição do STJ.***

Vale destacar que em maio de 2023, o STF revisitou o Tema 150 em sede de embargos de declaração e modificou sua posição original, fixando a seguinte tese: "Não se aplica ao reconhecimento dos maus antecedentes o prazo quinquenal de prescrição da reincidência, previsto no artigo 64, inciso I, do Código Penal, podendo o julgador, fundamentada e eventualmente, não promover qualquer incremento da pena-base em razão de condenações

---

50. Súmula 444 do STF: "É vedada a utilização de inquéritos policiais e ações penais em curso para agravar a pena-base".
51. AgRg no HC 323.661/MS, rel. Min. Reynaldo Soares da Fonseca, 5ª Turma, julgado em 01/09/2015.

pretéritas, quando as considerar desimportantes, ou demasiadamente distanciadas no tempo, e, portanto, não necessárias à prevenção e repressão do crime, nos termos do comando do artigo 59 do Código Penal".

Em síntese, o STF afirmou que não é obrigatório que o magistrado considere condenações criminais extintas há mais de cinco anos como maus antecedentes para a fixação da pena-base em novo processo criminal. De acordo com a tese, o juiz poderá afastar os maus antecedentes quando avaliar que as condenações anteriores têm pouca importância ou são muito antigas, e, portanto, desnecessárias à prevenção e repressão do crime.

Não obstante, entendemos que os posicionamentos do STJ e STF ampliam por demais os maus antecedentes.

Propomos um critério diferente, baseado no tempo de prescrição pela pena concretamente aplicada. Se a prescrição é o tempo que o Estado leva para "esquecer o crime", para deixar de possuir o interesse de agir, o mesmo tempo deveria ser utilizado para que os antecedentes do agente sejam esquecidos. Se o crime prescreve em 3 anos, não há razões para que os antecedentes do agente sejam considerados por período superior. Se o próprio Estado esqueceria o delito em três anos, por que lembrar dos antecedentes do agente por prazo superior?

A proposta flexibiliza o entendimento ampliativo dos Tribunais Superiores, permitindo, por exemplo, que os antecedentes decorrentes de um crime de homicídio, grave e com efeitos eternos, sejam considerados por mais tempo do que os de um simples crime de ameaça. Os antecedentes, portanto, passariam a ser concebidos sob uma perspectiva mais objetiva e tratados de forma proporcional.

Dessa forma, de forma construtiva e sequencial, não se revestindo o agente do atributo da reincidência ou sendo portador de maus antecedentes, poderá obter a concessão do benefício legal, desde que satisfaça os demais requisitos legais previstos no §4º do art. 33 da Lei 11.343/06.

c) **Não dedicação às atividades criminosas**: a previsão legal de não dedicação às atividades criminosas poucos nos auxilia na interpretação do dispositivo, haja vista que nos fornece um parâmetro que age de forma cíclica com as previsões de primariedade e bons antecedentes, remetendo a solução para o casuísmo jurisprudencial. Isso porque se o agente for primário e possuidor de bons antecedentes, dificilmente poderemos inferir ou presumir, sob a luz estrita de um Direito Penal democrático e pautado no princípio da legalidade, que se dedique a atividades criminosas.

Em sólida linha de compreensão, NUCCI[52] (2014, p. 316) assinala que:

> "estranha é a previsão a respeito de não se dedicar às atividades criminosas, pois não diz nada. Na norma do § 4º, para que se possa aplicar a diminuição da pena, afastou-se a possibilidade de ser reincidente ou ter maus antecedentes. Portanto, não se compreende o que significa a previsão de não se dedicar às atividades criminosas. Se o sujeito é reincidente ou tem maus antecedentes, pode-se supor que se dedique à atividade criminosa. No mais, sendo primário, com bons antecedentes, não há cabimento em se imaginar a dedicação a tal tipo de atividade ilícita".

Não obstante, partindo da premissa de que não existem palavras inúteis na lei, queremos crer, na mesma linha de compreensão do STJ, Tema Repetitivo 1139, que a interpretação a ser conferida ao art. 33, §4º, da Lei 11.343/06, não confunde os conceitos de antecedentes, reincidência e dedicação a atividades criminosas. No entendimento da Corte, "ao contrário das duas primeiras, que exigem a existência de condenação penal definitiva, a última pode ser comprovada pelo Estado-acusador por qualquer elemento de prova idôneo, tais como escutas telefônicas, relatórios de monitoramento de atividades criminosas, documentos que comprovem contatos delitivos duradouros ou **qualquer outra prova demonstrativa da dedicação habitual ao crime**. O que não se pode é inferir a dedicação ao crime a partir de simples registros de inquéritos e ações penais cujo deslinde é incerto".

O STJ, que possuía entendimentos em direção oposta[53], admitindo a utilização de inquéritos e ações penais como aptos a afastar o privilégio, firmou, em agosto de 2022, no Tema Repetitivo 1139, a seguinte tese:

> É vedada a utilização de inquéritos e/ou ações penais em curso para impedir a aplicação do art. 33, § 4.º, da Lei n. 11.343/06.

Na mesma linha de compreensão, não há como se considerar, segundo o entendimento do STF, a existência de inquéritos policiais e ações penais em curso como elementos aptos a se presumir a dedicação às atividades criminosas, especialmente sob a égide do princípio da não culpabilidade:

> "A orientação jurisprudencial da Segunda Turma desta Suprema Corte é no sentido de que deve ser idônea a fundamentação para justificar o afastamento da minorante prevista no art. 33, § 4º, da Lei 11.343/2006, sendo insuficiente, por si só, a utilização de inquéritos policiais ou de ações penais sem trânsito em julgado para comprovar a dedicação do paciente a

52. *op.cit.*

53. AgRg no HC 539.666/RS, rel. Min. Nefi Cordeiro, 6ª Turma, j. 05.03.2020.

atividades criminosas" (HC 177.629 AgR, rel. Min. Ricardo Lewandowski, 2ª Turma, j. 29.11.2019).

Apesar da tese firmada pelo STJ, que em sua fundamentação demonstra a possibilidade de demonstração da habitualidade delitiva por meio de outras provas, a ampla jurisprudência sobre o tema, a exemplo da própria previsão legal, trabalha em círculo. O STJ, por exemplo, ao decidir que "a condenação pelo crime de associação para o tráfico evidencia que o agente se dedica a atividades criminosas, o que inviabiliza a incidência do redutor previsto no § 4º do art. 33 da Lei 11.343/2006"[54], nada mais diz que o agente integra organização criminosa, outro requisito legal, que analisaremos na sequência.

No entanto, a 6ª Turma do STJ, no julgamento do AgInt no HC 241207/SP, DJe 12.09.16, apresentou-nos o seguinte vetor interpretativo: "(...) a apreensão de grande quantidade de drogas, a depender das peculiaridades do caso concreto, é hábil a denotar a dedicação do acusado a atividades criminosas e, consequentemente, a impedir a aplicação da causa especial de diminuição de pena prevista no § 4º do art. 33 da Lei n. 11.343/2006, porque indica maior envolvimento do agente com o mundo das drogas (...)".

De fato, apesar da reiterada jurisprudência dos Tribunais Superiores, no sentido de que somente a quantidade de drogas apreendidas, por si só, não é apta a afastar o privilégio, inegavelmente uma expressiva quantidade de tóxicos apreendida em poder do agente pode revelar, ainda que de forma indiciária, a dedicação a atividades criminosas.

Não nos olvidamos de que milita em favor do réu a presunção de que não se dedica a atividades criminosas nem integra organização criminosa, pois o ônus da prova cabe ao Ministério Público. Entretanto, entendemos que a referida presunção pode ser afastada caso se evidencie que o agente faz do tráfico de drogas seu meio de vida, como na hipótese de depósito ou guarda de grande quantidade de drogas, devidamente embalada e pronta para comercialização, circunstância, por exemplo, distinta da do agente flagrado transportando grande quantidade de droga, apta a caracterizar, pelo menos em um primeiro momento, a qualidade de mera "mula" do tráfico.

Em síntese, segundo o entendimento dos Tribunais Superiores, somente as circunstâncias do caso concreto, fundadas em algum elemento de prova, serão capazes de nos fornecer parâmetros seguros para análise do requisito.

d) **Não integrar organização criminosa**: parcela da doutrina entende que a expressão "organização criminosa" deve ser interpretada em seu sentido

54. STJ: AgRg no HC 583.773/RJ, rel. Min. Reynaldo Soares da Fonseca, 5ª Turma, j. 23.06.20.

normativo puro, de forma que, para que o agente venha a se beneficiar do privilégio, não pode integrar uma associação de quatro ou mais pessoas, estruturalmente ordenada e caracterizada pela divisão de tarefas, ainda que informalmente, com objetivo de obter, direta ou indiretamente, vantagem de qualquer natureza, mediante a prática de infrações penais cujas penas máximas sejam superiores a quatro anos, ou que sejam de caráter transnacional (conceito de organização criminosa fornecido pelo art. 1º, §1º da Lei 12.850/13).

Não obstante, não podemos nos esquecer que a redação do §4º do art. 33 da Lei de Drogas, de 2006, é anterior à própria Lei de Organizações Criminosas, de forma que, inegavelmente, por interpretação história, o comando normativo atinente à vedação de integração à organização criminosa não se referia, de forma estrita, à Organização Criminosa concebida como crime pela Lei 12.850/13.

Quando da entrada em vigor da Lei 12.850/13, vigia, em nosso ordenamento, a Lei 9.034/95 que, em seu artigo 1º, assinalava que "Esta Lei define e regula meios de prova e procedimentos investigatórios que versem sobre ilícitos decorrentes de ações praticadas por **quadrilha ou bando ou organizações ou associações criminosas de qualquer tipo**".

Assim, queremos crer que a menção legal à não integração a organização criminosa deve ser compreendida de forma ampla, englobando toda e qualquer espécie de entidade associativa ilícita voltada para prática de infrações penais, a exemplo da associação para o tráfico (art. 35 da Lei de Drogas), associação criminosa (art. 288, CP) e constituição de milícia privada (art. 288-A, CP).

3.5.2.6.2.1 "Mulas" do tráfico

As chamadas "mulas" do tráfico são pessoas contratadas por organizações de natureza criminosa para fazer o transporte da droga de um local para outro. Via regra, são pessoas fungíveis, sem nenhum poder decisório acerca da quantidade e qualidade do que transportam. São, portanto, traficantes ocasionais, que tão somente realizam o transporte da droga, preparado e financiado por outros traficantes.

Segundo o entendimento predominante nos Tribunais Superiores, a condição de mula do tráfico, por si só, não afasta a incidência do art. 33, § 4º, da Lei 11.343/06, haja vista que a simples condição de transportador não é apta a revelar, de forma inconteste, a participação do agente em entidade criminosa associativa, vez que a mão de obra prestada pela "mula" pode ser avulsa ou esporádica, isto é, sem qualquer estabilidade e permanência associativa. A questão pode ser ilustrada pelo julgamento do STF no HC 134.597/SP, rel. Min. Dias Toffoli, 2ª Turma, j. 09.08.16:

> Descabe afastar a incidência da causa de diminuição de pena do art. 33, § 4º, da Lei nº 11.343/06 com base em mera conjectura ou ilação de que o réu integre organização criminosa. O exercício da função de 'mula', embora indispensável para o tráfico internacional, não traduz, por si só, adesão, em caráter estável e permanente, à estrutura de organização criminosa, até porque esse recrutamento pode ter por finalidade um único transporte de droga.

Apesar do entendimento acima, é preciso destacar que a minorante só poderá ser aplicada à "mula" eventual, vez que essa, não necessariamente, integra a entidade criminosa, pois se trata de pessoa que realiza um único, ou pouquíssimos trabalhos de transporte, de forma não habitual. Por outro lado, verificando-se a habitualidade no comportamento, não há razões para se aplicar o privilégio, haja vista que a reiteração habitual revela estabilidade e permanência com o grupo criminoso.

Não obstante a possibilidade de aplicação do privilégio, o STJ tem admitido a redução pena em fração inferior à máxima prevista (2/3 da pena), a exemplo do julgamento do AgRg no AREsp 1621994/SP, j. 26.05.20, que reduziu a reprimenda em 1/4 da pena, e do julgamento do AgRg no AREsp 1.642.400/SP, j. 26.05.2020, que reduziu a pena na fração de 1/6.

3.5.2.6.3 Patamar de redução

Segundo o teor do art. 33, §4º da Lei de Drogas, nos casos de tráfico privilegiado, as penas poderão ser reduzidas de um sexto a dois terços. A alta amplitude entre os patamares mínimo e máximo tem gerado, naturalmente, amplos debates doutrinários e jurisprudenciais acerca dos parâmetros legais justificadores de uma redução menor ou maior, haja vista que o legislador não nos forneceu, à espécie, um vetor interpretativo distinto do geral, previsto no art. 42 da Lei de Drogas.

Segundo o aludido dispositivo, "o juiz, na fixação das penas, considerará, com preponderância sobre o previsto no art. 59 do Código Penal, a **natureza e a quantidade** da substância ou do produto, a **personalidade e a conduta social do agente**".

De forma inegável, a vasta quantidade de drogas ou a apreensão de diferentes espécies de drogas em poder do agente são circunstâncias aptas a demonstrar uma maior reprovabilidade da conduta, permitindo, na fixação da pena, uma redução em patamar distante do máximo previsto.

O tema foi objeto de julgamento pelo Plenário do STF, no ARE 666.334/AM, em 2014, que afirmou, em sede de repercussão geral, que "*as circunstâncias da natureza e da quantidade da droga apreendida devem ser levadas em consideração apenas em uma das fases do cálculo da pena*", sob pena de *bis in idem.*

Em reforço ao julgamento, o STF, ao analisar o Ag. Reg no HC 181.841/MS, j. 29.05.20, decidiu que:

> No julgamento dos Habeas Corpus 112.776 e 109.193, sob a relatoria do Ministro Teori Zavascki, o Tribunal, por maioria de votos, entendeu que configura ilegítimo *bis in idem* considerar a natureza e a quantidade da substância ou do produto para fixar a pena base (primeira etapa) e, simultaneamente, para a escolha da fração de redução a ser imposta na terceira etapa da dosimetria (§ 4º do art. 33 da Lei 11.343/2006). Todavia, nada impede que essa circunstância seja considerada para incidir, alternativamente, na primeira etapa (pena-base) ou na terceira (fração de redução).

A questão é, de fato, complexa, haja vista que a jurisprudência trilha a linha da interpretação do art. 42 da Lei de Drogas de forma amplificada, fugindo à hermenêutica que o próprio artigo nos fornece. O dispositivo, ao assinalar que o juiz, na fixação das penas, considerará, **com preponderância sobre o previsto no art. 59 do Código Penal**, a natureza e a quantidade da substância ou do produto, a personalidade e a conduta social do agente, nitidamente fixa uma premissa ao realizar a comparação com o art. 59 do CP, utilizado para fins de fixação da pena base.

Logo, parece-nos claro que a natureza e a quantidade da droga apreendida, por força do princípio da especialidade, devem ser levadas em consideração para fixação da pena-base, pois a "preponderância", expressamente prevista na norma, não deve ser reservada para outras fases da dosimetria, onde o legislador não tenha previsto, de forma específica, sua utilização. Somente no caso de conjugação com outras circunstâncias do caso concreto permitiria, para nós, sua utilização supletiva na terceira fase da dosimetria.

A 3ª Seção do STJ[55], na decisão do EResp 1.887.511/SP, j. 09.06.21, nessa linha de compreensão, decidiu que:

55. Na mesma linha, trecho do voto do Min. João Otávio Noronha proferido no julgamento do Resp 1887511/SP, j. 09.06.21: "Assim, considero que, na primeira etapa da dosimetria da pena em condenações de tráfico de drogas, deve-se necessariamente considerar o elemento preponderante "natureza e quantidade do entorpecente apreendido" para fixação da pena-base. Não há margem, na redação do artigo, para afastamento desse vetor por discricionariedade judicial, já que o princípio da especialidade exige sua prevalência. Nessa linha de raciocínio, considero que não podem eles, por consequência, ser reservados

> "1 – a natureza e a quantidade das drogas apreendidas são fatores a serem necessariamente considerados na fixação da pena-base, nos termos do art. 42 da Lei nº 11.343/2006.
>
> 2 – Sua utilização supletiva na terceira fase da dosimetria da pena, para afastamento da diminuição de pena prevista no § 3º do art. 33 da Lei n. 11.343/2016, somente pode ocorrer quando esse vetor conjugado com outras circunstâncias do caso concreto que, unidas, caracterizem a dedicação do agente à atividade criminosa ou a integração a organização criminosa.
>
> 3 – Podem ser utilizadas para modulação da causa de diminuição de pena prevista no § 4º do art. 33 da Lei n. 11.343/2006 quaisquer circunstâncias judiciais não preponderantes, previstas no art. 59 do Código Penal, desde que não utilizadas na primeira etapa, para fixação da pena-base."

Em síntese, entendeu o SJT que "é possível a valoração da quantidade e natureza da droga apreendida, tanto para a fixação da pena-base quanto para a modulação da causa de diminuição prevista no art. 33, § 4º, da Lei n. 11.343/2006, neste último caso ainda que sejam os únicos elementos aferidos, desde que não tenham sidos considerados na primeira fase do cálculo da pena".

Em outros julgados relevantes, o STJ entendeu que "a apreensão de petrechos para a traficância, a depender das circunstâncias do caso concreto, pode afastar a causa de diminuição de pena do art. 33, § 4º, da Lei n. 11.343/2006"[56]; que "é possível a aferição da quantidade e da natureza da substância entorpecente, concomitantemente, na primeira etapa da dosimetria, para exasperar a pena-base e, na terceira, para justificar o afastamento da causa especial de diminuição do art. 33, § 4º, da Lei n. 11.343/2006 – quando evidenciado o envolvimento habitual do agente no comércio ilícito de entorpecentes – sendo tal hipótese distinta da julgada, em repercussão geral, pela Suprema Corte no ARE 666.334/AM"[57]; que "não ocorre bis in idem quando o julgador fixa a pena-base acima do mínimo legal em razão da natureza, quantidade e diversidade das drogas apreendidas e afasta o referido redutor em razão da dedicação do agente à atividade criminosa, evidenciada pelas circunstâncias da apreensão, com destaque para a expressiva quantidade de entorpecentes apreendidos"[58]; e que "esta Corte tem decidido que a

para etapas subsequentes para as quais o legislador não tenha previsto, de forma específica, sua utilização (e o § 4° do art. 33 da Lei n. 11.343/2006 não prevê esses elementos como requisito para a causa de diminuição de pena que estabelece, é bom lembrar)".

56. ArRg no HC 773.113, Rel. Min. Reynaldo Soares da Fonseca, Quinta Turma, por unanimidade, julgado em 04/10/2022, DJe 10.10.22.
57. AgRg no HC 549.034/SP, rel. Min. Ribeiro Dantas, 5ª Turma, j. 09.06.20.
58. AgRg no HC 574.196/SP, rel. Min. Sebastião Reis Júnior, 6ª Turma, j. 23.06.20.

quantidade e a natureza da droga, aliadas às circunstâncias em que cometido o tráfico, podem evidenciar a dedicação a atividades criminosas, o que afasta a aplicação da minorante"[59].

No âmbito do STF, podemos destacar os seguintes julgados:

> "(...) Diversamente do que ocorre na primeira fase da dosimetria da pena, em que a *quantidade* e qualidade de drogas são vetores legalmente expressos (art. 42 da Lei 11.343/2006) e, portanto, dispensam maiores digressões, a utilização dessa circunstância na terceira fase só é admitida se constituir uma demonstração do não preenchimento de algum dos vetores legalmente eligidos. Precedentes. 4. Imperiosa a comprovação de algum evento concreto, dentro da cadeia factual, de que o agente efetivamente pertença a organização criminosa ou se dedique a atividades criminosas". HC 219051 AgR, Rel. Min. Edson Fachin, 2ª Turma, DJe 17.03.23;
>
> "A *quantidade* e *natureza* da droga apreendida legitimam a fixação de regime inicial mais gravoso para cumprimento de pena." Precedentes: RHC 152.037-AgR, Segunda Turma, Rel. Min. Dias Toffoli, DJe de 16/04/2018; HC 156.674-AgR, Segunda Turma, Rel. Min. Ricardo Lewandowski, DJe de 27/11/2018; e RHC 125.077-AgR, Primeira Turma, Rel. Min. Roberto Barroso, DJe de 4/3/2015;
>
> "A *quantidade* e a *natureza* da droga apreendida não são fatores que, isoladamente, impedem a aplicação da minorante prevista no art. 33, § 4º da Lei 11.343/2006. 3. A jurisprudência desta Suprema Corte é firme no sentido de que 'o fato de não possuir emprego formal não pode ser usado para negar o benefício do *tráfico privilegiado*, sobretudo num país com alta taxa de desemprego'" (HC 159347, Relator(a): Min. Alexandre de Moraes, julgado em 01/08/2018).

3.5.2.6.4 Fixação da pena

De acordo com o entendimento prevalente do STF, o tráfico de drogas privilegiado não é concebido como crime hediondo, não se submetendo aos rigores da Lei 8.072/90, levando o STJ a promover o cancelamento da Súmula 512[60].

Reforçando tal compreensão, o art. 112, §5º da LEP, incluído pela Lei 13.964/19, ainda que de forma assistemática e desnecessária, expressamente consignou que "não se considera hediondo ou equiparado, para os fins deste artigo, o crime de tráfico de drogas previsto no § 4º do art. 33 da Lei nº 11.343, de 23 de agosto de 2006".

---

59. AgRg nos EDcl no AREsp 1.663.796/RO, rel. Min. Joel Ilan Paciornik, 5ª Turma, j. 26.05.20.
60. A aplicação da causa de diminuição de pena prevista no art. 33, § 4º, da Lei n. 11.343/2006 não afasta a hediondez do crime de tráfico de drogas.

Logo, em se aplicando a minorante, o crime de tráfico se submete às regras ordinárias para fins de benefícios legais, fixação de regime inicial de cumprimento de pena condizente com a sanção fixada, progressão de pena, livramento condicional, concessão de fiança, anistia, graça e indulto.

3.5.2.7 Conflito aparente de normas

a) **Art. 273, CP**: Falsificar, corromper, adulterar ou alterar produto destinado a fins terapêuticos ou medicinais: Pena – reclusão, de 10 (dez) a 15 (quinze) anos, e multa. § 1º – Nas mesmas penas incorre quem importa, vende, expõe à venda, tem em depósito para vender ou, de qualquer forma, distribui ou entrega a consumo o produto falsificado, corrompido, adulterado ou alterado. § 1º-A – Incluem-se entre os produtos a que se refere este artigo os medicamentos, as matérias-primas, os insumos farmacêuticos, os cosméticos, os saneantes e os de uso em diagnóstico. § 1º-B – Está sujeito às penas deste artigo quem pratica as ações previstas no § 1º em relação a produtos em qualquer das seguintes condições: I – sem registro, quando exigível, no órgão de vigilância sanitária competente; II – em desacordo com a fórmula constante do registro previsto no inciso anterior; III – sem as características de identidade e qualidade admitidas para a sua comercialização; IV – com redução de seu valor terapêutico ou de sua atividade; V – de procedência ignorada; VI – adquiridos de estabelecimento sem licença da autoridade sanitária competente.

b) **Art. 318, CP**: Facilitar, com infração de dever funcional, a prática de contrabando ou descaminho (art. 334): Pena – reclusão, de 3 (três) a 8 (oito) anos, e multa.

c) **Art. 334-A, CP**: Importar ou exportar mercadoria proibida: Pena – reclusão, de 2 (dois) a 5 (cinco) anos. § 1º Incorre na mesma pena quem: I – pratica fato assimilado, em lei especial, a contrabando; II – importa ou exporta clandestinamente mercadoria que dependa de registro, análise ou autorização de órgão público competente; III – reinsere no território nacional mercadoria brasileira destinada à exportação; IV – vende, expõe à venda, mantém em depósito ou, de qualquer forma, utiliza em proveito próprio ou alheio, no exercício de atividade comercial ou industrial, mercadoria proibida pela lei brasileira; V – adquire, recebe ou oculta, em proveito próprio ou alheio, no exercício de atividade comercial ou industrial, mercadoria proibida pela lei brasileira. § 2º – Equipara-se às atividades comerciais, para os efeitos deste artigo, qualquer forma de comércio irregular ou clandestino de mercadorias estrangeiras, inclusive o exercido em residências. § 3º A pena aplica-se em dobro se o crime de contrabando é praticado em transporte aéreo, marítimo ou fluvial.

3.5.2.8 Ação penal

A ação penal, nos crimes previstos na Lei de Drogas, é pública incondicionada.

Nos crimes em estudo, o procedimento a ser seguido é o do rito especial previsto nos artigos 54 a 59 da Lei de Drogas, com aplicação subsidiária do CPP e LEP (art. 48).

Em razão da pena cominada, reclusão de 5 (cinco) a 15 (quinze) anos e pagamento de 500 (quinhentos) a 1.500 (mil e quinhentos) dias-multa, os delitos previstos no *caput* e §1º não admitem a transação penal, suspensão condicional do processo e o ANPP.

Tratando-se de tráfico privilegiado, não há vedação legal expressa para concessão do benefício do ANPP, de forma que, em tese, o benefício é admissível. Não obstante, considerando que o reconhecimento da minorante prevista no art. 33, §4º, da Lei de Drogas, em regra, demanda valoração profunda do acervo probatório, nada impede a negativa de oferecimento do ANPP caso não existam provas seguras a respeito de seu cabimento.

É importante frisar que o caso concreto pode evidenciar que o acordo pode não se relevar necessário e suficiente para a reprovação e prevenção do delito previsto no art. 33, §4º, da Lei 11.343/06, devendo ser avaliada a dimensão social do dano, a relevância social do bem jurídico, a danosidade social do fato etc.

3.5.3 Instigação, induzimento ou auxílio ao uso de drogas

Art. 33, § 2º Induzir, instigar ou auxiliar alguém ao uso indevido de droga:

Pena – detenção, de 1 (um) a 3 (três) anos, e multa de 100 (cem) a 300 (trezentos) dias-multa.

3.5.3.1 Introdução

O delito de **instigação, induzimento ou auxílio ao uso de drogas**[61], previsto no art. 33, §2º da Lei de Drogas, tutela de forma direta a saúde pública e, indiretamente, a saúde e vida do usuário.

O crime não é concebido como tráfico de drogas e, portanto, não se reveste da roupagem de equiparado a hediondo.

61. O *nomen iuris* não consta da Lei, sendo decorrente de construção doutrinária.

3.5.3.2 Sujeitos do crime

O delito de instigação, induzimento ou auxílio ao uso de drogas é **comum**, pois pode ser praticado por qualquer pessoa.

Os sujeitos passivos diretos do delito são o Estado e a coletividade, tratando-se de crime vago. Vale destacar que consumidor da droga também se revela vítima secundária do delito.

3.5.3.3 Estrutura do tipo penal

A estrutura típica do crime previsto no art. 33, §2º, da Lei 11.343/06, é formada pelo núcleo verbal *induzir, instigar ou auxiliar;* pela elementar objetiva *alguém;* e pelas elementares normativas *uso indevido de drogas.*

Conduta nuclear

- induzir, instigar ou auxiliar

Elementares objetivas

- alguém

Elementares normativas

- uso indevido de drogas

Elementares subjetivas, especial fim de agir e elementos volitivos

- dolo

A estrutura, todavia, não se resume aos elementos revelados pela leitura literal, pois também traz a estrutura basilar finalista, composta na sua integralidade pela conduta, resultado, nexo de causalidade e tipicidade.

O *induzimento* ocorre quando o agente faz brotar na cabeça de outrem a vontade de praticar a conduta que, até então, inexistia. A *instigação*, ao contrário, não cria a vontade no agente, mas reforça um sentimento já existente voltado para a prática da conduta. Por outro lado, ocorre o *auxílio* quando o autor da infração penal presta assistência de ordem material que facilita, viabiliza a prática do comportamento.

No tipo em comento, o legislador não se refere à participação *lato sensu*, prevista no art. 31 do CP. Ao contrário, expressamente consigna comportamentos que, em tese, só podem ser praticados por meio de comportamentos positivos. Nesse sentido, dúvidas não existem quanto ao induzimento e à instigação, comportamentos nitidamente positivos. No que toca ao auxílio, em nossa compreensão, pode ocorrer de forma negativa, como na hipótese do agente que, detentor do dever jurídico de agir, tendo ciência de que em determinado local é realizado o uso indevido de drogas, nada faz para impedir o resultado.

Há situações, entretanto, que não obstante presente o dever jurídico de agir, não caracterizam o delito, a exemplo da conduta em parte omissiva das autoridades públicas no trato da *Cracolândia*, em São Paulo, e outras similares, em diversas capitais de Estados. Sob o aspecto formal, a omissão das autoridades estatais em coibir o consumo imoderado de substâncias ilícitas dá vazão à conduta nuclear do art. 33, §2º da Lei de Drogas. Entretanto, a questão apresentada é complexa por envolver não somente uma questão maior de saúde e segurança pública, mas também a ausência de dolo daqueles que possuem o dever jurídico de agir, de forma que não se pode infirmar a conformação do tipo penal.

Sob a mesma perspectiva, o STF, o julgamento da ADPF 187/DF, entendeu que as chamadas "marchas da maconha" não caracterizam o crime previsto no art. 33, §2º da Lei 11.343/06, vez que essas tão somente representariam opiniões, externadas publicamente, favoráveis à legalização do uso da maconha, encontrando-se ao amparo dos direitos de reunião e livre expressão do pensamento.

A conduta deve ser praticada estritamente para contribuir para o uso de drogas, não podendo estar associada à traficância. Assim, aquele que instiga alguém a vender droga é partícipe do crime de tráfico, não obstante estar, *latu sensu*, contribuindo para o uso alheio. Logo, se houver liame subjetivo entre o instigador e o traficante de drogas, haverá participação no tráfico e não a conduta prevista no §2º do art. 33 da Lei de Drogas.

Especificamente quanto ao auxílio, a modalidade não envolve a cessão, gratuita ou onerosa, de drogas, haja vista que tal comportamento encontra previsão expressa no *caput* do art. 33, da Lei de Drogas. A conduta de auxiliar, portanto, deve ser dirigida para aspectos instrumentais que permitam o consumo da droga, como o local, empréstimo do cachimbo etc., não englobando a entrega da droga, sob qualquer pretexto.

A conduta deve ser dirigida para a instigação, induzimento ou auxílio para que pessoa determinada faça uso de drogas. Sendo o alvo do comportamento pessoas indeterminadas ou a coletividade, estaremos diante dos delitos de incitação ao crime (art. 286, CP) ou apologia a fato criminoso (art. 287, CP), a depender das circunstâncias do caso concreto.

A figura típica, por se tratar de crime de perigo abstrato, é crime formal, vez que não exige a produção de resultado naturalístico, isto é, que ocorra o efetivo prejuízo à saúde pública ou efetivo uso por parte de pessoa determinada.

Ainda no contexto da conduta, o crime, em regra, é praticado sob a **modalidade dolo direto**. É possível, contudo, sua prática por meio de dolo eventual na modalidade auxiliar. O crime não admite a modalidade culposa.

A solução do nexo de causalidade, conforme sustentamos na apresentação da obra, à qual remetemos o leitor para evitarmos repetições, pode ocorrer pela **teoria da imputação objetiva**. Assim, o agente que instiga alguém ao consumo de drogas ilícitas cria um **risco juridicamente desaprovado para o bem jurídico saúde pública**. Por sua vez, **o risco criado com a violação da norma** materializa-se no resultado normativo, sendo certo que esse se encontra dentro do **alcance do tipo**.

Por fim, a estrutura do tipo penal completa-se com a tipicidade, expressamente consignada no art. 33, §2º, da Lei 11.343/06.

3.5.3.4 Consumação e tentativa

O delito de instigação, induzimento ou auxílio ao uso de drogas tráfico de drogas, em nossa compreensão, não obstante a divergência doutrinária, é **formal**[62] e se consuma com a mera instigação, induzimento ou auxílio para o uso de indevido de drogas, sendo o efetivo uso mero exaurimento do delito.

A tentativa, apesar de difícil configuração, parece-nos perfeitamente possível quando o comportamento for praticado por escrito, a exemplo de uma carta instigadora interceptada pela polícia.

62. É o entendimento prevalente no STJ: "4. A alegada atipicidade material não se verificou na espécie, eis que o tipo penal previsto no artigo 33, § 2.º, da Lei n.º 11.343/06 abrange múltiplas ações, primando a incoativa por empregar o verbo 'instigar', cuja doutrina de escol entende ser delito de perigo abstrato, **não se exigindo o efetivo consumo das substâncias estupefacientes, e em sendo despicienda a demonstração da potencialidade lesiva da conduta**. 5. [...] a tipicidade formal sobressai na espécie, pois, partindo da premissa que o objeto jurídico tutelado é a saúde pública, evitando-se o dano que o emprego das substâncias estupefacientes pode causar, independentemente de qualquer lesão concreta decorrente das drogas, a pessoa determinada é atingida de forma mediata pela ação delitiva, não obstante o Estado e/ou a coletividade figurem como sujeitos passivos imediatos do delito". RHC 41.369/SP, rel. Min. Maria Thereza de Assis Moura, 6ª Turma, j. 20.03.2014.

3.5.3.5 *Conflito aparente de normas*

a) **Art. 28 da Lei 11.343/06**: Quem adquirir, guardar, tiver em depósito, transportar ou trouxer consigo, para consumo pessoal, drogas sem autorização ou em desacordo com determinação legal ou regulamentar será submetido às seguintes penas: I – advertência sobre os efeitos das drogas; II – prestação de serviços à comunidade; III – medida educativa de comparecimento a programa ou curso educativo.

3.5.3.6 *Ação penal*

A ação penal, nos crimes previstos na Lei de Drogas, é pública incondicionada.

No crime em estudo, o procedimento a ser seguido é o do rito especial previsto nos artigos 54 a 59 da Lei de Drogas, com aplicação subsidiária do CPP e LEP (art. 48).

Em razão da pena cominada, detenção, de 1 (um) a 3 (três) anos, e multa de 100 (cem) a 300 (trezentos) dias-multa, o delito não admite a transação penal, podendo, contudo, ser objeto de suspensão condicional do processo e ANPP.

3.5.4 Oferecimento de droga para consumo conjunto

> § 3º Oferecer droga, eventualmente e sem objetivo de lucro, a pessoa de seu relacionamento, para juntos a consumirem:
>
> Pena – detenção, de 6 (seis) meses a 1 (um) ano, e pagamento de 700 (setecentos) a 1.500 (mil e quinhentos) dias-multa, sem prejuízo das penas previstas no art. 28.

3.5.4.1 *Introdução*

O delito de **oferecimento de droga para consumo conjunto**[63], previsto no art. 33, §3º da Lei de Drogas, tutela de forma direta a saúde pública e, indiretamente, a saúde e vida do usuário.

O crime não é concebido como tráfico de drogas e, portanto, não se reveste da roupagem de hediondo.

63. O *nomen iuris* não consta da Lei, sendo decorrente de construção doutrinária.

3.5.4.2 Sujeitos do crime

O delito de oferecimento de droga para consumo conjunto é **próprio**, pois só pode ser cometido pela pessoa que possua relacionamento com o destinatário da droga ofertada. Naturalmente, inexistindo o relacionamento, ainda que a oferta seja eventual e para uso compartilhado, estaremos diante do crime de tráfico, previsto no art. 33 da Lei de Drogas.

Os sujeitos passivos diretos do delito são o Estado e a coletividade, tratando-se de crime vago. Vale destacar que consumidor da droga também se revela vítima secundária do delito.

3.5.4.3 Estrutura do tipo penal

A estrutura típica do crime previsto no art. 33, §3º, da Lei 11.343/06, é formada pelo núcleo verbal *oferecer;* pela elementar objetiva *pessoa de seu relacionamento;* pelas elementares normativas *droga; eventualmente e sem objetivo de lucro*; e pelo especial fim de agir *para juntos consumirem.*

Conduta nuclear

- oferecer

Elementares objetivas

- pessoa de seu relacionamento

Elementares normativas

- droga
- eventualmente e sem objetivo de lucro

Elementares subjetivas, especial fim de agir e elementos volitivos

- dolo
- para juntos consumirem

A estrutura, todavia, não se resume aos elementos revelados pela leitura literal, pois também traz a estrutura basilar finalista, composta na sua integralidade pela conduta, resultado, nexo de causalidade e tipicidade.

O *oferecimento* ocorre quando o agente sugere, disponibiliza a droga, de forma eventual e sem objetivo de lucro, a pessoa de seu relacionamento, como amigos, parentes e namoradas(os) para uso conjunto. O tipo penal trata da hipótese de compartilhamento da droga para uso comum e eventual, sem conotação evidente de tráfico de drogas, porquanto o próprio tipo penal exige a ausência de fim lucrativo, eventualidade e o uso compartilhado.

Sendo a droga ofertada para pessoa diversa e não integrante do relacionamento do agente, haverá o crime de tráfico na forma do *caput*, vez que ausente a elementar típica atinente ao relacionamento.

Por *eventualmente*, elementar típica, há que se compreender a conduta não reiterada, habitual ou constante. Logo, o agente que diária ou semanalmente oferece droga a um amigo para consumo compartilhado, incorre no crime de tráfico de drogas previsto no *caput* e não na modalidade especial do §3º, haja vista que comporta como verdadeiro traficante.

Questão interessante e que sofre, para nós, impacto com a decisão do STF, envolve a circunstância do agente que **pede "emprestado" o cigarro de maconha** ao autor do delito para fumar. *In casu*, **não há oferecimento**, no sentido típico, mas a cessão (**entregar ou fornecer**) diante do atendimento de um pedido.

Os verbos entregar e fornecer não foram contemplados pela figura típica do §3º do art. 33, mas tão somente pela previsão do *caput*. Entretanto, parece-nos evidente que a conduta daquele que fornece a maconha para um amigo, **para uso compartilhado, atendendo a um pedido**, revela um comportamento menos gravoso do que aquele que **oferece** a droga para uso comum, haja vista que na primeira hipótese há **provocação** e na segunda **ato espontâneo**.

Parcela da doutrina[64] sustenta que a questão deve ser resolvida pela analogia em *bonam partem*, pois as condutas de *entregar* e *fornecer*, ainda que a pedido de terceiro, estariam contempladas pelo "uso compartilhado".

Não nos parece, contudo, a melhor solução, especialmente pela imperativa necessidade de observância do princípio da legalidade. De fato, falta proporcionalidade na punição por tráfico de drogas (art. 33, *caput*) do agente que fornece maconha a alguém, no seio de relacionamento pessoal e para consumo pessoal compartilhado, tão somente porque, ao invés de oferecer, entrega ou fornece a droga nas circunstâncias descritas no §3º. Não há, para

64. Por todos, Masson (*op. cit.* p. 147), valendo-se das lições de Andrey Borges de Mendonça e Paulo Roberto Galvão de Carvalho, in. Lei de drogas: Lei 11.343, de 23 de agosto de 2006 – comentada artigo por artigo. 3. ed. São Paulo: Método, 2012.

nós, a lesividade necessária para configuração da conduta mais grave, não obstante o comportamento ser merecedor de resposta estatal.

Entretanto, a doutrina, ao sustentar a aplicação da analogia *in bonam partem* à hipótese, na realidade agrava a situação do agente sob outra perspectiva. Equiparar a conduta de *oferecer* às condutas de *entregar* e *fornecer*, apesar de, em tese, demover a aplicação da norma do art. 33, *caput*, não somente amplia o conteúdo típico do art. 33, §3º, valendo de indevida interpretação extensiva sobre a conduta nuclear, em prejuízo do agente, mas também **equipara o "porte" para consumo pessoal com a "traficância" de pequeno potencial ofensivo**, revelada pelo §3º, em verdadeira analogia *in malam partem*.

Se o legislador, ainda que de forma equivocada e rasa, tipificou somente a conduta de oferecer, não cabe ao intérprete ampliar o conteúdo na norma para alcançar o exaurimento da oferta, isto é, a entrega ou fornecimento, sequer necessárias para configuração típica. De mesma forma, se concebemos a punição pela figura prevista no *caput* desproporcional ante a baixa lesividade, outro caminho não nos resta senão concebermos a conduta sob a luz do art. 28 da Lei de Drogas, haja vista que o consumo compartilhado, por **premissa existencial**, é também uma conduta pessoal. E, se para fazer uso da droga, o agente deve tê-la consigo ou ao seu alcance, adquirido, guardado, mantido em depósito ou transportado, incorreu, previamente, na conduta prevista no art. 28 da Lei 11.343/06, mera infração administrativa segundo o STF, razão pela qual entendemos que, caso o agente realize a conduta de entregar ou fornecer droga, de forma eventual e sem objetivo de lucro, a pessoa de seu relacionamento, para juntos a consumirem, **quando realizada a pedido**, deve ser resolvida com lastro no art. 28 da Lei de Drogas, evitando-se a ampliação do conteúdo normativo-típico do §3º do art. 33 da mesma lei.

Vale destacar que o tipo penal pressupõe o especial fim de agir de consumirem em conjunto a droga, revelando-se como uma extensão mais gravosa do comportamento previsto no art. 28 da Lei de Drogas, haja vista que o agente sai da esfera de sua individualidade para trazer pessoa de seu relacionamento para o submundo das drogas, justificando a punição mais severa.

O crime revela-se com uma exceção à teoria monista do concurso de pessoas, porquanto aquele que oferece a droga para consumo compartilhado responderá pelo crime previsto no art. 33, §3º da Lei de Drogas, ao passo que aquele traz consigo a droga, recebida do agente de seu ciclo de relacionamento, poderá responder pela conduta prevista no art. 28 da mesma lei.

Tratando-se a vítima do delito de agente inimputável, isto é, sem capacidade mental para analisar as consequências do seu comportamento, há divergência doutrinária.

BRASILEIRO[65] (2016, p. 756), por exemplo, sustenta que não se pode reputar válido o consentimento do inimputável para o consumo compartilhado de drogas, havendo, na conduta, o crime de tráfico de drogas na modalidade do *caput*. Em síntese, esclarece que:

> "(...) da mesma forma que a aquiescência de tais indivíduos é de todo irrelevante para a caracterização do crime de estupro de vulnerável (CP, art. 217-A), sendo firme o entendimento doutrinário no sentido de que o induzimento de uma criança ao suicídio tipifica o crime de homicídio, e não o de induzimento ao suicídio (CP, art. 122), já que haveria verdadeira hipótese de autoria mediata, porquanto o homicida estaria utilizando o menor impunível como instrumento para execução de seu desiderato, não se pode reputar válido o consentimento do inimputável para o consumo compartilhado de drogas."

Não obstante referido entendimento, em todos os exemplos citados, há crime de natureza material, que pressupõe a ocorrência do resultado naturalístico, diferentemente do tipo penal em comento, que se materializa com a simples oferta. Assim, entendemos, na mesma linha de Rogério Sanches, Ronaldo Batista Pinto e Renee do Ó[66], por configurado o delito do art. 33, §3º, da Lei de Drogas, em razão da natureza formal do crime e pelo fato da norma não estabelecer qualquer espécie de diferenciação entre os sujeitos-vítima. Nesse caso, incidirá a majorante prevista no art. 40, VI, da Lei 11.343/06, além da possibilidade de concurso com o crime previsto no art. 244-B, ECA, no caso do inimputável ser criança ou adolescente, caso venham, de fato, a consumirem a droga em conjunto.

A figura típica, por se tratar de crime de perigo abstrato, é crime formal, vez que não exige a produção de resultado naturalístico, isto é, que ocorra o efetivo consumo da droga compartilhada.

Ainda no contexto da conduta, o crime é praticado sob a **modalidade dolo direto**, não admitindo o dolo eventual em razão da exigência da finalidade especial voltada para o consumo conjunto. O crime não admite a modalidade culposa.

A solução do nexo de causalidade, conforme sustentamos na apresentação da obra, à qual remetemos o leitor para evitarmos repetições, pode

---

65. LIMA, Renato Brasileiro de. **Legislação criminal especial comentada**: volume único. 4ª ed. Salvador: JusPodivm, 2016.
66. CUNHA, Rogério Sanches; PINTO, Ronaldo Batista; SOUZA, Renee do Ó. **Drogas – Lei n. 11.343/2006. Leis penais especiais comentadas**. 3ª ed. Salvador: JusPodivm, 2020. p. 1753.

ocorrer pela **teoria da imputação objetiva**. Assim, o agente que oferece droga, eventualmente e sem objetivo de lucro, a pessoa de seu relacionamento, para juntos a consumirem, cria um **risco juridicamente desaprovado para o bem jurídico saúde pública**. Por sua vez, **o risco criado com a violação da norma** materializa-se no resultado normativo, sendo certo que esse se encontra dentro do **alcance do tipo**.

Por fim, a estrutura do tipo penal completa-se com a tipicidade, expressamente consignada no art. 33, §3º, da Lei 11.343/06.

3.5.4.4 Consumação e tentativa

O delito de oferecimento de droga para consumo conjunto é **formal** e se consuma com o mero oferecimento da droga, de forma eventual e sem objetivo de lucro, a pessoa de seu relacionamento, para juntos a consumirem.

A tentativa, apesar de difícil configuração, parece-nos perfeitamente possível quando o comportamento for praticado por escrito, a exemplo de um bilhete que convida o amigo para consumo conjunto de drogas.

3.5.4.5 Conflito aparente de normas

a) **Art. 28 da Lei 11.343/06**: Quem adquirir, guardar, tiver em depósito, transportar ou trouxer consigo, para consumo pessoal, drogas sem autorização ou em desacordo com determinação legal ou regulamentar será submetido às seguintes penas: I – advertência sobre os efeitos das drogas; II – prestação de serviços à comunidade; III – medida educativa de comparecimento a programa ou curso educativo.

3.5.4.6 Ação penal

A ação penal, nos crimes previstos na Lei de Drogas, é pública incondicionada.

No crime em estudo, o procedimento a ser seguido é o do rito especial dos Juizados Especiais Criminais, em razão da pena prevista de detenção, de 6 (seis) meses a 1 (um) ano, e pagamento de 700 (setecentos) a 1.500 (mil e quinhentos) dias-multa, sem prejuízo das penas previstas no art. 28.

Em razão da pena cominada, o delito admite a transação penal e suspensão condicional do processo.

3.5.5 Instrumentos e objetos para produção de drogas

"Art. 34. Fabricar, adquirir, utilizar, transportar, oferecer, vender, distribuir, entregar a qualquer título, possuir, guardar ou fornecer, ainda que gratuitamente, maquinário, aparelho, instrumento ou qualquer objeto destinado à fabricação, preparação, produção ou transformação de drogas, sem autorização ou em desacordo com determinação legal ou regulamentar:

Pena – reclusão, de 3 (três) a 10 (dez) anos, e pagamento de 1.200 (mil e duzentos) a 2.000 (dois mil) dias-multa."

3.5.5.1 Introdução

O delito de **instrumentos e objetos para produção de drogas[67], previsto no art. 34 da Lei de Drogas, tutela de forma direta a saúde pública e, indiretamente, a saúde e vida do usuário.**

O delito revela-se como crime obstáculo, pois pune a fase de preparação para a prática do crime previsto no art. 33 da Lei 11.343/06, antecipando a intervenção do Direito Penal ante o risco inerente à conduta.

O crime é concebido como tráfico de drogas e, portanto, reveste-se da roupagem de hediondo, com todos os consectários legais.

3.5.5.2 Sujeitos do crime

O delito de **instrumentos e objetos para produção de drogas** é **comum**, pois pode ser praticado por qualquer pessoa.

Os sujeitos passivos diretos do delito são o Estado e a coletividade, tratando-se de crime vago. Vale destacar que consumidor da droga também se revela vítima secundária do delito.

3.5.5.3 Estrutura do tipo penal

A estrutura típica do crime previsto no art. 34 da Lei 11.343/06, é formada pelo núcleo verbal fabricar, adquirir, utilizar, transportar, oferecer, vender, distribuir, entregar, possuir, guardar ou fornecer; pelas elementares objetivas a qualquer título (entregar); ainda que gratuitamente; pelas elementares normativas maquinário, aparelho, instrumento ou qualquer objeto destinado

67. O *nomen iuris* não consta da Lei, sendo decorrente de construção doutrinária.

à fabricação, preparação, produção ou transformação de drogas; sem autorização ou em desacordo com determinação legal ou regulamentar; e pela finalidade especial relacionada à fabricação, preparação, produção ou transformação de drogas.

Conduta nuclear

- fabricar, adquirir, utilizar, transportar, oferecer, vender, distribuir, entregar, possuir, guardar ou fornecer

Elementares objetivas

- a qualquer título (entregar); ainda que gratuitamente

Elementares normativas

- maquinário, aparelho, instrumento ou qualquer objeto destinado à fabricação, preparação, produção ou transformação de drogas
- sem autorização ou em desacordo com determinação legal ou regulamentar

Elementares subjetivas, especial fim de agir e elementos volitivos

- dolo
- finalidade voltada à fabricação, preparação, produção ou transformação de drogas

A estrutura, todavia, não se resume aos elementos revelados pela leitura literal, pois também traz a estrutura basilar finalista, composta na sua integralidade pela conduta, resultado, nexo de causalidade e tipicidade.

O tipo penal é formado por onze verbos nucleares, revelando-se como tipo penal misto alternativo ou de conteúdo variado, de forma que a prática de mais de uma conduta por parte do agente, no mesmo contexto fático, dá ensejo a um único crime.

1) ***Fabricar***: significa produzir, em larga escala, maquinário, aparelho, instrumento ou qualquer objeto destinado à fabricação, preparação, produção ou transformação da droga. A consumação, pela própria natureza do verbo, ocorre com a efetiva fabricação do maquinário, aparelho, instrumento ou objeto.

2) ***Adquirir***: significa obter, conseguir o objeto material de forma onerosa (compra ou permuta), ou gratuita (doação). Assim, aquele que compra ou recebe gratuitamente maquinário, aparelho, instrumento ou qualquer objeto destinado à fabricação, preparação, produção ou transformação da droga realiza a conduta nuclear de adquirir. Não se exige, para nós, a efetiva tradição do bem para fins de consumação.

3) ***Utilizar***: significa fazer uso, empregar o maquinário, aparelho, instrumento ou qualquer objeto com o fim de fabricação, preparação, produção ou transformação da droga. A conduta, em nossa compreensão, colide com a previsão do art. 33, *caput*, da Lei de Drogas, porquanto o agente, **ao utilizar** maquinário, aparelho, instrumento ou qualquer objeto com o fim de fabricação, preparação, produção ou transformação da droga, estará, necessariamente, preparando, produzindo ou fabricando a própria droga.

4) ***Transportar***: significa levar o objeto material do delito de um local para outro por meio de algum meio de locomoção. Consuma-se a conduta com o mero transporte, caracterizando-se como crime permanente enquanto transporta o objeto material.

5) ***Oferecer***: significa sugerir a terceira pessoa que aceite o maquinário, aparelho, instrumento ou qualquer objeto com o fim de fabricação, preparação, produção ou transformação da droga, de forma gratuita ou onerosa. Exige-se, portanto, um comportamento proativo do indivíduo de oferecer o objeto material a terceira pessoa. Consuma-se com o mero oferecimento.

6) ***Vender***: É a alienação onerosa do maquinário, aparelho, instrumento ou qualquer objeto com o fim de fabricação, preparação, produção ou transformação da droga. No sentido do tipo penal, a venda não necessariamente precisa ser efetivada mediante pagamento em dinheiro, podendo, por exemplo, ser realizada por permuta, como na hipótese em que o pagamento é realizado com a entrega de um objeto qualquer em troca do maquinário, aparelho, instrumento ou qualquer objeto com o fim de fabricação, preparação, produção ou transformação da droga. A consumação ocorre com a pactuação entre comprador e vendedor.

7) ***Distribuir***: significa atuar como distribuidor, no sentido de "fornecedor" do maquinário, aparelho, instrumento ou qualquer objeto com o fim de fabricação, preparação, produção ou transformação da droga. Consuma-se com a mera distribuição.

8) ***Entregar a qualquer título***: a fórmula aberta representa a tradição eventual do maquinário, aparelho, instrumento ou qualquer objeto com o

fim de fabricação, preparação, produção ou transformação da droga para alguém, contemplando eventuais situações não abarcadas pelas condutas anteriores relacionadas à disseminação da droga. A entrega não se confunde com a distribuição, apesar de ser o ato final dessa, mais ampla e potencialmente mais lesiva. Consuma-se com a efetiva tradição, gratuita ou onerosa.

9) ***Possuir***: significa ter consigo o maquinário, aparelho, instrumento ou qualquer objeto com o fim de fabricação, preparação, produção ou transformação da droga. Consuma-se com a mera posse, da qual decorre a possibilidade de utilização imediata.

10) ***Guardar***: no sentido do tipo penal, trilha a linha a ocultação do maquinário, aparelho, instrumento ou qualquer objeto com o fim de fabricação, preparação, produção ou transformação da droga. Consuma-se a conduta com a simples guarda, tratando-se de crime permanente.

11) ***Fornecer***: igualmente de forma aberta, visa abarcar eventuais situações não previstas anteriormente. Fornecer, para fins típicos, significa entregar o maquinário, aparelho, instrumento ou qualquer objeto com o fim de fabricação, preparação, produção ou transformação da droga de forma continuada, ainda que não diretamente para utilização imediata.

Por *maquinário* há que se compreender o conjunto de máquinas, peças e equipamentos utilizados; *aparelho*, por sua vez, é o objeto, cujo fim é próprio, concebido de forma acessória na preparação, fabricação, produção ou transformação de alguma coisa; *instrumento* é o objeto apto a executar um trabalho; e por *qualquer outro objeto*, fórmula analógica, há se compreender aquele apto a dar vazão à preparação, fabricação, produção ou transformação da droga.

Conforme vimos no estudo do art. 33 da Lei de Drogas, *preparação* deve ser compreendida como a mistura, combinação ou decomposição de substâncias ou produtos para a efetiva elaboração da droga, a exemplo da mistura da folha da coca com o ácido clorídrico. Por sua vez, *produção* significar elaboração, desenvolvimento, criação de uma nova espécie de droga. Produção não se confunde, no sentido do tipo, com preparação, pois enquanto a última se vale de ingredientes de uma droga já conhecida, a primeira cria um novo tipo de droga, a exemplo das drogas sintéticas produzidas em laboratório. Por outro lado, *fabricação*, apesar do sentido próximo de preparar e produzir, significa preparar ou produzir a droga em larga escala, valendo-se de instrumentos industriais ou equivalente para fabrico da droga. Por fim, *transformação* significa alteração de suas qualidades originais, modificação de sua estrutura.

O tipo penal, ao vincular as condutas nucleares à destinação específica, de preparação, produção, fabricação ou transformação de drogas, afasta a possibilidade de enquadramento típico da simples conduta daquele que possui, para fins residenciais, uma balança de precisão, objeto comumente utilizado na culinária. Em síntese, ainda que o objeto seja frequentemente utilizado no contexto do mundo das drogas, não sendo demonstrada a finalidade especial, não haverá a incidência típica.

A figura típica, por se tratar de crime de perigo abstrato, é crime formal, vez que não exige a produção de resultado naturalístico, isto é, que ocorra a efetiva preparação, produção, fabricação ou transformação da droga.

Ainda no contexto da conduta, o crime é praticado sob a **modalidade dolo direto**, não admitindo, para nós, o dolo eventual em razão da exigência da destinação especial exigida no tipo penal. Não fosse assim, a aquisição de uma balança de precisão ou de saquinhos de "chup chup", objetos utilizados para pesagem e "dolagem" da droga, ainda que para fins específicos de culinária, seriam potencialmente concebidos como aptos a dar vazão ao crime em questão. O crime não admite a modalidade culposa.

A solução do nexo de causalidade, conforme sustentamos na apresentação da obra, à qual remetemos o leitor para evitarmos repetições, pode ocorrer pela **teoria da imputação objetiva**. Assim, o agente que vende instrumento com destinação específica para a produção de drogas, sem autorização e em desacordo com determinação legal ou regulamentar, cria um **risco juridicamente desaprovado para o bem jurídico saúde pública**. Por sua vez, **o risco criado com a violação da norma** materializa-se no resultado normativo, sendo certo que esse se encontra dentro do **alcance do tipo.**

Por fim, a estrutura do tipo penal completa-se com a tipicidade, expressamente consignada no art. 34 da Lei 11.343/06.

3.5.5.4 Consumação e tentativa

O delito de instrumentos e objetos para produção de drogas é **formal** e se consuma com a fabricação, aquisição, utilização, transporte, oferecimento, venda, distribuição, entrega a qualquer título, posse, guarda ou fornecimento, ainda que gratuitamente, de maquinário, aparelho, instrumento ou qualquer objeto destinado à fabricação, preparação, produção ou transformação de drogas, sem autorização ou em desacordo com determinação legal ou regulamentar.

A tentativa, apesar de difícil configuração, parece-nos admissível em razão da possibilidade de fracionamento do *iter criminis* em determinadas condutas.

3.5.5.5 Conflito aparente de normas

a) **Art. 33, § 1º, inc. I, da Lei 11.343/06**: Nas mesmas penas incorre quem: I – importa, exporta, remete, produz, fabrica, adquire, vende, expõe à venda, oferece, fornece, tem em depósito, transporta, traz consigo ou guarda, ainda que gratuitamente, sem autorização ou em desacordo com determinação legal ou regulamentar, matéria-prima, insumo ou produto químico destinado à preparação de drogas: Pena – reclusão de 5 (cinco) a 15 (quinze) anos e pagamento de 500 (quinhentos) a 1.500 (mil e quinhentos) dias-multa.

3.5.5.6 Ação penal

A ação penal, nos crimes previstos na Lei de Drogas, é pública incondicionada.

No crime em estudo, o procedimento a ser seguido é o do rito especial previsto nos artigos 54 a 59 da Lei de Drogas, com aplicação subsidiária do CPP e LEP (art. 48).

Em razão da pena cominada, reclusão, de 3 (três) a 10 (dez) anos, e pagamento de 1.200 (mil e duzentos) a 2.000 (dois mil) dias-multa, o delito não admite a transação penal e a suspensão condicional do processo.

No tocante ao ANPP, em tese possível pelo requisito objetivo pena mínima (inferior a quatro anos), não há como se olvidar da natureza hedionda do delito. Conforme sustentamos em nosso Manual de Processo Penal, o legislador foi, inexplicavelmente, omisso ao não dispor sobre a vedação expressa quanto aos crimes hediondos e equiparados. Entretanto, parece-nos solucionável a omissão com lastro no *caput* do art. 28-A, porquanto o ANPP, em crimes hediondos e equiparados, não se revela meio hábil, necessário e suficiente para a reprovação e prevenção do crime.

Nesse sentido é o teor do **Enunciado 22** do Conselho Nacional de Procuradores-Gerais dos Ministérios Públicos dos Estados e da União (CNPG) e do Grupo Nacional de Coordenadores de Centro de Apoio Criminal (GNCCRIM): "Veda-se o acordo de não persecução penal aos crimes praticados no âmbito de violência doméstica ou familiar, ou praticados contra a mulher por razões da condição de sexo feminino, bem como aos crimes hediondos e equiparados, pois em relação a estes o acordo não é suficiente para a reprovação e prevenção do crime".

3.5.6 Associação para o tráfico

> Art. 35. Associarem-se duas ou mais pessoas para o fim de praticar, reiteradamente ou não, qualquer dos crimes previstos nos arts. 33, caput e § 1º, e 34 desta Lei:
>
> Pena – reclusão, de 3 (três) a 10 (dez) anos, e pagamento de 700 (setecentos) a 1.200 (mil e duzentos) dias-multa.
>
> Parágrafo único. Nas mesmas penas do caput deste artigo incorre quem se associa para a prática reiterada do crime definido no art. 36 desta Lei.

3.5.6.1 Introdução

O delito de **associação para o tráfico**[68]**, previsto no art. 35 da Lei de Drogas, tutela de forma direta a saúde pública e, indiretamente, a saúde e vida do usuário.**

O delito revela-se como crime obstáculo, pois pune a fase de preparação para a prática do crime previsto no art. 33 da Lei 11.343/06, antecipando a intervenção do Direito Penal ante o risco inerente à conduta. Trata-se, igualmente, de **delito plurissubjetivo ou de concurso necessário**, vez que exige a participação de pelo menos dois agentes.

De acordo com o entendimento dos Tribunais Superiores, ante a ausência de previsão expressa no rol contido no art. 2º da Lei 8.072/90, o delito de associação para o tráfico (art. 35 da Lei 11.343/2006) **não se equipara aos hediondos**[69]. Todavia, em razão do princípio da especialidade, para a concessão do livramento condicional ao delito de associação para o tráfico aplica-se o requisito objetivo de 2/3 de cumprimento da pena previsto no parágrafo único do art. 44 da Lei 11.343/06, ressalvados os casos de reincidência específica, em que há vedação[70].

---

68. O *nomen iuris* não consta da Lei, sendo decorrente de construção doutrinária.
69. "A jurisprudência pacífica do Superior Tribunal de Justiça reconhece que o crime de associação para o tráfico de entorpecentes (art. 35 da Lei n. 11.343/2006) não figura no rol de delitos hediondos ou a eles equiparados, tendo em vista que não se encontra expressamente previsto no rol taxativo do art. 2º da Lei n. 8.072/1990". (AgRg no HC 499.706/SP, Rel. Min. Antônio Saldanha Palheiro, 6ª Terma, DJe 27.06.19)
    "a jurisprudência do Supremo Tribunal Federal acolhe a orientação de que o delito de associação para o tráfico de entorpecentes (...) não se qualifica como crime hediondo" (STF, HC 95.662/SP, 2.ª Turma, rel. Min. Celso de Mello, DJe 26.06.2009).
70. Pelo princípio da especialidade, para o livramento condicional no crime de associação para o tráfico, o requisito objetivo é de 2/3 (dois terços) do cumprimento da pena (art. 44, parágrafo único, da Lei n. 11.343/06). Precedentes. (HC 526.196/RS, Rel. Min. Leopoldo de Arruda Raposo (Des. Convocado do TJ/PE), 5ª Turma, DJe 20/11/19).

3.5.6.2 Sujeitos do crime

O delito de **associação criminosa** é **comum**, pois pode ser praticado por qualquer pessoa. Por exigir o concurso necessário de duas ou mais pessoas, é concebido como delito plurissubjetivo.

Os sujeitos passivos diretos do delito são o Estado e a coletividade, tratando-se de crime vago. Vale destacar que consumidor da droga também se revela vítima secundária do delito.

3.5.6.3 Estrutura do tipo penal

A estrutura típica do crime previsto no *caput* do art. 35 da Lei 11.343/06, é formada pelo núcleo verbal *associarem-se;* pelas elementares objetivas *duas ou mais pessoas;* pelas elementares normativas *qualquer dos crimes previstos nos arts. 33, caput, e §1º, e 34 desta Lei;* e pela finalidade especial *para o fim de praticar, reiteradamente ou não.*

Conduta nuclear

- associarem-se

Elementares objetivas

- duas ou mais pessoas

Elementares normativas

- qualquer dos crimes previstos nos arts. 33, caput, e §1º, e 34 desta Lei

Elementares subjetivas, especial fim de agir e elementos volitivos

- dolo
- para o fim de praticar, reiteramente ou não

A estrutura, todavia, não se resume aos elementos revelados pela leitura literal, pois também traz a estrutura basilar finalista, composta na sua integralidade pela conduta, resultado, nexo de causalidade e tipicidade.

O tipo é composto de um único verbo nuclear: associar-se[71]. Muito embora seja cada vez menos usual recorrer-se a uma interpretação gramatical (mais especificamente, semântica) para as soluções jurídicas, é intuitivo que se encontre no significado da ação típica a solução para o problema da estabilidade e permanência há muito em debate na Jurisprudência. Não se trata, portanto, de identificar elementos não escritos, mas de predicados inerentes à conduta de associar-se e, nesses termos, exigidos para o perfazimento do tipo objetivo que, assim, afasta-se da hipótese de concurso eventual e classifica-se como de natureza permanente. Em outras palavras, a "sociedade" não precisa ser perpétua, mas igualmente não pode ser meramente transitória ou passageira, como na hipótese de um grupo de indivíduos que se reúne uma única vez para praticar venda de drogas em dia determinado. Não se confunde, portanto, com o mero concurso de agentes, não obstante a existência da elementar *reiteradamente ou não*, no tipo penal. Aliás, em não configurada a associação para o tráfico, o mero concurso de agentes, não configura sequer causa de aumento de pena para o tipo do art. 33.

A configuração da associação para o tráfico pressupõe a existência do **vínculo normativo atinente à associação**, de forma que a fotografia do crime contemple diversos fatos pretéritos ou a projeção da prática de vários delitos futuros como obra do vínculo estabelecido. E, nesse sentido, é perfeitamente possível que o agente participe de mais de uma entidade associativa criminosa.

A associação para o tráfico deve ser voltada para a prática dos crimes previstos nos artigos 33, *caput*, e §1º, e art. 34 da Lei de Drogas, de modo que se o escopo for a prática de outros crimes previstos na Lei 11.343/06 não haverá a incidência do tipo penal, podendo caracterizar, a depender do caso concreto, o crime previsto no art. 288 do CP (associação criminosa). Nos termos do parágrafo único do dispositivo, incorre no delito quem igualmente se associa para a **prática reiterada** do crime de financiamento do tráfico, previsto no art. 36 da Lei de Drogas.

O tipo penal pressupõe a participação de pelo menos dois agentes para a configuração do delito, não sendo relevante a posição de cada um na

71. *"Verbo pronominal (...); 5. Constituir sociedade; 6. Fazer-se inscrever como sócio; 7. Cooperar; 8. Compartilhar; 9. Tomar parte em."*, *in* Dicionário Priberam da Língua Portuguesa, 2008-2021. https://dicionario.priberam.org/associar-se [consultado em 17-03-2023].

associação ou mesmo se possuem qualquer contato pessoal, como nas associações constituídas por meio da internet. Basta, para a caracterização do delito, que a **associação seja estável, permanente e voltada para a prática dos crimes previstos nos arts. 33, caput e § 1º, e 34 da Lei de Drogas.**

Para a configuração da associação para o tráfico **não se exige que todos os agentes sejam conhecidos ou imputáveis**, de forma que a participação de agentes não identificados ou menores de dezoito anos pode ser computada para a caracterização do número mínimo de dois agentes.

Vale destacar que, no caso da prática do delito envolver criança ou adolescente (art. 40, VI), a agravante funda-se na necessidade de maior tutela dos menores de dezoito anos, aumentando-se a pena daqueles que constituem a associação para o tráfico criminosa com pessoas legalmente vulneráveis pelo critério etário, não caracterizando o *bis in idem* a incidência da causa de aumento de pena quando a integração do menor de 18 anos for essencial para formação da associação.

Registre-se, por oportuno, que a participação de criança ou de adolescente na associação para o tráfico dá, em tese, vazão à incidência do crime de corrupção de menores, previsto no art. 244-B do ECA. Segundo a Súmula 500 do Superior Tribunal de Justiça: "A configuração do crime previsto no art. 244-B do Estatuto da Criança e do Adolescente independe da prova da efetiva corrupção do menor, por se tratar de delito formal".

Ocorre que, não obstante os delitos previstos nos artigos 35 da Lei de Drogas e 244-B do ECA tutelarem bens jurídicos distintos, havendo a participação de criança ou adolescente na associação para o tráfico, entendemos que em razão da previsão expressa do art. 40, VI, da Lei 11.343/06, não mais subsiste o concurso formal entre os delitos mencionados por força do princípio da especialidade, devendo os agentes responderem pelo crime de associação para o tráfico majorada nos termos do art. 40, VI, sob pena de se transformar em letra morta a previsão legal, gerando, aí sim, o *bis in idem*.

No que toca à **conduta**, a figura típica pode ser praticada por **ação ou omissão**, como no caso do delegado de polícia que deixa tomar providências quando descobre a existência da associação para o tráfico e nada faz para impedir suas ações criminosas porque possui interesse no aumento da criminalidade para tomar a posição de Delegado Regional. O crime somente pode ser praticado sob a **modalidade dolo direto**, pois exige o especial fim de agir de praticar qualquer dos crimes previstos nos arts. 33, *caput* e § 1º, e 34 da Lei de Drogas. O tipo penal não prevê a forma culposa.

O delito de associação para o tráfico é concebido pela doutrina majoritária como crime **formal**, de resultado cortado ou consumação antecipada.

A solução do nexo de causalidade pela **teoria da imputação objetiva** não diverge da doutrina tradicional. Os agentes que se associam, em no mínimo de dois, com o fim específico de cometerem o crime de tráfico de drogas, criam um **risco juridicamente desaprovado para o bem jurídico saúde pública.** Por sua vez, **o risco criado com a violação da norma** materializa-se no resultado exposição a perigo abstrato, sendo certo que esse se encontra dentro do **alcance do tipo.**

Por fim, a estrutura do tipo penal completa-se com a tipicidade, expressamente consignada no art. 35 da Lei de Drogas.

3.5.6.4 Fundamentação tradicional x fundamentação funcionalista sistêmica

Conforme destacado por ABREU *in* Direito Penal, Parte Geral e Especial, segundo Jakobs, a consumação é um conceito formal, não se fundando em critérios materiais, de sorte que é inseguro determinar materialmente estados anteriores às lesões de bem jurídicos.

Assim, em sendo incerto o começo e o fim da lesão material ao bem jurídico, surgem questionamentos acerca da criminalização antecipada dos delitos em que não há efetiva lesão ao bem jurídico. Restringir-nos-emos aos delitos de perigo abstrato e consumação antecipada.

Com efeito, a adoção do critério de exclusiva proteção a bens jurídicos não se mostra adequada à solução do problema, vez que traz ao Direito Penal um caráter invasivo à esfera privada do indivíduo, ou como propugna Jakobs, esfera civil interna[72].

Há, portanto, que se estabelecer limites à atuação do Estado no tocante a possibilidade desse se imiscuir na esfera individual de seus cidadãos, sob pena de se justificar arbitrariedades e invasões estatais com base na proteção de bens jurídicos.

Haveria ensejo, caso assim fosse, para que o Direito Penal punisse os meros pensamentos, uma vez que esses, dependendo do critério adotado, seriam potenciais agressões a bens jurídicos. Igualmente, abriria margem a um subjetivismo indesejado para atuação do Direito Penal, criando espaços

72. JAKOBS, Günther. **Fundamentos del derecho penal**. Buenos Aires: Ad-Hoc, 1996. p. 188.

para o retorno da teoria de cegueira jurídica e, consequentemente, do Direito Penal de autor.

Como consequência, o Direito Penal transformar-se-ia num direito penal de inimigos, contrariando o direito penal de cidadãos.

Nesse contexto, a teoria da exclusiva proteção de bens jurídicos apresenta-se contraditória ao tratar do tema afeto aos delitos de perigo abstrato e consumação antecipada, senão vejamos.

À guisa de ilustração, tomemos o caso do crime previsto no art. 35 da Lei de Drogas. Tratando-se de um delito de perigo abstrato, o legislador entendeu, por critérios de política criminal, antecipar a consumação de aludido crime para ensejar a punição por meros atos preparatórios, sob o argumento de que duas ou mais pessoas associadas, com fins criminosos, representam ameaça de lesão aos bens jurídicos protegidos pelo Estado. Agiu, dessa forma, antecipando a consumação tendo por escopo a tutela e preservação social e da saúde pública.

Ocorre que, em sendo um delito ameaçador da sociedade, poucos questionam o fundamento real da punição dos atos preparatórios e suas consequências para a práxis penal.

Pode um Direito Penal de cidadãos punir os meros atos preparatórios? Não estaria o Estado punindo meros pensamentos, invadindo a esfera civil interna de seus súditos?

A resposta a estas indagações seria negativa quando analisadas sob o prisma do Estado de Direito e perspectiva da teoria da exclusiva proteção de bens jurídicos. Entretanto, referido delito encontra-se em todos os Códigos Penais do mundo moderno. Então, qual o seu fundamento?

O argumento de que duas pessoas associadas com o objetivo de praticar delitos de tráfico representam perigo para a sociedade não serve como fundamento válido a justificar a punição, pois, ontologicamente, não existe diferença entre pensamentos ilícitos privados de uma só pessoa e de dois indivíduos em associação. Em ambos os casos há ameaça de lesão a bem jurídico e à norma jurídico-penal.

Tomemos como exemplos dois casos. No primeiro, três pessoas combinam por telefone adquirir drogas para revendê-las defronte a um colégio, chegando inclusive a pesquisar a rotina de diversos estabelecimentos educacionais. No segundo, Caio, pretendendo matar Tício, adquire uma arma e contrata Mévio para realizar o trabalho. Indaga-se: qual das condutas supra é mais lesiva a bens jurídicos? A primeira que se limita à mera consciência individual compartilhada? Ou a segunda, em que o agente demonstra inequivocamente seu intento de violar bem jurídico?

A resposta, segundo a teoria da exclusiva proteção a bens jurídicos aponta para a primeira, vez que referida conduta encontra-se tipificada no Código Penal, ao passo que a segunda é qualificada pela doutrina como mero ato de preparação.

Surge aí, portanto, um problema estrutural, vez que trata dois problemas similares - ambos baseados em meros pensamentos - de forma distinta.

De tal arte, seguir-se o critério puro da exclusiva proteção de bens jurídicos levar-nos-ia a situações de contradição, quebrando a lógica de um sistema que tem pretensões de ser uniforme.

De igual modo, a simples justificativa de critérios político-criminais a ensejar a punição do delito de associação para o tráfico não condiz com o direito penal de cidadãos, vez que deriva de uma invasão do Estado na esfera privada e, portanto, intangível do indivíduo. Admitir-se a mera justificativa de maior potencialidade de lesão no caso em tela é abrir espaço, em sede de política criminal e legislativa, para a elaboração de outros tipos penais similares, convertendo o Direito Penal de cidadãos em Direito Penal de inimigos, contrariando os fins do Estado de Direito que prega a legitimação do direito.

Outrossim, o risco de se incriminar uma conduta que futuramente pode ser lesiva a bens jurídicos configura uma excessiva e perigosa subjetivação do direito penal, levando-o a uma esfera pouco acessível ao conhecimento humano, gerando zonas de conflito como a da culpa consciente e dolo eventual.

Para Jakobs, o Direito Penal de um Estado de liberdade não tem como objeto o controle dos aspectos internos do indivíduo com inclusão de seus motivos, mas tão somente a externalização dos seus comportamentos.

Assim, justifica a punição do aludido crime com o argumento de que a criminalização pressupõe, desde logo para o cidadão, uma gravosa redução de sua privacidade, ocorrida na passagem do Estado de Natureza para o Estado de Civilização. Todavia, não se vê afetada separação entre seu aspecto interno (pensamentos) e seu aspecto externo (representação social), de sorte que somente se pode incriminar razoavelmente uma conduta que, sem consideração dos seus projetos atuais, não pode ser tolerada[73].

73. JAKOBS, Günther. **Fundamentos del derecho penal**. Buenos Aires: Ad-Hoc, 1996. p. 215.

De tal arte, o aspecto exterior da conduta não tolerada perturba por si só e não pelo seu aspecto interno e seus objetivos futuros, de sorte que o castigo por fatos futuros – sopesado com estribo nos fins do agente – não dá margem para a exclusão da punição por qualquer pensamento lesivo para o futuro, seja ele coletivo ou individual.

Com efeito, para solucionar a questão, o penalista alemão propõe um fracionamento do bem jurídico, pois, se o comportamento delitivo não pode ser antecipado ante a lesão a um bem, é possível a antecipação da própria lesão à norma a ser protegida. Em tradução livre: pode-se fragmentar o injusto correspondente ao estado de lesão em diversos injustos parciais e, renunciado à completa reunião de todos os injustos parciais, definir o injusto do fato por alguns fragmentos do injusto produzido precocemente, ou mesmo por apenas um deles.

Neste diapasão, a secção dos bens jurídicos origina injustos parciais, onde não se infringem as normas principais – de delitos de lesão – senão as normas de flancos, cuja missão é garantir as condições de vigência das normas principais.

Para Jakobs, uma norma é eficaz e se presta a assegurar expectativas. Desta forma, a vigência da norma não é só uma relação entre norma e autores potenciais, senão também entre as vítimas potenciais.

Fundamenta, com aludida explicação, a vigência das chamadas normas de flancos, que possuem a missão de formar uma espécie de redoma em torno dos delitos de lesão, protegendo-os de forma indireta não só tentando evitar o dano à norma principal (lesão), mas criando a confiança nas vítimas potenciais, alicerçada em expectativas normativas, de que os eventuais infratores não quebrarão essas expectativas.

Eleva-se, assim, drasticamente o risco desde uma perspectiva da vítima, pois a simples garantia normativa da vigência da norma principal não assegura as expectativas criadas em torno do potencial afetado.

Nessa esteira, age o Estado preventivamente de sorte a assegurar a confiança na norma. Para tanto, basta que, respeitando o princípio da legalidade, tipifique condutas potencialmente lesivas à manutenção das expectativas normativas, antecipando a lesão à norma principal para punir as lesões às normas periféricas que circundam e protegem aquelas.

Abre-se assim, espaço jurídico para a fundamentação dos chamados tipos de perigo abstrato, verdadeiros institutos que tutelam as normas jurídicas principais, segmentando e antecipando os injustos com o fito de se evitar a violação das normas e, por via de consequência, o quebramento das expectativas normativas.

3.5.6.5 *Diferença entre associação criminosa e concurso de pessoas*

Associação para o tráfico	Concurso de pessoas
União estável e permanente de dois ou mais agentes	União eventual e momentânea entre dois ou mais agentes
Finalidade de praticar dos crimes previstos no art. 33, *caput* e §1º, e art. 34 da Lei de Drogas	Finalidade de praticar um ou mais delitos de forma esporádica
Consumação antecipada que independe da prática efetiva de outros crimes	Consumação com a realização do comportamento criminoso em concurso de pessoas

A doutrina diverge quanto à possibilidade de participação no crime de associação para o tráfico.

A primeira corrente aduz que não é possível a participação, ao passo que a segunda sufraga o entendimento de que é possível a participação nas hipóteses em que o agente, conhecedor da existência da associação para o tráfico, auxilia materialmente a associação, emprestando, por exemplo, armas para a prática de uma empreitada narco-específica.

Não nos parece possível a participação em associação para o tráfico de **forma comissiva**, pois ou o agente integra a associação constituída para a prática dos crimes previstos no tipo penal ou apenas participa de um delito em especial. A exigência jurisprudencial da estabilidade e permanência da associação não é compatível com a mera contribuição material específica, motivo pelo qual, no exemplo citado, o agente que empresta a arma para a prática de um delito específico não integra a associação criminosa, mas será partícipe no delito praticado pela associação.

Registre-se que o próprio parágrafo único do dispositivo prevê punição específica para o financiamento ou custeio reiterados à prática dos crimes previstos nos arts. 33, *caput* e § 1º, e 34 da Lei 11.343/06, circunstância que afasta, em nossa compreensão, a possibilidade da participação, porquanto a contribuição material não reiterada caracteriza crime autônomo (art. 36 da Lei de Drogas).

3.5.6.6 *Continuidade delitiva ou associação criminosa?*

A reunião de duas ou mais pessoas para a prática de crime continuado suscita divergência doutrinária no que toca ao seu enquadramento típico.

A primeira corrente sustenta que de fato é associação para o tráfico, vez que o crime continuado é uma ficção jurídica composta por vários crimes que, por razões de política criminal, são concebidos como crime único para fins de aplicação da pena.

A segunda corrente, por seu turno, aduz que na realidade há tão somente o concurso de pessoas, vez que da simples continuidade delitiva não se pode extrair a associação estável e permanente.

A questão, para nós, não se revela tão singela como apresentada e pressupõe a análise do caso concreto para correta tipificação. Conforme vimos, a associação para o tráfico caracteriza-se antes e independentemente da prática de delitos. Logo, a análise sobre a perspectiva do crime continuado, em nossa compreensão, apesar de irrelevante para a caracterização da associação para o tráfico, pode servir de prova de sua constituição prévia, mas não caracterizar, por si só, a entidade criminosa.

De fato, a permanência e a estabilidade da associação podem se revelar pela prática de atos reiterados em continuidade delitiva sem qualquer objeção. Contudo, a mera reiteração criminosa por um grupo de pessoas não caracteriza, de forma isolada, a associação criminosa em razão do especial fim de agir típico.

Assim, a tênue linha distintiva e simultaneamente unificadora das condutas pressupõe, de fato, a análise do caso concreto como forma de se buscar o adequado enquadramento típico.

3.5.6.7 Consumação e tentativa

O delito de associação para o tráfico é concebido como crime formal, não exigindo a produção do resultado **naturalístico**.

Assim, consuma-se o delito quando há a efetiva associação, estável e permanente, de dois ou mais agentes para o fim específico de cometerem crimes de tráfico previstos no art. 33, *caput* e §1º, e art. 34 da Lei de Drogas, sendo irrelevante a efetiva prática dos crimes de forma subsequente. Trata-se, dessa forma, de **crime permanente**, cuja consumação se protrai no tempo. Contudo, havendo a retirada de um dos agentes que compõe a dupla exigida, cessa a permanência do delito, não obstante a preservação da figura típica, já consumada previamente.

A tentativa não é admitida em razão da impossibilidade de fracionamento do *iter criminis*.

3.5.6.8 *Figura equiparada*

O parágrafo único do art. 35 previu a mesma pena estabelecida no *caput* para quem se associa para a prática reiterada do crime definido no art. 36 da Lei de Drogas. A figura típica diferencia-se da previsão do *caput*, pois a associação tem por objeto o núcleo financeiro, de financiamento do tráfico, e não qualquer dos crimes previstos nos arts. 33, *caput* e § 1º, e 34 da Lei 11.343/06.

Sua conformação típica pressupõe a participação de ao menos duas pessoas, de forma estável e permanente, voltada para a prática do crime de financiamento ou custeio ao tráfico, tipificado no art. 36 da Lei de Drogas e, neste caso, com a exigência de que a prática visada seja reiterada.

Tal previsão, inclusive, faz surgir o problema da "associação mista", que ainda não encontra solução pacificada na doutrina. A questão foi bem apresentada por Mendonça e Carvalho, assim como os argumentos a favor de uma ou outra das duas correntes propostas para respondê-la, pelo que se transcreve:

> Caso a associação vise praticar os crimes de financiamento, estaremos diante da associação para o financiamento, prevista no parágrafo único. Esta separação, porém, traz uma indagação: é possível uma associação "mista", ou seja, composta estavelmente por um financiador e por um traficante? Vejamos um exemplo para facilitar a compreensão: suponhamos que se reúnam duas pessoas, de maneira estável e permanente, porém com funções diversas, sendo um o "sociocapitalista", apenas fornecendo dinheiro, enquanto o outro atuando como "socioindustrial", responsável único por uma boca de fumo, financiada exclusivamente por aquele sócio. Neste caso, qual a tipificação? O Procurador da República Leonardo Luiz de Figueiredo Costa afirma: "A nosso ver a remissão em separado (entre o *caput* e o § 1.°, do art. 35) não favorece a compreensão do tipo. Afinal, faz parecer que a associação deve ser feita pelos agentes com a finalidade de que ambos desejam praticar uma série de infrações idênticas. Assim, porém, não o é. A associação entre agentes pode ser feita de forma heterogênea, envolvendo aquele que ficará incumbido de realizar condutas que serão típicas do art. 33, *caput* ou do § 1.°, do art. 34, bem como o seu financiador estavelmente associado, na forma do art. 36. Por exemplo, haverá a prática do delito entre a associação, um importador de entorpecente e um agente financiador que lhe fornece (ou fornecerá) recursos para a aquisição do entorpecente no exterior, desde que o vínculo entre eles seja estável". Concordamos apenas em parte com as lições transcritas. Realmente, não é necessário, para a caracterização da associação para o tráfico (art. 35, *caput*), que as infrações praticadas sejam idênticas. Pode um associado ser o único responsável pela aquisição de matéria-prima, outro o responsável pela aquisição do maquinário e, um

> terceiro, o responsável por fabricar e revender as drogas. Assim, não há necessidade de identidade de infrações. Porém, infelizmente, a forma como o legislador tipificou a matéria, separando de maneira estanque a associação para o tráfico da associação para o financiamento, impossibilita, em nosso sentir, que sejam misturadas as formas de associação, em face da estreiteza do princípio da legalidade em matéria penal. Assim, no exemplo fornecido acima, não seria possível tipificar a situação em nenhuma das hipóteses do art. 35 (seja no *caput* ou no parágrafo único). Desta forma, diante da omissão do legislador e à luz do princípio da legalidade, o mero financiador não poderá ser integrante da associação para o tráfico, assim como o traficante não poderá integrar a associação do financiador.[74]

A nosso ver, com a devida vênia dos monografistas, a primeira corrente parece mais acertada, sendo possível identificar, em tal caso, outra hipótese de ruptura da teoria monista, preservando a responsabilização de todos os associados, cada um deles pelo crime de que seja autor, é dizer, o financiador pelo crime do parágrafo único e o outro envolvido pelo do *caput*, servindo a plurissubjetividade para atender à exigência objetiva do tipo.

Com efeito, se os demais envolvidos no crime de associação para o tráfico (ou para o financiamento) não precisam sequer ser imputáveis para que aquele que o seja responda sozinho pelo delito, quanto menos é de se exigir que todos compartilhem as mesmas tarefas, dentro da eventual divisão delas, ou a mesma finalidade típica, bastando que objetivamente se auxiliem pois o que beneficia o autor (e incrementa o risco aos bens jurídicos), é, em qualquer caso, a pluralidade de agentes concorrendo para o resultado (ainda que normativo), mesmo que cada um deles responda pela própria infração.

O posicionamento topográfico do crime de associação para o financiamento, colocado como tipo específico, mas derivado (e só não se podendo falar em qualificado à míngua de pena majorada) da associação para o tráfico, parece também favorecer tal conclusão.

3.5.6.9 Participação em mais de uma entidade associativa criminosa

Antes de adentrarmos na questão, vejamos o breve quadro distintivo abaixo:

---

74. MENDONÇA, Andrey Borges. CARVALHO, Paulo Roberto Galvão. Lei de drogas: Lei 11.343, de 23 de agosto de 2006 – comentada artigo por artigo. São Paulo: Método, 2008, p. 144/145.

Associação para o tráfico (Lei 11.343/06, art. 35)	**Associação criminosa** (CP, art. 288)	**Organização criminosa** (Lei 12.850/13, art. 1º, §1º e art. 2º)
Mínimo de **duas** pessoas	Mínimo de **três** pessoas	Mínimo de **quatro** pessoas
Prática de crimes específicos: **art. 33, *caput*, §1º e 34 da Lei de Drogas**	Prática de crimes **não específicos**	Prática de crimes específicos: **infrações penais cujas penas máximas sejam superiores a quatro anos ou que sejam de caráter transnacional**
Pena – reclusão, **de 3 (três) a 10 (dez) anos,** e pagamento de 700 (setecentos) a 1.200 (mil e duzentos) dias-multa.	Pena – reclusão, **de 1 (um) a 3 (três) anos**	Pena – reclusão, **de 3 (três) a 8 (oito) anos**, e multa, sem prejuízo das penas correspondentes às demais infrações penais praticadas.

Vejamos uma entidade associativa para o estabelecimento do problema. Formada por diversos agentes em vínculo estável e permanente, os indivíduos realizam funções diversas, como a aquisição, o transporte, o depósito e a venda da droga. Há, igualmente, quem se encarregue de corromper agentes públicos para facilitar, por exemplo, o transporte da droga, e quem "lave" o dinheiro obtido com a venda do tóxico ilegal.

In casu, as condutas criminosas de corrupção ativa (art. 317, CP) e lavagem de capitais (art. 1º da Lei 9.613/98) poderiam sugerir a constituição de organização criminosa e não associação para o tráfico, haja vista que referidos delitos não necessariamente pressupõem o tráfico de drogas. Entretanto, parece-nos que a prática de outros delitos, quando conectados com a narcotraficância, devem ser concebidos como atos típicos da associação para o tráfico.

De fato, a corrupção do policial rodoviário federal, por exemplo, revela-se meio para assegurar o transporte seguro da droga. De igual modo, a lavagem do dinheiro proveniente do tráfico ilícito é uma das consequências naturais da traficância, encontrando-se na linha natural de desdobramento causal do tráfico.

O crime de associação para o tráfico é concebido como *delito de resultado cortado ou separado, haja vista que* o resultado desejado pelo agente (prática dos crimes previstos nos arts. 33, *caput* e § 1º, e 34 da Lei 11.343/06) não é imprescindível para a consumação do delito, porquanto essa ocorre com a simples realização da conduta nuclear de associarem-se dois ou mais agentes com tal fim. Apesar do resultado desejado estar previsto no tipo, não se caracteriza como condição para consumação do delito. Logo, tratando-se de delito intencional e formal, com finalidade expressa no tipo, separa-se o momento da consumação do dispensável resultado, motivo pelo qual a doutrina o qualifica como delito de resultado cortado.

A classificação doutrinária é perfeitamente adequada quando a narcotraficância permanece em estrita linearidade com a finalidade prevista no tipo penal, prática dos crimes previstos nos arts. 33, *caput* e § 1º, e 34 da Lei 11.343/06. Não obstante, conforme vimos no caso acima, o tráfico de drogas envolve uma estrutura bem mais complexa, atraindo, de forma natural, a prática de outros delitos conectados à conduta primária, a despeito de não previstos no art. 35 da Lei de Drogas.

Por tal razão, e sem a menor pretensão de criarmos mais uma das quase-infinitas classificações doutrinárias, concebemos o crime em analogia a um polvo, cujos tentáculos estão conectados a um corpo mole e difuso, que parte da cabeça do molusco. Logo, por analogia, se os tentáculos tocarem crimes diversos dos previstos no art. 35 da Lei de Drogas, por estarem conectados à estrutura principal (cabeça), devem ser concebidos como atos típicos da associação para o tráfico e não organização criminosa, vez que essa, de forma distinta, apesar da especificidade legal relacionada à pena ou transnacionalidade, não tem por escopo a prática de um grupo especial de crimes, circundado por um objeto específico.

Situação diversa, entretanto, pode ser verificada em entidades criminosas associativas que, além da conduta direcionada para tráfico de drogas, tem por objetivo a prática de outras infrações penais que não guardam relação com o tráfico, a exemplo de crimes de roubo e extorsão mediante sequestro. Nesses casos, a "cabeça" do animal, da entidade criminosa, controla tentáculos com escopos distintos, dando vazão à organização criminosa, prevista na Lei 12.850/13.

Assim, a distinção entre as entidades não reside na sofisticação ou forma de organização, mas no especial fim de agir dos indivíduos que integram a estrutura criminosa, de forma que, sendo o fim precípuo o tráfico de drogas, as condutas praticadas, quando conectadas à "cabeça", origem da finalidade especial, devem ser concebidas como aptas não somente para caracterizar, mas decorrentes da associação para o tráfico.

Marcelo Schirmer ALBUQUERQUE e Thiago Augusto Vale LAURIA, contudo, elaboram raciocínio diferente na análise da questão, inclusive ventilando a possibilidade de concurso de crimes.

Para o coautor, em outro trabalho coletivo sobre o tema[75], importa apresentar critério de distinção entre os crimes de associação para o tráfico, associação criminosa e organização criminosa. Em relação aos dois primeiros a resposta é bastante simples e intuitiva e já foi tratada em linhas gerais. Além da distinção objetiva (suficiência de duas pessoas para a associação para o tráfico e exigência de três para a associação criminosa), superada esta, a questão se resolve, no campo do conflito aparente de normas, com recurso ao princípio da especialidade (da Lei de Drogas em relação ao Código Penal). Visando os autores associados ao Narcotráfico, haverá o crime do art. 35, Lei Anti-Drogas, ainda que pratiquem ou pretendam praticar também outros crimes, conexos ou não.

Entretanto, em se tratando de organização criminosa que atenda a todos os requisitos do art. 1º, §1º, Lei 12.850/13, mas que tenha por escopo criminoso apenas o narcotráfico, como recorrer ao princípio da especialidade? Na medida em que a especialidade é sempre relativa ou relacional, qual Lei é "mais especial"? A de drogas ou a das organizações criminosas? Entendemos que, nesse caso, não há falar em especialidade da lei, mas do tipo. Em outras palavras, a especialidade (relacional) não está na matéria legislada (porque não há distinção, no plano da especialidade, entre legislar sobre drogas e legislar sobre organizações criminosas), mas nos elementos (especiais) descritivos e normativos, com maior grau de exigência fática e probatória para sua configuração, do tipo do art. 2º, da Lei 12.850/13 que, por isso, é especial em relação ao tipo do art. 35, Lei 11.343/06. E, isso, até porque está-se a comparar dois tipos associativos que atingem ao mesmo bem jurídico (a paz pública), sendo mais adequado buscar as diferenças internas antes de se recorrer à finalidade, até porque aquelas são identificáveis ainda que esta nunca chegue a ser externada.

Portanto, presentes todos os seus requisitos, ainda que a finalidade da organização seja apenas o tráfico de drogas, a correta imputação é a do crime de organização criminosa. E, se o grupo visar a vários crimes distintos (entre os quais o tráfico) a solução, com mais razão, será a mesma.

Haverá concurso entre o crime de associação para o tráfico (ou associação para o financiamento) e o(s) crime(s) efetivamente praticados pelos integrantes da associação, bastando, claro, que se lhes possa atribuir, em relação a cada crime apurado, autoria ou participação em conformidade com

75. ALBUQUERQUE, Marcelo Schirmer et. al. Comentários aos tipos penais da Lei 11.343/2006. *In* Comentários às Leis Penais e Processuais Penais. Coord. HAMMERSCHMIDT, Denise. Juruá: Curitiba, 2024. p. 753/754.

as exigências de imputação objetiva e subjetiva, pois o simples pertencimento à associação não basta para que todos os integrantes sejam criminalmente responsabilizados por todos os crimes do grupo.

Uma última questão de interesse, no tema, é a possibilidade de concurso entre os crimes de associação para o tráfico e associação criminosa (art. 288, CP).

Suponha-se que um grupo integrado por quatro indivíduos se associe para a prática de crimes vários, dentre eles o narcotráfico, mas também roubos, extorsões, estelionatos, etc. É possível que seus membros, visando a finalidades distintas, sejam penalizados por dois delitos associativos?

À primeira vista, pode parecer que a questão se resolve com base no princípio da especialidade e, portanto, a resposta seria negativa, devendo os agentes, nesse caso, responderem apenas pela associação para o tráfico, prevista em norma especial.

A nosso sentir, todavia, não parece nada exagerado ou avesso à teoria do crime enxergar, na hipótese, um concurso formal próprio de delitos (art. 70, CP).

Situação diversa – já tratada acima – é a da organização criminosa que se estrutura (também e além de outros crimes) para a prática do narcotráfico, desde que, aí sim, existem, a distinguir as duas hipóteses, elementos descritivos e normativos específicos e não apenas o elemento subjetivo diverso do dolo (especial fim de agir), que autorizam se recorra ao princípio da especialidade para identificar, na hipótese de atendimento dos requisitos do art. 2º da Lei 12.850/13, apenas o crime de organização criminosa, como já antecipado

3.5.6.10 Conflito aparente de normas

a) **Art. 288, CP**: Associarem-se 3 (três) ou mais pessoas, para o fim específico de cometer crimes: Pena – reclusão, de 1 (um) a 3 (três) anos.

b) **Art. 1º, §1º, da Lei 12.850/13**: Considera-se organização criminosa a associação de 4 (quatro) ou mais pessoas estruturalmente ordenada e caracterizada pela divisão de tarefas, ainda que informalmente, com objetivo de obter, direta ou indiretamente, vantagem de qualquer natureza, mediante a prática de infrações penais cujas penas máximas sejam superiores a 4 (quatro) anos, ou que sejam de caráter transnacional.

c) **Art. 2º da Lei 2.889/56**: Associarem-se mais de 3 (três) pessoas para prática dos crimes mencionados no artigo anterior: Pena: Metade da cominada aos crimes ali previstos.

d) **Art. 3º da Lei 13.260/16:** Promover, constituir, integrar ou prestar auxílio, pessoalmente ou por interposta pessoa, a organização terrorista: Pena – reclusão, de cinco a oito anos, e multa.

3.5.6.11 Ação penal

A ação penal, nos crimes previstos na Lei de Drogas, é pública incondicionada.

No crime em estudo, o procedimento a ser seguido é o do rito especial previsto nos artigos 54 a 59 da Lei de Drogas, com aplicação subsidiária do CPP e LEP (art. 48).

Em razão da pena cominada, reclusão, de 3 (três) a 10 (dez) anos, e pagamento de 1.200 (mil e duzentos) a 2.000 (dois mil) dias-multa, o delito não admite a transação penal e a suspensão condicional do processo.

No tocante ao ANPP, em tese possível pelo requisito objetivo pena mínima (inferior a quatro anos), não há como se olvidar do fato de que o ANPP, nesses casos, a despeito da ausência de caracterização como equiparado a hediondo, não se revela, para nós, meio hábil, necessário e suficiente para a reprovação e prevenção do crime.

3.5.7 Financiamento ou custeio do tráfico

> Art. 36. Financiar ou custear a prática de qualquer dos crimes previstos nos arts. 33, caput e §1º, e 34 desta Lei:
>
> Pena – reclusão, de 8 (oito) a 20 (vinte) anos, e pagamento de 1.500 (mil e quinhentos) a 4.000 (quatro mil) dias-multa.

3.5.7.1 Introdução

O delito de **financiamento ou custeio do tráfico**[76], previsto no art. 36 da Lei de Drogas, tutela de forma direta a saúde pública e, indiretamente, a saúde e vida do usuário.

Apesar da divergência doutrinária, entendemos que o delito deve ser concebido como equiparado a hediondo, não somente por trazer a pena mais grave prevista na Lei de Drogas (reclusão, de 8 (oito) a 20 (vinte) anos, e pagamento de 1.500 (mil e quinhentos) a 4.000 (quatro mil) dias-multa),

76. O *nomen iuris* não consta da Lei, sendo decorrente de construção doutrinária.

mas principalmente porque não haveria sentido em se conceber como equiparadas a hediondas condutas preparatórias ou instrumentais para o tráfico (§1º, art. 33), e não se considerar o financiamento, mais gravoso, com referido atributo.

O delito é tratado como crime obstáculo, pois pune a fase de preparação, especificamente o financiamento ou custeio para a prática dos crimes previstos nos art. 33, *caput* e §1º, e art. 34, da Lei de Drogas, antecipando a intervenção do Direito Penal ante o risco inerente à conduta.

3.5.7.2 Sujeitos do crime

O delito de financiamento ou custeio do tráfico é **comum**, pois pode ser praticado por qualquer pessoa.

O sujeito que autofinancia o tráfico, realizando alguma das condutas nucleares previstas nos arts. 33, *caput* e § 1º, e 34 da Lei n. 11.343/06, deverá responder somente pelo crime de tráfico com a causa de aumento de pena prevista no art. 40, inc. VII, da Lei 11.343/06. Nesse sentido é o posicionamento do STJ:

> 1. O financiamento ou custeio ao tráfico ilícito de drogas (art. 36 da Lei nº 11.343/2006) é delito autônomo aplicável ao agente que não tem participação direta na execução do tráfico, limitando-se a fornecer os recursos necessários para subsidiar a mercancia. 2. Na hipótese de autofinanciamento para o tráfico ilícito de drogas não há falar em concurso material entre os crimes de tráfico e de financiamento ao tráfico, devendo ser o agente condenado pela pena do artigo 33, *caput*, com a causa de aumento de pena do artigo 40, inciso VII, da Lei de Drogas. 3. Recurso especial improvido. (REsp 1290296/PR, Rel. Min. Maria Thereza de Assis Moura, 6ª Turma, DJe 03/02/14).

Os sujeitos passivos diretos do delito são o Estado e a coletividade, tratando-se de crime vago. Vale destacar que consumidor da droga também se revela vítima secundária do delito.

3.5.7.3 Estrutura do tipo penal

A estrutura típica do crime previsto no art. 36 da Lei 11.343/06, é formada pelo núcleo verbal *financiar ou custear;* e pelas elementares normativas *a prática de qualquer dos crimes previstos nos arts. 33, caput, e §1º, e 34 desta Lei.*

Conduta nuclear

- financiar ou custear

Elementares objetivas

Elementares normativas

- a pratica de qualquer dos crimes previstos nos arts. 33, caput, e §1º, e 34 desta Lei

Elementares subjetivas, especial fim de agir e elementos volitivos

- dolo

A estrutura, todavia, não se resume aos elementos revelados pela leitura literal, pois também traz a estrutura basilar finalista, composta na sua integralidade pela conduta, resultado, nexo de causalidade e tipicidade.

Financiar significa investir, prover o capital necessário, ao passo que *custear* significa "bancar", efetuar os pagamentos necessários para o custeio da atividade ilícita, seja em espécie ou por meio de bens, transformáveis em ativos[77], ou instrumentais para a prática dos crimes previstos no dispositivo, a exemplo do fornecimento de veículos, armamentos, pagamento de aluguel de depósitos etc.

O tipo penal é por demais claro ao prever que o financiamento ou custeio deve ser dirigido para a prática de qualquer dos crimes previstos nos arts. 33, *caput*, e §1º, e 34 da Lei de Drogas, sendo omisso quanto ao financiamento à

77. HC 98.754/SP, rel. Min. Ellen Gracie, 2ª Turma, j. 11.12.09.

associação para o tráfico. Em razão da omissão, a doutrina diverge quanto à solução jurídica.

A primeira corrente, sufragada por MENDONÇA E CARVALHO[78](2012, p. 147), aduz que no instante em que houver a disponibilização dos recursos para os associados da entidade criminosa, o delito previsto no art. 36 da Lei de Drogas estará consumado, vez que não seria possível financiar a associação sem que se esteja antes a financiar os crimes visados pelos agentes:

> "Como o delito de financiamento se consuma [...] com a disponibilização do bem ou dinheiro para a prática de um dos crimes dos arts. 33, *caput* e § 1.º, e art. 34, e como o delito de associação para o tráfico é justamente uma reunião estável com o fito de praticar um destes crimes (arts. 33, *caput* e § 1º, e art. 34), no exato instante em que houve disponibilização do dinheiro para os associados, como o fito destes é justamente praticar os crimes dos arts. 33, *caput* e § 1º, e art. 34, já houve consumação do delito de financiamento, independentemente da prática de qualquer crime posterior visado pela associação. Assim, não é possível financiar a associação sem que se esteja antes a financiar os crimes visados pelos agentes. Justamente por isto o legislador entendeu desnecessário tipificar o financiamento à associação autonomamente."

Por outro lado, BRASILEIRO[79] (2016, p. 733) entende que como o financiamento dos crimes eventualmente praticados pela associação é típico, não se pode reconhecer a tipicidade do financiamento à associação, isoladamente considerada.

Não obstante a divergência, parece-nos clara a necessidade de estrita observância ao princípio da legalidade, sem nos afastarmos, contudo, da lógica que envolve o delito previsto no art. 36 da Lei de Drogas. Ambos os delitos, associação para o tráfico (art. 35) e financiamento do tráfico (art. 36), são antecipações do Direito Penal, delitos de flanco que visam construir uma redoma de proteção ao bem jurídico saúde pública. E, justamente por isso, há que se ter cautela diante da possibilidade de estabelecimento de uma punição **por atos preparatório de atos preparatórios**.

A afirmação de que "não é possível financiar a associação sem que se esteja antes a financiar os crimes visados pelos agentes" não procede, porquanto

78. MENDONÇA, Andrey Borges de; CARVALHO, Paulo Roberto Galvão de. **Lei de drogas: Lei 11.343, de 23 de agosto de 2006 – comentada artigo por artigo**. 3ª ed. São Paulo: Método, 2012

79. LIMA, Renato Brasileiro de. **Legislação criminal especial comentada: volume único**. 4ª ed. Salvador: JusPodivm, 2016.

o crime de associação para o tráfico, típico ato preparatório, não pressupõe a efetiva prática dos delitos previstos nos arts. 33, *caput*, e §1º, e 34 da Lei de Drogas. O legislador, no art. 36, foi por demais claro ao prever o financiamento ou custeio da **prática** dos referidos crimes, não cabendo ao intérprete ampliar o conteúdo da norma, especialmente em sede penal.

Imaginemos duas hipóteses: a) o financiador atende ao pedido de um único agente, que pretende constituir uma associação para o tráfico, e disponibiliza os recursos para estruturação da atividade criminosa. Entretanto, o agente que pretendia constituir a associação desiste de dar prosseguimento ou não consegue reunir mais um integrante para formar a estrutura criminosa; b) o financiador disponibiliza recursos para uma associação para o tráfico já constituída, mas essa é desbaratada imediatamente após o aporte financeiro, não praticando qualquer das condutas previstas nos arts. 33, *caput*, e §1º, e 34 da Lei de Drogas. Em ambos os casos, poderíamos cogitar acerca da consumação do crime de financiamento ao tráfico?

Na primeira hipótese, a associação sequer foi constituída e nenhum dos delitos previstos no art. 36 foi praticado, de sorte que não há como se cogitar a possibilidade de punição, ainda que o elemento subjetivo tenha restado evidente, pois não se pune meros atos preparatórios de atos preparatórios.

A segunda hipótese, por sua vez, merece maior reflexão, haja vista que o financiador, ao disponibilizar os recursos para a associação, exaure o seu comportamento criminoso, dando vazão à incidência típica, porquanto ao financiar ou custear a associação voltada para a prática de crimes de tráfico, umbilicalmente financia o próprio tráfico, razão de ser da própria entidade criminosa.

Não se trata, portanto, de uma antecipação do Direito Penal para alcançar atos preparatórios de atos preparatórios, mas de própria antecipação do Direito Penal para atingir atos preparatórios indissociáveis do fim da entidade criminosa.

O financiamento ou custeio típico deve ser voltado para a prática dos crimes previstos nos artigos 33, *caput*, e §1º, e art. 34 da Lei de Drogas, de modo que se o escopo for a prática de outros crimes previstos na Lei 11.343/06 não haverá a incidência do tipo penal, podendo caracterizar, a depender do caso concreto, conduta criminosa autônoma, a exemplo do §2º do art. 33.

No que toca à **conduta**, a figura típica em regra é praticada por **ação**, podendo ser verificada modalidade omissiva quando o indivíduo, garantidor e ciente da prática criminosa por parte de agente sob sua responsabilidade, deixa tomar providências quando descobre a existência do financiamento.

Não obstante o tipo penal não exigir expressamente a finalidade especial de agir, entendemos que crime somente pode ser praticado sob a **modalidade dolo direto**, pois exige que o financiamento ou custeio seja voltado para a prática de qualquer dos crimes previstos nos arts. 33, *caput* e §1º, e 34 da Lei de Drogas. O tipo penal não prevê a forma culposa.

O delito de financiamento ou custeio do tráfico é concebido pela doutrina majoritária como crime **formal**, de resultado cortado ou consumação antecipada. Voltaremos ao assunto no estudo da consumação e tentativa. Vale lembrar que, segundo o STJ, não se exige a necessidade de demonstração de lucro pelo financiador:

> Torna-se desnecessária a demonstração de lucro pelo financiador, considerando a conduta criminosa de "dar sustento" e não de "obter lucro", segundo a capitulação contida no art. 36 da Lei de Drogas, tendo sido apontados dados concretos para a manutenção da condenação do agravante nesse sentido. Ademais, reavaliar o conjunto fático-probatório, conforme requer a defesa, esbarra no óbice da súmula 7 do STJ. AgRg no AREsp 746463/SP, rel. Min. Ribeiro Santas, 5ª Turma, DJe 29.06.21.

A solução do nexo de causalidade pela **teoria da imputação objetiva** não diverge da doutrina tradicional. O agente que financia a prática do crime previsto no art. 33, *caput*, da Lei de Drogas, cria um **risco juridicamente desaprovado para o bem jurídico saúde pública**. Por sua vez, **o risco criado com a violação da norma** materializa-se no resultado exposição a perigo abstrato, sendo certo que esse se encontra dentro do **alcance do tipo**.

Por fim, a estrutura do tipo penal completa-se com a tipicidade, expressamente consignada no art. 36 da Lei de Drogas.

3.5.7.4 Consumação e tentativa

O delito de financiamento ou custeio do tráfico é concebido, majoritariamente, como crime formal, não exigindo a produção do resultado **naturalístico**. Não obstante, há três correntes doutrinárias sobre o assunto.

A **primeira corrente** aduz tratar-se de **crime permanente**, cuja consumação se prolonga no tempo, de sorte que o financiamento contínuo caracterizaria crime único.

A **segunda corrente**, por sua vez, sustentada por Rogério Sanches, Renato Marcão, Victor Eduardo Rios Gonçalves e José Paulo Baltazar Jr., entender ser o **delito habitual**, de forma que para a configuração do crime previsto no art. 36 da Lei 11.343/06, o sustento deve ser reiterado, habitual, rotineiro, haja vista que aquele que financia o tráfico de forma ocasional incorre tão somente na causa de aumento do art. 40, VII, combinado com o art. 33, *caput*, da Lei de Drogas.

Por sua vez, a **terceira corrente**, defendida por Renato Brasileiro e Cléber Masson, sufraga a compreensão de que o delito é **instantâneo**, porquanto os verbos "financiar" e "custear" não pressupõem a permanência, materializando-se de forma instantânea. No entendimento de BRASILEIRO[80] (2016, p. 774), "se o financiador bancar, em dez ocasiões diversas, a aquisição de drogas para comercialização por terceira pessoa, o agente deverá responder dez vezes pelo delito do art. 36 da Lei 11.343/2006, em concurso material ou em continuidade delitiva, conforme o caso".

Em nossa compreensão, a adequada classificação do delito passa pela análise de dois vetores interpretativos. O primeiro perpassa pela análise sistemática com o parágrafo único do art. 35 da Lei de Drogas, que somente tipifica como associação para o tráfico a reunião estável de duas ou mais pessoas que se juntam para, reiteradamente, praticar o financiamento dos crimes de tráfico, dispositivo que deve ser lido em análise conglobada com art. 40, VII, majorante aplicável no caso do financiamento ou custeio ser ocasional.

Em crítica ao referido entendimento, MASSON[81] (2022, p. 189) destaca que:

> Com efeito, a expressão "prática reiterada ou não", prevista no *caput* do art. 35 da Lei de Drogas, significa apenas que este delito se configura diante do vínculo estável dos membros associados, ainda que a finalidade do agrupamento seja o cometimento de somente um dos crimes dos arts. 33, *caput* e § 1º, e 34 da Lei de Drogas. A associação para o financiamento (Lei 11.343/2006, art. 35, parágrafo único), por sua vez, concretiza-se com o objetivo (basta a intenção) de cometer a "prática reiterada" da infração penal definida no art. 36. Portanto, a expressão "prática reiterada" não autoriza a conclusão de que o delito do art. 36 seja de natureza habitual.

O segundo vetor interpretativo, em nossa compreensão, pressupõe, necessariamente, a análise do risco criado no caso concreto para análise da dimensão do financiamento. Inegavelmente, há um suposto conflito normativo entre a previsão do art. 36, que pune o agente que financia ou custeia a prática de qualquer dos crimes previstos nos arts. 33, *caput* e § 1º, e 34 da Lei de Drogas, com uma pena de reclusão de 8 (oito) a 20 (vinte) anos, e a previsão do art. 40, VII, que agrava a pena do agente que financia ou custeia a prática do crime em um sexto a dois terços.

80. *op.cit.*

81. *op.cit.*

Uma leitura apressada nos conduz à conclusão ofertada pela segunda corrente, de que o traço distintivo entre o art. 36 e o art. 40, inc. VII, reside na habitualidade. O *crime habitual* é aquele que se caracteriza pela prática reiterada e uniforme de atos reveladores de um estilo criminoso de vida. Portanto, cada ato, em si, não caracteriza crime, mas somente sua reiteração habitual seria capaz de fazer incidir a norma penal, a exemplo dos crimes de manutenção de casa de prostituição (art. 229, CP) e o exercício ilegal da medicina (art. 282, CP).

Em nosso entendimento, o financiamento ou custeio não necessariamente exigem a reiteração comportamental, podendo se materializar em um único ato, a exemplo do agente que disponibiliza um laboratório completo para produção de drogas, uma frota de veículos, ou que aporta, em único ato, volumosos recursos para o custeio contínuo do tráfico. Percebam que habitualidade, nos exemplos citados, inexiste, não obstante nitidamente sinalizarmos a necessidade **perpetuação do risco criado**.

O financiamento ou custeio não é apto, por si só, a caracterizar a agravante do art. 40, VII, ou o crime do art. 36. É imprescindível que se analise o **risco criado** e sua projeção para que possamos realizar o adequado enquadramento típico. O agente que empresta cinco mil reais para que um traficante adquira certa quantidade de droga para revender, apesar de criar um risco juridicamente proibido, não incorre, pela reduzida potencialidade, no alcance do tipo previsto no art. 36 da Lei de Drogas, apesar de incorrer na agravante do inciso VII do art. 40. Isso porque, sendo o próprio traficante preso, caso satisfaça os requisitos de ordem subjetiva do §4º do art. 33, possivelmente incorrerá na figura do tráfico privilegiado, de sorte que seria desproporcional se cogitar em uma pena de um ano e oito meses de reclusão para o traficante, executor da conduta, e outra, de oito a vinte anos de reclusão, para aquele que emprestou o dinheiro para a aquisição de drogas.

Ao contrário, o agente que aporta um milhão de reais para aquisição de drogas ou disponibiliza, por exemplo, uma frota de veículos para transporte, cria um risco juridicamente proibido de alta potencialidade lesiva, que se encontra no alcance do tipo penal previsto no art. 36 da Lei de Drogas, vez que seu comportamento não somente cria o risco proibido, mas dá vazão a um **risco constante**, de alto impacto social.

De forma perceptível, valemo-nos, para a conclusão a seguir, da teoria da imputação objetiva e das teorias do risco. Não obstante a concepção original da teoria da imputação objetiva trilhar a linha de aplicação somente aos crimes materiais, conforme esclarecemos na apresentação da obra, não observamos qualquer óbice à sua aplicação aos crimes sem resultado naturalístico, especialmente por associarmos a teoria a uma compreensão maior de risco.

Em acréscimo, ousamos em nos valer da construção da variante objetiva de Hezberg, utilizada para distinção entre dolo eventual e culpa consciente, a qual, com a devida justiça, aproveitamos analogicamente apenas a compreensão da distinção entre pequenos riscos e grandes riscos.

Conforme destacamos em nosso Direito Penal, Parte Geral, Hezberg confere à **qualidade do risco** o parâmetro principal para se distinguir a conduta dolosa da culposa. Nesse contexto, a distinção entre conduta dolosa e culposa não se fundaria exclusivamente na representação do risco não permitido, pois seria necessário que o risco fosse provido de determinada qualidade, suficiente para converter a não ocorrência do resultado em feliz casualidade, na palavras de VIANA[82] (2017, p. 231).

Destarte, elegemos o vetor interpretativo **qualidade do risco** como importante ponto a ser analisado no caso concreto, como forma de se distinguir o financiamento-típico, do financiamento-agravante.

Em linha de conclusão, fixadas as premissas acima, compreendemos que o crime de financiamento ou custeio do tráfico é de risco instantâneo, mas sua conformação típica pressupõe a necessidade de análise da qualidade do risco criado, cujos efeitos devem ser qualificados, seja pela permanência, seja pela alta potencialidade lesiva. Não sendo verificada a potencialidade lesiva no caso concreto, digna a dar vazão típica imediata, a eventual reiteração comportamental, habitualidade, pode nos fornecer parâmetros seguros para também concluir pela prática do delito. Logo, somente o caso concreto será capaz de atestar a natureza instantânea ou habitual do delito.

Ainda no contexto da consumação do delito, outro ponto suscita debates doutrinários quanto à sua caracterização como material ou formal. A **primeira corrente** aduz ser o crime material, porquanto o art. 36 da Lei de Drogas 11.343/2006 expressamente tipifica o comportamento de financiar ou custear a **prática** dos crimes previstos nos arts. 33, *caput* e § 1º, e 34, tendo sugerido, portanto, que a prática de tais crimes seria imprescindível para a conformação típica.

Por outro lado, a segunda corrente, à qual nos filiamos, sustenta ser o crime **formal**, de consumação antecipada ou de resultado cortado, que se consuma com mera ação de financiar ou custear o tráfico de drogas, independentemente da efetiva prática do tráfico, bastando, para nós, que se evidencie o risco qualificado, em linha de coerência com o posicionamento anteriormente

82. VIANA, Eduardo. **Dolo como compromisso cognitivo**. São Paulo: Marcial Pons, 2017.

fixado. Assim, a posterior prática dos crimes previstos nos arts. 33, *caput* e § 1º, e 34 da Lei de Drogas constitui mero exaurimento do crime.

A tentativa nos parece perfeitamente admissível, em razão da possibilidade de fracionamento do *iter criminis*.

Sobre o autofinanciamento, é dizer, a conduta do agente que financia, mas também exerce o tráfico, decidiu o STJ no HC 306.136/MG que deverá o agente responder pelo crime do art. 33, *caput*, c/c a causa de aumento de pena do art. 40, VII, ambos da Lei n. 11.343/06. Nada obstante, Marcelo ALBUQUERQUE e Thiago LAURIA, recorrendo ao princípio da proporcionalidade, indicam a necessidade de "*capitular a conduta do autofinanciamento nas iras do art. 36, aumentando-se, porém, a pena mínima na fase do art. 59 do Código Penal*"[83], já que a posição adotada pela Corte Superior resultaria em punição mais branda a quem cometeu crime legislado como mais gravoso.

3.5.7.5 Conflito aparente de normas

a) **art. 2º da Lei 12.850/13**: Art. 2º Promover, constituir, financiar ou integrar, pessoalmente ou por interposta pessoa, organização criminosa: Pena – reclusão, de 3 (três) a 8 (oito) anos, e multa, sem prejuízo das penas correspondentes às demais infrações penais praticadas.

b) **Parágrafo único do art. 6º da Lei 13.260/16:** Art. 6º Receber, prover, oferecer, obter, guardar, manter em depósito, solicitar, investir, de qualquer modo, direta ou indiretamente, recursos, ativos, bens, direitos, valores ou serviços de qualquer natureza, para o planejamento, a preparação ou a execução dos crimes previstos nesta Lei: Pena – reclusão, de quinze a trinta anos. Parágrafo único. Incorre na mesma pena quem oferecer ou receber, obtiver, guardar, mantiver em depósito, solicitar, investir ou de qualquer modo contribuir para a obtenção de ativo, bem ou recurso financeiro, **com a finalidade de financiar**, total ou parcialmente, pessoa, grupo de pessoas, associação, entidade, organização criminosa que tenha como atividade principal ou secundária, mesmo em caráter eventual, a prática dos crimes previstos nesta Lei.

83. ALBUQUERQUE, Marcelo Schirmer *et. al.* **Comentários aos tipos penais da Lei 11.343/2006**. *In* Comentários às Leis Penais e Processuais Penais. Coord. HAMMERSCHMIDT, Denise. Juruá: Curitiba, 2024. p. 758

3.5.7.6 Ação penal

A ação penal, nos crimes previstos na Lei de Drogas, é pública incondicionada.

No crime em estudo, o procedimento a ser seguido é o do rito especial previsto nos artigos 54 a 59 da Lei de Drogas, com aplicação subsidiária do CPP e LEP (art. 48).

Em razão da pena cominada, reclusão, de 8 (oito) a 20 (vinte) anos, e pagamento de 1.500 (mil e quinhentos) a 4.000 (quatro mil) dias-multa, o delito não admite a transação penal, suspensão condicional do processo e o ANPP.

3.5.8 Colaboração ao tráfico

> Art. 37. Colaborar, como informante, com grupo, organização ou associação destinados à prática de qualquer dos crimes previstos nos arts. 33, caput e § 1º, e 34 desta Lei:
>
> Pena – reclusão, de 2 (dois) a 6 (seis) anos, e pagamento de 300 (trezentos) a 700 (setecentos) dias-multa

3.5.8.1 Introdução

O delito de **colaboração ao tráfico**[84], previsto no art. 37 da Lei de Drogas, tutela de forma direta a saúde pública e, indiretamente, a saúde e vida do usuário.

O crime tipifica as condutas praticadas por olheiros, fogueteiros e informantes em geral, que auxiliam na prática dos crimes de tráfico de drogas.

Apesar da divergência doutrinária, seguindo a linha de interpretação dos Tribunais Superiores[85], que entendem que o crime de associação para o tráfico não é equiparado a hediondo, entendemos que **o delito igualmente não deve ser concebido como equiparado a hediondo**, haja vista que se a própria entidade associativa criminosa, que pressupõe estabilidade e permanência, não se reveste de tal atributo, com maior razão a mera colaboração para o tráfico não deve ser equiparada a crime hediondo.

Trata-se de delito de flanco, que objetiva coibir comportamentos criminosos associados ao tráfico, integrante do grupo de crimes que visam coibir a

---

84. O *nomen iuris* não consta da Lei, sendo decorrente de construção doutrinária.
85. STJ: AgRg no HC 499.706/SP; STF: HC 95.662/SP.

realização das condutas nucleares do tráfico, que antecipam a intervenção do Direito Penal ante o risco inerente à conduta.

3.5.8.2 Sujeitos do crime

O delito de colaboração ao tráfico é **comum**, pois pode ser praticado por qualquer pessoa.

O crime revela mais uma exceção pluralística à teoria monista do concurso de pessoas, porquanto tipifica, de forma autônoma, a conduta daquele que colabora, como informante, com grupo, organização ou associação destinados à prática de qualquer dos crimes previstos nos arts. 33, *caput* e § 1º, e 34 da Lei de Drogas.

Tratando-se de informante funcionário público, há que se ter cautela no correto enquadramento típico, haja vista que o art. 40, inciso II, prevê o aumento de pena de um sexto a dois terços se o agente praticar o crime prevalecendo-se de função pública, de forma a se evitar eventual *bis in idem*.

À guisa de exemplo, se o funcionário público colaborador prestar a informação com infração de dever funcional, cedendo a pedido ou influência de outrem, incorrerá, em concurso formal, nos delitos previstos nos arts. 37 da Lei 11.343/06, sem a causa de aumento prevista no art. 40, inc. II, e art. 317, § 2º, do Código Penal. Por outro lado, se o funcionário público colaborador solicitar ou receber vantagem indevida em troca da colaboração ilícita, responderá pelo crime de corrupção passiva (art. 317, *caput*, CP) e, caso venha a prestar a colaboração como informante, pelo crime previsto no art. 37 da Lei de Drogas, em concurso material, sem a incidência do inciso II do art. 40, vez que a agravante integra, certo modo, a figura típica do art. 317 do CP.

É possível, ainda, conjecturarmos eventuais práticas conjuntas dos crimes de prevaricação (art. 319, CP), condescendência criminosa (art. 320, CP) e violação de sigilo funcional (art. 325, CP), entre outros funcionais, a depender na natureza da conduta e contexto do caso.

Os sujeitos passivos diretos do delito são o Estado e a coletividade, tratando-se de crime vago. Vale destacar que consumidor da droga também se revela vítima secundária do delito.

3.5.8.3 Estrutura do tipo penal

A estrutura típica do crime previsto no art. 37 da Lei 11.343/06, é formada pelo núcleo verbal colaborar; e pelas elementares normativas como informante; com grupo, organização ou associação destinados à prática de qualquer dos crimes previstos nos arts. 33, *caput* e § 1º, e 34 desta Lei.

Conduta nuclear

- colaborar

Elementares objetivas

Elementares normativas

- como informante
- com grupo, organização ou associação destinados à prática de qualquer dos crimes previstos nos arts. 33, caput e § 1º, e 34 desta Lei

Elementares subjetivas, especial fim de agir e elementos volitivos

- dolo

A estrutura, todavia, não se resume aos elementos revelados pela leitura literal, pois também traz a estrutura basilar finalista, composta na sua integralidade pela conduta, resultado, nexo de causalidade e tipicidade.

Colaborar significa auxiliar, contribuir, ajudar, contribuir, na condição de informante, com grupo, organização ou associação destinados à prática de qualquer dos crimes previstos nos arts. 33, *caput* e § 1º, e 34 da Lei de Drogas.

A elementar *informante* restringe a contribuição possível pelo sujeito ativo, vez que trilha a linha do repasse de informações, que pode ser realizada de diversas formas, desde as simples condutas do "fogueteiro", que dispara os fogos de artifício para avisar da chega da polícia, ou do aviso do "olheiro" por rádio comunicador, à sua forma mais sofisticada, que envolve, geralmente, informações repassadas por agentes públicos.

A colaboração é uma espécie de concorrência, de "participação" na prática delitiva, à qual o legislador optou por tipificar de forma autônoma, afastando, ao menos em tese, a aplicação da regra do art. 29 do CP que, dispõe que quem, de qualquer modo, concorre para o crime, incide nas penas a este cominadas, na medida de sua culpabilidade.

Não obstante, há que se diferenciar a espécie de colaboração prestada, porquanto caracterizado o vínculo do informante com a entidade criminosa, podemos estar diante da caracterização de associação para tráfico, com divisão funcional de tarefas.

O tipo penal, nesse particular, trilha a linha da objetividade, afastando-se da questão relacionada à eventualidade ou reiteração do comportamento. Sugere, portanto, que a consumação do delito não exige qualquer espécie de vínculo associativo estável ou permanente[86], ou mesmo a reiteração do comportamento. Logo, o agente do tráfico que sopra o apito para avisar da chegada da polícia colabora prestando informações, incorrendo na prática delitiva.

Por outro lado, verificando-se que o "olheiro" possui função certa, estável e permanente na estrutura do tráfico, recebendo, por exemplo, pagamentos com certa periodicidade, parece-nos perfeitamente possível a compreensão de que, de fato, o agente integra a estrutura criminosa na forma do art. 35 da Lei de Drogas.

O delito, portanto, caracteriza-se como autônomo, voltado para repressão da específica forma de participação na empreitada criminosa. No entendimento do STJ, o tipo penal do art. 37 da Lei de Drogas reveste-se de verdadeiro caráter de subsidiariedade, só satisfazendo a tipicidade quando não se comprovar a prática de crime mais grave. Assim, na linha da Corte Superior:

> "(...) cuidando-se de agente que participe do próprio delito de tráfico ou de associação, a conduta consistente em colaborar com informações já será inerente aos mencionados tipos. A referida norma incriminadora tem como destinatário o agente que colabora como informante com grupo, organização criminosa ou associação, desde que não tenha ele qualquer envolvimento ou relação com atividades daquele grupo, organização criminosa ou associação em relação ao qual atue como informante. Se a prova indica que o agente mantém vínculo ou envolvimento com esses grupos, conhecendo e participando de sua rotina, bem como cumprindo sua tarefa na empreitada comum, a conduta não se subsome ao tipo do art. 37, podendo configurar outros crimes, como o tráfico ou a associação, nas modalidades autoria e participação. Com efeito, o exercício da função de informante dentro da associação é próprio do tipo do art. 35 da Lei 11.343/2006 (associação), no qual a divisão de tarefas é uma realidade para consecução do objetivo principal. Portanto, se a prova dos autos não revela situação em que a conduta do paciente seja específica e restrita a prestar informações ao grupo criminoso, sem qualquer outro envolvimento ou relação com as atividades de associação, a conduta estará inserida no crime de associação, o qual é

86. Tese 31 do STJ – Jurisprudência em Teses – ed. 131: "O crime de colaboração com o tráfico, art. 37 da Lei n. 11.343/2006, é um tipo penal subsidiário em relação aos delitos dos arts. 33 e 35 da referida lei e tem como destinatário o agente que colabora como informante, de forma esporádica, eventual, sem vínculo efetivo, para o êxito da atividade de grupo, de associação ou de organização criminosa destinados à prática de qualquer dos delitos previstos nos arts. 33, *caput* e § 1º, e 34 da Lei de Drogas".

mais abrangente e engloba a mencionada atividade. Dessa forma, conclui-se que só pode ser considerado informante, para fins de incidência do art. 37 da Lei 11.343/2006, aquele que não integre a associação, nem seja coautor ou partícipe do delito de tráfico. Nesse contexto, considerar que o informante possa ser punido duplamente – pela associação e pela colaboração com a própria associação da qual faça parte –, além de contrariar o princípio da subsidiariedade, revela indevido *bis in idem*, punindo-se, de forma extremamente severa, aquele que exerce função que não pode ser entendida como a mais relevante na divisão de tarefas do mundo do tráfico" (HC 224.849/RJ, rel. Min. Marco Aurélio Bellizze, j. 11.06.13).

A despeito do entendimento dominante, acolhido, como visto, pelo STJ, ALBUQUERQUE e LAURIA defendem que, ainda que haja permanência e estabilidade, responderá o colaborador pela forma especial (tipo derivado/privilegiado) de associação para o tráfico, como entendem o artigo 37 da Lei n. 11.343/06, dado que o que os distingue é o desvalor atribuído à ação na etapa legislativa da incriminação[87]

O tipo penal restringe sua aplicação ao assinalar que a colaboração como informante deve ser prestada a **grupo, organização ou associação** destinados à prática de qualquer dos crimes previstos nos arts. 33, *caput* e § 1º, e 34 da Lei de Drogas, e não ao tráfico em sua forma pura.

Ao prever **grupo, organização ou associação**, o legislador, em nossa compreensão, não partiu dos conceitos normativos hoje vigentes que envolvem, por exemplo, a organização criminosa (Lei 12.850/13, sequer vigente à época) e associação, prevista na Lei de Drogas (art. 35) e no Código Penal (art. 288), cuja redação anterior, vigente à época da entrada em vigor da Lei de Drogas, inclusive, era distinta e com o *nomen iuris* de quadrilha ou bando. Não obstante acreditarmos que o tratamento normativo atinente ao "agrupamento" tenha tido cunho exemplificativo, prevalece o entendimento[88] de que grupo é o concurso eventual de pessoas, organização é a prevista na Lei de Organizações Criminosas, e associação a prevista no art. 35 da Lei de Drogas.

Por sua vez, a colaboração como informante com o tráfico em si é perfeitamente possível, havendo três posições doutrinárias. O **primeiro entendimento** sustenta a aplicação, por analogia *in bonam partem*, do art. 37 da Lei de Drogas, ao colaborador eventual que colabora com informações ao traficante, haja vista que a punição como partícipe no crime de tráfico de drogas

---

87. ALBUQUERQUE, Marcelo Schirmer et. al. Comentários aos tipos penais da Lei 11.343/2006. *In* Comentários às Leis Penais e Processuais Penais. Coord. HAMMERSCHMIDT, Denise. Juruá: Curitiba, 2024. p. 759.

88. HC 224.849/RJ, rel. Min. Marco Aurélio Bellizze, 5ª Turma, j. 19.06.13.

praticado por um único indivíduo ensejaria uma punição mais severa do que se tivesse colaborado com o grupo criminoso.

A **segunda posição** aduz que o agente deverá responder pela **"participação" no crime de tráfico** (arts. 33, *caput* e § 1º, e 34).

A **terceira posição**, por sua vez, sustenta a **atipicidade** do comportamento por ausência de enquadramento na redação do art. 37.

In casu, não há como se dissociar, em um Direito Penal Democrático, da análise do princípio da legalidade e seu cotejo com o princípio da proporcionalidade. A primeira corrente seduz, em um primeiro momento, porquanto se vale da proporcionalidade para permitir a aplicação da analogia *in bonam partem* ao colaborador informante que contribui com um traficante isolado, afastando, em tese, a possibilidade de aplicação de uma pena de cinco a quinze anos de reclusão em razão da participação, ainda que sendo admitida a redução da pena pela participação de menor importância, com lastro no §1º do art. 29 do CP (§1º - Se a participação for de menor importância, a pena pode ser diminuída de um sexto a um terço). Referida corrente, ao sustentar a aplicação do art. 37 da Lei de Drogas, sob o pretexto de beneficiar o réu, na realidade amplia o conteúdo da norma em seu desfavor, pois considera típica uma conduta não prevista expressamente no referido dispositivo. Ademais, pode submeter o agente a uma pena maior do que a de fato seria aplicável ao "olheiro do tráfico" que atua em auxílio isolado ao traficante. Vejamos.

A conduta do "fogueteiro do tráfico", por exemplo, não se diferencia da conduta do agente que fica à espreita em um crime de roubo, com a função de avisar os comparsas sobre a chegada da polícia. Doutrinariamente, não se sustenta, na última hipótese, a aplicação, por analogia *in bonam partem*, do crime de favorecimento pessoal (art. 348 do CP) ou furto (art. 155, CP).

A conduta do colaborador informante é, nitidamente, uma **espécie de participação**, que deve ser compreendida em sua estrita legalidade em razão da aplicação da teoria monista do concurso de pessoas, perfeitamente aplicável à hipótese, vez que o tipo penal do art. 37 da Lei de Drogas não estabelece uma exceção pluralística na colaboração a traficante isolado.

Não se pode olvidar, entretanto, que a norma do §4º do art. 33 (tráfico privilegiado) possui natureza pessoal, podendo, caso o colaborador satisfaça os requisitos objetivos (seja primário, de bons antecedentes, não se dedique às atividades criminosas nem integre organização criminosa), ser aplicada, permitindo a redução de um sexto a dois terços.

Ademais, tratando-se de participação de menor importância, a pena ainda poderá ser reduzida de um sexto a um terço, por força do art. 29, §1º do CP.

No caso, pode ocorrer de, sobre o fato, incidir mais de uma causa diminuição. De acordo com o art. 68, parágrafo único do CP: "No concurso de causas de aumento ou de diminuição previstas na parte especial, pode o juiz limitar-se a um só aumento ou a uma só diminuição, prevalecendo, todavia, a causa que mais aumente ou diminua". Como o parágrafo único do art. 68 do CP só fez menção às causas de aumento e diminuição previstas na Parte Especial do Código Penal, não pode o magistrado escolher dentre as obrigatórias previstas na Parte Geral, devendo aplicá-las, de forma que havendo o concurso de causas de diminuição previstas na parte geral e especial ou legislação especial, o magistrado deverá aplicá-las todas, podendo limitar-se, entretanto, a uma só diminuição, caso o concurso exista entre as causas de diminuição previstas na legislação especial, circunstância que não se verifica no caso concreto.

Logo, o colaborador informante poderá receber a redução prevista no §4º do art. 33, da Lei 11.343/06 e, de forma sequencial, a redução prevista no art. 29, §1º do CP, de forma que, nos casos ordinários, a reprimenda será inferior à prevista no próprio art. 37 da Lei de Drogas, afastando a tese da proporcionalidade. Por tais razões, entendemos por aplicável a regra ordinária do concurso de pessoas, concebendo a **conduta do informante colaborador como participação**, em perfeita sintonia com o sistema penal pátrio.

No que toca à **conduta**, a figura típica é praticada, em regra, por **ação**, podendo ser verificada modalidade omissiva quando o indivíduo, garantidor e ciente da prática criminosa por parte de agente sob sua responsabilidade, deixa tomar providências quando descobre o repasse de informações. O crime, por não exigir expressamente a finalidade especial de agir, pode ser praticado sob as **modalidades dolo direto e eventual**. O tipo penal não prevê a forma culposa.

O delito de colaboração ao tráfico é concebido como crime **formal**, de resultado cortado ou consumação antecipada.

A solução do nexo de causalidade pela **teoria da imputação objetiva** não diverge da doutrina tradicional. O agente que colabora, como informante, para grupo destinado à prática de qualquer dos crimes previstos nos arts. 33, *caput* e § 1º, e 34 da Lei de Drogas, cria um **risco juridicamente desaprovado para o bem jurídico saúde pública**. Por sua vez, **o risco criado com a violação da norma** materializa-se no resultado exposição a perigo abstrato, sendo certo que esse se encontra dentro do **alcance do tipo**.

Por fim, a estrutura do tipo penal completa-se com a tipicidade, expressamente consignada no art. 37 da Lei de Drogas.

3.5.8.4 Consumação e tentativa

O delito de colaboração ao tráfico é concebido como crime formal, não exigindo a produção do resultado **naturalístico**. Consuma-se, portanto, com a efetiva colaboração, como informante, para grupo, organização ou associação destinados à prática de qualquer dos crimes previstos nos arts. 33, *caput* e § 1º, e 34 da Lei de Drogas. Assim, a posterior prática dos referidos crimes constitui mero exaurimento do crime.

A tentativa nos parece perfeitamente admissível, em razão da possibilidade de fracionamento do *iter criminis*, especialmente no caso de informações escritas.

3.5.8.5 Conflito aparente de normas

a) **Art. 35 da Lei 11.343/06**: Associarem-se duas ou mais pessoas para o fim de praticar, reiteradamente ou não, qualquer dos crimes previstos nos arts. 33, *caput* e § 1º, e 34 desta Lei: Pena – reclusão, de 3 (três) a 10 (dez) anos, e pagamento de 700 (setecentos) a 1.200 (mil e duzentos) dias-multa.

3.5.8.6 Ação penal

A ação penal, nos crimes previstos na Lei de Drogas, é pública incondicionada.

No crime em estudo, o procedimento a ser seguido é o do rito especial previsto nos artigos 54 a 59 da Lei de Drogas, com aplicação subsidiária do CPP e LEP (art. 48).

Em razão da pena cominada, reclusão, de 2 (dois) a 6 (seis) anos, e pagamento de 300 (trezentos) a 700 (setecentos) dias-multa, o delito não admite a transação penal e a suspensão condicional do processo.

No tocante ao ANPP, em tese possível pelo requisito objetivo pena mínima (inferior a quatro anos), não há como se olvidar do fato de que deverá ser avaliado, no caso concreto, sua necessidade e suficiência para a reprovação e prevenção do crime.

3.5.9 Prescrição culposa de drogas

> Art. 38. Prescrever ou ministrar, culposamente, drogas, sem que delas necessite o paciente, ou fazê-lo em doses excessivas ou em desacordo com determinação legal ou regulamentar:
>
> Pena – detenção, de 6 (seis) meses a 2 (dois) anos, e pagamento de 50 (cinquenta) a 200 (duzentos) dias-multa.
>
> Parágrafo único. O juiz comunicará a condenação ao Conselho Federal da categoria profissional a que pertença o agente.

3.5.9.1 Introdução

O delito de **prescrição culposa de drogas**[89], previsto no art. 38 da Lei de Drogas, tutela de forma direta a saúde pública e, indiretamente, a saúde e vida do usuário. Trata-se do único crime culposo previsto na Lei de Drogas, atraindo, portanto, toda a carga doutrinária relacionada aos crimes culposos em geral.

3.5.9.2 Sujeitos do crime

O delito de prescrição culposa de drogas é **próprio**, pois só pode ser praticado por profissionais legalmente habilitados a prescrever ou ministrar drogas. O parágrafo único do dispositivo reforça esse entendimento ao prever o dever ao magistrado de comunicar a condenação ao Conselho Federal da categoria profissional a que pertença o agente.

Os sujeitos passivos diretos do delito são o Estado e a coletividade, tratando-se de crime vago. Vale destacar que a pessoa vítima da prescrição ou ministração também se revela vítima do delito.

3.5.9.3 Estrutura do tipo penal

A estrutura típica do crime previsto no art. 38 da Lei 11.343/06, é formada pelo núcleo verbal prescrever ou ministrar; e pelas elementares normativas culposamente, drogas, sem que delas necessite o paciente, ou fazê-lo em doses excessivas ou em desacordo com determinação leal ou regulamentar.

89. O *nomen iuris* não consta da Lei, sendo decorrente de construção doutrinária.

Conduta nuclear

- prescrever ou ministrar

Elementares objetivas

Elementares normativas

- culposamente
- drogas
- sem que delas necessite o paciente
- fazê-lo em doses excessivas
- ou em desacordo com determinação leal ou regulamentar

Elementares subjetivas, especial fim de agir e elementos volitivos

- culpa

A estrutura, todavia, não se resume aos elementos revelados pela leitura literal, pois também traz a estrutura basilar finalista, composta na sua integralidade pela conduta, resultado, nexo de causalidade e tipicidade.

Prescrever significa receitar, recomendar o uso, conduta que só pode ser praticada por médicos e dentistas; *ministrar* é inocular, introduzir algo no organismo de alguém, a exemplo do procedimento de enfermeiros e farmacêuticos que aplicam injeções.

O tipo penal exige que a conduta seja culposa, pois sendo dolosa, o agente deverá responder pela figura prevista no *caput* do art. 33 da Lei de Drogas, que igualmente prevê os núcleos prescrever e ministrar.

O crime culposo pressupõe a realização de uma conduta humana voluntária não dirigida à realização do resultado típico, mas a outra finalidade. Em linhas gerais, podemos conceituá-lo como aquele que deriva de uma conduta voluntária típica violadora de um dever objetivo de cuidado, que dá causa a um resultado objetivamente previsível, não previsto e não desejado pelo agente. Estruturalmente, um crime culposo é formado, em regra, por sete elementos:

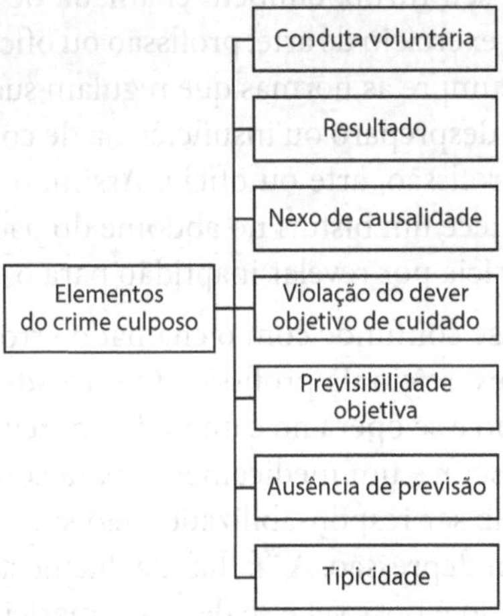

O tipo penal em comento revela algumas particularidades, dignas de registro. O resultado involuntário é um dos elementos do crime culposo, em regra, crimes materiais, pois se exige a produção de um resultado naturalístico. Não obstante, o tipo penal previsto no art. 38 da Lei de Drogas é crime formal, pois não exige qualquer espécie de resultado naturalístico. Logo, na mesma linha de compreensão, o nexo de causalidade deve ser analisado sob outra perspectiva, haja vista que a conduta do art. 38 da Lei de Drogas origina um nexo tão somente normativo entre a conduta e a violação da norma (prescrever ou ministrar). Não se exige, portanto, a busca da relação de causa e efeito.

O tipo penal, ao se valer da elementar *culposamente*, conforme destacamos, trouxe toda a carga teórica relacionada a tais espécies de delito, dentre as quais precisamos relembrar as espécies de culpa: imprudência, negligência ou imperícia.

A *imprudência* é marcada pelo agir, sendo a forma positiva da culpa. O motorista que desenvolve velocidade incompatível com o local e viola a norma de trânsito age com imprudência.

A *negligência*, por sua vez, é a forma negativa a culpa, marcada pela inação, pelo não fazer o que se espera, pelo negligenciar a ação de cuidado. A mãe que deixa a criança sozinha na cozinha enquanto as panelas estão no fogo para conversar com a vizinha atua de forma negligente, de sorte que eventual acidente com queimadura provocado pela criança será imputável à mãe por negligência.

A *imperícia*, por seu turno, também chamada de culpa profissional, só pode ser praticada no exercício de arte, profissão ou ofício. Ocorre a imperícia quando o agente descumpre as normas que regulam sua atividade, revelando a falta de capacidade, despreparo ou insuficiência de conhecimentos técnicos para o exercício da profissão, arte ou ofício. Assim, o médico que, ao realizar uma cirurgia, esquece um bisturi no abdome do paciente, causando-lhe a morte, age com imperícia por revelar inaptidão para o exercício da profissão.

A imperícia não se confunde com o chamado erro profissional, que não decorre do indevido exercício da profissão. O erro advém da falibilidade do conhecimento humano e se opera no campo da imprevisibilidade. O médico, por exemplo, que prescreve um medicamento para combater a ansiedade de um paciente, não pode ser responsabilizado pelo suicídio do indivíduo que, na realidade estava em depressão. A "falha" de diagnóstico em casos complexos como o apresentado é possível e se deve à imperfeição do conhecimento humano.

Em regra, os crimes culposos são tipos penais abertos, pois a norma não define o comportamento culposo. Entretanto, o art. 38 da Lei 11.343/2006 expressamente define o comportamento culposo, não obstante resguardar a abertura normativa parcial típica na parte final do dispositivo (ou em desacordo com determinação legal ou regulamentar).

Assim, o legislador previu três formas de praticar o delito:

a) **Prescrever ou ministrar droga sem que dela necessite o paciente**: a forma culposa revelada na previsão sugere a imperícia como modalidade. Entretanto, a imperícia não se confunde com o chamado erro profissional, que não decorre do indevido exercício da profissão. O erro advém da falibilidade do conhecimento humano e se opera no campo da imprevisibilidade. O médico, por exemplo, que prescreve um medicamento para combater a dor decorrente de um diagnóstico específico, não pode ser responsabilizado pela ineficácia do medicamento em razão de erro do diagnóstico primário ou pelo suicídio do indivíduo como efeito colateral do medicamento. A "falha" de diagnóstico em casos complexos como o apresentado é possível e se deve à imperfeição do conhecimento humano. A incidência típica, portanto, parece-nos igualmente possível no caso em que as condutas derivem de negligência, como na hipótese do médico trocar o nome do paciente no receituário padrão existente no computador, mas se olvidar de lançar o medicamento correto, prescrevendo outra droga.

b) **Prescrever ou ministrar droga em dose excessiva**: a conduta é típica da imperícia e se verifica com o perceptível exagero na prescrição ou ministração da droga, a exemplo da enfermeira que, diante da prescrição de cinco miligramas de uma substância, equivoca-se e ministra cinquenta miligramas no paciente.

c) **Prescrever ou ministrar em desacordo com determinação legal ou regulamentar**: *in casu*, o agente resta por violar uma prescrição legal, isto é, age em contrariedade à norma, como na hipótese do médico que, em inobservância à normatização do Conselho Federal de Medicina, prescreve um medicamento que contém o princípio ativo de alguma droga.

Conforme destacamos anteriormente, o crime em estudo não pressupõe a ocorrência de resultado naturalístico para consumação. Não obstante, é perfeitamente possível que o resultado lesões corporais ou morte venha a ocorrer como decorrência da conduta culposa.

Sobre o tema, há duas correntes doutrinárias. A primeira corrente[90] sustenta o concurso entre o art. 38 da Lei de Drogas e o crime de dano (lesões corporais ou homicídio culposo), ao passo que a segunda corrente[91] defende que o agente deverá responder tão somente pelo resultado produzido, crime de dano.

A questão não se afigura simples, pois revela mais uma inconsistência legislativa e ausência de preservação sistêmica. Em linhas gerais, antes de apresentarmos nossas conclusões, precisamos fixar algumas premissas: a) o crime de prescrição culposa é crime de perigo; b) de forma sistêmica, materializado o perigo no dano, o crime de dano absorve o crime perigo; e c) a culpa do agente não pode funcionar para dar vazão a dois delitos, simultaneamente.

A primeira premissa não exige qualquer espécie de progressão, vez que nitidamente o tipo penal tipifica uma conduta culposa apta a causar dano a alguém. A segunda premissa, por outro lado, decorre da lógica primária de que os crimes de perigo, verdadeiros crimes de flanco, visam evitar a ocorrência do dano. Como fundamento, pune-se o porte de armas não pelo simples porte em si, mas porque tal comportamento é apto a provocar situações danosas no seio social. Por fim, a terceira premissa decorre da lógica de que o elemento normativo especializante culpa não pode, simultaneamente, figurar como estrutura para a prática de dois crimes, especialmente quando um decorre do outro, em relação simples de causalidade, ainda que normativa. De fato, se o médico, culposamente, ministra drogas sem necessidade ao paciente, e esse

90. Cléber Masson, Renato Brasileiro, Victor Gonçalves, Baltazar Jr., entre outros.

91. Paulo Rangel e Carlos Roberto Bacila.

vem a morrer em razão do uso da substância, a ministração culposa é o meio pelo qual o resultado morte, igualmente culposo, verificou-se.

A questão, à primeira vista, pode parecer simples, porque a pena do homicídio culposo é superior à pena prevista no art. 38 da Lei de Drogas e, nesse caso em particular, não nos resta dúvidas de que o médico responderá tão somente pelo crime de homicídio culposo, eventualmente agravado pelo §4º do art. 121 do CP. Afinal, seguindo a lógica das premissas, se o perigo materializou-se no resultado, a norma de tutela principal – crime de homicídio (dano) –, foi violada porque a norma flanqueadora – crime de perigo – falhou em coibir o resultado. Ademais, a culpa na prescrição da droga é a mesma culpa formadora do crime de homicídio culposo, pois se trata de meio. Se o resultado morte é culposo, tão somente o é porque o sujeito agiu com culpa, em particular, na prescrição culposa de drogas.

Não obstante, a mesma lógica não pode ser seguida no caso de lesões corporais, porque a genialidade legislativa, ao invés de prever os resultados lesões corporais e morte como causas de aumento de pena, previu uma pena maior para o crime de perigo (seis meses a dois anos) do que para o crime de lesões corporais culposas (dois meses a um ano). Em síntese, pune-se de forma mais gravosa o perigo do que o resultado. Registre-se que, *in casu*, há uma vítima certa e determinada, não se podendo fundamentar a ilógica conclusão na natureza vaga do delito, configurada, tão somente, pela lógica legal.

Com efeito, não nos parece razoável que o crime de perigo tenha pena superior à do crime consumado. É da essência desses evitar o dano. Poder-se-ia argumentar sobre a natureza distinta da culpa entre os delitos de prescrição culposa e lesões corporais culposas, mas não há diferença. Assim como no crime de homicídio culposo, a culpa na prescrição é a mesma que produz as lesões corporais. Assim, com o escopo de afastar a insanável contradição de se punir menos severamente o resultado, em tese agravador, do que o perigo em si, entendemos que o agente deverá responder tão somente pelo crime previsto no art. 38 da Lei de Drogas, devendo a lesão corporal sofrida pela vítima ser considerada na primeira fase de fixação da pena, como consequência do delito.

No que toca à **conduta**, a figura típica em regra é praticada em regra por **ação**, podendo ser verificada modalidade omissiva quando o indivíduo, de forma negligente, não confere o medicamento entregue, induzindo a erro o indivíduo que ministra a droga no paciente.

O delito de colaboração prescrição de droga culposa é concebido como crime **formal**, de resultado cortado ou consumação antecipada.

A solução do nexo de causalidade pela **teoria da imputação objetiva** não diverge da doutrina tradicional. O agente que prescreve, culposamente, droga sem que dela que necessite o paciente, cria um **risco juridicamente desaprovado para o bem jurídico saúde pública.** Por sua vez, **o risco criado com a violação da norma** materializa-se no resultado exposição a perigo concreto, sendo certo que esse se encontra dentro do **alcance do tipo.**

Por fim, a estrutura do tipo penal completa-se com a tipicidade, expressamente consignada no art. 38 da Lei de Drogas.

3.5.9.4 Consumação e tentativa

O delito de prescrição culposa de drogas é concebido como crime formal, não exigindo a produção do resultado **naturalístico**. Consuma-se, portanto, com a efetiva prescrição ou ministração, culposa, de drogas, sem que delas necessite o paciente, ou quando o agente o faz em doses excessivas ou em desacordo com determinação legal ou regulamentar. Basta, portanto a entrega da prescrição para o paciente ou ministração da droga na forma do tipo penal.

A tentativa não nos parece admissível em razão da natureza culposa do delito, porquanto o resultado normativo é involuntário, evidenciando a incompatibilidade normativa da tentativa no crime culposo ordinário.

3.5.9.5 Conflito aparente de normas

a) **Art. 282 do CP**: Exercer, ainda que a título gratuito, a profissão de médico, dentista ou farmacêutico, sem autorização legal ou excedendo-lhe os limites: Pena – detenção, de seis meses a dois anos. Parágrafo único – Se o crime é praticado com o fim de lucro, aplica-se também multa.

b) **Tese 19 do STJ** – Jurisprudência em Teses – ed. 131: "Quando o agente no exercício irregular da medicina prescreve substância caracterizada como droga, resta configurado, em tese, o delito do art. 282 do Código Penal, em concurso formal com o art. 33, *caput*, da Lei n. 11.343/2006".

3.5.9.6 Ação penal

A ação penal, nos crimes previstos na Lei de Drogas, é pública incondicionada.

No crime em estudo, o procedimento a ser seguido é o do rito especial dos Juizados Especiais Criminais, em razão da pena prevista, detenção, de 6 (seis) meses a 2 (dois) anos, e pagamento de 50 (cinquenta) a 200 (duzentos) dias-multa.

Em razão da pena cominada, o delito admite a transação penal e suspensão condicional do processo.

3.5.10 Condução de embarcação ou aeronave após o consumo de drogas

> Art. 39. Conduzir embarcação ou aeronave após o consumo de drogas, expondo a dano potencial a incolumidade de outrem:
>
> Pena – detenção, de 6 (seis) meses a 3 (três) anos, além da apreensão do veículo, cassação da habilitação respectiva ou proibição de obtê-la, pelo mesmo prazo da pena privativa de liberdade aplicada, e pagamento de 200 (duzentos) a 400 (quatrocentos) dias-multa.
>
> Parágrafo único. As penas de prisão e multa, aplicadas cumulativamente com as demais, serão de 4 (quatro) a 6 (seis) anos e de 400 (quatrocentos) a 600 (seiscentos) dias-multa, se o veículo referido no caput deste artigo for de transporte coletivo de passageiros.

3.5.10.1 Introdução

O delito de **condução de embarcação ou aeronave após o consumo de drogas**[92], previsto no art. 39 da Lei de Drogas, tutela de forma direta a saúde pública e a segurança dos meios de transporte aéreo, marítimo e fluvial.

3.5.10.2 Sujeitos do crime

O delito de colaboração ao tráfico é **comum**, pois pode ser praticado por qualquer pessoa que tenha feito consumo de drogas.

O sujeito passivo do delito é a coletividade, tratando-se de crime vago.

3.5.10.3 Estrutura do tipo penal

A estrutura típica do crime previsto no art. 39 da Lei 11.343/06, é formada pelo núcleo verbal *conduzir;* e pelas elementares normativas *embarcação ou aeronave; após o consumo de drogas, expondo a dano potencial a incolumidade de outrem.*

92. O *nomen iuris* não consta da Lei, sendo decorrente de construção doutrinária.

Conduta nuclear

- conduzir

Elementares objetivas

Elementares normativas

- embarcação ou aeronave
- após o consumo de drogas
- expondo a dano potencial a incolumidade de outrem

Elementares subjetivas, especial fim de agir e elementos volitivos

- dolo

A estrutura, todavia, não se resume aos elementos revelados pela leitura literal, pois também traz a estrutura basilar finalista, composta na sua integralidade pela conduta, resultado, nexo de causalidade e tipicidade.

Conduzir significa dirigir, pilotar, controlar a embarcação ou aeronave, possuindo o controle sobre essa. O tipo penal caracteriza-se como norma penal em branco, vez que extrai os conceitos de embarcação e aeronave de outros diplomas legais. Segundo o art. 2º, inc. V, da Lei 9.537/97, *embarcação* é "qualquer construção, inclusive as plataformas flutuantes e, quando rebocadas, as fixas, sujeita a inscrição na autoridade marítima e suscetível de se locomover na água, por meios próprios ou não, transportando pessoas ou cargas", a exemplo de lanchas, navios, jet ski, entre outros. Por sua vez, o conceito de *aeronave* pode ser extraído do art. 106 do Código Brasileiro de Aeronáutica, Lei 7.565/86: "considera-se aeronave todo aparelho manobrável em voo, que possa sustentar-se e circular no espaço aéreo, mediante reações aerodinâmicas, apto a transportar pessoas ou coisas", a exemplo de aviões, helicópteros, ultraleves etc.

Os balões[93] foram concebidos e definidos como aeronaves pelo Regulamento Brasileiro da Aviação Civil (RBAC nº 01), ao passo que os VATs

93. *Balão* significa uma aeronave mais leve que o ar que não dispõe de propulsão própria.

(Veículos Aéreos não Tripulados), como os drones[94], foram regulados pelo Regulamento Brasileiro da Aviação Civil (RBAC-E 94), sendo que somente os de uso não recreativos, concebidos como aeromodelos, enquadram-se, ao menos em tese, no tipo penal. Em tese, porque há quem entenda que a condução pressupõe a integração direta e pessoal do condutor com o veículo em razão do verbo *conduzir*. Não nos parece, entretanto, a melhor conclusão normativa, porque tanto os balões ou drones não recreativos são concebidos como aeronaves e, portanto, veículos aptos a expor, a dano potencial, a incolumidade de outrem, especialmente quando conduzidos por alguém sob efeitos de drogas.

Tratando-se de condução de veículo automotor, após o consumo de drogas, o agente incorrerá no crime de embriaguez ao volante, previsto no art. 306 da Lei 9.503/97 (Código de Trânsito Brasileiro), haja vista que a norma citada se refere à condução com capacidade psicomotora alterada em razão da influência de álcool ou de outra substância psicoativa que determine dependência, isto é, não restringe sua incidência às hipóteses de consumo de álcool.

Lamentavelmente, o legislador, de forma injustificável, não regulou a questão quando o agente conduz embarcação ou aeronave após o consumo de álcool, devendo a questão ser solucionada por tipos penais residuais de perigo, a exemplo do art. 130 do Código Penal e art. 35 da Lei de Contravenções Penais.

A conformação típica pressupõe, normativamente, que a condução da embarcação ou aeronave ocorra após o consumo de drogas, de forma que deverá estar sob o efeito da droga, haja vista que o tipo penal ainda exige a exposição a dano potencial à incolumidade do outrem. Da redação típica, portanto, podemos inferir que o tipo penal é de perigo concreto e não perigo abstrato ante a necessária exposição ao risco de dano.

No que toca à **conduta**, a figura típica em regra é praticada em regra por **ação**, podendo ser verificada modalidade omissiva quando o indivíduo, garantidor e ciente da prática criminosa por parte de agente, deixa tomar providências para evitar o resultado exposição a perigo. O crime, por não exigir expressamente a finalidade especial de agir, pode ser praticado sob as **modalidades dolo direto e eventual**. O tipo penal não prevê a forma culposa.

94.. *Aeronave Remotamente Pilotada* (*Remotely-Piloted Aircraft – RPA*) significa a aeronave não tripulada pilotada a partir de uma estação de pilotagem remota com finalidade diversa de recreação.

O delito é concebido como crime **formal**, de resultado cortado ou consumação antecipada.

A solução do nexo de causalidade pela **teoria da imputação objetiva** não diverge da doutrina tradicional. O agente que conduz embarcação após o consumo de drogas, expondo a dano potencial a incolumidade de outrem, cria um **risco juridicamente desaprovado para o bem jurídico incolumidade e saúde pública**. Por sua vez, **o risco criado com a violação da norma** materializa-se no resultado exposição a perigo concreto, sendo certo que esse se encontra dentro do **alcance do tipo**.

Por fim, a estrutura do tipo penal completa-se com a tipicidade, expressamente consignada no art. 39 da Lei de Drogas.

3.5.10.4 Consumação e tentativa

O delito de condução de embarcação ou aeronave sob o efeito de drogas é concebido como crime formal, não exigindo a produção do resultado naturalístico relacionado à configuração do dano. Consuma-se, portanto, com a efetiva condução de embarcação ou aeronave sob o efeito de drogas, com exposição a dano potencial a incolumidade de outrem.

A tentativa nos parece perfeitamente admissível, em razão da possibilidade de fracionamento do *iter criminis*, como na hipótese do agente que, após consumir drogas, decide fazer uma manobra arriscada com a aeronave, mas é impedido pelo copiloto.

3.5.10.5 Figura qualificada

Nos termos do parágrafo único do dispositivo, "as penas de prisão e multa, aplicadas cumulativamente com as demais, serão de 4 (quatro) a 6 (seis) anos e de 400 (quatrocentos) a 600 (seiscentos) dias-multa, se o veículo referido no *caput* deste artigo for de transporte coletivo de passageiros".

A forma qualificada do delito pune de forma mais severa a conduta quando o agente que conduz, após o consumo de drogas, embarcação ou aeronave destinada ao transporte coletivo de passageiros, em razão do maior risco de dano, a exemplo de um avião comercial ou balsa. A redação legal, entretanto, nos sugere que a conduta deva ser praticada no efetivo transporte coletivo de passageiros, de forma que, em nossa compreensão, se o agente realiza a conduta, ainda que em uma embarcação ou aeronave destinada ao transporte coletivo de passageiros, mas sem que esteja no exercício do transporte de natureza profissional, responderá tão somente pela figura prevista no *caput*.

3.5.10.6 Conflito aparente de normas

a) **Art. 261, CP**: Expor a perigo embarcação ou aeronave, própria ou alheia, ou praticar qualquer ato tendente a impedir ou dificultar navegação marítima, fluvial ou aérea: Pena – reclusão, de dois a cinco anos.

b) **Art. 306, CTB**: Conduzir veículo automotor com capacidade psicomotora alterada em razão da influência de álcool ou de outra substância psicoativa que determine dependência: Penas – detenção, de seis meses a três anos, multa e suspensão ou proibição de se obter a permissão ou a habilitação para dirigir veículo automotor.

c) **Art. 35 da Lei de Contravenções Penais**: Entregar-se na prática da aviação, a acrobacias ou a voos baixos, fora da zona em que a lei o permite, ou fazer descer a aeronave fora dos lugares destinados a esse fim: Pena – prisão simples, de quinze dias a três meses, ou multa, de quinhentos mil réis a cinco contos de réis.

3.5.10.7 Ação penal

A ação penal, nos crimes previstos na Lei de Drogas, é pública incondicionada.

No crime em estudo, o procedimento a ser seguido é o do rito especial previsto nos artigos 54 a 59 da Lei de Drogas, com aplicação subsidiária do CPP e LEP (art. 48).

Em razão da pena cominada, detenção, de 6 (seis) meses a 3 (três) anos, além da apreensão do veículo, cassação da habilitação respectiva ou proibição de obtê-la, pelo mesmo prazo da pena privativa de liberdade aplicada, e pagamento de 200 (duzentos) a 400 (quatrocentos) dias-multa, o delito não admite a transação penal, admitindo, contudo, a suspensão condicional do processo e o ANPP.

3.5.10.8 Penas

A pena cominada ao delito é a de detenção, de 6 (seis) meses a 3 (três) anos, além da apreensão do veículo, cassação da habilitação respectiva ou proibição de obtê-la, pelo mesmo prazo da pena privativa de liberdade aplicada, e pagamento de 200 (duzentos) a 400 (quatrocentos) dias-multa.

Da redação legal, podemos inferir que a apreensão do veículo, na realidade, revela-se uma medida de natureza cautelar, porquanto o objeto, em si, não é ilícito ou capaz de expor alguém a risco. A previsão, como pena, não guarda qualquer sentido, pois nada impede que o autor, por exemplo, ainda que condenado e com a habilitação cassada, possa explorar seu patrimônio para auferir recursos para efetuar o pagamento da multa ou mesmo despesas de natureza pessoal. Ademais, sendo a aeronave ou embarcação de terceiro, a medida redundaria uma flagrante violação ao princípio da personalidade da pena, caso o proprietário, ao ceder ou alugar o objeto material para o condenado, não reunisse condições de saber acerca do consumo de drogas pelo agente.

Por outro lado, a pena de cassação da habilitação respectiva ou proibição de obtê-la, pelo mesmo prazo da pena privativa de liberdade aplicada, não se trata de pena substitutiva, porquanto prevista, de forma cumulativa, com a pena privativa de liberdade no próprio tipo penal.

No que toca à cassação, MASSON[95] (2022, p. 204) sustenta que:

> (...) a locução "cassação" dá ideia de algo definitivo e, como previsto no preceito secundário, tanto a cassação da habilitação como a proibição de obtê-la são penas que durarão "pelo mesmo prazo da pena privativa de liberdade aplicada." Assim, em vez de cassação, melhor seria a adoção do termo "suspensão", em face da temporariedade da pena.

Não obstante, assim não entendemos, haja vista que a norma não traz qualquer dúvida quanto à imposição da cassação, ato administrativo que cancela o registro da habilitação, impondo ao agente, caso queira, a obrigação de se submeter a novo processo para obtenção da habilitação, diferentemente da suspensão, que, ultrapassada o prazo da pena, automaticamente resgataria a habilitação.

3.6 CAUSAS DE AUMENTO DE PENA

> Art. 40. As penas previstas nos arts. 33 a 37 desta Lei são aumentadas de um sexto a dois terços, se:
>
> I – a natureza, a procedência da substância ou do produto apreendido e as circunstâncias do fato evidenciarem a transnacionalidade do delito;
>
> II – o agente praticar o crime prevalecendo-se de função pública ou no desempenho de missão de educação, poder familiar, guarda ou vigilância;
>
> III – a infração tiver sido cometida nas dependências ou imediações de estabelecimentos prisionais, de ensino ou hospitalares, de sedes de entidades estudantis, sociais, culturais, recreativas, esportivas, ou beneficentes, de locais de trabalho coletivo, de recintos onde se realizem

95. *op.cit.*

espetáculos ou diversões de qualquer natureza, de serviços de tratamento de dependentes de drogas ou de reinserção social, de unidades militares ou policiais ou em transportes públicos;
IV – o crime tiver sido praticado com violência, grave ameaça, emprego de arma de fogo, ou qualquer processo de intimidação difusa ou coletiva;
V – caracterizado o tráfico entre Estados da Federação ou entre estes e o Distrito Federal;
VI – sua prática envolver ou visar a atingir criança ou adolescente ou a quem tenha, por qualquer motivo, diminuída ou suprimida a capacidade de entendimento e determinação;
VII – o agente financiar ou custear a prática do crime.

3.6.1 Introdução

As causas de aumento de pena, de incidência na terceira fase da dosimetria da pena, foram previstas no art. 40 da Lei de Drogas, tendo o legislador restringido sua aplicação aos crimes previstos nos arts. 33 a 37 da Lei. Os patamares de aumento foram previstos de forma completa na norma, de forma que a pena poderá ser aumentada de um sexto a dois terços.

3.6.2 Causas de aumento em espécie

3.6.2.1 Transnacionalidade

> I – a natureza, a procedência da substância ou do produto apreendido e as circunstâncias do fato evidenciarem a transnacionalidade do delito.

A transnacionalidade do delito guarda relação com as fronteiras do território brasileiro com outros Estados soberanos, de forma que tendo o agente o escopo de romper os limites do território pátrio, estaremos diante da transnacionalidade do delito, ainda que, de fato, não ocorra a transposição da fronteira, conforme se infere do teor da Súmula 607 do STJ:

> A majorante do tráfico transnacional de drogas (art. 40, I, da Lei n. 11.343/2006) configura-se com a prova da destinação internacional das drogas, ainda que não consumada a transposição de fronteiras.

A norma elege três critérios como aptos a demonstrar a transnacionalidade: **a) natureza; b) procedência da substância ou do produto apreendido; e c) circunstâncias do fato**. A análise isolada desses critérios não é capaz, em regra, de nos fornecer parâmetros seguros para constatação da transnacionalidade, haja vista que o simples fato da droga ter sido produzida em outro país não significa que o tráfico realizado no interior de um bar seja revestido do aspecto transnacional. A origem da droga, nesse caso, evidencia que, em algum momento, foi praticado o tráfico por importação, mas isso não significa que o tráfico efetivamente flagrado e processado seja dotado de tal atributo.

Aliás, é importante destacar que a transnacionalidade não necessariamente pressupõe a realização das condutas nucleares *importar* ou *exportar*, haja vista que o mero depósito ou transporte, por exemplo, quando realizados com a finalidade de exportação, já evidenciam o escopo de transposição da fronteira nacional e a transnacionalidade do delito. Igualmente, nada impede que o agente faça parte de uma associação criminosa internacional para o tráfico ou venha a financiar a produção da droga no exterior para fins de posterior importação.

Impende destacar que, segundo o STJ, não há *bis in idem* na aplicação da causa de aumento de pena pela transnacionalidade, haja vista que o simples fato de o agente "trazer consigo" a droga já conduz à configuração da tipicidade formal do crime de tráfico:

> A jurisprudência desta Casa é no sentido de que, "ainda que o art. 33 da Lei n. 11.343/2006 preveja as condutas de 'importar' e 'exportar', não há bis in idem na aplicação da causa de aumento de pena pela transnacionalidade (art. 40, I, da Lei n. 11.343/2006), porquanto o simples fato de o agente 'trazer consigo' a droga já conduz à configuração da tipicidade formal do crime de tráfico" (REsp n. 1392330/SP, relator Ministro ROGERIO SCHIETTI CRUZ, SEXTA TURMA, julgado em 13/9/2016, DJe 20/9/2016). AgRg no Resp 1895424/PR, rel. Min. Antônio Saldanha Palheiro, 6ª Turma, DJe 16.05.22.

No mesmo sentido é a jurisprudência do STF:

> A causa de aumento em razão da transnacionalidade é aplicável ao agente que transporta a droga para o exterior ou com ela adentra as fronteiras de nosso país, não configurando bis in idem. Precedentes". HC 132.459/SP, DJe 13/02/2017).

Parcela da doutrina[96], entretanto, entende que se for imputada na denúncia somente a conduta de importar ou exportar, não será cabível a incidência da causa de aumento prevista no art. 40, I, da Lei 11.343/06, em razão do

96. Por todos, Cléber Masson, *op. cit.* p. 209.

princípio do *non bis in idem*, pois seria impossível exercer tais condutas sem a transnacionalidade.

Não nos parece, contudo, a melhor exegese, pois a importação e exportação são meros conceitos normativos que evidenciam o transporte de um lugar para outro, *in casu*, países diferentes, ou a simples conduta de trazer consigo para levar a droga de um país para outro. Logo, tanto a importação como a exportação englobam, necessariamente, outras condutas típicas pressupostas, que não podem ser dissociadas tão somente pelo emprego de termos normativos que atribuem, juridicamente, sentido próprio ao transporte de drogas para o exterior. Registre-se, por oportuno, que caso a droga seja permitida, por exemplo, no país de destino, não haverá a incidência da majorante da transnacionalidade, porquanto se exige a dupla proibição.

Nos termos do art. 70 da Lei 11.343/06, "o processo e o julgamento dos crimes previstos nos arts. 33 a 37 desta Lei, se caracterizado ilícito transnacional, são da competência da Justiça Federal". A previsão legal segue a linha do art. 109, V, da Constituição Federal, que prevê que compete aos juízes federais processar e julgar: (...) "os crimes previstos em tratado ou convenção internacional, quando, iniciada a execução no País, o resultado tenha ou devesse ter ocorrido no estrangeiro, ou reciprocamente". Logo, temos que, em regra, verificado o tráfico internacional, a investigação competirá a Polícia Federal e o julgamento à Justiça Federal.

Com o cancelamento da Súmula 528 do Superior Tribunal de Justiça[97] pela 3ª Seção em março de 2022, com lastro no julgamento do **Conflito de Competência 177.882**, j. 26.05.21, estabeleceu-se que, no caso de importação de droga via correio, deve-se "reconhecer como competente o juízo do local de destino da droga", em razão da facilidade para a coleta de provas e para a instrução do processo.

Além dos julgados mencionados acima, destacamos como importantes para conhecimento as seguintes decisões:

> Agravo regimental no habeas corpus. 2. Fração pela transnacionalidade do delito de tráfico. Agravantes se deslocaram da Bolívia e foram presas no Brasil, quando embarcavam para a Espanha. **Fração majorada pela longa distância percorrida**. Ausência de ilegalidade. 3. Agravo improvido. (STF: HC 191131 AgR, Relator(a): Gilmar Mendes, Segunda Turma, julgado em 14/06/2021, DJe 17.06.21).

97. Súmula 528: Compete ao juiz federal do local da apreensão da droga remetida do exterior pela via postal processar e julgar o crime de tráfico internacional.

Tese 37 (Jurisprudência em Teses – STJ, ed. 131): Para a incidência das majorantes previstas no art. 40, I e V, da Lei n. 11.343/2006, **é desnecessária a efetiva transposição de fronteiras**, sendo suficiente, respectivamente, a prova de destinação internacional das drogas ou a demonstração inequívoca da intenção de realizar o tráfico interestadual.

Tese 38 (Jurisprudência em Teses - STJ, ed. 131): "**É cabível a aplicação cumulativa das causas de aumento relativas à transnacionalidade e à interestadualidade do delito**, previstas nos incisos I e V do art. 40 da Lei de Drogas, quando evidenciado que a droga proveniente do exterior se destina a mais de um estado da Federação, sendo o intuito dos agentes distribuir o entorpecente estrangeiro por mais de uma localidade do país.

3.6.2.2 Prevalência de função pública ou desempenho de missão de educação, poder familiar, guarda ou vigilância

II – o agente praticar o crime prevalecendo-se de função pública ou no desempenho de missão de educação, poder familiar, guarda ou vigilância.

A majorante incide, na primeira hipótese, quando o agente público pratica a conduta em razão da vinculação que mantém com a Administração Pública, exigindo-se, portanto, o nexo funcional que associa o comportamento à majorante. Não se exige que o agente público possua ligações com a área de segurança pública, haja vista que o ponto de incidência da majorante reside na circunstância do agente se valer da função pública para contribuir para a prática delitiva.

Tratando dos crimes previstos nos arts. 33, *caput* e § 1º, e 34 a 37, nos termos do art. 56, §1º, da Lei de Drogas, "o juiz, ao receber a denúncia, poderá decretar o afastamento cautelar do denunciado de suas atividades, se for funcionário público, comunicando ao órgão respectivo".

Por outro lado, a segunda hipótese prevista na majorante relaciona-se com o desempenho de missão de educação, poder familiar, guarda ou vigilância. O desempenho de missão de educação pode ser verificado na atuações de professores. O poder familiar pode ser extraído do dever dos pais, ao passo que o dever de guarda incumbe aos responsáveis pela criança ou adolescente, na forma do Estatuto da Criança e do Adolescente. Por fim, verifica-se o dever de vigilância nas situações em que há função legal ou contratual, a exemplo de babás e vigias.

O vigia que pratica da conduta de tráfico de drogas, longe e sem vinculação com a função contratual exercida, não incorre na majorante, haja vista que se exige o nexo normativo entre o comportamento e exercício da função.

Há que se perquirir, portanto, o nexo entre o comportamento e a condição do agente para que a majorante seja aplicada.

Nada impede, por exemplo, que o agente incorra em mais de uma majorante, desde que o âmbito de incidência atinja tutelas distintas, a exemplo do professor que vende drogas no interior da escola, pois, além de violar o esperado dever quanto à função de professor (inc. II), realiza o comportamento em local com maior risco à saúde pública em razão do maior número de pessoas, escola (inc. III).

3.6.2.3 Prática nas dependências ou imediações de locais específicos

> III – a infração tiver sido cometida nas dependências ou imediações de estabelecimentos prisionais, de ensino ou hospitalares, de sedes de entidades estudantis, sociais, culturais, recreativas, esportivas, ou beneficentes, de locais de trabalho coletivo, de recintos onde se realizem espetáculos ou diversões de qualquer natureza, de serviços de tratamento de dependentes de drogas ou de reinserção social, de unidades militares ou policiais ou em transportes públicos.

O rol de locais previsto na majorante é taxativo, não comportando extensão por analogia. A incidência da majorante ocorre quando o delito for praticado nas dependências ou imediações dos locais descritos na norma. Não há um critério legal para definição do que seja imediações, de forma que somente o caso concreto será capaz de permitir uma análise segura. O traficante, por exemplo, que vende drogas nas proximidades de um colégio, em rua que usualmente é utilizada pelos alunos para alcançar a escola, incorre na majorante. Ademais, segundo o STJ, sequer se exige que o público-alvo seja os frequentadores do local:

> Para a incidência da causa de aumento prevista no art. 40, III, da Lei n. 11.343/2006 é desnecessária a efetiva comprovação de que o tráfico se dava naquelas entidades ou que a mercancia se destinava a seus frequentadores, bastando apenas que o crime seja cometido em suas imediações (...) AgRg no HC 488.403/SP, rel. Min. Reynaldo Soares da Fonseca, 5ª Turma, j. 19.03.19.

Nos **estabelecimentos prisionais**, há a incidência da majorante tão somente pelo fato de ser praticado em seu interior ou nas imediações, de forma que tanto o preso que revende a droga em seu interior como aquele que é flagrado com a droga em suas imediações, visitante ou não, incorre na causa de aumento de pena. De acordo com o STJ: "Não há ilegalidade na incidência da causa de aumento prevista no art. 40, III, da Lei n. 11.343/2006, pois o crime foi cometido nas dependências do estabelecimento prisional onde se encontrava preso um dos corréus" (HC 208.062/ES, rel. Min. Gurgel de Faria, 5ª Turma, j. 08.09.15).

A conduta praticada nas dependências ou imediações de estabelecimentos de **ensino ou hospitalares, de sedes de entidades estudantis, sociais, culturais, recreativas, esportivas, ou beneficentes** guardam, de certa forma, conexão com a aglomeração e trânsito de pessoas, potencializando a narcotraficância e incrementando o risco diante da possibilidade de alcance de um maior número de pessoas. O mesmo fundamento pode ser extraído da prática da conduta em **locais de trabalho coletivo, de recintos onde se realizem espetáculos ou diversões de qualquer natureza, e em transportes públicos**, locais de maior difusão das drogas.

No caso específico de transportes públicos, além da incidência da majorante quando a conduta for praticada em pontos de ônibus, rodoviárias, aeroportos etc., segundo os entendimentos do STF[98] e STJ[99], "a mera utilização de transporte público para o carregamento da droga não induz à aplicação da causa de aumento (...)", isto é, revela-se "necessária a efetiva oferta ou a comercialização da droga no interior do veículo público, não bastando, para a sua incidência, o só fato de o agente ter se utilizado dele como meio de locomoção e transporte da substância ilícita".

Por outro lado, praticada a conduta nas dependências ou imediações de locais de **serviços de tratamento de dependentes de drogas ou de reinserção social**, o fundamento nos parece distinto, haja vista que, *in casu*, o traficante atinge um público mais vulnerável, incrementando o risco de sua conduta.

Por sua vez, a prática da conduta nas dependências ou proximidades **de unidades militares ou policiais** revela uma maior falta de fidelidade ao Direito por parte do agente, demonstrando seu atrevimento, digno de maior censura.

Excepcionalmente, segundo o entendimento do STJ, a prática do delito nas imediações dos locais previstos na norma pode não gerar a incidência da causa de aumento quando, por exemplo, não se estabelecer o **vínculo normativo do aproveitamento** da aglomeração ou vulnerabilidade, como na hipótese do traficante que vende drogas defronte a uma escola às 03h da madrugada, horário em que o estabelecimento está fechado e não há qualquer aglomeração e circulação das pessoas, em tese, protegidas pela norma. Não há, *in casu*, o incremento do risco hábil a gerar a incidência da majorante.

98. HC 122.701/MS, rel. Min. Rosa Weber, 1ª Turma, j. 24.10.14.

99. HC 455.652/SP, rel. Min. Ribeiro Dantas, 5ª Turma, j. 04.09.18.

> "A razão de ser da causa especial de aumento de pena prevista no inciso III do art. 40 da Lei n. 11.343/2006 é a de punir, com maior rigor, aquele que, nas imediações ou nas dependências dos locais a que se refere o dispositivo, dada a maior aglomeração de pessoas, tem como mais ágil e facilitada a prática do tráfico de drogas (aqui incluídos quaisquer dos núcleos previstos no art. 33 da Lei n. 11.343/2006), justamente porque, em localidades como tais, é mais fácil ao traficante passar despercebido à fiscalização policial, além de ser maior o grau de vulnerabilidade das pessoas reunidas em determinados lugares" (...). HC 451.260/ES, rel. Min. Rogerio Schietti Cruz, 6ª Turma, j. 07.08.18.

3.6.2.4 Prática com violência, grave ameaça, emprego de arma de fogo, ou qualquer processo de intimidação difusa ou coletiva

> IV – o crime tiver sido praticado com violência, grave ameaça, emprego de arma de fogo, ou qualquer processo de intimidação difusa ou coletiva.

A parte final da norma, "**ou qualquer processo de intimidação difusa ou coletiva**", além de trazer a possibilidade de aplicação da interpretação analógica, nos fornece o principal parâmetro de interpretação do dispositivo, o **risco maior**.

Nitidamente, um ponto de venda de drogas publicamente abastecido de armas ou de traficantes armados revela não somente um maior risco àquele que busca a droga no local, mas também à coletividade, vez que não é incomum que, em confrontos entre traficantes por disputas de pontos de drogas, terceiros inocentes sejam vitimados.

Igualmente, não se revela incomum que traficantes, valendo-se de violência, grave ameaça ou emprego de armas de fogo, imponham "toques de silêncio" em comunidades, para intimidar os moradores com o escopo de evitar possíveis denúncias, anônimas ou não, à polícia.

Não obstante o vetor coletivo ou difuso trazido pela norma, parece-nos possível a incidência da majorante quando a violência, grave ameaça ou emprego de arma de fogo tiver sido dirigida contra uma pessoa específica, a exemplo do traficante que coage, por ameaça, alguém a transportar drogas de um local para outro, ou quando, mediante violência, agride alguém para que faça uso de drogas, como na hipótese do marido que obriga a mulher a cheirar cocaína.

Especificamente quanto ao emprego de arma de fogo, a majorante, ao se valer do verbo "empregar", pressupõe o efetivo uso, porte ou exibição, não incidindo a majorante, por exemplo, quando o indivíduo transporta drogas em um veículo e, simultaneamente, porta uma pistola. *In casu*, há tão somente o concurso de infrações. Sobre o concurso de infrações, caso verificado que a houve efetivo emprego de arma de fogo, há três correntes sobre o tema.

A primeira corrente sustenta o concurso material de infrações, de forma que o agente responderá pelo crime previsto na Lei de Drogas, com a incidência da majorante, e pelo delito previsto no Estatuto do Desarmamento.

A segunda corrente, por seu turno, aduz inexistir o concurso de crime diante da possibilidade de configuração do *bis in idem*, porquanto o emprego de arma de fogo serviria tanto para majorar a pena do crime na Lei de Drogas, como para dar vazão a um delito previsto no Estatuto do Desarmamento.

Por fim, a terceira corrente, prevalente no STJ e em nossa compreensão, sustenta que o concurso de crime não necessariamente se verifica, devendo ser apurado, no caso concreto, o nexo finalístico entre as condutas, ou seja, o concurso estará presente quando o emprego da arma estiver ligado diretamente ao comércio ilícito de entorpecentes, ou seja, para assegurar o sucesso da mercancia ilícita[100].

De fato, como a mesma circunstância não pode ser utilizada, simultaneamente, para agravar a pena de um delito e dar vazão a uma tipicidade autônoma, o melhor caminho a se seguir é o sufragado pelo STJ, de buscar, no caso concreto, o nexo finalístico entre o porte ou a posse de armas e o tráfico de drogas.

3.6.2.5 Interestadualidade

> V – caracterizado o tráfico entre Estados da Federação ou entre estes e o Distrito Federal.

Apesar da menção estrita a "tráfico", o dispositivo deve ser interpretado sob a luz do *caput*, que prevê sua incidência aos arts. 33 a 37 da Lei 11.343/06.

Assim como na hipótese do inciso I, que versa sobre a transnacionalidade, o inciso V do art. 40 trata das hipóteses de tráfico de drogas que envolve a modificação do local da droga de um lugar para outro, desta vez, de um Estado para outro ou para o Distrito Federal, revelando a interestadualidade do tráfico. Registre-se que, em nenhum inciso do art. 40, foi prevista causa de aumento atinente à intermunicipalidade, de forma que somente a transnacionalidade (I) e interestadualidade (V) foram contempladas, sendo que, *in casu*, a competência será da Justiça Estadual.

100. HC 181.400/RJ, rel. Min. Marco Aurélio Bellizze, 5ª Turma, j. 29.06.12.

Segundo o STJ, quanto ao aumento pela interestadualidade, a escolha da fração deve se basear na quantidade de Estados da federação envolvidos. Assim, envolvendo o caso apenas dois Estados, deve ser restabelecida a fração mínima de 1/6 aplicada na sentença[101].

Não se exige, à exemplo da majorante da transnacionalidade, que ocorra a efetiva transposição das fronteiras estaduais para que a majorante incida, conforme se verifica pelo teor da Súmula 587 do STJ: "Para a incidência da majorante prevista no art. 40, V, da Lei 11.340/06, é desnecessária a efetiva transposição de fronteiras entre estados da federação, sendo suficiente a demonstração inequívoca de realizar o tráfico interestadual."

A doutrina diverge quanto à possibilidade de incidência das causas de aumento referentes à transnacionalidade e interestadualidade em conjunto. A primeira corrente sustenta a ocorrência de *bis in idem* na aplicação conjunta, porquanto a difusão estadual seria mera consequência da transnacionalidade, ao passo que a segunda corrente, na linha do entendimento do STJ[102], entende por possível a cumulação quando, demonstrada a origem estrangeira da droga e o escopo de distribuição entre diversos Estados, nada impede a imputação simultânea das duas majorantes.

Assim, à guisa de exemplo, existindo provas da importação de drogas da Colômbia e o objetivo final de distribuição para os Estados de São Paulo, Rio de Janeiro e Paraná, presentes estarão as duas majorantes, ainda que a droga efetivamente não seja distribuída no âmbito dos Estados, conforme se infere da lógica conclusiva da **Súmula 607 do STJ**: A majorante do tráfico transnacional de drogas (art. 40, I, da Lei n. 11.343/2006) configura-se com a prova da destinação internacional das drogas, ainda que não consumada a transposição de fronteiras.

---

101. HC 364.661/ SC, rel. Min. Reynaldo Soares da Fonseca, 5ª Turma, DJe. 25.11.16.

102. "I – É cabível a aplicação cumulativa das causas de aumento relativas à transnacionalidade e à interestadualidade do delito, previstas nos incisos I e V da Lei de Drogas, quando evidenciado que a droga proveniente do exterior se destina a mais de um estado da federação, sendo o intuito dos agentes distribuir o entorpecente estrangeiro por mais de uma localidade do país. Contudo, entendeu o acórdão recorrido não ser esta a hipótese. A droga que se destina a unidade federativa que não seja de fronteira, necessariamente percorrerá mais de um estado. Porém, inexistindo difusão ilícita do entorpecente no caminho e comprovado que toda droga será comercializada em um mesmo estado, de fato, não resta configurado o tráfico interestadual. Precedentes. II – Nessa linha de raciocínio, quando não há difusão ilícita de drogas em mais de uma unidade federativa, o mero transporte de entorpecente por estados fronteiriços até o destino final, como na presente hipótese, é apto a configurar apenas a transnacionalidade do tráfico." (AgRg no REsp 1.744.207/TO, j. 26/06/2018).

Por outro lado, caso o transporte da droga, destinada exclusivamente ao Estado do Rio de Janeiro, passe pelos Estados do Amazonas, Mato Grosso, Goiás e Minas Gerais, ocorrerá somente a incidência da causa de aumento da transnacionalidade, porquanto o escopo não abrange a interestadualidade do tráfico. O tema, inclusive, encontra-se previsto no item 38 da Jurisprudência em Teses do STJ, ed. 131:

> É cabível a aplicação cumulativa das causas de aumento relativas à transnacionalidade e à interestadualidade do delito, previstas nos incisos I e V do art. 40 da Lei de Drogas, quando evidenciado que a droga proveniente do exterior se destina a mais de um estado da Federação, sendo o intuito dos agentes distribuir o entorpecente estrangeiro por mais de uma localidade do país.

3.6.2.6 Prática envolvendo ou visando atingir criança, adolescente ou pessoa com diminuída ou suprimida capacidade de entendimento e determinação

> VI – sua prática envolver ou visar a atingir criança ou adolescente ou a quem tenha, por qualquer motivo, diminuída ou suprimida a capacidade de entendimento e determinação.

Nitidamente, o dispositivo visa tutelar grupos de pessoas vulneráveis e, portanto, mais propensas não somente a ingressar no submundo das drogas, mas também com maiores dificuldades de compreender as consequências de tal ingresso.

O dispositivo, no que toca às vítimas crianças e adolescentes, lança mão do critério etário previsto no art. 2º do ECA, revelando seu conteúdo em branco.

A segunda parte do dispositivo trata da vítima que tem **diminuída ou suprimida a capacidade de entendimento e determinação** por qualquer motivo. Assim, o depressivo, o enfermo, o ébrio e o senil, entre outros, em condição de capacidade de entendimento e determinação diminuída ou suprimida, ainda que temporariamente, são mais propensos à prática do ato, razão de ser da majorante.

A redação legal, contudo, não contempla somente as situações em que tais pessoas são vítimas da conduta, mas também quando o agente envolve tais pessoas na prática delitiva, realizando, por exemplo, o tráfico em conjunto com adolescentes.

No caso de crianças e adolescentes, não obstante a existência do tipo penal de corrupção de menores, que abarca a conduta (art. 244-B, ECA), não há como se afastar da aplicação dos princípios da especialidade e do *ne bis in idem*, porquanto o fundamento da majorante é idêntico ao do próprio crime previsto no art. 244-B do ECA. Logo, no caso da prática de algum dos delitos previstos nos arts. 33 a 37 da Lei de Drogas, em concurso com criança ou adolescente, afasta-se a incidência típica do aludido delito para que se aplique a tão somente majorante prevista no art. 40, VI, da Lei de Drogas. Nesse sentido é o entendimento do STJ

> Na hipótese de o delito praticado pelo agente e pelo menor de 18 anos não estar previsto nos arts. 33 a 37 da Lei de Drogas, o réu poderá ser condenado pelo crime de corrupção de menores, porém, se a conduta estiver tipificada em um desses artigos (33 a 37), não será possível a condenação por aquele delito, mas apenas a majoração da sua pena com base no art. 40, VI, da Lei n. 11.343/2006. O debate consistiu no enquadramento da conduta de adulto que pratica tráfico em concurso eventual com criança ou adolescente. Para configuração do crime previsto no art. 244-B do Estatuto da Criança e do Adolescente (ECA), basta a participação de menor de 18 anos no cometimento do delito, pois, de acordo com a jurisprudência do STJ, o crime é formal e, por isso, independe da prova da efetiva corrupção do menor (Súmula 500/STJ). Por sua vez, para incidir a majorante do art. 40, VI, da Lei de Drogas, faz-se necessário que, ao praticar os delitos previstos nos arts. 33 a 37, o réu envolva ou vise atingir criança, adolescente ou quem tenha capacidade de entendimento e determinação diminuída. Não se compartilha do entendimento no sentido de que, se a criança ou adolescente já estiverem corrompidos, não há falar em corrupção de menores e de que responde o agente apenas pelo crime de tráfico majorado, pois, de acordo com o entendimento do STJ, é irrelevante a prova da efetiva corrupção do menor para que o acusado seja condenado pelo crime do ECA. A solução deve ser encontrada no princípio da especialidade. Assim, se a hipótese versar sobre concurso de agentes envolvendo menor de dezoito anos com a prática de qualquer dos crimes tipificados nos arts. 33 a 37 da Lei de Drogas, afigura-se juridicamente correta a imputação do delito em questão, com a causa de aumento do art. 40, VI. Para os demais casos, aplica-se o art. 244-B, do Estatuto da Criança e do Adolescente." REsp 1.622.781/MT, rel. Min. Sebastião Reis Júnior, 6ª Turma, j. 22.11.16.

3.6.2.7 Financiamento ou custeio

> VII – o agente financiar ou custear a prática do crime.

Não obstante a previsão do *caput*, que prevê, indistintamente, a aplicação da majorante aos arts. 33 a 37 da Lei de Drogas, a majorante não incide sobre o art. 36 da referida lei, que versa sobre o financiamento ou custeio do tráfico de drogas, porquanto a aplicação da causa de aumento de pena teria o mesmo fundamento jurídico, caracterizando o *bis in idem*.

De igual modo, não nos parece viável a aplicação da majorante ao crime previsto no art. 37 da Lei de Drogas, vez que o *modus operandi* do dispositivo envolve a prestação de informações, circunstância que não se coaduna com o financiamento ou custeio das drogas.

Ainda no contexto das exceções à regra do *caput*, dentre os crimes previstos no art. 33 da Lei de Drogas, a majorante revela-se incompatível com a figura típica prevista no art. 33, §3º da Lei 11.343/06, porquanto a conformação típica pressupõe a eventualidade e fim não lucrativo, circunstâncias que, somadas, afastam a *mens legis* de punir mais severamente quem financia ou custeia o tráfico.

O crime previsto §2º do art. 33 suscita maior reflexão, haja vista que a indução, instigação ou auxílio a alguém ao uso indevido de droga, em tese, pode ser financiado por terceiro, como na hipótese do agente que, agindo como autor mediato, "patrocina" um adolescente para que convença seu grupo restrito de amigos a usarem cocaína, como o objetivo futuro de comercializar a droga posteriormente. No exemplo, a conduta do menor é praticada estritamente para contribuir para o uso de drogas, não estando associada à traficância, objetivo final do autor mediato.

Consoante destacamos no estudo dos crimes previstos nos arts. 35 e 36, no caso de associação para o tráfico (art. 35), não nos parece possível a incidência da causa de aumento, haja vista que o financiador, ao disponibilizar os recursos para a associação, exaure o seu comportamento criminoso, dando vazão à incidência típica, porquanto ao financiar ou custear a associação voltada para a prática de crimes de tráfico, umbilicalmente financia o próprio tráfico, razão de ser da própria entidade criminosa.

Não obstante e ressalvado o entendimento apresentado no item 3.5.7.4 supra, o entendimento francamente dominante é que caso o agente realize de forma direta o tráfico de drogas e também financie ou custeie a aquisição das drogas, incorrerá na causa de aumento em estudo, afastando-se, contudo, o delito previsto no art. 36 da Lei de Drogas.

Em razão da importância, destacamos três posicionamentos solidificados pelo STJ acerca da majorante:

> "O financiamento ou custeio ao tráfico ilícito de drogas (art. 36 da Lei nº 11.343/2006) é delito autônomo aplicável ao agente que não tem participação direta na execução do tráfico, limitando-se a fornecer os recursos necessários para subsidiar a mercancia" (REsp 1.290.296/PR, rel. Min. Maria Thereza de Assis de Moura, 6ª Turma, j. 03.02.14).
>
> Tese 36 – Jurisprudência em Teses do STJ – ed. 131: "Não acarreta bis in idem a incidência simultânea das majorantes previstas no art. 40 da Lei n.

11.343/2006 aos crimes de tráfico de drogas e de associação para fins de tráfico, porquanto são delitos autônomos, cujas penas devem ser calculadas e fixadas separadamente".

Tese 43 - Jurisprudência em Teses do STJ - ed. 131: "A aplicação das majorantes previstas no art. 40 da Lei de Drogas exige motivação concreta, quando estabelecida acima da fração mínima, não sendo suficiente a mera indicação do número de causas de aumento".

3.7 DOSIMETRIA DA PENA

Art. 42. O juiz, na fixação das penas, considerará, com preponderância sobre o previsto no art. 59 do Código Penal, a natureza e a quantidade da substância ou do produto, a personalidade e a conduta social do agente.

O Código Penal brasileiro adotou o sistema trifásico para o cálculo da pena privativa de liberdade. As três fases foram previstas no art. 68 do CP: "A pena-base será fixada atendendo-se ao critério do art. 59 deste Código; em seguida serão consideradas as circunstâncias atenuantes e agravantes; por último, as causas de diminuição e de aumento".

A Lei de Drogas preserva o sistema trifásico, mas determina, de forma complementar, em seu art. 42, que a natureza e a quantidade da substância ou do produto, a personalidade e a conduta social do agente, são circunstâncias preponderantes à previsão do art. 59 do CP.

A construção da pena pelo magistrado é um ato jurídico vinculado, com certa margem de subjetividade. Ao mesmo tempo que está adstrito aos parâmetros legais, preserva sua discricionariedade para valorar as situações fáticas e jurídicas que interferem na pena. Esse modelo de ato discricionário-vinculado é conhecido por ***teoria das margens***.

Em síntese, o magistrado fixará a pena-base nos crimes previstos na Lei de Drogas considerando, preponderantemente, a natureza e a quantidade da substância ou do produto, a personalidade e a conduta social do agente. Estabelecida a pena-base, que deve ficar entre os patamares mínimo e máximo da pena cominada, o juiz aplicará eventuais circunstâncias agravantes e atenuantes. Encerrada a segunda fase da fixação da pena, o magistrado deverá aplicar as eventuais causas de diminuição e aumento previstas na Lei de Drogas e Parte Geral do Código Penal.

As qualificadoras não integram, de forma autônoma, as fases da aplicação da pena, pois já agravam o delito no próprio preceito secundário e, portanto, são levadas em consideração na fixação da pena-base.

Fixada a pena definitiva, deverá o magistrado estabelecer o regime inicial de cumprimento da pena e analisar a possibilidade de aplicação de pena substitutiva não privativa de liberdade ou *sursis*.

Na aplicação da pena, é crucial que o magistrado fundamente cada situação de aumento ou diminuição para se assegurar o direito de defesa do réu.

Demonstradas, de forma sintética, as fases de aplicação da pena, na primeira fase de aplicação da pena, o juiz deverá considerar **a natureza e a quantidade da substância apreendida, a personalidade e a conduta social do agente**, circunstâncias, aliás, que também devem ser consideradas para fins de correto enquadramento típico. Além das circunstâncias prevalentes, o magistrado deverá dosar a pena com lastro no art. 59 do CP, porquanto o art. 42 da Lei de Drogas tão somente determina a preponderância de algumas circunstâncias.

De forma inegável, a vasta **quantidade de drogas ou a apreensão de diferentes espécies de drogas** em poder do agente são circunstâncias aptas a demonstrar uma maior reprovabilidade da conduta, permitindo, na fixação da pena, uma redução em patamar distante do máximo previsto.

O tema foi objeto de julgamento pelo Plenário do STF, no ARE 666.334/AM, em 2014, que afirmou, em sede de repercussão geral, que *"as circunstâncias da natureza e da quantidade da droga apreendida devem ser levadas em consideração apenas em uma das fases do cálculo da pena"*, sob pena de *bis in idem*.

Em reforço ao julgamento, o STF, ao analisar o AgReg no HC 181.841/MS, j. 29.05.20, decidiu que:

> No julgamento dos Habeas Corpus 112.776 e 109.193, sob a relatoria do Ministro Teori Zavascki, o Tribunal, por maioria de votos, entendeu que configura ilegítimo *bis in idem* considerar a natureza e a quantidade da substância ou do produto para fixar a pena base (primeira etapa) e, simultaneamente, para a escolha da fração de redução a ser imposta na terceira etapa da dosimetria (§ 4º do art. 33 da Lei 11.343/2006). Todavia, nada impede que essa circunstância seja considerada para incidir, alternativamente, na primeira etapa (pena-base) ou na terceira (fração de redução).

A questão é, de fato, complexa, haja vista que a jurisprudência trilha a linha da interpretação do art. 42 da Lei de Drogas de forma amplificada, fugindo à hermenêutica que o próprio artigo nos fornece. O dispositivo, ao assinalar que o juiz, na fixação das penas, considerará, **com preponderância sobre o previsto no art. 59 do Código Penal**, a natureza e a quantidade da substância ou do produto, a personalidade e a conduta social do agente, nitidamente fixa uma premissa ao realizar a comparação com o art. 59 do CP, utilizado para fins de fixação da pena base.

Logo, parece-nos claro que a natureza e a quantidade da droga apreendida, por força do **princípio da especialidade**, devem ser levadas em consideração para fixação da pena-base, pois a "preponderância", expressamente prevista na norma, não deve ser reservada para outras fases da dosimetria, onde o legislador não tenha previsto, de forma específica, sua utilização. Somente no caso de conjugação com outras circunstâncias do caso concreto permitiria, para nós, sua utilização supletiva na terceira fase da dosimetria.

A 3ª Seção do STJ[103], na decisão do EResp 1.887.511/SP, j. 09.06.21, nessa linha de compreensão, decidiu que

> "1 - a natureza e a quantidade das drogas apreendidas são fatores a serem necessariamente considerados na fixação da pena-base, nos termos do art. 42 da Lei nº 11.343/2006.
>
> 2 - Sua utilização supletiva na terceira fase da dosimetria da pena, para afastamento da diminuição de pena prevista no § 3º do art. 33 da Lei n. 11.343/2016, somente pode ocorrer quando esse vetor conjugado com outras circunstâncias do caso concreto que, unidas, caracterizem a dedicação do agente à atividade criminosa ou a integração a organização criminosa.
>
> 3 - Podem ser utilizadas para modulação da causa de diminuição de pena prevista no § 4º do art. 33 da Lei n. 11.343/2006 quaisquer circunstâncias judiciais não preponderantes, previstas no art. 59 do Código Penal, desde que não utilizadas na primeira etapa, para fixação da pena-base."

Em síntese, entendeu o STJ que "é possível a valoração da quantidade e natureza da droga apreendida, tanto para a fixação da pena-base quanto para a modulação da causa de diminuição prevista no art. 33, §4º, da Lei n. 11.343/2006, neste último caso ainda que sejam os únicos elementos aferidos, desde que não tenham sidos considerados na primeira fase do cálculo da pena".

---

103. Na mesma linha, trecho do voto do Min. João Otávio Noronha proferido no julgamento do Resp 1887511/SP, j. 09.06.21: "Assim, considero que, na primeira etapa da dosimetria da pena em condenações de tráfico de drogas, deve-se necessariamente considerar o elemento preponderante "natureza e quantidade do entorpecente apreendido" para fixação da pena-base. Não há margem, na redação do artigo, para afastamento desse vetor por discricionariedade judicial, já que o princípio da especialidade exige sua prevalência. Nessa linha de raciocínio, considero que não podem eles, por consequência, ser reservados para etapas subsequentes para as quais o legislador não tenha previsto, de forma específica, sua utilização (e o § 4º do art. 33 da Lei n. 11.343/2006 não prevê esses elementos como requisito para a causa de diminuição de pena que estabelece, é bom lembrar)".

Em outros julgados relevantes, o STJ entendeu que "a apreensão de petrechos para a traficância, a depender das circunstâncias do caso concreto, pode afastar a causa de diminuição de pena do art. 33, § 4º, da Lei n. 11.343/2006"[104]; que "é possível a aferição da quantidade e da natureza da substância entorpecente, concomitantemente, na primeira etapa da dosimetria, para exasperar a pena-base e, na terceira, para justificar o afastamento da causa especial de diminuição do art. 33, § 4º, da Lei n. 11.343/2006 – quando evidenciado o envolvimento habitual do agente no comércio ilícito de entorpecentes – sendo tal hipótese distinta da julgada, em repercussão geral, pela Suprema Corte no ARE 666.334/AM"[105]; que "não ocorre bis in idem quando o julgador fixa a pena-base acima do mínimo legal em razão da natureza, quantidade e diversidade das drogas apreendidas e afasta o referido redutor em razão da dedicação do agente à atividade criminosa, evidenciada pelas circunstâncias da apreensão, com destaque para a expressiva quantidade de entorpecentes apreendidos"[106]; e que "esta Corte tem decidido que a quantidade e a natureza da droga, aliadas às circunstâncias em que cometido o tráfico, podem evidenciar a dedicação a atividades criminosas, o que afasta a aplicação da minorante"[107].

No âmbito do STF, podemos destacar os seguintes julgados:

> "(...) Diversamente do que ocorre na primeira fase da dosimetria da pena, em que a *quantidade* e qualidade de drogas são vetores legalmente expressos (art. 42 da Lei 11.343/2006) e, portanto, dispensam maiores digressões, a utilização dessa circunstância na terceira fase só é admitida se constituir uma demonstração do não preenchimento de algum dos vetores legalmente eligidos. Precedentes. 4. Imperiosa a comprovação de algum evento concreto, dentro da cadeia factual, de que o agente efetivamente pertença a organização criminosa ou se dedique a atividades criminosas". HC 219051 AgR, Rel. Min. Edson Fachin, 2ª Turma, DJe 17.03.23;
>
> "A *quantidade* e *natureza* da droga apreendida legitimam a fixação de regime inicial mais gravoso para cumprimento de pena." Precedentes: RHC 152.037-AgR, Segunda Turma, Rel. Min. Dias Toffoli, DJe de 16/04/2018; HC 156.674-AgR, Segunda Turma, Rel. Min. Ricardo Lewandowski, DJe de 27/11/2018; e RHC 125.077-AgR, Primeira Turma, Rel. Min. Roberto Barroso, DJe de 4/3/2015;

---

104. AgRg no HC 773113/SP, Rel. Min. Reynaldo Soares da Fonseca, Quinta Turma, por unanimidade, julgado em 04/10/2022, DJe 10.10.22.
105. AgRg no HC 549.034/SP, rel. Min. Ribeiro Dantas, 5ª Turma, j. 09.06.20.
106. AgRg no HC 574.196/SP, rel. Min. Sebastião Reis Júnior, 6ª Turma, j. 23.06.20.
107. AgRg nos EDcl no AREsp 1.663.796/RO, rel. Min. Joel Ilan Paciornik, 5ª Turma, j. 26.05.20.

> "A *quantidade* e a *natureza* da droga apreendida não são fatores que, isoladamente, impedem a aplicação da minorante prevista no art. 33, § 4º da Lei 11.343/2006. 3. A jurisprudência desta Suprema Corte é firme no sentido de que 'o fato de não possuir emprego formal não pode ser usado para negar o benefício do *tráfico privilegiado*, sobretudo num país com alta taxa de desemprego'" (HC 159347, Relator(a): Min. Alexandre de Moraes, julgado em 01/08/2018).

No que toca à conduta pessoal do agente, avalia-se o comportamento do réu no meio social, perante a família, trabalho, vizinhança etc. A despeito de se tratar de norma imperativa a ser observada pelo magistrado, a avaliação da conduta pessoal do agente não guarda qualquer relação com o crime e não deveria, igualmente, fazer parte da dosimetria da pena. O que somos e fazemos não interessa ao Estado desde que nosso comportamento seja lícito ou, se ilícito, restringir-se a esfera privada. Se o devedor não arca com seus compromissos, podemos avaliar sua conduta pessoal como não positiva, mas isso não deveria interferir na fixação da pena por um crime de tráfico. De igual forma, se o indivíduo é coroinha da igreja ou presta serviços comunitários diariamente, mas comercializa drogas, o fato de rezar e ajudar o próximo, assim como na conduta pessoal negativa, não deveria influenciar na pena. A previsão é resquício do Direito Penal de autor, de um Estado controlador e intervencionista.

Em linhas gerais, a conduta pessoal é tratada por testemunhas de "canonização" ou "BHTs", "bom, honesto e trabalhador", que só ampliam o procedimento criminal e aumentam o tempo das audiências, posto que nada trazem de contribuição para o fato objeto do julgamento.

A conduta pessoal, segundo a concepção dos Tribunais Superiores, não pode ser confundida com os antecedentes criminais ou ser valorada em duplicidade com os antecedentes.

Por outro lado, a **personalidade do agente** revela-se como outro resquício do Direito Penal do autor. A personalidade do agente é concebida como seu perfil subjetivo, sob os prismas moral e psicológico, voltado para identificação de seu perfil voltado ou não para a prática de crimes.

A personalidade é inata ao ser humano e tutelada constitucionalmente. Nossas expressões de sentido, manifestações internas e externas, pertencem somente a nós, e não guardam relação com a pena aplicada pela prática de um fato. A usual expressão "personalidade voltada para o crime" é irrelevante enquanto não expressar sentido externo e social na prática de um crime. De igual forma, é irrelevante quando se manifesta no delito, posto que o julgamento será realizado sobre o fato e não sobre o agente e, menos ainda, sobre sua personalidade. A personalidade é regida por direitos inatos e não por obrigações, posto que existe independente de norma. É pessoal e intransmissível, não podendo, em hipótese alguma, ser objeto de decisão judicial.

O delito pode até advir de uma personalidade voltada para a prática de crimes, mas essa personalidade, pessoal e juridicamente tutelada, não concebe julgamentos jurídicos. Não existe personalidade antinormativa. Logo, não poderia ser valorada como contrária ao Direito e interferir na dosimetria da pena.

Superada a análise do art. 42 da Lei de Drogas, vale lembrar que o magistrado também deverá se valer do teor do art. 59 do CP, de forma que, além das circunstâncias preponderantes do art. 42 da Lei Especial, fixará a pena-base ao analisar, fundamentadamente, a culpabilidade, antecedentes, motivos, circunstâncias e consequências do crime, bem como o comportamento da vítima. Ao contrário do que a leitura do dispositivo sugere, o art. 42 da Lei 11.343/06 não criou duas circunstâncias judiciais extras a serem somadas às oito previstas no art. 59 do Código Penal, mas tão somente assinalou que a natureza e a quantidade da droga, não contempladas, por razões óbvias, pelo art. 59 do CP, constituem circunstância única, que devem ser consideradas com preponderância sobre o previsto no art. 59 do CP.

O Código Penal não estabelece patamares de pena para cada uma das circunstâncias judiciais, de sorte que coube à doutrina e jurisprudência fazê-lo. No âmbito da Parte Geral do CP, como são oito as circunstâncias judiciais, a doutrina entende que a pena mínima deve ser agravada na razão de até 1/8 (um oitavo) por cada circunstância judicial desfavorável. Assim, partindo-se da pena mínima, por cada circunstância judicial desfavorável a pena mínima cominada ao delito seria agravada em até 1/8. A jurisprudência, por outro lado, tem se firmado no patamar de 1/6, sem consenso. Independentemente da posição adotada, o juiz, em hipótese alguma, poderá fixar a pena-base abaixo ou acima da previsão típica nessa fase. No âmbito da Lei de Drogas, a jurisprudência do STJ tem admitido ambas[108] as frações (1/6 e 1/8), pontuando, contudo, que a dosimetria deverá estar dentro da discricionariedade juridicamente fundamentada e observância dos princípios da proporcionalidade, razoabilidade, necessidade e suficiência à reprovação e prevenção ao crime (AgRg no REsp 1908034/PR, rel. Min. Messod Azulay Neto, 5ª Turma, DJe 03.07.23).

Um ponto de relevo reside na coexistência de circunstâncias judiciais favoráveis e desfavoráveis. Não é incomum vermos sentenças em que o magistrado reconhece a coexistência de circunstâncias favoráveis e desfavoráveis

108. AgRg no REsp 2037584/SC, DJe 03.07.23

e as compensa, anulando os efeitos das circunstâncias desfavoráveis. Parte da doutrina sustenta, em linha aproximada, que havendo a coexistência, deve-se aplicar, por analogia, o teor do art. 67 do CP, que determina que a pena deve se aproximar do limite das circunstâncias preponderantes (natureza e a quantidade da substância ou do produto, a personalidade e a conduta social do agente na Lei de Drogas e motivos determinantes do crime, personalidade do agente e reincidência nos crimes não regulados pela Lei de Drogas).

As circunstâncias judiciais possuem caráter subsidiário ou residual, pois somente podem influir na pena se não forem elementares típicas, qualificadoras ou privilégios, agravantes ou atenuantes, ou ainda causas de diminuição ou aumento de pena. Num crime de tráfico praticado envolvendo criança, por exemplo, existe a causa de aumento prevista no art. 40, VI da Lei de Drogas, de forma que não poderá o magistrado se valer de tal circunstância para agravar a pena base ou utilizá-la para agravar a pena na segunda fase da dosimetria com lastro no art. 60, inc. I, "h", do CP, sob pena de caracterização de *bis in idem*.

A jurisprudência sobre a dosimetria da pena na Lei 11.343/06 é vasta no âmbito dos Tribunais Superiores. Por tal razão, selecionamos aquelas que, em nossa compreensão, merecem especial atenção.

Tese 25 – Jurisprudência em Teses do STJ – ed. 131: Diante da ausência de parâmetros legais, é possível que a fração de redução da causa de diminuição de pena estabelecida no art. 33, § 4º, da Lei n. 11.343/2006 seja modulada em razão da qualidade e da quantidade de droga apreendida, além das demais circunstâncias do delito.

Tese 44 – Jurisprudência em Teses do STJ – ed. 131: Para fins de fixação da pena, não há necessidade de se aferir o grau de pureza da substância apreendida uma vez que o art. 42 da Lei de Drogas estabelece como critérios "a natureza e a quantidade da substância".

Tese 45 – Jurisprudência em Teses do STJ – ed. 131: A natureza e a quantidade da droga não podem ser utilizadas simultaneamente para justificar o aumento da pena-base e para afastar a redução prevista no §4º do art. 33 da Lei n. 11.343/2006, sob pena de caracterizar bis in idem.

Tese 48 – Jurisprudência em Teses do STJ – ed. 131: A utilização da reincidência como agravante genérica é circunstância que afasta a causa especial de diminuição da pena do crime de tráfico, e não caracteriza bis in idem.

Tese 50 – Jurisprudência em Teses do STJ – ed. 131: O juiz pode fixar regime inicial mais gravoso do que aquele relacionado unicamente com o quantum da pena ao considerar a natureza ou a quantidade da droga.

De acordo com a jurisprudência do Superior Tribunal de Justiça, é desnecessário se aferir o grau de pureza da droga para fins de fixação da pena. A Lei 11.343/06, em seu art. 42, estabelece como preponderantes a natureza e a quantidade de entorpecentes, independentemente da pureza da substância, de quanto ela poderia render ou de quanto ela está misturada a outros produtos nocivos à saúde" (STJ: RHC 63.295/SP, rel. Min. Maria Thereza de Assis Moura, 6ª Turma, j. 19.11.2015)

"A grande quantidade de maconha apreendida (1.680 g) e o alto potencial lesivo e viciante da cocaína, considerados em desfavor do recorrente na fixação da pena, apresentam-se como justificativas suficientes para a imposição do regime inicial fechado, à luz do art. 33, § 3º, do Código Penal, c/c o art. 42 da Lei n. 11.343/2006" (STJ: AgRg no REsp 1.496.289/SP, rel. Min. Rogerio Schietti Cruz, 6ª Turma, j. 25.08.2015).

3.8 PENA DE MULTA

Art. 43. Na fixação da multa a que se referem os arts. 33 a 39 desta Lei, o juiz, atendendo ao que dispõe o art. 42 desta Lei, determinará o número de dias-multa, atribuindo a cada um, segundo as condições econômicas dos acusados, valor não inferior a um trinta avos nem superior a 5 (cinco) vezes o maior salário-mínimo.

Parágrafo único. As multas, que em caso de concurso de crimes serão impostas sempre cumulativamente, podem ser aumentadas até o décuplo se, em virtude da situação econômica do acusado, considerá-las o juiz ineficazes, ainda que aplicadas no máximo.

Na fixação da pena de multa, adota-se o sistema bifásico e não o trifásico utilizado para a pena privativa de liberdade. No âmbito do Código Penal, na *primeira fase de fixação da pena*, o magistrado estabelece o número de dias multa, que deve respeitar o patamar previsto no *caput* do art. 49 do CP (10 a 360 dias multa), não tendo a Lei 11.343/06 disposto de forma distinta nesse aspecto. Logo, a fixação do número de dias multa deve se aproximar da lógica da fixação da pena privativa de liberdade, levando-se em consideração o teor do art. 42 da Lei de Drogas, circunstâncias judiciais (art. 59, CP), atenuantes e agravantes genéricas, e as causas de aumento e diminuição de pena.

Na seara do Código Penal, superada a primeira etapa, o magistrado, na *segunda fase*, deve fixar o valor do dia-multa, que não pode ser inferior a um trigésimo do maior salário-mínimo mensal vigente ao tempo do fato, nem superior a cinco vezes esse salário. Nesse particular, o juiz deverá levar em conta a condição econômica do réu (art. 60, *caput*, do CP), podendo elevá-la até o triplo se considerar que, em virtude da situação econômica do réu, a multa será ineficaz, embora aplicada no máximo (art. 60, §1º, do CP).

Na esfera da Lei de Drogas, apesar da redação distinta, igualmente levando em consideração as condições econômicas dos acusados, o valor do dia-multa é o mesmo do previsto no CP (valor não inferior a um trinta avos nem superior a cinco vezes o maior salário-mínimo). Não obstante, a Lei de Drogas não prevê a elevação até o triplo, de forma que, tendo a Lei 11.343/06 tratado da matéria na íntegra quanto ao regramento, entendemos por inaplicável o aumento, em razão do princípio da especialidade.

O parágrafo único do dispositivo prevê que "as multas, que em caso de concurso de crimes serão impostas sempre cumulativamente, podem ser aumentadas até o décuplo se, em virtude da situação econômica do acusado, considerá-las o juiz ineficazes, ainda que aplicadas no máximo".

A parte inicial do parágrafo único segue a linha do art. 72 do CP, que dispõe que "no concurso de crimes, as penas de multa são aplicadas distinta e integralmente". Apesar da literalidade legal, a doutrina diverge quanto a extensão da regra, existindo duas correntes.

A **primeira corrente** defende que a regra não suscita dúvidas e a literalidade legal deve ser aplicada, somando-se as penas de multa individualmente aplicadas a cada delito integrante do concurso, especialmente, na seara do Código Penal, em razão da posição do dispositivo, previsto logo na sequência do regramento das espécies de concurso de crimes.

A **segunda corrente**, ao contrário, apesar de conceber a aplicação da regra aos casos de concurso material e formal, diverge quanto a sua aplicação ao crime continuado, ao argumento de que se a ficção jurídica do art. 71, CP, implica a dosimetria da pena para um único crime, apenado somente com uma pena privativa de liberdade, não existe razão para a aplicação de múltiplas penas de multa.

A doutrina posiciona-se majoritariamente pela primeira corrente, ao passo que a jurisprudência na esteira da segunda corrente, conforme posicionamento do STJ:

> "As penas de multa, no caso de concurso de crimes, material e formal, aplicam-se cumulativamente, diversamente do que ocorre com o crime continuado, induvidoso concurso material de crimes gravado pela menor culpabilidade do agente, mas que é tratado como crime único pela lei penal vigente, como resulta da simples letra dos arts. 71 e 72 do Código Penal, à luz dos arts. 69 e 70 do mesmo diploma legal"[109].

109. AgRg no REsp 607.929/PR, rel. Min. Hamilton Carvalhido, 6ª Turma, j. 26.04.2007. Vide também STJ: Nos termos da jurisprudência desta Corte, a regra do cúmulo material com relação à pena de multa, nos termos preconizados no art. 72 do CP, não se aplica aos

Filiamo-nos à segunda corrente, porquanto, a despeito da literalidade legal, a pena de multa submete-se ao sistema bifásico, que não comporta aplicação de causas de aumento ou diminuição. Quando o legislador quis criar normas específicas para pena de multa, o fez diretamente, a exemplo do disposto no art. 60 do CP, que trata dos critérios especiais da pena de multa. Apesar do argumento ser passível de inversão, sob a lógica de que quando pretendeu disciplinar de forma diferente, o fez expressamente e, por não o ter feito no art. 72 e parágrafo único do art. 43 da Lei 11.343/06, não permite sua diferenciação, não podemos nos esquecer que o critério para fixação da pena de multa é diverso do da pena privativa de liberdade.

Assim, no crime continuado, por se tratar de crime único para fins de dosimetria final, não obstante se tenha que se realizar a dosimetria de todos os delitos integrantes da cadeia criminosa para se alcançar o mais grave, juridicamente teremos um crime singular. Logo, em respeito ao sistema bifásico, entendemos por adequada a fixação de uma única pena de multa.

3.9 BENEFÍCIOS VEDADOS

> Art. 44. Os crimes previstos nos arts. 33, caput e § 1º, e 34 a 37 desta Lei são inafiançáveis e insuscetíveis de sursis, graça, indulto, anistia e liberdade provisória, vedada a conversão de suas penas em restritivas de direitos.
>
> Parágrafo único. Nos crimes previstos no caput deste artigo, dar-se-á o livramento condicional após o cumprimento de dois terços da pena, vedada sua concessão ao reincidente específico.

O *caput* do art. 44 da Lei de Drogas dispõe que "os crimes previstos nos arts. 33, *caput* e § 1º, e 34 a 37 desta Lei são inafiançáveis e insuscetíveis de sursis, graça, indulto, anistia e liberdade provisória, vedada a conversão de suas penas em restritivas de direitos." Por sua vez, o seu parágrafo único prevê que, "nos crimes previstos no *caput* deste artigo, dar-se-á o livramento condicional após o cumprimento de dois terços da pena, vedada sua concessão ao reincidente específico."

A previsão legal, pelo teor da redação, sugere a equiparação a hediondos dos crimes previstos nos arts. 33, *caput* e § 1º, e 34 a 37 da Lei 11.343/06. Não obstante, conforme vimos no estudo dos crimes em espécie, os crimes

---

casos em que reconhecida a continuidade delitiva, como na hipótese dos autos. Precedentes. AgRg no REsp 1952970/MG, DJe 10.06.22.

previstos nos arts. 35 e 37 não são concebidos como equiparados a hediondos, o primeiro, por entendimento pacífico no STJ, e o segundo, para nós, por força lógico-interpretativa. Logo, compreendemos como equiparados a hediondos apenas os crimes previstos nos arts. 33, *caput* e §1º, 34 e 36 da Lei de Drogas, de forma que são insuscetíveis **de fiança, graça, indulto**[110] **e anistia**, nos termos do art. 5º, XLIII, da Constituição Federal.

A vedação relacionada à concessão da **liberdade provisória** foi objeto de análise pelo STF, que, no julgamento do HC 104.339/SP, DJe 06.12.12, reconheceu *incidenter tantum* a inconstitucionalidade da expressão "e liberdade provisória" do *caput* do art. 44 da Lei de Drogas, sob o fundamento necessidade de avaliação, no caso concreto, os pressupostos da prisão cautelar, sob pena de prisão *ex-lege* e inequívoca antecipação de pena.

De forma expressa, o art. 44 da Lei de Drogas veda a **conversão das penas em restritivas de direito**. Não obstante, o Plenário do STF, no julgamento do HC 97.256/RS, DJe 16.12.10, decidiu pela inconstitucionalidade da regra em razão da ofensa ao princípio da individualização da pena, cumprindo ao julgador analisar os requisitos do art. 44 do CP[111]. Assim, ao menos em tese, é possível a substituição da pena privativa de liberdade por restritiva de direitos nos crimes previstos no art. 44 da Lei de Drogas, desde que preenchidos os requisitos objetivos e subjetivos[112] do art. 44 do Código Penal.

---

110. No julgamento da ADI 2.795-MC, de relatoria do Ministro Maurício Corrêa, o Plenário deste Supremo Tribunal assentou revelar-se '[...] inconstitucional a possibilidade de que o indulto seja concedido aos condenados por crimes hediondos, de tortura, terrorismo ou tráfico ilícito de entorpecentes e drogas afins, independentemente do lapso temporal da condenação' (RHC 176.673 AgR, rel. Min. Ricardo Lewandowski, 2ª Turma, j. 14.02.2020).

111. "É firme a jurisprudência desta Corte no sentido de que a vedação de substituição de reprimenda com base apenas na proibição legal ofende o princípio da individualização, cumprindo ao julgador analisar os requisitos do art. 44 do CP" (HC 112.776/MS, rel. Min. Teori Zavascki, Pleno, j. 19.12.2013).

112. A *conversão* de *pena* corporal em restritiva de direitos é condicionada ao preenchimento dos requisitos objetivos (*pena* inferior a 4 anos e que o crime tenha sido cometido sem violência ou grave ameaça) e subjetivos (prognose acerca da suficiência da substituição) elencados no art. 44 do Código Penal. Ausente, no caso, requisito de ordem subjetiva previsto no art. 44, III, do Código Penal (apreensão de 2kg de cocaína). STF: HC 227129 AgR, rel. Min. Alexandre de Moraes, 1ª Turma, DJe 24.05.23.
cf. Não é viável proceder à substituição da pena privativa de liberdade por restritivas de direito, pois, embora preenchido o requisito objetivo previsto no inciso I do art. 44 do Código Penal (pena não superior a 4 anos), as instâncias ordinárias concluíram que a conversão da pena não se revela adequada ao caso, ante a existência de circunstâncias judiciais desfavoráveis (natureza da droga apreendida). Precedentes. ROHC 129.951/PR, rel. Min. Teori Zavascki, 2ª Turma, j. 22.09.15.

No que toca ao ***sursis***, diante do reconhecimento da inconstitucionalidade da vedação da conversão de penas privativas de liberdade em restritivas de direitos (HC 97.256/RS) e inconstitucionalidade da obrigatoriedade de ser estipulado o regime inicialmente fechado para cumprimento de pena de crimes hediondos e assemelhados (HC 111.840/ES), por consectário lógico, entendemos que não há óbice legal[113], caso satisfeitos os requisitos legais, para concessão do *sursis* aos crimes previstos no art. 44 da Lei de Drogas[114], sequer vedado pela própria Lei dos Crimes Hediondos.

Por fim, o parágrafo único do art. 44 da Lei de Drogas prevê que nos crimes previstos nos arts. 33, *caput* e § 1º, e 34 a 37, "dar-se-á o **livramento condicional** após o cumprimento de dois terços da pena, vedada sua concessão ao reincidente específico".

---

cf. Não é viável proceder à substituição da pena privativa de liberdade por restritivas de direito, pois, embora preenchido o requisito objetivo previsto no inciso I do art. 44 do Código Penal (= pena não superior a 4 anos), as instâncias ordinárias concluíram que a conversão da pena não se revela adequada ao caso, ante a existência de circunstâncias judiciais desfavoráveis (= quantidade da droga apreendida). Precedentes. HC 119.811/MS, rel. Min. Teori Zavascki, 2ª Turma, j. 10.06.14.

113. Registre-se a divergência no STJ: "Consoante entendimento deste Superior Tribunal de Justiça, a vedação ao sursis (prevista no artigo 44 da Lei n. 11.343/06) não foi objeto de controle de constitucionalidade pelo Supremo Tribunal Federal, razão pela qual mantém-se em plena vigência, ainda que a reprimenda definitiva fixada não seja superior a 2 (dois) anos de reclusão" (AgRg no REsp 1.615.201/MG, rel. Min. Jorge Mussi, 6ª Turma, j. 08.08.17). "1. Não tem direito à suspensão condicional da pena quem é condenado por crime de tráfico de drogas, positivado no art. 33, *caput*, da Lei n. 11.343/2006, por expressa vedação do art. 44, *caput*, dessa lei. 2. O Supremo Tribunal Federal limitou-se a declarar a inconstitucionalidade das expressões 'vedada a conversão em penas restritivas de direitos' e 'vedada a conversão de suas penas em restritivas de direitos', constantes do § 4º do art. 33 da Lei n. 11.343/2006 e do art. 44 do mesmo diploma normativo, respectivamente. Foi afastada, assim, unicamente a vedação à conversão da pena privativa de liberdade por restritiva de direitos. 3. O entendimento de que seria possível a concessão de sursis aos condenados pela prática de tráfico de drogas viola a cláusula de reserva de plenário (cláusula do full bench), prevista no art. 97 da Constituição Federal." (REsp 1.373.032/DF, rel. Min. Rogerio Schietti Cruz, 6ª Turma, j. 17.12.15).

(...) Incabível a aplicação de suspensão condicional da pena, quando a pena aplicada for superior a 2 anos. STJ: HC 178.476/MG, rel. Min. Nefi Cordeiro, 6ª Turma, j. 26.04.16.

114. Surge insubsistente preceito a vedar a substituição da pena restritiva da liberdade pela de direitos – Precedente: Habeas Corpus nº 97.256/RS, da relatoria do ministro Carlos Ayres Britto, julgado pelo Pleno em 1º de setembro de 2010, acórdão publicado no Diário da Justiça de 16 de dezembro seguinte. PENA – TRÁFICO DE DROGAS – SUSPENSÃO CONDICIONAL DA PENA. Admitida a substituição da pena restritiva de liberdade por limitadora de direitos relativamente ao tráfico, idêntica solução estende-se à suspensão condicional da pena. (...). STF: HC 119.783/RJ, rel. Min. Marco Aurélio, 1ª Turma, DJe 31.03.16.

A **reincidência específica** mencionada no dispositivo traz à lume o debate doutrinário acerca da natureza da reincidência específica, se nos crimes previstos na Lei de Drogas, ou apenas nos hediondos e equiparados do *caput* do dispositivo. Não obstante a divergência, entendemos que o parágrafo único do art. 44 da Lei de Drogas, norma de cunho especial, restringe sua aplicação aos crimes previstos no *caput* do dispositivo, isto é, arts. 33, *caput* e § 1º, e 34 a 37 da Lei 11.343/2006. Segundo o STJ:

> "o crime anterior gerador da reincidência não precisa, necessariamente, estar previsto no mesmo tipo penal do que aquele praticado posteriormente, pois basta a reincidência específica em crimes dessa natureza, ou seja, aqueles dispostos nos arts. 33, *caput* e § 1º, e 34 a 37 da Lei n. 11.343/2006. Ademais, não é necessário que o crime anterior, gerador da reincidência, tenha sido praticado na vigência da Lei n. 11.343/2006". (HC 372.365/RJ, rel. Min. Felix Fischer, 5ª Turma, j. 19.10.17).

Logo, a reincidência prevista na norma é específica, não se projetando, por exemplo, para impedir a concessão do livramento condicional quando o agente for reincidente em delito não contemplado pela norma especial, ainda que hediondo ou equiparado. Não obstante, há que se ater para o teor do art. 83, inc. V, CP, e art. 112, LEP, que tratam, especificamente, das regras para concessão do livramento condicional para reincidentes em crimes hediondos.

Registre-se, contudo, que não há, no entendimento do STJ, reincidência específica entre o tráfico privilegiado e o tráfico previsto no *caput* do art. 33 da Lei de Drogas:

> "Está consolidado nesta Corte Superior de Justiça o entendimento no 'sentido de afastar a reincidência específica em relação ao tráfico privilegiado e o tráfico previsto no *caput* do art. 33 da Lei de Drogas' [...]" (STJ: AgRg no HC 547.502/SP, rel. Min. Ribeiro Dantas, 5ª Turma, j. 16.06.2020).

Em destaque conclusivo jurisprudencial, referente ao crime de associação para o tráfico e necessidade de cumprimento de dois terços da pena para fins de livramento condicional:

> "O crime de associação para o tráfico não é considerado hediondo ou equiparado, contudo, o art. 44, parágrafo único, da Lei 11.343/2006 estabelece prazo mais rigoroso para a concessão de livramento condicional, qual seja, 2/3 do cumprimento da pena, vedando a sua concessão ao reincidente específico" (STJ: AgInt no AREsp 532.666/MS, rel. Min. Nefi Cordeiro, 6ª Turma, DJe 01.08.17.

3.10 INIMPUTABILIDADE

Art. 45. É isento de pena o agente que, em razão da dependência, ou sob o efeito, proveniente de caso fortuito ou força maior, de droga, era, ao tempo da ação ou da omissão, qualquer que tenha sido a infração penal praticada, inteiramente incapaz de entender o caráter ilícito do fato ou de determinar-se de acordo com esse entendimento.

Parágrafo único. Quando absolver o agente, reconhecendo, por força pericial, que este apresentava, à época do fato previsto neste artigo, as condições referidas no caput deste artigo, poderá determinar o juiz, na sentença, o seu encaminhamento para tratamento médico adequado.

Art. 46. As penas podem ser reduzidas de um terço a dois terços se, por força das circunstâncias previstas no art. 45 desta Lei, o agente não possuía, ao tempo da ação ou da omissão, a plena capacidade de entender o caráter ilícito do fato ou de determinar-se de acordo com esse entendimento.

Art. 47. Na sentença condenatória, o juiz, com base em avaliação que ateste a necessidade de encaminhamento do agente para tratamento, realizada por profissional de saúde com competência específica na forma da lei, determinará que a tal se proceda, observado o disposto no art. 26 desta Lei.

Conforme destacado por ABREU *in* Direito Penal, Parte Geral, a imputabilidade é a capacidade para ser culpável, isto é, de ao tempo do comportamento, reunir condições de compreender o caráter ilícito do fato e de se determinar de acordo com essa compreensão. Funda-se, portanto, nas condições de atribuição do injusto, pois, sendo inimputável o agente, não será portador de capacidade de compreensão do caráter ilícito do fato.

De acordo com a ***doutrina dominante***, baseada no finalismo de Welzel, a imputabilidade pressupõe a existência de dois elementos: ***a) intelectivo***, concebido com a capacidade de compreensão do injusto; e ***b) volitivo***, determinação da vontade conforme essa compreensão.

De acordo com o art. 26 do Código Penal, a análise da imputabilidade deve ser realizada no momento da ação ou omissão. Coerente, portanto, com a teoria da atividade quanto ao tempo do crime. Logo, eventuais alterações quanto à capacidade do agente não interferem na questão penal, repercutindo somente na área processual como na hipótese de superveniência de doença mental que acarretará a suspensão do processo (art. 152 do CPP).

A Lei de Drogas regulou a matéria de forma levemente distinta ao restringir o conteúdo da dirimente ao vinculá-la naturalisticamente aos efeitos da droga.

3.10.1 Critérios ou sistemas para aferição da inimputabilidade

O Direito Penal brasileiro adota, como regra, a imputabilidade das pessoas maiores de dezoito anos de idade. Em tese, portanto, qualquer indivíduo nessa condição é capaz de culpabilidade. Contudo, existem fatores internos e externos que podem afetar a capacidade de compreensão, transformando um sujeito imputável e um inimputável.

Três sistemas são utilizados para análise da imputabilidade:

1) ***biológico***: o sistema biológico considera tão somente os fatores internos do agente, como a idade, se possui algum problema de ordem mental por desenvolvimento incompleto ou retardado ou, ainda, se possui alguma doença mental. Foca, portanto, no aspecto clínico do agente e ignora o fato de que o agente, mesmo se enquadrando em alguma das hipóteses citadas, pode reunir o conhecimento e a lucidez necessária no momento do fato. Em síntese, sendo menor de 18 anos ou portador de alguma anomalia psíquica, será considerado inimputável.

2) ***psicológico***: o critério psicológico leva em consideração tão somente a capacidade de compreensão e autodeterminação, isto é, se o sujeito é capaz de entender o caráter ilícito do fato ou de determinar-se de acordo com esse entendimento. Logo, a existência de doença mental ou desenvolvimento mental reduzido não são fatores determinantes para a imputabilidade, porquanto a avaliação será realizada levando em consideração fatores outros além dos inerentes ao agente. Dessa forma, o indivíduo portador de doença mental pode ser caracterizado como imputável e outro, sem qualquer espécie de déficit mental, ser considerado inimputável.

3) ***biopsicológico***: o critério biopsicológico representa uma fusão dos dois anteriores. Enquanto o biológico leva em consideração a existência de algum transtorno de ordem mental, o psicológico avalia somente se o agente reunia, no momento do fato, condições de entender o caráter ilícito do fato e de se autodeterminar com lastro nesse entendimento. O sistema biopsicológico conjuga os dois critérios, condicionando a falta de compreensão ou de autodeterminação à existência de doença mental ou desenvolvimento mental incompleto ou retardado.

O Código Penal brasileiro adotou, como regra, o sistema biopsicológico. Contudo, o critério biológico foi utilizado no caso da menoridade (art. 27 do CP) e o critério psicológico no caso de embriaguez completa proveniente de caso fortuito ou força maior (art. 28, §1º do CP).

No âmbito da Lei de Drogas, além do critério **biológico**, geral por força constitucional em razão da menoridade (art. 228, CF e art. 27 do CP), o legislador acolheu o sistema **biopsicológico** ao estabelecer como premissa a dependência, que não se confunde com o simples vício, mero hábito de consumir drogas sem impacto na capacidade de compreensão. Assim, se em razão da dependência o agente for inteiramente incapaz de entender o caráter ilícito do fato ou de determinar-se de acordo com esse entendimento, haverá a exclusão da culpabilidade.

Na mesma linha do Código Penal, a Lei 11.343/06 também adotou o sistema **psicológico**, especialmente quando o agente pratica a conduta sob o efeito da droga decorrente de caso fortuito ou força maior, como na hipótese do agente que faz uso de medicamento que contém substância psicoativa que interage em seu organismo produzindo efeitos colaterais, conduzindo-o à incapacidade de compreensão acerca do caráter ilícito do fato ou de determinação de acordo com esse entendimento, a exemplo da embriaguez acidental ou fortuita prevista no art. 28, §1º do CP.

3.10.2 Capacidade diminuída

As anomalias psíquicas, decorrentes da dependência do uso de drogas, ou provocadas pelo efeito do uso dessas em situações de caso fortuito ou força maior, podem afetar a capacidade de compreensão da ilicitude ou a capacidade de autodeterminação, tornando o agente inimputável, afastando a culpabilidade, ou impactar, a depender da capacidade de compreensão do agente, na fixação da pena para reduzi-la.

O art. 46 da Lei de Drogas assinala que "as penas podem ser reduzidas de um terço a dois terços se, por força das circunstâncias previstas no art. 45 desta Lei, o agente não possuía, ao tempo da ação ou da omissão, a plena capacidade de entender o caráter ilícito do fato ou de determinar-se de acordo com esse entendimento". Trata-se de causa geral de diminuição da pena, a ser aplicada na terceira fase da dosimetria.

Compreende-se, na hipótese, situações em que o estado mental do agente influencia na capacidade de culpabilidade, podendo, portanto, serem efeitos meramente transitórios, como no exemplo de um paciente sem qualquer anomalia psíquica, mas que apresenta delírios decorrentes do uso fortuito de drogas. Logo, a despeito da redação legal restritiva condicionante, a valoração deve recair não somente sobre o agente, mas sobre seu estado mental no momento da prática do fato. E, nesse mesmo contexto, é perfeitamente admissível a responsabilização penal de um dependente de drogas que, no momento da prática do ato, apresente intervalo de lucidez, sendo capaz de compreender o caráter ilícito do fato e se autodeterminar.

Em linhas gerais, a pedra de toque nas anomalias psíquicas reside na capacidade de compreensão do ilícito e capacidade de se autodeterminar. Por isso, a prova pericial revela-se importante para subsidiar a decisão do magistrado sobre o estado mental do agente no momento da prática do fato. Não basta, portanto, a mera alegação acerca do uso de drogas ou dependência, porquanto se exige prova sólida nesse sentido, não havendo, contudo, obrigatoriedade de realização do exame toxicológico, ficando a análise de sua necessidade dentro do âmbito de discricionariedade motivada do magistrado[115].

A Lei de Drogas trata, em dois dispositivos, do encaminhamento do agente para fins de tratamento. No parágrafo único do art. 45, assinala que "quando **absolver o agente**, reconhecendo, por força pericial, que este apresentava, à época do fato previsto neste artigo, as condições referidas no *caput* deste artigo, poderá determinar o juiz, na sentença, o seu encaminhamento para tratamento médico adequado".

No art. 47, dispondo sobre a hipótese de condenação, prevê que "na sentença condenatória, o juiz, com base em avaliação que ateste a necessidade de encaminhamento do agente para tratamento, realizada por profissional de saúde com competência específica na forma da lei, determinará que a tal se proceda, observado o disposto no art. 26 desta Lei".

Não obstante a previsão específica da Lei de Drogas, atinente ao tratamento médico adequado nos casos de absolvição por ausência de culpabilidade, não nos parece que a questão deva ser tratada exclusivamente pela Lei Especial, que diz que o magistrado "poderá" encaminhá-lo para tratamento, haja vista que as anomalias psíquicas decorrentes da dependência de drogas, por exemplo, não se diferenciam das demais no que toca ao risco potencial do agente.

Seria no mínimo desproporcional se submeter o autor absolvido impropriamente de uma imputação por homicídio, por desenvolvimento mental incompleto (art. 26, CP), esquizofrenia, por exemplo, à medida de segurança, e não submeter o agente, também autor de um homicídio, absolvido impropriamente pela dependência de drogas e consequente incapacidade de compreensão e autodeterminação, à mesma medida. Logo, o "poderá", previsto na norma, deve ser lido, em nossa compreensão, como deverá, sob pena de criação de uma infundada distorção.

115. STJ: HC 336.811/SP rel. Min. Reynaldo Soares da Fonseca, 5ª Turma, j. 28.06.16.

Vale destacar que a Lei de Drogas não consagrou, na hipótese do art. 47, a aplicação conjunta de pena e medida de segurança, isto é, o sistema do duplo binário. A previsão relacionada ao tratamento tão somente reflete a necessidade de, no curso da pena, em estabelecimento penal, realização de tratamento, que não se confunde com a medida de segurança.

3.11 PROCEDIMENTO

3.11.1 Introdução

> Art. 48. O procedimento relativo aos processos por crimes definidos neste Título rege-se pelo disposto neste Capítulo, aplicando-se, subsidiariamente, as disposições do Código de Processo Penal e da Lei de Execução Penal.

O procedimento de investigação e o processo referente aos crimes previstos na Lei de Drogas foi regulado pelos artigos 48 a 59 da Lei 11.343/06, com aplicação subsidiária do Código de Processo Penal e Lei de Execuções Penais, nos termos do art. 48 e seguintes da referida Lei.

Não obstante, aos delitos de pequeno potencial ofensivo, crimes com pena máxima não superior a dois anos, aplica-se o rito da Lei 9.099/95, referente aos Juizados Especiais Criminais, com os destaques normativos do art. 48 da Lei de Drogas.

Ocorrendo o concurso de infrações entre infrações de menor potencial ofensivo ou desses, com outros de maior gravidade, aplica-se o teor do art. 60 da Lei 9.099/95, que dispõe que: "Na reunião de processos, perante o juízo comum ou o tribunal do júri, decorrentes da aplicação das regras de conexão e continência, observar-se-ão os institutos da transação penal e da composição dos danos civis." Logo, havendo o concurso, o delito de pequeno potencial ofensivo deixará de ser processado perante o Juizado Especial Criminal (art. 48, § 1º, Lei 11.343/06), não obstante poder ser beneficiado com os institutos despenalizantes, caso satisfaça os demais requisitos, perante o juízo comum.

3.11.2 Especificidades do procedimento para o consumo pessoal de drogas

> Art. 48. (...) § 1º O agente de qualquer das condutas previstas no art. 28 desta Lei, salvo se houver concurso com os crimes previstos nos arts. 33 a 37 desta Lei, será processado e julgado na forma dos arts. 60 e seguintes da Lei nº 9.099, de 26 de setembro de 1995, que dispõe sobre os Juizados Especiais Criminais.

§ 2º Tratando-se da conduta prevista no art. 28 desta Lei, não se imporá prisão em flagrante, devendo o autor do fato ser imediatamente encaminhado ao juízo competente ou, na falta deste, assumir o compromisso de a ele comparecer, lavrando-se termo circunstanciado e providenciando-se as requisições dos exames e perícias necessários.

§ 3º Se ausente a autoridade judicial, as providências previstas no § 2º deste artigo serão tomadas de imediato pela autoridade policial, no local em que se encontrar, vedada a detenção do agente.

§ 4º Concluídos os procedimentos de que trata o § 2º deste artigo, o agente será submetido a exame de corpo de delito, se o requerer ou se a autoridade de polícia judiciária entender conveniente, e em seguida liberado.

§ 5º Para os fins do disposto no art. 76 da Lei nº 9.099, de 1995, que dispõe sobre os Juizados Especiais Criminais, o Ministério Público poderá propor a aplicação imediata de pena prevista no art. 28 desta Lei, a ser especificada na proposta.

O §1º do art. 48 da Lei de Drogas impõe, no salvo de concurso de infrações penais, a observância do rito sumaríssimo para o processo pelo crime previsto no art. 28 da Lei 11.343/06 (salvo no caso de maconha, conforme se extrai da decisão do STF sobre o Tema 506). Nos termos do §2º do art. 48, não se admite a prisão em flagrante pela prática da aludida infração penal, devendo o autor do fato ser imediatamente encaminhado ao juízo competente ou, na falta deste, assumir o compromisso de a ele comparecer, lavrando-se termo circunstanciado e providenciando-se as requisições dos exames e perícias necessários. A vedação à prisão em flagrante não impede a ocorrências das duas fases iniciais do flagrante, captura e condução coercitiva, vendo vedada somente a formalização do flagrante e cárcere.

A prática do crime previsto no art. 28 da Lei 11.343/06 não admite, em qualquer hipótese, a prisão do agente e, consequentemente estará livre, independentemente de cumprir as medidas educativas impostas (incisos I a III), vez que o descumprimento dessas implica somente admoestação verbal ou multa (art. 29, §6º). Registre-se, ainda, o teor do art. 48, §3º, da Lei de Drogas: "se ausente a autoridade judicial, as providências previstas no §2º deste artigo serão tomadas de imediato pela autoridade policial, no local em que se encontrar, **vedada a detenção do agente**".

A regra, portanto, reforçada pelo julgamento da ADI 3.807, em 29.06.20, pelo Plenário do STF, é do encaminhamento do conduzido ao juízo, evitando-se a condução para a delegacia de polícia.

> "As normas dos §§ 2º e 3º do art. 48 da Lei n. 11.343/2006 foram editadas em benefício do usuário de drogas, visando afastá-lo do ambiente policial quando possível e evitar que seja indevidamente detido pela autoridade policial.
>
> Assim, havendo disponibilidade do juízo competente, o autor do crime previsto no art. 28 da Lei n. 11.343/2006 deve ser até ele encaminhado imediatamente, para lavratura do termo circunstanciado e requisição dos exames e perícias necessários.
>
> Se não houver disponibilidade do juízo competente, deve o autor ser encaminhado à autoridade policial, que então adotará as providências previstas no § 2º do art. 48 da Lei n. 11.343/2006."

No mesmo sentido, tratando-se de infração penal não punida, de forma isolada, cumulativa ou alternativa, com pena privativa de liberdade, não se admite a imposição de prisão ou qualquer outra medida cautelar nos termos do §1º do art. 283 do CPP. O mesmo raciocínio pode ser aplicado ao art. 28 da Lei 11.343/06 (Lei de Drogas), porquanto esse, em hipótese alguma, admite a prisão do agente e, consequentemente estará livre, independentemente de cumprir as medidas educativas impostas (incisos I a III), vez que o descumprimento dessas implica somente em admoestação verbal ou multa (art. 29, §6º). Trata-se, portanto, de hipótese de liberdade obrigatória.

O §4º, por sua vez, assinala que concluídos os procedimentos de que trata o § 2º do art. 48, o agente será submetido a exame de corpo de delito, se o requerer ou se a autoridade de polícia judiciária entender conveniente, e em seguida liberado. O §5º, por fim, dispõe sobre a possibilidade de proposta da transação penal, consistente na aplicação imediata de pena prevista no art. 28 da Lei de Drogas, a ser especificada na proposta.

3.11.3 Da investigação

3.11.3.1 Da prisão em flagrante

> Art. 50. Ocorrendo prisão em flagrante, a autoridade de polícia judiciária fará, imediatamente, comunicação ao juiz competente, remetendo-lhe cópia do auto lavrado, do qual será dada vista ao órgão do Ministério Público, em 24 (vinte e quatro) horas.
>
> § 1º Para efeito da lavratura do auto de prisão em flagrante e estabelecimento da materialidade do delito, é suficiente o laudo de constatação da natureza e quantidade da droga, firmado por perito oficial ou, na falta deste, por pessoa idônea.

§ 2º O perito que subscrever o laudo a que se refere o § 1º deste artigo não ficará impedido de participar da elaboração do laudo definitivo.

§ 3º Recebida cópia do auto de prisão em flagrante, o juiz, no prazo de 10 (dez) dias, certificará a regularidade formal do laudo de constatação e determinará a destruição das drogas apreendidas, guardando-se amostra necessária à realização do laudo definitivo.

§ 4º A destruição das drogas será executada pelo delegado de polícia competente no prazo de 15 (quinze) dias na presença do Ministério Público e da autoridade sanitária.

§ 5º O local será vistoriado antes e depois de efetivada a destruição das drogas referida no § 3º, sendo lavrado auto circunstanciado pelo delegado de polícia, certificando-se neste a destruição total delas.

Art. 50-A. A destruição das drogas apreendidas sem a ocorrência de prisão em flagrante será feita por incineração, no prazo máximo de 30 (trinta) dias contados da data da apreensão, guardando-se amostra necessária à realização do laudo definitivo.

Conforme vimos anteriormente, a Lei de Drogas impede a lavratura da prisão em flagrante apenas no crime previsto no art. 28. Os crimes previstos nos arts. 33, §3º e 38 da Lei de Drogas seguem a mesma trilha, não por força da própria Lei 11.343/06, mas pela regra geral do parágrafo único do art. 69 da Lei 9.099/95.

Nos termos do art. 50, §1º, "para efeito da lavratura do auto de prisão em flagrante e estabelecimento da materialidade do delito, é suficiente o laudo de constatação da natureza e quantidade da droga, firmado por perito oficial ou, na falta deste, por pessoa idônea". Conforme prevê o §2º, "o perito que subscrever o laudo a que se refere o § 1º deste artigo não ficará impedido de participar da elaboração do laudo definitivo". A norma, portanto, divergindo da regra geral do §2º do art. 159 do CPP, assina que, no caso de **constatação da natureza e quantidade da droga**, não se impõe a participação de dois peritos não oficiais, contentando-se com **apenas um perito**.

O §3º do art. 50 dispõe que "recebida cópia do auto de prisão em flagrante, o juiz, no prazo de 10 (dez) dias, certificará a regularidade formal do laudo de constatação e determinará a destruição das drogas apreendidas, guardando-se amostra necessária à realização do laudo definitivo". Em sequência, o §4º prevê que "a destruição das drogas será executada pelo delegado de polícia competente no prazo de 15 (quinze) dias na presença do Ministério Público e da autoridade sanitária" e o §5º que "o local será vistoriado antes e depois de efetivada a destruição das drogas referida no §3º, sendo lavrado auto circunstanciado pelo delegado de polícia, certificando-se neste a destruição total delas.

Por fim, o art. 50-A, com redação alterada pela Lei do Pacote Anticrime, assinala que "a destruição das drogas apreendidas sem a ocorrência de prisão em flagrante será feita por incineração, no prazo máximo de 30 (trinta) dias contados da data da apreensão, guardando-se amostra necessária à realização do laudo definitivo". A distinção quanto ao prazo (10 dias para hipótese de prisão em flagrante e 30 dias para situações sem prisão) guarda relação com o prazo para conclusão do inquérito policial, em tese "suficiente" para apuração da autoria.

Não obstante o regramento legal específico, o magistrado, ao receber a cópia do auto de prisão em flagrante, antes de adotar as providências do art. 50, §3º, deverá realizar audiência de custódia, que foi inserida no ordenamento jurídico pátrio pela Resolução CNJ 213/15, passando a constar de texto expresso de lei com a Lei 13.964/19, estando atualmente positivada no art. 310 do CPP.

3.11.3.1.1 Laudo de constatação

Nos termos do art. 50, §1º, para fins de lavratura do auto de prisão em flagrante é suficiente o laudo de constatação da natureza e quantidade da droga, firmado por perito oficial ou, na falta deste, por pessoa idônea. Conforme se extrai do §2º do art. 50, o perito que subscrever o laudo de constatação não se torna impedido de participar da elaboração do laudo definitivo.

A redação legal é por demais clara ao não exigir a participação de dois peritos, vez que se trata de mero laudo preliminar de constatação, tanto que pode ser realizado por policiais com experiência na matéria[116] ou mesmo por pessoa sem diploma em curso superior[117].

116. "(...) No caso, não há nulidade no laudo preliminar que é realizado pelos mesmos policiais que efetuaram a prisão em flagrante do paciente, por ser juízo provisório acerca da ilicitude da substância apreendida" (HC 137.795/PR, rel. Min. Felix Fischer, 5ª Turma, j. 02.02.2010).

117. REsp 1931145, rel. Min. Sebastião Reis Júnior, 3ª Seção, DJe 24.06.22: De fato, a jurisprudência desta Corte Superior de Justiça entende que, de acordo com o art. 50, § 1º, da Lei n. 11.343/2006, o laudo de constatação provisória não precisa ser elaborado por perito, podendo ser realizado por pessoa idônea, motivo pelo qual não se pode pretender que a pessoa responsável pelo exame preliminar seja portadora de diploma de curso de nível

O escopo do laudo preliminar é tão somente de demonstrar a materialidade, ainda que provisória, do delito, identificando-se a espécie de droga por meio de seu princípio ativo. Trata-se, portanto, do *standard probatório* mínimo para deflagração da investigação do delito nas hipóteses em que há apreensão de drogas. De acordo com o STJ, em nossa compreensão fugindo à melhor técnica, porquanto a ausência da constatação primária da materialidade macula tão somente o flagrante, o laudo de constatação preliminar configura "condição de procedibilidade" para a apuração do ilícito nos casos de prisão em flagrante[118].

O fato do laudo preliminar, de caráter meramente informativo, ser exigido para deflagração posterior da ação penal não o transforma em condição de procedibilidade no sentido mais técnico, haja vista que a inexistência do laudo ataca uma das condições gerais da ação penal, a justa causa.

Registre-se que oferecimento da denúncia pode fundar-se apenas no laudo preliminar, não se exigindo, para deflagração da ação penal, o laudo toxicológico definitivo, exigido para a condenação, que pode ser juntado aos autos posteriormente, até 10 dias antes da audiência em razão da natureza da prova (pericial) e necessidade de observância do contraditório quanto ao eventual esclarecimento por parte dos peritos, que impõe a observância do prazo mínimo de dez dias nos termos do §5º, I, do art. 159, CPP[119].

3.11.3.1.2 Audiência de custódia

A despeito de o assunto não ser objeto específico da obra, buscaremos, minimamente, tecer alguns comentários sobre a audiência de custódia, amplamente abordada em nosso obra Manual de Processo Penal[120], do qual nos valeremos em parte, haja vista que o conteúdo poderá ser útil à compreensão do leitor.

---

superior. Doutrina. Precedentes. (RHC n. 52.746/GO, Ministro Jorge Mussi, Quinta Turma, DJe 26/11/2014).

118. "De acordo com a Lei 11.343/2006, não se admite a prisão em flagrante e o recebimento da denúncia pelo crime de tráfico de drogas sem que seja demonstrada, ao menos em juízo inicial, a materialidade da conduta por meio de laudo de constatação preliminar da substância entorpecente, que configura condição de procedibilidade para a apuração do ilícito em comento" (HC 342.970/RJ, rel. Min. Jorge Mussi, 5ª Turma, j. 04.02.16).

119. Há entendimento no sentido de que o prazo para juntada deve ser de três dias antes da audiência de instrução e julgamento, por força do inciso I, do parágrafo único do art. 52 da Lei de Drogas.

120. ABREU, Fernando. Manual de Processo Penal. 2ª ed. São Paulo: Ed. Juspodivm, 2024.

3.11.3.1.2.1 Procedimento

Em regra, a audiência de custódia deve ser realizada na presença física do juiz, assegurando-se ao preso o direito de entrevista com o magistrado, oportunidade em que poderá formular as perguntas essenciais ao conduzido e verificar as condições da prisão e sua integridade física.

A audiência de custódia deverá ser realizada na presença do Ministério Público e da Defensoria Pública, caso a pessoa detida não possua defensor constituído no momento da lavratura do flagrante. Veda-se, por importante, a presença dos agentes policiais responsáveis pela prisão ou pela investigação durante a audiência de custódia (art. 4º, §1º da Resolução CNJ 213/15).

Pode ocorrer de o preso estar acometido de grave enfermidade ou estar diante de circunstância comprovadamente excepcional que o impossibilite de ser apresentado ao juiz no prazo legal. Nesses casos, nos termos do §1º do art. 1º-A, o juiz poderá realizar a audiência de custódia no local em que a pessoa presa se encontre (I) ou providenciar a condução da pessoa presa à audiência de custódia no prazo de 24 (vinte e quatro) horas contadas da alta hospitalar (II).

Nos termos do art. 6º da Res. 213/15, antes da apresentação da pessoa presa ao juiz, será assegurado seu atendimento prévio e reservado por advogado por ela constituído ou defensor público, sem a presença de agentes policiais, sendo esclarecidos por funcionário credenciado os motivos, fundamentos e ritos que versam a audiência de custódia. Segundo o parágrafo único, deverá ser reservado local apropriado visando a garantia da confidencialidade do atendimento prévio com advogado ou defensor público.

Conforme o art. 8º, na audiência de custódia, a autoridade judicial entrevistará a pessoa presa em flagrante, devendo:

> I – certificar-se de que a pessoa presa se encontra calçada e adequadamente vestida, considerando a temperatura e clima locais, conforme Manual de Proteção Social na Audiência de Custódia, se necessário determinando à autoridade competente o fornecimento de vestuário e calçado compatíveis;
>
> II – certificar-se, com apoio da equipe especializada em proteção social (Serviço de Atendimento à Pessoa Custodiada), se a pessoa custodiada apresenta indícios de transtorno mental ou qualquer forma de deficiência psicossocial, adotando os procedimentos previstos na Resolução CNJ nº 487/2023 quando identificados estes indícios ou situações de crise em saúde mental;
>
> III – consultar se a pessoa presa é migrante, se é indígena, se é fluente na língua portuguesa ou se deseja ser tratada por nome social, de acordo com sua identidade de gênero;

IV – esclarecer as razões pelas quais a pessoa está sendo investigada e sobre o objetivo da audiência de custódia, ressaltando as questões que serão analisadas, em linguagem acessível;

V – assegurar que a pessoa presa não esteja algemada, salvo em casos de resistência e de fundado receio de fuga ou de perigo à integridade física própria ou alheia, devendo a excepcionalidade ser justificada por escrito e, neste caso, serão observados os princípios da legalidade, necessidade e proporcionalidade, em especial sobre o tipo e a técnica de aplicação do instrumento de contenção;

VI – dar ciência sobre seu direito de permanecer em silêncio;

VII – entrevistar a pessoa presa, formulando questões sobre:

a) se lhe foi dada ciência e efetiva oportunidade de exercício dos direitos constitucionais inerentes à sua condição, particularmente o direito de consultar-se com advogado, advogada, defensor ou defensora pública, o de ser atendido por médico e o de comunicar-se com seus familiares;

b) se lhe foi fornecida água potável e alimentação no período de espera entre a prisão e a audiência;

c) a qualificação da pessoa presa, incluindo nome, nacionalidade, idade, auto declaração de gênero e raça/cor e outras informações pertinentes, como gravidez, existência de filhos ou dependentes sob os seus cuidados, histórico de saúde, incluídos os transtornos mentais e medicamentos de uso contínuo, utilização excessiva de álcool e drogas, situação de moradia, trabalho e estudo, a fim de analisar o cabimento da concessão da liberdade provisória, com ou sem medida cautelar, assim como encaminhamento assistencial voluntário.

d) as circunstâncias da abordagem policial, prisão ou apreensão, a fim de verificar sua legalidade e a subsunção a alguma das hipóteses de flagrante delito estabelecidas no art. 302, do Código de Processo Penal;

e) o tratamento recebido em todos os locais por onde passou antes da apresentação à audiência, questionando sobre eventual tortura e maus tratos, para a adoção das providências cabíveis;

f) a realização de exame de corpo de delito, determinando-a em caso de ausência ou insuficiência dos registros, se tiver ocorrido na presença de agente policial, bem como quando a alegação de tortura e maus tratos se referir a momento posterior ao exame efetuado, observando-se a Resolução nº CNJ 414/2021, quanto à formulação de quesitos ao perito;

VIII – adotar as providências a seu cargo para sanar as irregularidades;

IX – após a oitiva da pessoa presa, o juiz deferirá ao Ministério Público e à defesa técnica, nesta ordem, perguntas compatíveis com a natureza do ato, sem relação com o mérito da causa, permitindo-lhes, em seguida, requerer:

a) o relaxamento da prisão em flagrante;

b) o arquivamento do inquérito policial, se for o caso, sendo vedada a apreciação da matéria por juiz ou juíza plantonista;

c) a concessão da liberdade provisória com ou sem aplicação de medida cautelar diversa da prisão, prevista no art. 319 do Código de Processo Penal;

d) a decretação de prisão preventiva;

e) a adoção de outras medidas necessárias à preservação de direitos da pessoa presa, incluindo encaminhamentos voluntários às políticas de proteção social; e

f) a adoção de medidas de proteção ou de assistência à vítima, podendo encaminhá-la ao Núcleo de Atendimento de Assistência Social do juízo, se houver.

§ 1º Os atos previstos neste artigo deverão seguir a ordem em que estão enunciados.

§ 2º A autoridade judicial não realizará qualquer iniciativa probatória quanto à imputação à pessoa presa, abstendo-se, no ato da audiência de custódia, de formular perguntas com a finalidade de produzir prova para a investigação ou ação penal, inclusive no que tange a eventual confissão, zelando para que os demais participantes adotem o mesmo procedimento. § 3º Deverão estar disponíveis ao juiz das garantias, no momento da audiência, o laudo do exame pericial para verificação da integridade física do custodiado e, preferencialmente, o relatório técnico previsto no art. 9º juntamente com o auto de prisão em flagrante.

§ 4º Diante de indícios de que a pessoa seja indígena, a autoridade judicial deverá cientificá-la da possibilidade de autodeclaração e adotar as providências previstas no art. 3º da Resolução CNJ nº 287/2019.

§5º Em caso de autodeclaração da pessoa como parte da população LGBTQIAPN+, a autoridade judicial aplicará o disposto nos art. 4º a 6º da Resolução CNJ nº 348/2020, atentando, ainda, para o estabelecido nos arts. 7º e 8º da referida norma, em caso de conversão da prisão em flagrante em prisão provisória.

§ 6º Se a pessoa presa for migrante, será aplicado o disposto no art. 7º da Resolução CNJ nº 405/2021.

§ 7º Caso a pessoa presa não seja fluente na língua portuguesa, ou tenha deficiência auditiva, o juiz das garantias nomeará intérprete para a audiência."

Do procedimento se verifica, de antemão, que a audiência de custódia não se destina a realização de provas ou a instruir o futuro processo criminal. Com escopo distinto, visa esclarecer o magistrado acerca das condições da prisão do agente.

Esclarecidas as condições e à vista do APFD, o magistrado será levado a proferir uma das decisões previstas no art. 310 do CPP: I – relaxar a prisão ilegal; II – converter a prisão em flagrante em preventiva, quando presentes os requisitos constantes do art. 312 deste Código, e se revelarem inadequadas ou insuficientes as medidas cautelares diversas da prisão; ou III – conceder liberdade provisória, com ou sem fiança. Segundo o §1º, se o juiz verificar, pelo auto de prisão em flagrante, que o agente praticou o fato em qualquer das condições constantes dos incisos I, II ou III do *caput* do art. 23 do CP (excludentes de ilicitude), poderá, fundamentadamente, conceder ao acusado liberdade provisória, mediante termo de comparecimento obrigatório a todos os atos processuais, sob pena de revogação.

O §2º do art. 310, CPP, por sua vez, assinala que se o juiz verificar que o agente é reincidente ou que integra organização criminosa armada ou milícia, ou que porta arma de fogo de uso restrito, deverá denegar a liberdade provisória, com ou sem medidas cautelares.

Vale destacar que a decisão proferida pelo magistrado em sede de plantão forense não fixa a competência por prevenção, porquanto após a audiência, o feito deverá ser remetido para a distribuição. Igualmente, a audiência de custódia não se destina à realização de qualquer espécie de instrução criminal, devendo o magistrado e as partes restringirem suas perguntas às condições da prisão e demais circunstâncias constantes do art. 8º da Resolução CNJ 213/15.

A regra, conforme vimos, é a realização da audiência de custódia de forma presencial. Entretanto, mesmo antes da pandemia da COVID19, grande parte da doutrina sustentava a possibilidade de realização da audiência de custódia por meio de videoconferência com lastro no art. 185, §2º do CPP. No mesmo sentido, entendemos que a utilização do meio virtual para oitiva do preso é possível, por ir ao encontro da celeridade na realização da audiência, expressiva economia de recursos para o Estado, em razão da desnecessidade de deslocamento das centrais de recolhimento de presos e garantia da ordem pública por evitar tentativa de fugas e arrebatamento de presos.

O projeto original da Lei do Pacote Anticrime vedava, expressamente, o emprego de videoconferência para a realização do ato. O veto ao art. 3º-B, §1º, fundou-se nos seguintes argumentos:

> "A propositura legislativa, ao suprimir a possibilidade da realização da audiência por videoconferência, gera insegurança jurídica ao ser incongruente com outros dispositivos do mesmo código, a exemplo do art. 185 e 222 do Código de Processo Penal, os quais permitem a adoção do sistema de videoconferência em atos processuais de procedimentos e ações penais, além

> de dificultar a celeridade dos atos processuais e do regular funcionamento da justiça, em ofensa à garantia da razoável duração do processo, nos termos da jurisprudência do Superior Tribunal de Justiça (RHC 77.580/RN, 5ª Turma, Rel. Min. Reynaldo Soares da Fonseca, DJe 10/02/2017). Ademais, o dispositivo pode acarretar aumento de despesa, notadamente nos casos de juiz em vara única, com apenas um magistrado, seja pela necessidade de pagamento de diárias e passagens a outros magistrados para a realização de uma única audiência, seja pela necessidade premente de realização de concurso para a contratação de novos magistrados, violando a regra do art. 113 do ADCT, bem como dos arts. 16 e 17 LRF e ainda do art. 114 da Lei de Diretrizes Orçamentárias para 2019 (Lei n. 13.707, de 2018)".

Posteriormente, em 2021, o Congresso Nacional derrubou os vetos do Presidente da República trazendo o dispositivo novamente à tona. Contudo, como os dispositivos relacionados ao juiz das garantias foram impugnados no STF por meio das ADIs 6.298, 6.299, 6.300 e 6.305, tendo a Suprema Corte, por unanimidade, atribuído interpretação conforme ao § 1º do art. 3º-B do CPP, incluído pela Lei nº 13.964/2019, para estabelecer que o preso em flagrante ou por força de mandado de prisão provisória será encaminhado à presença do juiz das garantias, no prazo de 24 horas, salvo impossibilidade fática, momento em que se realizará a audiência com a presença do Ministério Público e da Defensoria Pública ou de advogado constituído, **cabendo, excepcionalmente, o emprego de videoconferência**, mediante decisão da autoridade judiciária competente, desde que este meio seja apto à verificação da integridade do preso e à garantia de todos os seus direitos.

Não obstante, mesmo superada a suspensão, parece-nos que a vedação à realização das audiências de custódia pela via virtual vai de encontro à razoabilidade, que deve ser norteada também pela própria modernidade. O excessivo apego aos processos físicos vem sendo superado pelos processos virtuais, trazendo celeridade aos atos e economia de recursos. No mesmo sentido, no que toca à audiência de custódia, estando o preso acompanhado de advogado e preservado seu direito de audiência prévia, não vemos motivos razoáveis para se vedar a realização da audiência de custódia por meio de videoconferência. Aliás, ao contrário, já que a audiência virtual implica em enorme ganho de celeridade, reduzindo drasticamente os custos para o Estado, basta pensar nos deslocamentos dos presos, escoltas e toda a máquina judicial. E não há nenhum prejuízo ao investigado, como tem demonstrado a realidade, pois a videoconferência finalmente se tornou a regra no dia a dia forense.

3.11.3.1.2.2 Prazo

No que toca **ao prazo,** a redação do art. 310, *caput*, do CPP, ao contrário do sustentado pela doutrina, não estabelece, de forma clara e induvidosa, o prazo para a realização da audiência de custódia, isso porque a expressão "no prazo máximo de até 24 (vinte e quatro) horas após a realização da prisão" pode ser lida tanto como aposto especificativo da primeira parte do dispositivo "após receber o auto de prisão em flagrante", porquanto 24h é o prazo para encaminhamento do APFD (art. 306, §1º, CPP), ou como preposição de limite temporal referente à segunda parte do dispositivo "o juiz deverá promover audiência de custódia" no prazo de 24h.

Parece-nos, em razão do próprio prazo para encaminhamento do APFD pela autoridade policial, que o prazo de 24h referido no *caput* do art. 310, CPP, caracteriza-se como aposto especificativo, pois reforça o comando do art. 306, §1º do CPP. Não haveria sentido, de fato, se conferir o prazo de 24h para que o delegado de polícia formalizasse e encaminhasse o APFD e, simultaneamente, impusesse ao magistrado a realização da audiência de custódia no mesmo prazo. Entendimento diverso poderia conduzir à inexplicável situação de concomitância de prazo para realização de atos distintos, no qual um deles (audiência de custódia), depende da formalização de outro. O uso do prazo legal pelo delegado de polícia não pode consumir o prazo conferido ao magistrado.

A realização da prisão em flagrante ocorre com a captura do agente em uma das circunstâncias previstas no art. 302 do CPP, não nos parecendo haver margem para interpretar a realização da prisão com a lavratura do APFD. Logo, ao menos em tese, a audiência de custódia deveria ser realizada no prazo de 24h após captura.

Assim, por ausência de fixação de prazo claro e expresso, entendemos que a audiência de custódia deve ser realizada em até 48h do recebimento do APFD, por analogia ao parágrafo único do art. 322 do CPP, que assinala referido prazo para que o magistrado decida sobre o pedido de fiança. O que não se admite é o retardamento injustificado por parte da autoridade judiciária na realização da audiência de custódia.

O STF, ao julgar a constitucionalidade do §4º do art. 310 do CPP, atribuiu interpretação conforme ao dispositivo incluído pela Lei nº 13.964/2019, para assentar que a autoridade judiciária deverá avaliar se estão presentes os requisitos para a prorrogação excepcional do prazo ou para sua realização por videoconferência, sem prejuízo da possibilidade de imediata decretação de prisão preventiva.

O dispositivo nos fornece um importante parâmetro de prazo, porquanto assinala que transcorridas 24 (vinte e quatro) horas após o decurso do prazo estabelecido no *caput* deste artigo, a não realização de audiência de custódia sem motivação idônea enseja a ilegalidade da prisão, a ser relaxada pela autoridade competente, sem prejuízo da possibilidade de imediata decretação de prisão preventiva.

Percebam que a vigência do §4º impõe a obrigação ao magistrado de realizar a audiência de custódia no prazo de até 24h após o decurso do prazo previsto no *caput*, qual seja, o de 24h após o recebimento do APFD, reforçando nossa interpretação sobre o prazo do *caput*. Assim, diante da interpretação conferida ao dispositivo pelo STF, que não modificou a essência do dispositivo, entendemos que vetor interpretativo a ser seguido é o fornecido pelo art. 322, parágrafo único, que impõe ao magistrado o dever de analisar o pedido de fiança em até 48h.

Registre-se, ainda, que o STF, em diversos julgados, fixou o entendimento que a não observância do prazo de 24h, supostamente assinalado pela lei, caracteriza mera irregularidade[121].

Importante destacar que o STF, igualmente, possui entendimento de que a não observância do prazo de 24h, não caracteriza, de plano, constrangimento ilegal apto a promover o relaxamento da prisão:

> (...) 3. Considerando a decisão monocrática do Ministro Luiz Fux, Presidente deste Supremo Tribunal Federal, na ADI 6.299-MC/DF, suspendendo a eficácia do artigo 310, §4°, do Código de Processo Penal (CPP), na redação introduzida pela Lei n° 13.964/2019, e tendo em vista a atual jurisprudência desta Corte, a obrigatoriedade de realização da *audiência de custódia* dentro do prazo de 24h (vinte quatro horas) após a prisão em flagrante não conduz à conclusão de que a sua inobservância implica no imediato relaxamento da privação cautelar de liberdade, notadamente nos casos em que decretada a prisão preventiva. (Rcl 52896, 1ª Turma, DJe 25.05.22.

3.11.3.1.2.3. Juízo para realização da audiência de custódia

Em regra, a audiência de custódia deveria ser realizada pelo juiz das garantias (art. 3º-B) do local da prisão, porquanto, dentro de sua competência, insere-se a de receber a comunicação imediata da prisão, nos termos do inciso LXII do *caput* do art. 5º da Constituição Federal (inc. I); receber o auto da prisão em flagrante para o controle da legalidade da prisão, observado o

121. HC 178.547 e outros.

disposto no art. 310 deste Código (inc. II); e zelar pela observância dos direitos do preso, podendo determinar que este seja conduzido à sua presença, a qualquer tempo (inc. III).

Observado, em regra, o local da prisão, a competência será a do juízo ao qual a Lei de Organização Judiciária local indicar e, na falta de indicação, do juízo que receber a comunicação da prisão em flagrante delito[122], observando-se, naturalmente, a competência especial nos casos de presos com foro por prerrogativa de função.

Não obstante, o STJ possui entendimento que, em razão da celeridade e razoabilidade, **não há vícios na realização da audiência de custódia no juízo que decretou a prisão** nos casos de prisão por mandato:

> **Nos termos da jurisprudência desta Corte, a audiência de custódia deve ser realizada na localidade em que ocorreu a prisão.** No caso, porém, o Investigado já foi conduzido à Comarca do Juízo que determinou a busca e apreensão, há aparente conexão probatória com outros casos e prevenção daquele Juízo, de forma que **não se mostra razoável determinar o retorno do Investigado para análise do auto de prisão em flagrante, notadamente em razão da celeridade que deve ser empregada em casos de análise da legalidade da custódia.** CC 182.728/PR, DJe 19.10.21.

3.11.4 Inquérito policial

> Art. 51. O inquérito policial será concluído no prazo de 30 (trinta) dias, se o indiciado estiver preso, e de 90 (noventa) dias, quando solto.
>
> Parágrafo único. Os prazos a que se refere este artigo podem ser duplicados pelo juiz, ouvido o Ministério Público, mediante pedido justificado da autoridade de polícia judiciária.
>
> Art. 52. Findos os prazos a que se refere o art. 51 desta Lei, a autoridade de polícia judiciária, remetendo os autos do inquérito ao juízo:
>
> I – relatará sumariamente as circunstâncias do fato, justificando as razões que a levaram à classificação do delito, indicando a quantidade e natureza da substância ou do produto apreendido, o local e as condições em que se desenvolveu a ação criminosa, as circunstâncias da prisão, a conduta, a qualificação e os antecedentes do agente; ou
>
> II – requererá sua devolução para a realização de diligências necessárias.

122. Vide comentários acima sobre a decisão do CNJ quanto à Resolução 213/15.

Parágrafo único. A remessa dos autos far-se-á sem prejuízo de diligências complementares:

I – necessárias ou úteis à plena elucidação do fato, cujo resultado deverá ser encaminhado ao juízo competente até 3 (três) dias antes da audiência de instrução e julgamento;

II – necessárias ou úteis à indicação dos bens, direitos e valores de que seja titular o agente, ou que figurem em seu nome, cujo resultado deverá ser encaminhado ao juízo competente até 3 (três) dias antes da audiência de instrução e julgamento.

Art. 53. Em qualquer fase da persecução criminal relativa aos crimes previstos nesta Lei, são permitidos, além dos previstos em lei, mediante autorização judicial e ouvido o Ministério Público, os seguintes procedimentos investigatórios:

I – a infiltração por agentes de polícia, em tarefas de investigação, constituída pelos órgãos especializados pertinentes;

II – a não-atuação policial sobre os portadores de drogas, seus precursores químicos ou outros produtos utilizados em sua produção, que se encontrem no território brasileiro, com a finalidade de identificar e responsabilizar maior número de integrantes de operações de tráfico e distribuição, sem prejuízo da ação penal cabível.

Parágrafo único. Na hipótese do inciso II deste artigo, a autorização será concedida desde que sejam conhecidos o itinerário provável e a identificação dos agentes do delito ou de colaboradores.

Nos termos do art. 51 da Lei de Drogas[123], o inquérito policial será concluído no prazo de 30 (trinta) dias, se o indiciado estiver preso, e de 90 (noventa) dias, quando solto, podendo tais prazos serem duplicados, na forma do parágrafo único, após oitiva do Ministério Público, mediante pedido justificado da autoridade de polícia judiciária. Naturalmente, em especial nos casos de investigados soltos, o prazo para conclusão do inquérito pode sofrer prorrogações maiores.

Durante a investigação, a autoridade policial poderá se valer de todos os meios de prova disponíveis, haja vista que o inquérito policial segue o regramento geral do CPP. Registre-se, por oportuno, que não obstante a previsão

123. No CPP, a regra geral dispõe que o inquérito policial deve ser encerrado no prazo de 10 dias para investigados presos em flagrante ou preventivamente, contado o prazo a partir do momento da efetivamente da prisão. Estando solto o agente, o prazo de encerramento será de 30 dias.

legal referir tão somente ao inquérito policial, nada impede que o crime seja apurado mediante procedimento de investigação criminal (PIC) pelo Ministério Público, regulado pela Resolução 181 CNMP.

Encerrado prazo do inquérito policial, nos termos do art. 52 da Lei de Drogas, a autoridade policial, antes de remeter os autos ao juízo, deverá relatar sumariamente as circunstâncias do fato, justificando as razões que a levaram à classificação do delito, indicando a quantidade e natureza da substância ou do produto apreendido, o local e as condições em que se desenvolveu a ação criminosa, as circunstâncias da prisão, a conduta, a qualificação e os antecedentes do agente (I) ou requererá sua devolução para a realização de diligências necessárias (II).

De forma excepcional, o parágrafo único do art. 52 da Lei 11.343/06 prevê a possibilidade de continuidade das investigações policiais, mesmo após o encaminhamento dos autos de inquérito ao juízo. Ao prever que a remessa dos autos far-se-á sem prejuízo de diligências complementares necessárias ou úteis à plena elucidação do fato (I) e/ou necessárias ou úteis à indicação dos bens, direitos e valores de que seja titular o agente, ou que figurem em seu nome (II), que devem ser encaminhadas ao juízo competente até 3 (três) dias antes da audiência de instrução e julgamento, o legislador abriu, de certo modo, um perigoso flanco de ataque à liberdade individual, que deve ser utilizado com extrema cautela em razão do princípio da não surpresa, haja vista que o acusado já estará sendo processado, com imputação certa e definida pela denúncia.

3.11.4.1 Provas

Art. 41. O indiciado ou acusado que colaborar voluntariamente com a investigação policial e o processo criminal na identificação dos demais coautores ou partícipes do crime e na recuperação total ou parcial do produto do crime, no caso de condenação, terá pena reduzida de um terço a dois terços.

Art. 53. Em qualquer fase da persecução criminal relativa aos crimes previstos nesta Lei, são permitidos, além dos previstos em lei, mediante autorização judicial e ouvido o Ministério Público, os seguintes procedimentos investigatórios:

I – a infiltração por agentes de polícia, em tarefas de investigação, constituída pelos órgãos especializados pertinentes;

II – a não-atuação policial sobre os portadores de drogas, seus precursores químicos ou outros produtos utilizados em sua produção, que se encontrem no território brasileiro, com a finalidade de identificar e responsabilizar maior número de integrantes de operações de tráfico e distribuição, sem prejuízo da ação penal cabível.

Parágrafo único. Na hipótese do inciso II deste artigo, a autorização será concedida desde que sejam conhecidos o itinerário provável e a identificação dos agentes do delito ou de colaboradores.

Além dos meios ordinários de prova previstos no CPP, a Lei de Drogas previu de forma expressa a possibilidade de realização de infiltração de agentes, ação controlada e delação/colaboração premiada. Dada a dimensão dos institutos, os quais abordamos com profundidade em nosso Manual de Processo Penal, buscaremos, de forma sucinta, em razão da natureza da obra, tratar dos institutos de forma comparativa com a regra geral.

3.11.4.1.1 Colaboração/Delação premiada

A colaboração premiada é um acordo realizado entre o acusador e defesa, visando ao esvaziamento da resistência do réu e à sua conformidade com a acusação, com o objetivo de facilitar a persecução penal em troca de benefícios ao colaborador, reduzindo as consequências sancionatórias à sua conduta delitiva[124].

Introduzida pela Lei 12.850/13, sob a roupagem de colaboração premiada, trata-se de negócio jurídico processual celebrado entre Ministério Público e o investigado, que revela uma técnica especial de investigação, por meio do qual, satisfeitos os pressupostos legais, o agente recebe um benefício legal diante de seu auxílio prestado.

Antes da previsão da Lei 12.850/13, exaustiva quanto ao regramento, a Lei 11.343/06, em seu art. 41, já previa que o indiciado ou acusado que colaborar voluntariamente com a investigação policial e o processo criminal na identificação dos demais coautores ou partícipes do crime e na recuperação total ou parcial do produto do crime, no caso de condenação, teria pena reduzida de um terço a dois terços.

Extrai-se do dispositivo, portanto, que a colaboração pressupõe a identificação dos demais coautores ou partícipes do crime e a recuperação total ou parcial do produto do crime. Prevalece na doutrina que a partícula aditiva "e", não obstante sua clareza, não impõe a satisfação dos dois requisitos, isto é, o agente fará jus ao benefício caso colabore com a identificação dos demais agentes ou na recuperação total ou parcial do produto do crime.

---

124. STF. HC 127.483/PR, Pleno, rel. Min. Dias Toffoli, j. 27/8/2015, DJe 4/2/2016.

Diferentemente da colaboração premiada prevista na Lei 12.850/13, **não se exige a formalização do negócio jurídico**, devendo a valoração acerca da colaboração ser realizada pelo magistrado quando da sentença. Logo, aplica-se o Direito Penal premial, com a possibilidade de redução da pena de **um terço a dois terços** caso o agente colabore dando vazão a algum dos resultados previstos no art. 41.

3.11.4.1.2 Infiltração de agentes

A infiltração de agentes traz para nosso ordenamento jurídico a figura do *undercover agente*, isto é, o agente policial que se infiltra disfarçadamente, mediante autorização judicial, em uma organização criminosa, para obter a confiança, com o tempo, dos integrantes da organização com o escopo de obter provas ou fontes de provas de outros delitos.

A figura do agente infiltrado revela uma técnica especial de investigação como natureza jurídica que pode ser realizada em qualquer fase da persecução penal, respeitadas as previsões legais da Lei de Drogas (art. 53, I), Lei de Organizações Criminosas (art. 10), Lei de Lavagem de Capitais (art. 1º, §6º) e Convenção das Nações Unidas contra o Crime Organizado Transnacional (Decreto 5.0115/04, art. 20).

A utilização da técnica investigava especial encontra amparo na maior dificuldade probatória nos casos que envolvem a chamada macrocriminalidade, por vezes repleta de agentes do próprio Estado em sua constituição, circunstância que dificulta a realização da investigação criminal pelas vias ordinárias.

Não obstante prevista expressamente na Lei de Drogas, a técnica especial somente foi regulada pela Lei 12.850/13, de forma que entendemos por adequada aplicação do referido regramento à infiltração realizada no curso da apuração de crimes envolvendo a Lei de Drogas.

3.11.4.1.2.1 O agente infiltrado

Quem pode ser o agente infiltrado? Somente os agentes de polícia, isto é, aqueles incumbidos de obter provas em investigações criminais, podem atuar como agentes infiltrados. Não se admite, portanto, a infiltração por agentes estatais não atribuídos de função investigativa destinada à investigação criminal, a exemplo dos agentes da ABIN e SISBIN, antes permitida, não sem questionamento, pela Lei 9.034/95.

A regulação constitucional afeta à segurança pública revela que as atividades de polícia judiciária são da Polícia Federal e das Polícias Civis, de forma que os agentes da ABIN não se enquadram em tal contexto[125], especialmente pelo teor do art. 1º da Lei 9.883/99, que dispõe: Art. 1º. Fica instituído o sistema Brasileiro de Inteligência, que integra as ações de planejamento e execução das atividades de inteligência do País, **com a finalidade de fornecer subsídios ao Presidente da República nos assuntos de interesse nacional**.

De igual modo, não se admite ao particular a realização da infiltração de agentes na acepção plena do meio de prova. Isso não significa, contudo, que não possa contribuir com as investigações, especialmente nos casos em que atua como colaborador, no curso de colaboração premiada.

Ocorre que, não obstante atuar, na prática, como agente infiltrado, tecnicamente não o é, pois não reúne os atributos legais para a realização da infiltração e, igualmente, não se subordina ao regime especial probatório, devendo suas contribuições serem observadas sob a luz da colaboração premiada.

Não há dúvidas de que o particular possa vir a contribuir com a investigação criminal. Entretanto, sob a luz do ordenamento vigente, ainda que o particular possua o interesse em assim atuar, não há regulamentação legal adequada e, diante dos riscos inerentes à atividade, seja pela perspectiva da investigação, seja pela própria segurança do particular, sem a existência de norma expressa autorizativa e reguladora, não nos parece razoável a ampliação da *mens legis* afeta à infiltração de agentes e colaboração premiada para englobar uma atuação não prevista em lei, apta da colocar em risco a vida do particular.

Não obstante, parece-nos de bom alvitre a construção da figura do agente particular colaborador, que pode ser infiltrado ou não, para contribuir com a investigação criminal, especialmente nos casos que envolvem alta tecnologia e conhecimentos extraordinários. A regulação passaria, contudo, pela necessária regulação administrativa de contratação excepcional por particulares pela Administração Pública, de forma a se permitir, oficialmente a atuação de agentes particulares em colaboração com o Estado, a exemplo de *hackers*, como ocorre em outros países.

125. O STJ anulou as provas produzidas por agentes da ABIN e ex. agente do SNI no curso da Operação Satiagraha, no julgamento do HC 149.250/SP, DJe 05.09.11: No caso em exame, é inquestionável o prejuízo acarretado pelas investigações realizadas em desconformidade com as normas legais, e não convalescem, sob qualquer ângulo que seja analisada a questão, porquanto é manifesta a nulidade das diligências perpetradas pelos agentes da ABIN e um ex-agente do SNI, ao arrepio da lei.

3.11.4.1.2.2 Direitos do agente infiltrado

Os direitos do agente infiltrado foram previstos no art. 14 da Lei 12.850/13:

I. **Recusar ou fazer cessar a atuação infiltrada**: o inciso I prevê a possibilidade de o agente policial aceitar ou recusar a ordem de seu superior, sem que possa sofrer qualquer consequência negativa diante da recusa. Pode, ainda, a qualquer momento, independentemente do prejuízo para a investigação, fazer cessar sua atuação infiltrada, vez que o risco inerente à atividade ultrapassa os limites normativos, os quais somente poderão ser rompidos no caso de voluntariedade do agente.

II. **Ter sua identidade alterada, aplicando-se, no que couber, o disposto no** art. 9º da Lei nº 9.807, de 13 de julho de 1999, **bem como usufruir das medidas de proteção a testemunhas**: o dispositivo, assim como os seguintes, tutela não somente a pessoa do agente infiltrado, mas seu cônjuge, ascendentes e descendentes que dele dependam.

III. Ter seu nome, sua qualificação, sua imagem, sua voz e demais informações pessoais preservadas durante a investigação e o processo criminal, salvo se houver decisão judicial em contrário: na linha da previsão anterior, a norma tem por objetivo preservar a identidade, concebida de forma ampla, do agente infiltrado.

IV. Não ter sua identidade revelada, nem ser fotografado ou filmado pelos meios de comunicação, sem sua prévia autorização por escrito: no mesmo sentido, a previsão tem por escopo tutela a identidade do agente, reduzindo os riscos de futura identificação e consequente retaliação ou vingança, expedientes muito comuns no seio da criminalidade organizada.

3.11.4.1.2.3 Prerrogativas e limites do agente infiltrado – *entrapment doctrine* ou teoria da armadilha

Deferida a infiltração de agentes por decisão judicial, o agente infiltrado deve observar, de forma estrita, os limites da decisão. No curso da diligência, deverá buscar elementos de prova aptos a promover o desmantelamento da entidade criminosa, atuando, preferencialmente, de modo passivo, isto é, não instigando os criminosos da organização à prática de novos delitos.

O simples fato de existir uma operação de infiltração em curso não afasta a possibilidade de realização de novos delitos pela organização criminosa, vez que o escopo precípuo do agente infiltrado é buscar informações sobre a prática de delitos já praticados e não impedir a realização de novos crimes, ainda que isso seja desejável e ocorra, efetivamente, com a finalização da operação de infiltração, em momento posterior. Logo, a presença de um agente infiltrado não é capaz de caracterizar a figura do crime impossível no tocante aos delitos praticados no curso da infiltração, haja vista que a intenção de delinquir dos agentes criminosos já existia antes mesmo da infiltração.

No curso da diligência, é perfeitamente possível que o agente infiltrado reúna elementos de prova aptos a sustentar a realização de prisões em flagrante. Contudo, pode ocorrer a necessidade de prorrogação dessas com o escopo maior de identificação de outros agentes integrantes da organização criminosa ou obtenção de prova de outras infrações penais conhecidas, podendo, nesses casos, aplicar-se a figura do **flagrante esperado** de forma válida, desde que previamente comunicado ao magistrado ou a decisão judicial que deferiu a infiltração de agentes contemple tal possibilidade na forma de ação controlada.

Não obstante a flexibilidade permitida pela decisão autorizativa, o agente infiltrado não pode, em qualquer situação, atuar como agente provocador, isto é, induzir um dos integrantes do bando à prática de delitos com a finalidade prendê-lo ou obter provas que poderão ser utilizadas posteriormente. Há, nesses casos e desde que acompanhados do controle situacional por parte de outros agentes policiais que estejam monitorando a infiltração, crime impossível por ineficácia do meio, porquanto a intenção delitiva decorre de indevida provocação de agente estatal, que atua, na sequência, para impedir a consumação do delito. Nesses casos, o suposto autor do crime assume o papel de ator inconsciente de um teatro dirigido pelo agente provocador.

O comportamento ilegal do agente provocador dá ensejo à aplicação da **teoria da armadilha**, ou ***entrapment defense***, configurando a nulidade da prova obtida por meio do flagrante preparado no curso de um crime impossível por ineficácia absoluta do meio, nos termos da Súmula 145 do STF: "**Não há crime, quando a preparação do flagrante pela polícia torna impossível a sua consumação**".

A figura do agente infiltrado ou *undercover agent* não se confunde com o agente de inteligência. A distinção foi resumida pelo voto do Min. Gilmar Mendes no julgamento do HC 147.837/RJ[126], valendo-se do voto divergente proferido pelo Min. Rogério Schietti no julgamento do RHC 57.023 no STJ:

> Segundo adequadamente exposto pelo Ministro Rogerio Schietti em seu voto divergente, em essência, a distinção entre agente infiltrado e agente de inteligência (a) **se dá em razão da finalidade e amplitude de investigação**. Enquanto "agente de inteligência" tem uma função preventiva e genérica,

126. DJe 26.06.19.

> buscando informações de fatos sociais relevantes ao governo, o "agente infiltrado" possui finalidades repressivas e investigativas, visando à obtenção de elementos probatórios relacionados a fatos supostamente criminosos e organizações criminosas específicas. Na doutrina, afirma-se que "o agente infiltrado pode ser entendido como o funcionário de investigação criminal ou um terceiro (subordinado à polícia) que atua ocultando sua qualidade, visando conquistar a confiança dos possíveis criminosos e, consequentemente, à obtenção de provas que possam incriminá-los" (GONÇALVES, Vinícius A. O agente infiltrado frente ao processo penal constitucional. Arraes, 2014. p. 12).
>
> Após delimitar as distinções entre os institutos, deve-se analisar o caso concreto (b), a partir dos elementos aportados e reconhecidos pelos juízos ordinários.

Assim, o agente de inteligência que ultrapassa os limites da sua atribuição e atua como agente infiltrado, sem autorização judicial, contamina toda e qualquer prova obtida com seu comportamento, pois suas informações devem servir, tão somente, como subsídio para orientação de atuação estratégica e não como elementos de prova.

Por outro lado, conforme vimos nos direitos do agente infiltrado, esse pode, a qualquer tempo, fazer cessar a atuação infiltrada (art. 14, I). De igual forma, nos termos do art. 12, §3º, havendo indícios seguros de que o agente infiltrado sofre risco iminente, a operação será sustada mediante requisição do Ministério Público ou pelo delegado de polícia, dando-se imediata ciência ao Ministério Público e à autoridade judicial. Perceba-se que, para o início da infiltração, exige-se anuência do agente policial e autorização judicial. Contudo, **para sua interrupção por vontade do agente ou sustação por risco, não se exige qualquer autorização judicial**, bastando, no primeiro caso, a comunicação do agente e, no segundo, a requisição do Ministério Público ou do delegado de polícia, dando-se imediata ciência ao Ministério Público e à autoridade judicial.

3.11.4.1.2.4 Requisitos para a infiltração de agentes

Os requisitos para a infiltração de agentes foram previstos no art. 10 da Lei 12.850/13, sendo que do dispositivo, outros podem ser extraídos.

a) **Representação pelo delegado de polícia ou requerimento do Ministério Público**: conforme vimos acima, a medida não pode ser declarada de ofício pelo magistrado, devendo haver pedido formal no sentido da infiltração.

b) **Autorização judicial prévia e delimitada**: nos termos do art. 10 da Lei 12.850/13, a "infiltração de agentes de polícia em tarefas de investigação, representada pelo delegado de polícia ou requerida pelo Ministério Público, após manifestação técnica do delegado de polícia quando solicitada no curso de inquérito policial, será **precedida de circunstanciada, motivada e sigilosa autorização judicial**, que estabelecerá seus limites". No âmbito da Lei de Drogas, a prévia autorização judicial foi igualmente prevista. A ausência de fundamentação adequada implica a nulidade absoluta da prova produzida. A decisão, igualmente, deve estabelecer limites e prazo para a realização da diligência. Dentre os limites, temos por razoável que o agente infiltrado deverá receber orientações no sentido de não se envolver diretamente na prática de delitos que atentem contra a dignidade da pessoa humana ou que atinjam bens cujos valores, a despeito da necessidade da prova, não devem admitir violação, a exemplo dos crimes de tortura, dolosos contra a vida e dignidade sexual.

Ainda no contexto da autorização judicial prévia e delimitada, essa deverá trazer a descrição detalhada dos procedimentos que poderão ser realizados pelo agente infiltrado, sob pena de invalidade da prova. Isso significa que o magistrado, ao conceder a autorização judicial, deverá estabelecer quais procedimentos probatórios estarão amparados pela infiltração, aplicando uma coberta preventiva sobre a futura prova, delimitando, por exemplo, que o agente poderá realizar gravações ambientais e telefônicas, apreender objetos etc., visando conferir, à tais provas, o *status* de legal. Referida delimitação trilha a linha da tutela dos direitos fundamentais e, igualmente, da própria efetividade da infiltração, porquanto se, ao contrário, exigir-se do agente infiltrado que, a cada medida venha a buscar socorro junto do Judiciário, haveria um sério risco de exposição e de frustração da eficácia da infiltração.

c) ***Fumus comissi delicti* e *periculum in mora***: consoante o §2º do art. 10, será admitida a infiltração se houver indícios de infração penal de que trata o art. 1º e se a prova não puder ser produzida por outros meios disponíveis. Em síntese, exige, de forma semelhante aos demais meios especiais de investigação, que existam indícios da prática de crimes praticados por organizações criminosas e, em nossa compreensão, aos crimes previstos na Lei de Drogas, por força do art. 53, I, que, após a entrada em vigor da Lei de Organizações Criminosas, deve observar o regramento dessa, porquanto a Lei 11.343/06 é omissa quanto ao procedimento e requisitos.

Tem-se, portanto, que o ***standard*** **probatório** pressupõe tão somente indícios de infrações penais praticadas por organizações criminosas e a impossibilidade de realização de prova por outros meios disponíveis. Na seara da Lei de Drogas, *mutatis mutandis*, exigir-se-á a existência de indícios de infrações penais praticadas por associações para o tráfico e a impossibilidade de realização de prova por outros meios disponíveis Assim, afasta-se, por razões naturais, a necessidade de indícios de autoria ou participação, haja vista que a macrocriminalidade associada à tais entidades criminosas por vezes não permite o conhecimento de todos os seus integrantes, motivo pelo qual o próprio art. 11, ao tratar do requerimento formulado pelo Ministério Público ou da representação do delegado de polícia para a infiltração de agentes, dispõe que esses conterão a demonstração da necessidade da medida, o alcance das tarefas dos agentes **e, quando possível, os nomes ou apelidos das pessoas investigadas** e o local da infiltração. Por sua vez, o ***periculum in mora*** é evidenciado pela análise conglobada do risco que a não realização da medida poderá gerar para a aplicação da lei penal, para a investigação ou para a instrução criminal e para a evitação da prática de infrações penais (art. 281, I, CPP).

d) **Indispensabilidade da infiltração**: conforme o teor do art. 10, §2º da Lei 12.850/13, a infiltração de agentes somente poderá ser realizada se a prova não puder ser produzida por outros meios disponíveis. Apesar da ausência de previsão correlata na Lei de Drogas, entendemos, dada a natureza e risco que envolve a técnica de investigação, que o requisito da indispensabilidade deve ser também observado.

O dispositivo, assim como a previsão do art. 2º, II, da Lei de Interceptações Telefônicas, atribuiu à infiltração de agentes o caráter de *ultima ratio*, conferindo-lhe aplicação subsidiária e suplementar porquanto, não obstante o escopo da diligência probatória, o Estado deve buscar aquelas que menos impactem no contexto das liberdades individuais do agente. Em linhas gerais, o comando dispõe que, dentre os diversos meios de prova disponíveis, deverão ser eleitos aqueles menos invasivos e, somente quando esses não forem suficientes para repressão e prevenção do crime, poderão ser utilizados, observadas as restrições legais, os meios invasivos, dentre os quais se insere, por exemplo, a infiltração de agentes e a interceptação telefônica.

Ocorre que o legislador, ao conferir a dois[127] meios de prova o caráter de *ultima ratio*, acabou por, de forma não técnica, criar uma situação no mínimo estranha. *Ultima ratio* significa última razão ou último recurso. Logo, se

127. A previsão também contempla a infiltração virtual de agentes, prevista no art. 10-A, §3º da Lei de Organizações Criminosas e art. 190-A do Estatuto da Criança e do Adolescente.

ambas só poderão ser utilizadas em última instância, uma deverá sucumbir à outra, perdendo o *status* de última.

O caráter de *ultima ratio* da interceptação telefônica, cujo fundamento reside na tutela constitucional da privacidade, atualmente divide o status com a infiltração de agentes, que tutela, entre outros bens jurídicos, a integridade corporal do agente infiltrado consoante se extrai do teor do §3º do art. 12, que prevê a sustação da infiltração no caso de risco iminente para o agente.

Assim, mesmo que incompreensível em termos lógicos, pois os dispositivos são colidentes quanto à reserva de impossibilidade de realização da prova por outro meio, ambos os meios de obtenção de provas têm sido admitidos em conjunto pelo STJ, conforme se extrai do RHC 093234/DF, sem que, contudo, a questão da *ultima ratio* tenha disso enfrentada. Não obstante, nos parece que, diante de eventual conflito que possa vir a ser alegado, a melhor solução caminha na trilha de se considerar a infiltração de agentes como tendo caráter de *ultima ratio* prevalente, vez que além de colocar em risco a integridade física do agente infiltrado, permite, em razão dos limites estabelecidos pela decisão, a produção de outros meios de prova invasivos, como gravações e captações ambientais em locais de íntima privacidade.

e) **Anuência do agente policial**: o art. 14, inc. I, da Lei 12.850/13, expressamente consigna a realização da infiltração de agentes à concordância do agente policial. Isso porque, em razão do risco inerente, o Estado não pode compelir seus agentes a participaram do meio de obtenção de prova que implica situação de periculosidade não exigível de forma ordinária, motivo pelo qual a participação desse deverá ser voluntária, não se podendo impor qualquer espécie de sanção administrativa ou penal pela não anuência.

3.11.4.1.2.5 Procedimento

Nos termos do art. 12 da Lei 12.850/13, o pedido de infiltração será sigilosamente distribuído, de forma a não conter informações que possam indicar a operação a ser efetivada ou identificar o agente que será infiltrado.

O §1º, por sua vez, assinala que as informações quanto à necessidade da operação de infiltração serão dirigidas diretamente ao juiz competente, que decidirá no prazo de 24 (vinte e quatro) horas, após manifestação do Ministério Público na hipótese de representação do delegado de polícia, devendo-se adotar as medidas necessárias para o êxito das investigações e a segurança do agente infiltrado.

Extrai-se dos dispositivos o nítido caráter sigiloso da medida, fundado, naturalmente, na segurança do agente a ser infiltrado e no êxito da diligência. O juízo competente, até a efetivação do juízo das garantias, ainda suspenso, é aquele originariamente dotado de competência para julgamento do caso.

O §2º, por outro lado, dispõe que os autos contendo as informações da operação de infiltração acompanharão a denúncia do Ministério Público, quando serão disponibilizados à defesa, assegurando-se a preservação da identidade do agente. A medida, dotada de sigilo por razões de efetividade, só admite o contraditório diferido, após o recebimento da denúncia, sendo assegurada a preservação da identidade do agente infiltrado.

Por fim, o §3º prevê que, havendo indícios seguros de que o agente infiltrado sofre risco iminente, a operação será sustada mediante requisição do Ministério Público ou pelo delegado de polícia, dando-se imediata ciência ao Ministério Público e à autoridade judicial.

3.11.4.1.2.6 Prazo da infiltração

Conforme se extrai do §3º do art. 10, a infiltração será autorizada pelo **prazo de até 6 (seis) meses**, sem prejuízo de eventuais renovações, desde que comprovada sua necessidade. O §4º, por vez, assinala que findo o prazo previsto no §3º, o relatório circunstanciado será apresentado ao juiz competente, que imediatamente cientificará o Ministério Público.

O prazo legal de seis meses estabelece apenas o limite máximo por renovação, não havendo obstáculos no deferimento de medida por prazo inferior. A renovação do prazo da infiltração não é automática, pois pressupõe, necessariamente, nova e prévia decisão judicial, isto é, só pode ser requerida no curso de uma infiltração em andamento, sob pena de invalidação das provas produzidas a descoberto de título judicial autorizativo.

Contudo, por se tratar de renovação, a apresentação do relatório das atividades da infiltração (§§3º e 5º), a despeito de apto a demonstrar o requisito da necessidade para fins de prorrogação (§3º), não se revela imprescindível para nós, vez que sua confecção por agente no curso de infiltração pode comprometer a celeridade e a própria segurança do agente. Assim, demonstrada a necessidade, ainda que sem a apresentação do relatório, não há obstáculo para a renovação do prazo. Nada impede, contudo, conforme a previsão legal do §5º, que o delegado de polícia determine aos seus agentes, e o que Ministério Público requisite, a qualquer tempo, relatório da atividade de infiltração.

Por se tratar de meio de obtenção de prova especial, notadamente voltado para a macrocriminalidade, a renovação pelo prazo de seis meses pode ocorrer por quantas vezes se revele necessária, porquanto as investigações relacionadas ao crime organizado ordinariamente se revelam mais complexas que as demais.

3.11.4.1.2.7 Responsabilidade penal do agente infiltrado

Nos termos do art. 13 da Lei 12.850/13:

> Art. 13. O agente que não guardar, em sua atuação, a devida proporcionalidade com a finalidade da investigação, responderá pelos excessos praticados.
>
> Parágrafo único. Não é punível, no âmbito da infiltração, a prática de crime pelo agente infiltrado no curso da investigação, quando inexigível conduta diversa.

O agente infiltrado, para efetivar de forma plena a infiltração, deverá agir como se integrante do grupo fosse. E, para tanto, naturalmente, deverá representar o papel de criminoso. Isso implica na necessidade de, sendo chamado, concorrer para a prática de delitos.

BRASILEIRO[128] (2020, p. 821), citando Marcelo Batlouni Mendroni, destaca que:

> A despeito da redação genérica do art. 13 da Lei n. 12.850/13, que faz referência à atuação desproporcional do agente com a finalidade da investigação, sem explicitar melhor o que poderia ser compreendido como excesso por ele praticado, parece-nos evidente que o *undercover agent* não poderá ser responsabilizado por quaisquer das infrações penais de que trata o art. 2º da Lei nº 12.850/13 (v.g., integrar organização criminosa), nem tampouco pelos crimes de associações criminosas (v.g., art. 35 da Lei nº 11.343/06 ou art. 288 do CP). Afinal, o fato de haver prévia autorização judicial para a utilização dessa técnica especial de investigação, permitindo sua infiltração no seio da organização criminosa, tem o condão de afastar a ilicitude de sua conduta, diante do estrito cumprimento do dever legal (CP, art. 23, III).

A questão jurídica, contudo, não se revela simples. Em que pese compactuarmos com a ausência de responsabilidade penal em razão da existência de autorização judicial, a redação da norma permissiva prevista no parágrafo único do art. 13, **tratada por parcela majoritária da doutrina como excludente de ilicitude do estrito cumprimento do dever legal**, induz à **exclusão da culpabilidade** em razão da parte final do dispositivo, que prevê

128. *Op.cit.*

a condicionante "quando inexigível conduta diversa", posição adotada por Renato Brasileiro[129].

Não bastasse a falta de consenso quanto às duas espécies de exclusão do crime, e de uma terceira, que sustenta o afastamento da punibilidade por ausência de finalidade preventiva, entendemos que, na realidade, os comportamentos praticados pelo agente infiltrado, nos estritos limites da infiltração, serão amparados pela exclusão da própria imputação, por força da **teoria da imputação objetiva do comportamento** (Jakobs)[130]. Explicamos.

Conforme destacamos em nosso Direito Penal, Parte Geral, para Jakobs, o risco é inerente à vida em sociedade e aos contatos sociais, sendo parte integrante da sociedade. Contudo, se o agente se comportar de acordo com seu papel social, cumprindo as expectativas normativas, eventual resultado oriundo de um comportamento não será a esse imputado.

Para o doutrinador alemão, não há como se conceber uma sociedade sem riscos e, portanto, a própria sociedade, por meio de normas jurídicas ou sociais, estabelece limites ao comportamento humano, definindo quais são os riscos permitidos ou tolerados pela estrutura social.

Logo, se o indivíduo cria um risco permitido e age dentro dos limites de seu papel social, cumprirá as expectativas normativas, de sorte que eventual resultado não lhe será imputável. Ao contrário, se cria um risco permitido, mas foge da expectativa normativa, violando seu papel, sofrerá as consequências do resultado. Dessarte, o critério definidor da imputação sob essa perspectiva reside na violação de um papel.

No contexto de uma infiltração de agentes, o papel social esperado pela norma jurídica é o de que o agente efetivamente se infiltre na organização, agindo como se um dos membros fosse, com o escopo lícito, contudo, de obter elementos de prova de infrações penais. E, naturalmente, a própria norma admite a possibilidade da prática de delitos por parte do agente infiltrado. Logo, temos que seu papel social, no caso, a despeito de agente de polícia, é o de realizar a infiltração com a maior eficácia possível, ainda que, para tanto, venha a concorrer, de forma proporcional, para a prática de delitos.

Noutra senda, por risco permitido há que se compreender aquele relevante, mas permitido pelo Estado. Verifica-se, portanto, que o risco permitido

129. *Op. cit.* p. 922.

130. O resultado será o mesmo se aplicarmos a teoria da imputação objetiva do resultado de Roxin, modificando-se somente o fundamento relacionado aos papeis sociais, adotado por Jakobs.

está, via de regra, normatizado pelo Estado, sendo que as normas estabelecem critérios de orientação para a atuação. E, consequentemente, funcionam como diretoras do risco à medida em que o agente, descumpridor de algum comando normativo, aumenta um risco permitido, criando, neste particular, um risco relevante e proibido, quebrando, na infiltração de agentes, a matriz da proporcionalidade.

Logo, o agente infiltrado que, no curso de uma infiltração, concorre para a prática de um delito, age de acordo com seu papel social no contexto no qual está inserido, que pressupõe, até pela própria previsão legal do art. 13, *caput*, e parágrafo único, a possibilidade de prática de delitos pelo *undercover agent*. Nesse sentido caminha a proporcionalidade prevista no *caput*, lida em diálogo com a inexigibilidade de conduta diversa do parágrafo único.

Notadamente, a infiltração de agentes caracteriza a realização de um risco. Risco esse, por sua vez, permitido e tolerado pelo próprio Estado que normatiza o meio de obtenção de prova. No contexto desse risco, o próprio legislador admitiu a possibilidade de concorrência para infração penais ao estabelecer o parâmetro da proporcionalidade e assinalar a ausência de punição para fato praticado, quando inexigível conduta diversa. Logo, temos que o agente infiltrado que concorre para uma infração penal, no contexto de seu papel social, consagrado e admitido pela própria norma, não pode ter, contra si, a imputação objetiva de um comportamento típico ou resultado produzido.

O risco permitido situa-se na esfera do tipo penal, flertando com a tipicidade, pela ausência de antinormatividade, e não com a ilicitude. Ainda que sejamos tentados a conceber a conduta como exercício regular de direito, causa excludente da ilicitude, no caso de realização de riscos permitidos, a análise sequer deve alcançar a ilicitude, porquanto sendo permitida ou ao menos tolerada, a questão deixa de ser um problema de ilicitude para ser uma questão de imputação ou antinormatividade. Isto é, a conduta, ainda que perigosa, se autorizada ou tolerada pelo Estado, não pode ser contrária ao Direito e, portanto, não pode ser concebida como antinormativa pela ausência de risco proibido.

Dessa forma, entendemos que a exclusão da responsabilidade penal do agente infiltrado melhor se amolda à figura do tipo penal, na esfera da imputação, motivo pelo qual, o comportamento delitivo não pode ser imputado a esse, remanescendo, contudo, a responsabilidade penal dos demais agentes, vez que seus comportamentos não se amoldam à figura do risco permitido e nem encontram respaldo em qualquer papel social esperado.

Vale destacar, contudo, que o agente deverá guardar, em sua atuação, a devida proporcionalidade com a finalidade da investigação, respondendo pelos excessos praticados. Isso significa que a permissão contextualizada para a prática de eventuais delitos não é absoluta, pois deve o agente infiltrado abster-se, por exemplo, de praticar delitos que contrariam a própria razão de ser da infiltração de agentes, como praticar homicídios, torturas etc. Concebe-se, por outro lado, excludente de ilicitude (estado de necessidade) ou de culpabilidade (inexigibilidade de conduta diversa) quando o agente infiltrado, em situação extrema, vir-se obrigado à prática de delitos mais graves para preservar sua vida ou integridade física, quando sua recusa possa ser imediatamente punida (exemplo do teste de fidelidade à organização). Em resumo: exclui-se a imputação objetiva quando o agente age nos limites da autorização judicial, participando dos crimes da organização, para dar credibilidade ao disfarce e preservar a própria infiltração e exclui-se a ilicitude ou culpabilidade quando o agente pratica crime quando, sem alternativa imediata de interromper a diligência ou acionar reforço policial para este fim, pratica crime para salvar sua própria vida ou integridade física.

3.11.4.1.2.8 Infiltração virtual de agentes

A infiltração virtual de agentes foi inicialmente prevista no âmbito do Estatuto da Criança e do Adolescente, com as alterações promovidas pela Lei 13.441/17, sendo, posteriormente, tratada de forma mais ampla na Lei 12.850/13, alterada pela Lei do Pacote Anticrime.

Incluído pela Lei 13.694/19, o art. 10-A da Lei de Organizações Criminosas previu a possibilidade de ação de agentes de polícia infiltrados virtuais, obedecidos os requisitos do *caput* do art. 10, na internet, com o fim de investigar os crimes previstos na Lei de Organizações Criminosas e os a eles conexos, praticados por organizações criminosas, desde que demonstrada sua necessidade e indicados o alcance das tarefas dos policiais, os nomes ou apelidos das pessoas investigadas e, quando possível, os dados de conexão ou cadastrais que permitam a identificação dessas pessoas.

Em linhas gerais, a norma previu os mesmos requisitos da infiltração de agentes comum, aos quais remetemos o leitor para evitarmos repetições. Em especial, além de reforçar o caráter de *ultima ratio* da medida e restringir as espécies criminosas (§3º), especificou a necessidade de se indicar o alcance das tarefas dos policiais, os nomes ou apelidos das pessoas investigadas e, quando possível, os dados de conexão ou cadastrais que permitam a identificação dessas pessoas.

O §1º do dispositivo, em interpretação autêntica, assinalou que, para os efeitos decorrentes da Lei 12.850/13, dados de conexão são as informações referentes a hora, data, início, término, duração, endereço de Protocolo de

Internet (IP) utilizado e terminal de origem da conexão; e dados cadastrais são as informações referentes a nome e endereço de assinante ou de usuário registrado ou autenticado para a conexão a quem endereço de IP, identificação de usuário ou código de acesso tenha sido atribuído no momento da conexão.

O §2º, por seu turno, seguindo a trilha da normalidade, dispôs que na hipótese de representação do delegado de polícia, o juiz competente, antes de decidir, deverá ouvir o Ministério Público.

De forma distinta da infiltração de agentes comum, o §4º, não obstante prever o mesmo prazo de **autorização, até 6 (seis) meses**, e subsequentes renovações, estabeleceu o **prazo máximo total de 720 (setecentos e vinte) dias**, exigindo ainda a demonstração de sua necessidade.

Nesse ponto, o distanciamento jurídico e prático da infiltração regulada pelo art. 10 não encontra justificativa razoável. Primeiro, porque o número máximo de 720 dias pode não ser suficiente para finalização da diligência, especialmente em um cenário de ambiental virtual, repleto de informações; segundo porque o risco pessoal do agente infiltrado revela-se menor daquele que se expõe, pessoalmente, ao contato físico com os demais integrantes da organização criminosa; e, terceiro, porque a exigência de demonstração de necessidade para fins de prorrogação pode prejudicar a celeridade e eficácia do meio de obtenção de prova. Em síntese, o *distinguishing* normativo não encontra justificativa razoável para o afastamento das regras gerais do modelo tradicional.

O §5º, em sequência, assinala que findo o prazo previsto no §4º, o relatório circunstanciado, juntamente com todos os atos eletrônicos praticados durante a operação deverão ser registrados, gravados, armazenados e apresentados ao juiz competente, que imediatamente cientificará o Ministério Público. Ocorre que o §4º prevê dois prazos, o de seis meses, para a diligência sem prorrogação, e o de 720 dias, como o máximo permitido.

Parece-nos, em leitura sistemática com o próprio §4º, que o legislador se referiu ao prazo original de seis meses, haja vista que esse, para ser prorrogado, pressupõe a demonstração da necessidade e, como a norma impôs a confecção do relatório circunstanciado, pelo menos em tese esse deveria servir de lastro para prorrogação do prazo. Exigi-lo tão somente ao final do prazo fatal, em termos hermenêuticos, pode soar estranho, pois a finalização da diligência deverá ser, de qualquer forma, registrada e encaminhada para o titular da ação penal.

Destaca-se que, da mesma forma que sustentamos na infiltração de agentes prevista no art. 10, que igualmente pressupõe a demonstração da necessidade para prorrogação, a apresentação do relatório poderá, para nós, ser dispensada quando sua confecção por agente no curso de infiltração puder comprometer a celeridade e a própria segurança do agente, desde que, ainda que sem o relatório, seja demonstrada a necessidade.

Ainda nesse contexto, o §6º dispõe que, no curso do inquérito policial, o delegado de polícia poderá determinar aos seus agentes, e o Ministério Público e o juiz competente poderão requisitar, a qualquer tempo, relatório da atividade de infiltração.

Por fim, o §7º prevê a nulidade da prova obtida sem a observância do disposto no art. 10-A.

O art. 10-B, por sua vez, assinala que as informações da operação de infiltração serão encaminhadas diretamente ao juiz responsável pela autorização da medida, que zelará por seu sigilo. O parágrafo único do artigo, contudo, prevê que antes da conclusão da operação, o acesso aos autos será reservado ao juiz, ao Ministério Público e ao delegado de polícia responsável pela operação, com o objetivo de garantir o sigilo das investigações.

O art. 10-C, valendo-se de redação distinta da prevista no art. 13, parágrafo único, atinente à infiltração de agentes tradicional, prevê que não comete crime o policial que oculta a sua identidade para, por meio da internet, colher indícios de autoria e materialidade dos crimes previstos no art. 1º da Lei de Organizações Criminosas. Percebe-se a distinção de tratamento, ainda que formal, pois o art. 13, parágrafo único, assinala não ser punível, no âmbito da infiltração, a prática de crime pelo agente infiltrado no curso da investigação, quando inexigível conduta diversa. Verifica-se, outrossim, que a regra do art. 13, parágrafo único, é mais ampla e permissiva, porquanto não restringe a natureza do delito à ocultação da identidade.

Não obstante a diferença formal de tratamento, entendemos que a conclusão segue a mesma trilha traçada quando da análise do art. 13, parágrafo único, não havendo razões de ordem material aptas a justificar eventual diferença de tratamento. Em ambos os casos, consoante entendemos, há que se cotejar o risco permitido, os papeis sociais e a normatividade do comportamento, sendo que ambas, igualmente, punem os excessos praticados, seja por deixar de observar a estrita finalidade da investigação (art. 10-C, parágrafo único), ou por não guardar, em sua atuação, a devida proporcionalidade com a finalidade da investigação (art. 13, parágrafo único).

Corroborando o entendimento referente ao prazo assinalado no §5º do art. 10-A, o art. 10-D prevê que, concluída a investigação, todos os atos eletrônicos praticados durante a operação deverão ser registrados, gravados, armazenados e encaminhados ao juiz e ao Ministério Público, juntamente com relatório circunstanciado. O parágrafo único do artigo ainda prevê que os atos eletrônicos registrados citados no *caput* serão reunidos em autos apartados e apensados ao processo criminal juntamente com o inquérito policial, assegurando-se a preservação da identidade do agente policial infiltrado e a intimidade dos envolvidos.

O art. 11, *caput*, de aplicação geral a ambas as modalidades de infiltração, dispõe que o requerimento do Ministério Público ou a representação do delegado de polícia para a infiltração de agentes conterão a demonstração da necessidade da medida, o alcance das tarefas dos agentes e, quando possível, os nomes ou apelidos das pessoas investigadas e o local da infiltração. O parágrafo único do dispositivo, incluído pela Lei do Pacote Anticrime, prevê que os órgãos de registro e cadastro público poderão incluir nos bancos de dados próprios, mediante procedimento sigiloso e requisição da autoridade judicial, as informações necessárias à efetividade da identidade fictícia criada, nos casos de infiltração de agentes na internet. Permite-se, portanto, a criação de uma pessoa fictícia para realização da infiltração virtual de agentes, figura a qual chamamos de *fake person*.

3.11.4.1.3 Ação controlada

A ação controlada é uma técnica especial de investigação prevista nas Leis 11.343/06 (Lei de Drogas, art. 53, II), Lei 9.613/98 (Lei de Lavagem de Capitais, art. 1º, §6º c/c art. 4º-B, e Lei 12.850/13 (Lei de Organizações Criminosas, art. 8º).

Da análise dos dispositivos, podemos **conceituar a ação controlada** como o retardamento da intervenção estatal na seara da persecução criminal, com o escopo maior de **identificar e responsabilizar maior número de integrantes, sem o comprometimento das investigações**, para que se concretize no **momento mais eficaz à formação de provas e obtenção de informações**.

O conceito proposto reúne as principais características dos modelos legais, vez que o instituto, não obstante possuir regramento diferente nas leis que o normatizam, possui um núcleo comum derivado da sua perspectiva teleológica: **eficácia e rendimento da diligência**.

Em regra, as ações controladas não precisam de autorização judicial, salvo nos crimes previstos na Lei de Drogas.

Nos termos do art. 53, *caput*, da Lei 11.343/06, a ação controlada pode ser realizada **em qualquer fase da persecução penal** relacionada aos crimes previstos na Lei. O regramento permite, portanto, a realização da técnica de investigação não somente a fase investigativa, mas também no curso do processo.

O dispositivo ainda exige, expressamente, a **autorização judicial**, após a oitiva do Ministério Público, caso esse, naturalmente, não tenha requerido a medida. Não se trata, portanto, de mera comunicação, mas de autorização judicial. A opção do legislador não nos parece ter sido o melhor caminho, porquanto há que se preservar uma certa autonomia e independência na fase investigativa, de forma que teria sido pertinente tão somente a comunicação ao juízo, a exemplo da Lei de Organizações Criminosas. Imagine que a autoridade policial formule o requerimento de ação controlada, o Ministério Público manifeste-se favoravelmente, mas o magistrado entenda não ser caso? Em indagação bem direta: o magistrado deve interferir na produção da prova? Caberia a ele avaliar se a mediada seria pertinente para a investigação? Não nos parece seja essa a intenção do sistema acusatório. Contudo, dada a literalidade legal, para se evitar eventual nulidade da prova produzida, será de melhor alvitre a observância da norma, até que venha a sofrer alterações.

Ainda sobre o magistrado, o pedido deve ser formulado, na fase de investigação, ao juízo das garantias ou àquele competente para o processamento para ação criminal, vez que a figura do juiz das garantias ainda se encontra suspenso por decisão do STF.

O inciso II do art. 53 prevê a ação controlada como a não-atuação policial sobre os portadores de drogas, seus precursores químicos ou outros produtos utilizados em sua produção, que se encontrem no território brasileiro, **com a finalidade de identificar e responsabilizar maior número de integrantes de operações de tráfico e distribuição**, sem prejuízo da ação penal cabível.

Ressai nítido da norma que a ação controlada tem por escopo a identificação e responsabilização do maior número de integrantes de operações de tráfico e distribuição de drogas. Aplica-se, perfeitamente, à situação na qual o agente policial, tendo notícia da prática de tráfico de drogas, formula o pedido de autorização judicial para realização da ação controlada e, com base no braço paralelo da investigação, identifica usuários de drogas, não realizando suas prisões, com o objetivo de identificar não somente o traficante, mas toda a estrutura que perpassa por tal agente criminoso.

Há que se destacar, contudo, que de acordo como STJ, não se exige a autorização judicial quando o retardamento da prisão do usuário visa tão somente reunir informações sobre o paradeiro do traficante:

> No caso dos autos, o momento que antecedeu a prisão do recorrente não significou retardo da atuação policial, muito pelo contrário, nessa fase, a polícia se limitou a obter informações precisas acerca de seu paradeiro.

> Uma vez que a investigação policial não almejava identificar outros traficantes que possivelmente atuassem com o réu, mas, apenas, obter informações mais concretas acerca das condutas praticadas por ele, não há falar em desrespeito aos art. 53 da Lei n. 11.343/2006 e 8º da Lei n. 12.850/2013, não sendo o caso, portanto, de desentranhamento dessas provas. RHC 60.251/SC, 6ª Turma, DJe 09.10.15.

A **entrega vigiada** é uma das formas pelas quais a ação controlada se concretiza, especialmente na esfera dos crimes que envolvem a Lei de Drogas, sendo perfeitamente possível sua aplicação em crimes similares, como aqueles que envolvem a entrega de armas, lavagem de capitais, receptação de objetos de alto valor etc.

Doutrinariamente a **entrega vigiada é classificada como limpa ou substituída**, quando o conteúdo ilícito é substituído por outro qualquer, evitando-se o risco de extravio do material original, a exemplo de uma remessa de joias verdadeiras que é substituída por bijuterias; e **entrega vigiada suja, ou com acompanhamento**, quando o conteúdo ilícito é entregue sem qualquer substituição.

3.11.5 Rito

O rito processual dos crimes que envolvem a Lei de Drogas foi previsto nos arts. 54 a 59 e, não obstante algumas particularidades procedimentais, não se destoa a lógica do procedimento comum ordinário previsto no CPP. Vejamos o procedimento.

3.11.5.1 Atuação do Ministério Público

Art. 54. Recebidos em juízo os autos do inquérito policial, de Comissão Parlamentar de Inquérito ou peças de informação, dar-se-á vista ao Ministério Público para, no prazo de 10 (dez) dias, adotar uma das seguintes providências:

> I – requerer o arquivamento;
>
> II – requisitar as diligências que entender necessárias;
>
> III – oferecer denúncia, arrolar até 5 (cinco) testemunhas e requerer as demais provas que entender pertinentes.

O Ministério Público, ao receber os autos inquérito policial, poderá: a) ofertar a denúncia; b) requisitar diligências; c) propor a transação penal ou o ANPP; d) declinar de sua atribuição; e) provocar o juízo para que suscite conflito de competência ou suscitar conflito de atribuições perante o PGJ ou

CNMP; e f) promover o arquivamento. Em razão do escopo da obra, analisaremos, de forma objetiva, apenas as hipóteses previstas na Lei de Drogas, porquanto as demais hipóteses, não obstante de cunho geral, fogem à questão procedimental específica do estudo.

3.11.5.1.1 Arquivamento

A autoridade policial não pode ordenar o arquivamento dos autos de inquérito policial nos termos do art. 17 do CPP, vez que referida função compete ao titular da ação penal.

Conforme destacamos em nosso Manual de Processo Penal[131], o arquivamento das peças de informação, inquéritos policiais ou procedimentos de investigação criminal (PIC), antes da alteração do art. 28 do Código de Processo Penal, era realizado diretamente na Justiça, com a promoção de arquivamento pelo Ministério Público e consequente homologação pelo magistrado.

Com a alteração da redação legal, o arquivamento, em regra, deve ser realizado no âmbito do Ministério Público, com análise de legalidade por parte do órgão de revisão ministerial. Em regra, porquanto **há situações em que o arquivamento deverá ser realizado perante o magistrado**, nos casos sujeitos à **reserva de jurisdição**, a exemplo da declaração da prescrição e morte do agente, por exemplo.

Todavia, quando da decisão nos autos das ADIs 6.298, 6.299, 6.300 e 6.305, entendeu o Supremo Tribunal Federal que, "ao se manifestar pelo arquivamento do inquérito policial ou de quaisquer elementos informativos da mesma natureza, o órgão do Ministério Público submeterá sua manifestação ao juiz competente e comunicará à vítima, ao investigado e à autoridade policial, podendo encaminhar os autos para o procurador-geral ou para a instância de revisão ministerial, quando houver, para fins de homologação, na forma da lei, vencido, em parte, o Ministro Alexandre de Moraes, que incluía a revisão automática em outras hipóteses; Por unanimidade, o STF atribuiu interpretação conforme ao § 1º do art. 28 do CPP, incluído pela Lei nº 13.964/2019, para assentar que, além da vítima ou de seu representante legal, a autoridade judicial competente também poderá submeter a matéria à revisão da instância competente do órgão ministerial, caso verifique patente ilegalidade ou teratologia no ato do arquivamento."

---

131. ABREUF, Fernando. **Manual de Processo Penal.** *op.cit.*

Portanto, em interpretação conforme, entendeu o STF por alterar a redação do art. 28, o qual afirmava "ordenado" o arquivamento, para o termo "manifestará" pelo arquivamento.

Tendo em vista o sistema acusatório, entendemos que, mesmo diante da decisão do STF, incumbe ao Ministério Público ordenar o arquivamento, não se tratando de pedido, conforme estipulava a redação anterior. Por outro lado, caberá um controle judicial, em que o magistrado, entendo teratológica a decisão, poderá submeter a promoção de arquivamento ao reexame do órgão ministerial superior.

A promoção de arquivamento, em linhas gerais, não apresenta maiores dificuldades. A manifestação deve conter a exposição sucinta das provas carreadas (relatório), a fundamentação e a parte dispositiva. Especificamente no âmbito da Lei de Drogas, interessa-nos a fundamentação, vez que essa guarda ressonância com os fatos e com a matéria jurídica. Trata-se do coração da manifestação, vez que nele residem as razões pelas quais não será proposta a ação penal. Nesse ponto, ao contrário da denúncia, pode a fundamentação ser lastreada em conteúdo doutrinário e jurisprudencial.

As questões fáticas estão relacionadas à dinâmica dos acontecimentos ou à existência de uma situação que se correlacione com alguma causa extintiva da punibilidade.

De igual forma, a parte dispositiva deve guardar correlação de pertinência lógica com a fundamentação apresentada, isto é, indicar os dispositivos legais aplicáveis e identificar, expressamente, o motivo pelo qual a ação estaria maculada desde a origem, associando o arquivamento a uma das condições da ação penal (possibilidade jurídica do pedido, interesse de agir, legitimidade das partes ou justa causa para a ação penal).

Assim, por exemplo, o arquivamento pode se fundamentar na inexistência de prova da materialidade a lastrear a imputação de fato típico (falta de possibilidade jurídica de agir), ocorrência de prescrição (falta de interesse de agir), ausência de indícios de autoria (falta de legitimidade passiva) ou provas deficientes a supedanear a ação penal (falta de justa causa). Temos, desse modo, que o fundamento material do arquivamento deve estar associado a uma das condições da ação penal.

3.11.5.1.2 Diligências

O artigo 6º, CPP, prevê, de forma não exaustiva, diligências a serem realizadas pela autoridade policial visando a apuração da infração penal. Trata-se, portanto, de rol exemplificativo e, em regra, não obrigatório, salvo nas provas imprescindíveis à caracterização da materialidade, a exemplo da perícia no crime de falsidade documental.

É perfeitamente possível que o *parquet*, à vista do inquérito policial, entenda pela necessidade de realização de novas diligências com o escopo de apurar a autoria e materialidade do delito, manifestando-se pelo retorno do inquérito para a autoridade policial. Na Lei de Drogas, por exemplo, não é incomum, para o estabelecimento da materialidade, o retorno para juntada do laudo de constatação da natureza e quantidade de droga (art. 50, §1º) ou realização de novas oitivas para tentativa de identificação de associação criminosa.

3.11.5.1.3 Denúncia

A denúncia é a petição inicial do processo penal acusatório litigioso, movida pelo Ministério Público contra o réu, na qual se imputa a prática de uma infração penal e pede, ao Estado-Juiz, a aplicação da sanção penal.

O Código de Processo Penal prevê os requisitos da denúncia no art. 41:

> Art. 41. A denúncia ou queixa conterá a exposição do fato criminoso, com todas as suas circunstâncias, a qualificação do acusado ou esclarecimentos pelos quais se possa identificá-lo, a classificação do crime e, quando necessário, o rol das testemunhas.

No entanto, a despeito da previsão legal, há regras ocultas que não foram contempladas pelo art. 41 do CPP e se encontram no art. 319 do Código de Processo Civil.

A exordial acusatória deve observar as normas dos art. 41 do CPP e art. 319 do CPC naquilo que for pertinente. Em linhas gerais, a denúncia, baseada na prova da existência do crime (materialidade) e indícios suficientes de autoria (PEC + ISA), será composta pelo endereçamento, qualificação das partes, exposição do fato criminoso com todas as suas circunstâncias, qualificação do crime, pedido com suas especificações, requerimento de provas a serem produzidas e rol de testemunhas, quando necessário.

A denúncia relativa aos crimes previstos na Lei de Drogas não se difere, substancialmente, da denúncia ofertada nos demais crimes. Há, no entanto, três particularidades importantes: a) o prazo para oferecimento da denúncia é de 10 (dez) dias, não diferenciando a Lei entre agentes presos e soltos, diferentemente do procedimento comum ordinário, que prevê que a denúncia deverá ser ofertada em cinco dias contra agentes presos, e quinze dias, contra agentes soltos; b) o rito da Lei de Drogas prevê o arrolamento de cinco testemunhas por fato imputado, diferentemente do procedimento ordinário que prevê o número de oito; c) deve ser feita menção específica ao laudo de materialidade da droga.

Regra Geral	Lei de Drogas - Lei 11.343/06 - art. 54
Denúncia	
05 dias para réus presos e 15 dias para soltos	10 dias para réu preso ou solto
08 testemunhas	05 testemunhas

3.11.5.2 Defesa prévia

> Art. 55. Oferecida a denúncia, o juiz ordenará a notificação do acusado para oferecer defesa prévia, por escrito, no prazo de 10 (dez) dias.
>
> § 1º Na resposta, consistente em defesa preliminar e exceções, o acusado poderá arguir preliminares e invocar todas as razões de defesa, oferecer documentos e justificações, especificar as provas que pretende produzir e, até o número de 5 (cinco), arrolar testemunhas.
>
> § 2º As exceções serão processadas em apartado, nos termos dos arts. 95 a 113 do Decreto-Lei nº 3.689, de 3 de outubro de 1941 - Código de Processo Penal.
>
> § 3º Se a resposta não for apresentada no prazo, o juiz nomeará defensor para oferecê-la em 10 (dez) dias, concedendo-lhe vista dos autos no ato de nomeação.
>
> § 4º Apresentada a defesa, o juiz decidirá em 5 (cinco) dias.
>
> § 5º Se entender imprescindível, o juiz, no prazo máximo de 10 (dez) dias, determinará a apresentação do preso, realização de diligências, exames e perícias.

De forma geral, a defesa preliminar, prevista apenas para alguns procedimentos, deve ser apresentada entre o oferecimento da peça acusatória e seu recebimento, sendo esse o marco distintivo da resposta à acusação, apresentada após o recebimento da denúncia. A defesa preliminar visa, portanto, oportunizar que o acusado se manifeste antes do juiz receber a peça acusatória, reduzindo a possibilidade de instauração de um processo temerário por violação ao art. 395 do CPP. A defesa preliminar, contudo, não abre um contraditório preliminar em sentido amplo, pois a única prova passível de produção neste momento é a documental.

No âmbito da Lei de Drogas, sob a roupagem de defesa prévia, a defesa preliminar visa assegurar ao acusado o direito de se manifestar previamente, antes do recebimento da denúncia. Ocorre que o procedimento estatuído pela

Lei 11.343/06 é anterior às alterações promovidas pela Lei 11.719/08 do Código de Processo Penal, razão pela qual parte da doutrina sustenta haver a necessidade de aplicação de um procedimento híbrido, porquanto abrindo-se, após o recebimento da denúncia pelo magistrado, a oportunidade de apresentação de resposta à acusação, ocasião em que poderia arguir preliminares e alegar toda a matéria de defesa, a defesa prévia (ou preliminar) não excluiria a resposta à acusação, já que nesta última se busca eventual absolvição sumária do réu (art. 397 do CPP)[132].

De fato, o §4º, do art. 394, CPP, prevê que "as disposições dos arts. 395 a 398 deste Código aplicam-se a todos os procedimentos penais de primeiro grau, ainda que não regulados neste Código".

Conforme destacamos em nosso Manual de Processo Penal, não obstante a previsão legal sugerir a necessidade de observância do teor dos dispositivos mencionados, à exceção do art. 398, expressamente revogado pela Lei 11.719/08, não se afigura minimamente razoável a realização de duas defesas de natureza inicial nos procedimentos que contemplam a previsão da defesa preliminar, quando nitidamente a defesa preliminar, prevista antes do recebimento da denúncia, visar o afastamento da própria acusação por questões formais ou relacionadas ao mérito, como nas hipóteses de absolvição sumária.

Nessa trilha, não há o menor sentido em se aplicar o procedimento previsto no art. 394, §4º, do CPP, no rito da Lei 11.343/06, porquanto o procedimento, ao prever a defesa prévia, a trata como de matéria ampla de defesa, haja vista que contempla a arguição de preliminares e invocação de todas as razões de defesa, oferecimento de documentos e justificações, especificação das provas que pretende produzir e arrolar até cinco testemunhas (§1º do art. 55).

Assim, a leitura literal do art. 394, §4º, CPP, poderia conduzir à equivocada interpretação de que, ainda que prevista a defesa preliminar por outro fundamento, a ser apresentada antes do recebimento da denúncia, haveria que se observar a necessidade de apresentação da resposta a acusação, cujo objeto e prazo, em essência, seria similar, se não idêntico, à própria defesa preliminar. De fato, retomar-se-ia, na resposta à acusação, a pauta sobre questão recém decidida, sem nada agregar ao processo, salvo a morosidade no procedimento.

Vale destacar que o próprio §5º, do art. 394, CPP, nos traz a solução para a questão ao assinalar que as disposições do procedimento ordinário serão

132. ANDREUCCI, Ricardo Antônio. *op.cit.* p. 385.

aplicadas de forma subsidiária aos procedimentos especiais, isto é, somente em casos não regulados pelos procedimentos especiais, sumário e sumaríssimo, as regras do procedimento ordinário deverão ser aplicadas. Logo, havendo expressa previsão de defesa preliminar, não se revela necessária a reabertura de prazo defensivo para se alegar, em síntese, aquilo que foi objeto da defesa preliminar, simplesmente porque, superada essa fase, foi recebida a denúncia. Nesse sentido também é o entendimento de BRASILEIRO[133] (2020, p. 1413):

> Sem embargo de opiniões em sentido contrário, pensamos que a apresentação de duas defesas de conteúdo, prazo e amplitude semelhantes, uma antes e outra depois do recebimento da peça acusatória em tais procedimentos seria (e será) um equívoco procedimental, em patente violação aos princípios do devido processo legal e da razoável duração do processo. A nosso juízo, há necessidade de apresentação de apenas uma defesa, a saber, a defesa preliminar, oportunidade em que deve haver a concentração de todas as teses da defesa, principais e subsidiárias, buscando-se a rejeição da peça acusatória, assim como eventual absolvição sumária, sem se olvidar da necessária especificação de provas, para o caso de eventual prosseguimento do processo.

A não observância do rito processual no tocante à defesa preliminar tem sido tratada pelos Tribunais Superiores como mera nulidade relativa, com lastro no princípio *pas de nullité sans grief*. Logo, em que pese a previsão legal, estritamente associada ao direito de defesa, não se atribui à omissão procedimental o *status* de nulidade absoluta. Ambas as Cortes Superiores, STJ e STF, entendem que a omissão quanto à intimação para apresentação da defesa preliminar caracteriza mera nulidade relativa, exigindo a demonstração da prova do prejuízo[134].

Retomando a específica análise da Lei 11.343/06, segundo o art. 55 da Lei de Drogas, "oferecida a denúncia, o juiz ordenará a notificação do acusado para oferecer defesa prévia, por escrito, no prazo de 10 (dez) dias". O §1º, por sua vez, dispõe que "na resposta, consistente em defesa preliminar e exceções, o acusado poderá arguir preliminares e invocar todas as razões de defesa, oferecer documentos e justificações, especificar as provas que pretende produzir e, até o número de 5 (cinco), arrolar testemunhas". O §2º, em complementação, assinala que as exceções serão processadas em apartado, nos termos dos arts. 95 a 113 do CPP.

---

133. *Op.cit.*
134. STJ: 6ª Turma, AgRg no REsp 1.133.603/MG, Rel. Min. Celso Limongi, DJe 09.03.11. STF: 1ª Turma, HC 91.760/PI, Rel. Min. Cármen Lúcia, DJe 28.02.08.

O §3º do art. 55 dispõe que se a resposta não for apresentada no prazo, o juiz nomeará defensor para oferecê-la em 10 (dez) dias, concedendo-lhe vista dos autos no ato de nomeação. O dispositivo assegura o direito de defesa ao prever que, mesmo diante da inércia do acusado, terá sua defesa produzida em juízo. Apresentada a defesa, o juiz decidirá em 5 (cinco) dias (§4º), podendo rejeitar a denúncia por inépcia (art. 395, CPP), absolver sumariamente o acusado (art. 397, CPP), receber a denúncia ou, nos termos do §5º do art. 55 da Lei de Drogas, se entender imprescindível, no prazo máximo de 10 (dez) dias, determinará a apresentação do preso, realização de diligências, exames e perícias.

Em nossa compreensão, essa "mini-instrução", prevista no §5º, somente guarda sentido em casos excepcionalíssimos, como na hipótese de severa dúvida quanto ao enquadramento realizado pela acusação, que imputa a prática do crime de tráfico (art. 33, *caput*) diante da possibilidade do oferecimento de benefícios legais como a transação penal e o ANPP em eventual situação de aplicação dos arts. 28 e 33, §§2º e 3º, da Lei de Drogas, por exemplo. Isso porque, na análise do recebimento da denúncia, o magistrado não deve, como regra, retificar a capitulação legal atribuída pelo *parquet*. Segundo o STJ, somente se admite a alteração da capitulação da conduta em momento anterior ao da sentença, em hipóteses excepcionais, quando se verificar: a) benefício imediato ao réu, com a correta fixação da competência ou do procedimento a ser adotado; b) manifesto equívoco na indicação do tipo legal; ou c) quando o delito aparentemente cometido possuir gravidade significativamente diversa, com reflexos jurídicos imediatos na defesa do acusado[135].

3.11.5.3 Recebimento da denúncia e aplicação de medida cautelar de natureza pessoal

> Art. 56. Recebida a denúncia, o juiz designará dia e hora para a audiência de instrução e julgamento, ordenará a citação pessoal do acusado, a intimação do Ministério Público, do assistente, se for o caso, e requisitará os laudos periciais.
>
> § 1º Tratando-se de condutas tipificadas como infração do disposto nos arts. 33, *caput* e § 1º, e 34 a 37 desta Lei, o juiz, ao receber a denúncia, poderá decretar o afastamento cautelar do denunciado de suas atividades, se for funcionário público, comunicando ao órgão respectivo.

Nos termos do art. 56 da Lei de Drogas, estando satisfeitas as condições da ação penal e demonstrada a materialidade delitiva, ainda que com laudo

135. RHC 103.623/PR, rel. Min. Ribeiro Dantas, 5ª Turma, j. 01.09.20.

preliminar de constatação, o magistrado receberá a denúncia e designará dia e hora para a audiência de instrução e julgamento, ordenando a citação pessoal do acusado, a intimação do Ministério Público, do assistente, e se for o caso, e requisitará os laudos periciais.

Em termos procedimentais, o recebimento da denúncia pressupõe uma fundamentação mínima, seguida do despacho determinando a realização da citação pessoal do acusado para formalização da estrutura processual. Não obstante o acusado ter tido ciência da imputação quando da notificação para apresentação da defesa prévia, parece-nos imprescindível, sob pena de nulidade, a formalização do ato citatório.

Dada a natureza do procedimento, que comporta a defesa prévia, melhor seria se o legislador tivesse previsto a citação para apresentação da defesa prévia e a posterior notificação/intimação do acusado acerca do resultado da análise da defesa apresentada, porquanto tal procedimento evitaria duas situações potencialmente desnecessárias no processo: a) citação para apresentação de resposta à acusação, completamente desnecessária porque a defesa prévia já comporta toda a defesa[136], evitando-se que o magistrado tenha que decidir duas vezes, em curto espaço de tempo, sobre as mesmas teses (recebimento da denúncia após a defesa prévia e manutenção da decisão após a resposta à acusação); e b) o risco de aplicação do art. 366 do CPP (suspensão do processo e do curso do prazo prescricional) caso frustrada a citação pessoal, haja vista que, cientificado anteriormente o acusado da existência do processo, por meio da "notificação" para apresentação da defesa prévia, parece-nos clarividente que o acusado possui efetivo conhecimento acerca da imputação. Não obstante, em razão da forma, imprescindível à satisfação do contraditório e ampla defesa, caso frustrada a citação pessoal prevista no art. 56 da Lei 11.343/06, o magistrado deverá aplicar o teor do art. 366 do CPP, não obstante a certeza do conhecimento da imputação pelo acusado. Naturalmente, a obstrução ao andamento do feito por comportamento do acusado que de qualquer modo se esquiva da citação, depois de notificado e ciente da acusação, constitui fundamento idôneo à decretação da prisão preventiva.

O dispositivo, na sequência, impõe, de forma lógica, a intimação do Ministério Público acerca do recebimento da denúncia, prevendo, contudo, de forma não usual, a intimação do eventual assistente da acusação, figura processual acessória historicamente associada à tutela dos interesses das vítimas. Não obstante, salvo em tipos penais específicos, a exemplo do crime previsto

136. Por tal razão, sustentamos a impropriedade de aplicação da resposta à acusação no procedimento em estudo, conforme comentários ao tópico "defesa prévia".

no art. 38 da Lei de Drogas, os delitos previstos na lei não possuem uma vítima específica, circunstância que nos impõe, ainda que de forma breve, a análise da questão de forma detalhada.

A doutrina majoritária sustenta que a habilitação como assistente da acusação só pode ser realizada pelo titular do bem jurídico lesado ou colocado em risco, como nos delitos de lesões corporais. Conforme destacado por ABREU *in* Manual de Processo Penal, no estudo da ação penal privada subsidiária da pública, ainda que em posição minoritária, entendemos como possível sua propositura nos chamados crimes vagos.

E, por coerência, igualmente entendemos como possível a habilitação como assistente daquele que, nos crimes com sujeito passivo indeterminado, sinta-se prejudicado de forma direta com a prática da conduta. Não obstante a lógica do raciocínio que visa afastar a possibilidade de habilitação, entendemos de forma diferente, pois a ausência de identificação de ofendido não significa inexistência de ofendido.

Diante da omissão legal quanto à situação, entendemos que deve prevalecer o interesse público advindo o *ius puniendi* estatal, especialmente porque entendemos pela possibilidade de reconhecimento de dano moral coletivo na ação penal. Vale registrar que o STF, no julgamento da AP 1.002/DF, DJe 26.04.21, a 2ª Turma, por maioria de votos, decidiu pela possibilidade de fixação de danos morais coletivos no processo penal.

Nesse sentido, trazemos à colação trecho do voto do Relator, Min. Edson Fachin:

> Tais circunstâncias são aptas a demonstrar o necessário nexo causal entre as condutas praticadas pelos acusados e o dano moral coletivo ocasionado à sociedade brasileira, razão pela qual reputo configurados os pressupostos da responsabilidade civil que lhes obriga ao dever de indenizar, nos termos do art. 927 do Código Civil. Diante da ofensa a direitos difusos, ou seja, pertencentes a titulares indeterminados, os danos morais coletivos, no caso em análise, têm função eminentemente punitiva, razão pela qual a sua quantificação deve ser guiada primordialmente pelo seu caráter pedagógico, que acolhe tanto a prevenção individual como a geral. Por tal razão, **fixo como valor mínimo indenizatório a título de danos morais coletivos** a quantia de R$ 6.085.075,33 (seis milhões, oitenta e cinco mil, setenta e cinco reais e trinta e três centavos), a ser adimplido de forma solidária pelos condenados em favor do fundo a que alude o art. 13 da Lei 7.357/1985. A referida soma deverá ser corrigida monetariamente a contar do dia da proclamação do resultado do julgamento colegiado, incidindo juros de mora legais a partir do trânsito em julgado deste acórdão.

Assim, reconhecida, ainda que por maioria, a possibilidade de fixação de dano moral coletivo, não observamos óbices à habilitação como assistente do indivíduo eventualmente prejudicado pela prática do delito. Há que se conferir, portanto, àqueles prejudicados pelo delito, ainda de que forma difusa, legitimidade para habilitação, pois o silêncio legal deve ser interpretado sob a luz do princípio da legalidade para o particular, isto é, se a norma não o proíbe ou regula de forma distinta, há que se admitir como possível a habilitação.

Nesse sentido, há decisão do STJ reconhecendo a possibilidade de habilitação de assistente da acusação em processo por crime de perigo abstrato:

> (...) 2. O art. 268 do Código de Processo Penal autoriza a intervenção na ação penal pública, como assistente do Ministério Público, do ofendido ou de seu representante legal, ou, na falta destes, de qualquer das pessoas mencionadas no art. 31 do mesmo diploma processual - cônjuge, ascendente, descendente ou irmão.
>
> 3. Na interpretação do referido dispositivo, deve-se tomar em consideração principalmente a **finalidade da intervenção**, devendo o instituto processual ser tratado como expressão do Estado Democrático de Direito e até mesmo como modalidade de controle - complementar àquele exercido pelo Poder Judiciário - da função acusatória atribuída privativamente ao Ministério Público.
>
> 4. Há que se mitigar o rigor na análise da presença do interesse jurídico que autorize a assistência, afastando-se a exigência consistente na absoluta vinculação entre a pretensão do interveniente e o objeto jurídico do tipo penal imputado na denúncia, uma vez que, **diante de certas peculiaridades do caso concreto, interesses jurídicos podem assumir caráter metaindividual** e, pulverizados sobre as relações que permeiam o núcleo da demanda, carecer de proteção jurídica igualmente legítima.
>
> 3. Hipótese em que foi indeferida pelo Tribunal de origem a assistência à acusação porque, afastada a ilicitude em relação à morte do filho dos habilitandos, pelo reconhecimento da legítima defesa, e restringindo-se a denúncia ao crime de porte ilegal de arma de fogo - delito que teria como vítima a própria sociedade -, desapareceria a figura do ofendido prevista no art. 268 do CPP e, consequentemente, o próprio interesse jurídico dos impetrantes em intervir na ação penal.
>
> 6. Embora não possam os recorrentes, a princípio, ser qualificados como ofendidos pelo mero porte ilegal de arma de fogo, o interesse que emana da morte de seu filho encontra-se entrelaçado de forma inarredável com o objeto da ação penal em que pretendem intervir, independentemente dos vícios do inquérito policial que alegam, ou mesmo do reconhecimento da legítima defesa, a qual não constitui objeto do presente mandamus. RMS 43.227/PE. 5ª Turma, DJe 07.12.15. (grifamos).

Vale destacar, em corroboração ao nosso entendimento, que a Lei de Drogas previu, no art. 60, a legitimidade do assistente da acusação para pleitear medidas assecuratórias, sugerindo, para nós, em razão da natureza da assistência da acusação, a possibilidade de atuação supletiva por legitimado difuso.

O §1º do art. 56 da Lei de Drogas dispõe que em se tratando de condutas tipificadas como infração do disposto nos arts. 33, *caput* e § 1º, e 34 a 37 da Lei, o juiz, ao receber a denúncia, poderá decretar o afastamento cautelar do denunciado de suas atividades, se for funcionário público, comunicando ao órgão respectivo. Trata-se de medida cautelar de natureza pessoal típica que pressupõe, em nossa compreensão, a necessária análise do teor do art. 282 do CPP e demonstração do nexo funcional entre a conduta imputada e o exercício da função pública, não se tratando, portanto, de efeito automático.

Assim, dever-se-á demonstrar: a) a "necessidade para aplicação da lei penal, para a investigação ou a instrução criminal e, nos casos expressamente previstos, para evitar a prática de infrações penais" (art. 282, I, CPP); e a "adequação da medida à gravidade do crime, circunstâncias do fato e condições pessoais do indiciado ou acusado" (art. 282, II, CPP); e c) o nexo funcional.

Registre-se que o afastamento deve perdurar enquanto presentes a necessidade e adequação da medida, devendo ser avaliado a cada noventa dias por analogia ao disposto no art. 316 do CPP, observando-se, igualmente, a duração razoável do processo, sob pena de eternização da medida cautelar de natureza pessoal. O afastamento será realizado sem prejuízo à remuneração do servidor por analogia às disposições similares previstas na Lei de Lavagem de Capitais (art. 17-D) e Lei de Organizações Criminosas (art. 2º, §5º).

3.11.5.4 Audiência de instrução e julgamento

> Art. 56 [...] § 2º A audiência a que se refere o caput deste artigo será realizada dentro dos 30 (trinta) dias seguintes ao recebimento da denúncia, salvo se determinada a realização de avaliação para atestar dependência de drogas, quando se realizará em 90 (noventa) dias.
>
> Art. 57. Na audiência de instrução e julgamento, após o interrogatório do acusado e a inquirição das testemunhas, será dada a palavra, sucessivamente, ao representante do Ministério Público e ao defensor do acusado, para sustentação oral, pelo prazo de 20 (vinte) minutos para cada um, prorrogável por mais 10 (dez), a critério do juiz.
>
> Parágrafo único. Após proceder ao interrogatório, o juiz indagará das partes se restou algum fato para ser esclarecido, formulando as perguntas correspondentes se o entender pertinente e relevante.

Art. 58. Encerrados os debates, proferirá o juiz sentença de imediato, ou o fará em 10 (dez) dias, ordenando que os autos para isso lhe sejam conclusos.

Nos termos do §2º do art. 56 da Lei de Drogas, a audiência será realizada dentro dos 30 (trinta) dias seguintes ao recebimento da denúncia, salvo se determinada a realização de avaliação para atestar dependência de drogas, quando se realizará em 90 (noventa) dias. Eventual atraso na realização da audiência envolvendo réus soltos é concebido como mera irregularidade, não ensejando qualquer nulidade. Igualmente, a não observância do prazo nos casos de réus acautelados não implica, necessariamente, constrangimento ilegal, porquanto a complexidade do caso e situações processuais específica podem justificar o atraso, a exemplo do excesso de pedidos defensivos, investigações por demais complexas, não intimação de testemunhas, expedição de cartas precatórias etc. Os prazos, em sede processual, devem ser concebidos de forma conglobada, respeitando-se, contudo, o princípio da duração razoável do processo.

O art. 57 da Lei 11.343/06 revela uma inconsistência quanto à regra geral do CPP ao assinalar que o interrogatório do acusado será realizado anteriormente à inquirição das testemunhas. O STF, chamando a se manifestar, decidiu pela observância estrita do teor do art. 400 do CPP, a partir de 03.03.16, data da publicação da ata de julgamento, que impõe o **interrogatório do réu como último ato de instrução em sede de audiência**:

> (...) 4. A Lei nº 11.719/08 adequou o sistema acusatório democrático, integrando o de forma mais harmoniosa aos preceitos constitucionais da Carta de República de 1988, assegurando-se maior efetividade a seus princípios, notadamente, os do contraditório e da ampla defesa (art. 5º, inciso LV). (...) 7. Ordem denegada, com a fixação da seguinte orientação: **a norma inscrita no art. 400 do Código de Processo Penal comum aplica-se, a partir da publicação da ata do presente julgamento**, aos processos penais militares, aos processos penais eleitorais **e a todos os procedimentos penais regidos por legislação especial** incidindo somente naquelas ações penais cuja instrução não se tenha encerrado[137].

Especificamente quanto ao interrogatório, o parágrafo único do dispositivo ainda prevê, expressamente, que "**após proceder ao interrogatório**, o juiz indagará das partes se restou algum fato para ser esclarecido, formulando as perguntas correspondentes se o entender pertinente e relevante".

137. HC 127.900/AM, rel. Min. Dias Toffoli, Pleno, j. 03.03.16, DJe 03.08.16.

Em sequência, o art. 57 da Lei de Drogas assinala que após as oitivas será dada a palavra, sucessivamente, ao Ministério Público e ao defensor do acusado, para sustentação oral, pelo prazo de 20 (vinte) minutos para cada um, prorrogável por mais 10 (dez), a critério do juiz. O dispositivo consagra a forma oral, não obstante ser plenamente possível, dada as circunstâncias do caso (complexidade ou número de acusados), a aplicação analógica do §3º do art. 403 do CPP, que admite a apresentação das alegações finais por escrito em forma de memoriais no prazo sucessivo de cinco dias.

Encerrados os debates, na forma do art. 58 da Lei 11.343/06, o juiz proferirá sentença de imediato, ou o fará em 10 (dez) dias, ordenando que os autos para isso lhe sejam conclusos, sendo certo que eventual inobservância do prazo, desde que respeitado o princípio da duração razoável do processo, caracteriza mera irregularidade e não implica, automaticamente, constrangimento ilegal ao acusado.

O dispositivo consagra, como regra, o princípio da identidade física do juiz, previsto no art. 399, §2º do CPP, aplicável ao procedimento especial por força do art. 394, §5º, do próprio CPP. Vale destacar que tal princípio, contudo, não é absoluto, haja vista que circunstâncias e de ordem jurídica, como processuais a remoção ou promoção do magistrado, podem conduzir ao julgamento realizado por outro juiz, que tão somente finaliza a instrução.

3.11.5.5 Síntese gráfica do procedimento

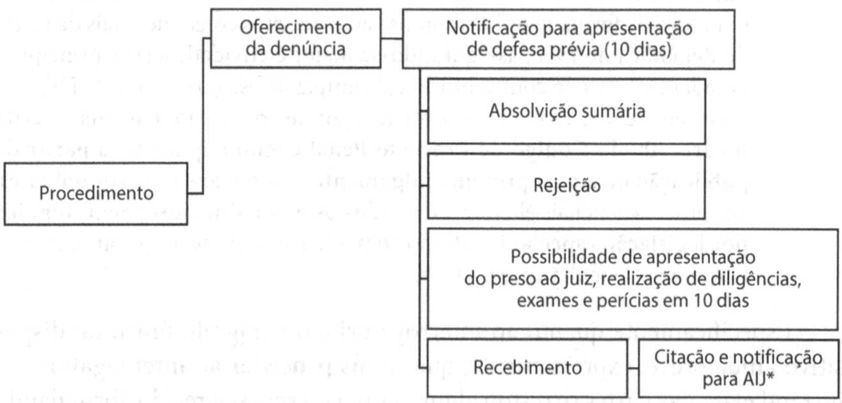

* parcela da doutrina sustenta a necessidade de notificação para apresentação de resposta à acusação.

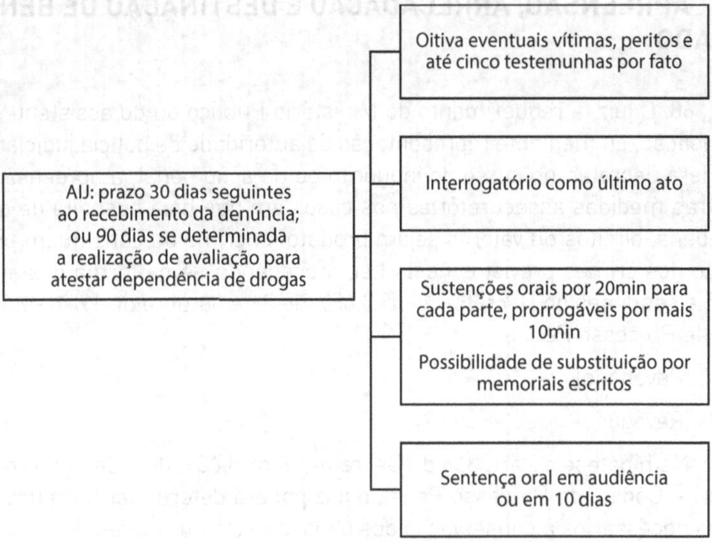

3.11.5.6 Recolhimento à prisão para apelar

Art. 59. Nos crimes previstos nos arts. 33, *caput* e § 1º, e 34 a 37 desta Lei, o réu não poderá apelar sem recolher-se à prisão, salvo se for primário e de bons antecedentes, assim reconhecido na sentença condenatória.

O art. 59 da Lei de Drogas não mais guarda qualquer espécie de sentido em nosso ordenamento jurídico consoante a reiterada jurisprudência do STF e STJ, e revogação do art. 594 do CPP, que trazia dispositivo similar. A matéria foi objeto da **Súmula 347 do STJ**: "O conhecimento de recurso de apelação do réu independe de sua prisão".

Como regra, portanto, o magistrado deverá observar o teor do art. 387, §1º do CPP: "o juiz decidirá, fundamentadamente, sobre a manutenção ou, se for o caso, a imposição de prisão preventiva ou de outra medida cautelar, sem prejuízo do conhecimento de apelação que vier a ser interposta" (CPP, art. 387, § 1º).

3.12 APREENSÃO, ARRECADAÇÃO E DESTINAÇÃO DE BENS DO ACUSADO

> Art. 60. O juiz, a requerimento do Ministério Público ou do assistente de acusação, ou mediante representação da autoridade de polícia judiciária, poderá decretar, no curso do inquérito ou da ação penal, a apreensão e outras medidas assecuratórias nos casos em que haja suspeita de que os bens, direitos ou valores sejam produto do crime ou constituam proveito dos crimes previstos nesta Lei, procedendo-se na forma dos arts. 125 e seguintes do Decreto-Lei nº 3.689, de 3 de outubro de 1941 - Código de Processo Penal.
>
> § 1º (Revogado).
>
> § 2º (Revogado).
>
> § 3º Na hipótese do art. 366 do Decreto-Lei nº 3.689, de 3 de outubro de 1941 - Código de Processo Penal, o juiz poderá determinar a prática de atos necessários à conservação dos bens, direitos ou valores.
>
> § 4º A ordem de apreensão ou sequestro de bens, direitos ou valores poderá ser suspensa pelo juiz, ouvido o Ministério Público, quando a sua execução imediata puder comprometer as investigações.
>
> § 5º Decretadas quaisquer das medidas previstas no caput deste artigo, o juiz facultará ao acusado que, no prazo de 5 (cinco) dias, apresente provas, ou requeira a produção delas, acerca da origem lícita do bem ou do valor objeto da decisão, exceto no caso de veículo apreendido em transporte de droga ilícita.
>
> § 6º Provada a origem lícita do bem ou do valor, o juiz decidirá por sua liberação, exceto no caso de veículo apreendido em transporte de droga ilícita, cuja destinação observará o disposto nos arts. 61 e 62 desta Lei, ressalvado o direito de terceiro de boa-fé.

3.12.1 Introdução

O art. 60 da Lei de Drogas previu, em reforço à disciplina ordinária do Código de Processo Penal, a possibilidade de apreensão e outras medidas assecuratórias nos casos em que haja suspeita de que os bens, direitos ou valores sejam produto do crime ou constituam proveito dos crimes previstos na Lei Drogas. Expressamente, o dispositivo aponta a aplicação dos arts. 125 e seguintes do CPP, que versam sobre o sequestro, arresto e especialização de hipoteca legal.

As chamadas medidas assecuratórias ou medidas cautelares de natureza patrimonial visam, em essência, atacar o produto do crime, isto é, a vantagem direta obtida pelo agente em razão da prática do delito, e o proveito do crime, ou seja, a vantagem indireta advinda da prática delitiva, mormente associada à lavagem de capitais. A Lei de Drogas, a exemplo do CPP e CP, não se olvidou de atacar os instrumentos e objetos utilizados para a prática do delito, disciplinando a apreensão no art. 61, bem como regulou, no art. 63, o perdimento de produtos, bens e valores apreendidos ou objeto de medida assecuratória, bem como, o levantamento e liberação desses. Ademais, o art. 63-F, incluído pela Lei do Pacote Anticrime, disciplinou o chamado confisco alargado.

A natureza da presente obra não nos permite analisar os institutos mencionados de forma aprofundada[138], vez que possuem natureza geral, de aplicação à toda sistemática processual. Não obstante, ainda que de forma sucinta, analisaremos os institutos previstos na Lei de Drogas, buscando, de forma objetiva e comparativa, estabelecer eventuais diferenças para com o CPP.

3.12.2 Apreensão

A apreensão é a efetiva constrição do bem, colocando-o sob custódia. A apreensão foi classificada como meio de prova pelo CPP, no contexto do Capítulo XI – Da busca e apreensão. Contudo, apesar de tratada como meio de obtenção de prova, assume o *status* de medida cautelar quando pleiteada em juízo.

3.12.3 Objeto da diligência

No âmbito do CPP, dentre outras hipóteses, o legislador previu a busca e apreensão das coisas achadas ou obtidas por meios criminosos e dos instrumentos utilizados na prática de crime (art. 240, § 1º, b e d).

O objeto da diligência foi previsto, em rol exemplificativo, no art. 240 do CPP, que, em seu §1º, assinala que proceder-se-á à busca será domiciliar quando fundadas razões a autorizarem, para:

a) **prender criminosos**: havendo mandado de prisão, esse deverá constar do próprio mandado de busca nos termos do art. 243, §1º do CPP. Contudo, na prática o mandado de prisão é expedido em apartado.
b) **apreender coisas achadas ou obtidas por meios criminosos**: as coisas achadas são aquelas de interesse probatório, que podem advir tanto da realização de diligências ordinárias, como uma abordagem em via

138. Aprofundamos no assunto em nosso Manual de Processo Penal.

pública, como em decorrência de mandado judicial. Há que se ter cautela, contudo, quanto ao objeto do mandado de busca e apreensão, haja vista que não é qualquer coisa achada que pode ser apreendida, vez que o mandado de busca e apreensão, por si só, não tem por escopo a realização de *fishing expedition*, isto é, realizar a busca de qualquer elemento com potencial para incriminar o agente. A coisa achada, portanto, deve estar conectada, de algum modo, com o mandado expedido. As coisas obtidas por meio criminosos, por sua vez, são aquelas destinadas a impedir o locupletamento ilícito e a reparação da vítima. Assim como nas coisas achadas, o mandado deverá ser observado com o máximo rigor possível, sob pena de nulidade.

c) apreender instrumentos de falsificação ou de contrafação e objetos falsificados ou contrafeitos: a permissão caminha no sentido de se evitar a continuidade na prática dos delitos.

d) **apreender armas e munições, instrumentos utilizados na prática de crime ou destinados a fim delituoso**: tais objetos ou são ilícitos em sua origem, possuem potencialidade lesiva, são provas de infração penal ou podem ser utilizados para a prática de delitos. Por tal razão, a norma permite suas apreensões.

e) **descobrir objetos necessários à prova de infração ou à defesa do réu**: assim como acima registrado, a previsão, genérica por essência, deve ser detalhada no mandado, sob pena de legitimação da pescaria probatória.

f) **apreender cartas, abertas ou não, destinadas ao acusado ou em seu poder, quando haja suspeita de que o conhecimento do seu conteúdo possa ser útil à elucidação do fato**: a carta, uma vez aberta, equivale a um documento qualquer. Fechada, é documento amparado pelo sigilo, o qual não pode ser devassado sem ordem judicial específica. Entendemos por possível a apreensão das cartas fechadas, que deverão, para conhecimento de seu conteúdo, receber expressa autorização judicial, pois o sigilo de correspondências não pode servir de instrumento para a prática de crimes. Nesse sentido, o STF já decidiu que administração penitenciária, por razões de segurança pública, disciplina prisional ou de preservação da ordem jurídica, pode, de forma excepcional e respeitando a norma inscrita no art. 41, parágrafo único, da LEP, proceder à interceptação da correspondência remetida pelos sentenciados[139]. Vale registrar que mercadorias, malas, mochilas e outros congêneres não são amparados pelo

139. HC 70.814/SP. DJ 24.06.94.

sigilo de comunicações, podendo ser apreendidos independentemente de ordem judicial.

g) **apreender pessoas vítimas de crimes**; a previsão, a despeito de desnecessária quando efetivada, vez que havendo a prática do delito, a situação encontraria amparo no fundamento de prestação de socorro, de ordem constitucional, visa, todavia, legitimar a ação estatal nas hipóteses em que a vítima, nos crimes de sequestro, por exemplo, não se encontra no local de cumprimento do mandado, sendo frustrada a diligência.

h) **colher qualquer elemento de convicção**: conforme destacamentos anteriormente, deve-se, sobremaneira, evitar-se a expedição de mandados de busca e apreensão genéricos para se evitar nulidades.

No âmbito da Lei de Drogas, especificamente o legislador previu, genericamente, a possibilidade de apreensão de bens, direitos ou valores sejam produto do crime ou constituam proveito dos crimes previstos na Lei (art. 60). No art. 61, dispôs sobre a apreensão de veículos, embarcações, aeronaves e quaisquer outros meios de transporte e dos maquinários, utensílios, instrumentos e objetos de qualquer natureza utilizados para a prática, habitual ou não, dos crimes definidos na Lei 11.343/06, assinalando que ocorrendo a apreensão, essa será imediatamente comunicada pela autoridade de polícia judiciária responsável pela investigação ao juízo competente. Por sua vez, no art. 60-A, §1º, expressamente consignou a apreensão de moeda estrangeira e no art. 62-A previu a apreensão de numerários.

É importante destacar que o §3º do art. 60 prevê que na hipótese de aplicação do art. 366 do CPP (suspensão do processo e do curso do prazo prescricional para o réu revel citado por edital), o juiz poderá determinar a prática de atos necessários à conservação dos bens, direitos ou valores.

3.12.4 Medidas assecuratórias

Conforme destacado por ABREU *in* Manual de Processo Penal, as medidas cautelares ou assecuratórias de natureza patrimonial, de cunho cautelar, foram previstas no CPP nos artigos 125 a 144-A e visam preservar as coisas para assegurar os efeitos patrimoniais da condenação para impedir o locupletamento ilícito, garantir a indenização ou reparação à vítima da infração penal e assegurar o pagamento das despesas processuais ou das penas pecuniárias.

As medidas assecuratórias são dotadas da característica da **jurisdicionalidade**, porquanto só podem ser deferidas sob o crivo do devido processo legal, por se tratar de medidas constritivas de bens (art. 5º, LIV, CF). Afasta-se, portanto, a possibilidade das CPIs decretarem-nas, pois não são medidas de instrução[140].

Da característica da jurisdicionalidade surge, segundo o entendimento dominante, a **impossibilidade de decretação de ofício** pelo magistrado ante à sistemática do modelo acusatório, corroborada pela Lei do Pacote Anticrime, pois não há como se admitir que o magistrado possa, de ofício, impor limitações patrimoniais quando deve se manter equidistante das partes.

Além dos **pressupostos** específicos atinentes à cada uma das medidas, de forma geral exige-se a existência do *fumus boni iuris* e do *periculum in mora*.

O ***fumus boni iuris*** demanda a análise da plausibilidade da medida, isto é, se tem por fundamento, com lastro na prova produzida, a prática de uma infração penal com probabilidade de deflagrar uma ação penal ou potencial condenação. A verossimilhança da alegação, portanto, é imprescindível para o deferimento da medida. O ***periculum in mora***, por sua vez, revela-se na possibilidade de ineficácia da medida caso deferida somente ao final do processo. O "perigo na demora" do processo, portanto, no aspecto patrimonial, pode ensejar a frustração na satisfação dos fins da medida, de forma que a necessidade de se garantir a preservação dos bens, direitos ou valores visa evitar a dilapidação patrimonial pelo agente. Ao contrário do *fumus boni iuris*, que se funda na análise cruzada de ***fatos x norma***, o *periculum in mora*, para nós, não pressupõe a demonstração inequívoca de tentativa de atos de dilapidação patrimonial, bastando o mero risco de sua ocorrência[141], quando não dispensado ou presumido, em regramentos específicos[142].

A entrada em vigor da Lei 12.403/11, que modificou a redação do art. 282, §3º do CPP, trouxe à tona o debate sobre a necessidade de contraditório quanto às medidas cautelares patrimoniais, vez que o dispositivo previu, expressamente, **salvo nos casos de urgência ou de perigo de ineficácia da medida**, a intimação da parte contrária, estabelecendo o contraditório nas medidas cautelares de natureza pessoal, de forma que, com maior fundamento, haver-se-ia de institui-lo nas patrimoniais.

Por regra, o contraditório é fundamental, mas não pode, quando preservado de forma prévia, ter o condão de frustrar a medida. Por se tratar de questão patrimonial, medida de menor impacto se comparada à liberdade do indivíduo, parece-nos que a opção pelo contraditório diferido apresenta-se

140. STF: MS 23.466/DF, DJ 06.04.00.

141. A posição reflete o atual posicionamento da 1ª Turma do STF: Pet. 7.069/DF, j. 13.03.19.

142. *Vide* Decreto-Lei 3.240/41

como mais razoável, isto é, aprecia-se liminarmente o pedido e intima-se o agente para apresentar defesa, sendo que o magistrado poderá, a qualquer tempo, revisar a decisão. Em síntese, diminui-se o risco de frustração da medida e preserva-se a possibilidade de revisão da decisão.

Não podemos nos olvidar que as medidas cautelares patrimoniais são **instrumentais**, dotadas, portanto, de **acessoriedade** e **provisoriedade**, aferidas por um **juízo de cognição sumária**, pois a manutenção dessas pressupõe a preservação dos motivos determinantes, aferidos de forma sumária pelo magistrado.

Do princípio da proporcionalidade decorre a **referibilidade**, no sentido que a medida cautelar deve se referir a uma situação concreta de risco a um direito tutelado. Logo, referibilidade é a correlação lógica entre o fator de risco e o direito a ser protegido, de forma que não evidenciada tal correlação, não haverá razoabilidade para decretação da medida. Revela-se, igualmente nesse particular, a característica da **preventividade**.

O art. 63-A da Lei de Drogas assinala que nenhum pedido de restituição será conhecido sem o comparecimento pessoal do acusado, podendo o juiz determinar a prática de atos necessários à conservação de bens, direitos ou valores. A regra impõe o dever especial de comparecimento pessoal do acusado para que o pedido seja conhecido. Naturalmente, não se exige o comparecimento de terceiro eventual atingido pela constrição patrimonial. A regra, para nós, não guarda qualquer razão de ordem prática, nada impedindo que o pedido seja formulado por procurador, com poderes especiais, vez que não será o comparecimento pessoal o elemento probatório necessário para demonstrar a origem lícita dos bens. Supõe-se que foi estabelecida para viabilizar notificação ou citação pessoal nos casos em que a comunicação processual não foi formalizada, impedindo o andamento do feito, mas há certeza inequívoca de ciência da ação penal, à vista da constrição e, sobretudo, do pedido de restituição. Todavia, sem uma vinculação mais explícita, a finalidade aqui suposta não será alcançada nos casos concretos.

Aliás, segundo o art. 63-B da Lei 11.343/06, comprovada a origem lícita dos bens, o juiz determinará a liberação total ou parcial dos bens, direitos e objeto de medidas assecuratórias, mantendo-se, contudo, a constrição dos bens, direitos e valores necessários e suficientes à reparação dos danos e ao pagamento de prestações pecuniárias, multas e custas decorrentes da infração penal.

Feito o registro de natureza geral, vejamos, de forma objetiva, as medidas cautelares de natureza patrimonial aplicáveis à Lei de Drogas.

3.12.4.1 Sequestro

O **sequestro** é uma medida constritiva patrimonial de indisponibilidade, de natureza cautelar e, portanto, assecuratória, que atinge bens móveis ou imóveis adquiridos pelo agente com o **proveito** da infração penal. Funda-se, portanto, no interesse estatal de assegurar o posterior perdimento dos bens como efeito da condenação e no interesse do ofendido na reparação do dano.

Nada impede que o sequestro recaia sobre bens móveis ou imóveis em poder de terceiros ou ainda sobre bens e valores de origem lícita, caso o produto ou proveito do crime não seja encontrado ou se localize no exterior na forma dos §1º e 2º do art. 91 do CP[143].

Da narrativa se extrai, portanto, que o sequestro pode incidir sobre bens móveis, imóveis e valores e sobre bens de origem ilícita e lícita, a depender do caso concreto. Verifica-se, portanto, que o termo sequestro é criticado pela doutrina, vez que esse, na acepção primária e técnica da palavra, significa a retenção da coisa até a final discussão sobre a titularidade da coisa ou risco de perecimento. Visa, dessa forma, assegurar que o valor inerente à coisa seja preservado até o final do processo.

Não obstante a tradicional crítica, que se funda no conceito romano de sequestro, é inegável que o legislador restou por, de certo modo, misturar os conceitos de arresto e sequestro, tratando-os como sequestro no CPP, isso porque, quando se observa do teor do art. 125 do CPP, verifica-se que a medida, embora recaia sobre bem determinado, reflui-se como arresto, porquanto visa o interesse estatal no asseguramento posterior do perdimento dos bens como efeito da condenação e no interesse do ofendido na reparação do dano.

3.12.4.1.1 Requisitos

> Art. 126, CPP: Para a decretação do sequestro, bastará a existência de indícios veementes da proveniência ilícita dos bens.
>
> Art. 60, Lei 11.343/06: O juiz, a requerimento do Ministério Público ou do assistente de acusação, ou mediante representação da autoridade de polícia judiciária, poderá decretar, no curso do inquérito ou da ação penal, a apreensão e outras medidas assecuratórias **nos casos em que haja suspeita de que os bens, direitos ou valores sejam produto do crime ou**

---

143. §1º Poderá ser decretada a perda de bens ou valores equivalentes ao produto ou proveito do crime quando estes não forem encontrados ou quando se localizarem no exterior.
§ 2º Na hipótese do § 1º, as medidas assecuratórias previstas na legislação processual poderão abranger bens ou valores equivalentes do investigado ou acusado para posterior decretação de perda.

constituam proveito dos crimes previstos nesta Lei, procedendo-se na forma dos arts. 125 e seguintes do Decreto-Lei nº 3.689, de 3 de outubro de 1941 – Código de Processo Penal.

De acordo com a regra geral do CPP, a decretação do sequestro pressupõe a existência de indícios veementes da proveniência ilícita dos bens. Contudo, **o que são indícios veementes?**

O art. 239 do CPP assinala que indício é a circunstância conhecida e provada, que, tendo relação com o fato, autorize, por indução, concluir-se a existência de outra ou outras circunstâncias. Logo, indícios veementes são aqueles que possuem tamanha intensidade que permitem uma indução próxima à certeza sem que, contudo, caracterize-se como prova plena.

Não obstante, em leitura simples, depura-se do art. 60 da Lei de Drogas um *standard probatório* de menor intensidade para a decretação da medida, haja vista que **o legislador exigiu tão somente a suspeita** de que os bens, direitos ou valores sejam produto do crime ou constituam proveito dos crimes previstos na Lei.

Apesar da expressa previsão legal, em um Processo Penal pretensamente democrático, **não se pode admitir que a mera ou simples suspeita seja apta a ensejar a constrição patrimonial**, porquanto essa ataca o direito de propriedade, de cunho fundamental. Não se pretende, com os comentários abaixo, tutelar o patrimônio de traficantes ou financiadores do tráfico, mas tão somente balizar, minimamente em respeito às regras do jogo, o *standard probatório* necessário para deflagração do sequestro.

Como primeira premissa, partimos do teor dos art. 240, §2º e 244 do CPP[144], que estabelecem a "**fundada suspeita**" como base para realização da busca pessoal. A fundada suspeita mencionada pela norma depende de um fato prévio e concreto que a fundamente, não podendo ser justificada tão somente pelo aspecto subjetivo do agente, como na hipótese do agente usar agasalho com capuz, porque apto a ocultar armas ou drogas e dificultar identificação.

144. Art. 240 (...) § 2º Proceder-se-á à busca pessoal quando houver fundada suspeita de que alguém oculte consigo arma proibida ou objetos mencionados nas letras b a f e letra h do parágrafo anterior.
Art. 244. A busca pessoal independerá de mandado, no caso de prisão ou quando houver fundada suspeita de que a pessoa esteja na posse de arma proibida ou de objetos ou papéis que constituam corpo de delito, ou quando a medida for determinada no curso de busca domiciliar.

No julgamento do RHC 158580, o STJ entendeu que se exige "em termos de standard probatório para busca pessoal ou veicular sem mandado judicial, a existência de fundada suspeita (justa causa) – baseada em um juízo de probabilidade, descrita com a maior precisão possível, aferida de modo objetivo e devidamente justificada pelos indícios e circunstâncias do caso concreto – de que o indivíduo esteja na posse de drogas, armas ou de outros objetos ou papéis que constituam corpo de delito, evidenciando-se a urgência de se executar a diligência".

Em destaque:

> É preciso, também, que esteja relacionada à "posse de arma proibida ou de objetos ou papéis que constituam corpo de delito". Vale dizer, **há uma necessária referibilidade da medida, vinculada à sua finalidade legal probatória, a fim de que não se converta em salvo-conduto para abordagens e revistas exploratórias (fishing expeditions), baseadas em suspeição genérica existente sobre indivíduos**, atitudes ou situações, sem relação específica com a posse de arma proibida ou objeto (droga, por exemplo) que constitua corpo de delito de uma infração penal.

Da decisão, além dos objetivos de se evitar **o uso excessivo do expediente e sua repetição sistêmica**, chama-nos atenção a necessidade de **garantia da sindicabilidade da abordagem**, isto é, de se permitir que tanto possa ser contrastada e questionada pelas partes, quanto ter sua validade controlada *a posteriori* por um terceiro imparcial (Poder Judiciário), o que se inviabiliza quando a medida tem por base apenas aspectos subjetivos, intangíveis e não demonstráveis;

Fixada a primeira premissa, de que para as simples buscas pessoais, o legislador e a jurisprudência exigem a fundada suspeita, vejamos a questão da fundada suspeita com relação às medidas cautelares de natureza pessoal, delimitadora da segunda premissa.

O §1º do art. 304 do CPP, ao tratar da prisão em flagrante delito, dispõe que resultando das respostas **fundada a suspeita** contra o conduzido, a autoridade mandará recolhê-lo à prisão (...). Em síntese, a norma assinala que ao final da instrução do APFD, a autoridade policial deverá realizar uma análise preliminar quanto ao evento, de forma que, "**verificando que das respostas trazidas pelos inquiridos", há fundada a suspeita** contra o conduzido, a autoridade mandará recolhê-lo à prisão. Em síntese, novamente, exige-se um mínimo lastro, que se difere, naturalmente, da **mera suspeita**.

No estudo do tema, buscamos alguns julgados do STJ e nos deparamos com os seguintes julgados:

> (...) A **mera suspeita** autoriza unicamente a observação do local, como forma de recolher elementos outros sobre a existência do delito e sua autoria (...). AgRg no REsp 1998670/RS, rel. Min. Sebastião Reis Júnior, DJe 28.06.23.
>
> Nos termos da jurisprudência desta Corte Superior quanto à realização de busca pessoal, o próprio § 2º do art. 240 do CPP consagra que é necessária a presença de fundada suspeita para que seja autorizada a medida invasiva, **padecendo de razoabilidade e de concretude a abordagem de indivíduo tão somente por ser conhecido pelo prévio envolvimento delitivo e pelo subjetivo argumento de estar em "atitude suspeita"** ou em local conhecido como ponto de tráfico. AgRg no HC 804669/RS, rel. Min. Ribeiro Dantas, DJe 23.06.23.

Sob outra perspectiva, o STF, enfrentando a questão relacionada ao uso de algemas, decidiu que a imposição de seu uso não é arbitrária, podendo ser utilizado com a finalidade de impedir, prevenir ou dificultar a fuga ou reação indevida do preso, **desde que haja fundada suspeita** ou justificado receio de que o fato venha a ocorrer, ou com o fim de evitar agressão do preso contra os próprios policiais, contra terceiros ou contra si mesmo[145].

Assim, diante das premissas acima fixadas, não nos parece que mera **suspeita** prevista no art. 60 da Lei de Drogas seja apta a caracterizar o *standard* probatório necessário para decretação do sequestro. A simples suspeita é uma consequência do mero subjetivismo, inadmitido no Processo Penal, especialmente para fins de constrição a direito fundamental. Ao se aceitar a mera suspeita como parâmetro, estar-se-á afastando a controlabilidade da decisão judicial, porquanto essa tem o estrito subjetivismo na origem. Dessarte, entendemos que o termo "**suspeita**", previsto no art. 60 da Lei 11.343/06, deve ser lido como "**fundada suspeita**", estribada **na existência de indícios veementes da proveniência ilícita dos bens** (art. 126, CPP).

3.12.4.1.2 Legitimidade

Art. 127, CPP: O juiz, de ofício, a requerimento do Ministério Público ou do ofendido, ou mediante representação da autoridade policial, poderá ordenar o sequestro, em qualquer fase do processo ou ainda antes de oferecida a denúncia ou queixa.

Art. 60, Lei 11.343/06: O juiz, **a requerimento** do Ministério Público ou do assistente de acusação, ou mediante representação da autoridade de polícia judiciária, poderá decretar, no curso do inquérito ou da ação penal,

145. HC 89.429/RO, 1ª Turma, DJ 02.02.07.

a apreensão e outras medidas assecuratórias nos casos em que haja suspeita de que os bens, direitos ou valores sejam produto do crime ou constituam proveito dos crimes previstos nesta Lei, procedendo-se na forma dos arts. 125 e seguintes do Decreto-Lei nº 3.689, de 3 de outubro de 1941 - Código de Processo Penal.

A legitimidade para pleitear a medida de sequestro é conferida ao titular da ação penal, Ministério Público ou ofendido e eventuais representantes legais ou sucessores no caso de morte. No caso da Lei de Drogas, diferentemente do CPP, há previsão expressa permitindo o requerimento pelo assistente da acusação.

Na fase inquisitorial, permite-se ao delegado de polícia pugnar pela medida, cuja análise deve ser precedida de manifestação do *parquet*. A Lei 13.367/16, que modificou a Lei 1.579/52, passou a permitir, com a inserção do art. 3º-A na última, que a Comissão Parlamentar de Inquérito apresente o pedido de sequestro.

A redação original do art. 127 do CPP contempla a possibilidade de decretação do sequestro de ofício pelo magistrado, em violação ao sistema acusatório, em nossa compreensão. A Lei de Drogas, contudo, expressamente exige o requerimento para que o magistrado possa apreciar o pedido.

3.12.4.1.3 Procedimento - Sequestro de bens imóveis

> Art. 125. Caberá o sequestro dos bens imóveis, adquiridos pelo indiciado com os proventos da infração, ainda que já tenham sido transferidos a terceiro.

Formulado o pedido de sequestro, deverá ser **atuado em apartado** (art. 129, CPP). Deferida a medida, nos termos do art. 128 do CPP, esse deverá ser **inscrito no Registro de Imóveis** para evitar que o imóvel venha a ser vendido para terceiros de boa-fé. O sequestro não modifica a propriedade do bem ou impede seu uso pelo agente, de forma que a indisponibilidade registra atinge apenas os atos de disposição, não impedindo o uso ou mesmo a fruição de aluguéis, os quais também por ser objeto de medida cautelar específica.

No sequestro de bens imóveis, ainda que se trate de bem de família, o bem não é protegido pela impenhorabilidade prevista na Lei 8.009/90, porquanto o art. 3º, VI, da referida lei assinala que a impenhorabilidade é oponível em qualquer processo de execução civil, fiscal, previdenciária, trabalhista ou de outra natureza, salvo se movido por ter sido adquirido com produto de crime ou para execução de sentença penal condenatória a ressarcimento, indenização ou perdimento de bens.

Consoante se extrair do art. 125 do CPP, o sequestro pode recair sobre bem de terceiro recebido a **título oneroso**, que poderá embargar a decisão sob o fundamento de tê-lo **adquirido de boa-fé** (art. 130, II, CPP).

3.12.4.1.4 Procedimento

Protocolizado o pedido de sequestro, a autuação será realizada em apartado, sendo conclusos os autos ao magistrado que deverá, em regra, *inaudita altera pars*, analisar o pedido proferindo decisão que poderá ser de indeferimento por ausência de indícios veementes ou de procedência. Há, ainda, a possibilidade de designar audiência de justificação para que o requerente produza prova oral sobre o fundamento do pedido.

Deferido o sequestro, o juiz ordenará a inscrição no Registro Imobiliário, determinando a citação do titular do bem sequestrado que poderá, segundo nossa compreensão, no prazo de cinco dias[146], opor os embargos, por analogia ao art. 306 do CPC[147], equiparando-se a uma verdadeira contestação. Tratando-se de embargos de terceiro que não realizaram qualquer espécie de negócio com acusado, na forma do art. 129 do CPP, segue-se a regra do art. 675, *caput*, do CPC, que prevê a oposição dos embargos até 5 (cinco) dias depois da adjudicação, da alienação por iniciativa particular ou da arrematação, mas sempre antes da assinatura da respectiva carta.

O julgamento dos embargos, com fundamento no art. 129 do CPP, deverá ser realizado imediatamente após sua apresentação, ao passo que os opostos com lastro no art. 130 do CPP permanecerão suspensos até o julgamento da ação penal, sem prejuízo da possibilidade de análise anterior por meio de mandado de segurança em situações excepcionais.

Sendo proferida sentença absolutória, o sequestro será levantado (art. 131, III, CPP), prejudicando seu julgamento. Ao contrário, transitada em julgado a sentença penal condenatória, os embargos serão julgados pelo juízo criminal que, no caso de procedência dos embargos, liberará o bem, ao passo que, julgados improcedentes os embargos, deverá se seguir o caminho do art. 133 do CPP: "transitada em julgado a sentença condenatória, o juiz, de ofício ou a requerimento do interessado ou do Ministério Público, determinará a avaliação e a venda dos bens em leilão público cujo perdimento tenha sido decretado".

146. O CPP não prevê rito específico.

147. Há divergência doutrinária conforme visto anteriormente.

3.12.4.1.4.1 Procedimento – Sequestro de bens móveis

Ao sequestro de bens móveis aplicam-se as mesmas regras do sequestro de bens imóveis, à exceção da necessidade da inscrição da medida no registro imobiliário, que deve ser substituída, quando possível, pelo registro em órgãos aos quais o bem esteja vinculado, a exemplo dos veículos, cujo indisponibilidade deve ser registrada no Detran, ou semoventes, os quais o registro deve ser realizado no órgão competente.

É importante frisar que o sequestro não se confunde com a apreensão, medida cabível para as coisas obtidas diretamente por meios criminosos e instrumentos do crime. Assim, o veículo produto do furto deverá ser apreendido por ser produto direito do ilícito. Ao contrário, se o agente, com o proveito de um crime, adquire um veículo, o sequestro do bem será a medida adequada.

3.12.4.1.4.2 Procedimento – Sequestro de bens ou valores equivalentes

Nem sempre o produto direto da infração penal estará na posse do agente, vez que, na maioria dos casos, a coisa é repassada adiante, ficando com o autor do delito o proveito do crime. Nesses casos, de não localização dos bens ou estarem esses no exterior, o juiz poderá deferir a medida assecuratória para alcançar bens ou valores equivalentes do investigado ou acusado, visando a posterior decretação da perda.

Exige-se, em síntese, indícios veementes de que o agente tenha feito uso do proveito do crime de forma que a localização do bem original seja desconhecida ou que esse esteja no exterior, circunstâncias que permitem ao magistrado decretar o sequestro de bens ou valores equivalentes do agente, na forma dos arts. 125 a 133 do CPP, atingindo, inclusive os bens adquiridos licitamente.

3.12.4.2 Hipoteca legal

A hipoteca legal, sob a perspectiva do processo penal, é aquela que decorre da lei e **atinge bens imóveis lícitos** do réu por meio da especialização e registro, visando assegurar o cumprimento de uma dívida eventual decorrente de uma infração penal. Logo, é indiferente que a aquisição do bem imóvel tenha ocorrido anteriormente à prática da infração penal e tenha origem lícita, **diferentemente do sequestro,** que pressupõe bens ilicitamente adquiridos[148],

148. O sequestro pode recair sobre bens e valores de origem lícita quando: art. 91, CP: § 1º Poderá ser decretada a perda de bens ou valores equivalentes ao produto ou proveito do

pois o fim da hipoteca legal é assegurar a reparação do dano que se funda não somente na responsabilidade penal, mas também na civil.

Decorre daí o **caráter de *ultima ratio*** da especialização da hipoteca legal, porquanto a reparação do dano pode ocorrer de outras formas, devendo ser utilizada somente quando houver risco de que as outras medidas assecuratórias possam ser insuficientes para reparar o dano imposto à vítima.

A hipoteca legal deriva da própria norma insculpida no art. 1.489 do CC, que assinala seu asseguramento ao "ofendido, ou aos seus herdeiros, sobre os imóveis do delinquente, para satisfação do dano causado pelo delito e pagamento das despesas judiciais". Verifica-se, portanto, que o CPP não disciplina por completo a hipoteca legal nos arts. 134 e 135 do CPP, mas tão somente prevê a possibilidade de o ofendido requerer sua especialização e registro ao magistrado como forma de garantir a reparação do dano em toda a sua extensão. Apesar da norma processual penal fazer uso do termo inscrição no §4º do art. 134, tecnicamente o ato é caracterizado como registro.

Estabelece-se, portanto, três premissas: 1) a hipoteca legal decorre da própria norma, independentemente da vontade do ofendido ou seus sucessores; 2) atinge somente os bens imóveis lícitos do suposto autor da infração penal; 3) a hipoteca legal alcança somente o dano causado à vítima e despesas processuais impostas à vítima (art. 1489, III, CC).

Por consequência, tem-se que a hipoteca legal não alcança as penas pecuniárias e as despesas processuais suportadas pelo Estado, haja vista que o Código Civil de 2002 não consignou a hipótese como de hipoteca legal, revogando, inclusive, a previsão do CC de 1916, que previa expressamente as hipóteses no art. 827, incisos VI e VII. Logo, o regramento do art. 140 do CPP não se aplica, na integralidade, à hipoteca legal.

Há que se destacar, novamente, que a hipoteca legal prevista no CPP tão somente tem o condão de formalizar a especialização e registro no cartório, pois materialmente o direito foi assegurado pelo Código Civil, operando-se, portanto, interesses meramente privados, **ao contrário do sequestro**, que satisfaz também o interesse público diante da possibilidade do confisco, inaplicável à hipoteca legal.

A hipoteca legal, **ao contrário do sequestro e arresto**, atinge somente bens do suposto autor da infração penal, não podendo alcançar, em regra, o

---

crime quando estes não forem encontrados ou quando se localizarem no exterior. § 2º Na hipótese do § 1º, as medidas assecuratórias previstas na legislação processual poderão abranger bens ou valores equivalentes do investigado ou acusado para posterior decretação de perda.

patrimônio de terceiros. Em regra porque, excepcionalmente, a especialização da hipoteca legal pode recair sobre imóvel de pessoa jurídica da qual o suposto autor do delito seja sócio proprietário e esteja configurada a confusão patrimonial, caracterizando a hipótese de aplicação da teoria da **desconsideração da personalidade jurídica às avessas**. De fato, havendo a confusão patrimonial, não há como se negar a propriedade dos bens ao suposto autor do delito, que se vale de ente jurídico para afastar a responsabilidade penal.

Nesse sentido é o entendimento do STJ:

> (...) 2. Não se afigura demonstrado, de plano, a existência do direito líquido e certo da ora Recorrente, uma vez que presentes na espécie os pressupostos autorizadores da medida assecuratória deferida (hipoteca legal), consubstanciados, além da existência da materialidade delitiva e de indícios da autoria do delito de apropriação indébita, na confusão patrimonial dos bens particulares do suposto autor do delito e da empresa ora Recorrente.
>
> 3. No caso em tela, nada mais fez o Juízo do feito do que assegurar o patrimônio do réu – constituído nas suas ações da empresa ora Recorrente –, para satisfazer o ressarcimento dos possíveis danos ocasionados à vítima do crime de apropriação indébita, em ação civil ex delicto.
>
> 4. Não prospera a alegação de responsabilidade penal atribuída à terceiros da relação jurídica, a ponto de ensejar violação ao princípio da pessoalidade, já que esse "terceiro", nada mais é do que a própria empresa do réu, que, conforme já ressaltado, confunde-se com o seu próprio patrimônio particular.
>
> 5. Não restou caracterizada, em sua verdadeira essência, a aplicação da teoria da desconsideração da personalidade jurídica, uma vez que, na presente hipótese, houve apenas a determinação da hipoteca legal dos bens do réu, bem como dos bens de sua própria empresa (que, ressalte-se, confunde-se com o seu patrimônio particular), para a garantia do ressarcimento dos danos ocasionados à vítima do delito, denominado pelo Tribunal a quo de "teoria da desconsideração da pessoa jurídica, às avessas" (fl. 488).(...) RMS 13.675/PR, 5ª Turma, DJ 23.05.05.

Frise-se, ainda, que assim como o sequestro, a impenhorabilidade do bem de família não se aplica à hipótese nos termos do inc. VI da Lei 8.009/90.

3.12.4.2.1 Aplicação à Lei de Drogas

A redação do art. 60 da Lei de Drogas, a exemplo da previsão do *caput* do art. 4º da Lei de Lavagem de Capitais, contempla somente os bens, direitos ou valores sejam **produto do crime ou constituam proveito dos crimes previstos na Lei de Drogas**, restringindo-se, portanto, ao sequestro e apreensão.

A compreensão é reforçada pelo disposto no §4º do art. 60[149], que menciona, tão somente, referidos institutos.

Conforme sustentamos anteriormente, entendemos pela possibilidade de reconhecimento de dano moral coletivo na ação penal. Vale registrar que o STF, no julgamento da AP 1.002/DF, DJe 26.04.21, a 2ª Turma, por maioria de votos, decidiu pela possibilidade de fixação de danos morais coletivos no processo penal.

Nesse sentido, trazemos à colação trecho do voto do Relator, Min. Edson Fachin:

> Tais circunstâncias são aptas a demonstrar o necessário nexo causal entre as condutas praticadas pelos acusados e o dano moral coletivo ocasionado à sociedade brasileira, razão pela qual reputo configurados os pressupostos da responsabilidade civil que lhes obriga ao dever de indenizar, nos termos do art. 927 do Código Civil. Diante da ofensa a direitos difusos, ou seja, pertencentes a titulares indeterminados, os danos morais coletivos, no caso em análise, têm função eminentemente punitiva, razão pela qual a sua quantificação deve ser guiada primordialmente pelo seu caráter pedagógico, que acolhe tanto a prevenção individual como a geral. Por tal razão, **fixo como valor mínimo indenizatório a título de danos morais coletivos** a quantia de R$ 6.085.075,33 (seis milhões, oitenta e cinco mil, setenta e cinco reais e trinta e três centavos), a ser adimplido de forma solidária pelos condenados em favor do fundo a que alude o art. 13 da Lei 7.357/1985. A referida soma deverá ser corrigida monetariamente a contar do dia da proclamação do resultado do julgamento colegiado, incidindo juros de mora legais a partir do trânsito em julgado deste acórdão.

Assim, partindo-se da premissa da possibilidade e fixação dos danos extrapatrimoniais de cunho coletivo, ao menos em tese seria admitida a especialização da hipoteca legal na Lei de Drogas, além dos casos específicos previstos arts. 38 e 39 (com vítimas determinadas ou determináveis), porquanto apta a atingir o patrimônio lícito do agente. De fato, o legislador ordinário, no inciso III do art. 1.489 do CC, não promoveu qualquer restrição ao prever a hipoteca para o ofendido, sobre os imóveis do delinquente, para satisfação do dano causado pelo delito e pagamento das despesas judiciais.

---

149. §4º A ordem de apreensão ou sequestro de bens, direitos ou valores poderá ser suspensa pelo juiz, ouvido o Ministério Público, quando a sua execução imediata puder comprometer as investigações.

3.12.4.2.2 Requisitos

A especialização e registro da hipoteca legal somente possuem sede da esfera judicial[150], sendo incompatível com a fase investigativa, porquanto, por atingir o patrimônio lícito do acusado, não se pode impor a medida com lastro apenas em elementos existentes em procedimentos informativos como o inquérito policial ou PIC.

Nesse sentido é o teor do art. 134 do CPP, que assinala que "a hipoteca legal sobre os imóveis do indiciado poderá ser requerida pelo ofendido **em qualquer fase do processo**, desde que haja certeza da infração e indícios suficientes da autoria". Da redação legal, extrai-se, além dos manifestos equívocos com a utilização dos termos *indiciado* e *hipoteca legal*[151], *os* **pressupostos** da especialização da hipoteca legal: **certeza da infração e indícios suficientes da autoria.**

O termo **certeza da infração** parece-nos por demais forte se interpretado literalmente, pois, de fato, essa só existirá com o julgamento e efetivo trânsito em julgado. O que podemos ter, durante o trâmite processual, é prova da materialidade ou da existência do crime, requisito, aliás exigido para o próprio oferecimento da denúncia. Temos, portanto, que há necessidade de demonstração tão somente do *periculum in mora*, consubstanciado no receio de futura insolvência do autor da infração penal, pois o *fumus boni iuris* resta demonstrado com próprio oferecimento da denúncia, que pressupõe prova da existência do crime e indícios suficientes de autoria.

Logo, não nos parece aplicável como *standard* probatório a mera **suspeita** prevista na Lei de Drogas, especialmente por atingir o patrimônio lícito do agente, razão pela qual entendemos que o regramento geral do CPP deve ser aplicado à espécie.

3.12.4.2.3 Legitimidade

A lógica da especialização da hipoteca legal caminha no sentido de que somente o ofendido e eventuais representantes legais ou sucessores possam promovê-la, vez que o instituto tutela interesses privados.

O art. 142 do CPP, contudo, excepcionalmente prevê a atribuição do Ministério Público para promoção das medidas previstas nos arts. 134 e 137 (especialização de hipoteca legal e arresto, respectivamente) **se houver interesse**

---

150. Nucci entende em sentido diverso.
151. Há tão somente o requerimento de especialização e registro conforme vimos, pois a hipoteca decorre da própria lei.

da Fazenda Pública ou se o ofendido for pobre e o requerer. Não obstante a previsão legal, entendemos que a primeira parte do dispositivo não foi recepcionada pela Constituição de 88, haja vista que ao *parquet* não cabe a representação judicial de entidades de direito público (art. 129, IX da CF). Ademais, CC/02 sequer previu a hipoteca legal em prol da Fazenda Pública para o cumprimento das penas pecuniárias e o pagamento das custas.

Entretanto, apesar da lógica argumentativa, o STF continua a entender que o Ministério Público é legitimado para utilização das medidas assecuratórias para reparação dos danos causados por atos de corrupção, bem como do pagamento da eventual pena de multa, seja no interesse da Fazenda Pública, seja no interesse da sociedade[152], tanto que reforçou a legitimidade ministerial para execução das penas pecuniárias no julgamento da ADI 3.150[153].

No que concerte ao ofendido pobre, a atuação ministerial encontra-se na mesma esteira da inconstitucionalidade progressiva da legitimidade do *parquet* para propositura da ação civil *ex delicto* (art. 68, CPP), de forma que somente se justificará a atuação do Ministério Público como substituto processual quando não houver Defensoria Pública instalada na comarca.

Consoante visto, em todos os casos, exige-se requerimento por parte do interessado, não podendo, portanto, ser promovida de ofício ou por provocação da autoridade policial.

3.12.4.2.4 Procedimento

A especialização da hipoteca legal deverá ser realizada em autos apartados (art., 138, CPP), iniciados por requerimento da parte interessada, a qual, nos termos do art. 135, *caput*, CPP, estimará o valor da responsabilidade civil, e designará e estimará o imóvel ou imóveis que terão de ficar especialmente hipotecados.

Conforme o §1º do art. 135 do CPP, a petição deverá ser instruída com as provas ou indicação das provas em que se fundar a estimativa da responsabilidade, com a relação dos imóveis que o responsável possuir, se outros tiver, além dos indicados no requerimento, e com os documentos comprobatórios do domínio.

Cumpridas as formalidades da petição, o juiz deverá proceder ao arbitramento da responsabilidade e a avaliação dos bens imóveis indicados por meio

152. STF, 1ª Turma, Pet 7.069/DF, Rel. Min. Luís Roberto Barroso, j. 13.03.19.

153. J. 13.12.18.

de perito nomeado pelo juiz, onde não houver avaliador judicial, sendo-lhe facultada a consulta dos autos do processo respectivo (art. 135, §2º, CPP).

Apresentado o laudo pericial, nos termos do 3º do art. 135 do CPP, o juiz promoverá a oitiva das partes no prazo de dois dias, que deverá correr em cartório, podendo corrigir o arbitramento do valor da responsabilidade, se lhe parecer excessivo ou deficiente. Tratando-se, contudo, de especialização realizada pelo Ministério Público ou Defensoria Pública, entendemos que o prazo não poderá correr em cartório, transmudando-se em sucessivo. Antes de proferir a decisão, deverá ouvir o Ministério Público, caso esse não seja o autor do requerimento.

Cumprido o procedimento e assegurado o contraditório, o juiz, por meio de decisão, especializará o bem ou os bens objeto da hipoteca legal, determinando seu registro em cartório para garantia da responsabilidade (§4º, art. 135, CPP), sendo cabível o recurso de apelação, nos termos do art. 593, II do CPP[154], sendo igualmente possível a utilização do mandado de segurança no caso de direito líquido e certo.

Realizado o registro de indisponibilidade, o bem ou bens objeto da medida assecuratória tornam-se garantidores do resultado do processo, podendo, portanto, ser oponível contra terceiros caso o bem seja alienado no curso do processo. Conforme o §5º do art. 135 do CPP, o valor da responsabilidade somente será liquidado definitivamente após a condenação transitada em julgado, podendo ser requerido novo arbitramento se qualquer das partes não se conformar com o arbitramento anterior à sentença condenatória.

3.12.4.2.5 Finalização

Encerrada a breve instrução e o realizado o registro, o procedimento instrumental permanecerá suspenso até o trânsito em julgado do processo principal ou outra causa que afaste o registro.

Segundo o art. 143 do CPP, passada em julgado a sentença condenatória, serão os autos de hipoteca ou arresto remetidos ao juiz do cível que aguardará a iniciativa do interessado, evidenciando, nesse ponto, **outra distinção com o sequestro**, cuja solução patrimonial tem início e fim no juízo criminal. Por outro lado, sendo absolvido definitivamente o acusado ou julgada extinta a punibilidade nos casos que se afasta a possibilidade de existência do título executivo judicial, a hipoteca legal deverá ser cancelada por determinação do juízo criminal, nos termos do art. 141 do CPP.

154. REsp 258.167/MA, DJ 10.06.02.

Interessante questão relaciona-se ao prazo de permanência da constrição judicial. Parte da doutrina sustenta que a hipoteca legal deverá permanecer até o prazo da prescrição executória no juízo cível, ao passo que uma segunda corrente, à qual nos filiamos, defende a aplicação analógica do prazo de noventa dias previsto no art. 123 do CPP, sem que isso implique, posteriormente, impossibilidade de outras medidas constritivas no juízo cível.

3.12.4.3 Arresto prévio ou preventivo

O arresto prévio ou preventivo é uma espécie de medida cautelar, de natureza preparatória, que tem por escopo tornar inalienáveis os bens do réu durante o trâmite do pedido de inscrição de hipoteca legal. Por ser o processo de especialização de hipoteca legal burocrático e relativamente longo, a despeito de exigir o *periculum in mora*, o legislador conferiu a possibilidade do arresto prévio para assegurar a tutela patrimonial enquanto é realizada a perícia para avaliação dos bens a serem hipotecados e a estimativa do dano indenizável. De igual forma, a exigência de que os bens a serem especializado estejam em nome do réu e a impossibilidade de concessão da especialização da hipoteca legal ser deferida *inaudita altera pars* justificam a existência do arresto prévio.

Nesse sentido é o teor do art. 136 do CPP: O arresto do imóvel poderá ser decretado de início, revogando-se, porém, se no prazo de 15 (quinze) dias não for promovido o processo de inscrição da hipoteca legal.

Exige-se, portanto, a demonstração do *periculum in mora* para que qualquer dos legitimados para a hipoteca legal possa pedir o arresto preventivo, evidenciando-se a prática de atos tendentes à dilapidação patrimonial imobiliária, sendo desnecessário, nesse momento, a estimação do valor dos bens e do dano.

A medida será revogada, todavia, se o interessado não promover, no prazo de quinze dias após a efetivação do arresto, o processo de hipoteca legal.

Por coerência lógica ao estudo da especialização da hipoteca legal, parece-nos perfeitamente aplicável o instituto à Lei de Drogas.

3.12.4.4 Arresto

O arresto, medida de natureza cautelar, foi previsto no art. 137 do CPP e, de forma similar à hipoteca legal, atinge bens do réu, diferenciando-se dessa por afetar **bens móveis de origem lícita de propriedade do réu**. Dispõe o art. 137 que "se o responsável não possuir bens imóveis ou os possuir de valor insuficiente, poderão ser arrestados bens móveis suscetíveis de penhora, nos termos em que é facultada a hipoteca legal dos imóveis".

3.12.4.4.1 Requisitos

Frise-se, de antemão, que o arresto previsto no art. 137 do CPP não se confunde com o arresto prévio previsto no art. 136 do CPP, destinado à preparação para a especialização da hipoteca legal.

Em linhas gerais, por força do teor do art. 137 do CPP, os requisitos, legitimidade e procedimento do arresto seguem a mesma trajetória da hipoteca legal, inclusive com relação à Lei de Drogas, itens aos quais remetemos o leitor para evitarmos repetições, razão pela qual destacaremos apenas a ideia central de forma tópica, pois a fundamentação encontra-se nos tópicos mencionados.

✓ Somente possuem sede da esfera judicial[155].

✓ Incompatível a fase investigativa.

✓ Pode ser requerida pelo ofendido **em qualquer fase do processo (art. 134),** desde que haja certeza da infração e indícios suficientes da autoria, não se contentando, conforme destacamos, com a **mera suspeita**.

✓ Necessidade de demonstração tão somente do *periculum in mora*, pois o *fumus boni iuris* restou demonstrado com próprio oferecimento da denúncia.

3.12.4.4.2 Legitimidade

✓ Ofendido e eventuais representantes legais ou sucessores.

✓ Ministério Público se houver interesse da Fazenda Pública (STF) ou se o ofendido for pobre e o requerer (inconstitucionalidade progressiva).

3.12.4.4.3 Procedimento

✓ O arresto deverá ser realizado em autos apartados (art., 138, CPP), iniciados por requerimento da parte interessada, a qual, estimará o valor da responsabilidade civil, e designará e estimará os móveis a serem arrestados.

155. Nucci entende em sentido diverso.

✓ A petição deverá ser instruída com as provas ou indicação das provas em que se fundar a estimação da responsabilidade, com a relação dos bens móveis que o responsável possuir e com os documentos comprobatórios do domínio.

✓ O juiz deverá proceder ao arbitramento da responsabilidade e a avaliação dos bens móveis indicados por meio de perito nomeado pelo juiz.

✓ Apresentado o laudo pericial, nos termos do 3º do art. 135 do CPP, o juiz promoverá a oitiva das partes no prazo de dois dias, que deverá correr em cartório, podendo corrigir o arbitramento do valor da responsabilidade, se lhe parecer excessivo ou deficiente. Tratando-se, contudo, de especialização realizada pelo Ministério Público ou Defensoria Pública, entendemos que o prazo não poderá correr em cartório, transmudando-se em sucessivo. Antes de proferir a decisão, deverá ouvir o Ministério Público, caso esse não seja o autor do requerimento.

✓ Cumprido o procedimento e assegurado o contraditório, o juiz, por meio de decisão determinará o arresto indicando os bens objeto de indisponibilidade.

✓ Decretada a indisponibilidade, o bem ou bens objeto da medida assecuratória tornam-se garantidores do resultado do processo, podendo, portanto, ser oponível contra terceiros caso o bem seja alienado no curso do processo.

3.12.4.4.4 Peculiaridades do arresto

a) **Residual**: o arresto é residual com relação à hipoteca legal, de forma que só caberá o primeiro quando o réu não possuir bens imóveis passíveis de hipoteca ou se o patrimônio imobiliário hipotecado for insuficiente para cobrir responsabilidade civil projetada (art. 137 do CPP).

b) **Depósito e alienação de bens fungíveis e facilmente deterioráveis**: os bens móveis arrestados submetem-se ao regime de depósito, podendo ser encaminhados à guarda de terceiros nomeados pelo juízo ou em poder do próprio réu, submetendo-se ao regime processual civil (art. 139 do CPP c/c arts. 159 a 161 do CPC). Conforme o §1º do art. 137 do CPP, "se esses bens forem coisas fungíveis e facilmente deterioráveis, proceder-se-á na forma do § 5º do art. 120", isto é, serão avaliados e levados a leilão público, depositando-se o dinheiro apurado. Nada impede, contudo, que o bem arrestado possa receber impedimento em órgão próprio, como na hipótese de veículos, que admite o lançamento de impedimento de transferência administrativo.

c) **Fornecimento de recursos para subsistência do acusado e sua família**: o §2º do art. 137 do CPP assinala que "das rendas dos bens móveis poderão ser fornecidos recursos arbitrados pelo juiz, para a manutenção do indiciado e de sua família".

d) **Bens penhoráveis**: o arresto, segundo o teor do art. 137 do CPP, só pode recair sobre bens penhoráveis[156]. Isso significa que, ao contrário das medidas cautelares anteriores que não preveem a penhorabilidade, não pode recair sobre os bens que guarnecem bem de família (art. 1º, p. único da Lei 8.009/90), afastando-se, portanto, a regra do art. 3º, VI da Lei 8.009/90.

e) **Arresto prévio de arresto**: a doutrina diverge quanto à possibilidade de aplicação da regra do art. 136 do CPP ao arresto previsto no art. 137 do CPP. A primeira corrente sustenta a impossibilidade do arresto preventivo com fundamento na literalidade legal, pois o art. 136 CPP prevê tão somente o arresto prévio do imóvel e a posição topográfica do artigo, anterior no CPP, evidenciaria a intenção de excluir o arresto previsto no art. 137 do CPP. A doutrina majoritária, posição à qual nos filiamos, contudo, caminha em sentido oposto. Nesse sentido, é a lição de AVENA[157] (2020, p. 815):

> Outros, contudo, aduzem que não há nenhum sentido em limitar a tutela preventiva do art. 136 à hipoteca, quanto mais se o procedimento do arresto, seguindo os mesmos nortes do rito da hipoteca, pode ser tão lento quanto este último. Além disso, quando se trata de bens móveis, pela facilidade de transferência do domínio – que se dá pela simples tradição, normalmente –, o risco de alienação antes da conclusão do procedimento do arresto é ainda maior do que aquele existente em relação a bens imóveis. Concordamos, plenamente, com esse último pensamento, acrescentando, ainda, a circunstância de que, se por um lado há previsão do arresto preventivo apenas em relação à hipoteca, por outro, o art. 137 é explícito ao mencionar que se aplicam ao arresto de bens móveis as mesmas regras atinentes à hipoteca dos imóveis. Deste modo, por que excluir o arresto da possibilidade da cautela preventiva, possibilitando-se ao réu frustrar os objetivos da medida por meio da alienação prematura e fraudulenta de seus bens móveis?

156. Os bens impenhoráveis foram previstos no art. 833 do Código Civil.

157. *op.cit.*

3.12.4.5 Defesa

> Art. 60 [...]
>
> §5º Decretadas quaisquer das medidas previstas no caput deste artigo, o juiz facultará ao acusado que, no prazo de 5 (cinco) dias, apresente provas, ou requeira a produção delas, acerca da origem lícita do bem ou do valor objeto da decisão, exceto no caso de veículo apreendido em transporte de droga ilícita.
>
> §6º Provada a origem lícita do bem ou do valor, o juiz decidirá por sua liberação, exceto no caso de veículo apreendido em transporte de droga ilícita, cuja destinação observará o disposto nos arts. 61 e 62 desta Lei, ressalvado o direito de terceiro de boa-fé.

Não obstante o art. 60 da Lei de Drogas remeter à aplicação dos arts. 125 e seguintes do CPP no tocante às medidas assecuratórias, o legislador previu, no §5º do art. 60, a forma de impugnação judicial pelo acusado.

Conforme se infere do dispositivo, decretadas quaisquer das medidas previstas no art. 60, o juiz facultará ao acusado que, no prazo de 5 (cinco) dias, apresente provas, ou requeira a produção delas, acerca da origem lícita do bem ou do valor objeto da decisão, exceto no caso de veículo apreendido em transporte de droga ilícita.

A especialidade da norma afasta, portanto, a aplicação do regramento dos embargos, no caso de sequestro, previsto nos arts. 129 e 130 do CPP, que contempla a hipótese de embargo do sequestro **pelo acusado** sob o fundamento de não terem os bens sido adquiridos com os proventos da infração (art. 130, I). Apesar de tratada como "defesa" pela Lei de Drogas, optamos por preservar a nomenclatura de "embargos", vez que a essência da previsão do art. 60 da Lei 11.343/06, origem lícita do bem ou valor, é a mesma da prevista no CPP.

Vale destacar que se aplica, por subsidiariedade, o teor do inciso II do art. 130 do CPP, que prevê a possibilidade de **embargos de terceiro**, a quem houver os bens sido transferidos a título oneroso, sob o fundamento de tê-los adquirido de boa-fé. A redação legal, contudo, restringe o fundamento para oposição dos embargos, limitando-o à **existência de boa-fé na aquisição onerosa**. Não serão admitidos, portanto, embargos de terceiro que receberam o bem a título gratuito.

Há, ainda, com lastro no art. 129 do CPP, a possibilidade de oposição de **embargos de terceiro que não realizou qualquer espécie de negócio com acusado**, mas se encontra juridicamente vinculados ao bem, como cônjuge meeiro, sócio, condômino etc.

Por ausência de previsão legal expressa na Lei de Drogas, o sequestro e a respectiva defesa, em nossa compreensão, deverão ser autuados em apartado, na forma do art. 129 do CPP, seguindo-se, quanto ao procedimento, as demais previsões do CPP.

O julgamento dos embargos está condicionado ao trânsito em julgado da sentença penal condenatória nos termos do parágrafo único do art. 130 do CPP, ficando os bens com restrição até o trânsito em julgado, salvo se, na hipótese do art. 130, II (terceiro de boa-fé), houver a prestação de caução nos termos do inciso II do art. 131 do CPP. Na última hipótese, de embargos de terceiro estranhos a qualquer negócio jurídico com o acusado, o julgamento dos embargos não está condicionado à prolação de decisão judicial de mérito, devendo ser o julgamento realizado com a maior brevidade possível.

Noutra linha, é importante destacar que apesar da omissão do CPP quanto ao prazo para a oposição dos embargos, **a Lei de Drogas o fez expressamente, assinalando o prazo de cinco dias para sua oposição.**

No tocante aos embargos de terceiro que não realizaram qualquer espécie de negócio com acusado, na forma do art. 129 do CPP, segue-se a regra do art. 675, *caput*, do CPC, que prevê a oposição "a qualquer tempo no processo de conhecimento enquanto não transitada em julgado a sentença e, no cumprimento de sentença ou no processo de execução, até 5 (cinco) dias depois da adjudicação, da alienação por iniciativa particular ou da arrematação, mas sempre antes da assinatura da respectiva carta".

Além da figura típica dos embargos, a doutrina e a jurisprudência têm admitido o mandado de segurança e a apelação (art. 593, II do CPP) como forma de se impugnar o sequestro. Nesse sentido, o uso do *mandamus* tem sido admitido quando houver flagrante violação de direito líquido e certo do titular do bem, como na hipótese do bem ter sido adquirido antes da suposta infração penal praticada à qual se imputa o acréscimo patrimonial como decorrência. O remédio constitucional não contraria o disposto no art. 5, II da Lei 12.016/09, vez que o recurso cabível, apelação, não é dotado de efeito suspensivo em regra.

A opção pela apelação funda-se na existência de provas da aquisição lícita do bem, mas cuja análise não encontra amparo no rito restrito do *mandamus*, como na hipótese da transferência do bem para o patrimônio do investigado no curso da investigação ou processo criminal, mas cuja aquisição ocorreu anteriormente, como decorrência da somatória de recursos financeiros pré-existentes à infração penal, como os decorrentes de uma sucessão aberta, mas ainda não finda, ou depositados em fundos de investimentos anteriormente existentes.

Logo, temos as seguintes opções:

Embargos	Inexistência de prova pré-constituída da aquisição lícita do bem, a qual poderá ser provada no curso da instrução dos embargos
Mandado de segurança	Prova pré-constituída e inequívoca quanto a aquisição lícita e anterior à infração penal
Apelação	Existência de provas da aquisição lícita do bem, mas cuja análise não encontra amparo no rito restrito do *mandamus*.

No que toca à defesa quanto à especialização da hipoteca legal e arresto, aplicam-se aos procedimentos da Lei de Drogas a regra prevista no art. 60, nos mesmos termos do sequestro.

No âmbito do CPP, ao contrário do sequestro, o legislador foi silente quanto aos meios de defesa no procedimento de especialização da hipoteca legal. Contudo, a ausência de previsão não afasta a possibilidade do uso de meios defensivos pelo acusado e terceiros.

Nesse contexto, a própria norma prevê a possibilidade de impugnação da perícia e valor do dano arbitrado a título de reparação do dano no prazo de dois dias, oportunidade em que toda matéria defensiva relacionada ao aspecto formal poderá também ser alegada. No caso da Lei de Drogas, em razão do prazo de cinco dias previsto, superior ao do previsto no CPP (dois dias), entendemos por aplicável o art. 135, §3º, do CPP, com a modulação atinente ao prazo superior previsto na Lei de Drogas. Além da manifestação referida, admite-se:

a) **embargos de terceiro**: o terceiro estranho à relação acusado/vítima que teve seu patrimônio como alvo integral ou parcial da especialização da hipoteca legal poderá manejar os embargos de terceiro com fundamento nos arts. 674 e seguintes do CPC[158].

b) **substituição da hipoteca legal por caução**: conforme o §6º do art. 135 do CPP, se o réu oferecer caução suficiente, em dinheiro ou em títulos de dívida pública, pelo valor de sua cotação em Bolsa, o juiz poderá deixar de mandar proceder à inscrição da hipoteca legal. Como a especialização da hipoteca legal visa garantir o resultado útil do processo, apesar da previsão restrita do §6º, direcionada ao momento anterior ao do registro, nada impede, para nós, que realizado o registro da hipoteca legal, venha

158. STJ, 6ª Turma, RMS 23.189/PR, Rel. Min. Jane Silva, j. 06.02.2009, DJe 02.03.2009.

o acusado a prestar caução segura o suficiente para garantir o juízo, substituindo a garantia.

3.12.5 Ação controlada na apreensão e sequestro

Art. 60. § 4º A ordem de apreensão ou sequestro de bens, direitos ou valores poderá ser suspensa pelo juiz, ouvido o Ministério Público, quando a sua execução imediata puder comprometer as investigações.

O §4º do art. 60, em reforço ao teor do art. 53, II, disciplina uma espécie de ação controlada ao prever a possibilidade de que a ordem de apreensão ou sequestro de bens, direitos ou valores poderá ser suspensa pelo juiz, ouvido o Ministério Público, quando a sua execução imediata puder comprometer as investigações.

Ressai nítido da norma que a ação controlada tem por escopo a identificação e responsabilização do maior número de integrantes de operações de tráfico e distribuição de drogas. Aplica-se, perfeitamente, à situação na qual a autoridade policial, tendo notícia da prática do desdobramento financeiro do crime de tráfico de drogas, formula o pedido de suspensão do cumprimento da ordem de sequestro emitida, com base no braço paralelo da investigação, com o objetivo de identificar não somente o traficante, mas toda a estrutura que perpassa por tal agente criminoso.

3.12.6 Medidas assecuratórias sobre bens específicos – tratamento legal

Art. 60-A. Se as medidas assecuratórias de que trata o art. 60 desta Lei recaírem sobre moeda estrangeira, títulos, valores mobiliários ou cheques emitidos como ordem de pagamento, será determinada, imediatamente, a sua conversão em moeda nacional.

§ 1º A moeda estrangeira apreendida em espécie deve ser encaminhada a instituição financeira, ou equiparada, para alienação na forma prevista pelo Conselho Monetário Nacional.

§ 2º Na hipótese de impossibilidade da alienação a que se refere o § 1º deste artigo, a moeda estrangeira será custodiada pela instituição financeira até decisão sobre o seu destino.

§ 3º Após a decisão sobre o destino da moeda estrangeira a que se refere o § 2º deste artigo, caso seja verificada a inexistência de valor de mercado, seus espécimes poderão ser destruídos ou doados à representação diplomática do país de origem.

§ 4º Os valores relativos às apreensões feitas antes da data de entrada em vigor da Medida Provisória nº 885, de 17 de junho de 2019, e que estejam custodiados nas dependências do Banco Central do Brasil devem ser transferidos à Caixa Econômica Federal, no prazo de 360 (trezentos e sessenta) dias, para que se proceda à alienação ou custódia, de acordo com o previsto nesta Lei.

O art. 60-A, sem muita complexidade, disciplina o procedimento a ser seguido quando as medidas assecuratórias recaírem sobre moeda estrangeira, títulos, valores mobiliários ou cheques emitidos como ordem de pagamento. De pronto, o *caput* do dispositivo determina sua imediata conversão em moeda nacional, não somente para preservação do valor, mas para balizamento da sua importância no processo.

Em razão da particularidade, chama-nos maior atenção a apreensão de veículos, embarcações, aeronaves e quaisquer outros meios de transporte, bem como de maquinários, utensílios, instrumentos e objetos de qualquer natureza utilizados para a prática, habitual ou não, dos crimes definidos na Lei 11.343/06. Nesse contexto, destacamos os seguintes dispositivos legais:

> Art. 60 (...) § 6º Provada a origem lícita do bem ou do valor, o juiz decidirá por sua liberação, exceto no caso de veículo apreendido em transporte de droga ilícita, cuja destinação observará o disposto nos arts. 61 e 62 desta Lei, ressalvado o direito de terceiro de boa-fé
>
> Art. 61. A apreensão de veículos, embarcações, aeronaves e quaisquer outros meios de transporte e dos maquinários, utensílios, instrumentos e objetos de qualquer natureza utilizados para a prática, habitual ou não, dos crimes definidos nesta Lei será imediatamente comunicada pela autoridade de polícia judiciária responsável pela investigação ao juízo competente.
>
> § 1º O juiz, no prazo de 30 (trinta) dias contado da comunicação de que trata o **caput,** determinará a alienação dos bens apreendidos, excetuadas as armas, que serão recolhidas na forma da legislação específica.
>
> § 2º A alienação será realizada em autos apartados, dos quais constará a exposição sucinta do nexo de instrumentalidade entre o delito e os bens apreendidos, a descrição e especificação dos objetos, as informações sobre quem os tiver sob custódia e o local em que se encontrem.
>
> § 3º O juiz determinará a avaliação dos bens apreendidos, que será realizada por oficial de justiça, no prazo de 5 (cinco) dias a contar da autuação, ou, caso sejam necessários conhecimentos especializados, por avaliador nomeado pelo juiz, em prazo não superior a 10 (dez) dias.

§ 4º Feita a avaliação, o juiz intimará o órgão gestor do Funad, o Ministério Público e o interessado para se manifestarem no prazo de 5 (cinco) dias e, dirimidas eventuais divergências, homologará o valor atribuído aos bens.

§ 5º (VETADO).

§§ 6º a 8º (revogados pela Lei 13.886/19)

§ 9º O Ministério Público deve fiscalizar o cumprimento da regra estipulada no § 1º deste artigo.

§ 10. Aplica-se a todos os tipos de bens confiscados a regra estabelecida no § 1º deste artigo.

§ 11. Os bens móveis e imóveis devem ser vendidos por meio de hasta pública, preferencialmente por meio eletrônico, assegurada a venda pelo maior lance, por preço não inferior a 50% (cinquenta por cento) do valor da avaliação judicial.

§ 12. O juiz ordenará às secretarias de fazenda e aos órgãos de registro e controle que efetuem as averbações necessárias, tão logo tenha conhecimento da apreensão.

§ 13. Na alienação de veículos, embarcações ou aeronaves, a autoridade de trânsito ou o órgão congênere competente para o registro, bem como as secretarias de fazenda, devem proceder à regularização dos bens no prazo de 30 (trinta) dias, ficando o arrematante isento do pagamento de multas, encargos e tributos anteriores, sem prejuízo de execução fiscal em relação ao antigo proprietário.

§ 14. Eventuais multas, encargos ou tributos pendentes de pagamento não podem ser cobrados do arrematante ou do órgão público alienante como condição para regularização dos bens.

§ 15. Na hipótese de que trata o § 13 deste artigo, a autoridade de trânsito ou o órgão congênere competente para o registro poderá emitir novos identificadores dos bens.

Conforme se extrai do *caput* do art. 61, a apreensão de veículos, embarcações, aeronaves e quaisquer outros meios de transporte e dos maquinários, utensílios, instrumentos e objetos de qualquer natureza utilizados para a prática, habitual ou não, dos crimes definidos na Lei de Drogas deverá ser imediatamente comunicada pela autoridade de polícia judiciária responsável pela investigação ao juízo competente.

Feita a comunicação, o magistrado no prazo de 30 (trinta) dias, contado da comunicação, determinará a alienação dos bens apreendidos, excetuadas as armas, que serão recolhidas na forma da legislação específica (§1º), devendo o Ministério Público fiscalizar o procedimento (§9º). Nos termos do §10 do art. 61, referido procedimento deverá ser aplicado a todos os tipos de bens confiscados.

Nos termos do §2º, a alienação será realizada em autos apartados, dos quais constará a exposição sucinta do nexo de instrumentalidade entre o delito e os bens apreendidos, a descrição e especificação dos objetos, as informações sobre quem os tiver sob custódia e o local em que se encontrem. No contexto da alienação, o juiz determinará a avaliação dos bens apreendidos, por oficial de justiça, no prazo de 5 (cinco) dias a contar da autuação, ou, caso sejam necessários conhecimentos especializados, por avaliador nomeado pelo juiz, em prazo não superior a 10 (dez) dias (§3º).

Findo o procedimento primário de avaliação, serão intimados o órgão gestor do Funad, o Ministério Público e o interessado para se manifestarem no prazo de 5 (cinco) dias. Não havendo questionamento ou sanadas eventuais divergências, o juiz homologará o valor atribuído aos bens.

Em regra específica, o §11 assinala que os bens móveis e imóveis devem ser vendidos por meio de hasta pública, preferencialmente por meio eletrônico, assegurada a venda pelo maior lance, por preço não inferior a 50% (cinquenta por cento) do valor da avaliação judicial. Conforme o §12, o juiz ordenará às secretarias de fazenda e aos órgãos de registro e controle que efetuem as averbações necessárias, tão logo tenha conhecimento da apreensão.

Especificamente com relação à alienação de veículos, embarcações ou aeronaves, a autoridade de trânsito ou o órgão congênere competente para o registro, bem como as secretarias de fazenda, devem proceder à regularização dos bens no prazo de 30 (trinta) dias, ficando o arrematante isento do pagamento de multas, encargos e tributos anteriores, sem prejuízo de execução fiscal em relação ao antigo proprietário (§13). Nessa hipótese, a autoridade de trânsito ou o órgão congênere competente para o registro poderá emitir novos identificadores dos bens (§15).

Conforme se extrai do §14, eventuais multas, encargos ou tributos pendentes de pagamento não podem ser cobrados do arrematante ou do órgão público alienante como condição para regularização dos bens.

Observe-se, portanto, que a apreensão e perdimento dos bens dessa natureza (veículo e instrumentos) ocorrerá independentemente não só de sua origem (lícita ou ilícita), como de sua propriedade (pertençam ou não ao autor do crime) e, até mesmo, de condenação de quem quer que seja, tratando-se, a rigor, de medida administrativa imposta no curso da investigação ou do processo criminal.

3.12.6.1 Utilização dos instrumentos, produto e proveito do tráfico

Art. 62. Comprovado o interesse público na utilização de quaisquer dos bens de que trata o art. 61, os órgãos de polícia judiciária, militar e rodoviária poderão deles fazer uso, sob sua responsabilidade e com o objetivo de sua conservação, mediante autorização judicial, ouvido o Ministério Público e garantida a prévia avaliação dos respectivos bens.

§ 1º (Revogado).

§ 1º-A. O juízo deve cientificar o órgão gestor do Funad para que, em 10 (dez) dias, avalie a existência do interesse público mencionado no caput deste artigo e indique o órgão que deve receber o bem.

§ 1º-B. Têm prioridade, para os fins do § 1º-A deste artigo, os órgãos de segurança pública que participaram das ações de investigação ou repressão ao crime que deu causa à medida.

§ 2º A autorização judicial de uso de bens deverá conter a descrição do bem e a respectiva avaliação e indicar o órgão responsável por sua utilização.

§ 3º O órgão responsável pela utilização do bem deverá enviar ao juiz periodicamente, ou a qualquer momento quando por este solicitado, informações sobre seu estado de conservação.

§ 4º Quando a autorização judicial recair sobre veículos, embarcações ou aeronaves, o juiz ordenará à autoridade ou ao órgão de registro e controle a expedição de certificado provisório de registro e licenciamento em favor do órgão ao qual tenha deferido o uso ou custódia, ficando este livre do pagamento de multas, encargos e tributos anteriores à decisão de utilização do bem até o trânsito em julgado da decisão que decretar o seu perdimento em favor da União.

§ 5º Na hipótese de levantamento, se houver indicação de que os bens utilizados na forma deste artigo sofreram depreciação superior àquela esperada em razão do transcurso do tempo e do uso, poderá o interessado requerer nova avaliação judicial.

§ 6º Constatada a depreciação de que trata o § 5º, o ente federado ou a entidade que utilizou o bem indenizará o detentor ou proprietário dos bens.

§ 7º a 11 (Revogados).

Conforme se extrai dos dispositivos acima transcritos, comprovado o interesse público na utilização de quaisquer dos bens de que trata o art. 61, os órgãos de polícia judiciária, militar e rodoviária poderão deles fazer uso, sob sua responsabilidade e com o objetivo de sua conservação, mediante autorização judicial, ouvido o Ministério Público e garantida a prévia avaliação dos respectivos bens (art. 62, *caput*).

A previsão de utilização funcional dos bens apreendidos pressupõe, de forma primária, a demonstração do interesse público na utilização, aferido pelo Funad no prazo de dez dias (§1º-A), prévia avaliação dos bens e autorização judicial. De forma secundária, pressupõe a demonstração de conservação dos bens.

O deferimento da utilização funcional não pressupõe a existência de sentença condenatória, podendo ser concedido no início da persecução penal. Avaliado o interesse público pelo Funad, cabe ao Fundo indicar órgão que deve receber o bem, observada a prioridade dos órgãos de segurança pública que participaram das ações de investigação ou repressão ao crime que deu causa à medida (§1º-B).

Nos termos do §2º, a autorização judicial de uso de bens deverá conter a descrição do bem e a respectiva avaliação e indicar o órgão responsável por sua utilização. Por sua vez, segundo o §3º, o órgão responsável pela utilização do bem deverá enviar ao juiz periodicamente, ou a qualquer momento quando por este solicitado, informações sobre o estado de conservação do bem cedido.

Tratando-se de autorização judicial que envolva a utilização de veículos, embarcações ou aeronaves, o juiz ordenará à autoridade ou ao órgão de registro e controle a expedição de certificado provisório de registro e licenciamento em favor do órgão ao qual tenha deferido o uso ou custódia, ficando este livre do pagamento de multas, encargos e tributos anteriores à decisão de utilização do bem até o trânsito em julgado da decisão que decretar o seu perdimento em favor da União.

Conforme se extrai do §5º, na hipótese de levantamento da medida, se houver indicação de que os bens utilizados sofreram depreciação superior àquela esperada em razão do transcurso do tempo e do uso, poderá o interessado requerer nova avaliação judicial e, consoante o §6º, constatada a depreciação, o ente federado ou a entidade que utilizou o bem indenizará o detentor ou proprietário dos bens.

Havendo a declaração de perdimento, conforme veremos no item seguinte, os bens serão revertidos ao Funad.

3.13 DESTINAÇÃO DAS DROGAS E BENS APREENDIDOS

3.13.1 Destruição de plantações ilícitas e drogas apreendidas

> Art. 32. As plantações ilícitas serão imediatamente destruídas pelo delegado de polícia na forma do art. 50-A, que recolherá quantidade suficiente para exame pericial, de tudo lavrando auto de levantamento das condições encontradas, com a delimitação do local, asseguradas as medidas necessárias para a preservação da prova.
>
> § 1º (Revogado).
>
> § 2º (Revogado).
>
> § 3º Em caso de ser utilizada a queimada para destruir a plantação, observar-se-á, além das cautelas necessárias à proteção ao meio ambiente, o disposto no Decreto nº 2.661, de 8 de julho de 1998, no que couber, dispensada a autorização prévia do órgão próprio do Sistema Nacional do Meio Ambiente – Sisnama.
>
> § 4º As glebas cultivadas com plantações ilícitas serão expropriadas, conforme o disposto no art. 243 da Constituição Federal, de acordo com a legislação em vigor.

Conforme dispõe o art. 32 da Lei de Drogas, as plantações ilícitas serão imediatamente destruídas pelo delegado de polícia na forma do art. 50-A, que recolherá quantidade suficiente para exame pericial, de tudo lavrando auto de levantamento das condições encontradas, com a delimitação do local, asseguradas as medidas necessárias para a preservação da prova. Não se exige, portanto, conforme previa o revogado §2º[159], autorização judicial ou oitiva prévia do Ministério Público para a destruição das plantações ilícitas.

A imediatidade, prevista na norma, consagra o risco potencial na manutenção da plantação, de alta potencialidade lesiva, especialmente pela natureza das ações praticadas e poderio financeiro do narcotráfico. O dispositivo, contudo, impõe ao delegado de polícia que recolha quantidade suficiente para exame pericial e lavre auto de levantamento das condições encontradas, com a delimitação do local, asseguradas as medidas necessárias para a preservação da prova.

Nos termos do §3º, ao dar cumprimento ao dever de distribuição, caso a autoridade policial opte pela realização de queimada para destruir a plantação, deverá observar, além das cautelas necessárias à proteção ao meio

159. Revogado pela Lei 12.961/14.

ambiente, o disposto no Decreto 2.661/98, que versa sobre as normas de precaução relativas ao emprego do fogo em atividades agropastoris e florestais, no que couber, sendo dispensada a autorização prévia do órgão próprio do Sistema Nacional do Meio Ambiente - Sisnama. Parece-nos prudente que a autoridade policial siga o protocolo referente à chamada queima controlada, prevista nos arts. 2º a 12 do referido Decreto.

A Lei de Drogas também regulou a destruição das drogas apreendidas nos arts. 50 e 50-A, promovendo a distinção no caso de apreensão de drogas decorrente de prisão em flagrante e não advinda de flagrante.

> Art. 50 (...) §4º A destruição das drogas será executada pelo delegado de polícia competente no prazo de 15 (quinze) dias na presença do Ministério Público e da autoridade sanitária.
>
> § 5º O local será vistoriado antes e depois de efetivada a destruição das drogas referida no § 3º, sendo lavrado auto circunstanciado pelo delegado de polícia, certificando-se neste a destruição total delas.
>
> Art. 50-A. A destruição das drogas apreendidas sem a ocorrência de prisão em flagrante será feita por incineração, no prazo máximo de 30 (trinta) dias contados da data da apreensão, guardando-se amostra necessária à realização do laudo definitivo.

Conforme se extrai dos dispositivos, a destruição de drogas apreendidas sem a ocorrência de prisão em flagrante, como a localização de drogas em um terreno abandonado, será realizada por incineração, no prazo máximo de 30 (trinta) dias contados da data da apreensão, devendo a autoridade policial guardar amostra necessária à realização do laudo definitivo (art. 50-A).

Por outro lado, sendo efetivada a prisão em flagrante delito, a destruição de drogas apreendidas será executada pelo delegado de polícia competente, após a determinação judicial prevista no §3º do art. 50, no prazo de 15 dias, na presença do Ministério Público e da autoridade sanitária (art. 50, §4º). Conforme o §5º do dispositivo, o local de destruição das drogas será vistoriado antes e depois de efetivada a destruição, devendo a autoridade policial lavrar auto circunstanciado, certificando-se neste a destruição total delas.

Nos termos do art. 72 da Lei de Drogas, "encerrado o processo criminal ou arquivado o inquérito policial, o juiz, de ofício, mediante representação da autoridade de polícia judiciária, ou a requerimento do Ministério Público, determinará a destruição das amostras guardadas para contraprova, certificando nos autos".

Graficamente, podemos sintetizar da seguinte forma:

Destruição	Apreensão de Drogas		Plantações ilícitas
	Com flagrante	Sem flagrante	
Ordem judicial	✓	X	X
Autoridade responsável	Delegado de Polícia	Delegado de Polícia ou autoridade sanitária	Delegado de Polícia
Prazo	15 dias para execução após a ordem judicial	30 dias para execução após a apreensão	Imediatamente
Participação do Ministério Público	X	✓	X
Participação da autoridade sanitária	✓	✓	X
Destruição de amostras	Ordem judicial (art. 72)	Ordem judicial (art. 72, por analogia)	Ordem judicial (art. 72, por analogia)

3.13.2 Perdimento e confisco

Art. 63. Ao proferir a sentença, o juiz decidirá sobre:

I – o perdimento do produto, bem, direito ou valor apreendido ou objeto de medidas assecuratórias; e

II – o levantamento dos valores depositados em conta remunerada e a liberação dos bens utilizados nos termos do art. 62.

§ 1º Os bens, direitos ou valores apreendidos em decorrência dos crimes tipificados nesta Lei ou objeto de medidas assecuratórias, após decretado seu perdimento em favor da União, serão revertidos diretamente ao Funad.

§ 2º O juiz remeterá ao órgão gestor do Funad relação dos bens, direitos e valores declarados perdidos, indicando o local em que se encontram e a entidade ou o órgão em cujo poder estejam, para os fins de sua destinação nos termos da legislação vigente.

§ 3º (Revogado).

§ 4º Transitada em julgado a sentença condenatória, o juiz do processo, de ofício ou a requerimento do Ministério Público, remeterá à Senad relação dos bens, direitos e valores declarados perdidos em favor da União, indicando, quanto aos bens, o local em que se encontram e a entidade ou o órgão em cujo poder estejam, para os fins de sua destinação nos termos da legislação vigente.

§ 4º-A. Antes de encaminhar os bens ao órgão gestor do Funad, o juiz deve:

I – ordenar às secretarias de fazenda e aos órgãos de registro e controle que efetuem as averbações necessárias, caso não tenham sido realizadas quando da apreensão; e

II – determinar, no caso de imóveis, o registro de propriedade em favor da União no cartório de registro de imóveis competente, nos termos do caput e do parágrafo único do art. 243 da Constituição Federal, afastada a responsabilidade de terceiros prevista no inciso VI do caput do art. 134 da Lei nº 5.172, de 25 de outubro de 1966 (Código Tributário Nacional), bem como determinar à Secretaria de Coordenação e Governança do Patrimônio da União a incorporação e entrega do imóvel, tornando-o livre e desembaraçado de quaisquer ônus para sua destinação.

§ 5º (VETADO).

§ 6º Na hipótese do inciso II do caput, decorridos 360 (trezentos e sessenta) dias do trânsito em julgado e do conhecimento da sentença pelo interessado, os bens apreendidos, os que tenham sido objeto de medidas assecuratórias ou os valores depositados que não forem reclamados serão revertidos ao Funad.

O art. 63 da Lei de Drogas prevê que o magistrado, na sentença, decidirá pelo perdimento do produto, bem, direito ou valor apreendido ou objeto de medidas assecuratórias (I) e pelo levantamento dos valores depositados em conta remunerada e a liberação dos bens utilizados nos termos do art. 62.

A regra impõe ao magistrado o dever de ordenar a cessação das medidas cautelares e provisoriamente aplicadas nos termos do art. 386, inciso II do parágrafo único, CPP, e art. 63, II, da Lei de Drogas.

Não obstante, o dispositivo específico da Lei 11.343/06 não necessariamente guarda conexão com a sentença condenatória ou absolutória, haja vista a possibilidade do bem apreendido, cuja perda foi declarada, não ser de propriedade do acusado absolvido, como na hipótese do motorista tão somente contratado para levar um veículo alheio de um lugar para outro, sem que tenha o conhecimento de que transportava drogas, porquanto ocultadas em um dos componentes internos do veículo.

De igual sorte, sequer se exige o processo criminal para tal fim, pois é perfeitamente possível que, em hipótese de apreensão de objetos ilícitos, armas proibidas, por exemplo, sem que se identifique eventuais autores, dando ensejo ao arquivamento, o perdimento poderá ser declarado na decisão de arquivamento das investigações, conforme se extrai do art. 779 do CPP.

Havendo, por outro lado, sentença condenatória com a declaração de perdimento do produto, bem, direito ou valor apreendido ou objeto de medidas assecuratórias, serão esses revertidos diretamente ao Funad (§1º).

O §4º do art. 63 praticamente repete o §2º, ao assinalar que transitada em julgado a sentença condenatória, o juiz do processo, de ofício ou a requerimento do Ministério Público, remeterá à Senad relação dos bens, direitos e valores declarados perdidos em favor da União, indicando, quanto aos bens, o local em que se encontram e a entidade ou o órgão em cujo poder estejam, para os fins de sua destinação nos termos da legislação vigente. Os dispositivos se diferenciam, basicamente, pela previsão do trânsito em julgado, especificação da Senad[160] como órgão gestor da Funad (arts. 5º-A e 5º-B da Lei 7.560/86) e especificações da relação.

---

160. Art. 63-C. Compete à Senad, do Ministério da Justiça e Segurança Pública, proceder à destinação dos bens apreendidos e não leiloados em caráter cautelar, cujo perdimento seja decretado em favor da União, por meio das seguintes modalidades: I – alienação, mediante: a) licitação; b) doação com encargo a entidades ou órgãos públicos, bem como a comunidades terapêuticas acolhedoras que contribuam para o alcance das finalidades do Funad; ou c) venda direta, observado o disposto no inciso II do *caput* do art. 24 da Lei nº 8.666, de 21 de junho de 1993; II – incorporação ao patrimônio de órgão da administração pública, observadas as finalidades do Funad; III – destruição; ou IV – inutilização.

§ 1º A alienação por meio de licitação deve ser realizada na modalidade leilão, para bens móveis e imóveis, independentemente do valor de avaliação, isolado ou global, de bem ou de lotes, assegurada a venda pelo maior lance, por preço não inferior a 50% (cinquenta por cento) do valor da avaliação.

§ 2º O edital do leilão a que se refere o § 1º deste artigo será amplamente divulgado em jornais de grande circulação e em sítios eletrônicos oficiais, principalmente no Município em que será realizado, dispensada a publicação em diário oficial.

§ 3º Nas alienações realizadas por meio de sistema eletrônico da administração pública, a publicidade dada pelo sistema substituirá a publicação em diário oficial e em jornais de grande circulação.

§ 4º Na alienação de imóveis, o arrematante fica livre do pagamento de encargos e tributos anteriores, sem prejuízo de execução fiscal em relação ao antigo proprietário.

§ 5º Na alienação de veículos, embarcações ou aeronaves deverão ser observadas as disposições dos §§ 13 e 15 do art. 61 desta Lei.

§ 6º Aplica-se às alienações de que trata este artigo a proibição relativa à cobrança de multas, encargos ou tributos prevista no § 14 do art. 61 desta Lei.

§ 7º A Senad, do Ministério da Justiça e Segurança Pública, pode celebrar convênios ou instrumentos congêneres com órgãos e entidades da União, dos Estados, do Distrito Federal ou dos Municípios, bem como com comunidades terapêuticas acolhedoras, a fim de dar imediato cumprimento ao estabelecido neste artigo.

§ 8º Observados os procedimentos licitatórios previstos em lei, fica autorizada a contratação da iniciativa privada para a execução das ações de avaliação, de administração e de alienação dos bens a que se refere esta Lei.

Art. 63-D. Compete ao Ministério da Justiça e Segurança Pública regulamentar os procedimentos relativos à administração, à preservação e à destinação dos recursos provenientes

No entanto, conforme se infere do teor do §4º-A, antes de encaminhar os bens ao órgão gestor do Funad, o juiz deverá ordenar às secretarias de fazenda e aos órgãos de registro e controle que efetuem as averbações necessárias, caso não tenham sido realizadas quando da apreensão (I) e determinar, no caso de imóveis, o registro de propriedade em favor da União no cartório de registro de imóveis competente, nos termos do *caput* e do parágrafo único do art. 243 da Constituição Federal, afastada a responsabilidade de terceiros prevista no inciso VI do *caput* do art. 134 da Lei nº 5.172, de 25 de outubro de 1966 (Código Tributário Nacional), bem como determinar à Secretaria de Coordenação e Governança do Patrimônio da União a incorporação e entrega do imóvel, tornando-o livre e desembaraçado de quaisquer ônus para sua destinação.

Do §6º se extrai que na hipótese de levantamento dos valores depositados em conta remunerada e a liberação dos bens utilizados nos termos do art. 62, decorridos 360 (trezentos e sessenta) dias do trânsito em julgado e do conhecimento da sentença pelo interessado, os bens apreendidos, os que tenham sido objeto de medidas assecuratórias ou os valores depositados que não forem reclamados serão revertidos ao Funad.

O confisco, perdimento de bens, tem previsão constitucional nos arts. 5º, XLVI, "b", e 243, parágrafo único, e pode atingir o produto, o proveito e os instrumentos do tráfico na forma dos arts. 63, I, da Lei de Drogas e 91, II, CP. Nos termos do art. 91, §1º do CP, igualmente poderá ser decretada a perda de bens ou valores equivalentes ao produto ou proveito do crime quando estes não forem encontrados ou quando se localizarem no exterior. Em síntese, segundo o entendimento do STF, fixado sob o rito de repercussão geral, Tema 647:

> É possível o confisco de todo e qualquer bem de valor econômico apreendido em decorrência do tráfico de drogas, sem a necessidade de se perquirir a habitualidade, reiteração do uso do bem para tal finalidade, a sua modificação para dificultar a descoberta do local do acondicionamento da droga ou qualquer outro requisito além daqueles previstos expressamente no artigo 243, parágrafo único, da Constituição Federal.

---

de delitos e atos ilícitos e estabelecer os valores abaixo dos quais se deve proceder à sua destruição ou inutilização.

Art. 63-E. O produto da alienação dos bens apreendidos ou confiscados será revertido integralmente ao Funad, nos termos do parágrafo único do art. 243 da Constituição Federal, vedada a sub-rogação sobre o valor da arrematação para saldar eventuais multas, encargos ou tributos pendentes de pagamento.

Parágrafo único. O disposto no *caput* deste artigo não prejudica o ajuizamento de execução fiscal em relação aos antigos devedores.

3.13.2.1 Confisco alargado

Art. 63-F. Na hipótese de condenação por infrações às quais esta Lei comine pena máxima superior a 6 (seis) anos de reclusão, poderá ser decretada a perda, como produto ou proveito do crime, dos bens correspondentes à diferença entre o valor do patrimônio do condenado e aquele compatível com o seu rendimento lícito.

§ 1º A decretação da perda prevista no caput deste artigo fica condicionada à existência de elementos probatórios que indiquem conduta criminosa habitual, reiterada ou profissional do condenado ou sua vinculação a organização criminosa.

§ 2º Para efeito da perda prevista no caput deste artigo, entende-se por patrimônio do condenado todos os bens:

I – de sua titularidade, ou sobre os quais tenha domínio e benefício direto ou indireto, na data da infração penal, ou recebidos posteriormente; e

II – transferidos a terceiros a título gratuito ou mediante contraprestação irrisória, a partir do início da atividade criminal.

§ 3º O condenado poderá demonstrar a inexistência da incompatibilidade ou a procedência lícita do patrimônio.

A Lei 13.964/19, Lei do Pacote Anticrime, incluiu o art. 91-A no Código Penal, repetido, em grande parte, seu conteúdo no art. 63-F da Lei de Drogas.

O *caput* do art. 63-F traz a presunção de ilicitude entre a diferença do valor do patrimônio do condenado e seus rendimentos líquidos nos crimes cuja lei preveja pena superior a 6 (seis) anos de reclusão. Permite, contudo, no §3º, que o condenado possa demonstrar a inexistência da incompatibilidade ou a procedência lícita do patrimônio.

Diferentemente da previsão do Código Penal, que não traz previsão similar, o §1º do art. 63-F condiciona a perda patrimonial à existência de elementos probatórios que indiquem conduta criminosa habitual, reiterada ou profissional do condenado ou sua vinculação a organização criminosa.

De forma infeliz, em nossa compreensão, o legislador valeu-se de fórmula que caminha no sentido da aplicação do famigerado Direito Penal do autor e, quiçá, Direito Penal do inimigo, apesar do eufemismo redacional decorrente da expressão "conduta criminal". De fato, o legislador referiu-se ao criminoso habitual, não como aquele que pratica crime habitual, mas que faz do crime um hábito. Por criminoso reiterado, referiu-se ao reincidente e ao portador de maus antecedentes. E, por criminoso profissional, àquele que tem o crime por profissão, de onde retira seu sustento, não obstante desconhecermos, com a devida vênia, regulamentação legal para a "profissão" de criminoso em observância ao tecnicismo da palavra previsto no art. 5º, XIII da CF.

Nos incisos I e II do §2º, o legislador promoveu interpretação autêntica do que se deve considerar por patrimônio do condenado, bens de sua titularidade, ou em relação aos quais ele tenha o domínio e o benefício direto ou indireto, na data da infração penal ou recebidos posteriormente; e bens transferidos a terceiros a título gratuito ou mediante contraprestação irrisória, a partir do início da atividade criminal.

O confisco alargado, previsto no Código Penal, prevê, no §3º do art. 91-A, que "a perda prevista neste artigo deverá ser requerida expressamente pelo Ministério Público, por ocasião do oferecimento da denúncia, com indicação da diferença apurada" e, o § 4º, que "na sentença condenatória, o juiz deve declarar o valor da diferença apurada e especificar os bens cuja perda for decretada".

Inexplicavelmente, tais previsões não foram repetidas na Lei de Drogas, deixando, supostamente em aberto, a possibilidade de atuação de ofício pelo magistrado, que, em tese, poderia decretar a perda patrimonial tão somente diante da incompatibilidade patrimonial, como efeito, ainda que não automático da condenação. Não nos parece, contudo, a melhor exegese, especialmente diante da adoção do sistema acusatório e necessidade plena de observância do contraditório e ampla defesa, de forma que entendemos por aplicável o teor dos §§4º e 5º do art. 91-A do Código Penal também à espécie prevista na Lei 11.343/06.

Conforme destacamos em nosso Direito Penal, Parte Geral, em que pese a necessidade de se reforçar o combate à criminalidade, em especial a organizada, o dispositivo, para nós, reveste-se de duvidosa constitucionalidade e afronta a lógica processual sistêmica.

Ainda que o legislador tenha exigido no §3º do art. 91-A do CP que o Ministério Público deva indicar a diferença patrimonial apurada no oferecimento da denúncia para que a perda seja declarada em sentença, abrindo a oportunidade do contraditório e ampla defesa para o acusado, não nos parece que, necessariamente, o acréscimo patrimonial seja decorrente da prática de um ilícito penal, pois pode ter origem cível, administrativa ou tributária. O acréscimo patrimonial pode advir, por exemplo, de um empréstimo particular não declarado, do recebimento de pagamento administrativo indevido ou de impostos recolhidos a menor, por erro ou dolosamente. Salvo no caso de não recolhimento de impostos de forma dolosa, as demais condutas não necessariamente representam crime.

Ademais, a perigosa presunção de ilegalidade patrimonial subverte a lógica do ônus da prova no processo penal, atribuindo ao acusado o dever de provar a licitude de seu patrimônio, ou a origem ilícita sob a perspectiva de outro ramo do Direito.

Subverte, ainda, a lógica da imputação pelo fato criminoso no processo penal, pois a redação do dispositivo permite a imputação de fato sem vinculá-lo à prática de qualquer crime na origem. Pune-se a consequência de um possível ilícito, não necessariamente penal, sem se saber qual. E, como sabemos, não há crime sem lei anterior que o defina e *não há pena sem prévia cominação legal* (art. 5º, XXXIX, da CF e art. 1º, do CP).

Ao se prever como efeito da condenação um fato genérico – acréscimo patrimonial – sem vinculá-lo originariamente a um delito, o legislador ultrapassa seus limites legislativos e viola a cláusula pétrea constitucional.

A perda patrimonial, como pena, deve preservar um fator de correlação lógica com o fato criminoso praticado e não ser aplicada sem fundamento na origem. O Direito Penal vigente é o *Direito Penal do fato* e não o *Direito Penal das consequências de fatos.*

O indivíduo pode, por exemplo, ter praticado um crime contra a ordem econômica e financeira e, em razão desse fato, ter obtido acréscimo patrimonial. Deve ser processado, julgado e condenado por esse fato, sendo que, na sentença condenatória pelo fato imputado, deverá ser fixada a obrigação de reparar o dano e a perda do produto do crime auferido com a prática do fato criminoso (art. 91, I e II, "b", CP). Não guarda sentido, portanto, que sendo esse mesmo agente processado pelo crime de tráfico de drogas, punido com pena máxima de 15 anos e, portanto, em tese cabível a aplicação do *caput* do art. 63-F da Lei 11.343/06, receba como punição a perda patrimonial não justificada como presunção da prática de outros atos ilícitos. Não há correlação lógica e, consequentemente, como se fundamentar a sanção.

De fato, se verificado o patrimônio injustificado, o agente deve responder pelos crimes previstos na Lei Lavagem de Capitais (Lei 9.613/98) e, por esse fato, receber a devida sanção, com a consequente aplicação do art. 7º da referida Lei.

Por esses motivos, entendemos o dispositivo por inconstitucional.

3.14 COOPERAÇÃO INTERNACIONAL

Art. 65. De conformidade com os princípios da não-intervenção em assuntos internos, da igualdade jurídica e do respeito à integridade territorial dos Estados e às leis e aos regulamentos nacionais em vigor, e observado o espírito das Convenções das Nações Unidas e outros instrumentos jurídicos internacionais relacionados à questão das drogas, de que o Brasil é parte, o governo brasileiro prestará, quando solicitado, cooperação a outros países e organismos internacionais e, quando necessário, deles solicitará a colaboração, nas áreas de:

I – intercâmbio de informações sobre legislações, experiências, projetos e programas voltados para atividades de prevenção do uso indevido, de atenção e de reinserção social de usuários e dependentes de drogas;

II – intercâmbio de inteligência policial sobre produção e tráfico de drogas e delitos conexos, em especial o tráfico de armas, a lavagem de dinheiro e o desvio de precursores químicos;

III – intercâmbio de informações policiais e judiciais sobre produtores e traficantes de drogas e seus precursores químicos.

A temática relacionada às drogas não se resume às questões nacionais, haja vista que grande parte dos países sequer produz drogas ilícitas, evidenciando a característica transacional da atividade. Não por outra razão, o Brasil é signatário de diversos instrumentos normativos internacionais de combate às drogas e criminalidade organizada, a exemplo da Convenção Única de Nova Iorque sobre entorpecente, de 1961 (Decreto 54.216/1964), e da Convenção de Viena contra o tráfico ilícito de entorpecentes e substâncias psicotrópicas, de 1988 (Decreto 154/1991), entre outras de matérias mais amplas, como as Convenções contra o crime organizado transnacional (Convenção de Palermo) e a Convenção contra a corrupção (Convenção de Mérida).

De forma específica, o art. 65 assinala que o governo brasileiro prestará, quando solicitado, cooperação a outros países e organismos internacionais e, quando necessário, deles solicitará a colaboração, nas áreas de intercâmbio de informações sobre legislações, experiências, projetos e programas voltados para atividades de prevenção do uso indevido, de atenção e de reinserção social de usuários e dependentes de drogas (I); intercâmbio de inteligência policial sobre produção e tráfico de drogas e delitos conexos, em especial o tráfico de armas, a lavagem de dinheiro e o desvio de precursores químicos (II); e intercâmbio de informações policiais e judiciais sobre produtores e traficantes de drogas e seus precursores químicos (III).

A previsão, além da cooperação programática prevista no inciso I, contempla a troca de informações entre os órgãos de segurança que envolvem a produção de drogas e delitos conexos e seus respectivos agentes.

Ao dispositivo deve ser acrescido o conteúdo do Capítulo II do Título II do CPC, que prevê a cooperação internacional (arts. 26 a 41), aplicável por subsidiariedade ao Processo Penal por força do art. 3º do CPP.

4

LEI DE INTERCEPTAÇÕES TELEFÔNICAS (LEI 9.296/96)

4.1 INTRODUÇÃO

Conforme o art. 5º, XII, da Constituição Federal, "é inviolável o sigilo da correspondência e das comunicações telegráficas, de dados e das comunicações telefônicas, salvo, no último caso, por ordem judicial, nas hipóteses e na forma que a lei estabelecer para fins de investigação criminal ou instrução processual".

Não obstante a restrição normativa no tocante às comunicações telefônicas em decorrência da expressão "salvo, no último caso", sugerindo que a violação somente poderia ocorrer nesses casos, a exegese jurisprudencial e doutrinária segue a linha da tutela dos direitos fundamentais de forma relativa, isto é, permite também a quebra do sigilo de dados, correspondências e demais formas de comunicação à distância, porquanto não existem direitos absolutos, especialmente diante de situações cujo interesse público deve prevalecer. Não por outra razão, o STF considerou válida a interceptação de correspondência do preso no julgamento do HC 70.814/SP, Rel. Min. Celso de Mello[1].

Para além da questão da inexistência de direitos absolutos, Pacelli propõe interessante leitura do texto constitucional, no sentido de que a referência ao "último caso" está vinculada à exigência da reserva de jurisdição e, portanto, pretendeu o constituinte impor essa cláusula a qualquer pretensão legislativa de violação legal (leia-se interceptação) das comunicações telefônicas,

1. DJ 24.06.1994.

mas permitindo, nos demais casos, que a relativização do direito ao sigilo (da correspondência, das comunicações telegráficas e de dados) sequer dependesse de ordem judicial, desde que haja previsão legal (a exemplo do art. 15 da Lei 12.850/13, que permite a quebra de sigilo de dados, naqueles casos, por ordem policial ou do ministerial). O "inegociável", portanto, seria a cláusula de reserva de jurisdição como exigência para a quebra do sigilo das comunicações telefônicas e nisso estaria a proteção *a maior* das comunicações telefônicas em relação às demais. Para as demais quebras de sigilos constitucionalmente protegidos, a lei pode exigir autorização judicial, mas não está obrigada a tanto por mandamento constitucional.

Por que razão o constituinte se importaria tão intensamente com a proteção do sigilo da correspondência e das comunicações telegráficas e de dados, a ponto de não prever qualquer hipótese de sua violação e não faria o mesmo em relação às comunicações telefônicas? Por que também a *menor* preocupação com a inviolabilidade de domicílio? Para estas duas últimas (comunicações telefônicas e inviolabilidade de domicílio), como vimos, existe ressalva expressa quanto à autorização judicial. Na realidade, a interpretação que fazemos é exatamente em sentido inverso.

O direito à intimidade, à privacidade, à honra, e todas as suas formas de manifestação, ou seja, a inviolabilidade de domicílio, da correspondência, das comunicações, que se constituem apenas em algumas das várias modalidades de exercício dos aludidos direitos (intimidade, etc.) podem, como regra, ser limitados, por não configurarem nenhum direito absoluto. Podem e poderão, por isso, ser limitados, sempre que o respectivo exercício puder atingir outros valores igualmente protegidos na Constituição, *e desde que haja previsão expressa na lei.*[2]

Tem-se, dessa forma, que não somente o sigilo das comunicações telefônicas pode ser alvo de violação legítima, mas também o sigilo de dados (notadamente cadastrais) e de correspondências, inclusive eletrônicas, como e-mails e mensagens por aplicativos, que igualmente podem ser objeto de restrição, desde que amparada por ordem judicial (em regra) emanada com lastro no interesse público subjacente. Registre-se que o STJ distingue a correspondência da encomenda, sendo que a somente a violação da primeira demanda autorização judicial[3].

2. OLIVEIRA, Eugênio Pacelli de. **Curso de Processo Penal**. 18ª Ed. São Paulo: Atlas, 2014. p. 354.

3. Correspondência, para os fins tutelados pela Constituição da República (art. 5º, VII) é toda comunicação de pessoa a pessoa, por meio de carta, através da via postal ou telegráfica. (Lei nº 6.538/78). A apreensão pelo Juiz competente, na agência dos Correios, de enco-

4.2 CONCEITOS

Interceptação telefônica, no sentido da Lei 9.296/96, significa conhecer o conteúdo de uma comunicação telefônica por meio de uma captação, realizada por terceiro não participante da comunicação quando ela se dá. Exige, portanto, a participação de no mínimo três pessoas, os interlocutores, que se comunicam entre si, e o terceiro, que realiza, de fato, a interceptação.

A realização da interceptação não exige a realização da gravação da captação, pois há casos em que essa não é possível, como assinala o disposto no art. 6º, §1º da Lei 9.296/96.

Visando sistematizar os conceitos legais e outros decorrentes, fixemos algumas definições:

a) **Comunicação telefônica**: o conceito de comunicação telefônica envolve não somente a conversa realizada por meio de ligação, pois compreende também a transmissão de escritos, imagens, sons ou informações de qualquer natureza, por meio de telefonia, seja ela móvel ou estática. A amplitude conceitual decorre do art. 1º da Lei de Interceptações Telefônicas, que assinala que a interceptação das comunicações telefônicas, de qualquer natureza, pode ser realizada para prova em investigação criminal e em instrução processual penal, tendo o parágrafo único do dispositivo previsto que o disposto na Lei se aplica à interceptação do fluxo de comunicações em sistemas de informática e telemática. Assim, o conceito de comunicações telefônicas abrange qualquer espécie de comunicação por meio de telefone, como aquelas realizadas direta por fax, e-mails, mensagens por aplicativos etc.

b) **Comunicação ambiental**: ao contrário da comunicação telefônica, que pressupõe a utilização de instrumento tecnológico e, em regra, é realizada à distância, a comunicação ambiental é aquela realizada no próprio ambiente em que os interlocutores se encontram. Não exige, portanto, o uso de aparelhos, por envolver apenas uma conversa entre duas ou mais pessoas em ambiente público ou privado. A interceptação da comunicação ambiental, antes das alterações promovidas pelo Pacote Anticrime, não seguia a trilha da Lei 9.296/96, e era sempre fundamentada na quebra do direito diverso do direito ao sigilo das comunicações, qual seja o direito à intimidade (art. 5º, X, CF).

menda, na verdade tigre de pelúcia com cocaína, não atenta contra a Constituição da República, art. 5º, VII. Para os fins dos valores tutelados, encomenda não é correspondência. RHC 70.814/SP, DH 02/04/01.

c) **Interceptação telefônica**: a chamada interceptação em sentido estrito ocorre quando há a captação de uma comunicação alheia, realizada por terceiro, sem que os interlocutores tenham ciência da interceptação.

d) **Escuta telefônica**: ao contrário da interceptação telefônica, que pressupõe o desconhecimento dos interlocutores acerca da captação, a escuta telefônica é realizada com o conhecimento de um dos comunicadores e desconhecimento dos demais.

e) **Gravação telefônica clandestina**: trata-se da gravação realizada por meio de autogravação por parte de um dos interlocutores, sem o conhecimento dos demais.

f) **Interceptação ambiental**: é captação da comunicação no próprio ambiente em que ocorre, por terceiro, sem o conhecimento dos participantes, envolvendo a possibilidade de realização de filmagens e gravação de áudios.

g) **Escuta ambiental**: trata-se da captação de uma comunicação no próprio ambiente em que ocorre, realizada por terceiro, com o conhecimento de um dos interlocutores.

h) **Gravação ambiental clandestina**: trata-se da gravação realizada no próprio ambiente em que ocorre, por meio de autogravação por parte de um dos interlocutores, sem o conhecimento dos demais.

Interceptação telefônica	Escuta telefônica
Captação por Terceiro	Captação por Terceiro
Sem conhecimento dos interlocutores	Com conhecimento de um dos interlocutores

Interceptação	Escuta	Gravação
Sem conhecimento de nenhum dos interlocutores	Com conhecimento de um dos interlocutores	Com conhecimento de um dos interlocutores
Realizada por terceiro	Realizada por terceiro	Realizada pelo próprio interlocutor
Meio de obtenção da Prova	Meio de obtenção da Prova	Materialização da Prova

4.3 OBJETO E LIMITES DA LEI DE INTERCEPTAÇÕES TELEFÔNICAS

A Lei de Interceptações Telefônicas, antes da Lei do Pacote Anticrime (Lei 13.964/19), versava tão somente sobre a interceptação telefônica e escuta telefônica. Com a alteração legal, passou a abranger a captação ambiental de sinais eletromagnéticos, ópticos ou acústicos, conforme previsão no art. 8º-A.

Logo, temos que a lei deve ser aplicada para os casos de interceptação telefônica e escuta telefônica, bem como de interceptação e escuta ambiental de sinais eletromagnéticos, ópticos ou acústicos, de forma que não somente a conversa por meio de telefone está abrangida, mas também a comunicação por telefone por meio de mensagens por aplicativos, e-mails, fax etc. Pouco importa se o telefone é público ou privado, porque a tutela recai sobre a comunicação e não sobre o titular da linha.

Não abarca, contudo, as gravações clandestinas, vez que, por serem realizadas pelo próprio interlocutor, sua avaliação deve seguir a trilha da proporcionalidade, máxime porque pode ser utilizada a título de defesa ou como elemento de prova de comportamento praticado pelo agente contra aquele que grava a conversa. É o que se infere da jurisprudência do STF:

> Gravação clandestina, feita por um dos interlocutores, sem conhecimento do outro. Juntada da transcrição em inquérito policial, onde o interlocutor requerente era investigado ou tido por suspeito. Admissibilidade. Fonte lícita de prova. Inexistência de interceptação, objeto de vedação constitucional. Ausência de causa legal de sigilo ou de reserva da conversação. Meio, ademais, de prova da alegada inocência de quem a gravou. Improvimento ao recurso. Inexistência de ofensa ao art. 5º, incs. X, XII e LVI, da CF. Precedentes. Como gravação meramente clandestina, que se não confunde com interceptação, objeto de vedação constitucional, é lícita a prova consistente no teor de gravação de conversa telefônica realizada por um dos interlocutores, sem conhecimento do outro, se não há causa legal específica de sigilo nem de reserva da conversação, sobretudo quando se predestine a fazer prova, em juízo ou inquérito, a favor de quem a gravou. (STF, RE 402.717/PR, Rel. Min. Cezar Peluso, Segunda Turma, DJe 12.02.2009).

De acordo com AVOLIO[4] (2003, p. 143):

> Qualquer pessoa tem o direito de gravar a sua própria conversa, haja ou não conhecimento da parte de seu interlocutor. O que a lei penal veda, tornando ilícita a prova decorrente, é a divulgação da conversa sigilosa, sem justa

4. AVOLIO, Luiz Francisco Torquato. **Provas ilícitas: interceptações telefônicas, ambientais e gravações clandestinas.** 3ª ed. São Paulo: Editora Revista dos Tribunais, 2003.

causa. A 'justa causa' é exatamente a chave para se perquirir a licitude da gravação clandestina. E, dentro das excludentes possíveis, é de se afastar – frise-se – o direito à prova. Os interesses remanescentes devem ser suficientemente relevantes para ensejar o sacrifício da *privacy*. Assim, por exemplo, a vida, a integridade física, a liberdade, o próprio direito à intimidade e, sobretudo, o direito de defesa, que se insere entre as garantias fundamentais. Ocorrendo, pois, conflito de valores dessa ordem, a gravação clandestina é de se reputar lícita, tanto no processo criminal como no civil, independentemente do fato de a exceção à regra da inviolabilidade das comunicações haver sido regulamentada.

Sobre o tema, a ver, ainda, como as inovações normativas do Pacote Anticrime (v. art. 8º-A, §4º, art. 10-A e §1º), vão refletir na Jurisprudência sobre o tema, que historicamente tem validado tais gravações por um dos interlocutores como legítimo meio de prova. Trataremos disso com mais vagar no item 4.5.1.

Entendemos, pela redação do parágrafo único do art. 1º da Lei 9.296/96, que o regramento legal se aplica às comunicações não somente por meio de telefone, alcançando o fluxo de comunicações em sistemas de informática e telemática. Isso porque não existem direitos fundamentais absolutos e a não aplicação do regramento às demais hipótese de comunicação conduziria à aplicação de medidas cautelares atípicas, por vezes menos rígidas do que a exigida pela Lei de Interceptações Telefônicas.

No mesmo sentido é a lição de BRASILEIRO[5] (2020, p. 816):

> Daí dispor o *caput* do art. 1º da Lei nº 9.296/96 ser possível a interceptação de comunicações telefônicas de qualquer natureza, acrescentando o parágrafo único do mesmo artigo que o disposto nesta Lei aplica-se à interceptação do fluxo de comunicações em sistemas de informática e telemática. **Por telemática compreende-se a ciência que cuida da comunicação (transmissão, manipulação) de dados, sinais, imagens, escritos e informações por meio do uso combinado da informática (do computador) com as várias formas de telecomunicação, ou seja, telemática é a telecomunicação associada à informática.**

Não há violação ao sigilo das comunicações no caso de gravação clandestina de conversa entre o preso e policiais, nas quais se incrimina terceira pessoa, vez que, nesse caso, o agente está acobertado pelo direito ao silêncio e, na medida em que não o exerce, a prova produzida é lícita[6]. De outro modo,

5. *op.cit.*
6. STF: 1ª Turma, HC 73.513/SP, Rel. Min. Moreira Alves, j. DJ 04/10/1996.

no caso de gravação de confissão do agente, sem prévia e formal advertência quanto ao direito ao silêncio, a prova será concebida como ilícita por violação ao princípio da não autoincriminação[7].

De igual forma, não há violação do direito à intimidade na esfera dos chamados e-mails corporativos, utilizados na seara empresarial, sobre os quais se permite o controle por parte do empregador, vez que sua finalidade é estritamente profissional e, portanto, não há expectativa de privacidade.

4.4 LEI 9.296/96 – INTERCEPTAÇÃO TELEFÔNICA – ASPECTOS MATERIAIS E PROCESSUAIS

Dispõe o art. 1º da Lei 9.296/96:

> Art. 1º A interceptação de comunicações telefônicas, de qualquer natureza, para prova em investigação criminal e em instrução processual penal, observará o disposto nesta Lei e dependerá de ordem do juiz competente da ação principal, sob segredo de justiça.
> Parágrafo único. O disposto nesta Lei aplica-se à interceptação do fluxo de comunicações em sistemas de informática e telemática.

Extrai-se do dispositivo em comento a **finalidade da interceptação telefônica: obtenção de provas em investigação criminal e instrução processual penal**. A expressão "investigação criminal" não deixa qualquer espécie de dúvidas no tocante à amplitude conceitual, não se restringindo, portanto, aos inquéritos policiais, podendo ser autorizada em sede de outros procedimentos de investigação criminal, a exemplo do PIC, instaurado pelo Ministério Público.

O STJ, em 2011, entendeu ser possível a quebra do sigilo das comunicações telefônicas em processo cível, no julgamento do HC 203405/MS[8]:

> A possibilidade de quebra do sigilo das comunicações telefônicas fica, em tese, restrita às hipóteses de investigação criminal ou instrução processual penal. No entanto, o ato impugnado, embora praticado em processo cível, retrata hipótese excepcional, em que se apuram evidências de subtração de menor, crime tipificado no art. 237 do Estatuto da Criança e do Adolescente.

Em linhas gerais, o STJ estribou-se na primazia do interesse da criança e do adolescente e no princípio da prioridade absoluta para legitimar o

7. STF: 1ª Turma, HC 80.949/RJ, Rel. Min. Sepúlveda Pertence, DJ 14/12/2001.
8. DJe 01.07.11.

procedimento de quebra do sigilo em processo de natureza cível por, supostamente, extrair-se dos autos a possível prática do crime previsto no art. 237 do ECA.

Não obstante o apelo natural atinente à infância e juventude, não se pode confundir a instrução cível com a criminal, bem como os valores inerentes a ambos. Havendo indícios da prática de crime contra a criança ou adolescente, é dever do magistrado dar ciência ao Ministério Público para que adote as providências pertinentes na seara penal e não agir, dentro do poder geral de cautela, como agente ativo de investigação criminal em processo cujo objeto principal é cível. A garantia constitucional do sigilo das comunicações foi restringida pelo legislador na Lei 9.296/96 e, por vontade desse, a Lei somente se aplica aos procedimentos investigativos criminais, de forma que não caberia ao Judiciário ampliar a tutela legal em violação a direito fundamental.

No caso, nada impediria que realizada a prova em investigação criminal, essa fosse utilizada como prova emprestada no juízo cível. Contudo, sua decretação por juízo cível, em processo de natureza cível, parece-nos contrariar a *mens legis*, que caminha na restrição fundamentada do sigilo das comunicações, restrita aos atores da seara criminal. Havendo a notícia de prática de crime, o caminho trilhado pelo legislador é o da investigação criminal, sendo que seu resultado pode ser partilhado, posteriormente, com outros processos, inclusive procedimentos administrativos disciplinares. A subversão da lógica para se permitir a quebra do sigilo das comunicações em processos não penais coloca em risco direitos fundamentais, os quais só podem ser restringidos sob a luz da estrita legalidade.

4.4.1 Contraditório nas interceptações telefônicas

Por natureza e sob pena de inocuidade, a interceptação telefônica é **uma medida cautelar *inaudita altera pars*.** Isso não significa, todavia, que por ser uma medida antecipada e desconhecida do sujeito-alvo, não permita o contraditório. Há, na hipótese, a aplicação do contraditório diferido em respeito à ampla defesa. Por essa e outras razões, o STF editou a Súmula Vinculante 14:

> "É direito do defensor, no interesse do representado, ter acesso amplo aos elementos de prova que, já documentados em procedimento investigatório realizado por órgão com competência de polícia judiciária, digam respeito ao exercício do direito de defesa".

Do teor da súmula pode-se concluir que, encerrada a diligência probatória e, estando essa documentada nos autos, é assegurado o direito de acesso às provas pelo defensor. A previsão, contudo, não autoriza o órgão investigante a "engavetar" a diligência em prol do eficientismo da investigação, retardando o acesso à prova pela defesa. Somente em casos em que a diligência esteja em curso será admitida restrição.

Por outro lado, parece-nos perfeitamente possível que nas hipóteses **de interceptação em cascata ou em cadeia**, quando da primeira interceptação se extraírem elementos de prova aptos a deflagrar outras interceptações telefônicas contra sujeitos diversos, seja razoável, pela conexão probatória e potencial risco de frustração das demais interceptações, retardar-se, de forma fundamentada, *a posteriori*, a documentação da prova nos autos. Ex.: deferida uma interceptação telefônica contra um suposto traficante, durante a realização da diligência, descobre-se, em razão dessa, que na realidade o agente integra uma associação para o tráfico. Diante do novo fato e possível identificação dos demais integrantes do grupo criminoso, podem ser requeridas novas interceptações, as quais, por conexão probatória, conectam-se à primeira. Nesses casos, não obstante finda a diligência originária, parece-nos que sua documentação imediata nos autos caminha no sentido contrário à eficiência da instrução, porquanto conhecido seu teor, as provas subsequentes correrão fundado risco de frustração.

Tratando-se de investigação criminal relacionada à organização criminosa, vale lembrar o teor do art. 23 da Lei 12.850/13, que assinala que o sigilo da investigação poderá ser decretado pela autoridade judicial competente, para garantia da celeridade e da eficácia das diligências investigatórias, assegurando-se ao defensor, no interesse do representado, amplo acesso aos elementos de prova que digam respeito ao exercício do direito de defesa, **devidamente precedido de autorização judicial, ressalvados os referentes às diligências em andamento.**

Não obstante a restrição a direito fundamental, a interceptação telefônica e demais formas reguladas pela Lei 9.296/96 passam, sem maiores questionamentos, pelo teste *Katz*: 1) o sujeito da vigilância possui expectativa subjetiva de privacidade? e 2) essa expectativa subjetiva é que uma sociedade, como um todo, está preparada para aceitar como razoável?

4.4.2 Requisitos

Segundo o texto constitucional (art. 5º, XII), é inviolável o sigilo da correspondência e das comunicações telegráficas, de dados e das comunicações telefônicas, salvo, no último caso, por ordem judicial, nas hipóteses e na forma que a lei estabelecer para fins de investigação criminal ou instrução processual penal.

Constitucionalmente, portanto, exige-se: **a) ordem judicial fundamentada; b) hipóteses e forma que a lei estabelecer; c) fins de investigação criminal ou instrução processual penal.**

Por **ordem judicial fundamentada (a)** há que se compreender não somente a necessidade da fundamentação concreta, mas também a sua origem por juízo competente. Em regra, a medida está sujeita à reserva de jurisdição, de forma que somente ao Poder Judiciário competirá a restrição ao direito fundamental do sigilo das comunicações. Em regra, porque nas hipóteses de **Estado de Defesa** (art. 136, §1º, I "c", CF) e **Estado de Sítio** (art. 139, III, CF), situações excepcionais, a medida **pode ser implementada por Decreto**. Não obstante o poder instrutório das CPIs[9], que permite a quebra de sigilo fiscal, bancário e dados telefônicos (STF, ADO 730), as Comissões Parlamentares de Inquérito não podem determinar a interceptação telefônica.

Exige-se, para além do texto constitucional, que a **ordem judicial fundamentada seja prévia**, não sendo possível a convalidação de prova ilícita produzida pelo simples consentimento de um dos interlocutores. Nesse sentido, o STJ já decidiu que:

> Na hipótese, embora as gravações tenham sido implementadas pelo esposo da cliente do paciente com a intenção de provar a sua inocência, é certo que não obteve a indispensável prévia autorização judicial, razão pela qual se tem como configurada a interceptação de comunicação telefônica ilegal.
>
> O fato da esposa do autor das interceptações – que era uma interlocutora dos diálogos gravados de forma clandestina – **ter consentido posteriormente com a divulgação dos seus conteúdos não tem o condão de legitimar o ato**, pois no momento da gravação não tinha ciência do artifício que foi implementado pelo seu marido, não se podendo afirmar, portanto, que, caso soubesse, manteria tais conversas com o seu advogado pelo telefone interceptado. HC 161.053/SP, DJe 03.12.12.

Não basta, contudo, que tenhamos uma autorização judicial prévia e fundamentada, pois é preciso que essa ordem seja revestida pela **competência do juízo**. Segundo o art. 1º da Lei 9.296/96, o juízo competente para decretar a medida é juízo competente para a ação principal[10]. Com a entrada em vigor

9. Somente as de âmbito federal, estadual ou distrital, vez que as municipais não gozam da mesma prerrogativa pelo fato dos Municípios não possuírem Poder Judiciário que atribua às suas CPIs o mesmo poder de investigação das autoridades judiciárias.

10. A decretação da medida é fixadora da competência do juízo nos termos do art. 83 do CPP conforme entendimento pacífico no STF, 1ª Turma, HC 88.214/PE, j. 28.04.09.

da Lei do Pacote Anticrime e julgamento das ADIs referentes ao instituto do juiz das garantias, a competência para decretação da medida é do juiz das garantias (art. 3º, B, XI, *a*, CPP). A regra, contudo, recebe a **temperança da aplicação da teoria do juízo aparente,** que assinala, em breve síntese, que se no momento a apreciação da medida, o mosaico probatório indicar a competência do juízo ao qual se pleiteia a medida, sem que existam elementos de informação indicadores do risco da medida atingir sujeito com foro por prerrogativa de função, as provas obtidas devem ser concebidas como válidas, ainda que futuramente se reconheça a incompetência do juízo. A valoração quanto à competência, portanto, deve ser realizada com lastro nos elementos probatórios existentes no momento da análise do pedido.

No tocante à **fundamentação**, segundo o entendimento dos Tribunais Superiores, essa não precisa ser exaustiva, bastando a análise dos requisitos legais. A fundamentação exaustiva pode conduzir, inclusive, a um pré-julgamento e colocar em risco a legalidade da medida, porquanto o magistrado, especialmente agindo como juiz das garantias, deve se restringir ao máximo ao tocar as questões meritórias.

Por se tratar de medida de natureza cautelar, naturalmente deverão estar presentes o ***fumus comissi delicti* e o *periculum in mora*.** Por envolver a medida uma profunda invasão a direito fundamental, relacionado à intimidade, o *standard* probatório justificador do *fumus comissi delicti* deve contemplar elementos seguros da existência de um crime.

A medida, igualmente, deve observar o **requisito da contemporaneidade**, tendência das Cortes Superiores, isto é, sua realização deve buscar elementos probatórios conectados pelos componentes tempo/razoabilidade, não se justificando, por evidente, uma interceptação telefônica por fato ocorrido há anos, sem que existam elementos indicativos da continuidade da prática delitiva.

O art. 2º da Lei 9.296/96 assinala ainda as hipóteses em que não se admite a interceptação telefônica, trazendo à lume a análise das **hipóteses e forma que a lei estabelecer (b).**

> Art. 2º Não será admitida a interceptação de comunicações telefônicas quando ocorrer qualquer das seguintes hipóteses:
>
> I – não houver indícios razoáveis da autoria ou participação em infração penal;
>
> II – a prova puder ser feita por outros meios disponíveis;
>
> III – o fato investigado constituir infração penal punida, no máximo, com pena de detenção.

> Parágrafo único. Em qualquer hipótese deve ser descrita com clareza a situação objeto da investigação, inclusive com a indicação e qualificação dos investigados, salvo impossibilidade manifesta, devidamente justificada.

O inciso I trata, de forma negativa, da existência de **indícios razoáveis de autoria ou participação em infração penal**. Os indícios, segundo a redação do art. 239 do CPP, são as circunstâncias conhecidas e provadas que, tendo relação com o fato, autorizem, por indução, concluir-se pela existência de outra ou outras circunstâncias. Por indícios razoáveis de autoria ou participação, portanto, devemos considerar aquele argumento probatório indireto que deduz o desconhecido do conhecido por meio da relação de causalidade. Assim, não basta a mera conjectura fundada na periculosidade do agente, pois a norma exige o estabelecimento de um argumento fundado em elementos indiretos associados a uma relação de causalidade.

Não se admite, dessa forma, a interceptação telefônica simplesmente pelo fato do agente ser concebido como perigoso, em **flagrante interceptação de prospecção**. Igualmente, não se admite a interceptação telefônica como pescaria probatória, isto é, desconectada de algum fato criminoso concreto, ainda que indiciário. De igual forma, o parágrafo único do art. 2º assinala que além da **descrição com clareza da situação objeto da investigação**, deverão constar a indicação e qualificação dos investigados, salvo impossibilidade manifesta, devidamente justificada. Isso significa que, mesmo sendo desconhecido o agente criminoso, será possível a interceptação, desde que justificada a impossibilidade, como no caso de certo o terminal telefônico, mas incerta a pessoa que o utiliza.

BRASILEIRO[11] (2020, p. 830), valendo-se das lições de Luiz Flávio Gomes, aduz que **o direito pátrio somente admite a interceptação pós-delitual**, isto é, sua finalidade deve ser a de uma investigação criminal (ou instrução penal). A interceptação, em síntese, destinar-se-ia à prova de um delito que já está sendo investigado, e não a comprovar se o agente está ou não delinquindo.

Isso não significa, contudo, que a prova colhida no curso de uma interceptação não possa, por exemplo, ser produzida quanto a outro delito, como no curso de ações controladas. Em brevíssima síntese, na ação controlada o agente público não age de imediato, aguardando o momento oportuno para atuar, com o escopo de obter um resultado mais eficaz em sua diligência como, por exemplo, prender não somente o traficante da boca de fumo, mas o líder da associação para o tráfico, dando ensejo ao que a doutrina chama de flagrante retardado ou prorrogado.

11. *op. cit.*

Em regra, as ações controladas não precisam de autorização judicial, salvo nos crimes previstos na Lei de Drogas. E, justamente nesses, por exigir a prévia autorização judicial, parece-nos perfeitamente possível que a interceptação telefônica possa alcançar uma projeção especial e abarcar eventuais delitos praticados no curso da diligência, funcionando como prova dos novos delitos, vez que haveria, no caso, a descoberta fortuita de provas atinentes a outro crime, praticado durante a investigação.

Não obstante, em todos os casos a decisão judicial deve delimitar a situação objeto da diligência, sob pena de se abrir o flanco investigativo, dando ensejo à ocorrência de *fishing expedition*.

O inciso II, do art. 2º, da Lei 9.296/96, estabelece a **impossibilidade de decretação da interceptação telefônica quando a prova puder ser feita por outros meios disponíveis**. Em outras palavras, o legislador conferiu o **caráter de *ultima ratio*** à interceptação telefônica, isto é, a prova só poderá ser produzida se outra não puder ser realizada. Entretanto, em flagrante colisão lógica, o legislador conferiu à infiltração de agentes (art. 10, §2º da Lei 12.850/13) e à infiltração de agentes virtual (art. 10-A, §3º da Lei 12.850/13), o mesmo caráter de *ultima ratio*.

Apesar da confusão legislativa, extrai-se da *mens legis* a severidade da medida de interceptação por ingressar na esfera sensível de direitos fundamentais, especialmente àqueles ligados à intimidade e vida privada, motivo pelo qual, por lógica, só deve ser utilizada quando meios menos invasivos não forem capazes de produzir a prova necessária. Essa capacidade dos meios menos invasivos, contudo, não precisa ser submetida a testagem no caso concreto, é dizer, não é necessário que se frustre tentativa de demonstrar a hipótese investigativa por outros meios antes que se recorra à interceptação, recaindo sobre o Ministério Público apenas o ônus argumentativo de demonstrar a insuficiência dos outros meios.

Por fim, o inciso III dispõe que não se admite a interceptação telefônica quando o fato investigado constituir infração penal punida, no máximo, com pena de detenção. Em outras palavras, o legislador assinala que **a medida cautelar só será admitida nos crimes punidos com reclusão**.

A falta de técnica legislativa empregada no dispositivo parece sugerir que os delitos punidos com reclusão são mais gravosos que os punidos com detenção. Conforme destaca ABREU[12] (2022, p. 727):

12. ABREU, Fernando. **Direito Penal**. Parte Geral. 4ª. Ed. São Paulo: Juspodivm, 2024.

> Não é correto afirmar que a pena de detenção é reservada aos delitos menos graves, haja vista que há crimes fortemente apenados em termos de tempo de reprimenda aos quais o legislador previu a pena de detenção, a exemplo do infanticídio, (art. 123 do CP) e abandono de recém-nascido com resultado morte (art. 134, §2º do CP), que possuem penas de dois a seis anos.

De igual forma, evidenciando a falta de critério, o legislador prevê a pena de reclusão para delitos de pequeno potencial ofensivo, com pena máxima não superior a dois anos, a exemplo do crime de instigação ao suicídio (art. 122, *caput*, do CP) ou ainda, prevê ambas as formas, indiscriminadamente, como na hipótese do parágrafo único do art. 306 do CP[7].

Logo, o critério é legal e não guarda qualquer espécie de relação com a gravidade do crime.

Melhor seria, em nossa compreensão, que o legislador tivesse se valido, caso desejasse restringir, do parâmetro normativo relacionado aos delitos de pequeno potencial ofensivo. Contudo, assim não fez, de forma que, diante da estrita legalidade, aplicável por se tratar de norma de exceção, não cabe interceptação telefônica em delitos não apenados com a pena de reclusão, como os crimes de responsabilidade (infrações político-administrativas) e todos os demais punidos com multa, prisão simples ou detenção.

Nada impede, entretanto, que da interceptação telefônica se tenha conhecimento de uma infração penal punida a título de detenção, aplicando-se o regramento da serendipidade e reputando-se válido o meio de obtenção da prova, pois o "crime achado", conexo ao objeto da diligência, não foi o fundamento da interceptação, ressaindo naturalmente, da transcurso da prova produzida[13]. Da mesma forma, é admissível a prova de crime praticado por terceiro, conexo ao do objeto da diligência, ainda que não mencionado na autorização judicial, que ressai da interceptação telefônica, em razão do encontro fortuito de provas[14].

Não obstante o entendimento de parte majoritária da doutrina e do STJ, entendemos que a descoberta de novas infrações penais no curso de uma interceptação telefônica, ainda que não conexas com o objeto da prova, revela-se verdadeiro encontro fortuito de provas, na acepção pura da palavra provas, não funcionando como mera *notitia criminis* dada a formalidade que a reveste. Nesse sentido, também, é a lição de PACELLI[15] (2009, p. 323):

---

13. STJ: 5ª Turma, RHC 13.274/RS, DJ 29.09.03.
14. STJ: 5ª Turma, HC 33.553/CE, DJ 11.04.05. STF: HC 83515/RS – Pleno, DJ 04.03.05.
15. OLIVEIRA, Eugênio Pacelli. **Curso de processo penal**. 11ª ed. Rio de Janeiro: Editora Lumen Juris, 2009.

> [...] **não é a conexão que justifica a licitude da prova.** O fato, de todo relevante, é que, uma vez franqueada a violação dos direitos à intimidade e à privacidade dos moradores da residência, não haveria razão alguma para a recusa de provas de quaisquer outros delitos, punidos ou não com reclusão. Isso porque uma coisa é a justificação para a autorização da quebra de sigilo; tratando-se de violação à intimidade, haveria mesmo de se acenar com a gravidade do crime. Entretanto, outra coisa é o aproveitamento do conteúdo da intervenção autorizada; tratando-se de material relativo à prova de crime (qualquer crime), não se pode mais argumentar com a justificação da medida (interceptação telefônica), mas, sim, com a aplicação da lei.

A questão, todavia, encontra barreiras quando um dos interlocutores é o advogado do investigado, porquanto o sigilo entre cliente/advogado, relacionado ao exercício da função, em regra não admite exceções. Em regra, porque se o advogado estiver envolvido na suposta prática delituosa, o sigilo não encontra amparo legal, vez que o próprio defensor será alvo da investigação. É, nessa trilha, o entendimento do STJ:

> Conversa pessoal e reservada entre advogado e cliente tem toda a proteção da lei, porquanto, entre outras reconhecidas garantias do advogado, está a inviolabilidade de suas comunicações. Como estão proibidas de depor as pessoas que, em razão de profissão, devem guardar segredo, é inviolável a comunicação entre advogado e cliente. Se há antinomia entre valor da liberdade e valor da segurança, a antinomia é solucionada a favor da liberdade. É, portanto, ilícita a prova oriunda de conversa entre o advogado e o seu cliente. O processo não admite as provas obtidas por meios ilícitos. Na hipótese, conquanto tenha a paciente concordado em conceder a entrevista ao programa de televisão, a conversa que haveria de ser reservada entre ela e um de seus advogados foi captada clandestinamente. Por revelar manifesta infração ética o ato de gravação – em razão de ser a comunicação entre a pessoa e seu defensor resguardada pelo sigilo funcional –, não poderia a fita ser juntada aos autos da ação penal. Afinal, a ilicitude presente em parte daquele registro alcança todo o conteúdo da fita, ainda que se admita tratar-se de entrevista voluntariamente gravada – a fruta ruim arruína o cesto. A todos é assegurado, independentemente da natureza do crime, processo legítimo e legal, enfim, processo justo. [...] Habeas corpus deferido para que seja desentranhada dos autos a prova ilícita. 6ª Turma, HC 59.967/SP, FJ 25.09.06.

4.4.2.1 O encontro fortuito de provas nas interceptações telefônicas

A teoria do encontro fortuito ou casual de provas, também conhecida por serendipidade, deriva do desdobramento do curso causal de uma investigação, que caminha em sentido não esperado, a exemplo de uma interceptação telefônica autorizada pela Justiça, visando a apuração de um delito de tráfico de drogas, que, em seu curso, apresenta elementos de provas evidenciadores da prática de um crime de homicídio ou roubo. Assim, sendo fortuita a descoberta e não tendo havido desvio de finalidade, a prova será válida.

Tem-se, portanto, como premissas: a) a realização legal de um meio de obtenção de prova autorizado judicialmente; b) descobrimento de provas não esperadas; e c) inexistência de desvio de finalidade. No caso específico das interceptações telefônicas, há que reconhecer a existência de uma razão técnica: a impossibilidade de se distinguir, no curso da colheita da prova, aquilo que é de efetivo interesse da investigação do que não o é.

Parte da doutrina sustenta que as provas descobertas fortuitamente só teriam validade quando apontarem para infração penal conexa àquela objeto da interceptação. Contudo, os próprios Tribunais Superiores têm evoluído a jurisprudência e admitido a validade da prova. Nessa linha, o **STJ**, APn 690/TO, Rel. Min. João Otávio Noronha, DJe 22.05.15, decidiu que **a prova relacionada à serendipidade de segundo grau é válida** e não se restringe à mero *standard* caracterizador de notícia crime:

> [...] Não se desconhece a respeitosa doutrina que discorda do aproveitamento fortuito da interceptação telefônica quando os crimes não são conexos ou relativo à pessoas que não eram objeto da escuta, a exemplo de Luiz Flávio Gomes e Raúl Cervini (Interceptação Telefônica, RT, p. 194). Para eles, o encontro fortuito de fatos que constituem crimes conexos, seria a serendipidade de primeiro grau, cujo aproveitamento é possível. Se a prova disser respeito a fatos ou pessoas distintas daquelas para os quais a medida foi autorizada – serendipidade de segundo grau –, a prova não pode ser utilizada, servindo apenas como notitia criminis, incoerência não explicada pelo autor. Damásio de Jesus (RT 735/467), por sua vez, não admite a serendipidade em hipótese alguma. Aqui, opto pela orientação do STJ, como exposta (cf., ainda, HC 197.044/SP, rel. Min. Sebastião Reis Júnior, DJe 23.09.2014; HC 187.189/SP, rel. Min. Og Fernandes, DJe 2308.2013), e da maioria da doutrina (por todos: Fernando Capez, Curso de Direito Penal, 4 v., 9a. ed., 2014, p. 491), ou seja, que **a prova é admitida para pessoas ou crimes diversos daquele originalmente perseguido, ainda que não conexos ou continentes, desde que a interceptação seja legal**. [...]

Em acréscimo, conforme vimos acima, em situações especiais, a validade da prova dependerá de outros fatores, a exemplo do encontro fortuito de provas contra pessoa detentora de foro por prerrogativa de função. Nesses casos, não basta que tenhamos uma autorização judicial prévia e fundamentada, pois é preciso que essa ordem seja revestida pela **competência do juízo**. A regra, contudo, recebe a **temperança da aplicação da teoria do juízo aparente**, de forma que havendo previamente o **risco conhecido** de que a prova produzida venha a colher material probatório incriminador contra pessoa detentora de foro especial, essa deve ser requerida ao juízo mais amplo, isto é, daquele que abarca a prerrogativa de foro.

Por outro lado, inexistindo o risco conhecido, deve ser aplicada a teoria do juízo aparente e as provas obtidas devem ser concebidas como válidas, ainda que futuramente se reconheça a incompetência do juízo. A valoração quanto à competência, portanto, deve ser realizada com lastro nos elementos probatórios existentes no momento da análise do pedido.

De forma reiterada, apegamo-nos ao risco conhecido como elemento distintivo, porquanto esse, para nós, estabelece os limites da competência. Isso não significa, todavia, que o simples fato de um Deputado Federal, por exemplo, manter relações de amizade com o agente investigado, gere atração da competência do STF de forma automática, pois seria projetar uma possível ilicitude diante de uma simples relação de amizade. Nesses casos, surgindo alguma prova contra o parlamentar, a diligência deve ser interrompida e encaminhado seu conteúdo imediatamente ao órgão de investigação com atribuições para tanto, que deverá, igualmente, reformular o pedido de interceptação junto ao STF ou órgão constitucionalmente competente, a depender da natureza da função do agente a ser investigado.

Situação distinta há, entretanto, quando o investigado é cônjuge de um parlamentar federal, pois se presume, naturalmente, que no seio da convivência do casal exista a possibilidade de conhecimento das atividades realizadas pelos parceiros. Nesse caso, parece-nos prudente que o pedido de interceptação seja realizado diretamente ao STF, diante do fundado risco conhecido de obtenção de provas contra parlamentar federal, não objeto primário da investigação. Sobre o tema, é emblemática da decisão do STF no julgamento do RHC 135683/GO, DJe 03.04.17, que destaca a simples identificação de indícios como fator determinante para o deslocamento da competência:

> [...] 5. A jurisprudência da Corte é no sentido de que a simples menção ao nome de autoridades detentoras de prerrogativa de foro, seja em depoimentos prestados por testemunhas ou investigados, seja na captação de diálogos travados por alvos de censura telefônica judicialmente autorizada, assim como a existência de informações, até então, fluidas e dispersas a seu respeito, são insuficientes para o deslocamento da competência para o juízo hierarquicamente superior. **Para que haja a atração da causa para o foro competente, é imprescindível a constatação da existência de indícios da participação ativa e concreta do titular da prerrogativa em ilícitos penais.**
>
> 6. Todavia, a hipótese retratada nos autos não se coaduna com o entendimento jurisprudencial suso mencionado por não se tratar de simples

> menção a detentor de prerrogativa de foro, nem, muito menos, de encontro fortuito de provas.
>
> 7. Em relação à operação Vegas, deflagrada em 2008, embora as autoridades nela envolvidas negassem que se tratasse de uma investigação direta em desfavor de detentor de prerrogativa de foro, os documentos contidos nos autos demonstraram que, no auge da persecução penal, **nos idos de 2008 já havia indícios reflexos de seu envolvimento com o objeto em apuração**, não obstante a denúncia mencione que os fatos em relação a ele teriam como termo inicial somente a data de 22/6/09, que antecedeu o deslocamento da competência para esta Corte. 8. Portanto, **o surgimento de indícios de envolvimento do recorrente já no ano de 2008 tornou impositiva a remessa do caso para o Supremo Tribunal Federal, o que, por não ter ocorrido opportune tempore, maculou os elementos de prova arrecadados em seu desfavor**. 9. É do entendimento do Supremo Tribunal Federal que, "surgindo indícios de detentor de prerrogativa de foro estar envolvido em fato criminoso, cumpre à autoridade judicial remeter o inquérito ao Supremo (...), sob pena de haver seu arquivamento, ante a ilicitude dos elementos colhidos" (Inq nº 3.305/RS, Primeira Turma, Relator o Ministro Marco Aurélio, DJe de 2/10/14). [...]

4.4.3 Procedimento

O art. 3º da Lei 9.296/96 dispõe que a interceptação das comunicações telefônicas poderá ser determinada pelo juiz, de ofício ou a requerimento da autoridade policial, na investigação criminal e do representante do Ministério Público, na investigação criminal e na instrução processual penal[16].

O dispositivo merece alguns destaques. Primeiro, com a adoção do sistema acusatório, não nos parece possível que o magistrado possa, de ofício, determinar a realização da diligência, sob pena de imiscuir-se em seara probatória que, *a priori*, não lhe cabe. Não obstante parte da doutrina sustentar a possibilidade probatória do juízo, sob a luz do princípio da busca da verdade real, parece-nos no mínimo contraditório se admitir a decretação de ofício e se exigir, simultaneamente, o caráter de *ultima ratio* do meio de prova, porquanto somente as partes serão capazes de dizer se a prova não pode ser feita por outros meios disponíveis (art. 2º, II), de modo que a interceptação telefônica

16 . O CNJ editou a Resolução 59 e o CNMP editou a Resolução 36, com o escopo de regular em parte do assunto, trazendo uma mínima uniformização à matéria. Resolução CNMP 36 teve declarada sua constitucionalidade no julgamento da ADI 4.236/DF e a Resolução CNJ 59 no julgamento da ADI 4.145/DF, à exceção do art. 13, §1º, que não admitia a prorrogação da medida de interceptação durante o plantão judiciário, salvo em casos de risco iminente e grave à integridade ou à vida de terceiros.

seria a última forma existente para provar determinado fato. Ademais, para se provar qual fato? Aquele cuja incumbência é da acusação? Naturalmente, caso fosse a interceptação telefônica o último meio de prova disponível, certamente a acusação dele se valeria. E, ainda que cogitando eventual omissão acusatória, não caberia ao magistrado, sob pena de violação da isonomia, agir de ofício em prol da parte A ou B.

Segundo, a restrição legal ao requerimento formulado pela autoridade policial à fase de investigação deve ser interpretada de forma literal, haja vista que, de fato, encerrada a fase investigativa com o oferecimento da denúncia, em razão da natureza da atividade, não cabe ao delegado de polícia continuar a investigação sobre os fatos estritos objeto da denúncia. Caso exista, por exemplo, uma continuidade da investigação para identificação de coautor, por exemplo, eventual pedido de interceptação telefônica pela autoridade policial deverá ser realizado para o juiz responsável, formalmente, pela investigação, juiz das garantias, por exemplo, e não no curso de processo judicial em andamento. Em todos os casos, o requerimento formulado pela autoridade policial deve passar pelo Ministério Público para emissão de manifestação.

Terceiro, tratando-se de requerimento formulado pelo Ministério Público, dada a titularidade da ação penal pública, seu poder investigatório e interesse na investigação realizada pela autoridade policial, poderá formular o pedido de interceptação tanto na fase inquisitorial, não restrita às investigações policiais, porquanto a investigação pode ser realizada por meio de PIC, como na fase judicial.

Quarto, parece-nos perfeitamente possível admitir-se a interceptação telefônica nos crimes de ação penal privada, vez que a restrição legal é afeta à natureza da pena e não à natureza da ação penal. Por essa razão, razoável se afigura, por analogia, se admitir a legitimidade da formulação do requerimento de interceptação telefônica por parte do querelante.

Por fim, o quinto destaque é destinado ao assistente da acusação. A norma processual não conferiu poderes expressos à vítima para que possa apresentar o requerimento. Diante da natureza da medida – restritiva de direitos fundamentais – não se revela razoável a ampliação da legitimidade estrita prevista pela lei. Nada impede, contudo, que a vítima formule o requerimento ao Ministério Público ou autoridade policial para que avaliem a pertinência da medida.

Parte da doutrina sustenta a possibilidade de requerimento de interceptação telefônica pela defesa, dentro do conceito maior de **investigação defensiva**. À míngua de previsão legal, não nos parece possível a ampliação da legitimidade irrestrita por se tratar de severo ataque ao sigilo das comunicações.

Vale lembrar que o ônus da prova quanto à configuração do delito compete à acusação e não à defesa. O acusado, portanto, não tem o dever de provar sua inocência, não obstante possuir o direito de fazê-lo. Esse direito, contudo, não permite, como regra, a produção de provas invasivas contra terceiros, sob pena de se inverter a lógica do Processo Penal, que se funda, num primeiro momento, na presunção de inocência do acusado.

O tema, entretanto, é intrincado, porquanto a própria jurisprudência admite, em situações excepcionais, a utilização de provas ilícitas em favor do réu, como uma gravação clandestina, por exemplo. E, partindo dessa premissa, não se poderia cogitar da possibilidade da produção de uma prova lícita e, portanto, admissível como regra, que teria o mesmo conteúdo de uma prova ilícita, à qual se admite como válida, em situações excepcionais?

O questionamento acima revela a complexidade sistêmica do assunto e pode induzir à conclusão de que se trata de direito absoluto do acusado. Ocorre que a admissão da produção da prova pela defesa engloba inúmeros fatores que perpassam pela efetiva realização, razoabilidade e efetividade da prova. Haveríamos de indagar: seria dever da polícia atuar nesse sentido? A medida, de fato, é necessária e se caracteriza como de *ultima ratio*? Tal prova seria, de fato, efetiva ao considerarmos que, em favor do réu, vigora a presunção de inocência?

De toda forma, independentemente da possibilidade que a defesa possui de requerer a produção da prova ao Ministério Público ou à autoridade policial, que podem encampar a situação fática como razoável e requerer ao juízo a medida de interceptação, nos parece que, em situações excepcionalíssimas, deva se admitir a possibilidade de requerimento de interceptação telefônica pela defesa, mormente quando a prova for imprescindível e apresentar o caráter de *ultima ratio*, sob pena de abusos e uso indevido da investigação.

Tome-se, por exemplo, a hipótese de um magistrado que foi acusado, indevidamente, por um grupo criminoso relacionado a esquema de corrupção, que o imputa, de forma falsa, a prática de crimes de corrupção passiva. A depender da arquitetura da construção da denúncia falsa, erguida com farta prova testemunhal ilícita e documentos fraudulentos, o magistrado encontrar-se-á em situação de difícil realização de prova, por envolver fato negativo. Nesse caso exemplificativo, razoável seria a utilização da interceptação telefônica, não somente porque a medida trilha a defesa do magistrado, mas principalmente porque segue a linha da apuração de outros crimes, em tese praticados contra o magistrado e Administração da Justiça.

Partimos, portanto, das seguintes premissas: a) em regra, não se admite o pedido de interceptação telefônica pela defesa; b) em situações de excepcionalidade, que envolverem o caráter de *ultima ratio* e eventual prática de crimes, deve-se admitir a possibilidade de interceptação telefônica requerida pela defesa, porquanto, nesse caso, há interesse público subjacente, mesmo que o titular da ação penal não concorde com o pedido; c) observância restrita aos requisitos do art. 2º da Lei 9.296/96, em parte já contemplados no item *b*.

Superada a questão da legitimidade, conforme o art. 4º da Lei 9.296/96, o pedido de interceptação de comunicação telefônica deverá conter a demonstração de que a sua realização é necessária à apuração de infração penal, com indicação dos meios a serem empregados. Em síntese, o pedido deverá ser realizado por petição indicando a necessidade da medida, reforçando o caráter de *ultima ratio*, e indicar os meios, isto é, a forma como será realizada, como o órgão que a realizará, prazo da medida, terminais telefônicos a serem interceptados, pessoas envolvidas e outros dados essenciais para a mais precisa delimitação da medida, restritiva por excelência.

Nos termos do §1º, de forma excepcional, o juiz poderá admitir que o pedido seja formulado verbalmente, desde que estejam presentes os pressupostos que autorizem a interceptação, caso em que a concessão será condicionada à sua redução a termo. O pedido deverá ser apreciado no prazo máximo de vinte e quatro horas (§2º).

O art. 5º assinala que a decisão deverá ser fundamentada, sob pena de nulidade, e a forma de execução da diligência, que não poderá exceder o prazo de quinze dias, renovável por igual tempo uma vez comprovada a indispensabilidade do meio de prova. A doutrina e jurisprudência oscilavam quanto às renovações do pedido de interceptação telefônica, vez que o texto legal trazia dúvidas quanto ao número de renovações em razão da expressão "renovável por igual tempo". Já se assentava na jurisprudência a trilha da possibilidade de renovações sucessivas, sem limitação, não obstante as críticas doutrinárias.

Em março de 2022, o STF, no julgamento do Tema de Repercussão Geral 661, decidiu pela **possibilidade de renovações sucessivas, sem limitações**, firmando a seguinte tese:

> São lícitas as sucessivas renovações de interceptações telefônicas desde que: i) verificados os requisitos do artigo 2º da Lei 9.296/1996; e ii) demonstrada a necessidade da medida diante de elementos concretos e a complexidade da investigação, a decisão judicial inicial e as prorrogações sejam devidamente motivadas, com justificativa legítima, ainda que sucinta, a embasar a continuidade das investigações. São ilegais as motivações padronizadas ou reproduções de modelos genéricos sem relação com o caso concreto. RE 625.263, j. 17.03.22.

Parte da doutrina, representada nesse particular por Geraldo Prado[17], que já criticava o posicionamento anterior, igualmente tece considerações sobre as renovações sucessivas e sem limitação. Em linhas gerais, aduz-se que a medida de interceptação é excepcional por se tratar de restrição a direito fundamental e, portanto, deve ser interpretada de forma restritiva, especialmente porque em situações extraordinárias, a exemplo do Estado de Defesa, o constituinte somente permitiu a restrição ao direito do sigilo de comunicações pelo prazo de 30 dias, prorrogável uma única vez pelo mesmo período (art. 136, §1º, inc. I, "c").

Ocorre que não obstante a ausência de limite máximo, não se pode desconsiderar a existência de um *standard* probatório fixado na decisão do STF e na própria Lei 9.296/96. Ainda que forma generalista, exige-se a satisfação dos requisitos do art. 2º, a necessidade da medida diante de elementos concretos e a complexidade da investigação. Não há dúvidas de que a regulamentação das interceptações telefônicas pela Lei é falha e a imposição de um limite máximo seria razoavelmente necessário, porquanto a abertura relacionada às intermináveis prorrogações pode conduzir à pescaria probatória. Assim como os quinze dias originalmente fixados pela norma é prazo por demais reduzido, a possibilidade de sucessivas e intermináveis prorrogações, ainda que fundamentadas, não nos parece adequada a um Processo Penal democrático.

4.4.4 Execução

Nos termos do art. 6º, deferido o pedido de interceptação, a autoridade policial deverá conduzir os procedimentos de interceptação, dando ciência ao Ministério Público, que poderá acompanhar a sua realização[18]. Conforme destacamos acima, a diligência pode ser realizada pelo Ministério Público, com o auxílio da Polícia Militar, no curso de Procedimentos de Investigação Criminal[19], por meio de equipe própria, a exemplo do que verificamos nas atuações dos chamados GAECOs. De igual forma, o STJ entendeu, no julgamento do HC 45.630/RJ[20], que a Polícia Rodoviária Federal pode realizar interceptações telefônicas. Em qualquer hipótese, a interceptação das comunicações deverá ser realizada em autos apartados (art. 8º, *caput*) e em segredo

17. PRADO, Geraldo. **Prova penal e sistemas de controle epistêmicos**. A quebra da cadeia de custódia das provas obtidas por métodos ocultos, São Paulo: Marcial Pons, 2014.
18. A não comunicação ao Ministério Público é causa de nulidade relativa, exigindo a demonstração de prejuízo para a anulação.
19. STF: HC 96.986/MG, J. 15.05.12. A atuação da Polícia Militar, segundo a decisão, deve ser restrita à mera execução.
20. DJ 10.04.06.

de justiça (art. 1º). O fato é que a jurisprudência do STJ é sólida no sentido de que não se restringe à polícia civil a atribuição para a execução de interceptação telefônica ordenada judicialmente[21].

Conforme o §1º, no caso de a diligência possibilitar a gravação da comunicação interceptada, será determinada a sua transcrição, que não precisa ser realizada por peritos oficiais, por se tratar de simples relatório dos achados e não propriamente perícia. Tem-se, portanto, que a regra é a documentação por meio de transcrição da diligência gravada, assegurando-se a cadeia de custódia. Não se exigia, contudo, conforme o entendimento predominante na doutrina e na jurisprudência, a transcrição integral das gravações, podendo a transcrição trazer apenas os elementos de interesse criminalístico, desde que permitisse o acesso na íntegra do conteúdo à defesa[22]. Todavia, em 25.04.18, no julgamento a ADI 4.263/DF, o Pleno do STF decidiu pela **necessidade de transcrição integral das conversas objeto de interceptação**, sendo vedada a edição.

Ocorre que, **mesmo com a decisão pelo Pleno, o STF continua a não exigir a transcrição integral**, conforme se verifica no julgamento do HC 173478 AgR, DJe 13.09.19[23], AgR no HC 163.967/SP, j. 29.03.19:

> É firme a jurisprudência deste Supremo Tribunal pela qual "afigura-se suficiente, para adimplir a determinação do art. 6º, § 1º, da Lei 9.296/1995 e assegurar o direito de defesa dos acusados, o acesso à degravação dos diálogos aludidos pela denúncia, sendo dispensável a disponibilização de todo o material oriundo da interceptação telefônica (HC 91.207-MC, Rel. Min. MARCO AURÉLIO, Rel. p/ Acórdão: Min. CÁRMEN LÚCIA, Tribunal Pleno, DJe de 21.9.2007; INQ 2.424, Rel. Min. CEZAR PELUSO, Tribunal Pleno, DJe de 26.3.2010; RHC 117.265, Rel. Min. RICARDO LEWANDOWSKI, Segunda Turma, DJe de 26.5.2014; INQ 4.023, Rel. Min. CÁRMEN LÚCIA, Segunda Turma, DJe de 1º.9.2016)" (Inq n. 3.965, Relator o Ministro Teori Zavascki, DJe 6.12.2016).

21. STJ: 5ª Turma, RHC 78.743/RJ, DJe 22.11.18; 6ª Turma, RHC 90.125/SC, DJe 15/08/2018.
22. STJ: 5ª Turma, AgRg no REsp 1.374.450/SP, DJe 17.09.18; 6ª Turma, AgRg no AREsp 1.136.157/GO, DJe 13.09.18.
23. Tendo a defesa acesso à totalidade das gravações, é dispensável a *transcrição* integral dos diálogos captados por *interceptação telefônica* quando não indicada a relevância para o esclarecimento dos fatos. Não demonstrados, concretamente, os reflexos negativos do ato coator para a ampla defesa e o contraditório, incide o princípio pas de nullité sans grief. Precedentes. 3. Agravo regimental a que se nega provimento.

Cumprida a diligência, a autoridade policial encaminhará o resultado da interceptação ao juiz, acompanhado de auto circunstanciado, que deverá conter o resumo das operações realizadas (§2º). Recebidos os elementos colhidos com a interceptação, o juiz determinará o apensamento aos autos de inquérito policial ou processo criminal, preservando-se o sigilo das diligências, gravações e transcrições respectivas, providências do art. 8º, dando-se ciência ao Ministério Público.

Consoante o parágrafo único do art. 8º, a apensação somente poderá ser realizada imediatamente antes do relatório da autoridade, quando se tratar de inquérito policial (Código de Processo Penal, art. 10, § 1º) ou na conclusão do processo ao juiz para o despacho decorrente do disposto nos arts. 407[24], 502[25] ou 538[26] do Código de Processo Penal. Apesar das alterações legislativas nos arts. 407, 502 e 538, a lógica que se extrai da previsão é de que o apensamento só ocorrerá após as alegações finais das partes, com o escopo de preservar o sigilo da diligência. Isso não significa, contudo, que as partes não possam ter acesso à prova produzida anteriormente. *In casu*, somente o apensamento será realizado ao final da instrução e apresentação das alegações pelas partes, sendo assegurado às partes, logo quando do encerramento da produção da prova, o acesso ao seu conteúdo para exercício do contraditório e ampla defesa, pois a prova pode, perfeitamente, trazer em seu conteúdo algum vício ou mesmo dúvida quanto à identificação da voz etc.

Segundo o art. 9º, a gravação que não interessar à prova será inutilizada por decisão judicial, durante o inquérito, instrução processual ou após esta, em virtude de requerimento do Ministério Público ou da parte interessada. O incidente de inutilização será assistido pelo Ministério Público, sendo facultada a presença do acusado ou de seu representante legal (parágrafo único). Em todos os casos, a destruição só será possível após preclusa a decisão que reconhecer a inutilidade da prova.

Nos termos do art. 7º, para os procedimentos de interceptação tratados pela Lei, a autoridade policial poderá requisitar serviços e técnicos especializados às concessionárias de serviço público.

24. Alterado pela Lei 11.689/08.
25. Alterado pela Lei 11.719/09.
26. Alterado pela Lei 11.719/09.

4.5 CAPTAÇÃO AMBIENTAL DE SINAIS ELETROMAGNÉTICOS, ÓPTICOS OU ACÚSTICOS

> Art. 8º-A. Para investigação ou instrução criminal, poderá ser autorizada pelo juiz, a requerimento da autoridade policial ou do Ministério Público, a captação ambiental de sinais eletromagnéticos, ópticos ou acústicos, quando:
>
> I – a prova não puder ser feita por outros meios disponíveis e igualmente eficazes; e
>
> II – houver elementos probatórios razoáveis de autoria e participação em infrações criminais cujas penas máximas sejam superiores a 4 (quatro) anos ou em infrações penais conexas.
>
> § 1º O requerimento deverá descrever circunstanciadamente o local e a forma de instalação do dispositivo de captação ambiental.
>
> § 2º A instalação do dispositivo de captação ambiental poderá ser realizada, quando necessária, por meio de operação policial disfarçada ou no período noturno, exceto na casa, nos termos do inciso XI do *caput* do art. 5º da Constituição Federal.
>
> § 3º A captação ambiental não poderá exceder o prazo de 15 (quinze) dias, renovável por decisão judicial por iguais períodos, se comprovada a indispensabilidade do meio de prova e quando presente atividade criminal permanente, habitual ou continuada.
>
> § 4º A captação ambiental feita por um dos interlocutores sem o prévio conhecimento da autoridade policial ou do Ministério Público poderá ser utilizada, em matéria de defesa, quando demonstrada a integridade da gravação.
>
> § 5º Aplicam-se subsidiariamente à captação ambiental as regras previstas na legislação específica para a interceptação telefônica e telemática.

A sociedade moderna, com avanço da tecnologia, promoveu importantes avanços no combate à criminalidade de forma direta, permitindo a utilização de meios até então não comuns à população, como as câmeras de vigilância, disseminadas atualmente em ambientes públicos e privados. De igual modo, a evolução tecnológica permitiu, ainda que indiretamente, a participação direta da sociedade nesse contexto, vez que o amplo acesso a aparelhos de telefone celular, equipados com câmeras, tem trazido à tona diversos vídeos que auxiliam na apuração de infrações penais.

Nesse cenário, ganha relevo a regulamentação da escuta ambiental de sinais eletromagnéticos, ópticos ou acústicos, trazida pela Lei do Pacote Anticrime, que inseriu o art. 8º-A na Lei n. 9.296/96, regulamentando, de certo modo, o teor do art. 3º, II, da Lei 12.850/13, que tão somente previa um meio de obtenção de prova nominado atípico, vez que a despeito da previsão legal, a norma nada regrava quanto ao procedimento de execução.

4.5.1 Captação ambiental

Captar significa recolher, apanhar. A captação, por si só, não pressupõe o conhecimento, posto que essa ocorre independente do conhecimento do conteúdo da comunicação ou fatos alheios. O morador de uma residência, por exemplo, que instala câmeras de segurança voltadas para o lado externo de sua morada, tem ciência de que capta imagens, não obstante desconhecer o seu conteúdo.

A captação ambiental, prevista no art. 8º-A da Lei 9.296/96, atribui um sentido normativo-cognitivo ao termo captação, porquanto a captação pura, sem conhecimento de terceiros, não revela qualquer significado jurídico. Logo, a captação, no sentido jurídico, exige a participação de um terceiro, que toma ciência do conteúdo de uma comunicação entre duas ou mais pessoas. A captação pode ser feita por meio de câmeras, monitoramento à distância, escutas, microfones, via satélite, antenas direcionais e outras formas tecnológicas.

O conceito de captação, utilizado pelo legislador, revela, na realidade, uma forma de interceptação ambiental, um meio de se realizar a vigilância eletrônica. Conforme vimos na parte introdutória do capítulo, embora subsista alguma imprecisão conceitual na Doutrina, a compreensão de interceptação não se confunde com a escuta ou gravação ambiental. Isso porque a **interceptação ambiental** é a captação da comunicação no próprio ambiente em que ocorre, por terceiro, sem o conhecimento dos participantes, envolvendo a possibilidade de realização de filmagens e gravação de áudios. A **escuta ambiental**, por sua vez, trata-se da captação de uma comunicação no próprio ambiente em que ocorre, realizada por terceiro, com o conhecimento de um dos interlocutores. E a **gravação ambiental**, por sua vez, é a gravação realizada no próprio ambiente em que ocorre, por meio de autogravação por parte de um dos interlocutores, sem o conhecimento dos demais.

É preciso reconhecer, todavia, que esses conceitos descrevem regras gerais que comportam exceções, sobretudo quando as conversas envolvem mais de dois interlocutores ou quando os instrumentos de captação são instalados por prazo prolongado e funcionando de modo contínuo. Assim, é perfeita possível que algum dos participantes (sobretudo eventuais) de uma organização criminosa, notadamente agentes infiltrados ou colaboradores, em algum momento tenha conhecimento de que se realiza interceptação no "quartel general" do grupo. Em outro cenário, é possível que, dentro de um trio cuja conversa está sendo gravada, não só aquele que se autograva tenha conhecimento do registro.

Compreendemos que o objeto do art. 8º-A da Lei 9.296/96, a captação ambiental (gênero), alcança somente a interceptação e a escuta (espécies), não contemplando a gravação ambiental, geralmente clandestina, cuja análise da legalidade deverá ser realizada de forma casuística. Nesse sentido e, em reforço à conclusão, vale o destaque para o crime previsto no art. 10-A, que tipifica a conduta de "realizar captação ambiental de sinais eletromagnéticos, ópticos ou acústicos para investigação ou instrução criminal sem autorização judicial, quando esta for exigida", bem como o teor do seu § 1º, que assinala que "não há crime se a captação é realizada por um dos interlocutores". Em síntese, o legislador, ao passo em que indicou que a autorização judicial nem sempre é exigida, estabeleceu uma causa excludente de tipicidade[27] quando o autor da conduta típica for o próprio interlocutor, de forma que não seria razoável se proibir aquilo que a lei não incrimina. Não obstante, trata-se de norma de exceção não contemplada pelo teor do art. 8º-A, devendo receber tratamento casuístico em razão da excepcionalidade normativa.

Como regra, a gravação ambiental por um dos interlocutores, ainda que para comprovação de crime (e não como meio de defesa), é feita sem o conhecimento dos órgãos de persecução penal, de modo que não se fazem presentes, na espécie, todas as preocupações com eventuais abusos investigatórios ou persecutórios em prejuízo de direitos fundamentais (aspecto dissuasivo--pedagógico). Além disso, costumam ocorrer em contextos surpreendentes e imprevisíveis, que inviabilizam, sob pena de perder-se a prova, a comunicação prévia ao juízo e o prazo da decisão judicial. Por fim, não raro terminam por registrar situações de flagrante delito, momento em que o próprio criminoso, com sua atitude em desconformidade com ordenamento, afasta-se da esfera de proteção dos direitos fundamentais. Em recentes julgados, as duas turmas do STJ decidiram que a gravação clandestina por um dos interlocutores é meio lícito de obtenção de provas. Nesse sentido, RESP 1.689.365/RR e RHC 102.808/RJ.

De se observar que, em alguns casos, a despeito do protagonismo da vítima ou testemunha que grava a conversa, há suporte do aparato estatal (Polícia ou Ministério Público) com orientações e cessão de equipamentos. Nesses casos, imaginamos que a nova redação do art. 8º-A, explicitando a necessidade de autorização judicial para captação ambiental, conjugada com

27. Parcela da doutrina confere o status de causa excludente de ilicitude.

o § 4º, que indica distinção de tratamento entre a captação com e sem conhecimento do Ministério Público e/ou da Autoridade Policial, pode resultar em mudança da Jurisprudência. Entretanto, no AgRg no HC 547.920/RJ, o STJ ainda explicitou a irrelevância de os equipamentos terem sido instalados na vítima (a pedido dela) por policiais para a realização da gravação clandestina.

MARÇAL e MASSON[28] (2016, p. 211-212), buscando sistematizar o tema, sustentam a licitude da gravação desprovida de autorização judicial quando "realizada como (a) meio de defesa; (b) em razão de investida criminosa; (c) se não há reserva da conversação (obrigação de guardar segredo); ou, ainda, (d) quando não restar caracterizado violação de sigilo, não havendo de se cogitar uma suposta (e inexistente) violação do direito à privacidade nesses casos".

4.5.1.1 Quando há necessidade de autorização judicial?

Conforme vimos, há situações em que a prova produzida, ainda que sorrateiramente, não pressupõe autorização judicial. De fato, não há em sentido em se exigir autorização judicial para que o município instale câmeras de vigilância, para que o morador instale equipamentos de segurança ou para que um pedestre filme um crime praticado na rua.

Nesse contexto, surge o **primeiro parâmetro**, que envolve a **expectativa de privacidade**. Não se exige a autorização judicial quando a captação de imagens e conversas ocorrer em **ambiente aberto ao público**, vez que nesses, naturalmente, os próprios interlocutores renunciam à privacidade e intimidade em razão do local escolhido. Aquele que deseja manter uma conversa sigilosa não elege um parque ou um shopping center para tanto, ao contrário, opta por lugares fechados e privados. Logo, não há expectativa de privacidade, assim como para aquele que pratica um assalto em via pública, motivo pelo qual não se exige autorização judicial para a captação ambiental.

Ainda no contexto da expectativa de privacidade envolvendo os ambientes públicos, os quais não exigem autorização judicial para a captação da prova, **há casos em que a prova será concebida como ilícita**, como na hipótese da captação de uma conversa entre advogado e cliente, amparada pelo sigilo profissional. Isso porque o sigilo profissional não admite, sequer, autorização judicial para sua quebra quando não houver envolvimento do advogado na prática delitiva. Nesses casos, é indiferente o local onde a prova é produzida,

28. MARÇAL, Vinícius. MASSON, Cléber. **Crime organizado.** 2ª ed. São Paulo: MÉTODO, 2016.

porquanto a tutela da privacidade é absoluta, sendo ilícita a prova produzida em violação ao sigilo profissional.

A expectativa de privacidade sobe, naturalmente, em ambientes privados, a despeito de não ser absoluta. Nesse contexto, tratamos o tema sob a luz do **segundo e terceiro parâmetros, que envolvem a proporcionalidade e o consentimento tácito dos envolvidos.**

Os ambientes privados são marcados, por essência, pela expectativa de intimidade, não podendo essa sucumbir, em regra, senão por ordem judicial previamente concedida. Assim, não se admite o ingresso em moradia alheia para instalação de dispositivos ou aplicativos para captação de conversas por meio de dados ou escutas atrás de portas e paredes. Ao tutelar o domicílio, a Constituição Federal não somente se referiu formalmente ao local, mas ao conteúdo material do que ordinariamente ocorre em seu seio.

A tutela dos ambientes privados pode, contudo, ser cerceada por meio de decisão judicial previamente fundamentada e autorizativa da captação de sinais eletromagnéticos, ópticos ou acústicos, restringindo o direito à intimidade. O que não se admite, conforme vimos, é a coleta de provas em violação ao direito fundamental à intimidade sem autorização judicial. Não obstante a regra, há situações em que a prova colhida, ainda que com violação à intimidade, não deve ser considerada ilícita, pois situações casuísticas podem interferir na licitude da prova.

Como **segundo parâmetro elegemos a proporcionalidade**, pois não raramente há uma projeção da intimidade para ambientes externos, a exemplo das moradias em condomínios de edifícios e casas geminadas, onde, por exemplo, conversas mais altas ultrapassam os limites das paredes, sem que o vizinho que capta o som venha a se valer de qualquer instrumento não ortodoxo para tanto. *In casu*, ainda que não captada a prova pelo vizinho, poderia funcionar como testemunha sem qualquer questionamento quanto ao direito à intimidade, ou seja, a captação funciona como prova do depoimento, não podendo ser concebida como ilícita, vez que inexiste o dever de guardar sigilo.

De igual forma, o registro, em domicílio próprio de imagens de segurança que captam a prática de ilícitos no seu interior, em que pese não registrar ambiente público e externo, são perfeitamente admitidas pela proporcionalidade. Não fosse assim, teríamos que admitir o direito à intimidade do ladrão que invade a residência alheia para subtrair bens, invalidando a prova obtida pelo sistema de segurança que capta imagens do agente. Não há amparo, portanto, à intimidade quando houver **investida criminosa**. Se o registro foi feito pela vítima, há farta jurisprudência validando-o (*v.g.* STJ, RHC 12.266/

SP)[29], mas, ainda que feito por terceiros (e, aqui, seja em ambiente público ou privado), pontifica PACELLI (2014. p. 350) que "*não há, como regra, ilicitude na produção de prova durante o flagrante delito*" e, colocando o tema sob o enfoque das causas de justificação, arremata ao tratar das captações ambientais e outras provas feitas durante o flagrante:

> Em todas essas situações, a prova do crime deve ser tranquilamente admitida no processo, porque obtidas *durante a prática do delito*, situação em que seus autores jamais poderão alegar violação a qualquer de seus direitos (intimidade, privacidade, imagem etc.) pela ausência de extensão a eles, *naquele momento*, das garantias constitucionais individuais. No momento do crime, que configura sempre uma violação de direitos, e não *exercício deles*, nenhuma norma de direito poderá proteger a ação delituosa (2014. p. 372)[30]

O **terceiro parâmetro, relacionado ao consentimento tácito dos envolvidos**, engloba as situações nas quais, não obstante o direito à intimidade, os interlocutores conhecem a situação de produção de prova constante, captadas por eles mesmos. Há, no caso, nítida ciência e consentimento tácito para que a prova seja materializada. De igual modo, há ciência de que a documentação visual ou audiovisual pode vir a funcionar como prova de algum fato ou não haveria sentido em se gravar o conteúdo.

Imagine-se um casal que instala, para própria segurança, monitoramento eletrônico em sua residência, gravando a movimentação na casa em sistema próprio de armazenamento em nuvem. Os conviventes, ao adotarem tal procedimento, assumem uma certa restrição à intimidade, porquanto cientes da gravação, optam pelo monitoramento. Nesse sentido, na hipótese, por exemplo, de uma discussão entre o casal, que venha a culminar com agressões por parte do homem contra a mulher, não poderá esse alegar ilicitude da prova captada, pois além de ter ciência da gravação, anuiu com sua realização de forma prévia, tacitamente consentindo com a renúncia à parcela de sua intimidade, ainda que prol da própria segurança.

Assim, não obstante a redação do art. 8º-A da Lei 9.296/96, que sugere a necessidade de autorização judicial prévia para a captação, essa só se faz necessária quando a interceptação ou escuta ambiental for realizada em lugar privado não aberto ao público. Segundo parte da doutrina, há possibilidade de autorização judicial em locais públicos quando houver expectativa de privacidade, como nas situações que envolver um diálogo entre o médico e o paciente. Não nos parece, contudo, seja essa a *mens legis*, pois a relação

29. DJ 20.10.2003.
30. *op. cit.*

médico/paciente, por exemplo, é regida pelo sigilo profissional e, ainda que o médico quisesse prestar depoimento, enquadrar-se-ia no art. 207 do CPP, como testemunha proibida de depor em razão da profissão. Logo, a interceptação, ainda que autorizada pela Justiça, violaria não somente o direito fundamental ao sigilo, mas as próprias normas profissionais quando a interceptação versasse sobre conteúdo profissional estrito.

4.5.1.2 Requisitos e procedimento

Os requisitos legais para o deferimento do pedido de captação ambiental de sinais eletromagnéticos, ópticos ou acústicos assemelham-se, em parte, aos previstos para as interceptações telefônicas, motivo pelo qual, em alguns pontos, remeteremos o leitor para o tópico pertinente, para evitar repetições, especialmente no tocante à fundamentação.

Assim como a interceptação telefônica, a captação ambiental de sinais eletromagnéticos, ópticos ou acústicos destina-se a produção de prova para investigação criminal ou instrução criminal (art. 8º-A), sendo aplicável todos os comentários pertinentes à interceptação telefônica. De igual forma, a decretação pressupõe a competência do juízo e a devida fundamentação.

No tocante à legitimidade, o art.8º A diferencia-se em parte do art. 3º, pois não prevê a possibilidade de decretação pelo juiz de ofício. A redação, ao contrário do que parcela da doutrina infere, evidencia, para nós, a *mens legis* que também deve ser aplicada ao art. 3º, no sentido de que o magistrado, diante do sistema acusatório, não pode decretar nem a interceptação telefônica e nem a captação ambiental de sinais eletromagnéticos, ópticos ou acústicos, de ofício.

Não guarda sentido, de fato, permitir-se que o magistrado determine de ofício uma interceptação telefônica e não possa autorizar a captação ambiental de sinais eletromagnéticos, ópticos ou acústicos. Ambos são procedimentos invasivos e, igualmente, cerceiam direitos fundamentais. Admitir que o magistrado possa atuar em prol da busca da verdade real na seara do art. 3º e não admitir o mesmo procedimento no art. 8º-A não nos parece proporcional, porquanto a razão – busca da verdade real –, não distingue, ou não deveria distinguir, a captação ambiental, por vezes menos agressiva, da interceptação telefônica.

Soa-nos, por demais clara, a omissão do legislador quanto à retirada do texto legal das provas passíveis de serem produzidas de ofício pelo magistrado quando da entrada em vigor da Lei 13.964/19. O toque de caixa empregado ao projeto não permitiu que o sistema fosse revisto na íntegra, motivo pelo qual sua entrada em vigor, além das contribuições trazidas, aumentou a quantidade de costuras a serem feitas na colcha de retalhos que hoje é a legislação processual penal brasileira. No caso específico do art. 8ª-A, construído na trilha do sistema acusatório, o legislador preservou a coerência sistêmica. Contudo, olvidou-se de modificar o teor do art. 3º, para retirar, expressamente, a possibilidade de decretação de interceptação telefônica de ofício.

Na mesma esteira da interceptação telefônica, a captação ambiental de sinais eletromagnéticos, ópticos ou acústicos, para ser decretada, pressupõe que a **prova não possa ser feita por outros meios disponíveis e igualmente eficazes (inc. I).** Assinala, portanto, um caráter de *ultima ratio* relativamente mitigado à prova, de forma semelhante às interceptações telefônicas. Semelhante porque, diferentemente dessa, a captação ambiental de sinais eletromagnéticos, ópticos ou acústicos impõe um requisito que atenua o caráter de *ultima ratio* ao fazer uso da expressão "igualmente eficazes", isto é, a eficácia do meio deve ser sopesada em conjunto com a inexistência de outros meios probatórios.

O **inciso II do art. 8º-A** estabelece o segundo requisito expresso, exigindo para a decretação da captação ambiental a existência de **elementos probatórios razoáveis de autoria e participação em infrações criminais cujas penas máximas sejam superiores a 4 (quatro) anos ou em infrações penais conexas**. Ao contrário das interceptações telefônicas, nas quais o legislador exigiu tão somente que a pena cominada ao delito fosse a de reclusão, a captação ambiental de sinais eletromagnéticos, ópticos ou acústicos pressupõe a existência de elementos probatórios razoáveis de autoria e participação em infrações criminais cujas penas máximas sejam superiores a 4 (quatro) anos ou em infrações penais conexas.

Juridicamente, a não ser pela vontade do legislador, a distinção não guarda qualquer sentido ao exigir maior gravidade da conduta na captação ambiental, mesmo porque o requisito previsto no inciso I é de menor dificuldade de realização em razão da análise da eficácia da prova. Novamente, portanto, estamos diante de uma alteração pontual não sistêmica, que pode, inclusive, acender o debate quanto à aplicação do inciso II às próprias interceptações telefônicas em razão da aplicação do princípio da proporcionalidade.

No que tange especificamente ao **procedimento**, o §1º do art. 8º-A dispõe que o requerimento deverá descrever circunstanciadamente o local e a forma de instalação do dispositivo de captação ambiental, evitando-se, dessa forma, que locais estranhos ao objeto da investigação sejam monitorados.

O §2º, por sua vez, que inicialmente recebeu o veto do Presidente República, derrubado pelo Congresso Nacional, dispõe que a instalação do dispositivo de captação ambiental poderá ser realizada, quando necessária, por meio de operação policial disfarçada ou no período noturno, exceto na casa, nos termos do inciso XI do *caput* do art. 5º da Constituição Federal. Reforça, portanto, a inviolabilidade do domicílio no período noturno, em respeito à sistemática constitucional.

No que concerne ao **prazo**, conforme previsto no §3º a captação ambiental não poderá exceder o prazo de 15 (quinze) dias, renovável por decisão judicial por iguais períodos, se comprovada a indispensabilidade do meio de prova e quando presente atividade criminal permanente, habitual ou continuada.

De forma semelhante às interceptações telefônicas, o legislador fixou **prazo de quinze dias**, admitindo sucessivas prorrogações pelo mesmo prazo. Contudo, em acréscimo, exigiu a satisfação de dois requisitos cumulativos: a) a indispensabilidade do meio de prova, já previsto no inc. I; e b) quando presente atividade criminal permanente, habitual ou continuada.

A previsão, de certo modo, contraria a lógica probatória de se buscar elementos de prova sobre fatos passados, à medida em que, de forma expressa, exige que diligência seja realizada quando **presente atividade criminal permanente, habitual ou continuada**. Não obstante a doutrina trabalhar o dispositivo sob a luz da natureza da infração penal, permanente, habitual ou continuada, não nos parece, pela própria natureza da Lei do Pacote Anticrime, que o legislador tenha objetivado realizar a vinculação à natureza da infração, vez que se valeu da **expressão atividade criminal**. Ainda que os adjetivos "permanente", "habitual" e "continuada" sejam historicamente associados à infração penal, não podemos nos olvidar de que não existem palavras inúteis na lei, de forma que devemos, minimamente, tentar compreender o porquê da utilização da expressão atividade criminal.

Por **atividade criminal permanente**, entendemos aquele comportamento que se protrai no tempo. Como é cediço, o crime permanente é aquele cuja consumação se prolonga no tempo, a exemplo do crime de sequestro. Ocorre que a atividade permanente, não obstante englobar o crime permanente, com esse não se confunde, porquanto há atividades criminais permanentes, que não caracterizam crime permanente. Tomemos como exemplo a conduta de dois agentes que se organizam com uma mínima estrutura para a prática de crimes contra o patrimônio. *In casu*, não se cogita da possibilidade de aplicação típica do crime previsto no art. 288 do CP, vez que o número de agentes, dois, não satisfaz o tipo penal. Contudo, há alguma dúvida quanto à permanência na associação e atividade criminosa?

De igual modo, a **atividade criminosa habitual** não se confunde com o crime habitual, marcado pela reiteração de comportamentos aptos a caracterizar a prática de um delito, a exemplo do exercício ilegal de profissão. A expressão "atividade criminosa habitual" remonta não ao aspecto objetivo da reiteração comportamental, mas ao sujeito, em perigosa previsão relacionada ao Direito Penal do autor. Logo, de acordo com a redação legal, temos que compreender, ainda que com ressalvas, a atividade criminosa habitual como aquela que revela o hábito do agente, capaz de evidenciar um modo de vida habitualmente voltado para a prática de crimes.

Por fim, a **atividade criminosa continuada** igualmente não se confunde com o crime continuado, revelador de novos fatos criminosos que, dada as circunstâncias de tempo, lugar e modo de execução, devem ser considerados com continuação do primeiro. De fato, não guarda sentido, para nós, a associação do crime continuado com a atividade criminosa continuada, vez que, ao se estabelecer a vinculação, estaríamos admitindo a possibilidade de se aguardar a prática de futuros crimes tão somente para estabelecer a prova do primeiro, vez que o crime continuado, por ficção jurídica, é concebido com crime único. Seria, em síntese, aceitar o mal à norma, em prejuízo das vítimas, tão somente para se estabelecer a continuidade delitiva, benéfica ao autor dos delitos. Por essas razões, estendemos a atividade criminosa continuada como aquela mais ampla, que contempla não apenas o microuniverso do crime continuado, mas aqueles comportamentos, conectados por alguma razão, que justificariam a realização da diligência, a exemplo de reiterados crimes contra a administração, continuados ou não, praticados por um funcionário público.

O §4º do art. 8º-A inovou, de certa forma, ao expressamente prever a possibilidade de utilização de captação clandestina realizada como matéria de defesa. Apesar da gravação telefônica ser admitida pela jurisprudência, excepcionalmente, como matéria de defesa, a expressa previsão legal, vetada inicialmente pelo Presidente da República, e inserida na lei em razão da derrubada do veto, revela uma perigosa mudança de perspectiva normativa.

Ao prever que "a captação ambiental feita por um dos interlocutores sem o prévio conhecimento da autoridade policial ou do Ministério Público poderá ser utilizada, em matéria de defesa, quando demonstrada a integridade da gravação", o legislador estatuiu um direito: o de trazer, em matéria de defesa, captação ambiental ilícita. E, por essa razão, é necessário indagar: a produção da prova pode ser considera ilícita, se o seu uso defensivo é lícito? Não haveria, por via de consequência, o legislador estabelecido um direito a realizar captações clandestinas?

Não acreditamos tenha sido essa a intenção do legislador que, caso desejasse prever o conteúdo, poderia ter se valido da estrutura principiológica da proporcionalidade, amplamente utilizada pela jurisprudência. Todavia, o fez expressamente, trazendo à lume a pauta acima, que permite a interpretação de que a norma assegurou o direito de realização de captações clandestinas, vez que essas, licitamente, poderão funcionar como matéria de defesa. Dessa forma, visando dar vazão à interpretação ótima, entendemos que o teor do §4º do art. 8º-A da Lei 9.296/96 deve ser interpretado sob a luz do §1º do art. 10-A da mesma lei, de modo a se compreender que **a conduta é permitida quando realizada por um dos interlocutores**, que poderá utilizar a prova produzida como matéria de defesa, de sorte que há um **direito de exercício restrito**, sob pena de ilicitude. Acontece que, como visto tópicos acima, a gravação clandestina realizada por um dos interlocutores tem sido admitida como "matéria de acusação", é dizer, como prova de materialidade e autoria do crime e assim deve continuar, pelos fundamentos ali apresentados. Talvez, como resultado da hermenêutica do §4º, a Jurisprudência passe a reputar ilegais as gravações clandestinas, quando realizadas com o conhecimento prévio da autoridade policial ou do Ministério Público.

Por fim, segundo o §5º do art. 8º-A, aplicam-se subsidiariamente à captação ambiental as regras previstas na legislação específica para a interceptação telefônica e telemática.

4.5.1.3 A prova obtida por aplicativos de mensagens -WhatsApp

Com o advento dos smartphones e aplicativos de troca de mensagens, a comunicação entre as pessoas mudou de forma sensível. Atualmente, pouco se fala ao telefone, esvaziando em parte as interceptações telefônicas, vez que a maioria das pessoas tem optado pelo envio de mensagens por meio de aplicativos como *WhatsApp, Telegram, Instagram* etc.

Naturalmente, por envolver a troca de mensagens de cunho pessoal, as comunicações realizadas por intermédio de tais dispositivos submetem-se ao sigilo constitucional, como decorrência do direito à intimidade e vida privada. A utilização desse novel modelo de comunicação não tem passado sem análise por parte dos Tribunais Superiores.

Em belo resumo estrutural, o STJ entende que:

> Sem prévia autorização judicial, são nulas as provas obtidas pela polícia por meio da extração de dados e de conversas registradas no *WhatsApp* presentes no celular do suposto autor de fato delituoso, ainda que o aparelho tenha sido apreendido no momento da prisão em flagrante.

> Realmente, a CF prevê como garantias ao cidadão a inviolabilidade da intimidade, do sigilo de correspondência, dados e comunicações telefônicas (art. 5º, X e XII), salvo ordem judicial. No caso das comunicações telefônicas, a Lei n. 9.294/1996 regulamentou o tema. Por sua vez, a Lei n. 9.472/1997, ao dispor sobre a organização dos serviços de telecomunicações, prescreveu: "Art. 3º. O usuário de serviços de telecomunicações tem direito: (...) V – à inviolabilidade e ao segredo de sua comunicação, salvo nas hipóteses e condições constitucional e legalmente previstas."
>
> Na mesma linha, a Lei n. 12.965/2014, a qual estabelece os princípios, garantias e deveres para o uso da internet no Brasil, elucidou que: "Art. 7º. O acesso à internet é essencial ao exercício da cidadania, e ao usuário são assegurados os seguintes direitos: I – inviolabilidade da intimidade e da vida privada, sua proteção e indenização pelo dano material ou moral decorrente de sua violação; II – inviolabilidade e sigilo do fluxo de suas comunicações pela internet, salvo por ordem judicial, na forma da lei; III – inviolabilidade e sigilo de suas comunicações privadas armazenadas, salvo por ordem judicial."
>
> No caso, existiu acesso, mesmo sem ordem judicial, aos dados de celular e às conversas de WhatsApp. Realmente, essa devassa de dados particulares ocasionou violação à intimidade do agente. Isso porque, embora possível o acesso, era necessária a prévia autorização judicial devidamente motivada. Registre-se, na hipótese, que nas conversas mantidas pelo programa WhatsApp – que é forma de comunicação escrita e imediata entre interlocutores – tem-se efetiva interceptação não autorizada de comunicações. A presente situação é similar às conversas mantidas por e-mail, cujo acesso também depende de prévia ordem judicial (HC 315.220-RS, Sexta Turma, DJe 9/10/2015). Atualmente, o celular deixou de ser apenas um instrumento de conversação por voz à longa distância, permitindo, diante do avanço tecnológico, o acesso de múltiplas funções, incluindo a verificação de correspondência eletrônica, de mensagens e de outros aplicativos que possibilitam a comunicação por meio de troca de dados de forma similar à telefonia convencional. Desse modo, sem prévia autorização judicial, é ilícita a devassa de dados e de conversas de WhatsApp realizada pela polícia em celular apreendido. RHC 51.531-RO, Rel. Min. Nefi Cordeiro, julgado em 19/4/2016, DJe 09.05.16.

Por evidência, sendo o conteúdo do aparelho celular de cunho privado, qualquer acesso não autorizado apto a obter informações de conteúdo material, como fotos, escritos e documentos caracterizará a ilicitude da prova. E, se o próprio acesso a conteúdo existente já caracteriza a ilicitude, com maior razão as intervenções diretas pelo Estado em substituição ao agente geram a ilicitude da prova, de forma que não pode, por exemplo, o policial atender ao celular do indivíduo preso e por ele se passar para obter alguma evidência probatória[31]. De igual modo, o espelhamento do *WhatsApp*, tecnologia que permite a terceiro não somente ao acesso, mas também à interação, não tem sido admitido pelo STJ como forma de captação.

No julgamento do RHC 99735/SC, DJe 12.12.18, o Tribunal entendeu que "para além de permitir o acesso ilimitado a todas as conversas passadas, presentes e futuras, a ferramenta WhatsApp Web foi desenvolvida com o objetivo de possibilitar ao usuário a realização de todos os atos de comunicação a que teria acesso no próprio celular. O emparelhamento entre celular e computador autoriza o usuário, se por algum motivo assim desejar, a conversar dentro do aplicativo do celular e, simultaneamente, no navegador da internet, ocasião em que as conversas são automaticamente atualizadas na plataforma que não esteja sendo utilizada".

Assim, "tanto no aplicativo, quanto no navegador, é possível, com total liberdade, o envio de novas mensagens e a exclusão de mensagens antigas (registradas antes do emparelhamento) ou recentes (registradas após), tenham elas sido enviadas pelo usuário, tenham elas sido recebidas de algum contato. Eventual exclusão de mensagem enviada (na opção "Apagar somente para Mim") ou de mensagem recebida (em qualquer caso) não deixa absolutamente nenhum vestígio, seja no aplicativo, seja no computador emparelhado, e, por conseguinte, não pode jamais ser recuperada para efeitos de prova em processo penal, tendo em vista que a própria empresa disponibilizadora do serviço, em razão da tecnologia de encriptação ponta-a-ponta, não armazena em nenhum servidor conteúdo das conversas dos usuários". **Tal funcionalidade quebra, por conseguinte, a cadeia de custódia**, vez que é possível que parte das comunicações sejam perdidas, sendo impossível sua recuperação.

Ainda segundo o STJ, "ao contrário da interceptação telefônica, no âmbito da qual o investigador de polícia atua como mero observador de conversas empreendidas por terceiros, no espelhamento via WhatsApp Web o investigador de polícia tem a concreta possibilidade de atuar como participante tanto das conversas que vêm a ser realizadas quanto das conversas que já estão registradas no aparelho celular, haja vista ter o poder, conferido pela própria plataforma online, de interagir nos diálogos mediante envio de novas mensagens a qualquer contato presente no celular e exclusão, com total liberdade, e sem deixar vestígios, de qualquer mensagem passada, presente ou, se for o caso, futura".

Some-se a tais argumentos que, "ao contrário da interceptação telefônica, que tem como objeto a escuta de conversas realizadas apenas depois da

31. STJ: 6ª Turma, HC 511.484/RS, Rel. Min. Sebastião Reis Júnior, DJe 29.08.19.

autorização judicial (ex nunc), o espelhamento via Código QR viabiliza ao investigador de polícia acesso amplo e irrestrito a toda e qualquer comunicação realizada antes da mencionada autorização, operando efeitos retroativos (ex tunc)".

Na mesma esteira posicionou-se o STJ no julgamento do REsp 1806792/SP, DJe 25.05.21, no tocante à utilização de "SIMCARD" (cartão "SIM", sigla em inglês da expressão Subscriber Identity Module - módulo de identificação do assinante –, comumente referido no Brasil como "chip"), em substituição ao do aparelho celular do usuário investigado, por parte da autoridade policial que teria pleno acesso, em tempo real, às chamadas e mensagens transmitidas para a linha originária, inclusive via WhatsApp. Segundo a Corte:

A ação, se implementada, permitiria aos investigadores acesso irrestrito a todas as conversas por meio do WhatsApp, inclusive com a possibilidade de envio de novas mensagens e a exclusão de outras. Se não bastasse, **eventual exclusão de mensagem enviada ou de mensagem recebida não deixaria absolutamente nenhum vestígio** e, por conseguinte, não poderia jamais ser recuperada para servir de prova em processo penal, tendo em vista que, em razão da própria característica do serviço, feito por meio de encriptação ponta-a-ponta, a operadora não armazena em nenhum servidor o conteúdo das conversas dos usuários.

Ao contrário da interceptação telefônica, no âmbito da qual o investigador de polícia atua como mero observador de conversas travadas entre o alvo interceptado e terceiros, na troca do chip habilitado, **o agente do estado tem a possibilidade de atuar como participante das conversas, podendo interagir diretamente com seus interlocutores, enviando novas mensagens a qualquer contato inserido no celular, além de poder também excluir, com total liberdade, e sem deixar vestígios, as mensagens no WhatsApp**. E, nesse interregno, o usuário ficaria com todos seus serviços de telefonia suspensos.

Isso não significa, contudo, que não seja possível o acesso às conversas anteriores registradas no celular do investigado por meio de autorização judicial. A medida equivale, por exemplo, à quebra do sigilo de e-mail. O que não se admite é o acesso a conteúdo pretérito com a possibilidade de destruição de dados sem registro.

Em importante julgado, o STJ, no AREsp 2257960, em sede de decisão monocrática, considerou válida a prova obtida via espelhamento do Whatsapp Web, anteriormente invalidada. Nitidamente, houve no caso um distinguishing quanto ao entendimento anterior (RHC 99735/SC), haja vista que a medida, no AREsp 2257960 encontrava-se sob o pálio de ação controlada e infiltração de agentes. De acordo com a decisão:

> [...] Postas as premissas supra, delineadas as teses em confronto, de se destacar que a questão posta em juízo traz à baila a aferição da possibilidade de utilização, no ordenamento jurídico pátrio, de ações encobertas, controladas virtuais ou de agentes infiltrados no plano cibernético. A questão que se põe é: pode-se revestir a mencionada manobra policial de legalidade, gerando o subsequente aproveitamento das provas?
>
> A resposta se denota positiva, desde que o uso da ação controlada na investigação criminal esteja amparado por autorização judicial. A chancela jurídica, portanto, possibilita o monitoramento legítimo, inclusive via espelhamento do software Whatsapp Web, outorgando funcionalidade à persecução virtual, de inestimável valia no mundo atual. A prova assim obtida, via controle judicial, não se denota viciada, não inquinando as provas derivadas, afastando-se a teoria do fruits of the poisounous tree na hipótese. [...]
>
> [...] No caso dos autos, não houve comprovação de qualquer adulteração no decorrer probatório, nenhum elemento veio aos autos a demonstrar que houve adulteração da prova, alteração na ordem cronológica dos diálogos ou mesmo interferência de quem quer que seja, a ponto de invalidar a prova, salvo, naturalmente, a eventual ingerência e interação que decorre da atuação na ação controlada e da condição de agente infiltrado aqui reconhecida, não podendo referida invalidade ser presumida. [...]

Em outro julgado, da 5ª Turma do STJ (AREsp 2309888/MG, DJe 30.10.23), a Corte entendeu que

> (...) 2. É possível a utilização, no ordenamento jurídico pátrio, de ações encobertas, controladas virtuais ou de agentes infiltrados no plano cibernético, **desde que o uso da ação controlada na investigação criminal esteja amparado por autorização judicial**. A chancela jurídica, portanto, **possibilita o monitoramento legítimo, inclusive via espelhamento do software Whatsapp Web**, outorgando funcionalidade à persecução virtual, de inestimável valia no mundo atual. A prova assim obtida, via controle judicial, não se denota viciada, não inquinando as provas derivadas, afastando-se a teoria do *fruits of the poisounous tree* na hipótese.
>
> 2. No ordenamento pátrio, as ações encobertas recebem a denominação de infiltração de agentes. A Lei que trata acerca de Organizações Criminosas, Lei n. 12.850/2013, prevê que, em qualquer fase da persecução penal, serão permitidos, sem prejuízo de outros procedimentos já previstos em lei, infiltração, por policiais, em atividade de investigação, mediante motivada e sigilosa autorização judicial. Objetiva-se a outorga, ao agente estatal, da

possibilidade de penetrar na organização criminosa, participando de atividades diárias, para, assim, compreendê-la e melhor combatê-la pelo repasse de informações às autoridades.

3. De se destacar, que de acordo com ensinamento doutrinário (Mendroni, Marcelo Batouni. Comentários à Lei de Combate ao Crime organizado – Lei n. 12.850/2013. São Paulo Atlas, 2014. p. 75), a ação controlada, pela via do agente infiltrado, resulta em atuação que visa obter prova para incriminar o suspeito, ganhar sua confiança pessoal, mantendo-se a par dos acontecimentos, acompanhando a execução dos fatos e praticando atos de execução, se necessário, como forma de conseguir a informação necessária ao fim da investigação. O agente infiltrado, portanto, tem, ou pode ter, intervenção direta sobre os atos preparatórios e de execução na prática do crime. Da natureza da figura do agente infiltrado, portanto, ter influência no modo como o crime é praticado. Além da já mencionada lei de organizações criminosas (Lei n. 12.850/2013) admitir ações infiltradas, quando houver indícios atuação de organização criminosa, outras legislações, como a Lei n. 11.343/2006 (Lei de Tóxicos), em seu art. 53, I, contempla a possibilidade de infiltração de agentes (operação *undercover*) na persecução penal do tráfico ilícito de entorpecentes, como ocorrido na hipótese. (...)

(...) 5. De outra banda, a Lei n. 9.296/1996 (Interceptação Telefônica), permite, por sua vez, em seu art. 1º, parágrafo único, a quebra do sigilo no que concerne à comunicação de dados, mediante ordem judicial fundamentada. **Nesse ponto reside a permissão normativa para quebra de sigilo de dados informáticos, na hipótese, e, de forma subsequente, para permitir a interação, a interceptação e a infiltração do agente, inclusive pelo meio cibernético, consistente no espelhamento do Whatsapp Web**. A lei de interceptação, em combinação com a Lei das Organizações Criminosas, na hipótese, outorga legitimidade (legalidade) e dita o rito (regra procedimental), a mencionado espelhamento, em interpretação progressiva, em conformidade com a realidade atual, para adequar a norma à evolução tecnológica. (...)

(...) 10. Não há empecilho, portanto, na utilização de ações encobertas ou agentes infiltrados na persecução de delitos, pela via dos meios virtuais, desde que, conjugados critérios de proporcionalidade (utilidade, necessidade), reste observada a subsidiariedade, não podendo a prova ser produzida por outros meios disponíveis.

11. A ação controlada e a infiltração, que se configuram como técnica especial de investigação voltada ao combate da criminalidade moderna, deve ser admitida quando a prova não puder ser produzida por outros meios disponíveis, desde que comprovada sua necessidade.

É o que se dá na hipótese dos autos, com o autorizado espelhamento via software Whatsapp Web, como meio de infiltração investigativa, na medida em que a interceptação de dados direta, feita no próprio aplicativo original do Whatsapp, se denota, por vezes, despicienda, em face da conhecida criptografia ponta a ponta que vigora no aplicativo original, impossibilitando o acesso ao teor das conversas ali entabuladas. **Concebe-se plausível, portanto, que o espelhamento autorizado via software Whatsapp Web, pelos órgãos de persecução, se denote equivalente à modalidade de infiltração do agente, que consiste, como já asseverado, em meio extraordinário, mas válido, de obtenção de prova.**

12. Pode, desta forma, o agente policial valer-se da utilização do espelhamento pela via do software Whatsapp Web, desde que respeitados os parâmetros de proporcionalidade, subsidiariedade, controle judicial e legalidade, calcado pelo competente mandado judicial, como ocorrido na hipótese presente. De fato, como já asseverado supra, a Lei n. 9.296/1996, que regulamenta as interceptações, conjugada com a Lei n. 12.850/2013 (Lei das Organizações Criminosas), outorgam substrato de validade processual às ações infiltradas no plano cibernético, desde que observada a cláusula de reserva de jurisdição.

13. Pode-se argumentar que a prova obtida pela via do espelhamento, através do software Whatsapp Web, como modalidade de investigação, via agente infiltrado, implicaria em malferimento à prerrogativa do acusado de não produzir provar contra si mesmo (against self-incrimination) ou ao direito de permanecer em silêncio. Contudo, o respeito ao acusado, na condição de sujeito processual, tão somente impede que o Estado obrigue o investigado a produzir prova contra si mesmo. Desta forma, se o investigado vem a produzir, de forma espontânea, prova apta a corroborar sua inculpação, referida prova deverá ser valorada no processo, ante sua validade. É o que se dá na hipótese do multimencionado espelhamento. (...)

A jurisprudência dos Tribunais Superiores tem auxiliado na construção doutrinária atinente às provas obtidas por meio das referidas ferramentas de comunicação, razão pela qual, apenas a título de compilação, colacionamos as principais atinentes a matérias probatória e outras que, de certo modo, trazem alguma espécie de novidade:

Os dados constantes de aparelho celular obtidos por órgão investigativo, mensagens e conversas por meio de programas ou aplicativos (WhatsApp), somente são admitidos como prova lícita no processo penal quando há precedente mandado de busca e apreensão expedido por juiz competente ou quando há autorização voluntária de interlocutor da conversa. AgRg 646771/PR, DJe 13.08.21.

Inexistindo controvérsia a respeito da veracidade das mensagens de WhatsApp, tem-se manifesta a ausência de prejuízo em razão da não realização de perícia, situação que, conforme destacado, inviabiliza igualmente

> eventual reconhecimento de nulidade. De fato, não se admite, no processo penal, a forma pela forma, sendo, portanto, indispensável a demonstração do prejuízo em razão de eventual não observância de dispositivo legal, o que nem ao menos foi indicado. AgRg no AREsp 1748374/DF, DJe 20.09.21.
>
> Não há ilegalidade na perícia de aparelho de telefonia celular pela polícia na hipótese em que seu proprietário – a vítima – foi morto, tendo o referido telefone sido entregue à autoridade policial por sua esposa, interessada no esclarecimento dos fatos que o detinha, pois não havia mais sigilo algum a proteger do titular daquele direito. RHC 86076/MT, DJe 12.12.17.
>
> Esta Corte Superior de Justiça já se manifestou no sentido de que é válida a citação pelo aplicativo WhatsApp desde que contenha elementos indutivos da autenticidade do destinatário, como número do telefone, confirmação escrita e foto individual e só tem declarado a nulidade quando verificado prejuízo concreto ao réu. Precedentes. AgRg no HC 685286/PR, DJe 25.02.22.

Uma última observação: embora se recorra com frequência à Lei 9.296/96 para fundamentar pedidos e decisões de acesso a conteúdo de telefones celulares apreendidos em situação de flagrante delito ou por ordem judicial, a rigor esse acesso a registros anteriores, mesmo de conversas, não se cuida, até por razões semânticas, de interceptação. As conversas pretéritas guardadas em aplicativos de mensagens (assim como e-mails arquivados), ainda que em formato digital, nada mais são que documentos (juridicamente equiparáveis, inclusive, às correspondências epistolares), passíveis de busca e apreensão, que exigirá apenas uma expertise e aparelhagem técnica diferenciada, normalmente equipamentos e *softwares* para extração de dados. O mesmo se diga em relação às fotografias arquivadas nos telefones celulares, pois as razões jurídicas que permitam sua apreensão não devem ser diferentes daquelas que eventualmente facultem o ingresso domiciliar para obtenção de fotografias reveladas/impressas.

4.6 DOS CRIMES EM ESPÉCIE

4.6.1 Interceptação ilegal de comunicação

> Art. 10. Constitui crime realizar interceptação de comunicações telefônicas, de informática ou telemática, promover escuta ambiental ou quebrar segredo da Justiça, sem autorização judicial ou com objetivos não autorizados em lei:

Pena – reclusão, de 2 (dois) a 4 (quatro) anos, e multa.

Parágrafo único. Incorre na mesma pena a autoridade judicial que determina a execução de conduta prevista no caput deste artigo com objetivo não autorizado em lei.

4.6.1.1 Introdução

O delito de interceptação ilegal de comunicação, previsto no art. 10 da Lei 9.296/96, com a redação dada pela Lei 13.869/19, tutela, de forma direta, a liberdade de comunicações, a intimidade e privacidade dos indivíduos, bem como a Administração da Justiça.

Trata-se de **crime formal** e, em nossa compreensão, **de perigo abstrato**, vez que a norma não exige o dano material.

4.6.1.2 Sujeitos do crime

O crime de interceptação ilegal de comunicação é **comum** na modalidade de realizar interceptação de comunicações telefônicas, de informática ou telemática ou promover escuta ambiental, sem autorização judicial ou com objetivos não autorizados em lei, pois pode ser praticado por qualquer pessoa. Na modalidade de quebrar segredo da Justiça, trata-se de crime **próprio**, pois só pode ser praticado por quem detenha o dever específico de sigilo, como o juiz, promotor, escrivão etc.

O sujeito passivo do delito é a vítima direta da conduta, isto é, aquele que teve o sigilo da comunicação violado ilegalmente, e a Administração da Justiça, na hipótese de quebra de segredo da Justiça.

4.6.1.3 Estrutura do tipo penal

A estrutura típica do crime previsto no art. 10 da Lei 9.296/96 é formada pelo núcleo verbal realizar, promover ou quebrar; pelas elementares normativas constitui crime; interceptação de comunicações telefônicas, de informática ou telemática; escuta ambiental; segredo da Justiça, sem autorização judicial ou com objetivos não autorizados em lei.

Conduta nuclear

- realizar
- promover
- quebrar

Elementares objetivas

Elementares normativas

- constitui crime
- interceptação de comunicações telefônicas, de informática ou telemática
- escuta ambiental
- segredo da Justiça
- sem autorização judicial ou com objetivos não autorizados em lei

Elementares subjetivas, especial fim de agir e elementos volitivos

- dolo

A estrutura, todavia, não se resume aos elementos revelados pela leitura literal, pois também traz a estrutura basilar finalista, composta na sua integralidade pela conduta, resultado, nexo de causalidade e tipicidade.

No sentido do tipo penal, *realizar* significa praticar, efetivar interceptação de comunicações telefônicas, de informática ou telemática sem autorização judicial ou com objetivos não autorizados em lei. Por sua vez, *promover* significa fazer, proceder escuta ambiental, igualmente sem autorização judicial ou com objetivos não autorizados em lei. Na prática, pouca distinção há entre as condutas de *realizar* e *promover*, vez que trilham o mesmo sentido.

O tipo é nitidamente em branco no que tange à compreensão do conceito de crime (*constitui crime*). Igualmente, exige a adequada distinção entre interceptação de comunicações telefônicas, de informática ou telemática, e escuta ambiental.

O conceito de **comunicação telefônica** envolve não somente a conversa realizada por meio de ligação, pois compreende também a transmissão de escritos, imagens, sons ou informações de qualquer natureza, por meio de telefonia, seja ela móvel ou estática. A amplitude conceitual decorre do art. 1º da Lei de Interceptações Telefônicas, que assinala que a interceptação das comunicações telefônicas, de qualquer natureza, pode ser realizada para prova em investigação criminal e em instrução processual penal, tendo o parágrafo único do dispositivo previsto que o disposto na Lei se aplica à interceptação do fluxo de comunicações em sistemas de informática e telemática. Assim, o conceito de comunicações telefônicas abrange qualquer espécie de comunicação por meio de telefone, como aquelas realizadas direta por fax, e-mails, mensagens por aplicativos etc.

Por sua vez, a interceptação telefônica, interceptação em sentido estrito, ocorre quando há a captação de uma comunicação alheia, realizada por terceiro, sem que os interlocutores tenham ciência da interceptação. O tipo penal também tutela as comunicações de informática, conforme destacamos acima, e as telemáticas[32], isto é, aquelas relacionadas à **transmissão ou manipulação de dados, sinais, imagens, escritos e informações por meio do uso combinado da informática (do computador) com as várias formas de telecomunicação, ou seja, telemática é a telecomunicação associada à informática.**

O tipo penal não abarca a chamada gravação clandestina, realizada por meio de autogravação por parte de um dos interlocutores, sem o conhecimento dos demais.

Por outro lado, trata-se a **escuta ambiental** da captação de uma comunicação no próprio ambiente em que ocorre, realizada por terceiro, com o conhecimento de um dos interlocutores. Nesse particular, com a inclusão do art. 10-A pela Lei 13.964/19, entendemos pela derrogação tácita no tocante à escuta ambiental ilegal, tipificada de forma autônoma no novo dispositivo.

A conformação típica pressupõe que a conduta de interceptação ou de promoção da escuta seja realizada: **(a) sem autorização judicial; ou (b) com objetivos não autorizados em lei.**

Conforme vimos anteriormente, a realização de interceptação de comunicações telefônicas, de informática ou telemática, e a promoção de escuta ambiental pressupõem autorização judicial prévia e fundamentada, conferida pelo juízo competente, em estrita observância aos requisitos legais. Assim, realizada a conduta fora dos parâmetros legais, o tipo penal estará configurado. Vale destacar que se depreende da própria natureza da palavra

32. BRASILEIRO, *op.cit.* (2020, p. 816).

interceptação, que o objeto no caso dessas, é comunicação alheia ou de terceiros, de sorte que a gravação da própria comunicação não é crime.

No que toca à elementar "com objetivos não autorizados em lei", entendemo-la como normativa e não subjetiva, vez que os objetivos da tutela, decorrentes da regulamentação do inciso XII, parte final, do art. 5º da CF, objeto da Lei 9.296/96, encontram-se expressos no *caput* do art. 1º, isto é, "para prova em investigação criminal e em instrução processual penal". Assim, independentemente do objetivo do agente, o parâmetro a ser considerado será normativo. A hipótese trata, portanto, do desvio de finalidade empregado no meio de obtenção de prova.

No que tange à modalidade típica de *quebrar* (violar, desobedecer) segredo da Justiça, a tutela primária volta-se para a Administração da Justiça. Para que a conduta seja realizada, pressupõe-se a existência de uma interceptação legal, vez que o objeto da norma é restrito, conforme se infere do *caput* do art. 1º. A tutela, portanto, é objetiva e fechada ao entorno da violação do segredo da Justiça no âmbito das interceptações de comunicações telefônicas, informáticas e telemáticas, no contexto de investigação criminal ou instrução processual penal (art. 5º, XII, CF), não abarcando qualquer espécie de violação de segredo de Justiça, quando não relacionada às interceptações legais, que podem dar vazão, por exemplo, aos crimes previstos nos artigos 154 e 325 do CP.

O delito, em regra, é praticado por ação. É possível, contudo, a prática por omissão, como na hipótese do agente que detém o dever jurídico de agir e deixa de adotar as providências necessárias, mesmo podendo e devendo agir, omitindo-se quanto ao seu dever, permitindo a realização das condutas nucleares.

Ainda no contexto da conduta, o crime pode ser praticado sob as **modalidades dolo direto** e **eventual**, não exigindo o tipo penal qualquer finalidade específica. O tipo penal não admite a modalidade culposa.

O **resultado** deve ser analisado sob a perspectiva normativa, haja vista que o tipo penal se contenta com a criação do perigo abstrato.

A solução do nexo de causalidade pela **teoria da imputação objetiva**, em nossa perspectiva não diverge da apresentada pela doutrina tradicional. O agente que realiza interceptação telefônica, sem autorização judicial, **cria um risco juridicamente proibido**, que se materializa em um **resultado normativo (situação de perigo abstrato)**, sendo que resultado se encontra dentro do **alcance do tipo**.

Por fim, a estrutura do tipo penal completa-se com a tipicidade, expressamente consignada no art. 10 da Lei 9.296/96.

4.6.1.4 Figura equiparada

O parágrafo único do dispositivo dispõe que incorre na mesma pena a autoridade judicial que determina a execução de conduta prevista no *caput* deste artigo com objetivo não autorizado em lei.

A figura típica pune o desvio de conduta do magistrado, que determina a interceptação ou escuta ambiental, de quebra o segredo da Justiça para alcançar fins não contemplados pela medida, atingindo, por exemplo, interesses políticos.

4.6.1.5 Consumação e tentativa

O delito de interceptação ilegal de comunicação é concebido como **crime formal**, de modo que a consumação ocorre com a simples realização do comportamento típico, isto é, realizar interceptação de comunicações telefônicas, de informática ou telemática, ou quebrar segredo da Justiça, sem autorização judicial ou com objetivos não autorizados em lei.

A tentativa nos parece perfeitamente admissível, haja vista a natureza dos comportamentos típicos, que admitem o fracionamento do *iter criminis.*

4.6.1.6 Conflito aparente de normas

a) **Art. 154, CP:** Revelar alguém, sem justa causa, segredo, de que tem ciência em razão de função, ministério, ofício ou profissão, e cuja revelação possa produzir dano a outrem: Pena - detenção, de três meses a um ano, ou multa de um conto a dez contos de réis. Parágrafo único - Somente se procede mediante representação.

b) **Art. 325, CP**: Revelar fato de que tem ciência em razão do cargo e que deva permanecer em segredo, ou facilitar-lhe a revelação: Pena - detenção, de seis meses a dois anos, ou multa, se o fato não constitui crime mais grave.

c) **Art. 10-A da Lei 9.296/96:** Realizar captação ambiental de sinais eletromagnéticos, ópticos ou acústicos para investigação ou instrução criminal sem autorização judicial, quando esta for exigida: Pena - reclusão, de 2 (dois) a 4 (quatro) anos, e multa.

4.6.1.7 Ação penal

A ação penal no delito em questão é pública incondicionada.

Em razão da pena cominada (reclusão, de dois a quatro anos, e multa), o delito não admite a transação penal e a suspensão condicional do processo, admitindo, contudo, o ANPP.

4.6.2 Captação ambiental ilegal

> Art. 10-A. Realizar captação ambiental de sinais eletromagnéticos, ópticos ou acústicos para investigação ou instrução criminal sem autorização judicial, quando esta for exigida:
>
> Pena – reclusão, de 2 (dois) a 4 (quatro) anos, e multa.
>
> §1º Não há crime se a captação é realizada por um dos interlocutores.
>
> §2º A pena será aplicada em dobro ao funcionário público que descumprir determinação de sigilo das investigações que envolvam a captação ambiental ou revelar o conteúdo das gravações enquanto mantido o sigilo judicial.

4.6.2.1 Introdução

O delito de captação ambiental ilegal, previsto no art. 10-A da Lei 9.296/96, incluído pela Lei 13.964/19, tutela, de forma direta, a intimidade e privacidade do indivíduo.

Trata-se de **crime formal** e, em nossa compreensão, **de perigo abstrato**, vez que a norma não exige o dano material.

4.6.2.2 Sujeitos do crime

O crime de captação ambiental ilegal é **comum**, pois pode ser praticado por qualquer pessoa.

O sujeito passivo do delito é a vítima direta da conduta, isto é, aquele que teve sua intimidade e vida privada violadas ilegalmente.

4.6.2.3 Estrutura do tipo penal

A estrutura típica do crime previsto no art. 10-A da Lei 9.296/96 é formada pelo núcleo verbal realizar; pelas elementares normativas captação ambiental de sinais eletromagnéticos, ópticos ou acústicos para investigação ou instrução criminal sem autorização judicial, quando esta for exigida.

Conduta nuclear

- realizar

Elementares objetivas

Elementares normativas

- captação ambiental de sinais eletromagnéticos, ópticos ou acústicos
- para investigação ou instrução criminal sem autorização judicial, quando esta for exigida

Elementares subjetivas, especial fim de agir e elementos volitivos

- dolo

A estrutura, todavia, não se resume aos elementos revelados pela leitura literal, pois também traz a estrutura basilar finalista, composta na sua integralidade pela conduta, resultado, nexo de causalidade e tipicidade.

No sentido do tipo penal, *realizar* significa praticar, efetivar captação ambiental de sinais eletromagnéticos, ópticos ou acústicos para investigação ou instrução criminal sem autorização judicial, quando esta for exigida.

A captação ambiental pode se materializar por meio da **interceptação ambiental, isto é, a** captação da comunicação no próprio ambiente em que ocorre, por terceiro, sem o conhecimento dos participantes, envolvendo a possibilidade de realização de filmagens e gravação de áudios, ou por **escuta ambiental**, materializada na captação de uma comunicação no próprio ambiente em que ocorre, realizada por terceiro, com o conhecimento de um dos interlocutores.

O tipo penal, contudo, não abarca a chamada **gravação ambiental clandestina**, realizada no próprio ambiente em que ocorre, por meio de autogravação por parte de um dos interlocutores, sem o conhecimento dos demais.

Nesse sentido, o STF:

> "Na hipótese, depois de firmado acordo de colaboração premiada ocorreu a gravação ambiental de conversa realizada por um dos interlocutores, em repartição pública, **sem o conhecimento dos outros**, o que, **apesar de clandestina, não consubstancia prova ilícita**, conforme reconhecido pela jurisprudência deste Superior Tribunal.
>
> Atualmente, existe tratamento diferenciado na jurisprudência entre: a) interceptação – captação de comunicação alheia e sem conhecimento dos comunicadores, de forma sub-reptícia; b) escuta – captação de conversa, por terceiro, com o consentimento de um dos interlocutores e c) gravação – captação feita por um dos próprios comunicadores sem que o outro saiba.
>
> A jurisprudência desta Corte é no sentido de que a gravação ambiental realizada por colaborador premiado, um dos interlocutores da conversa, sem o consentimento dos outros, é lícita, ainda que obtida sem autorização judicial, e pode ser validamente utilizada como meio de prova no processo penal.
>
> No mesmo sentido é o precedente do Supremo Tribunal Federal, exarado na QO-RG RE 583.937/RJ, de que, desde que não haja causa legal de sigilo, "é lícita a prova consistente em gravação ambiental realizada por um dos interlocutores sem conhecimento do outro" (Tema 237).
>
> Na oportunidade, o Colegiado concluiu que a disponibilização de conteúdo de conversa por partícipe, emissor ou receptor, significaria apenas dispor daquilo que também é seu, sem que se possa falar em interceptação, sigilo de comunicação ou de intromissão furtiva em situação comunicativa. Não se delimitou que a gravação de conversa por um dos participantes do diálogo seria lícita somente se utilizada em defesa própria, nunca como meio de prova da acusação.
>
> É mister ressaltar, ainda, que a Lei n. 9.296, de 24/7/1996, mesmo com as inovações trazidas pela Lei n. 13.964/2019, não dispôs sobre a necessidade de autorização judicial para a gravação de diálogo por um dos seus comunicadores.
>
> Consta, em dispositivo novo da Lei n. 9.296/1996 (art. 10-A, § 1º) que não há crime se a captação é realizada por um dos interlocutores.
>
> Remanesce a reserva jurisdicional apenas aos casos relacionados à captação por terceiros, sem conhecimento dos comunicadores, quando existe a inviolabilidade da privacidade, protegida constitucionalmente" (HC 512.290/RJ, j. 18/08/2020).

Não ocorre o tipo penal, por obviedade, quando a captação se fundar em prévia e fundamentada autorização judicial, deferida para fins de investigação ou instrução criminal, ou quando realizada por um dos interlocutores nos termos no §1º. Nesse último caso, entendemos que a previsão do §1º revela-se verdadeira causa excludente de tipicidade, pois o comportamento é tolerado, senão permitido, pelo próprio Estado, afastando, portanto, a antinormatividade da conduta.

O delito, em regra, é praticado por ação. É possível, contudo, a prática por omissão, como na hipótese do agente que detém o dever jurídico de agir e deixa de adotar as providências necessárias, mesmo podendo e devendo agir, omitindo-se quanto ao seu dever, permitindo a realização da conduta nuclear.

Ainda no contexto da conduta, o crime pode ser praticado sob as **modalidades dolo direto** e **eventual**, não exigindo o tipo penal qualquer finalidade específica. O tipo penal não admite a modalidade culposa.

O **resultado** deve ser analisado sob a perspectiva normativa, haja vista que o tipo penal se contenta com a criação do perigo abstrato.

A solução do nexo de causalidade pela **teoria da imputação objetiva**, a despeito da compreensão tradicional, em nossa perspectiva não diverge da apresentada pela doutrina tradicional. O agente que realiza captação ambiental de sinais eletromagnéticos para investigação criminal, sem autorização judicial, **cria um risco juridicamente proibido**, que se materializa em um **resultado normativo (situação de perigo abstrato)**, sendo que resultado se encontra dentro do **alcance do tipo**.

Por fim, a estrutura do tipo penal completa-se com a tipicidade, expressamente consignada no art. 10-A da Lei 9.296/96.

4.6.2.4 Forma qualificada

O §2º do dispositivo prevê que a pena será aplicada em dobro ao funcionário público que descumprir determinação de sigilo das investigações que envolvam a captação ambiental ou revelar o conteúdo das gravações enquanto mantido o sigilo judicial.

A previsão legal, apesar de sua leitura primária sugerir tratar-se de causa de aumento de pena, na realidade prevê um comportamento típico autônomo, não contemplado pela figura penal-base. Isso porque, o preceito primário da figura-base abarca a conduta de realizar captação ambiental, ao passo que a previsão do §2º se refere ao descumprimento da determinação de sigilo, ou revelação do conteúdo da captação enquanto mantido o sigilo.

Trata-se, portanto, de delito que pressupõe a violação de dever legal por parte do funcionário público, assemelhando-se a previsão ao conteúdo do art. 20 da Lei 12.850/13. No sentido do tipo penal, *descumprir* significa não observar, violar, afastar, ignorar determinação de sigilo das investigações que envolvam captação ambiental.

O delito ainda pode ser praticado com a revelação do conteúdo das gravações enquanto mantido o sigilo judicial.

A previsão do art. 10-A, em que pese ser antecedente à conduta prevista no art. 151, §1º, inc. II, CP, com ela não se confunde, haja vista que não necessariamente aquele que realiza a captação ilegal será responsável pela divulgação ou transmissão. Ademais, o tipo do Código Penal não pressupõe a ilegalidade da comunicação ou a existência de segredo de justiça. Não nos parece, portanto, que o art. 10-A tenha revogado a norma do Código Penal.

De toda sorte, justifica-se a pena mais gravosa pelo descumprimento do dever de ofício por parte do funcionário público.

4.6.2.5 Consumação e tentativa

O delito de captação ambiental ilegal é concebido como **crime formal**, de modo que a consumação ocorre com a simples realização do comportamento típico, isto é, com a realização da captação ambiental de sinais eletromagnéticos, ópticos ou acústicos para investigação ou instrução criminal sem autorização judicial, quando esta for exigida.

A tentativa nos parece perfeitamente admissível, haja vista a natureza do comportamento típico, que admite o fracionamento do *iter criminis*.

4.6.2.6 Conflito aparente de normas

a) **Art. 151, §1º, II, CP**: Na mesma pena incorre: II – quem indevidamente divulga, transmite a outrem ou utiliza abusivamente comunicação telegráfica ou radioelétrica dirigida a terceiro, ou conversação telefônica entre outras pessoas. Pena – detenção de um a seis meses, ou multa.

b) **Art. 154, CP:** Revelar alguém, sem justa causa, segredo, de que tem ciência em razão de função, ministério, ofício ou profissão, e cuja revelação possa produzir dano a outrem: Pena – detenção, de três meses a um ano, ou multa de um conto a dez contos de réis. Parágrafo único – Somente se procede mediante representação.

c) **Art. 325, CP**: Revelar fato de que tem ciência em razão do cargo e que deva permanecer em segredo, ou facilitar-lhe a revelação: Pena – detenção, de seis meses a dois anos, ou multa, se o fato não constitui crime mais grave.

4.6.2.7 Ação penal

A ação penal no delito em questão é pública incondicionada.

Em razão da pena cominada (reclusão, de dois a quatro anos, e multa), o delito não admite a transação penal e a suspensão condicional do processo, admitindo, contudo, o ANPP.

5

LEI DE LAVAGEM DE CAPITAIS (LEI 9.613/98)

5.1 INTRODUÇÃO

A lavagem de capitais, nas palavras de ARAS e LUZ[1] (2023, p. 23), consiste no conjunto de procedimentos fraudulentos realizados com o objetivo de conferir ao capital obtido com a prática de infração penal uma aparência lícita que justifique a sua utilização no mercado formal lícito ou o seu aproveitamento para fins privados.

A criminalização da lavagem de capitais no Brasil teve origem na adesão à Convenção de Viena de 1988, que tratava do tráfico ilícito de entorpecentes e substâncias psicotrópicas. Por meio do Decreto 154/91, a Convenção foi incorporada ao ordenamento jurídico brasileiro, estabelecendo o compromisso do país em combater a lavagem de capitais.

Ainda sob a perspectiva histórica, o Brasil ratificou importantes tratados internacionais, como a Convenção de Palermo de 2000 e a Convenção de Mérida de 2003, que também trataram da repressão à lavagem de capitais.

A Lei 9.613/98 foi promulgada para tipificar a lavagem de capitais e regular os procedimentos legais relacionados aos delitos de lavagem, tendo por objeto dispor sobre os crimes de "lavagem" ou ocultação de bens, direitos e valores; a prevenção da utilização do sistema financeiro para os ilícitos previstos nesta Lei; criou o Conselho de Controle de Atividades Financeiras – COAF, e outras providências.

---

1. ARAS, Vladimir; LUZ, Ilana Martins. **Lavagem de dinheiro: comentários à Lei n. 9.613/1998**. Coimbra: Grupo Almedina (Portugal), 2023. E-book. ISBN 9786556279152. Disponível em: https://integrada.minhabiblioteca.com.br/#/books/9786556279152/. Acesso em: 12 fev. 2024.

Não é incomum nos depararmos com as expressões "lavagem de capitais", "lavagem de dinheiro", "braqueamento de capitais", "*money laundering*" e "reciclagem", razão pela qual nos valeremos de tais sinônimos ao longo de nossos comentários.

A lavagem de dinheiro está associada a prática de outros delitos, sendo expediente comum no universo da macrocriminalidade ligada a grupos criminosos, que se valem do expediente para tentar transformar em "lícitos", ativos, bens e valores obtidos como produto ou proveito de crimes. Para tanto, os criminosos valem-se de empresas de fachada para prestação de serviços, comércio ilícito de obras de arte, depósitos em "paraísos fiscais" por meio de *offshores*, aquisição de criptomoedas[2], como o *bitcoin*, entre outros comportamentos.

O estudo da Lei de Lavagem de Capitais segue, em razão da especialidade, normas próprias. Há que se lembrar, todavia, da expressa subsidiariedade do Código de Processo Penal, prevista no art. 17-A, nos pontos em que houver compatibilidade.

5.2 FASES DA LAVAGEM DE CAPITAIS

Em linhas gerais, no que diz respeito à execução efetiva da lavagem de dinheiro, a divisão mais reconhecida, proveniente do Grupo de Ação Financeira contra a Lavagem de Dinheiro e o Financiamento do Terrorismo (GAFI / FATF), identifica o processo ilícito em três etapas distintas: **colocação, ocultação** e **integração**.

A primeira fase, conhecida como **colocação, captação, concentração** ou ***placement***, corresponde ao momento em que os ativos obtidos de forma ilícita pelo infrator ou pela organização criminosa são introduzidos no mercado formal por meio de diversas operações, como aquisições, investimentos, depósitos em instituições financeiras e transferências para o exterior de bens ou valores. Durante essa etapa, os ativos em processo de lavagem estão mais suscetíveis à vigilância dos órgãos de controle, sendo comum a tentativa de separar o agente ativo dos crimes dos ativos ilegais obtidos, com o intuito de eliminar qualquer ligação entre a organização criminosa e os ativos recentemente integrados ao sistema econômico formal.

Nesta etapa inicial, é usual, por exemplo, a fragmentação de altos valores em quantias menores, as quais, ao serem depositadas em instituições financeiras, escapam da obrigação legal de informação, evitando, assim, a

2. A Lei 14.478/22 regulamentou a prestação de serviços de ativos virtuais.

fiscalização, dando vazão à técnica conhecida por *smurfing*. Não é incomum, ainda, a inserção dos valores no mercado por meio de empresas de fachada, visando a operações com dinheiro em espécie.

Finda a primeira fase, da **colocação**, geralmente de maior risco, a lavagem de capitais evolui para a fase da **ocultação, estratificação, dissimulação, transformação, encobrimento** ou ***layering***. Nessa, após a introdução do capital ilícito no mercado formal, inicia-se a etapa de ocultação, que envolve a separação ou distanciamento do patrimônio de sua origem. Em linhas gerais, são realizados procedimentos com o intuito de romper a ligação entre o agente e os ativos provenientes de atividades criminosas anteriores, a exemplo da utilização de interpostas pessoas (laranjas), constituição de empresas de fachada com ênfase em operações com dinheiro em espécie em razão da não rastreabilidade, ou criptoativos, em razão da dificuldade de rastreamento, utilização de *offshores* em paraísos fiscais etc.

No final do ciclo da lavagem, está a fase da integração (*integration*), quando os ativos são incorporados formalmente ao sistema econômico, após terem sido desnaturados ou desidentificados, isto é, quando não mais de consegue observar seu cordão umbilical. Em síntese, os ativos passam a gozar de aparência de legalidade.

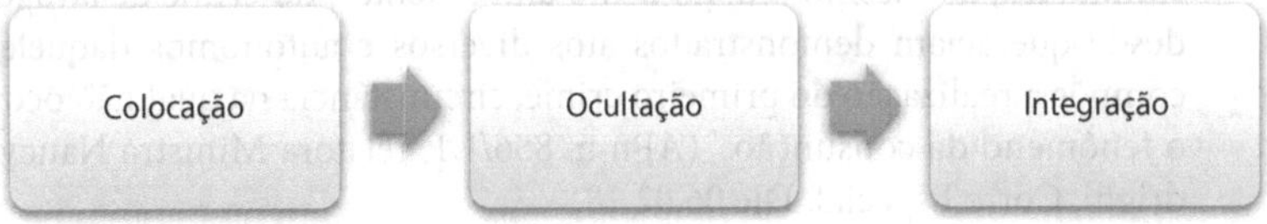

Para que se configure o crime de lavagem de capitais, todavia, não se exige a formalização do ciclo completo. Nesse sentido está o STJ:

> O tipo penal do art. 1º da Lei n. 9.613/1998 é de ação múltipla ou plurinuclear, consumando-se com a prática de qualquer dos verbos mencionados na descrição típica e relacionando-se com qualquer das fases do branqueamento de capitais (ocultação, dissimulação, reintrodução), não exigindo a demonstração da ocorrência de todos os três passos do processo de branqueamento. APn 923/DF, Rel. Ministra NANCY ANDRIGHI, CORTE ESPECIAL, DJe 26/09/2019.

5.3 AUTOLAVAGEM X HETEROLAVAGEM

Ocorre a chamada **autolavagem** ou ***selflaudering*** quando o próprio agente ou entidade criminosa realiza a lavagem dos ativos provenientes das próprias infrações penais antecedentes, valendo-se de estrutura própria para tanto.

No que toca à possibilidade de punição do agente pela autolavagem, há dois entendimentos. A primeira corrente, minoritária, aduz que a autolavagem não seria punível, por ser mero desdobramento natural da prática da infração penal antecedentes (*post factum* impunível). A segunda corrente, predominante na doutrina e jurisprudência, à qual nos filiamos, **não observa qualquer impossibilidade de se punir a autolavagem de forma autônoma**. Vejamos o entendimento dos Tribunais Superiores:

> STF: (...) O sistema jurídico brasileiro não exclui os autores do delito antecedente do âmbito de incidência das normas penais definidoras do crime de lavagem de bens, direitos ou valores, admitindo, por consequência, a punição da chamada *autolavagem*. É possível, portanto, em tese, que um mesmo acusado responda, concomitantemente, pela prática dos delitos antecedente e de lavagem, inexistindo bis in idem decorrente de tal proceder. 3. Nada obstante, a incriminação da *autolavagem* pressupõe a prática de atos de ocultação, dissimulação ou integração autônomos ao delito antecedente, ainda que se verifique, eventualmente, consumações simultâneas (...). (HC 165036, 2ª Turma, Rel. Min. Edson Fachin, DJe 10.03.20.

> STJ: (...) Embora a tipificação da lavagem de dinheiro dependa da existência de um crime antecedente, é possível a autolavagem - isto é, a imputação simultânea, ao mesmo réu, do delito antecedente e do crime de lavagem –, desde que sejam demonstrados atos diversos e autônomos daquele que compõe a realização do primeiro crime, circunstância na qual não ocorrerá o fenômeno da consunção." (APn n. 856/DF, relatora Ministra Nancy Andrighi, Corte Especial, DJe 06.02.18.

Por outro lado, a **heterolavagem** é praticada quando o agente ou entidade criminosa "terceiriza" a operação de lavagem, valendo-se de outros profissionais, a exemplo de advogados, contadores, operadores do mercado de capital, entre outros, que realizarão as tarefas de ocultação/dissimulação e integração. Vale destacar que não se exige, para a caracterização da heterolavagem, que tais profissionais tenham ciência de que fazem parte do procedimento de lavagem de capitais, pois é perfeitamente possível que um contador, por exemplo, não tenha ciência de que seus serviços são utilizados para lavagem de dinheiro.

Na lição de ARAS e LUZ[3] (2023, p. 29):

> Na heterolavagem, é possível verificar casos em que há uma profissionalização da atividade de lavagem de ativos, nas hipóteses em que tais entes ou "escritórios", de forma dolosa, dedicam-se, mediante remuneração de

3. *op.cit.*

terceiros (os autores das infrações antecedentes), à adoção de vários mecanismos para dissimulação e ocultação patrimonial, desde a engenharia financeira à blindagem tributária, passando também pela corrupção e pela mistura de criptoativos ou a adoção de outras tipologias. A essa prestação de serviços criminosos se refere o conceito de Crime as a Service (CaaS). É aí então que surgem as estratégias mais elaboradas para a reciclagem de ativos, como a utilização de interpostas pessoas (chamadas "laranjas" ou testas-de-ferro), a constituição de pessoas jurídicas instrumentais (empresas de fachada, shell companies, empresas offshore, trusts, fundações, entidades filantrópicas etc.), tanto no país como no exterior, ou a realização de complexas operações nos mercados de câmbio, de títulos e de valores mobiliários e negócios fraudulentos no comércio exterior, a exemplo de importações e exportações superfaturadas ou subfaturadas, e ainda operações com criptoativos.

5.4 INFRAÇÃO PENAL ANTECEDENTE – CRIME PARASITÁRIO

A configuração do crime de lavagem de capitais pressupõe a demonstração de que os bens, direitos ou valores (**ocultados ou dissimulados**), tenham origem em uma **infração penal antecedente**. Por tal razão, o delito é concebido como **acessório** ou **parasitário**, haja vista que a construção típica faz depender a existência do crime da prática de um crime anterior.

Em um primeiro momento, conhecido por **Leis de Primeira Geração**, somente o tráfico de drogas era concebido como infração penal antecedente. Em um segundo estágio, de **Leis de Segunda Geração**, houve a ampliação do rol de delitos que poderiam ser objeto da lavagem de capitais, a exemplo da redação anterior do art. 1º da própria Lei de Lavagem de Capitais, que trazia rol especificador. Atualmente, a doutrina sustenta estarmos na fase das **Leis de Terceira Geração**, em razão das alterações promovidas pela Lei 12.683/12, haja vista a ampliação da abrangência típico-normativa. Com a alteração legislativa, o dispositivo passou a se referir a **infração penal, abrangendo, portanto, crimes e contravenções**. A abrangência típico-normativa, antes da alteração legislativa, era bastante criticada por deixar de fora, por exemplo, a contravenção penal de "jogo do bicho", tipificada no art. 51 da Lei de Contravenções Penais, circunstância corrigida com nova redação do art. 1º.

Lei 9.613/98 Antes da Lei 12.683/12	Lei 9.613/98 Depois da Lei 12.683/12
Art. 1º Ocultar ou dissimular a natureza, origem, localização, disposição, movimentação ou propriedade de bens, direitos ou valores provenientes, direta ou indiretamente, de crime: I – de tráfico ilícito de substâncias entorpecentes ou drogas afins; II – de terrorismo e seu financiamento; III – de contrabando ou tráfico de armas, munições ou material destinado à sua produção; IV – de extorsão mediante sequestro; V – contra a Administração Pública, inclusive a exigência, para si ou para outrem, direta ou indiretamente, de qualquer vantagem, como condição ou preço para a prática ou omissão de atos administrativos; VI – contra o sistema financeiro nacional; VII – praticado por organização criminosa. VIII – praticado por particular contra a administração pública estrangeira (arts. 337-B, 337-C e 337-D do Decreto-Lei nº 2.848, de 7 de dezembro de 1940 – Código Penal). Pena: reclusão de três a dez anos e multa.	Art. 1º Ocultar ou dissimular a natureza, origem, localização, disposição, movimentação ou propriedade de bens, direitos ou **valores provenientes, direta ou indiretamente, de infração penal.** **I a VIII – revogados pela Lei nº 12.683, de 2012.** Pena: reclusão de três a dez anos e multa.

A demonstração da ocorrência da infração penal anterior não pressupõe qualquer espécie de condenação ou processo anterior pelo fato antecedente (art. 2º, II e §1º da Lei 9.613/98), bastando a reunião de evidências de essa tenha ocorrido. Fala-se, portanto, em **justa causa duplicada**, vez que será necessário à acusação demonstrar não somente o suporte mínimo probatório referente à ocultação de bens, direitos ou valores (justa causa 1), mas também o suporte mínimo probatório de que tais valores são provenientes, direta ou indiretamente, de infração penal (justa causa 2), não sendo necessária a realização de descrição exaustiva e pormenorizada do crime antecedente.

Nesse sentido é o entendimento do STJ:

> Nos crimes de lavagem de dinheiro, a denúncia é apta quando apresentar justa causa duplicada, indicando lastro probatório mínimo em relação ao crime de lavagem de dinheiro e à infração penal antecedente. RHC 115171/RJ, Rel. Min. Reynaldo Soares da Fonseca, 5ª Turma, DJe 05/12/2019.

> A aptidão da denúncia relativa ao crime de lavagem de dinheiro não exige uma descrição exaustiva e pormenorizada do suposto crime prévio, bastando, com relação às condutas praticadas antes da Lei n. 12.683/2012, a presença de indícios suficientes de que o objeto material da lavagem seja proveniente, direta ou indiretamente, de um daqueles crimes mencionados nos incisos do art. 1º da Lei n. 9.613/1998. APn 923/DF, Rel. Min. Nancy Andrighi Corte Especial, DJe 26/09/2019.

Vale destacar que o STJ ainda possui o entendimento no sentido da desnecessidade de que o autor do crime de lavagem de capitais tenha sido autor ou partícipe do delito antecedente, bastando que tenha ciência da origem ilícita dos bens e concorra para sua ocultação ou dissimulação[4].

5.4.1 Lavagem em cadeia – lavagem da lavagem

Conforme vimos acima, com as alterações promovidas pela Lei 12.683/12, em tese **qualquer** infração penal pode ser concebida como antecedente ao crime de lavagem de capitais.

Desta forma, sob a doutrina majoritária, és perfeitamente possível a denominada **lavagem em cadeia**, ou seja, a lavagem de capitais realizada para ocultação, dissimulação ou integração de outro crime de lavagem de capitais.

Ocorrendo a "lavagem da lavagem", há que se observar, contudo, especial atenção quanto à análise fático-probatória para se verificar se a nova lavagem não se encontra na linha de desdobramento natural da primeira lavagem, mero *post factum* impunível. De fato, somente estaremos diante do crime de lavagem de capitais se a conduta posterior do agente, caracterizadora da lavagem, tiver por escopo a criação de dificuldades para que o Estado exerça o *jus puniendi* ou venha a recuperar o produto ou proveito do crime antecedente. De igual sorte, e como consequência, somente ocorrerá a "lavagem da lavagem" se a segunda conduta tiver por finalidade, específica dessa vez, a ocultação da primeira lavagem, concebida, nesse momento, como infração penal autônoma, não obstante sua origem derivada e acessória de outra infração penal, antecedente. Explicamos.

Caso o agente pratique uma infração penal qualquer e, com o produto ou proveito dessa, venha adquirir um veículo em seu nome, não haverá qualquer espécie de lavagem de capitais, porquanto o bem, registrado em seu nome, não se encontra oculto ou dissimulado para o Estado. Há, no caso,

---

4. RHC 154.162/DF, Rel. Min. Sebastião Reis Júnior, Sexta Turma, julgado em 22/3/2022, DJe de 1º/8/2022.

mero exaurimento da infração penal antecedente, haja vista que a aquisição de bens configura desdobramento natural da obtenção do produto ou proveito de crimes anteriores. Ocorrerá a lavagem, todavia, se referida aquisição for realizada em nome de terceiro, popularmente conhecido por "laranja", pois nítida a tentativa de dissimulação.

Na hipótese de "lavagem da lavagem", há uma tripla construção que precisa ser observada, vez que o fato punível, lavagem de capitais (1), pressupõe a ocorrência de uma lavagem anterior (2) que, por sua vez, pressupõe a prática de uma infração penal anterior (3). Assim, no processo e julgamento da lavagem em cadeia, é possível que se afigure necessária a demonstração de uma justa causa triplicada, quando, por exemplo, não houver sido enfrentado o mérito da lavagem anterior em outro processo, haja vista que, nesses casos, será necessária a construção tripla acima demonstrada.

5.5 BEM JURÍDICO TUTELADO

Doutrinariamente, quatro correntes doutrinárias abordam o bem jurídico tutelado pelo crime de lavagem de capitais:

a) **mesmo bem jurídico tutelado pela infração penal antecedente**: ocorrendo, por exemplo, a lavagem de capitais proveniente de uma extorsão mediante sequestro, o bem jurídico tutelado seria o patrimônio, vez que o delito antecedente (art. 159, CP), enquadra-se no capítulo dos crimes contra o patrimônio.

b) **administração da Justiça**: partindo da premissa que a lavagem de capitais visa ocultar ou dissimular bens, direitos ou valores provenientes, direta ou indiretamente, de infração penal, o crime de lavagem de dinheiro teria por escopo a tutela da Administração da Justiça, porquanto a prática da lavagem dificulta a recuperação de ativos.

c) **ordem econômico-financeira**: a tutela penal da lavagem de capitais teria por escopo a preservação de um mercado livre, equilibrado, transparente e funcional, propenso a obter investimentos externos e a promover a economia em estrita formalidade. A lavagem, portanto, teria o condão de macular a credibilidade do mercado e, por via de consequência, a própria ordem econômico-financeira.

d) **pluriofensividade**: a lavagem de dinheiro, por associar a prática de comportamentos que atacam a administração da Justiça e a ordem econômico-financeira ofenderia mais de um bem jurídico, dando vazão à pluriofensividade.

Em tomada de posição, parece-nos inegável a pluriofensividade da lavagem de capitais, porquanto sua prática abala não somente a ordem econômico-financeira, mas também atinge a administração da Justiça, razão pela qual nos filiamos essa corrente.

5.6 DO CRIME DE "LAVAGEM" OU OCULTAÇÃO DE BENS, DIREITOS E VALORES

Art. 1º Ocultar ou dissimular a natureza, origem, localização, disposição, movimentação ou propriedade de bens, direitos ou valores provenientes, direta ou indiretamente, de infração penal. I – (revogado);

II – (revogado);

III – (revogado);

IV – (revogado);

V – (revogado);

VI – (revogado);

VII – (revogado);

VIII – (revogado).

Pena: reclusão, de 3 (três) a 10 (dez) anos, e multa.

§1º Incorre na mesma pena quem, para ocultar ou dissimular a utilização de bens, direitos ou valores provenientes de infração penal:

I – os converte em ativos lícitos;

II – os adquire, recebe, troca, negocia, dá ou recebe em garantia, guarda, tem em depósito, movimenta ou transfere;

III – importa ou exporta bens com valores não correspondentes aos verdadeiros.

§2º Incorre, ainda, na mesma pena quem:

I – utiliza, na atividade econômica ou financeira, bens, direitos ou valores provenientes de infração penal;

II – participa de grupo, associação ou escritório tendo conhecimento de que sua atividade principal ou secundária é dirigida à prática de crimes previstos nesta Lei.

§3º A tentativa é punida nos termos do parágrafo único do art. 14 do Código Penal.

§4º A pena será aumentada de 1/3 (um terço) a 2/3 (dois terços) se os crimes definidos nesta Lei forem cometidos de forma reiterada, por intermédio de organização criminosa ou por meio da utilização de ativo virtual.

§5º A pena poderá ser reduzida de um a dois terços e ser cumprida em regime aberto ou semiaberto, facultando-se ao juiz deixar de aplicá-la ou substituí-la, a qualquer tempo, por pena restritiva de direitos, se o autor, coautor ou partícipe colaborar espontaneamente com as autoridades, prestando esclarecimentos que conduzam à apuração das infrações penais, à identificação dos autores, coautores e partícipes, ou à localização dos bens, direitos ou valores objeto do crime.

§6º Para a apuração do crime de que trata este artigo, admite-se a utilização da ação controlada e da infiltração de agentes.

5.6.1 Introdução

O delito de lavagem de capitais, previsto no art. 1º da Lei 9.613/98, tutela a ordem econômico-financeira e a administração da Justiça, promovendo a transparência e competitividade do mercado, bem como a salvaguarda dos interesses do Estado na recuperação de ativos.

Trata-se de **crime permanente** na modalidade ocultar e **instantâneo** na modalidade dissimular.

5.6.2 Sujeitos do crime

O crime de lavagem de capitais é comum, pois pode ser praticado por qualquer pessoa. O sujeito passivo do delito é o Estado e a coletividade, em razão da pluriofensividade.

5.6.2.1 Advogado como sujeito ativo da lavagem – obrigação ou inconstitucionalidade?

No contexto da heterolavagem, é perfeitamente possível que o advogado venha a ser sujeito ativo do delito, vez que o exercício da advocacia não representa imunidade para o crime de lavagem de capitais[5]. Não obstante a

5. STJ: "RECURSO ORDINÁRIO EM HABEAS CORPUS. QUADRILHA, FALSIDADE IDEOLÓGICA E DOCUMENTAL, SONEGAÇÃO FISCAL, CORRUPÇÃO E LAVAGEM DE DINHEIRO. INTERCEPTAÇÃO TELEFÔNICA. MEDIDA AUTORIZADA ANTES DA CONSTITUIÇÃO DEFINITIVA DO CRÉDITO TRIBUTÁRIO. DESNECESSIDADE DE ESGOTAMENTO DA VIA ADMINISTRATIVA. INEXIS-

conclusão anterior, há que se indagar: o teor do inciso XIV, do art. 9º, da Lei de Lavagem de Capitais, aplica-se aos advogados? Vejamos o dispositivo, incluído pela Lei 12.683/12:

> Art. 9º. Sujeitam-se às obrigações referidas nos arts. 10 e 11 as pessoas físicas e jurídicas que tenham, em caráter permanente ou eventual, como atividade principal ou acessória, cumulativamente ou não:
>
> XIV – as pessoas físicas ou jurídicas que prestem, mesmo que eventualmente, serviços de **assessoria, consultoria, contadoria, auditoria, aconselhamento ou assistência**, de qualquer natureza, em operações:
>
> a) de compra e venda de imóveis, estabelecimentos comerciais ou industriais ou participações societárias de qualquer natureza;
>
> b) de gestão de fundos, valores mobiliários ou outros ativos;
>
> c) de abertura ou gestão de contas bancárias, de poupança, investimento ou de valores mobiliários;
>
> d) de criação, exploração ou gestão de sociedades de qualquer natureza, fundações, fundos fiduciários ou estruturas análogas;
>
> e) financeiras, societárias ou imobiliárias; e
>
> f) de alienação ou aquisição de direitos sobre contratos relacionados a atividades desportivas ou artísticas profissionais.

Mera leitura do dispositivo nos evidencia que a atuação do advogado pode se amoldar à previsão normativa, pois legitimamente pode exercer funções de assessoria, consultoria, aconselhamento, auditoria ou assistência. Haveria, portanto, o dever do advogado de comunicar operações de seus clientes ao COAF (art. 11), quando identificarem a possível prática do crime de lavagem de capitais?

TÊNCIA DE OFENSA AO ENUNCIADO 24 DA SÚMULA VINCULANTE. APURAÇÃO DE OUTROS ILÍCITOS ALÉM DO CRIME MATERIAL CONTRA A ORDEM TRIBUTÁRIA. CONSTRANGIMENTO ILEGAL INEXISTENTE. (...) 1. Como se sabe, não existem direitos absolutos no ordenamento jurídico pátrio, motivo pelo qual a suspeita de que crimes estariam sendo cometidos por profissional da advocacia permite que o sigilo de suas comunicações telefônicas seja afastado, notadamente quando ausente a demonstração de que as conversas gravadas se refeririam exclusivamente ao patrocínio de determinado cliente. 2. Há que se considerar, ainda, que o exercício da advocacia não pode ser invocado com o objetivo de legitimar a prática delituosa, ou seja, caso os ilícitos sejam cometidos valendo-se da qualidade de advogado, nada impede que os diálogos sejam gravados mediante autorização judicial e, posteriormente, utilizados como prova em ação penal, tal como sucedeu no caso dos autos. Precedentes do STJ e do STF. (RHC 51487/SP, Rel. Min. Leopoldo de Arruda Raposo, j. 23/06/2015).

Conforme destaca TORRANO[6] (2018, p. 73):

> A clareza da linguagem utilizada pelo legislador é indiscutível. O pronominal indefinido "qualquer" e a conjunção "ou", na extensão dos arts. 9º, 10 e 11, são empregados diversas vezes com o propósito de enfatizar o caráter não excepcionável das normas impositivas. Por um lado, pode-se dizer que existe pretensão de abrangência subjetiva total: todas as categorias profissionais que atuem na área de risco se sujeitam ao dever de comunicação – ou dever de reportar –, desde contadores e auditores até economistas, engenheiros e, claro, advogados. Por outro, existe pretensão de abrangência temática total: todas as atividades de consultoria, ou similares, prestadas têm o condão de ativar o suporte fático da norma, sejam elas eventuais, permanentes, cumulativas, não cumulativas, principais ou acessórias. E isso mesmo na hipótese de existirem, prima facie, eventuais normas que apontem em sentido contrário, relacionadas com a proteção do sigilo indispensável ao bom cumprimento da atividade profissional.

Não obstante o caráter imperativo da norma, que pretende abarcar toda a moldura que pode ser empregada nas operações de lavagens de capitais, não nos parece razoável, sob a luz da própria natureza da atividade profissional, marcada pelo dever de sigilo, impor-se ao advogado o dever de comunicar ao COAF operações suspeitas de seus constituintes, **quando tenha tido ciência de tais operações no estrito cumprimento de sua atividade ordinária como advogado, a exemplo da representação processual em sede de defesa.**

É fato que nem todas as operações realizadas por advogados estão amparadas pela irresponsabilidade criminal, haja vista, por exemplo, a possibilidade concreta de participação em escritório, grupo ou associação destinada à Lavagem de Capitais, conduta tipificada no inciso II do §2º do art. 1º da Lei 9.613/98.

Assim, seguimos a linha de Blanco Cordero, citado por CALLEGARI[7] (2022), que trilha a conclusão de que "se o advogado sabe com certeza de que o cliente solicita assessoramento para cometer um delito de lavagem de dinheiro tem o dever de comunicar. O contrário, isto é, não comunicar e, ademais, assessorar para fazê-lo, suporia que o advogado está implicado na atividade de lavagem, é um advogado criminoso e pode ser perseguido penalmente (se bem já não estaria obrigado a autoincriminar-se)".

---

6. TORRANO, Bruno. **O advogado delator: limites isonômicos do "dever de reportar" previsto na lei de lavagem de dinheiro.** Revista CEJ, Brasília, Ano XXII, n. 74, p. 72-84, jan./abr. 2018. Acesso em 12.02.2024.
7. CALLEGARI, André Luís. **Sigilo do advogado e lavagem de dinheiro.** https://www.conjur.com.br/2022-set-21/andre-callegari-sigilo-advogado-lavagem-dinheiro/#_ftnref. Acesso em 05.03.2024.

5.6.3 Estrutura do tipo penal

A estrutura típica do crime previsto no art. 1º da Lei 9.613/98 é formada pelo núcleo verbal ocultar ou dissimular; pelas elementares normativas natureza, disposição, movimentação ou propriedade de bens, direitos ou valores provenientes, direta ou indiretamente, de infração penal. e pelas elementares objetivas origem e localização.

Conduta nuclear

- ocultar ou dissimular

Elementares objetivas

- origem
- localização

Elementares normativas

- natureza
- disposição
- movimentação
- propriedade de bens, direitos ou valores provenientes, direta ou indiretamente, de infração penal

Elementares subjetivas, especial fim de agir e elementos volitivos

- dolo

A estrutura, todavia, não se resume aos elementos revelados pela leitura literal, pois também traz a estrutura basilar finalista, composta na sua integralidade pela conduta, resultado, nexo de causalidade e tipicidade.

O núcleo típico verbal é formado pelas condutas *ocultar* (esconder, colocar em local desconhecido) e *dissimular* (disfarçar, falsear). Havendo a prática de ambas as condutas, ocorrerá crime único.

Na ocultação, o agente esconde o capital proveniente da infração penal, eliminando, *a priori*, sua associação com o sujeito antecedente, na tentativa de evitar a descoberta dos bens, valores ou ativos.

De acordo com ARAS e LUZ[8] (2023, p. 50), a ocultação pode ocorrer via instituições financeiras a exemplo: (a) de depósitos ou transações financeiras fracionados (*structuring/smurfing*); (b) de cartões de crédito pré-pagos ou dinheiro eletrônico; (c) de operações por meio de bancos digitais que prescindem do comparecimento físico às agências; (d) da cumplicidade bancária, que se dá por meio da cooptação ou intimidação de funcionários de instituições financeiras; (e) da conversão em moedas estrangeiras; e (f) da utilização de "paraísos fiscais" e centros financeiros *offshore*. Igualmente, tais operações podem ser realizadas fora do sistema financeiro, a exemplo da (a) mescla de ativos lícitos e ilícitos em atividades negociais que movimentam grandes somas de dinheiro; (b) da aquisição de bens de luxo com dinheiro em espécie para fracionar e evitar que o numerário chame a atenção; e (c) do contrabando de dinheiro por meio de aeronaves particulares, transporte internacional (*courrier*), transporte de passageiros, entre outros.

Na dissimulação, por sua vez, o agente disfarça, maquia o capital realizando negócios fraudulentos ou simulados para mascarar a aquisição ilícita, de forma a conferir uma aparência distinta, de legalidade, isto é, visa transmitir a imagem de que os bens, direitos ou valores estão associados a um negócio lícito.

À guisa de exemplo, o agente (a) utiliza empresas de fachada; (b) apresenta lucros irreais; (c) simula a realização de empréstimos fraudulentos; (d) realiza operações em segmentos cujo subjetivismo é usual na definição dos preços, como aquisição de obras de arte, direitos sobre a exploração de imagem atletas profissionais ou artistas; (e) realiza doações simuladas; (f) adquire bilhetes premiados de loterias, entre outras.

A realização das condutas de ocultar e dissimular podem atacar a (a) natureza (qualidade, espécie ou essência); (b) origem (procedência); (c) localização (local onde se encontra); (d) disposição (organização, como se encontra); (e) movimentação (transporte, circulação; e (f) propriedade (titularidade).

O tipo penal revela o conteúdo de **norma penal em branco** no que concerne ao conceito de infração penal, bem como pode, no caso concreto, exigir outras espécies de complementos a depender da natureza do bem ou direito envolvidos, a exemplo do conceito de ativo virtual, definido pela Lei 14.478/22.

No que toca ao objeto material da infração penal, necessariamente fruto de uma infração penal antecedente conforme vimos no estudo em item

8. *op.cit.*

próprio, a ocultação ou a dissimulação podem envolver bens móveis ou imóveis[9]; direitos, concebidos como títulos ou papéis representativos, por exemplo, de propriedade de outros bens, ativos virtuais como criptomoedas, *payment, security ou utility tokens*, NFTs etc.; e valores, que englobam vasta amplitude representada por dinheiro em espécie, moedas estrangeiras e etc.

É importante destacar que o art. 1º da Lei de Lavagem de Capitais foi alterado pela Lei 12.683/12, que revogou os incisos I a VIII (elencavam as infrações penais antecedentes que seriam aptas de deflagrar o delito de lavagem de capitais). Com a revogação do rol e consequente possibilidade de aplicação a outras infrações penais, em razão da irretroatividade penal da lei maléfica, as condutas anteriores que não se amoldaram, à época, à moldura legal estabelecida pelo rol taxativo, não podem ser concebidas como lavagem de capitais, salvo se, após a entrada em vigor das alterações legislativas, o agente tenha, por exemplo, dado continuidade na ocultação, forma permanente de se praticar o delito de lavagem de capitais.

Ainda no contexto da irretroatividade da lei penal maléfica, especificamente com relação ao inciso VII, que previa a prática da lavagem de capitais quando a conduta descrita no *caput* fosse praticada por organização criminosa, prevalece na jurisprudência pátria o entendimento de que a prática de organização criminosa como crime antecedente da lavagem de dinheiro é atípica antes do advento da Lei n. 12.850/2013, por ausência de descrição normativa[10].

O delito, em regra, é praticado por ação. É possível, contudo, a prática por omissão, como na hipótese do agente que detém o dever jurídico de agir e deixa de adotar as providências necessárias, mesmo podendo e devendo agir, omitindo-se quanto ao seu dever.

Ainda no contexto da conduta, o crime pode ser praticado sob as **modalidades dolo direto e eventual**, não exigindo o tipo penal qualquer finalidade específica, conforme abordagem realizada na sequência, envolvendo a chamada teoria da cegueira deliberada.

O **resultado**, em nossa perspectiva, deve ser analisado sob a perspectiva normativa, haja vista que o tipo penal se realiza com produção do resultado jurídico (ocultação ou dissimulação).

---

9. No que tange aos bens imóveis, ao contrário do crime de receptação, a lavagem pode recair sobre tais bens segundo o entendimento do STJ HC 545.395/RO, Rel. Min. Reynaldo Soares da Fonseca, j. em 05/03/2020.
10. STJ, RHC 109.122/DF, Rel. Min. Ribeiro Dantas, Quinta Turma, DJe 21/09/2020; RHC 80.674/MT, Rel. Min. Rogerio Schietti Cruz, Sexta Turma, julgado em 01/09/2020.

A solução do nexo de causalidade pela **teoria da imputação objetiva**, a despeito da compreensão tradicional, em nossa perspectiva não diverge da apresentada pela doutrina tradicional. O agente que dissimula a origem de valores provenientes diretamente de infração penal **cria um risco juridicamente proibido**, que se materializa em um **resultado normativo** (dissimulação), sendo que resultado se encontra dentro do **alcance do tipo**.

Por fim, a estrutura do tipo penal completa-se com a tipicidade, expressamente consignada no art. 1º, da Lei 9.613/98.

5.6.4 O problema do dolo – teoria da cegueira deliberada

Conforme destaca ABREU *in* Direito Penal, Parte Geral, a Teoria da Cegueira Deliberada ou *Willful Blindness Doctrine*, também conhecida como Teoria da evitação consciente (*conscious avoidence*), ignorância inventada (*contrived ignorance*), instruções de avestruz (*ostrich instructions*), tem origem no Direito Inglês, mas sua maior construção jurisprudencial advém do Direito Norte-americano, guardando especial pertinência no estudo da lavagem de capitais, especialmente nos casos em que há o dever jurídico de agir e imposição de determinados comportamentos (arts. 9º a 11-A da Lei de Lavagem de Capitais).

O modelo anglo-saxão desenvolveu a teoria sob a luz de um conceito, nunca objetivamente definido, de "mens rea", tratado em diversas oportunidades por "mente criminosa", "intenção geral criminosa", "intenção criminosa", "intenção específica", "malícia", "deliberação" e "despreocupação". Diante das dificuldades do conceito, que buscava definir a categoria como o elemento subjetivo necessário para configuração de cada crime, o conceito passou a ser tratado como "*culpability*" no Código Penal Modelo americano, definindo-se quatro requisitos mínimos de "culpability": *purpose, knowledge, reclessness* e *negligence*. Um quinto modelo, *strict liability* foi desenvolvido para permitir a responsabilidade objetiva, nas infrações menores punidas apenas com multa e outras sanções tipicamente civis, como o confisco.

Assim, em brevíssima síntese, pode se esclarecer que a teoria da cegueira deliberada tem por objetivo criminalizar a conduta do indivíduo que se mantém deliberadamente em estado de ignorância sobre a natureza ilícita dos seus atos, em situações nas quais era possível se atestar a natureza ilícita. Tem por escopo, portanto, **impedir a impunidade simplesmente pela alegação de desconhecimento**.

A teoria da cegueira deliberada foi desenvolvida em outros países de forma distinta da original, recebendo contribuições que a distanciaram do modelo anglo-saxão. LUCCHESI[11] (2018, p. 158) sistematicamente esclarece que Ragués, no âmbito do Direito Espanhol identifica cinco elementos: (1) ausência de conhecimento completo pelo autor da situação; (2) disponibilidade da informação desconhecida do autor; (3) existência de um dever de conhecimento para o autor; (4) o protraimento no tempo da decisão do autor por se manter em estado de desconhecimento; e (5) a motivação para o autor se manter em estado de desconhecimento.

Spencer Sydow[12], em tese de doutoramento sobre o tema, propõe oito elementos para a cegueira deliberada: (1) deve se estar numa situação em que o agente não tem conhecimento suficiente da informação que compõe o elemento de um tipo penal em que está inserido; (2) tal informação, apesar de insuficiente, deve estar disponível ao agente para acessar imediatamente e com facilidade; (3) o agente deve se comportar como indiferença por não buscar conhecer a informação suspeita relacionada à situação em que está inserido; (4) deve haver um dever de cuidado legal ou contratual do agente sobre tais informações; (5) é necessário se identificar uma motivação egoística e ilícita que manteve o sujeito em situação de desconhecimento; (6) ausência de garantia constitucional afastadora de deveres de cuidado; (7) ausência de circunstância de isenção de responsabilidade advinda da natureza da relação instalada; e (8) ausência de circunstância de ação neutra.

A conclusão de LUCCHESI[13] (2018, p. 159) apresenta-se sensível para nós:

> "Como se vê, os conceitos acima reproduzidos são bastante distintos dos requisitos exigidos no direito americano. Exige-se nos conceitos brasileiro e espanhol alguma suspeita por parte do autor, mas em momento algum se exige que a suspeita a partir do conhecimento parcial da situação pelo autor – para conduzir à responsabilização a título de dolo – seja de elevada probabilidade de conduta delitiva. Não se trata de mera desconfiança. No direito americano, exige-se algo a mais, mostrando-se, mesmo diante de suas deficiências, um conceito mais exigente no aspecto cognitivo. Ademais, no conceito americano não basta uma omissão pelo autor em não buscar aprofundar seu conhecimento; exige-se que o autor efetivamente tome medidas voltadas propositadamente a evitar que se comprove a prática do crime, cuja existência suspeite como altamente provável. Por em momento algum se traz nos conceitos de Ragués ou de Sydow algum requisito relativo à crença

11. LUCCHESI, Guilherme Brenner. **Punindo a culpa como dolo**. São Paulo: Marcial Pons, 2018.
12. SYDOW, Spencer Toth. **A teoria da cegueira deliberada**. Belo Horizonte: D'Plácido, 2016.
13. *op.cit.*

subjetiva pelo autor. No direito americano, se o autor efetivamente acreditar que o crime não existe, não há como ser punido por cegueira deliberada".

Da breve exposição, tem-se que há uma certa confusão jurisprudencial acerca do conceito de cegueira deliberada, fulcrado em bases distintas das do Direito brasileiro, gerando uma indevida e desnecessária aproximação entre os conceitos de cegueira deliberada e dolo eventual, sendo que a teoria, na maioria dos casos, é utilizada apenas como adorno teórico nas decisões.

Conforme destaca MARTELETO FILHO[14] (2020, p. 387), os conceitos não são equivalentes, pois possuem fundamentos e premissas distintas. Muitos dos casos de cegueira deliberada se inserem no plano do dolo eventual, pois o sujeito parte da assunção do risco de que o conhecimento "recusado" pode conduzi-lo a atuar ilicitamente, não se encontrando, efetivamente, em uma situação cognitiva de desconhecimento. Ainda, na melhor hipótese, a cegueira deliberada é uma modalidade que se insere no plano do que se considera desconhecimento por indiferença, que também pode merecer a censura dolosa, em face de seu caráter comunicativo/expressivo.

Tem-se, portanto, nas conclusões de LUCCHESI[15] (2018, p. 193-199) que, de fato, se a cegueira deliberada equivale ao dolo eventual, não haveria necessidade de desenvolvimento de construção de uma teoria própria. Se o conceito de dolo eventual é insuficiente, havendo uma lacuna de punibilidade, não basta dizer que cegueira deliberada é dolo eventual. Assim, seria preciso dizer mais, com a proposição de critérios adicionais para a cegueira deliberada, que a distinguiriam do dolo eventual. Nesses casos, seria preciso uma construção para se permitir a punição a título de dolo de algo que não é dolo.

Assim, partindo-se das premissas acima, podemos concluir que a utilização da cegueira deliberada de forma indistinta pela jurisprudência pátria[16],

---

14. MARTELETO FILHO, Wagner. **Dolo e risco no direito penal. Fundamentos e limites para a normativização.** São Paulo: Marcial Pons, 2020.
15. *op.cit.*
16. "Para que ocorra a aplicação da teoria da cegueira deliberada, deve restar demonstrado no quadro fático apresentado na lide que o agente finge não perceber determinada situação de ilicitude para, a partir daí, alcançar a vantagem pretendida. Óbice da Súmula 7/STJ. O Tribunal de origem baseou seu entendimento no contexto fático-probatório da demanda para firmar seu posicionamento no sentido de absolver o réu quanto à prática do delito previsto no art. 313-A, do Código Penal – CP" (AgRg no REsp n. 1.565.832/RJ, Quinta Turma, Rel. Min. Joel Ilan Paciornik, DJe de 17/12/2018).
(...) Ademais, consabido que a denominada teoria da cegueira deliberada, criação doutrinária e jurisprudencial, preconiza que é possível a condenação pelo crime de lavagem

por vezes conferindo a essa o trato de dolo eventual, não se coaduna com a lógica do próprio desenvolvimento dogmático da teoria.

5.6.5 Figuras equiparadas

> §1º Incorre na mesma pena quem, para ocultar ou dissimular a utilização de bens, direitos ou valores provenientes de infração penal:
>
> I – os converte em ativos lícitos;
>
> II – os adquire, recebe, troca, negocia, dá ou recebe em garantia, guarda, tem em depósito, movimenta ou transfere;
>
> III – importa ou exporta bens com valores não correspondentes aos verdadeiros.
>
> §2º Incorre, ainda, na mesma pena quem:
>
> I – utiliza, na atividade econômica ou financeira, bens, direitos ou valores provenientes de infração penal;
>
> II – participa de grupo, associação ou escritório tendo conhecimento de que sua atividade principal ou secundária é dirigida à prática de crimes previstos nesta Lei.

As figuras equiparadas foram previstas nos §§1º e 2º do art. 1º da Lei 9.613/98. Normativamente, as figuras distinguem-se, *a priori*, pela necessidade de dolo específico, previsto apenas no §1º (para ocultar ou dissimular a utilização de bens, direitos ou valores provenientes de infração penal).

Nos termos do §1º, incorre na mesma pena quem, para ocultar ou dissimular a utilização de bens, direitos ou valores provenientes de infração penal:

I – os converte em ativos lícitos: a figura prevê uma espécie de tipo de conversão, que pune a prática de um ato naturalmente empregado como meio de se realizar a ocultação ou a dissimulação de bens, direitos ou valores. Há, *in casu*, uma verdadeira antecipação do Direito Penal para alcançar atos preparatórios do delito de lavagem de capitais. A modalidade, que pode ser praticada, por exemplo, com a substituição de dinheiro por moedas digitais, aquisição de cotas ou participação em sociedades, em nossa compreensão, pressupõe o fim especial de agir relacionado à ocultação ou dissimulação de bens, direitos ou valores associados ao *caput*, sob pena da figura equiparada

---

de capitais, ainda que ausente o dolo direto, sendo admitida a punição a título de dolo eventual, desde que presentes alguns requisitos, a saber, que o agente crie consciente e voluntariamente barreiras ao conhecimento da intenção de deixar de tomar contato com a atividade ilícita, se ela vier a ocorrer, quando teria plenas condições de investigar a proveniência ilícita dos bens. (AgRr no Resp 1793377, 5ª Turma, Rel. Des. Convocado TJDFT, Min. Jesuíno Rissato, j. 15.03.22.

alcançar condutas concebidas como *post factum* impuníveis, a exemplo do comportamento do autor do furto, que adquire, com o produto do crime, roupas para uso pessoal.

A conformação típica pressupõe que a conversão em ativos lícitos seja passível de posterior transferência a terceiros como forma de se dar vazão à compreensão ótima ao termo "ativos".

II - os adquire, recebe, troca, negocia, dá ou recebe em garantia, guarda, tem em depósito, movimenta ou transfere: a segunda figura equiparada prevista no §1º, assim como a primeira, trilha o caminho da punição de atos, em tese, preparatórios para a prática da lavagem de capitais prevista no *caput*. Assim, quem *adquire, recebe, troca, negocia, dá ou recebe em garantia, guarda, tem em depósito, movimenta ou transfere* bens, direitos e valores provenientes de infração penal, realiza a conduta nuclear, bastando a prática de qualquer dos comportamentos por se tratar de tipo misto alternativo.

Dentre as condutas previstas, a aquisição, recebimento e recebimento em garantia não podem, por razões naturais, ser praticadas pelo sujeito ativo da infração penal antecedente, porquanto tais comportamentos pressupõem que o agente não detenha a posse ou titularidade do bem, valor ou direito. Nas demais condutas, qualquer pessoa pode ser sujeito ativo do delito, tratando-se, portanto, de crime comum.

Assim como previsão do inciso I, a figura típica, em nossa compreensão, pressupõe o fim especial de agir relacionado à ocultação ou dissimulação de bens, direitos ou valores associados ao *caput*, sob pena da figura equiparada alcançar condutas concebidas como *post factum* impuníveis, a exemplo do comportamento do autor do furto, que tão somente guarda o produto do crime, sem realizar qualquer comportamento fraudulento para tal fim.

III - importa ou exporta bens com valores não correspondentes aos verdadeiros: a importação (fazer ingressar no território nacional) e a exportação (remeter para o exterior) de bens, no tipo em comento, pressupõe a ocorrência de fraude, associada à finalidade específica de ocultação ou dissimulação, caracterizadoras da lavagem de capitais. A conduta não se confunde com o crime de evasão de divisas, previsto no art. 22 da Lei 7.492/86, vez que nesse, há uma transferência ilegal de valores de origem lícita, mas processada de forma ilegal, ao passo que na lavagem de capitais a origem do bem é criminosa, isto é, fruto de uma infração penal antecedente.

O **§2º do art. 1º da Lei de Lavagem de Capitais**, por sua vez, dispõe que incorre, ainda, mesma pena quem:

I - utiliza, na atividade econômica ou financeira, bens, direitos ou valores provenientes de infração penal: a previsão legal prevê a situação em que o agente utiliza na atividade econômica ou financeira, bens, direitos ou valores provenientes de infração penal. A figura equiparada contempla a última fase da lavagem de capitais, a da integração, razão pela qual entendemos que, não obstante a divergência doutrinária, há que se pressupor a ocorrência prévia da ocultação ou dissimulação, haja vista que a utilização dos bens, direitos ou valores provenientes de infração penal para adquirir, por exemplo, cotas de sociedade empresária, amolda-se à figura prevista no inciso I do §1º do art. 1º, por converter o objeto material do delito em ativo lícito.

II – participa de grupo, associação ou escritório tendo conhecimento de que sua atividade principal ou secundária é dirigida à prática de crimes previstos nesta Lei: a previsão típica reprime a colaboração estruturada e organizada realizada por meio de grupos, associações ou escritórios voltados, precipuamente ou não, para a prática do crime de lavagem de capitais. Trata-se de delito obstáculo, que atinge atos preparatórios para a lavagem de capitais.

A redação típica peca pela infelicidade em razão da generalidade, atacando o princípio da legalidade no que toca à conduta nuclear de *participar*, motivo pelo qual recebe as merecidas críticas doutrinárias. Não obstante, há que se conceber a participação como integração, que pressupõe não somente o conhecimento das atividades escusas, mas também a contribuição com ações ou omissões não pautadas pela neutralidade ou irrelevância por fungibilidade do agente em comportamentos não essenciais à lavagem de capitais.

Com lastro na conclusão acima, o motorista que realiza funções cotidianas de transporte de pessoas ou a secretária que organiza agendas ou atende telefonemas, ainda que tenham conhecimento dos fins da entidade coletiva criminosa, não participam dessa, justamente por não a integrarem, em acepção restrita, ou por serem meros agentes fungíveis em razão das atividades ordinariamente praticadas. Há que se perquirir na "participação", portanto, uma **contribuição, concorrência estrita** para a lavagem de capitais.

Não se trata, em nossa perspectiva, de uma modalidade especial de associação criminosa, mas de crime de concurso necessário, porquanto exige a concorrência de uma entidade (grupo, associação ou escritório), formal ou informal, ainda que constituída por uma única pessoa, na forma de escritório.

5.6.6 Consumação e tentativa

O delito de lavagem de capitais, em nossa compreensão, é **crime formal,** por não exigir a efetiva violação do bem jurídico, contentando-se a norma com a simples realização da ocultação ou dissimulação de bens, direitos ou valores provenientes, direta ou indiretamente, de infração penal antecedente.

BADARÓ e BOTTINI[17] (2012, p. 66) entendem tratar-se de crime material, "porque a descrição do comportamento encerra uma alteração naturalística no objeto do delito, no estado de coisas ou bem procedente da infração. Ocultar ou dissimular é ao mesmo tempo um comportamento e um resultado, uma ação e sua consequência, em ambos são elementos do tipo penal".

Não obstante o entendimento acima exposto, compreendemos que, apesar do fato típico, e não o tipo penal estrito, encetar a integração da conduta e resultado, não há, na redação legal, previsão do resultado naturalístico/material diverso do umbilicalmente associado às condutas de ocultar e dissimular. Naturalmente, a ocultação promoverá o escondimento, assim como a dissimulação alterará sua natureza, origem, localização, disposição, movimentação ou propriedade do bem, direito ou valor. Entretanto, não se exige, juridicamente, a produção de dano ao bem jurídico protegido, pelo que as consequências naturais das condutas de ocultar e dissimular, ainda que produzam alterações no mundo exterior, não reúnem os requisitos necessários para caracterização como crime material. Não se confundem, portanto, consequências do comportamento, com resultado normativo, em sua acepção jurídica.

Por outro lado, a tentativa é perfeitamente possível, ante a possibilidade de fracionamento do *iter criminis*. Em reforço à referida compreensão, destacamos o teor do §3º, do art. 1º, da Lei de Lavagem de Capitais, que, mesmo de forma desnecessária, previu que "a tentativa é punida nos termos do parágrafo único do art. 14 do Código Penal".

5.6.7 Causas de aumento de pena

Nos termos do §4º, com a redação conferida pela Lei 14.478/22, "a pena será aumentada de 1/3 (um terço) a 2/3 (dois terços) se os crimes definidos nesta Lei forem cometidos de forma reiterada, por intermédio de organização criminosa ou por meio da utilização de ativo virtual".

A forma agravada prevê três circunstâncias como hábeis a ensejar a aplicação da causa de aumento de pena:

1) **Cometimento do crime de lavagem de capitais, de forma reiterada**: a reiteração delitiva, mencionada no dispositivo, associa-se à habitualidade do comportamento, não se confundindo com a continuidade delitiva. Para

17. BADARÓ, Gustavo Henrique; BOTTINI, Pierpaolo Cruz. **Lavagem de dinheiro: aspectos penais e processuais penais: comentários à Lei 9.613/98, com alterações da lei 12.683/12**. São Paulo: Editora revista dos Tribunais, 2012.

incidência da causa de aumento de pena, há que se afastar, em nossa compreensão, a mera continuidade delitiva, ampliando, portanto, o cenário de análise para uma observação mais profunda.

Assim, o agente que pratica uma infração penal e, em diversos atos subsequentes "lava" o produto crime, realiza diversos comportamentos conectados entre si, em relação contínua de causalidade. Não obstante a reiteração delitiva, há uma preservação de origem comum, a infração penal antecedente, de forma que não nos parece possível a aplicação da hipótese de reiteração criminosa prevista no §4º.

A associação à habitualidade, que nos referimos acima, congloba a prática de atos originalmente dissociados de uma origem comum, de sorte a revelar que o agente faz, da prática da lavagem, seu meio de vida – hipótese comum nos casos de heterolavagem profissional – ou que rotineiramente adota o procedimento em diversas infrações penais praticadas, sem nexo causal entre elas, a ponto de se poder afirmar a existência de um hábito.

Em linha semelhante encontra-se o STJ:

> (...) Há fundamentação idônea para a aplicação do instituto da continuidade delitiva entre os crimes de lavagem de dinheiro, uma vez que, in casu, os **referidos delitos tiveram o mesmo propósito e similitude na maneira de execução, o que evidencia o nexo de causalidade entre eles**, ressaltando-se que a inversão do julgado, no intuito de reconhecer o concurso material entre os crimes de lavagem de dinheiro, demandaria revolvimento fático-probatório, inviável nesta via recursal, conforme a Súmula 7/STJ. Precedentes.
>
> Esta Corte Superior possui entendimento no sentido de que é incabível a aplicação da majorante do § 4º, do artigo 1º, da Lei nº 9.613/98, com base na prática reiterada dos crimes, quando tal fundamento já foi considerado no reconhecimento da continuidade delitiva, sob pena de ocorrência de bis in idem. Precedentes (...) AgRg no REsp 1985757- RJ, Rel. Min. Jesuíno Rissato (Des. Convocado do TJDFT), 6ª Turma, j. 16.10.23.

2) **Cometimento do crime de lavagem de capitais por intermédio de organização criminosa**: o conceito de organização criminosa foi trazido, de forma definitiva para nosso ordenamento jurídico, com a edição da Lei 12.850/13, que a definiu como " associação de 4 (quatro) ou mais pessoas estruturalmente ordenada e caracterizada pela divisão de tarefas, ainda que informalmente, com objetivo de obter, direta ou indiretamente, vantagem de qualquer natureza, mediante a prática de infrações penais cujas penas máximas sejam superiores a 4 (quatro) anos, ou que sejam de caráter transnacional" (art. 1º, §1º da Lei 12.850/13).

A previsão legal traz um certo desconforto jurídico na doutrina, haja vista que as operações de lavagem de capitais são usualmente realizadas por organizações criminosas, sugerindo a possibilidade, portanto, de dupla punição pelo mesmo fato, em especial, a própria constituição da organização criminosa, que pode ter por objeto específico a lavagem de capitais.

Tratando-se de lavagem de capitais realizada por organização criminosa, independentemente da origem da infração penal antecedente, se praticada pela organização criminosa ou não, haverá a incidência da causa de aumento de pena. Por outro lado, sendo realizada a lavagem de capitais por entidade coletiva, grupo ou individualmente, mas sem a caracterização da lavagem por organização criminosa, não incidirá a causa de aumento de pena, ainda que a infração penal antecedente tenha sido praticada pela organização.

O ponto fulcral, merecedor de análise, envolve a circunstância na qual a organização criminosa foi constituída especificamente para a promoção de lavagem de capitais, a exemplo de escritórios especializados na conduta, de modo que, em tese, haveria possibilidade de alegação de dupla valoração típica da mesma conduta, para constituição do crime de organização criminosa, e incidência da causa de aumento de pena na lavagem de capitais.

Não obstante, ao analisarmos a redação típica do delito de organização criminosa, nitidamente podemos extrair a característica de crime de flanco e a autonomia delitiva com relação ao seu resultado, que se encontra fora do tipo penal. Isso porque a conduta proscrita envolve a associação de 4 (quatro) ou mais pessoas estruturalmente ordenada e caracterizada pela divisão de tarefas, ainda que informalmente, com objetivo de obter, direta ou indiretamente, vantagem de qualquer natureza (...), isto é, não se exige a produção do resultado naturalístico (obtenção da vantagem), de forma que a obtenção da vantagem caracteriza mera consequência da existência da própria entidade criminosa.

A lavagem de capitais, por sua vez, apesar de sua perspectiva parasitária, goza do status de crime autônomo, pois não exige condenação ou existência de processo pelo crime. Ocorre que, destinando-se a organização criminosa estritamente à prática da lavagem de capitais, ao se considerar o escopo criminoso para configuração do delito previsto no §1º do art. 1º da Lei 12.850/13, a lavagem de capitais, a incidência da causa de aumento de pena, prevista no §4º do art. 1º da Lei 9.613/98, promove uma dupla valoração sobre o mesmo fato, ou seja, lavagem de dinheiro realizada por intermédio de organização criminosa, constituída especificamente para a prática dessa conduta, dando vazão ao inaceitável *bis in idem*.

3) **Cometimento do crime de lavagem de capitais por meio da utilização de ativo virtual**: a definição de **ativos virtuais**, em verdadeira interpretação autêntica, foi trazida pelo art. 3º da Lei 14.478/22, que alterou o §4º do art. 1º da Lei de Lavagem de Captais: "Para os efeitos desta Lei, **considera-se ativo virtual** a representação digital de valor que pode ser negociada ou transferida por meios eletrônicos e utilizada para realização de pagamentos ou com propósito de investimento(...)". As **criptomoedas**, como *Bitcoin, Ethereum, Tether*, entre outras, portanto, amoldam-se à definição legal de ativos virtuais, sendo abrangidas pelo novo tipo penal.

Os incisos do art. 3º da Lei 14.478/22, por vez, previram, expressamente, as **hipóteses de impossibilidade de caracterização de tais ativos como virtuais**, vejamos: (I) moeda nacional e moedas estrangeiras; (II) moeda eletrônica, nos termos da Lei nº 12.865, de 9 de outubro de 2013; (III) instrumentos que provejam ao seu titular acesso a produtos ou serviços especificados ou a benefício proveniente desses produtos ou serviços, a exemplo de pontos e recompensas de programas de fidelidade; e (IV) representações de ativos cuja emissão, escrituração, negociação ou liquidação esteja prevista em lei ou regulamento, a exemplo de valores mobiliários e de ativos financeiros.

O parágrafo único do art. 3º, por sua vez, dispôs que "competirá a órgão ou entidade da Administração Pública federal definido em ato do Poder Executivo estabelecer quais serão os ativos financeiros regulados, para fins desta Lei". O dispositivo, aparentemente inofensivo para fins penais, traz em seu conteúdo dois pontos dignos de registro.

O primeiro, relaciona-se à possibilidade de transformação da causa de aumento de pena do §4º em norma penal em branco ao quadrado, pois o complemento normativo, originariamente buscado na Lei 14.478/22, pode vir a exigir nova complementação no mencionado ato do Poder Executivo.

O segundo, relacionado à tipicidade e competência, também guarda pertinência com o aludido ato do Poder Executivo, porquanto a depender da regulamentação, a conduta poderá atrair a competência da Justiça Federal.

5.6.8 Conflito aparente de normas

a) **Art. 22, Lei 7.492/86**: Art. 22. Efetuar operação de câmbio não autorizada, com o fim de promover evasão de divisas do País: Pena – Reclusão, de 2 (dois) a 6 (seis) anos, e multa. Parágrafo único. Incorre na mesma pena quem, a qualquer título, promove, sem autorização legal, a saída de moeda ou divisa para o exterior, ou nele mantiver depósitos não declarados à repartição federal competente.

5.6.9 Ação penal

A ação penal no delito em questão é pública incondicionada.

Em razão da pena cominada (reclusão, de três a dez anos, e multa), o delito somente admite o ANPP, não admitindo a transação penal e a suspensão condicional do processo.

5.7 COLABORAÇÃO PREMIADA

O art. 1º, §5º da Lei 9.613/98, prevê que "a pena poderá ser reduzida de um a dois terços e ser cumprida em regime aberto ou semiaberto, facultando-se ao juiz deixar de aplicá-la ou substituí-la, a qualquer tempo, por pena restritiva de direitos, se o autor, coautor ou partícipe colaborar espontaneamente com as autoridades, prestando esclarecimentos que conduzam à apuração das infrações penais, à identificação dos autores, coautores e partícipes, ou à localização dos bens, direitos ou valores objeto do crime.

De forma distinta da colaboração premiada prevista na Lei de Organizações Criminosas, que contempla a construção formal do acordo, o legislador abriu o leque de abordagem e tratamento. A norma prevê a chamada **colaboração premiada unilateral**, criando a possibilidade de o magistrado **deixar de aplicar a pena** ou **substituí-la por restritiva de direitos**, bem como **reduzi-la de um a dois terços, afastando o regime fechado**. Tem-se, portanto, não um meio de obtenção de prova (como definida a colaboração premiada na Lei 12.850/13), mas uma causa de diminuição de pena ou de extinção da punibilidade. No que concerne à abordagem, ampliou a possibilidade de aplicação para o autor, coautor ou partícipe que colaborar espontaneamente com as autoridades, prestando esclarecimentos que conduzam à apuração das infrações penais, à identificação dos autores, coautores e partícipes, ou à localização dos bens, direitos ou valores objeto do crime.

Os delitos de lavagem de capitais possuem uma peculiaridade relacionada à necessidade de existência de uma infração penal antecedente, sendo concebidos, doutrinariamente, como crimes parasitários. Por essa razão, visando elucidar não somente a lavagem de capitais, o legislador permitiu ao magistrado conceder ao autor da lavagem os benefícios legais, porquanto não somente a apuração efetiva da lavagem de bens e valores interessa ao Estado, mas também os delitos antecedentes.

A norma não pressupõe a necessidade formalização de negócio jurídico nesse sentido, cabendo, portanto, ao magistrado avaliar a relevância da contribuição para eleger o benefício mais adequado ao caso em análise. De um lado, apresentando menos requisitos (não se exige a entrega e validação de elementos de corroboração, por exemplo, mas apenas a prestação de esclarecimentos), de outro, reduz a segurança jurídica em favor do réu que eventualmente colabora sem qualquer segurança quanto à obtenção e grau dos benefícios, a serem definidos apenas na sentença.

5.8 INFILTRAÇÃO DE AGENTES E AÇÃO CONTROLADA

O §6º do art. 1º da Lei de Lavagem de Capitais dispõe que para a apuração do crime de que trata este artigo, admite-se a utilização da ação controlada e da infiltração de agentes.

De forma específica, vale o registro do teor do art. 4º-B, que dispõe que "a ordem de prisão de pessoas ou as medidas assecuratórias de bens, direitos ou valores poderão ser suspensas pelo juiz, ouvido o Ministério Público, quando a sua execução imediata puder comprometer as investigações".

Para evitarmos repetições, remetemos o leitor ao estudo dos institutos no capítulo referente à Lei de Organizações Criminosas.

5.9 ASPECTOS PROCESSUAIS

5.9.1 Rito processual

Nos termos do art. 2º, inciso I, da Lei de Lavagem de Capitais, o processo e julgamento dos crimes previstos nesta Lei obedecem às disposições relativas ao procedimento comum dos crimes punidos com reclusão, da competência do juiz singular. Do disposto, portanto, pode-se inferir que o rito a ser observado é o comum ordinário, previsto no art. 394, I, CPP, salvos nas hipóteses de deslocamento de competência, a exemplo de fatos que envolvam pessoas com prerrogativa de função, conexão com crimes eleitorais ou crimes dolosos contra a vida, e praticados por militares aptos a atrair a competência da Justiça Militar (art. 9º, II, CPM).

5.9.2 Autonomia processual

Segundo se extrai do art. 2º, inciso II, da Lei de Lavagem de Capitais, o processo e julgamento dos crimes previstos nesta Lei independem do processo e julgamento das infrações penais antecedentes, ainda que praticados em outro país, cabendo ao juiz competente para os crimes previstos nesta Lei a decisão sobre a unidade de processo e julgamento.

Conforme vimos no estudo da infração penal antecedente, tanto a doutrina como a jurisprudência do STJ assentam que **o crime de lavagem ou**

ocultação de bens, direitos e valores, tipificado no art. 1º da Lei n. 9.613/1998, **constitui crime autônomo** em relação às infrações penais antecedentes[18], tanto que o reconhecimento da extinção da punibilidade pela prescrição da infração penal antecedente não implica atipicidade do delito de lavagem (art. 1º da Lei n. 9.613/1998)[19].

Logo, o fato da lavagem de capitais pressupor a ocorrência de uma infração penal antecedente, com essa não se confunde, porquanto a configuração do delito não exige a existência de processo ou condenação anterior pela infração penal antecedente, bastando a reunião de evidências de essa tenha ocorrido, reveladora do *standard* probatório para deflagração da ação penal pelo crime de lavagem de capitais.

Ainda nos termos do inciso II do art. 2º da Lei 9.613/98, o fato da infração penal antecedente ter sido praticada em outro país não interfere na conformação típica do crime de lavagem de capitais. O que se exige para a aplicação da lei brasileira, segundo o princípio da territorialidade, é que o delito de lavagem tenha sido praticado, no todo ou em parte, no território nacional.

Nesse sentido está o STJ:

> A autoridade judiciária brasileira é competente para julgar os crimes de lavagem ou ocultação de dinheiro cometidos, mesmo que parcialmente, no território nacional, bem como na hipótese em que os crimes antecedentes tenham sido praticados em prejuízo da administração pública, ainda que os atos tenham ocorrido exclusivamente no exterior. AgRg no RHC 112868/PR, Rel. Ministro Leopoldo de Arruda Raposo (Des. Convocado do TJ/PE), 5ª Turma, DJe 26/11/2019.

Não obstante a previsão legal, não podemos nos olvidar do fato de que a infração penal antecedente também deve ser assim considerada no estrangeiro, observando-se a **regra da dupla tipicidade ou dupla imputação**, de forma que meros ilícitos civis ou administrativo não dão vazão à tipicidade do crime de lavagem de capitais segundo a doutrina e entendimento do STF:

> (...) se os valores forem provenientes de mera infração administrativa praticada no exterior, não se configurará o crime de lavagem de capitais, ainda que a mesma conduta seja considerada delito no Brasil. (...) Ainda que permitida sua demonstração por indícios, a descrição do crime antecedente deve estar contida na denúncia, porquanto, como lembra a doutrina, o crime antecedente apresenta-se como elemento normativo do crime de

---

18. AgRg no REsp 1840416/PR, Rel. Ministro Félix Fischer, 5ª Turma, DJe 23/11/2020.
19. AgRg no HC 497486/ES, Rel. Ministro Reynaldo Soares da Fonseca, 5ª Turma, DJe 22/08/2019.

lavagem de dinheiro e sua inexistência descaracteriza o crime de lavagem de dinheiro(...) HC 163.612, Rel. Min. Rosa Weber, DJe 08.10.19.

Importante ainda lembrar que, em razão do princípio da extraterritorialidade incondicionada, será possível a aplicação da lei penal brasileira à lavagem de capitais praticada no exterior quanto a lavagem envolver bens, direitos e valores obtidos com a prática de infração penal contra a Administração Pública brasileira (art. 7º, I, *b*, CP)[20].

5.9.3 Competência

Nos termos do inciso III do art. 2º da Lei 9.613/98, **são de competência da Justiça Federal**: a) quando praticados contra o sistema financeiro e a ordem econômico-financeira, ou em detrimento de bens, serviços ou interesses da União, ou de suas entidades autárquicas ou empresas públicas; b) quando a infração penal antecedente for de competência da Justiça Federal.

A regra segue a lógica do art. 109 da Constituição Federal, fixando a competência da Justiça Federal para o processo e julgamento de crimes praticados contra o sistema financeiro e a ordem econômico-financeira, que atraem a competência federal (art. 109, VI, CF), e dos crimes praticados em detrimento de bens, serviços ou interesses da União, ou de suas entidades autárquicas ou empresas públicas (art. 109, IV, CF).

Convém lembrar ainda que ao se seguir a norma do inciso V do art. 109, CF, os crimes previstos em tratado ou convenção internacional, quando, iniciada a execução no País, o resultado tenha ou devesse ter ocorrido no estrangeiro, ou reciprocamente. E, nesse sentido, o Brasil é signatário das Convenções de Viena (Contra o Tráfico Ilícito de Entorpecentes e Substâncias Psicotrópicas, 1988, Dec. 154/91), Paris (Combate da Corrupção de Funcionários Públicos Estrangeiros em Transações Comerciais Internacionais, 1997, Dec. 3.678/00), Palermo (Convenção das Nações Unidas contra o Crime Organizado Transnacional, 2000, Dec. 5.015/04) e Mérida (Convenção das Nações Unidas contra a Corrupção, 2003, Dec. 5.687/06).

Verifica-se, portanto, que **a competência da Justiça Estadual é residual**, sendo aplicada às lavagens de capitais que não se amoldam o modelo acima. Dessarte, por força da parte final do inciso II do art. 2º, que enceta verdadeira

20. HC 80.618/PR, Rel. Min. Félix Fischer, 5ª Turma, DJe 12.06.17. (...) Embora os supostos atos de lavagem de dinheiro tenham sido praticados no exterior, aplica-se a lei brasileira caso haja indícios de que tal lavagem é decorrente de crimes praticados contra a Administração Pública Brasileira, aplicando-se, no caso, o princípio da extraterritorialidade (art. 7º, I, "b", do CP) (...).

regra de competência no emprego da expressão "...cabendo ao juiz competente para os crimes previstos nesta Lei a decisão sobre a unidade de processo e julgamento".

Em linhas gerais, o dispositivo fixa a prerrogativa do juiz competente para avaliar eventual conexão e continência (decisão sobre a unidade de processo e julgamento) com as infrações penais antecedentes, eventualmente processadas em outros juízos. Trata-se, portanto, consoante a jurisprudência do STJ, de **regra de juízo prevalente**, que somente poderá ser afastada se o julgamento das infrações penais antecedentes estiver afeto a tribunal.

> Compete ao juízo processante do crime de lavagem de dinheiro apreciar e decidir a respeito da união dos processos (art. 2º, II, da Lei n. 9.613/1998), examinando caso a caso, com objetivo de otimizar a entrega da prestação jurisdicional. CC 146107/RJ, Rel. Ministro Félix Fischer, 3ª Seção, DJe 17/08/2016; CC 167863/GO (decisão monocrática), Rel. Ministro Joel Ilan Paciornik, 3ª Seção, julgado em 11/09/2019, DJe 13/09/2019 (Jurisprudência em Teses, ed. 167).

5.9.4 Suspensão do processo e do curso do prazo prescricional

Conforme destacamos em nosso Manual de Processo Penal, o §2º do art. 2º da Lei 9.613/98 prevê que no processo por crime previsto nesta Lei, não se aplica o disposto no art. 366 do Decreto-Lei nº 3.689, de 3 de outubro de 1941 (Código de Processo Penal), devendo o acusado que não comparecer nem constituir advogado ser citado por edital, prosseguindo o feito até o julgamento, com a nomeação de defensor dativo.

Na exposição de motivos da Lei 9.613/98 consta a seguinte fundamentação: "Trata-se de medida de política criminal diante da incompatibilidade material existente entre os objetivos desse novo diploma legal e a macrocriminalidade representada pela lavagem de dinheiro ou ocultação de bens, direitos e valores oriundos de crimes de especial gravidade. A suspensão do processo constituiria um prêmio para os delinquentes astutos e afortunados e um obstáculo à descoberta de uma grande variedade de ilícitos que se desenvolvem em parceria com a lavagem ou a ocultação". (item 63, Exposição de Motivos 692/ MJ).

Não obstante a tentativa hermenêutica de fundamentar a não aplicação do art. 366 aos crimes de lavagem de capitais, a questão versa sobre matéria processual e não material. Ao se valer da vedação à aplicação do art. 366 do CPP como forma de combate à criminalidade especializada, o legislador se perde na compreensão de processo como garantia e processo como meio de se combater a impunidade. Mera leitura da exposição de motivos nos evidencia sua possibilidade de aplicação a diversos outros delitos, especialmente os relacionados à corrupção passiva e peculato.

Não obstante ser compreensível a intenção do legislador, não podemos nos afastar do devido processo legal, que impõe a certeza de que a citação editalícia alcançou sua finalidade. Trata-se de garantia do contraditório e ampla defesa, que não pode ser afastada tão somente porque o legislador entendeu que o delito "A" ou "B" merece uma represália distinta. Admitir a possibilidade de condenação, sem que se tenha efetiva certeza quanto à observância do contraditório e ampla defesa, representa um risco ao próprio processo penal democrático, razão pela qual entendemos o dispositivo como inconstitucional, não obstante o STJ tenha, em 2022, decidido pela aplicação do dispositivo, com lastro no princípio da especialidade, olvidando-se, em nossa compreensão, da lógica estrutural dos princípios do contraditório e ampla defesa:

> Em razão da expressa previsão legal para o prosseguimento do feito (art. 2.º, § 2.º, da Lei n.º 9.613/1998), a aplicação da regra prevista no art. 366 do Código de Processo Penal consubstanciaria um prêmio para o infrator do delito e um obstáculo à descoberta de outros crimes praticados com a lavagem ou a ocultação de dinheiro. 3. No caso, deve ser aplicado o princípio da especialidade, seguindo a regra de que lei especial derroga a geral, o que afasta o conflito aparente de normas. HC 571.463, Rel. Min. Laurita Vaz, 6ª Turma, DJe 04.04.22.

5.9.5 Denúncia

Conforme se extrai do §1º do art. 2º da Lei de Lavagem de Capitais, a denúncia será instruída com indícios suficientes da existência da infração penal antecedente, sendo puníveis os fatos previstos nesta Lei, ainda que desconhecido ou isento de pena o autor, ou extinta a punibilidade da infração penal antecedente.

A petição inicial no processo de lavagem de capitais, em seu aspecto estrutural, substancialmente não diverge de qualquer outra denúncia oferecida em outras infrações penais. Não obstante, exige-se, conforme vimos anteriormente, a demonstração de indícios suficientes da existência da infração penal antecedente, ao que a doutrina nomeia de **justa causa duplicada**.

Conforme assinalamentos no estudo da infração penal antecedente, a demonstração da ocorrência da infração penal anterior não pressupõe qualquer espécie de condenação ou processo anterior pelo fato antecedente (art. 2º, II e §1º da Lei 9.613/98), bastando a reunião de evidências de essa tenha ocorrido. Revela-se, nesse ponto, a **justa causa duplicada**, vez que será necessário à acusação demonstrar não somente o suporte mínimo probatório referente à ocultação de bens, direitos ou valores (justa causa 1), mas também o suporte mínimo probatório de que tais valores são provenientes, direta ou indiretamente, de infração penal (justa causa 2), não sendo necessária a realização de descrição exaustiva e pormenorizada do crime antecedente.

Nesse sentido é o entendimento do STJ:

> Nos crimes de lavagem de dinheiro, a denúncia é apta quando apresentar justa causa duplicada, indicando lastro probatório mínimo em relação ao crime de lavagem de dinheiro e à infração penal antecedente. RHC 115171/RJ, Rel. Min. Reynaldo Soares da Fonseca, 5ª Turma, DJe 05/12/2019.

Não se exige, portanto, que a descrição da infração penal seja analisada em sua plenitude, vez que o legislador se contentou com a demonstração de indícios suficientes de que o objeto material da lavagem seja proveniente, direta ou indiretamente, de infração penal antecedente.

5.10 MEDIDAS ASSECURATÓRIAS

Art. 4º O juiz, de ofício, a requerimento do Ministério Público ou mediante representação do delegado de polícia, ouvido o Ministério Público em 24 (vinte e quatro) horas, havendo indícios suficientes de infração penal, poderá decretar medidas assecuratórias de bens, direitos ou valores do investigado ou acusado, ou existentes em nome de interpostas pessoas, que sejam instrumento, produto ou proveito dos crimes previstos nesta Lei ou das infrações penais antecedentes.

Tal como nas já estudadas medidas assecuratórias da Lei Antiterrorismo e com inspiração no vetusto Decreto 3240/41, exige-se causa provável (indícios suficientes de infração penal) como requisito para a decretação, mas dispensa-se qualquer tipo de *periculum in mora*, seja de ineficácia da medida, seja de dilapidação patrimonial.

A redação do dispositivo indica, *a priori*, que somente os bens de origem ilícita podem ser objeto de medidas assecuratórias, restringindo-as, portanto, ao sequestro e apreensão. Contudo, o §4º da lei assinala que poderão ser decretadas medidas assecuratórias sobre bens, direitos ou valores para reparação do dano decorrente da infração penal antecedente ou da prevista nesta Lei ou para pagamento de prestação pecuniária, multa e custas.

Assim, tem-se que, não obstante o *caput* prever as medidas assecuratórias incidentes sobre "instrumento, produto ou proveito dos crimes previstos nesta Lei ou das infrações penais antecedentes", o §4º estende o objeto para os "bens, direitos ou valores para reparação do dano decorrente da infração penal antecedente ou da prevista nesta Lei ou para pagamento de prestação pecuniária, multa e custas", prevendo, portanto, a hipoteca legal e o arresto prévio como admissíveis nos processos por crimes de lavagem de capitais.

O dispositivo, em nossa compreensão, sofreu impactos com a entrada em vigor da Lei do Pacote Anticrime, que além de reafirmar a estrutura acusatória do Processo Penal brasileiro, coibiu a atuação de ofício do magistrado, especialmente em substituição probatória à acusação. Conforme salientado pelo STF no julgamento das ADIs 6.298, 6.299, 6.300 e 6.305, atinentes ao instituto do juiz das garantias, a legitima vedação à substituição da atuação probatória do órgão de acusação significa que o juiz não pode, em hipótese alguma, tornar-se protagonista do processo, remanescendo, dentre outras, a possibilidade de o juiz, de ofício, "determinar, no curso da instrução, ou antes de proferir sentença, a realização de diligências para dirimir dúvida sobre ponto relevante (artigo 156, II)".

Nesse sentido, entendemos que a redação legal do art. 4º, *caput*, no tocante à expressão "de ofício", é contrária à sistemática processual, tendo sido derrogada.

Registre-se, por importante, que o STJ admite a homologação de sentença estrangeira que determina o perdimento de bem imóvel caso se trate de produto de crime de lavagem de capitais: "por força do art. 9º, I, do CP, bem como da Convenção das Nações Unidas contra o Crime Organizado Transnacional (Convenção de Palermo), é possível a homologação de sentença penal estrangeira que determine o perdimento de imóvel situado no Brasil em razão de o bem ser produto do crime de lavagem de dinheiro" (SEC 10.612-FI, Rel. Min. Laurita Vaz, DJe 28.06.16).

Configurado o cenário da aplicação de medidas assecuratórias, nos termos do art. 5º, quando as circunstâncias o aconselharem, isto é, quando houver justificativa razoável, por prudência, o juiz, ouvido o Ministério Público, nomeará pessoa física ou jurídica qualificada para a administração dos bens, direitos ou valores sujeitos a medidas assecuratórias, mediante termo de compromisso. E, nesse sentido, nos termos do art. 6º, a pessoa responsável pela administração dos bens: I – fará jus a uma remuneração, fixada pelo juiz, que será satisfeita com o produto dos bens objeto da administração; II – prestará, por determinação judicial, informações periódicas da situação dos bens sob sua administração, bem como explicações e detalhamentos sobre investimentos e reinvestimentos realizados. Ainda, segundo o parágrafo único, os atos relativos à administração dos bens sujeitos a medidas assecuratórias serão levados ao conhecimento do Ministério Público, que requererá o que entender cabível.

Em se tratando de bens, direitos ou valores oriundos de crimes praticados no estrangeiro, o art. 8º assinala que o juiz determinará, na hipótese de **existência de tratado ou convenção internacional e por solicitação de autoridade estrangeira competente**, medidas assecuratórias sobre bens, direitos ou valores oriundos de crimes descritos no art. 1º praticados no estrangeiro. O §1º, por sua vez, dispõe que se aplica o teor do art. 8º, **independentemente de tratado ou convenção internacional**, quando o governo do país da autoridade solicitante prometer **reciprocidade** ao Brasil.

Nos termos do §2º, na falta de tratado ou convenção, os bens, direitos ou valores privados sujeitos a medidas assecuratórias por solicitação de autoridade estrangeira competente ou os recursos provenientes da sua alienação serão repartidos entre o Estado requerente e o Brasil, na proporção de metade, ressalvado o direito do lesado ou de terceiro de boa-fé.

5.10.1 Alienação antecipada

§1º Proceder-se-á à alienação antecipada para preservação do valor dos bens sempre que estiverem sujeitos a qualquer grau de deterioração ou depreciação, ou quando houver dificuldade para sua manutenção.

A medida de alienação antecipada, prevista de forma genérica no art. 144-A do CPP, e de forma específica, no §1º do art. 4º da Lei 9.613/98, diferentemente da previsão da autorização de uso, que pressupõe a possibilidade de incidência em bens sujeitos à decretação de perdimento (art. 91, II, a e b, e art. 91-A, do Código Penal), pode recair sobre qualquer bem, isto é, tanto os bens sujeitos ao perdimento como aqueles cuja constrição visa garantir a efetividade da reparação do dano.

O art. 4º-A da Lei de Lavagem de Capitais, inserido pela lei 12.683/12, dispõe que a alienação antecipada para preservação de valor de bens sob constrição será decretada pelo juiz, de ofício, a requerimento do Ministério Público ou por solicitação da parte interessada, mediante petição autônoma, que será autuada em apartado e cujos autos terão tramitação em separado em relação ao processo principal.

Por sua vez, o §1º do dispositivo assinala que o requerimento de alienação deverá conter a relação de todos os demais bens, com a descrição e a especificação de cada um deles, e informações sobre quem os detém e local onde se encontram. Em sequência, na forma dos §§2º e 3º, o juiz determinará a avaliação dos bens, nos autos apartados, e intimará o Ministério Público, sendo que feita a avaliação e dirimidas eventuais divergências sobre o respectivo laudo, o juiz, por sentença, homologará o valor atribuído aos bens e determinará sejam alienados em leilão ou pregão, preferencialmente eletrônico, por valor não inferior a 75% (setenta e cinco por cento) da avaliação.

Conforme se extrai do §4º, realizado o leilão, a quantia apurada será depositada em conta judicial remunerada, adotando-se a seguinte disciplina: I - nos processos de competência da Justiça Federal e da Justiça do Distrito Federal: a) os depósitos serão efetuados na Caixa Econômica Federal ou em instituição financeira pública, mediante documento adequado para essa finalidade; b) os depósitos serão repassados pela Caixa Econômica Federal ou por outra instituição financeira pública para a Conta Única do Tesouro Nacional, independentemente de qualquer formalidade, no prazo de 24 (vinte e quatro) horas; e c) os valores devolvidos pela Caixa Econômica Federal ou por instituição financeira pública serão debitados à Conta Única do Tesouro Nacional, em subconta de restituição; II - nos processos de competência da Justiça dos Estados: a) os depósitos serão efetuados em instituição financeira designada em lei, preferencialmente pública, de cada Estado ou, na sua ausência, em instituição financeira pública da União; b) os depósitos serão repassados para a conta única de cada Estado, na forma da respectiva legislação.

Segundo se depura do §5º, mediante ordem da autoridade judicial, o valor do depósito, após o trânsito em julgado da sentença proferida na ação penal, será: I - em caso de sentença condenatória, nos processos de competência da Justiça Federal e da Justiça do Distrito Federal, incorporado definitivamente ao patrimônio da União, e, nos processos de competência da Justiça Estadual, incorporado ao patrimônio do Estado respectivo; II - em caso de sentença absolutória extintiva de punibilidade, colocado à disposição do réu pela instituição financeira, acrescido da remuneração da conta judicial. Em sequência, o §6º assinala que a instituição financeira depositária manterá controle dos valores depositados ou devolvidos.

Os §§ 7º e 8º, por sua vez, aduzem que serão deduzidos da quantia apurada no leilão todos os tributos e multas incidentes sobre o bem alienado, sem prejuízo de iniciativas que, no âmbito da competência de cada ente da Federação, venham a desonerar bens sob constrição judicial daqueles ônus, bem como que feito o depósito a que se refere o § 4º do art. 4º-A, os autos da alienação serão apensados aos do processo principal.

O §9º, do art. 4º-A, expressamente assinala que os recursos interpostos contra as decisões proferidas no curso do procedimento previsto neste artigo, alienação antecipada, terão apenas **efeito devolutivo**.

O §10, imiscuindo-se, de certa forma, em conteúdo previsto no art. 7º (**efeitos da condenação**), dispõe que: sobrevindo o trânsito em julgado de sentença penal condenatória, o juiz decretará, em favor, conforme o caso, da

União ou do Estado: I – a perda dos valores depositados na conta remunerada e da fiança; II – a perda dos bens não alienados antecipadamente e daqueles aos quais não foi dada destinação prévia; e III – a perda dos bens não reclamados no prazo de 90 (noventa) dias após o trânsito em julgado da sentença condenatória, ressalvado o direito de lesado ou terceiro de boa-fé.

O §11, por sua vez, assinala que os bens a que se referem os incisos II e III do §10 do art. 4º-A serão adjudicados ou levados a leilão, depositando-se o saldo na conta única do respectivo ente.

O §12, em outra linha, dispõe que o juiz determinará ao registro público competente que emita documento de habilitação à circulação e utilização dos bens colocados sob o uso e custódia das entidades a que se refere o *caput* do art. 4º-A.

E, por fim, o §13 dispõe que os recursos decorrentes da alienação antecipada de bens, direitos e valores oriundos do crime de tráfico ilícito de drogas e que tenham sido objeto de dissimulação e ocultação nos termos da Lei de Lavagem de Capitais permanecem submetidos à disciplina definida em lei específica.

5.10.2 Liberação total ou parcial dos bens

O §2º do art. 4º assinala que o juiz determinará a liberação total ou parcial dos bens, direitos e valores quando **comprovada a licitude de sua origem**, mantendo-se a constrição dos bens, direitos e valores necessários e suficientes à **reparação dos danos e ao pagamento de prestações pecuniárias, multas e custas decorrentes da infração penal**.

O §3º, por sua vez, dispõe que nenhum pedido de liberação será conhecido sem o comparecimento pessoal do acusado ou de interposta pessoa a que se refere o *caput* do art. 4º, podendo o juiz determinar a prática de atos necessários à conservação de bens, direitos ou valores, sem prejuízo do disposto no §1º, isto é, proceder à alienação antecipada dos bens.

A regra impõe o dever especial de comparecimento pessoal do acusado para que o pedido seja conhecido. Naturalmente, não se exige o comparecimento de terceiro eventual atingido pela constrição patrimonial. A regra, para nós, não guarda qualquer razão de ordem prática, nada impedindo que o pedido seja formulado por procurador, com poderes especiais, vez que não será o comparecimento pessoal o elemento probatório necessário para demonstrar a origem lícita dos bens.

5.10.3 Afastamento de servidor por indiciamento

O art. 17-D da Lei 9.613/98 originariamente previa que em caso de indiciamento de servidor público, este será afastado, sem prejuízo de remuneração e demais direitos previstos em lei, até que o juiz competente autorize, em decisão fundamentada, o seu retorno.

O dispositivo foi questionado por meio da ADI 4.911, tendo o Pretório Excelso declarado sua inconstitucionalidade:

> (...) A determinação do afastamento automático do servidor investigado, por consequência única e direta do indiciamento pela autoridade policial, não se coaduna com o texto constitucional, uma vez que o afastamento do servidor, em caso de necessidade para a investigação ou instrução processual, somente se justifica quando demonstrado nos autos o risco da continuidade do desempenho de suas funções e a medida ser eficaz e proporcional à tutela da investigação e da própria administração pública, circunstâncias a serem apreciadas pelo Poder Judiciário. Reputa-se violado o princípio da proporcionalidade quando não se observar a necessidade concreta da norma para tutelar o bem jurídico a que se destina, já que o afastamento do servidor pode ocorrer a partir de representação da autoridade policial ou do Ministério Público, na forma de medida cautelar diversa da prisão, conforme os arts. 282, § 2º, e 319, VI, ambos do CPP. A presunção de inocência exige que a imposição de medidas coercitivas ou constritivas aos direitos dos acusados, no decorrer de inquérito ou processo penal, seja amparada em requisitos concretos que sustentam a fundamentação da decisão judicial impositiva, não se admitindo efeitos cautelares automáticos ou desprovidos de fundamentação idônea. Sendo o indiciamento ato dispensável para o ajuizamento de ação penal, a norma que determina o afastamento automático de servidores públicos, por força da opinio delicti da autoridade policial, quebra a isonomia entre acusados indiciados e não indiciados, ainda que denunciados nas mesmas circunstâncias. Ressalte-se, ainda, a possibilidade de promoção de arquivamento do inquérito policial mesmo nas hipóteses de indiciamento do investigado. Ação Direta julgada procedente. (Tribunal Pleno, Rel. Min. Edson Fachin DJe 03.12.20).

5.11 EFEITOS DA CONDENAÇÃO

Os efeitos da condenação na Lei 9.613/98 foram previstos no art. 7º:

> Art. 7º São efeitos da condenação, além dos previstos no Código Penal:
>
> I. a perda, em favor da União e dos Estados, nos casos de competência da Justiça Estadual, de todos os bens, direitos e valores relacionados, direta ou indiretamente, à prática dos crimes previstos nesta Lei, inclusive aqueles utilizados para prestar a fiança, ressalvado o direito do lesado ou de terceiro de boa-fé;

> II. a interdição do exercício de cargo ou função pública de qualquer natureza e de diretor, de membro de conselho de administração ou de gerência das pessoas jurídicas referidas no art. 9º, pelo dobro do tempo da pena privativa de liberdade aplicada.

Segundo o §1º do dispositivo, a União e os Estados, no âmbito de suas competências, regulamentarão a forma de destinação dos bens, direitos e valores cuja perda houver sido declarada, assegurada, quanto aos processos de competência da Justiça Federal, a sua utilização pelos órgãos federais encarregados da prevenção, do combate, da ação penal e do julgamento dos crimes previstos na Lei de Lavagem de Capitais, e, quanto aos processos de competência da Justiça Estadual, a preferência dos órgãos locais com idêntica função[21].

Conforme se extrai do §2º, os instrumentos do crime sem valor econômico cuja perda em favor da União ou do Estado for decretada serão inutilizados ou doados a museu criminal ou a entidade pública, se houver interesse na sua conservação.

Segundo o entendimento dominante, o efeito previsto no **inciso I é automático**, enquanto o previsto no **inciso II precisa ser motivado e declarado em sentença.**

5.12 AÇÃO CONTROLADA – SUSPENSÃO DAS MEDIDAS CAUTELARES PESSOAIS OU PATRIMONIAIS

Nos termos do art. 4º-B da Lei de Lavagem de Capitais, a ordem de prisão de pessoas ou as medidas assecuratórias de bens, direitos ou valores poderão ser suspensas pelo juiz, ouvido o Ministério Público, quando a sua execução imediata puder comprometer as investigações.

---

21. ARGUIÇÃO DE DESCUMPRIMENTO DE PRECEITO FUNDAMENTAL 569 - O Tribunal, por unanimidade, conheceu parcialmente da presente arguição e, na parte conhecida, confirmou a medida cautelar concedida e julgou parcialmente procedente o pedido formulado na inicial para, conferindo interpretação conforme ao art. 91, II, "b", do Código Penal, ao art. 4º, IV, da Lei 12.850/2013 e ao art. 7º, I e § 1º, da Lei 9.613/1998, assentar que, não havendo previsão legal específica acerca da destinação de receitas derivadas provenientes de sistemas normativos de responsabilização pessoal, a qual vincula os órgãos jurisdicionais no emprego de tais recursos, tais ingressos, como aqueles originados de acordos de colaboração premiada, devem observar os estritos termos do art. 91 do Código Penal, sendo destinados, à míngua de lesados e de terceiros de boa-fé, à União para sujeitarem-se à apropriação somente após o devido processo orçamentário constitucional, vedando-se sua distribuição de maneira diversa, seja por determinação ou acordo firmado pelo Ministério Público, seja por ordem judicial, excetuadas as previsões legais específicas. Tudo nos termos do voto do Relator. Falou, pelosamici curiaeAssociação dos Magistrados Brasileiros - AMB e Associação Paulista de Magistrados - APAMAGIS, o Dr. Alberto Pavie Ribeiro. Plenário, Sessão Virtual de 10.5.2024 a 17.5.2024.

O dispositivo disciplina uma espécie de ação controlada ao prever a possibilidade de que a ordem de prisão ou medidas assecuratórias de bens, direitos ou valores poderão ser suspensas pelo juiz, ouvido o Ministério Público, quando a sua execução imediata puder comprometer as investigações.

Ressai nítido da norma que a ação controlada tem por escopo a identificação e responsabilização do maior número de integrantes de operações de lavagem de capitais. Aplica-se, perfeitamente, à situação na qual a autoridade policial, tendo notícia da prática do desdobramento financeiro da infração penal antecedente, formula o pedido de suspensão do cumprimento da ordem de sequestro emitida, com base no braço paralelo da investigação, com o objetivo de identificar não somente o agente direto responsável pela lavagem, mas toda a estrutura que perpassa por tal agente criminoso.

5.13 ACESSO A DADOS CADASTRAIS

O art. 17-B da Lei 9.613/98 dispõe que "a autoridade policial e o Ministério Público terão acesso, exclusivamente, aos dados cadastrais do investigado que informam qualificação pessoal, filiação e endereço, independentemente de autorização judicial, mantidos pela Justiça Eleitoral, pelas empresas telefônicas, pelas instituições financeiras, pelos provedores de internet e pelas administradoras de cartão de crédito.

Os dados cadastrais são aqueles normalmente utilizados para cadastro, como nome, telefone, endereço, RG, CPF etc. Apesar da proteção aos dados pessoais ter sido erigido ao status de direito fundamental, o inciso LXXIX, do art. 5º da CF, incluído pela Emenda Constitucional 115, revela-se norma de eficácia limitada, circunstância que não colide com a regulamentação e restrição especial fornecida pelo art. 17-B da Lei de Lavagem de Capitais. Logo, não se exige a reserva de jurisdição nesses casos.

O STJ, por exemplo, entende que a decisão do magistrado que determina à operadora de telefonia que informe o titular de determinado número telefônico não viola o sigilo dos dados cadastrais (HC 190.917/ SP). Em síntese, por dados cadastrais deve-se compreender as informações superficiais de registro, não encapando registros telefônicos, movimentações bancárias, sites visitados etc.

O art. 17-C, por sua vez, assinala que os encaminhamentos das instituições financeiras e tributárias em resposta às ordens judiciais de quebra ou transferência de sigilo deverão ser, sempre que determinado, em meio informático, e apresentados em arquivos que possibilitem a migração de informações para os autos do processo sem redigitação.

6

LEI DE ORGANIZAÇÕES CRIMINOSAS (LEI 12.850/13)

6.1 INTRODUÇÃO

O fenômeno da associação de pessoas em entidades coletivas criminosas para a prática de crimes não é recente, podendo ser verificado ao longo de toda a história. Entretanto, sua criminalização autônoma somente passou a ser prevista no início do século XIX, especialmente a partir do Código Penal Francês de 1810.

Especificamente no universo do Direito pátrio, somente em 1940, com publicação do Código Penal vigente, que o assunto recebeu tratamento específico com a previsão típica do atual crime de associação criminosa (art. 288), anteriormente previsto como quadrilha ou bando.

Não obstante, o crime de associação criminosa não se confunde com o delito de organização criminosa, que recebeu tratamento específico na Lei 12.850/13, superando os conflitos anteriores em razão da sucessão legislativa que veremos, de forma breve, na sequência.

6.2 HISTÓRICO LEGAL E CONCEITUAL

A primeira menção legal à expressão organizações criminosas foi trazida pela Lei 9.034/95, que, furtando-se à melhor técnica, supostamente dispunha sobre a utilização de meios operacionais para a prevenção e repressão de ações praticadas por organizações criminosas, mas em seu art. 1º restringia sua aplicação sobre crimes resultantes de "ações de quadrilha ou bando". Posteriormente, com a edição da Lei 10.217/01, seu objeto foi ampliado, igualmente sem observância da melhor técnica, para compreender os "ilícitos decorrentes de ações praticadas por quadrilha ou bando ou organizações ou associações criminosas de qualquer tipo". À época, portanto, o legislador referiu-se à organização criminosa como sinônimo de quadrilha ou bando, haja vista que apesar de trazer um "novo conceito", olvidou-se de defini-lo, conduzindo à corrente majoritária que preconizava a identidade conceitual.

Ainda no contexto de debate sobre a Lei 9.034/95 e sua alteração promovida pela Lei 10.217/01, o Brasil aprovou a Convenção das Nações Unidas contra o Crime Organizado Transnacional (Convenção de Palermo), realizada dezembro de 2000, por meio do Decreto Legislativo 231, de 30 de maio de 2003, entrando em vigor em 28 de fevereiro de 2004, tendo sua promulgação ocorrida por meio do Decreto 5.015/04, de 12 de março de 2004.

De acordo com a Convenção de Palermo, "Grupo criminoso organizado" foi concebido como grupo estruturado de três ou mais pessoas, existente há algum tempo e atuando concertadamente com o propósito de cometer uma ou mais infrações graves ou enunciadas na presente Convenção, com a intenção de obter, direta ou indiretamente, um benefício econômico ou outro benefício material.

Apreciando a nova definição, sustentada por parcela da doutrina com apta a trazer o conceito de organização criminosa para nosso ordenamento jurídico, o Supremo Tribunal Federal, no julgamento do RHC nº 121.835/-AgR, Segunda Turma, Rel. Min. Celso de Mello, DJe de 20/11/15, decidiu que conceito de organização criminosa não poderia ser extraído da Convenção de Palermo, em matéria penal:

> Em matéria penal, prevalece o dogma da reserva constitucional de lei em sentido formal, pois a Constituição da República somente admite a lei interna como única fonte formal e direta de regras de direito penal, a significar, portanto, que as cláusulas de tipificação e de cominação penais, para efeito de repressão estatal, subsomem-se ao âmbito das normas domésticas de direito penal incriminador, regendo-se, em consequência, pelo postulado da reserva de Parlamento. Doutrina. Precedentes (STF). – As convenções internacionais, como a *Convenção de Palermo*, não se qualificam, constitucionalmente, como fonte formal direta legitimadora da regulação normativa concernente à tipificação de crimes e à cominação de sanções penais.

Dando sequência aos atos legislativos que trataram do assunto organizações criminosas, a Lei 12.694/12 trouxe o regramento sobre o processo e o julgamento colegiado em primeiro grau de jurisdição de crimes praticados por organizações criminosas, definindo a organização criminosa como "a associação, de 3 (três) ou mais pessoas, estruturalmente ordenada e caracterizada pela divisão de tarefas, ainda que informalmente, com objetivo de obter, direta ou indiretamente, vantagem de qualquer natureza, mediante a prática de crimes cuja pena máxima seja igual ou superior a 4 (quatro) anos ou que sejam de caráter transnacional" (art. 2º).

Pouco mais de um ano após a vigência da Lei 12.694/12, foi editada a Lei 12.850/13, Lei de Organizações Criminosas, que redefiniu o conceito de organização criminosa. Segundo o §1º do art. 1º da Lei 12.850/13: Considera-se organização criminosa a associação de 4 (quatro) ou mais pessoas estruturalmente ordenada e caracterizada pela divisão de tarefas, ainda que informalmente, com objetivo de obter, direta ou indiretamente, vantagem de qualquer natureza, mediante a prática de infrações penais cujas penas máximas sejam superiores a 4 (quatro) anos, ou que sejam de caráter transnacional.

Analisando a nova definição de forma preliminar, porquanto voltaremos ao dispositivo em tópico próprio, nitidamente podemos verificar a existência de dois supostos conflitos normativos entre a Convenção de Palermo, de cumprimento obrigatório pelo Brasil nos termos do art. 5º da Convenção.

O primeiro pode ser extraído do **número mínimo de pessoas** exigidos para constituição de uma organização criminosa, vez que a Convenção de Palermo, seguida da Lei 12.694/12, exige **três** membros para sua conformação, ao passo que Lei 12.850/13 exige o número mínimo de **quatro** agentes. O segundo conflito, por seu turno, pode ser extraído do fato de que a Convenção de Palermo e a Lei 12.694/12 **consideram infração penal grave** o crime cuja pena máxima seja **igual ou superior** a quatro anos de prisão, ao passo que a Lei 12.850/13 considera graves apenas os crimes com pena máxima **superior** a quatro anos de reclusão.

Diante do referido cenário, firmamos a compreensão de que a Lei 12.850/13 revogou tacitamente o art. 2º da Lei 12.694/12, de sorte que o conceito de organização criminosa a ser observado em nosso ordenamento jurídico é o previsto no §1º do art. 1º da Lei 12.850/13.

6.3 ÂMBITO DE INCIDÊNCIA NORMATIVA

O art. 1º da Lei 12.850/13 esclarece que a lei define as organizações criminosas e dispõe sobre a investigação criminal, os meios de obtenção de provas, infrações penais correlatas e o procedimento criminal a ser aplicado.

Conforme se extrai do §2º do art. 1º da Lei 12.850/13, referido diploma legal será também aplicável às infrações penais previstas em tratado ou convenção internacional quando, iniciada a execução no País, o resultado tenha ou devesse ter ocorrido no estrangeiro, ou reciprocamente (I) e II – às organizações terroristas, entendidas como aquelas voltadas para a prática dos atos de terrorismo legalmente definidos.

Tem-se, portanto, que o âmbito de incidência normativo avança para alcançar os chamados crimes à distância previstos em tratados e convenções internacionais ratificados pelo Brasil e organizações terroristas.

6.4 DO CRIME DE ORGANIZAÇÃO CRIMINOSA

> Art. 1º (...)
>
> § 1º Considera-se organização criminosa a associação de 4 (quatro) ou mais pessoas estruturalmente ordenada e caracterizada pela divisão de tarefas, ainda que informalmente, com objetivo de obter, direta ou indiretamente, vantagem de qualquer natureza, mediante a prática de infrações penais cujas penas máximas sejam superiores a 4 (quatro) anos, ou que sejam de caráter transnacional.
>
> Art. 2º Promover, constituir, financiar ou integrar, pessoalmente ou por interposta pessoa, organização criminosa:
>
> Pena – reclusão, de 3 (três) a 8 (oito) anos, e multa, sem prejuízo das penas correspondentes às demais infrações penais praticadas.
>
> § 1º Nas mesmas penas incorre quem impede ou, de qualquer forma, embaraça a investigação de infração penal que envolva organização criminosa.

6.4.1 Introdução

O delito de organização criminosa, previsto no art. 2º, c/c art. 1º, §1º, da Lei 12.850/13, tutela a paz pública, isto é, a tranquilidade pública concebida como o sentimento geral de uma dada sociedade quanto à segurança social. Trata-se de **crime permanente**.

6.4.2 Premissa conceitual – organização criminosa

> § 1º Considera-se organização criminosa a associação de 4 (quatro) ou mais pessoas estruturalmente ordenada e caracterizada pela divisão de tarefas, ainda que informalmente, com objetivo de obter, direta ou indiretamente, vantagem de qualquer natureza, mediante a prática de infrações penais cujas penas máximas sejam superiores a 4 (quatro) anos, ou que sejam de caráter transnacional.

O conceito de organização criminosa, conforme vimos acima, foi definido pelo §1º do art. 1º da Lei 12.850/13 e pode ser assim sistematizado:

a) **número de quatro ou mais pessoas**: o critério legal de "no mínimo **quatro pessoas**" é puramente normativo, fruto de uma escolha legislativa praticamente aleatória, fundada, supostamente, em critérios de política criminal. A afirmação decorre do fato de que o número previsto é diverso em outras entidades criminosas coletivas, a exemplo da associação para o tráfico, que pressupõe o número mínimo de dois agentes (art. 35 da Lei de Drogas), e o próprio delito de associação criminosa, que exige o número mínimo de três agentes (art. 288, CP), a exemplo da Convenção de Palermo. A satisfação do número mínimo de quatro agente pode envolver inimputáveis, a exemplo da organização criminosa que conta com a participação efetiva de adolescentes, caracterizando o denominado concurso impróprio.

b) **permanência e estabilidade**: a união de um grupo de pessoas, especificamente para a prática de uma única infração penal, não é apta a caracterizar o delito de organização criminosa. A despeito da falta de previsão típica expressa, a permanência e a estabilidade decorrem do próprio significado do verbo associar-se, ou seja, são predicados inerentes a uma verdadeira "associação" e denotam um dos marcos de distinção entre uma infração penal praticada em concurso de pessoas e outra, por uma organização criminosa. De tais atributos se extrai a *affectio societatis*, isto é, o *animus associativo*.

c) **estruturalmente ordenada**: a compreensão de uma organização estruturalmente ordenada exige pluralidade de estruturas funcionais, algum escalonamento (com possibilidade de movimentação horizontal e vertical dos integrantes entre as diferentes estruturas) e hierarquia. Embora este elemento (hierarquia) não conste expressamente do conceito legal, podendo sugerir a existência de organizações planificadas, apenas com divisão de funções sem vértice ou comando, prevalece na Doutrina que a ordenação pressupõe hierarquia, com identificação clara no interior da organização de lideranças e de agentes fungíveis, competindo aos "chefes" a emissão de ordens de atuação, e aos "soldados", marcados pela fungibilidade, a execução das tarefas. Registre-se que essa fungibilidade se revela pela possibilidade de execução das missões por qualquer um dos integrantes da organização criminosa.

d) **divisão de tarefas**: a divisão de decorre da própria construção da organização criminosa, de forma que os agentes possuem funções específicas dentro da estrutura criminosa, ainda que não estabelecidas, naturalmente, sob o aspecto formal. É possível, por analogia, comparar-se uma organização criminosa com uma empresa, voltada para a prática de infrações penais, de forma que, internamente, o próprio desenvolvimento da atividade pressupõe a organização estrutural por divisão de tarefas.

e) **obtenção de vantagem de qualquer natureza**: o escopo de uma organização criminosa é a obtenção de qualquer espécie de vantagem, em regra, econômica. Ocorre que nem sempre a vantagem direta será econômica, pois pode se materializar de outras formas, gerando o lucro indireto ou vantagens de qualquer natureza, como a obtenção de cargos em entes públicos, acesso "facilitado" aos organismos estatais etc. Melhor seria, em nossa compreensão, que o legislador tivesse se valido do modelo seguido em outros tipos penais, e utilizado as elementares normativas "vantagem ilícita" ou "vantagem indevida".

f) **mediante a prática de infrações penais cujas penas máximas sejam superiores a 4 (quatro) anos ou de caráter transnacional**: assim como na eleição do número de participantes, o critério previsto quanto à natureza e gravidade das infrações penais é puramente normativo, fruto de uma escolha legislativa sem qualquer explicação racional, fundada, supostamente, em critérios de política criminal. O emprego da expressão "infração penal" amplia o leque normativo para abranger não somente crimes, mas também as contravenções penais. Ocorre que não há, no ordenamento jurídico pátrio, contravenções penais com penas máximas superiores a quatro anos, de forma que a aplicação do dispositivo, na prática, encontra-se com sua normatividade primária restrita à prática de crimes. Somente em casos de transnacionalidade das contravenções penais, a exigir conjugação normativa, será possível a aplicação do dispositivo. Assim, temos, à guisa de exemplo, a possibilidade de configuração de uma organização criminosa voltada para a prática de jogos de azar, como o "jogo do bicho" (art. 50, LCP), quando revelado o caráter transnacional.

6.4.3 Fundamentação tradicional x fundamentação funcionalista sistêmica

Conforme destaca ABREU[1], segundo Jakobs, a consumação é um conceito formal, não se fundando em critérios materiais, de sorte que é inseguro determinar materialmente estados anteriores às lesões de bem jurídicos.

1. ABREU, Fernando. Direito Penal, Parte Geral. 4ª ed. São Paulo: Ed, Juspodivm, 2024.

Assim, em sendo incerto o começo e o fim da lesão material ao bem jurídico, surgem questionamentos acerca da criminalização antecipada dos delitos em que não há efetiva lesão ao bem jurídico. Restringir-nos-emos aos delitos de perigo abstrato e consumação antecipada.

Com efeito, a adoção do critério de exclusiva proteção a bens jurídicos não se mostra adequada à solução do problema, vez que traz ao Direito Penal um caráter invasivo à esfera privada do indivíduo, ou como propugna Jakobs, esfera civil interna[2].

Há, portanto, que se estabelecer limites à atuação do Estado no tocante a possibilidade desse se imiscuir na esfera individual de seus cidadãos, sob pena de se justificar arbitrariedades e invasões estatais com base na proteção de bens jurídicos.

Haveria ensejo, caso assim fosse, para que o Direito Penal punisse os meros pensamentos, uma vez que esses, dependendo do critério adotado, seriam potenciais agressões a bens jurídicos. Igualmente, abriria margem a um subjetivismo indesejado para atuação do Direito Penal, criando espaços para o retorno da teoria de cegueira jurídica e, consequentemente, do Direito Penal de autor.

Como consequência, o Direito Penal transformar-se-ia num direito penal de inimigos, contrariando o direito penal de cidadãos.

Nesse contexto, a teoria da exclusiva proteção de bens jurídicos apresenta-se contraditória ao tratar do tema afeto aos delitos de perigo abstrato e consumação antecipada, senão vejamos.

À guisa de ilustração, tomemos o caso do crime previsto no art. 2º da Lei de Organizações Criminosas. Tratando-se de um delito de perigo abstrato, o legislador entendeu, por critérios de política criminal, antecipar a consumação de aludido crime para ensejar a punição por meros atos preparatórios, sob o argumento de que a *associação de 4 (quatro) ou mais pessoas estruturalmente ordenada e caracterizada pela divisão de tarefas, ainda que informalmente, com objetivo de obter, direta ou indiretamente, vantagem de qualquer natureza, mediante a prática de infrações penais cujas penas máximas sejam superiores a 4 (quatro) anos, ou que sejam de caráter transnacional*, representa ameaça de lesão aos bens jurídicos protegidos pelo Estado. Agiu, dessa forma, antecipando a consumação tendo por escopo a tutela da paz social.

2. JAKOBS, Günther. **Fundamentos del derecho penal**. Buenos Aires: Ad-Hoc, 1996. p. 188.

Ocorre que, em sendo um delito ameaçador da sociedade, poucos questionam o fundamento real da punição dos atos preparatórios e suas consequências para a práxis penal.

Pode um Direito Penal de cidadãos punir os meros atos preparatórios? Não estaria o Estado punindo meros pensamentos, invadindo a esfera civil interna de seus súditos?

A resposta a estas indagações seria negativa quando analisadas sob o prisma do Estado de Direito e perspectiva da teoria da exclusiva proteção de bens jurídicos. Entretanto, referido delito encontra repressão em praticamente toda a legislação penal do mundo moderno. Então, qual o seu fundamento?

O argumento de que referida organização representa perigo para a sociedade não serve como fundamento válido a justificar a punição, pois, ontologicamente, não existe diferença entre pensamentos ilícitos privados de um ou quatro indivíduos em associação. Em ambos os casos há ameaça de lesão a bem jurídico e à norma jurídico-penal.

Tomemos como exemplos dois casos. No primeiro, quatro pessoas combinam por telefone o intuito de adquirir armas para prática de roubos, chegando inclusive a pesquisar a rotina de diversos estabelecimentos bancários. No segundo, Caio, pretendendo matar Tício, adquire uma arma e contrata Mévio para realizar o trabalho. Indaga-se: qual das condutas supra é mais lesiva a bens jurídicos? A primeira que se limita à mera consciência individual compartilhada? Ou a segunda, em que o agente demonstra inequivocamente seu intento de violar bem jurídico?

A resposta, segundo a teoria da exclusiva proteção a bens jurídicos aponta para a primeira, vez que referida conduta encontra-se tipificada na Lei de Organizações Criminosas, ao passo que a segunda é qualificada pela doutrina como mero ato de preparação.

Surge aí, portanto, um problema estrutural, vez que trata dois problemas similares – ambos baseados em meros pensamentos – de forma distinta.

De tal arte, seguir-se o critério puro da exclusiva proteção de bens jurídicos levar-nos-ia a situações de contradição, quebrando a lógica de um sistema que tem pretensões de ser uniforme.

De igual modo, a simples justificativa de critérios político-criminais a ensejar a punição do delito de organização criminosa não condiz com o direito penal de cidadãos, vez que deriva de uma invasão do Estado na esfera privada e, portanto, intangível do indivíduo. Admitir-se a mera justificativa de maior potencialidade de lesão no caso em tela é abrir espaço, em sede de política criminal e legislativa, para a elaboração de outros tipos penais similares, convertendo o Direito Penal de cidadãos em Direito Penal de inimigos, contrariando os fins do Estado de Direito que prega a legitimação do direito.

Outrossim, o risco de se incriminar uma conduta que futuramente pode ser lesiva a bens jurídicos configura uma excessiva e perigosa subjetivação do Direito Penal, levando-o a uma esfera pouco acessível ao conhecimento humano, gerando zonas de conflito como a da culpa consciente e dolo eventual.

Para Jakobs, o Direito Penal de um Estado de liberdade não tem como objeto o controle dos aspectos internos do indivíduo com inclusão de seus motivos, mas tão somente a externalização dos seus comportamentos.

Assim, justifica a punição do aludido crime com o argumento de que a criminalização pressupõe, desde logo para o cidadão, uma gravosa redução de sua privacidade, ocorrida na passagem do Estado de Natureza para o Estado de Civilização. Todavia, não se vê afetada separação entre seu aspecto interno (pensamentos) e seu aspecto externo (representação social), de sorte que somente se pode incriminar razoavelmente uma conduta que, sem consideração dos seus projetos atuais, não pode ser tolerada[3].

De tal arte, o aspecto exterior da conduta não tolerada perturba por si só e não pelo seu aspecto interno e seus objetivos futuros, de sorte que o castigo por fatos futuros – sopesado com estribo nos fins do agente – não dá margem para a exclusão da punição por qualquer pensamento lesivo para o futuro, seja ele coletivo ou individual.

Com efeito, para solucionar a questão, o penalista alemão propõe um fracionamento do bem jurídico, pois, se o comportamento delitivo não pode ser antecipado ante a lesão a um bem, é possível a antecipação da própria lesão à norma a ser protegida. Em tradução livre: pode-se fragmentar o injusto correspondente ao estado de lesão em diversos injustos parciais e, renunciado à completa reunião de todos os injustos parciais, definir o injusto do fato por alguns fragmentos do injusto produzido precocemente, ou mesmo por apenas um deles.

Neste diapasão, a secção dos bens jurídicos origina injustos parciais, onde não se infringem as normas principais – de delitos de lesão – senão as normas de flancos, cuja missão é garantir as condições de vigência das normas principais.

Para Jakobs, uma norma é eficaz e se presta a assegurar expectativas. Desta forma, a vigência da norma não é só uma relação entre norma e autores potenciais, senão também entre as vítimas potenciais.

3. JAKOBS, Günther. **Fundamentos del derecho penal**. Buenos Aires: Ad-Hoc, 1996. p. 215.

Fundamenta, com aludida explicação, a vigência das chamadas normas de flancos, que possuem a missão de formar uma espécie de redoma em torno dos delitos de lesão, protegendo-os de forma indireta não só tentando evitar o dano à norma principal (lesão), mas criando a confiança nas vítimas potenciais, alicerçada em expectativas normativas, de que os eventuais infratores não quebrarão essas expectativas.

Eleva-se, assim, drasticamente o risco desde uma perspectiva da vítima, pois a simples garantia normativa da vigência da norma principal não assegura as expectativas criadas em torno do potencial afetado.

Nessa esteira, age o Estado preventivamente de sorte a assegurar a confiança na norma. Para tanto, basta que, respeitando o princípio da legalidade, tipifique condutas potencialmente lesivas à manutenção das expectativas normativas, antecipando a lesão à norma principal para punir as lesões às normas periféricas que circundam e protegem aquelas.

Abre-se assim, espaço jurídico para a fundamentação dos chamados tipos de perigo abstrato, verdadeiros institutos que tutelam as normas jurídicas principais, segmentando e antecipando os injustos com o fito de se evitar a violação das normas e, por via de consequência, o quebramento das expectativas normativas.

6.4.4 Sujeitos do crime

O crime de organização criminosa é **comum**, pois pode ser praticado por qualquer pessoa. Entretanto, trata-se de **delito plurissubjetivo ou de concurso necessário**, vez que exige a participação de pelo menos quatro agentes. O sujeito passivo do delito é o Estado e a coletividade, em razão da pluriofensividade.

6.4.5 Estrutura do tipo penal

A estrutura típica do crime previsto no art. 2º da Lei 12.850/13 é formada pelo núcleo verbal *promover, constituir, financiar ou integrar*; pela elementar objetiva *pessoalmente ou por interposta pessoa*; e pela elementar normativa *organização criminosa*. Registre-se, por importante, que a compreensão da elementar normativa organização criminosa revela outras elementares típicas, consubstanciadas no §1º do art. 1º da Lei 12.850/13, as quais registramos em itálico no quadro abaixo:

Conduta nuclear

- promover, constituir, financiar ou integrar

Elementares objetivas

- pessoalmente ou por interposta pessoa
- *associação de 4 (quatro) ou mais pessoas estruturalmente ordenada e caracterizada pela divisão de tarefas, ainda que informalmente* (§1º do art. 1º da Lei 12.850/13)

Elementares normativas

- organização criminosa

Elementares subjetivas, especial fim de agir e elementos volitivos

- dolo
- fim especial de agir: *com objetivo de obter, direta ou indiretamente, vantagem de qualquer natureza, mediante a prática de infrações penais cujas penas máximas sejam superiores a 4 (quatro) anos, ou que sejam de caráter transnacional* (§1º do art. 1º da Lei 12.850/13)

A estrutura, todavia, não se resume aos elementos revelados pela leitura literal, pois também traz a estrutura basilar finalista, composta na sua integralidade pela conduta, resultado, nexo de causalidade e tipicidade.

O núcleo típico verbal é formado pelas condutas seguintes condutas: promover, constituir, financiar ou integrar. Havendo a prática de mais de uma conduta, ocorrerá crime único.

Promover significa viabilizar, organizar, estimular, fomentar o funcionamento e a própria existência da organização criminosa e, *constituir*, por sua vez, significa estruturar, fundar, criar a entidade criminosa. *Financiar*, por seu turno, é sustentar, manter, custear a organização criminosa, seja por meio de investimento financeiro direto, seja por intermédio da prestação de serviços ou qualquer espécie de apoio material ou moral. *Integrar*, por fim, significa fazer parte, associar-se, ser um dos membros da organização criminosa.

Conforme destacamos no tópico relacionado à premissa conceitual, o crime de organização criminosa necessita do complemento normativo previsto no §1º do art. 1º, que efetivamente define o que é organização criminosa.

Trata-se, portanto, de **norma penal em branco homogênea homovitelina**, vez que o complemento normativo exigido se encontra no mesmo diploma legal, Lei 12.850/13.

Reforçando em parte do conteúdo acima visto, a "sociedade criminosa" não precisa ser perpétua, mas igualmente não pode ser meramente transitória ou passageira, como na hipótese de um grupo de indivíduos que se reúne uma única vez para praticar delitos de roubo em dia determinado. Não se confunde, portanto, com o mero concurso de agentes, conforme quadro abaixo:

Organização criminosa	Concurso de pessoas
Associação de quatro ou mais pessoas, com estabilidade e permanência, em entidade estruturalmente organizada com divisão de tarefas	União eventual e momentânea entre dois ou mais agentes
Finalidade de obtenção de vantagem de qualquer natureza mediante a prática de infrações penais cujas penas máximas sejam superiores a 4 (quatro) anos ou de caráter transnacional	Finalidade de praticar um ou mais delitos de forma esporádica
Consumação antecipada que independe da prática efetiva de outros crimes	Consumação com a realização do comportamento criminoso em concurso de pessoas

A doutrina diverge quanto à possibilidade de participação no crime de organização criminosa.

A primeira corrente aduz que não é possível a participação, ao passo que a segunda sufraga o entendimento que é possível a participação nas hipóteses em que o agente, conhecedor da existência da organização criminosa auxilia materialmente emprestando uma arma para a prática de um delito específico.

Não nos parece possível a participação em organização criminosa de **forma comissiva**, pois ou o agente integra a associação constituída para a prática de delitos ou apenas participa de um delito em especial. A exigência jurisprudencial da estabilidade e permanência da organização não é compatível com a mera contribuição material específica, motivo pelo qual, no exemplo citado, o agente que empresta a arma para a prática de um delito específico não integra a entidade criminosa, mas será partícipe no delito praticado por essa com a citada arma ou autor de seu próprio crime de porte de arma (que traz fornecer, ceder e emprestar entre os verbos típicos), sendo que ter a associação criminosa como destinatária do empréstimo pode (e deve) majorar-lhe a pena na análise das circunstâncias judiciais.

A "participação" do agente pode ser realizada diretamente, de forma pessoal, ou indiretamente, por meio de interposta pessoa, inclusive se valendo da autoria mediata, como na hipótese do agente que induz terceira pessoa erro para financiar organização criminosa.

A configuração da organização criminosa pressupõe a existência do **vínculo normativo atinente à associação**, de forma que a fotografia do crime contemple diversos fatos pretéritos ou a projeção da prática de vários delitos futuros como obra do vínculo estabelecido. E, nesse sentido, é perfeitamente possível que o agente participe de mais de uma entidade associativa criminosa.

O tipo penal pressupõe a participação de pelo menos quatro agentes para a configuração do delito, não sendo relevante a posição de cada um na organização ou mesmo se possuem qualquer contato pessoal, como nas organizações criminosas constituídas por meio da internet. Basta, para a caracterização do delito, que a associação seja estável, permanente e voltada para a prática de infrações penais cujas penas máximas sejam superiores a 4 (quatro) anos, ou que sejam de caráter transnacional. Revela-se, nesse particular, o fim especial de agir, que se encontra fora do tipo penal especificamente considerado, em norma de natureza complementar (art. 1º, §1º da Lei 12.850/13). Importante apontar que caracterizado o fim especial de agir, não se exige que os crimes visados sejam, efetivamente, executados.

Ainda no que toca ao fim especial de agir, naturalmente os delitos-alvo devem ser dolosos, não se exigindo, necessariamente, que sejam da mesma espécie.

Conforme destacamos anteriormente, para a configuração da organização criminosa **não se exige que todos os agentes sejam conhecidos ou imputáveis**, de forma que a participação de agentes não identificados ou menores de dezoito anos pode ser computada para a caracterização do número mínimo de quatro agentes.

No que toca à conduta, a figura típica pode ser praticada por **ação ou omissão**, como no caso do delegado de polícia que deixa tomar providências quando descobre a existência da organização criminosa e nada faz para impedir suas ações criminosas porque possui interesse no aumento da criminalidade para tomar a posição de Delegado Regional. O crime pode ser praticado sob a modalidade dolo direto e exige o especial fim de agir marcado pela expressão "para o fim específico de cometer de infrações penais cujas penas máximas sejam superiores a 4 (quatro) anos, ou que sejam de caráter transnacional". O tipo penal não prevê a forma culposa.

O delito de organização criminosa é concebido pela doutrina majoritária como crime formal e consumação antecipada.

A solução do nexo de causalidade pela teoria **da imputação objetiva** não diverge da doutrina tradicional. Os agentes que se associam, em número de quatro, em entidade criminosa estruturalmente ordenada e caracterizada pela divisão de tarefas, com o fim específico de cometerem infrações penais cujas penas máximas sejam superiores a quatro anos, criam um **risco juridicamente desaprovado** para o bem jurídico paz pública. Por sua vez, **o risco** criado com a violação da norma **materializa-se no resultado** exposição a perigo abstrato, sendo certo que esse se encontra dentro do **alcance do tipo**.

Por fim, a estrutura do tipo penal completa-se com a tipicidade, expressamente consignada no art. 2º, c/c art. 1º, §1º, da Lei 12.850/13.

6.4.6 Figura equiparada

> Art. 2º. (...)
>
> § 1º Nas mesmas penas incorre quem impede ou, de qualquer forma, embaraça a investigação de infração penal que envolva organização criminosa.

A figura equiparada tem como bem jurídico protegido a Administração da Justiça e se revela, em nossa compreensão, como crime material, vez que o núcleo verbal típico – impedir ou embaraçar – pressupõe a produção de resultado naturalístico, qual seja, o de impedir, atrapalhar ou prejudicar a investigação de infração penal que envolva organização criminosa. Conforme assinalado pelo Superior Tribunal de Justiça:

> (...) "o verbo atrai um resultado, ou seja, uma alteração do seu objeto. Na hipótese normativa, o objeto é a investigação que, como já dito, pode se dar na fase de inquérito ou na ação penal. Ou seja, haverá a consumação pelo embaraço à investigação se algum resultado, ainda que momentâneo e reversível, for constatado"[4].

O embaraçamento pode ser realizado por meio de diversos comportamentos, como a ameaça a testemunhas, destruição de documentos e prática de crimes contra a administração pública, a exemplo da corrupção ativa, entre outras formas.

A expressão "de qualquer forma", prevista na figura típica, foi declarada constitucional pelo Supremo Tribunal Federal, no julgamento da ADI 5567/DF, DJe 09.02.24:

---

4. Resp 1817416, Rel. Min. Joel Ilan Paciornik, j. 03.08.21.

> A utilização de termos mais abertos pelo legislador foi necessária para amoldar as condutas de "impedir" e "embaraçar" às alterações sociais cada vez mais rápidas, especialmente daqueles que, de qualquer forma, pretendem "obstruir" as investigações que envolvam organizações criminosas (o bem jurídico tutelado é a administração da justiça). O elemento normativo "de qualquer forma", todavia, deverá ser devidamente analisado no caso concreto, seja para eventual instauração de inquérito policial, seja para posterior oferecimento da denúncia. Assim, em razão do tipo penal indicar, de forma clara, a definição do bem jurídico tutelado (administração da justiça), do sujeito ativo da conduta (qualquer pessoa, portanto crime comum), do sujeito passivo da conduta (o Estado) e dos verbos núcleos do tipo (impedir ou embaraçar), tudo com o objetivo de obstruir investigação de infração penal que envolva organização criminosa, a tipificação do crime previsto no §1º, do art. 2º, da Lei n. 12.850/13, não padece de qualquer inconstitucionalidade material.

Não obstante a figura típica tenha se referido à "investigação de infração penal que envolva organização criminosa" como objeto, contemplando inquéritos policiais e procedimentos de investigações criminais pelo Ministério Público, há que se compreender, no seio do objeto, as ações penais em curso. Nesse sentido está o STJ:

> (...) A tese de que a investigação criminal descrita no art. 2º, § 1º, da Lei n. 12.850/13 cinge-se à fase do inquérito, não deve prosperar, eis que as investigações se prolongam durante toda a persecução criminal, que abarca tanto o inquérito policial quanto a ação penal deflagrada pelo recebimento da denúncia. Com efeito, não havendo o legislador inserido no tipo a expressão estrita "inquérito policial", compreende-se ter conferido à investigação de infração penal o sentido de persecução penal, até porque carece de razoabilidade punir mais severamente a obstrução das investigações do inquérito do que a obstrução da ação penal. Ademais, sabe-se que muitas diligências realizadas no âmbito policial possuem o contraditório diferido, de tal sorte que não é possível tratar inquérito e ação penal como dois momentos absolutamente independentes da persecução penal. (HC 487.962/SC, Rel. Ministro Joel Ilan Paciornik, 5ª Turma, DJe 07/06/19.

6.4.7 Causas de aumento de pena

> Art. 2º. (...)
>
> § 2º As penas aumentam-se até a metade se na atuação da organização criminosa houver emprego de arma de fogo.
>
> § 3º A pena é agravada para quem exerce o comando, individual ou coletivo, da organização criminosa, ainda que não pratique pessoalmente atos de execução.

§ 4º A pena é aumentada de 1/6 (um sexto) a 2/3 (dois terços):

I – se há participação de criança ou adolescente;

II – se há concurso de funcionário público, valendo-se a organização criminosa dessa condição para a prática de infração penal;

III – se o produto ou proveito da infração penal destinar-se, no todo ou em parte, ao exterior;

IV – se a organização criminosa mantém conexão com outras organizações criminosas independentes;

V – se as circunstâncias do fato evidenciarem a transnacionalidade da organização.

As causas de aumento de pena foram previstas nos §§2º e 4º do art. 2º da Lei 12.850/13, merecendo destaque, contudo, a impropriedade técnica do §3º do mesmo dispositivo.

Ao analisarmos a sistemática penal vigente, é assente na doutrina e jurisprudência pátria que as causas de aumento de pena, que incidem na terceira fase da dosimetria da pena, devem possuir ao menos um patamar de aumento, mínimo ou máximo. De forma objetiva e exemplificativa, o §2º do dispositivo em análise nos mostra que as penas serão aumentadas até a metade se na atuação da organização criminosa houver emprego de arma de fogo. Nitidamente, trata-se de causa de aumento de pena em razão da previsão expressa de patamar de aumento.

O §3º, ao não prever o *quantum* de aumento, seja por omissão, hipótese que acreditamos, ou escolha legislativa, deve receber o tratamento de agravante, a ser aplicada na segunda fase da dosimetria da pena. Ocorre que o art. 62, I, do Código Penal já prevê que a pena será ainda agravada em relação ao agente que promove, ou organiza a cooperação no crime ou dirige a atividade dos demais agentes, de forma que o magistrado, ao fixar a pena intermediária, não poderá aplicar ambos os dispositivos, sob pena de *bis in idem*.

Superada a questão e fixado o entendimento de que a previsão do §3º se trata de agravante e não causa de aumento de pena, vejamos, separadamente, as causas de aumento previstas nos §§2º e 4º:

a) **emprego de arma de fogo**: nos termos do §2º, as penas aumentam-se até a metade se na atuação da organização criminosa houver emprego de arma de fogo. A utilização de armas de fogo no seio de uma organização criminosa potencializa o risco das atividades da entidade, merecendo uma sanção mais gravosa pelo desvalor da conduta. O emprego de arma de fogo, por um dos integrantes da organização, em evento criminoso singular, não é apto a promover a incidência da causa de aumento, pois a norma exige que o procedimento seja intrínseco à atuação da organização criminosa. Naturalmente, tratando-se, por exemplo de organização criminosa voltada para prática de roubos a bancos, a exemplo do fenômeno conhecido por "novo cangaço", cujas práticas pressupõem forte armamento por parte dos criminosos, a causa de aumento de pena será perfeitamente aplicável. Exige-se, portanto, a demonstração de que o emprego de arma de fogo nas atividades criminosas seja natural e usual, dentre seus membros e atividades.

A título comparativo e distintivo, ao nosso ver sem razão aparente, vale lembrar que o parágrafo único do art. 288 do Código Penal (associação criminosa) dispõe que a pena será aumentada até a metade se associação criminosa for armada. Em razão da amplitude conceitual derivada do termo "armada" a doutrina majoritária sustenta que o adjetivo contempla toda e qualquer espécie de arma, como armas de fogo, brancas ou impróprias, como barras de ferro, de madeira etc. Em síntese, enquanto no crime de associação criminosa a causa de aumento de pena pode ter incidência pelo emprego de armas brancas, no crime de organização criminosa a causa de aumento só terá aplicação no caso de emprego de arma de fogo.

Destaque-se, por derradeiro, que como o legislador não estabeleceu patamar mínimo de aumento, há que conceber como aplicável, seguindo a linha dos Tribunais Superiores, o menor patamar de aumento previsto na legislação penal, isto é, um sexto (1/6).

b) **participação de criança ou adolescente (inciso I)**: a causa de aumento de pena atinente à participação de *crianças e adolescentes* funda-se na necessidade de maior tutela dos menores de dezoito anos, aumentando-se a pena daqueles que constituem a organização criminosa com pessoas legalmente vulneráveis pelo critério etário. Parcela da doutrina sustenta que a participação de criança ou de adolescente na organização criminosa também acarreta a caracterização da corrupção de menores (art. 244-B da Lei 8.069/1990 – Estatuto da Criança e do Adolescente), em razão da sua natureza formal. Ocorre que, não obstante os delitos previstos nos artigos 288 do CP e 244-B do ECA tutelarem bens jurídicos distintos, havendo a participação de criança ou adolescente na organização criminosa, entendemos que em razão da previsão expressa do inciso I do §4º, do art. 2º da Lei de Organizações Criminosas, não mais subsiste o concurso formal entre os delitos mencionados por força do princípio da especialidade, devendo os agentes responderem pelo crime de organização criminosa majorada, sob pena de se transformar em letra morta a previsão do inciso I do §4º ou promover o consequente *bis in idem*.

Nesse sentido está o STJ:

> 1. A exegese mais consentânea com o bom direito extraída dos comandos normativos contidos no art. 244-B da Lei 8.069/90 e no art. 2.º, § 4.º, da Lei n. 12.850/2013 revela que o intuito do legislador ao trazê-los mundo jurídico é o de tutelar a integridade física, moral e psíquica do menor de idade. 2. Apresentar-se-ia como dupla punição a condenação tanto pelo delito de organização criminosa majorada pela participação de criança ou adolescente quanto pelo crime de corrupção de menores, devendo prevalecer a aplicação do princípio da especialidade. 3. A fim evitar incabível bis in idem, de rigor conservar a condenação pelo crime previsto no art. 2º, § 4º, inciso I, da Lei 12.850/13; bem como a absolvição quanto ao delito preconizado no art. 244-B do Estatuto da Criança e do Adolescente. Resp 1901761/AC, Rel. Min. Laurita Vaz, 6ª Turma, DJe 18.04.23.

c) **se há concurso de funcionário público, valendo-se a organização criminosa dessa condição para a prática de infração penal (inciso II)**: a previsão legal do inciso II não foi construída com a melhor técnica, por ter empregado o termo "concurso", normalmente associado ao "concurso de pessoas". Mas, ao se valer da expressão "concurso de funcionário público", cremos que o legislador não exigiu que o funcionário público integre ou seja membro da organização criminosa, bastando que a organização se valha da sua condição de funcionário público para a prática de infrações penais, isto, deverá ser perquirido o vínculo funcional não necessariamente associativo, mas para a prática de infrações penais. Assim, parece-nos perfeitamente possível que o funcionário público não integre uma organização criminosa, mas venha, em concurso de pessoas, contribuir, em razão de sua condição funcional, para a prática de um delito por tal organização. Nesse caso, responderá tão somente pelo delito praticado, por não integrar a organização criminosa, enquanto os integrantes da organização responderão pelo crime funcional praticado em concurso com o servidor e pelo delito de organização, com a majorante aqui estudado. De igual modo, caso o servidor integre a organização criminosa e se valha da sua condição especial para prática de alguma infração penal, aí sim, tanto ele quanto os demais membros da organização criminosa responderão pela infração praticada, em concurso com o crime de organização criminosa. A exemplo do inciso I, a pena será aumentada de 1/6 (um sexto) a 2/3 (dois terços).

d) **se o produto ou proveito da infração penal destinar-se, no todo ou em parte, ao exterior (inciso III):** a causa de aumento de pena tem por fundamento a maior dificuldade de localização, apreensão e recuperação dos ativos (produto ou proveito) das infrações penais praticadas pela organização criminosa. No que toca à necessidade de concretização da destinação para o exterior, BITENCOURT E BUSATO[5] (2014, p. 28) entendem que

> (...) não basta que o objetivo, não concretizado, seja o exterior, para caracterizar essa majorante, sendo indispensável que essa destinação se torne concreta, ou que, pelo menos, o produto seja surpreendido a caminho do exterior. Em outras palavras, não pode limitar-se a mera subjetividade, ou simples ilação, imaginação ou presunção de que o produto ou proveito destinar-se-ia ao exterior. É indispensável, em outros termos, que a destinação ao exterior resulte comprovada para configurar essa majorante, que, aliás, é bastante grave, qual seja, de um sexto a dois terços da pena aplicada.

Ousamos, em parte, discordar do entendimento acima, vez que o legislador não exigiu, concretamente, a obtenção do resultado – destinação ao exterior. Ao contrário, contentou-se, para fins de aplicação da causa de aumento, com a mera destinação ao produto ou proveito das infrações penais. Assim, por exemplo, havendo provas de que o produto ou proveito do crime estavam sendo armazenados para remessa futura ao exterior, ou que já se encontravam em trânsito para tal finalidade, mas ainda em território nacional, haverá, em nosso entendimento, a incidência da causa de aumento de pena. A exemplo dos incisos I e II, a pena será aumentada de 1/6 (um sexto) a 2/3 (dois terços).

e) **se a organização criminosa mantém conexão com outras organizações criminosas independentes (inciso IV):** a causa de aumento pena funda-se no maior risco gerado pela conexão entre duas organizações criminosas independentes, porquanto as estruturas organizadas poderiam se valer da troca de informações e especialização nas suas atividades. Na prática, contudo, havendo conexão entre as organizações criminosas, estaríamos diante de uma nova e maior entidade, fruto de esforços comuns, ainda que em níveis distintos. Assim, não observamos, de fato, razões para a causa de aumento quando as organizações criminosas estiverem sediadas no Brasil, vez que, na hipótese mais temida, por exemplo, de fusão "oficial" entre duas ou mais organizações criminosas, estaríamos

5. BITENCOURT, Cezar, R. e BUSATO, Paulo César. **Comentários à Lei de Organização Criminosa: Lei 12.850, de 02 de agosto de 2013**. São Paulo: Editora Saraiva, 2014.

diante de apenas um delito de organização criminosa, lembrando que o maior número de integrantes ou a análise de outras elementares típicas (nível de sofisticação das estruturas, gravidade das infrações alvo, etc.) indicando maior risco ao bem jurídico pode (e deve) determinar aumento de pena-base do crime único. Não obstante, parece-nos perfeitamente possível que a conexão entre as organizações criminosas esteja configurada entre organizações criminosas estruturadas em países distintos.

f) **se as circunstâncias do fato evidenciarem a transnacionalidade da organização (inciso V)**: a possibilidade de transnacionalidade da organização criminosa encontra-se estampada na própria definição de organização criminosa, prevista no §1º do art. 1º da Lei 12.850/13. Assim, parece-nos evidente que a circunstância transnacionalidade não pode ser levada em consideração, simultaneamente, para configurar a previsão típica e agravar a sanção, sob pena de *bis in idem*. Logo, a causa de aumento de pena prevista no inciso V será inaplicável.

Vale destacar que a 5ª Turma do STJ, no julgamento do AgRg no REsp 2083204/SC, Rel. Min. Ribeiro Dantas, DJe 16.10.23, reforçou o entendimento de que o magistrado pode aplicar mais de uma causa de aumento de pena:

> (...) A jurisprudência do Supremo Tribunal Federal e desta Corte é no sentido de que o art. 68, parágrafo único, do Código Penal, não exige que o juiz aplique uma única causa de aumento referente à parte especial do Código Penal, quando estiver diante de concurso de majorantes, mas que sempre justifique a escolha da fração imposta. (...)

6.4.8 Consumação e tentativa

O delito de organização criminosa, em sua forma originária do *caput*, é **crime formal,** de consumação antecipada, não exigindo a produção de resultado naturalístico.

Assim, consuma-se o delito quando há a efetiva associação, estável e permanente, de quatro ou mais pessoas, estruturalmente ordenada e caracterizada pela divisão de tarefas, ainda que informalmente, com objetivo de obter, direta ou indiretamente, vantagem de qualquer natureza, mediante a prática de infrações penais cujas penas máximas sejam superiores a 4 (quatro) anos, ou que sejam de caráter transnacional, sendo irrelevante a efetiva prática dos crimes de forma subsequente. Trata-se, dessa forma, de **crime permanente**, cuja consumação se protrai no tempo. Contudo, havendo a retirada de um dos agentes que compõe a quadra exigida, cessa a permanência do delito, não obstante a preservação da figura típica, já consumada previamente.

A tentativa não é admitida em razão da impossibilidade de fracionamento do *iter criminis*.

No que tange à figura equiparada prevista no §1º, a consumação do delito, em sua forma de *impedir*, ocorre com a cessação da persecução penal, revelando-se como crime material. Por outro lado, a modalidade *embaraçar* suscita divergência doutrinária. Uma primeira corrente aduz tratar-se de crime formal, porque bastaria, para fins de consumação, que o agente atrapalhasse ou perturbasse o andamento normal da persecução penal, ainda que sem obter o resultado desejado (interrupção).

Assim, contudo, não entendemos. Em nossa compreensão, a figura revela-se, na íntegra, como crime material, vez que o núcleo verbal típico – impedir ou embaraçar – pressupõe a produção de resultado naturalístico, qual seja, o de impedir, atrapalhar ou prejudicar a investigação de infração penal que envolva organização criminosa. Conforme assinalado pelo Superior Tribunal de Justiça:

> (...) "o verbo atrai um resultado, ou seja, uma alteração do seu objeto. Na hipótese normativa, o objeto é a investigação que, como já dito, pode se dar na fase de inquérito ou na ação penal. Ou seja, **haverá a consumação pelo embaraço à investigação se algum resultado, ainda que momentâneo e reversível, for constatado**"[6].

MASSON E MARÇAL[7] (2018, p. 121/122), bem sintetizam a controvérsia relacionada à tentativa:

> Para alguns (1.ª corrente), a tentativa é admissível em qualquer dos seus núcleos, embora seja ela mais difícil de se concretizar no que tange ao verbo embaraçar, porquanto o elemento normativo "de qualquer forma" amplia sobremaneira a possibilidade de consumação (Guilherme Nucci). Para outros (2.ª corrente), contudo, a tentativa é admissível apenas quanto ao núcleo impedir – cuja fase executória pode ser fracionada –, sendo impossível na conduta de unissubsistente embaraçar (Bitencourt e Busato). Ainda, há quem entenda (3.ª corrente) que o tipo penal em caracteriza um crime de atentado ou de empreendimento, sendo, pois, incompatível com a forma tentada. Estes crimes são aqueles em que a lei pune de forma idêntica a consumação e a tentativa, isto é, não há diminuição pena em face do *conatus*. Para esta corrente, o núcleo embaraçar constituiria, por si impedir. Portanto, se o agente tenta impedir uma investigação infração penal que envolva organização criminosa, mas não logra êxito por circunstâncias alheias à sua vontade, já se poderia vislumbrar uma consumada ação de embaraçamento (Gabriel Habib, Luiz Flávio Gomes e Marcelo Rodrigues da Silva).

6. Resp 1817416, Rel. Min. Joel Ilan Paciornik, j. 03.08.21.
7. MASSON, Cléber; MARÇAL, Vinícius. **Crime Organizado**, 4ª Edição revista, atualizada e ampliada – Rio de Janeiro: Forense; São Paulo: MÉTODO.

Exposta a controvérsia, seguimos a linha da primeira corrente, coerente com o entendimento do STJ quanto à caracterização de crime material na espécie, vez que o verbo embaraçar admite o fracionamento sob a perspectiva do *iter criminis*.

6.4.9 Organização criminosa e delitos agravados pelo concurso de pessoas

É perfeitamente possível que a organização criminosa venha a praticar delitos em concurso de pessoas que são agravados ou qualificados justamente pelo número de agentes. Diante de tal fato, surgiram duas posições doutrinárias.

A primeira corrente sustenta que há *bis in idem*, vez que o concurso de pessoas já foi agravado pela própria caracterização da organização criminosa.

A segunda corrente, predominante, aduz que a pluralidade de agentes inerente ao fato criminoso específico e a configuração da organização criminosa deve ser analisada em momentos diferentes. De fato, a conduta criminosa de se associarem quatro ou mais pessoas para a prática infrações penais, na forma do §1º, do art. 1º da Lei 12.850/13, é antecedente à prática dos delitos e constitui, normativamente, o delito de organização criminosa. Por seu turno, um crime roubo, por exemplo, praticado em concurso de pessoas integrantes de uma organização criminosa, em que pese agravado pelo concurso (art. 157, §2º, inc. II, CP), mesmo guardando conexão com o crime do art. 2º da Lei 12.850/13, é independente em relação a esse e, portanto, merece receber tratamento autônomo na sua integralidade, inclusive no tocante às eventuais qualificadoras e agravantes. E isso porque, como regra, nem todos os integrantes da organização criminosa efetivamente executarão (e tampouco responderão) por todos os crimes-alvo do grupo, sendo possível, inclusive, que alguns deles sejam praticados por um único membro da organização (ou por alguns, fazendo incidir a causa de majorante do concurso, quando prevista), até mesmo dentro da divisão de tarefas.

6.4.10 Funcionário público como integrantes de organizações criminosas

> § 5º Se houver indícios suficientes de que o funcionário público integra organização criminosa, poderá o juiz determinar seu afastamento cautelar do cargo, emprego ou função, sem prejuízo da remuneração, quando a medida se fizer necessária à investigação ou instrução processual.

§ 6º A condenação com trânsito em julgado acarretará ao funcionário público a perda do cargo, função, emprego ou mandato eletivo e a interdição para o exercício de função ou cargo público pelo prazo de 8 (oito) anos subsequentes ao cumprimento da pena.

§ 7º Se houver indícios de participação de policial nos crimes de que trata esta Lei, a Corregedoria de Polícia instaurará inquérito policial e comunicará ao Ministério Público, que designará membro para acompanhar o feito até a sua conclusão.

O §5º prevê a medida cautelar de afastamento do cargo para o funcionário público integrante de organização criminosa. Em linhas gerais, o legislador exigiu o *standard* probatório pautado na existência de **indícios suficientes** de que o funcionário público integre organização criminosa e a demonstração da necessidade de aplicação da medida para investigação ou instrução processual. Satisfeita a régua probatória, poderá o juiz determinar seu afastamento cautelar do cargo, emprego ou função, sem prejuízo da remuneração, quando a medida se fizer necessária à investigação ou instrução processual.

O §6º, por sua vez, assinala que a condenação com trânsito em julgado acarretará ao funcionário público a perda do cargo, função, emprego ou mandato eletivo e a interdição para o exercício de função ou cargo público pelo prazo de 8 (oito) anos subsequentes ao cumprimento da pena. O dispositivo teve sua constitucionalidade questionada por meio da ADI 5.567/DF, DJe 24.01.24, tendo o Pretório Excelso afastado o questionamento:

> A previsão normativa da perda do cargo, função, emprego ou mandato eletivo e da interdição para o exercício de função ou cargo público, pelo prazo de 8 anos subsequentes ao cumprimento da pena, mostra-se **plenamente justificável, em razão da notável reprovabilidade da conduta** daqueles (agentes públicos) que se envolvem com organizações criminosas. Basta que o sujeito ativo de um dos crimes previstos na Lei n. 12.850/13 seja funcionário público e que tenha havido o trânsito em julgado da sentença penal condenatória, que incidirá a hipótese especial como efeito automático da pena, independentemente da quantidade da pena imposta ao agente ou de pedido expresso do Ministério Público. **A discricionariedade** quanto ao prazo previsto como efeito da sentença penal condenatória para a perda do cargo, função, emprego ou mandato eletivo, e para a interdição para o exercício de função ou cargo público, **encontra-se dentro do espectro do Poder Legislativo**, sob pena de violação ao princípio da separação dos poderes, conforme esta CORTE já decidiu (RE 829.226 AgR/SP, Rel. Min. LUIZ FUX, Primeira Turma, DJe de 06/03/2015; RE 443.388/SP, Rel. Min. ELLEN GRACIE, Segunda Turma, DJe de 11/09/2009 e HC 91.771/BA, Rel. Min. MARCO AURÉLIO, Primeira Turma, DJe de 13/03/2009).

Tem-se, portanto, como **efeito automático** da condenação do funcionário público integrante de organização: a) a perda do cargo, função, emprego ou mandato eletivo; b) interdição para o exercício de função ou cargo público pelo prazo de 8 (oito) anos subsequentes ao cumprimento da pena.

O §7º, por derradeiro, que também teve sua constitucionalidade questionada por meio da ADI 5.567/DF, assinala que se houver indícios de participação de policial nos crimes de que trata a Lei de Organizações Criminosas, a Corregedoria de Polícia instaurará inquérito policial e comunicará ao Ministério Público, que designará membro para acompanhar o feito até a sua conclusão.

No julgamento acima mencionado, entendeu a Suprema Corte que:

> "É em razão da gravidade da participação de policiais em organização criminosa que o legislador exigiu o acompanhamento da investigação por membro do Ministério Público, tudo com o objetivo de apurar os fatos de forma mais detalhada e criteriosa. O representante do Ministério Público não só poderá acompanhar as investigações, como também poderá requisitar as diligências que entender necessárias. Logo, a possibilidade de designação de membro do Ministério Público para acompanhar as investigações que envolvem policiais na prática de crimes previstos na Lei n. 12.850/13 em nada viola a competência da própria Corregedoria de Polícia, especialmente à luz do poder investigatório do Ministério Público, placitado por esta CORTE no RE 593.727 RG/MG, e da possibilidade de controle externo da atividade policial (art. 129, VII, da CF)".

6.4.11 Cumprimento de pena

O §8º do art. 2º da Lei de Organizações Criminosas dispõe que as lideranças de organizações criminosas armadas ou que tenham armas à disposição deverão iniciar o cumprimento da pena em estabelecimentos penais de segurança máxima.

O §9º, por sua vez, assinala que o **condenado** expressamente em sentença **por integrar organização criminosa** ou **por crime praticado por meio de organização criminosa** não poderá progredir de regime de cumprimento de pena ou obter livramento condicional ou outros benefícios prisionais se houver elementos probatórios que indiquem a manutenção do vínculo associativo.

Do dispositivo se verifica que a norma não vedou a progressão de regime ou o livramento condicional, mas tão somente condicionou o direito aos benefícios à inexistência de elementos probatórios que indiquem a manutenção do vínculo associativo. Assim, a progressão de regime seguirá a regra do art.

112 da LEP, e o livramento condicional o disposto nos arts. 83 a 90, do Código Penal, variando os patamares, em ambos os casos, de acordo com a natureza da infração penal praticada e circunstâncias pessoais do agente.

6.4.12 Ação penal

A ação penal no delito em questão é pública incondicionada.

Em razão da pena cominada (reclusão, de três a oito anos, e multa, sem prejuízo das penas correspondentes às demais infrações penais praticadas), o delito, em tese, somente admitiria o ANPP, não admitindo a transação penal e a suspensão condicional do processo.

Não obstante a possibilidade objetiva de propositura do ANPP, não nos parece que, existindo elementos probatórios que indiquem a participação do investigado em organização criminosa, a celebração do acordo seja suficiente para a reprovação e prevenção do crime com lastro no art. 28-A do CPP.

Seria possível, em tese, a construção de uma espécie de acordo de não persecução penal, com lastro no §4º do art. 4º da Lei 12.850/13. Conforme destacamos em nosso Manual de Processo Penal[8]:

> Não obstante a previsão legal, é possível, em situações extraordinárias, o oferecimento do acordo de não persecução penal em caso de delito cuja pena mínima seja igual ou ultrapasse o patamar legal de quatro anos. Conforme se extrai o §4º do art. 4º da Lei 12.850/13, "nas mesmas hipóteses do *caput* deste artigo, o Ministério Público poderá deixar de oferecer denúncia se a proposta de acordo de colaboração referir-se a infração de cuja existência não tenha prévio conhecimento e o colaborador: I – não for o líder da organização criminosa; II – for o primeiro a prestar efetiva colaboração nos termos deste artigo". De fato, se a própria norma admite o não oferecimento da denúncia na colaboração premiada, admite, certo modo, a possibilidade de uma espécie de acordo de não persecução penal, ainda que regido por outras condições. Não se trata, contudo, de ANPP atípico, na acepção estrita da palavra, posto que previsto em lei.

6.4.13 Conflito aparente de normas

a) **Art. 2º, c/c art. 1º, §1º da Lei 12.850/13 x art. 288 do CP**: Associarem-se 3 (três) ou mais pessoas, para o fim específico de cometer crimes: Pena – reclusão, de 1 (um) a 3 (três) anos.

8. ABREU, Fernando. **Manual de Processo Penal**, 2ª ed. São Paulo: Juspodivm, 2024.

Organização criminosa	Associação criminosa
Mínimo de quatro pessoas	Mínimo de três pessoas
Prática de crimes específicos: Infrações penais cujas penas máximas sejam superiores a quatro anos ou que sejam de caráter transnacional	Prática de crimes não específicos

c) **Art. 2º, c/c art. 1º, §1º da Lei 12.850/13 x art. 35 da Lei de Drogas**: Art. 35. Associarem-se duas ou mais pessoas para o fim de praticar, reiteradamente ou não, qualquer dos crimes previstos nos arts. 33, *caput* e § 1º, e 34 desta Lei: Pena - reclusão, de 3 (três) a 10 (dez) anos, e pagamento de 700 (setecentos) a 1.200 (mil e duzentos) dias-multa. Parágrafo único. Nas mesmas penas do *caput* deste artigo incorre quem se associa para a prática reiterada do crime definido no art. 36 desta Lei.

Organização criminosa	Associação para o tráfico
Mínimo de quatro pessoas	Mínimo de duas pessoas
Prática de crimes específicos: Infrações penais cujas penas máximas sejam superiores a quatro anos ou que sejam de caráter transnacional	Prática de crimes específicos: Art. 33, *caput*, §1º e 34 da Lei de Drogas

e) **Art. 2º, c/c art. 1º, §1º da Lei 12.850/13 x art. 2º da Lei 2.889/56**: Art. 2º Associarem-se mais de 3 (três) pessoas para prática dos crimes mencionados no artigo anterior: Pena: Metade da cominada aos crimes ali previstos.

f) **Art. 2º, c/c art. 1º, §1º da Lei 12.850/13 x art. 3º da Lei 13.260/16:** Art. 3º Promover, constituir, integrar ou prestar auxílio, pessoalmente ou por interposta pessoa, a organização terrorista: Pena - reclusão, de cinco a oito anos, e multa.

6.5 DA INVESTIGAÇÃO E DOS MEIOS DE OBTENÇÃO DA PROVA

> Art. 3º Em qualquer fase da persecução penal, serão permitidos, sem prejuízo de outros já previstos em lei, os seguintes meios de obtenção da prova:
>
> I – colaboração premiada;

II – captação ambiental de sinais eletromagnéticos, ópticos ou acústicos;

III – ação controlada;

IV – acesso a registros de ligações telefônicas e telemáticas, a dados cadastrais constantes de bancos de dados públicos ou privados e a informações eleitorais ou comerciais;

V – interceptação de comunicações telefônicas e telemáticas, nos termos da legislação específica;

VI – afastamento dos sigilos financeiro, bancário e fiscal, nos termos da legislação específica;

VII – infiltração, por policiais, em atividade de investigação, na forma do art. 11;

VIII – cooperação entre instituições e órgãos federais, distritais, estaduais e municipais na busca de provas e informações de interesse da investigação ou da instrução criminal.

§ 1º Havendo necessidade justificada de manter sigilo sobre a capacidade investigatória, poderá ser dispensada licitação para contratação de serviços técnicos especializados, aquisição ou locação de equipamentos destinados à polícia judiciária para o rastreamento e obtenção de provas previstas nos incisos II e V.

§ 2º No caso do § 1º, fica dispensada a publicação de que trata o parágrafo único do art. 61 da Lei nº 8.666, de 21 de junho de 1993, devendo ser comunicado o órgão de controle interno da realização da contratação[9].

O art. 3º da Lei 12.850/13 prevê os meios de obtenção de provas específicos que podem ser utilizados na persecução penal no contexto do âmbito de incidência da Lei, previsto no art. 1º (infrações penais de organização criminosa e correlatas, infrações penais previstas em tratado ou convenção internacional quando, iniciada a execução no País, o resultado tenha ou devesse ter ocorrido no estrangeiro, ou reciprocamente, e organizações terroristas).

O §1º do art. 3º dispõe que havendo necessidade justificada de manter sigilo sobre a capacidade investigatória, poderá ser dispensada licitação para contratação de serviços técnicos especializados, aquisição ou locação de equipamentos destinados à polícia judiciária para o rastreamento e obtenção de provas previstas nos incisos II e V.

Por sua vez, o §2º dispõe que no caso do § 1º, fica dispensada a publicação de que trata o parágrafo único do art. 61 da Lei nº 8.666, de 21 de junho

9. Atual §1º do art. 89 da Lei 14.133/21

de 1993, atual §1º do art. 89 da Lei 14.133/21[10], devendo ser comunicado o órgão de controle interno da realização da contratação.

Vejamos, separadamente, os meios de prova previstos no art. 3º.

6.5.1 Colaboração premiada (inciso I)

6.5.1.1 Introdução

A colaboração premiada é um acordo realizado entre o acusador e defesa, visando ao esvaziamento da resistência do réu e à sua conformidade com a acusação, com o objetivo de facilitar a persecução penal em troca de benefícios ao colaborador, reduzindo as consequências sancionatórias à sua conduta delitiva[11].

Introduzida pela Lei 12.850/13, sob a roupagem de colaboração premiada, trata-se de negócio jurídico processual celebrado entre Ministério Público e o investigado, que revela uma técnica especial de investigação, por meio do qual, satisfeitos os pressupostos legais, o agente recebe um benefício legal diante de seu auxílio prestado.

6.5.1.2 Natureza jurídica

Nos termos do art. 3º-A: O acordo de colaboração premiada é negócio jurídico processual e meio de obtenção de prova, que pressupõe utilidade e interesse públicos.

Trata-se, em essência, de um meio especial de obtenção de prova, que se revela como uma técnica especial de investigação e que se materializa, posteriormente, em um negócio jurídico processual, celebrado entre o Ministério Público ou Polícia, nesse caso, com intervenção do *parquet*, e o agente colaborador.

A colaboração premiada integra o chamado Direito Penal premial, porquanto o colaborador recebe, dentre os diversos prêmios legais, algum que reduz o impacto da intervenção do Direito Penal.

10. Art. 89. Os contratos de que trata esta Lei regular-se-ão pelas suas cláusulas e pelos preceitos de direito público, e a eles serão aplicados, supletivamente, os princípios da teoria geral dos contratos e as disposições de direito privado.
§ 1º Todo contrato deverá mencionar os nomes das partes e os de seus representantes, a finalidade, o ato que autorizou sua lavratura, o número do processo da licitação ou da contratação direta e a sujeição dos contratantes às normas desta Lei e às cláusulas contratuais.
11. STF. HC 127.483/PR, Pleno, rel. Min. Dias Toffoli, j. 27/8/2015, DJe 4/2/2016.

A colaboração não se confunde com a simples confissão, concebida como atenuante da pena no art. 65, III, "d" do Código Penal. Nesta, o agente simplesmente admite sua concorrência para o delito e, ainda que possa contribuir para o esclarecimento do delito e identificação de outro agente, não assume a forma de colaboração premiada, que pressupõe outras condições e requisitos.

Igualmente, a colaboração não pode ser confundida com os prêmios que dela decorrem, pois, em essência, não perde sua natureza de meio de obtenção de prova. Os prêmios decorrem da norma em decorrência da celebração do acordo, não sendo tecnicamente correto desnaturarmos a essência do instituto em razão de parte de seus efeitos.

Por "utilidade e interesse públicos", seguindo a linha da Orientação Conjunta nº 01/18 do MPF, pode-se compreender como: a) oportunidade do acordo; b) efetividade e utilidade do acordo: relativa à capacidade real de contribuição do colaborador para a investigação, por meio do fornecimento de elementos concretos que possam servir de prova; c) explicação sobre quantos e quais são os fatos ilícitos e pessoas envolvidas que ainda não sejam de conhecimento do Ministério Público Federal; d) indicação dos meios pelos quais se fará a respectiva prova.

6.5.1.3 Colaboração premiada ou delação premiada?

A **colaboração premiada** é um instituto mais amplo que a delação premiada, vez que pode ser realizada sem que o agente delate algum corréu, a exemplo da hipótese em que, após confessar o delito, fornece informações para a recuperação total ou parcial do produto ou do proveito das infrações penais praticadas pela organização criminosa (art. 4º, IV) ou esclarece a localização de eventual vítima com a sua integridade física preservada (art. 4º, V). Nesse caso, é mero colaborador. A **delação premiada**, por outro lado, pressupõe o **chamamento do corréu**, isto é, delata outras pessoas.

Logo, ainda que não observando a melhor técnica, temos que a colaboração premiada é o gênero do qual a delação premiada é uma espécie. Na realidade, a colaboração premiada é o instituto que pode englobar a delação, à qual se premia (art. 4º, I e II), de mesma forma que pode se revestir da forma de colaboração para libertação (art. 4º, V), colaboração para localização e recuperação de ativos (art. 4º, IV) e colaboração a título preventivo (art. 4º, III).

6.5.1.4 Reserva de jurisdição

Por se tratar de meio de obtenção de prova não invasivo, a colaboração premiada não se submete à reserva de jurisdição tocante à iniciativa[12]. De fato, tanto o colaborador como os órgãos incumbidos da persecução penal na fase investigativa podem dar início às tratativas de colaboração premiada sem que o Judiciário venha a ser chamado a intervir ou autorizar.

A colaboração premiada, todavia, para ser concebida como válida ao final, exige o controle de legalidade e homologação perante o Judiciário (art. 4º, §7º-A), sendo que, nesse ponto, reveste-se da reserva de jurisdição. Logo, não se submete à reserva de jurisdição no início, mas a pressupõe para validade.

6.5.1.5 Previsão legal

A colaboração premiada foi prevista em diversos diplomas normativos. Em sua perspectiva ampla, ainda sem a vestimenta de negócio jurídico, já se fazia presente nos institutos da confissão espontânea (art. 65, III, "d", CP), arrependimento eficaz (art. 15, CP) e arrependimento posterior (art. 16, CP).

A regulamentação mais exaustiva foi prevista Lei 12.850/13, sendo necessário registrar, todavia, que as demais hipóteses normativas[13] não recebem a imposição de formalização do acordo de colaboração, **permitindo que o magistrado aplique os prêmios legais de acordo com a valoração que atribuir à colaboração e análise dos resultados obtidos.**

6.5.1.6 Pressupostos

Segundo o art. 3º da Lei de Organizações Criminosas, em qualquer fase da persecução penal, serão permitidos, sem prejuízo de outros já previstos em lei, os seguintes meios de obtenção da prova: I – colaboração premiada.

Não obstante sua previsão em outros diplomas pátrios, somente com a entrada em vigor da Lei 12.850/13, alterada pela Lei do Pacote Anticrime, a colaboração premiada recebeu o devido tratamento normativo no tocante ao seu procedimento.

6.5.1.6.1 Voluntariedade/Livre expressão do conhecimento

Não obstante o *caput* do art. 4º fazer referência à voluntariedade e, por exemplo, o art. 1º, §5º, da Lei 9.613/98, exigir a espontaneidade, entendemos

12. STF: Pleno, Pet 7.074 QO/DF, Rel. Min. Edson Fachin, j. 29.06.2017.
13. Art. 8º da Lei 8.072/90; **art. 159, §4º, do Código Penal; art. 25, §2º da Lei 7.492/86**; art. 16, parágrafo único, da Lei 8.137/90; art. 1º, §5º da Lei 9.613/98; art. 41 da Lei 11.343/06; art. 17 da Lei 12.846/13; arts 13 a 15 da Lei 9.807/99.

que a colaboração realizada, livre de constrangimento perante a autoridade, permite a aplicação do benefício. Apesar do dispositivo referir-se à voluntariedade, pouco importa, na realidade, que seja espontânea ou voluntária. A concepção da espontaneidade como arrependimento real e sincero tem origem no pecado e sua consequente salvação bíblica, que não guarda qualquer relação com a expressão de sentido manifesto pela confirmação da prática de um delito por parte do agente ou na efetiva colaboração. Basta, portanto, que a colaboração decorra de livre expressão do conhecimento, livre de qualquer constrangimento, para que o agente possa se enquadrar na figura de colaborador e, com seu comportamento, contribua com a produção de algum dos resultados esperados.

Nessa trilha está Orientação Conjunta nº 01/18 do MPF: "8. O Membro do MPF oficiante deve empregar todos os esforços a fim de bem esclarecer ao interessado e ao seu defensor, desde o início do procedimento, suas tratativas e antes de qualquer ato de colaboração, em que consiste o instituto da colaboração premiada, o respectivo procedimento previsto em lei e nesta Orientação Normativa, os benefícios possíveis em abstrato, a necessidade de sigilo e outras informações pertinentes, em ordem a viabilizar o consentimento livre e informado (...)".

Vale registrar, todavia, que o STF, ancorando-se nas lições de Antônio Junqueira de Azevedo, assinala que:

> Por isso mesmo, se o negócio jurídico é declaração de vontade e se os elementos gerais intrínsecos, ou constitutivos, são essa mesma declaração tresdobrada em objeto, forma e circunstâncias negociais, e se os requisitos são qualidades dos elementos, temos que: a declaração de vontade, tomada principalmente como um todo, deverá ser: a) resultante de um processo volitivo; b) querida com plena consciência da realidade; c) escolhida com liberdade; d) deliberada sem má-fé (se não for assim, o negócio poderá ser nulo, por exemplo, no primeiro caso, por coação absoluta, ou falta de seriedade; anulável por erro ou dolo, no segundo; por coação relativa, no terceiro; e por simulação, no quarto).

Apesar das conhecidas lições, a efetiva vontade subjacente por parte do agente colaborador – delatar seus comparsas, ter a pena reduzida, mero arrependimento etc. – de fato, nunca será conhecida, razão pela qual nos contentamos com a livre expressão do conhecimento, ainda que se atribua a esse contexto a nomenclatura de "vontade".

O fato de o agente estar preso ou sob o regime de medidas cautelares, por si só, não afasta a possibilidade de colaboração premiada. Não obstante, parte da doutrina sufraga o entendimento de que a prisão atinge a "voluntariedade" exigida, perdendo a colaboração sua validade.

Não se pode olvidar, todavia, que o acordo de colaboração premiada necessariamente será assistido por advogado[14]. De igual modo, que o magistrado, quando da homologação do acordo, deverá ouvir o colaborador na presença de seu defensor. Conforme salientamos acima, a voluntariedade deve ser aferida sob o prisma da livre consciência, não havendo qualquer problema de ordem ética na conduta do agente que delata seus comparsas para reduzir o seu tempo de prisão. A vontade não pode ser confundida com o querer, sob pena trazermos uma perspectiva subjetiva indemonstrável para o acordo de colaboração premiada.

Logo, a prisão ou medida cautelar imposta ao agente não atinge a validade do acordo, não havendo qualquer obstáculo jurídico para sua celebração em razão da existência de constrição da liberdade, haja vista que o próprio inc. IV, do §7º, do art. 4º, assinala que o magistrado deverá, quando da homologação, analisar voluntariedade da manifestação de vontade, especialmente nos casos em que **o colaborador está ou esteve sob efeito de medidas cautelares**.

Cumpre registrar que o art. 5º, da Lei 12.850/13, estabelece uma série de direitos ao colaborador, que possuem o condão de contribuir para o aspecto da voluntariedade, concebida como livre expressão consentimento. O artigo prevê que o colaborador possui o direito de usufruir das medidas de proteção previstas na legislação específica (I); ter nome, qualificação, imagem e demais informações pessoais preservados (II); ser conduzido, em juízo, separadamente dos demais coautores e partícipes (III); participar das audiências sem contato visual com os outros acusados (IV); não ter sua identidade revelada pelos meios de comunicação, nem ser fotografado ou filmado, sem sua prévia autorização por escrito (V); e cumprir pena ou prisão cautelar em estabelecimento penal diverso dos demais corréus ou condenados (VI).

6.5.1.6.2 Resultados

A colaboração premiada possui um objetivo primário: alcançar algum dos resultados previstos no art. 4º, incisos I a V. Para tanto, o legislador vale-se de uma série de benefícios para o colaborador que contribui com a persecução penal.

De acordo com a previsão legal:

14. Não havendo provas de simulação da relação advogado-cliente, prevalece a impossibilidade de o advogado firmar acordo de colaboração premiada para delatar fatos contra o cliente, sob pena de se fragilizar o direito de defesa. Processo em segredo de justiça, Rel. Ministro Reynaldo Soares da Fonseca, Quinta Turma, por unanimidade, julgado em 27/11/2024, DJEN 5/12/2024.

> Art. 4º O juiz poderá, a requerimento das partes, conceder o perdão judicial, reduzir em até 2/3 (dois terços) a pena privativa de liberdade ou substituí-la por restritiva de direitos daquele que tenha colaborado efetiva e voluntariamente com a investigação e com o processo criminal, desde que dessa colaboração advenha um ou mais dos seguintes resultados:
>
> I – a identificação dos demais coautores e partícipes da organização criminosa e das infrações penais por eles praticadas;
>
> II – a revelação da estrutura hierárquica e da divisão de tarefas da organização criminosa;
>
> III – a prevenção de infrações penais decorrentes das atividades da organização criminosa;
>
> IV – a recuperação total ou parcial do produto ou do proveito das infrações penais praticadas pela organização criminosa;
>
> V – a localização de eventual vítima com a sua integridade física preservada.

Aos benefícios previstos no *caput*, há que se acrescer a previsão do §4º, que assinala que nas mesmas hipóteses do *caput* do art. 4º, o Ministério Público poderá deixar de oferecer denúncia se a proposta de acordo de colaboração referir-se a infração de cuja existência não tenha prévio conhecimento, para o colaborador que não seja o líder da organização criminosa e tenha sido o primeiro a prestar efetiva colaboração, além da previsão do §5º, que assinala que se a colaboração for posterior à sentença, a pena poderá ser reduzida até a metade ou será admitida a progressão de regime ainda que ausentes os requisitos objetivos.

O legislador, ao contrário da previsão do art. 13, *caput*, da Lei 9.807/99, não exige a primariedade do agente. De igual modo, pouco importa a gravidade em abstrato do fato criminoso, de forma que as condições pessoais do agente e objetivas do tipo penal não impedem a celebração do acordo. Conforme vimos, o objetivo primário do acordo de colaboração premiada é o alcance de algum dos resultados previstos no art. 4º, incisos I a V.

Vejamos, inicialmente, os resultados desejados pelo legislador, os quais não precisam ser cumulativos, pois a previsão do *caput* do art. 4º expressamente dispõe sobre a **obtenção de um ou mais resultados**, desde que, naturalmente, a personalidade do colaborador, a natureza, as circunstâncias, a gravidade e a repercussão social do fato criminoso e a eficácia da colaboração sejam valoradas de forma positiva (§1º).

Dentre os resultados desejados, temos:

I. a identificação dos demais coautores e partícipes da organização criminosa e das infrações penais por eles praticadas: parece-nos evidente a falta de técnica do legislador ao se valer da expressão "coautores e partícipes da organização criminosa", porquanto todos os integrantes da organização criminosa são autores do tipo penal, em concurso necessário de no mínimo quatro agentes.

Conforme sustentamos em nosso Direito Penal, Parte Especial[15], a doutrina diverge quanto à possibilidade de participação no crime de associação criminosa, cujo raciocínio se aplica, de forma lógica, à organização criminosa.

A primeira corrente, a que aderimos, conforme exposto no item 6.4.5, aduz que não é possível a participação, ao passo que a segunda sufraga o entendimento de que é possível a participação nas hipóteses em que o agente, conhecedor da existência da organização criminosa, auxilia materialmente (por exemplo, emprestando uma arma para a prática de um delito específico).

Fixada a premissa, extrai-se da previsão a necessidade de correlação lógica entre a colaboração e a responsabilidade penal, isto é, o benefício poderá ser pactuado se o agente auxiliar na identificação dos demais integrantes da organização criminosa e das infrações penais por eles praticadas. Nesse particular, divergimos de BRASILEIRO[16] (2020, p. 874), que entende por evidente o fato de que para fins de concessão dos prêmios legais, as informações devem se referir ao crime investigado (ou processado) para o qual o colaborador também tenha concorrido em concurso de agentes.

A redação legal do inciso I trilha dois caminhos: identificação dos integrantes da organização criminosa e das infrações penais praticadas pela estrutura criminosa. Logo, pela interpretação ótima do dispositivo, não se exige que o colaborador tenha, efetivamente, concorrido para a prática dos delitos praticados pela organização criminosa, pois, como se sabe, nem todos os seus integrantes praticam todos os delitos. Há, por vezes, divisões de tarefas e empreitadas. O simples fato de participar de uma organização criminosa constituída em São Paulo não reflete a responsabilidade penal por qualquer fato praticado por seus integrantes em Belo Horizonte. Salvo nos casos de liderança da organização, pela aplicação da teoria do domínio do fato por aparatos verticalizados de poder, a responsabilidade penal continua a ser estritamente subjetiva.

Logo, é perfeitamente possível que o colaborador venha a contribuir para o esclarecimento de outros delitos, ainda que não os tenha praticado. Por razões, agora óbvias, não receberá qualquer prêmio em razão de tais delitos, porquanto sequer será processado por esses por ausência de participação.

---

15. ABREU, Fernando. **Direito Penal para concursos: Parte Especial**. 2ª ed. São Paulo: 2024, Ed. Juspodivm, p. 922.
16. LIMA, Renato Brasileiro de. **Manual de processo penal**: volume único. 8ª ed. Salvador: Juspodivm, 2020.

Contudo, considerando-se o patamar de até dois terços para fins de redução da reprimenda penal, certamente uma contribuição mais efetiva ensejará uma maior redução alcançando ou aproximando-se do máximo legal.

O que não se admite é a redução da pena pela prática do crime de organização criminosa quando o colaborador, na realidade, auxilia no desbaratamento de uma associação voltada para a prática de tráfico de drogas, da qual não participa e que não guarda qualquer conexão com a estrutura à que pertence. Exige-se, portanto, a **correlação lógica entre a colaboração e a responsabilidade penal**.

Outro ponto que chama a atenção e sugere a necessidade de análise envolve a necessidade de identificação total ou parcial dos agentes que integram a organização criminosa. No tocante à identificação dos demais coautores e partícipes que praticam uma infração penal no contexto de uma organização criminosa, não nos restam dúvidas quanto à necessidade de identificação de todos os agentes. Contudo, no que pertine à organização criminosa em si, o ponto merece reflexão.

Como é cediço, as organizações criminosas podem ser compostas por muitos agentes, a exemplo do PCC. Exigir do colaborador que identifique todos os agentes que integram uma organização criminosa deste quilate, ramificada por todo o território nacional e com braços no exterior, é tarefa impossível, talvez restrita apenas ao líder da organização. Logo, parece-nos razoável, sob pena de se frustrar a aplicação da norma, que o agente seja capaz de identificar um número razoável de membros para fins de obtenção do benefício quanto à imputação atinente ao crime de organização criminosa.

Revela-se tormentosa a tarefa de fixar um número de membros, pois somente as circunstâncias do fato e da própria organização serão capazes de nos fornecer parâmetros adequados. Podemos cogitar na delação do número mínimo de três agentes, haja vista que uma organização criminosa pressupõe a união de no mínimo quatro agentes de modo que se o colaborador não puder identificar ao menos 3 coautores, não estaria nem mesmo viabilizando a obtenção de justa causa para a ação penal pelo crime em questão. Contudo, não obstante a parametrização essencial, no caso de uma organização composta por quinze agentes e com atuação em um único local, a delação de apenas três agentes não tem o condão de desestruturá-la, podendo se conceber a delação como insuficiente para obtenção de benefícios.

De fato, somente a análise do caso concreto e particularidades da estrutura criminosa poderão fornecer parâmetros razoáveis para a concessão dos benefícios e seu alcance.

II. a revelação da estrutura hierárquica e da divisão de tarefas da organização criminosa: ao contrário da hipótese anterior, reveladora da delação premiada, a previsão do inciso II aponta para a colaboração estrutural e funcional da organização. O colaborador, neste caso, deverá trazer elementos que permitam, graficamente, estruturar a cadeia criminosa, suas lideranças e a função de cada membro na organização. Assim como na hipótese anterior, não se exige que o colaborador venha a ser capaz de estruturar toda a cadeia criminosa, porquanto pode não conhecer todos os membros e suas respectivas funções. Entretanto, deverá ser capaz de contribuir com o esclarecimento de uma estrutura mínima, que permita com que as forças estatais a ataquem de forma sensível para, no mínimo, abalá-la

III. a prevenção de infrações penais decorrentes das atividades da organização criminosa: o objetivo principal da colaboração premiada é o desbaratamento da organização criminosa que redundará, por via de consequência, na prevenção geral da prática delitiva. O dispositivo, ao direcionar a colaboração para prevenção de infrações penais decorrentes das atividades da organização criminosa, em franca **colaboração preventiva**, segue a trilha da frustração de novas práticas criminosas como decorrência de sua atuação, normativamente restrita às infrações penais com penas máximas superiores a quatro anos ou que sejam de caráter transnacional.

IV. a recuperação total ou parcial do produto ou do proveito das infrações penais praticadas pela organização criminosa: o produto da infração penal é o resultado direto da prática criminosa, como o celular subtraído no crime de roubo ou o dinheiro arrecadado com a venda de drogas. O proveito, por outro lado, é fruto indireto da prática delitiva, como o veículo adquirido com o dinheiro recebido na corrupção passiva. A colaboração, nesse sentido, visa alcançar o resultado da infração penal, atacando a organização criminosa na sua fonte de recursos. A recuperação de ativos é uma das principais formas de se combater a criminalidade organizada, pois mina a origem das operações criminosas. Para obtenção do benefício, a colaboração não precisa alcançar todo o produto ou proveito das infrações penais praticada pela organização criminosas, contentando-se a norma com a recuperação parcial, devendo essa, ao menos, ser representativa[17].

17. ARGUIÇÃO DE DESCUMPRIMENTO DE PRECEITO FUNDAMENTAL 569 - O Tribunal, por unanimidade, conheceu parcialmente da presente arguição e, na parte conhecida, confirmou a medida cautelar concedida e julgou parcialmente procedente o pedido formulado na inicial para, conferindo interpretação conforme ao art. 91, II, "b", do Código Penal, ao art. 4º, IV, da Lei 12.850/2013 e ao art. 7º, I e § 1º, da Lei 9.613/1998, assentar que, não havendo previsão legal específica acerca da destinação de receitas derivadas provenientes de sistemas normativos de responsabilização pessoal, a qual vincula os órgãos jurisdicionais no emprego de tais recursos, tais ingressos, como aqueles originados de acordos de colaboração premiada, devem observar os estritos termos do art. 91 do Código Penal, sendo destinados, à míngua de lesados e de terceiros de boa-fé, à União para sujeitarem-se à

V. a localização de eventual vítima com a sua integridade física preservada: a colaboração premiada, para permitir a concessão dos benefícios legais, pressupõe sua eficácia, isto é, o alcance do resultado desejado. Na hipótese, a norma pressupõe que a vítima seja resgatada com vida e integridade física preservadas, não se admitindo a aplicação dos benefícios caso o agente colaborador tão somente informe o local do corpo da vítima. Exige-se, portanto, a salvaguarda efetiva da vítima.

6.5.1.7 Legitimados para oferecimento do acordo

O §6º, do art. 4º da Lei 12.850/13, assim dispõe: o juiz não participará das negociações realizadas entre as partes para a formalização do acordo de colaboração, que ocorrerá entre o delegado de polícia, o investigado e o defensor, com a manifestação do Ministério Público, ou, conforme o caso, entre o Ministério Público e o investigado ou acusado e seu defensor.

O dispositivo, inicialmente, afasta o juiz das negociações, preservando sua imparcialidade em respeito ao sistema acusatório. Na sequência, firma a compreensão sobre a possibilidade, sempre com acompanhamento de defensor, da celebração do acordo de colaboração entre delegado de polícia e investigado, com a manifestação do Ministério Público, e entre o Ministério Público e o investigado ou acusado.

Em leitura literal, a norma fixa o poder do delegado de polícia para iniciar as tratativas no curso da investigação, imponto a manifestação do Ministério Público no curso da investigação ou do processo.

Não se pode negar que a Lei 12.850/13 conferiu legitimidade aos delegados de polícia para a celebração de acordos de colaboração premiada, em sua forma bilateral, nos arts. 4º, §§2º, 6º e 9º, e art. 6º, II e IV.

No julgamento da ADI 5508, em 20.06.18, o STF entendeu que:

> **O acordo alinhavado com o colaborador, quer mediante atuação do Ministério Público, quer da Polícia, há de observar, sob o ângulo formal e material, as normas legais e constitucionais.** DELAÇÃO PREMIADA – ACORDO – POLÍCIA. **O acordo formalizado mediante a atuação da Polícia pressupõe a fase de inquérito policial, cabendo a manifestação, posterior, do Ministério Público.** DELAÇÃO PREMIADA – ACORDO

apropriação somente após o devido processo orçamentário constitucional, vedando-se sua distribuição de maneira diversa, seja por determinação ou acordo firmado pelo Ministério Público, seja por ordem judicial, excetuadas as previsões legais específicas. Tudo nos termos do voto do Relator. Falou, pelosamici curiaeAssociação dos Magistrados Brasileiros - AMB e Associação Paulista de Magistrados - APAMAGIS, o Dr. Alberto Pavie Ribeiro. Plenário, Sessão Virtual de 10.5.2024 a 17.5.2024.

> – BENEFÍCIOS – HOMOLOGAÇÃO. A homologação do acordo faz-se considerados os aspectos formais e a licitude do que contido nas cláusulas que o revelam. DELAÇÃO PREMIADA – ACORDO – BENEFÍCIO. Os benefícios sinalizados no acordo ficam submetidos a concretude e eficácia do que versado pelo delator, cabendo a definição final mediante sentença, considerada a atuação do órgão julgador, do Estado-juiz. (STF, ADI 5508, rel. min. MARCO AURÉLIO, Tribunal Pleno, j. em 20/06/2018, p. em 05/11/2019).

Instado novamente a se manifestar, no julgamento do PET 8482 AgR/DF, em 31.05.21, o STF modificou seu entendimento para dizer que:

> 1. Nos termos do entendimento formado no julgamento da ADI 5.508, a autoridade policial tem legitimidade para celebrar autonomamente acordo de colaboração premiada. Em voto vencido, assentada a negativa dessa faculdade. 2. Matéria novamente suscitada, em menor extensão, pela PGR. **Considerada a estrutura acusatória dada ao processo penal conformado à Constituição Federal, a anuência do Ministério Público deve ser posta como condição de eficácia do acordo de colaboração premiada celebrado pela autoridade policial. Posicionamento de menor extensão contido no voto vencido proferido. Possibilidade de submeter a matéria ao mesmo Plenário a fim de que o entendimento majoritário seja confirmado ou eventualmente retificado. Em linha de coerência com o voto vencido, pela retificação do entendimento majoritário na extensão que pleiteia a PGR.**
>
> 3. Questão preliminar suscitada pela Procuradoria-Geral da República acolhida para dar parcial provimento ao agravo regimental e tornar sem efeito, desde então, a decisão homologatória do acordo de colaboração premiada celebrado nestes autos, ante a desconformidade manifestada pelo Ministério Público e aqui acolhida. Eficácia ex tunc. (STF, Pet 8482 AgR/ DF, rel. min. EDSON FACHIN, j. em 31/05/2021, p. em 21/09/2021).

O trabalho da Polícia de investigação é crucial para que o Estado exerça o *ius puniendi*. Contudo, não se pode confundir a importância da investigação, com a participação do investigador no processo penal. Vigora, no Processo Penal, o sistema acusatório, composto, nas ações penais públicas, pelo Ministério Público, Defesa e Estado-Juiz.

A decisão proferida em 2021 pelo STF, corrigindo a interpretação de 2018, reforça justamente o sistema acusatório, consignando que, para fins do Processo Penal, **o diálogo probatório-processual** ocorrerá, tão somente, entre os atores do processo, afastando-se, portanto, a Polícia investigativa.

Não se pode olvidar, igualmente, do papel de controle externo da atividade policial exercido constitucionalmente pelo Ministério Público (art. 129, VII, CF), o qual permite, sob a perspectiva material, direcionar a investigação, haja vista que essa, ao final, destina-se ao próprio *parquet*, na medida que servirá de lastro para formar sua *opinio delicti*, como titular da ação penal pública.

E, nesse contexto, não se afigura minimamente razoável o entendimento de que a autoridade policial possa celebrar acordo de colaboração premiada sem que o Ministério Público tenha ciência prévia e concorde com sua celebração. Referido entendimento, sufragado pela posição anterior do STF, *mutatis mutandis*, permitia que um terceiro assumisse, em nome alheio, obrigações em nome de outrem, sem o seu conhecimento e autorização. Permitia, ainda em analogia, a representação sem mandato ou que terceiro negociasse o crédito do credor, sem o seu conhecimento e autorização, com o devedor, gerando, para o credor, uma obrigação definitiva.

Não se trata, portanto, da importância da instituição A ou B, mas de devido processo legal, obediência ao sistema acusatório e separação de funções. A autoridade policial, ao celebrar acordo de colaboração premiada, promete ao colaborador benefícios em relação aos quais não pode interferir, simplesmente porque não é um ator processual. Logo, não se afigura razoável que a autoridade policial, por melhor que seja sua intenção, atue pactuando benefícios legais sem que o titular da ação penal tenha ciência e, previamente, tenha anuído com celebração do acordo.

Por essas e outras razões, o STF entendeu que considerada a estrutura acusatória dada ao processo penal conformado à Constituição Federal, a anuência do Ministério Público deve ser posta como condição de eficácia do acordo de colaboração premiada celebrado pela autoridade policial.

Não obstante esse entendimento, o STF, em nova mudança de direção, por meio do Min. Alexandre de Moraes, homologou, em 09 de setembro de 2023, acordo de delação premiada do Ten. Coronel, ex-ajudante de ordens do ex-Presidente da República, Jair Bolsonaro, celebrando diretamente com a polícia federal, mesmo com manifestação contrária da Procuradoria-Geral da República. Em Doutrina, a defesa da legitimidade do delegado de polícia para celebrar acordo de colaboração premiada contra ou sem manifestação do Ministério Público é feita de forma contundente por Eduardo CABETTE e Francisco SANINI, em obra a que se remete[18], a despeito de nossa divergência.

6.5.1.8 *Benefícios e vinculação do magistrado*

Conforme vimos anteriormente, a realização de um ou alguns dos resultados acima permite a concessão dos benefícios legais, que deverão ser pactuados sob a diretriz da razoabilidade.

Dentre os benefícios legais, o legislador previu:

18. Colaboração premiada como técnica especial de investigação criminal. Leme: J.H. Mizuno, 2020.

a) **perdão judicial;**
b) **redução em até 2/3 (dois terços) da pena privativa de liberdade;**
c) **substituição da pena privativa de liberdade por restritiva de direitos;**
d) **não oferecimento da denúncia por parte do Ministério Público;**
e) **redução da pena até a metade quando a colaboração for posterior à sentença;**
f) **progressão de regime ainda que ausentes os requisitos objetivos quando a colaboração for posterior à sentença**[19].

Há, portanto, diversos benefícios que podem ser concedidos ao colaborador, os quais analisaremos na sequência, não, sem antes, indagar: o juiz está vinculado ao acordo? Isto é, celebrado o acordo de colaboração premiada, o juiz está obrigado a segui-lo na fase da sentença? Haveria violação à independência funcional?

O acordo de colaboração premiada, por si só, não vincula o magistrado, porquanto o acordo somente adquirirá eficácia jurídica com a homologação judicial, após o magistrado realizar o controle de regularidade e legalidade, nos termos do §7º do art. 4º da Lei 12.850/13.

Realizado o controle judicial, a decisão judicial que homologa o termo de colaboração passa a vincular o órgão jurisdicional por meio da preclusão *pro judicato*. De fato, ao homologar o acordo e, portanto, atribuir-lhe eficácia, proporciona às partes a necessária segurança jurídica e estabilidade de que o juízo, ao proferir a sentença, observará os estritos termos do acordo, homologado pelo próprio Judiciário. Não se trata, portanto, de vinculação da pessoa física do juiz, e por via de consequência, de debate sobre eventual violação da independência funcional, mas do juízo. Logo, não é o acordo de colaboração premiada que vincula o juízo, mas a própria decisão homologatória que lhe confere eficácia.

Isso não significa, todavia, que o magistrado não deva valorar a prova na sentença, vez que a homologação se restringe ao aspecto formal da prova e aos termos do acordo, de forma que não havendo confirmação do teor da colaboração o que comumente se denomina "regra da corroboração", o magistrado poderá deixar de aplicar os benefícios pactuados.

19. O inadimplemento da multa compensatória prevista no acordo de colaboração premiada, por comprovada hipossuficiência financeira, não impede a progressão de regime acordado. Processo em segredo de justiça, Rel. Ministra Daniela Teixeira, Quinta Turma, por unanimidade, julgado em 4/2/2025.
Não cabe ao Juízo da Execução Penal estabelecer condições não previstas no acordo de colaboração premiada. AgRg no HC 846.476-RJ, Rel. Ministro Joel Ilan Paciornik, Quinta Turma, por unanimidade, julgado em 22/10/2024, DJe 25/10/2024.

De acordo com o STF, no julgamento em conjunto da Questão de Ordem e no AgR na PET 7074, o acordo poderá ser revisto apenas no aspecto formal e legal. Segundo o Pretório Excelso, o acordo de colaboração, após sua homologação deverá, em regra, produzir seus efeitos. **Somente em casos de fatos supervenientes ou de conhecimentos posteriores, poderão ser revistos os termos do acordo**, nos termos do voto elucidativo do Min. Alexandre de Moraes:

> Não é possível aplicar-se essa "super coisa julgada" ou "super preclusão" em relação a fatos supervenientes ou conhecimento posterior, pois como apontado pelo ilustre Ministro LUÍS ROBERTO BARROSO, "a jurisprudência do STF também já assentou, e diversas oportunidades, que as consequências jurídicas de fato superveniente não são abrangidas pela coisa julgada" (AgR/RE 881.864, Segunda Turma).
>
> Novamente, pedindo todas as vênias as posições em contrário, como regra, devemos ter o estrito cumprimento dos termos acordados e homologados, mas excepcionar a possibilidade de análise do acordo homologado por fatos supervenientes ou de conhecimentos posteriores, não é um atentado a boa fé e a segurança jurídica, pois caso contrário, deveríamos declarar a inconstitucionalidade do artigo 966 do Código de Processo Civil, que permite a relativização da proteção à coisa julgada , consagrada constitucionalmente no inciso XXXVI, do artigo 5º.

Ressai, desse aspecto, a necessidade de se perquirir a **eficácia objetiva** da colaboração premiada, porquanto a mera confissão ou fornecimento de informações vagas e imprecisas não satisfaz seus objetivos.

Exige-se que da colaboração advenha algum resultado dentre os previstos na norma, com íntima conexão lógica entre a colaboração e o resultado que, sem aquela, não teria sido obtido. Ocorre que, geralmente, o resultado somente será obtido após a colaboração em si, como decorrências das informações prestadas pelo colaborador.

A eficácia objetiva, portanto, submete-se a concepção ampla de **fatos supervenientes ou de conhecimentos posteriores** tratada pelo STF, havia vista que se espera da colaboração a produção dos resultados pactuados. Assim, caso o colaborador venha, por exemplo, a se retratar da colaboração em juízo, terá descumprido o acordo e não fará jus aos benefícios legais. Nesse sentido é o entendimento do STJ:

> "não obstante tenha havido inicial colaboração perante a autoridade policial, as informações prestadas pelo Paciente perdem relevância, na medida em que não contribuíram, de fato, para a responsabilização dos agentes criminosos. O magistrado singular não pôde sequer delas se utilizar para fundamentar a condenação, uma vez que o Paciente se retratou em juízo. Sua pretensa colaboração, afinal, não logrou alcançar a utilidade que se pretende com o instituto da delação premiada, a ponto de justificar a incidência

da causa de diminuição de pena". STJ, 5ª Turma, HC 120.454/RJ, Rel. Min. Laurita Vaz, DJe 22.03.10.

Fixadas as premissas acima e retomando a temática dos benefícios legais, vejamo-los, separadamente.

a) **Perdão judicial**: O perdão judicial é causa extintiva da punibilidade (art. 107, IX, CP) que produz efeitos independentemente de vontade do agente, sendo concedido na própria sentença ou acórdão. A sentença concessiva do perdão judicial é meramente declaratória e, portanto, não produz os efeitos da condenação, como se verifica do teor do art. 120 do CP, que dispõe expressamente que "a sentença que conceder perdão judicial não será considerada para efeitos de reincidência".

Trata-se, portanto, de **ato exclusivo do Poder Judiciário** e restrito às hipóteses legalmente previstas, dentre as quais se insere a previsão normativa concreta fixada em acordo de colaboração premiada. Não se confunde com as escusas absolutórias, verdadeiras condições objetivas de punibilidade negativamente consideradas, ou causas pessoais de exclusão da pena. Tanto no perdão judicial como nas escusas absolutórias, estamos diante de um fato típico, ilícito e culpável. Subsiste a infração penal, mas não existe a punibilidade. O perdão judicial extingue a punibilidade, ao passo que nas escusas absolutórias a punibilidade sequer nasce em razão de causa pré-existente. Logo, enquanto o perdão judicial pressupõe a necessidade de processo, as escusas absolutórias impedem o início da persecução penal por falta de interesse de agir.

Entendemos que a questão, contudo, passa pela análise sobre a possibilidade de o Ministério Público pactuar, no acordo de colaboração premiada, a fixação do perdão judicial. E, nesse particular, destacamos que **a divergência aberta envolve não os efeitos, mas o uso da expressão perdão judicial**. Não nos parece cabível que o *parquet* possa, no acordo da colaboração premiada, pactuar com o colaborador que o magistrado venha a conceder o perdão judicial, seguindo a mesma trilha de nosso entendimento de que o delegado de polícia não poderia prometer ao colaborador aquilo que não é de sua atribuição.

Um ponto é o Ministério Público pactuar sobre a redução em até 2/3 (dois terços) da pena privativa de liberdade ou substituição dessa por restritiva de direitos, porquanto apresenta ao magistrado cláusulas que criarão, com a homologação, normas concretas vinculantes que criam causas especiais de redução de pena e modalidade de cumprimento de pena, sem adentrar na seara da atribuição do magistrado. **Nada impediria**, igualmente, e nesse ponto frisamos o ponto da terminologia legal**, que o acordo contemplasse a não aplicação da pena ou dos efeitos da condenação**, efeitos do perdão judicial.

O perdão judicial, como decorrência do próprio nome, é ato exclusivo do Poder Judiciário, aplicável diante da configuração de hipóteses expressamente previstas em lei. Ainda que a norma do art. 4º, da Lei 12.850/13, permita a concessão do perdão judicial e, em tese, concretize norma no sentido da possibilidade de entabulação no acordo, não nos parece possível que o Ministério Público e o colaborador criem norma modificando a essência de um ato que é exclusivo do magistrado. Se, em regra, nem esse pode se afastar da norma ou criar competências próprias, menor ainda a possibilidade de que terceiros, por acordo, criem atribuições para o magistrado.

Melhor seria, portanto, que o legislador tivesse facultado a não aplicação da pena e seus efeitos penais como cláusulas possíveis. Em termos sistêmicos, parece-nos estranho que o Ministério Público e o colaborador possam criar para o magistrado, por meio de acordo, o dever, caso cumprido na íntegra o acordo, de conceder o perdão judicial.

A crítica, meramente terminológica, não afastaria a possibilidade de, no acordo, o Ministério Público **comprometer-se a requerer a concessão do perdão judicial**, atuando na forma do §2º, e, na confecção das cláusulas, especificar, como vinculante após a homologação, a não aplicação da pena. Não obstante, o uso da expressão perdão judicial é usual e poucos questionamentos são realizados quanto à temática.

Vale destacar que o §2º prevê que, considerando a relevância da colaboração prestada, o Ministério Público, **a qualquer tempo**, e o delegado de polícia, nos autos do inquérito policial, com a manifestação do Ministério Público, poderão requerer ou representar ao juiz pela concessão de perdão judicial ao colaborador, ainda que esse benefício não tenha sido previsto na proposta inicial, aplicando-se, no que couber, o art. 28 do Código de Processo Penal.

A expressão, a qualquer tempo, pode induzir à reflexão sobre a possibilidade de concessão de perdão judicial já na fase de execução da pena, após a sentença. Entretanto, a leitura do §5º sugere a impossibilidade de concessão do perdão judicial na fase executória da pena, porquanto restringe, expressamente, os benefícios desta fase à redução pena ou progressão de regime, ainda que sem a satisfação dos requisitos objetivos.

Por fim, destaque-se que, nos termos do §12 do art. 4º da Lei 12.850/13, ainda que beneficiado por perdão judicial ou não denunciado, o colaborador poderá ser ouvido em juízo a requerimento das partes ou por iniciativa da autoridade judicial.

b) **Redução em até 2/3 (dois terços) da pena privativa de liberdade**: a Lei 12.850/13, ao contrário, por exemplo, do art. 14 da Lei 9.807/99, que fixou o patamar mínimo de 1/3 para a colaboração, não estabeleceu limite mínimo de redução da pena, fixando tão somente o patamar máximo de redução em até dois terços da pena privativa de liberdade. Em razão disso, a doutrina majoritária entende que, diante da omissão legal, deve se aplicar como parâmetro mínimo o menor *quantum* de redução previsto no Código Penal e Legislação Especial, de um sexto.

Assim, contudo, não entendemos, vez que, **diante da omissão**, o **paradigma não deve ser o da legislação penal, mas o dos institutos similares** que, de certo modo, revestem-se da roupagem de colaboração premiada. Nesse sentido, a Lei dos Crimes Hediondos (art. 8º, parágrafo único), o art. 159, §4º, do Código Penal, o art. 25, §2º da Lei dos Crimes contra o Sistema Financeiro Nacional, o art. 16, parágrafo único, da Lei dos Crimes contra a Ordem Tributária, Econômica e contra as Relações de Consumo, o art. 1º, §5º da Lei de Lavagem de Capitais, o art. 41 da Lei de Drogas e o art. 14 da Lei de Proteção a Vítimas e Testemunhas, **assinalam, todos, o patamar mínimo de um terço de redução**. Até mesmo o instituto do arrependimento posterior, previsto no art. 16 do Código Penal, prevê a redução mínima de um terço. Não há razões sistêmicas, portanto, para se aplicar uma interpretação de cunho geral, diante da existência de parâmetro especializado e conexo ao instituto.

Caso o acordo de colaboração premiada somente estabeleça os patamares, haverá discricionariedade do magistrado na sua aplicação, dentro dos parâmetros legais. Registre-se que, de certo modo, em regra haverá a discricionariedade do magistrado quando estabelecidos apenas parâmetros, porquanto na valoração da prova será avaliada a eficácia objetiva da colaboração.

c) **Substituição da pena privativa de liberdade por restritiva de direitos**: a previsão normativa do art. 4º, *caput*, da Lei de Organizações Criminosas, não faz qualquer menção ao art. 44 do Código Penal, de forma que, pela própria natureza do instituto da colaboração premiada, a contemplação da cláusula no acordo ou aplicação pelo magistrado não exige a satisfação dos requisitos do art. 44 do CP.

d) **não oferecimento da denúncia por parte do Ministério Público**: o §4º do art. 4º assinala que "Nas mesmas hipóteses do *caput* deste artigo, o Ministério Público poderá deixar de oferecer denúncia se a proposta de acordo de colaboração referir-se a infração de cuja existência não tenha prévio conhecimento e o colaborador: I – não for o líder da organização criminosa; II – for o primeiro a prestar efetiva colaboração nos termos deste artigo. O art. §4º-A, por sua vez, dispõe que se considera existente o conhecimento prévio da infração quando o Ministério Público ou a autoridade policial competente tenha instaurado inquérito ou procedimento investigatório para apuração dos fatos apresentados pelo colaborador.

A norma não impede que o líder da organização celebre a colaboração premiada, vez que tão somente impede o benefício do não oferecimento da denúncia. Em síntese, sendo o líder da organização, poderá celebrar o acordo, mas será processado de qualquer forma. O mesmo se diz quanto ao fato de ser o primeiro a colaborar. A previsão somente assegura a possibilidade de não oferecimento da denúncia ao primeiro colaborador, desde que não o líder, de forma que **não impede que outros agentes venham a celebrar o acordo de colaboração premiada**, sendo possível mais de uma colaboração premiada no curso da investigação ou processo.

A doutrina concebe o não oferecimento da denúncia pelo Ministério Público na colaboração premiada como uma espécie de mitigação ao princípio da obrigatoriedade da ação penal. Vale lembrar que a previsão está naturalmente acompanhada da necessidade de sentença homologatória (art. 4º-A, §11), evidenciando que, no sistema acusatório, qualquer medida de cunho restritivo, ou que produza efeitos aptos a afetar o *ius puniendi* estatal por meio de solução consensual, deve passar pelo crivo do Judiciário. E, como o processo começa por iniciativa das partes, não vemos como conceber a homologação de um acordo despenalizador senão por meio de uma ação de natureza penal.

Há no caso, conforme sustentamos, apenas o afastamento da necessidade de oferecimento da denúncia, espécie de ação penal. A colaboração premiada, enquanto acordo homologado pela Justiça, não deixa de ser uma forma de se provocar o Judiciário, que se manifesta, concretamente, por meio de uma decisão homologatória.

O não oferecimento da denúncia, entretanto, não se aplica a toda e qualquer hipótese de colaboração premiada. O §4º assinala, como requisitos cumulativos: a) não ser o colaborador o líder da organização criminosa; b) ser o colaborador o primeiro a prestar efetiva colaboração; c) a proposta de colaboração referir-se à infração de que não tenha prévio conhecimento, isto é, que não esteja já em apuração por meio de inquérito policial ou procedimento de investigação criminal, conforme interpretação autêntica (§4º-A). Dessa forma, a existência de representação formalizada, peças de informação ou notícia de fato autuadas ou mesmo sindicância ou diligências preliminares não são impeditivos do benefício.

Tem-se, portanto, que o não oferecimento da denúncia deriva, inicialmente, do ineditismo do fato noticiado, isto é, que as autoridades incumbidas da investigação criminal o desconheçam "formalmente", ou seja, não tenham instaurado procedimento investigatório oficializando o conhecimento que pode existir "de fato" ou como suspeição. Ademais, somente o agente que trouxer em primeira mão os elementos para fins de celebração do acordo poderá receber o "perdão ministerial", desde que, naturalmente, não seja o líder da organização.

Ponto importante a ser destacado envolve o momento em que se efetivará o não oferecimento da denúncia de forma definitiva, isto é, quando o *parquet* estará proibido de ofertá-la. A celebração do acordo de colaboração premiada e sua respectiva homologação gera o direito para as partes de que o pacto seja cumprido. Cumprindo o colaborador com as obrigações assumidas, o Ministério Público igualmente deverá cumprir sua parte e não ofertar a denúncia. Todavia, não havendo pronunciamento judicial, extinta não estará a punibilidade, pois a fundada omissão ministerial, por si só, não produz tal efeito.

Assim, cumprido o acordo pelo colaborador, deverá o Ministério Público pugnar pela declaração da extinção da punibilidade do agente ou o próprio colaborador provocar o juízo para que, após ouvido o *parquet*, declare extinta a punibilidade do agente. Isso porque a mera homologação do acordo, sem a demonstração de seu cumprimento, não produz os efeitos desejados. É imprescindível que o Poder Judiciário declare extinta a punibilidade do agente.

Nesse contexto, importante será o requerimento para suspensão do curso do prazo prescricional, na forma do §3º do art. 4º - O prazo para oferecimento de denúncia ou o processo, relativos ao colaborador, poderá ser suspenso por até 6 (seis) meses, prorrogáveis por igual período, até que sejam cumpridas as medidas de colaboração, suspendendo-se o respectivo prazo prescricional - pois caso o colaborador não cumpra com as obrigações assumidas, o curso da prescrição estará suspenso por força de decisão judicial.

e) **Redução da pena até a metade quando a colaboração for posterior à sentença**: nos termos do §5º do art. 4º, sendo a colaboração posterior à sentença a pena poderá ser reduzida até a metade. Vale destacar que não se exige o trânsito em julgado da decisão e, igualmente, não existem óbices à sua aplicação após o trânsito em julgado. O legislador não estabeleceu limite temporal para a colaboração, de forma que não cabe ao intérprete restringir a aplicação do benefício quando observada a estruturação e requisitos do acordo de colaboração premiada. Sendo celebrado após o trânsito em julgado, a redução da pena deverá ser aplicada, em nossa compreensão, pelo juízo da execução penal, vez que o prolator da sentença condenatória não mais possui competência sobre o caso.

f) **Progressão de regime ainda que ausentes os requisitos objetivos quando a colaboração for posterior à sentença**: último benefício legalmente previsto foi também estampado no §5º do art. 4º, e prevê a possibilidade de progressão de regime ainda que sem o cumprimento dos requisitos objetivo previstos no art. 112 da LEP. Como a regra menciona tão somente os requisitos de ordem objetiva, nada impede que o colaborador não receba a progressão por insatisfação dos requisitos subjetivos. Estando o procedimento em curso perante a Vara de Execuções Penais, a análise da colaboração deverá ser realizada pelo juízo competente, em nossa compreensão, o da execução criminal em sede de incidente da execução.

Não havendo ainda o trânsito em julgado da decisão, entendemos que o juízo competente ainda será o da cognição, seja em primeiro ou segundo grau, porquanto há ainda o poder de reforma da decisão. Em síntese, sendo celebrado o acordo durante o prazo de recurso, o juízo competente para homologação será o juízo natural do caso, o próprio sentenciante, porquanto ainda há possibilidade de mudança da decisão. Nesses casos, entendemos que deverá ser fixado, na sentença, o patamar para fins de progressão ou a desnecessidade de sua observância como forma de se vincular o juízo da execução por meio de título judicial.

Estando em segundo grau, a competência para homologação e aplicação dos mesmos efeitos – patamar ou desnecessidade e satisfação do requisito objetivo – deverá ser consolidada pelo próprio Tribunal.

Tema que suscita debate doutrinário envolve a possibilidade do estabelecimento de prêmios não previstos em lei (atípicos) ao colaborador, a exemplo de concessão de prisão domiciliar, utilização de bens concebidos como produto do crime etc.

A tese pela possibilidade é sedutora, especialmente porque induz à possibilidade de concessão de benefícios não previstos ao colaborador, construídos no curso de um negócio jurídico processual, previsto em Lei. A título de argumento, os defensores da possibilidade aduzem que se a Lei permite a concessão do perdão judicial, instituto de natureza ampla, outros benefícios de menor quilate também poderiam ser pactuados segundo a lógica dos poderes implícitos. Sustentam, ainda, que, não havendo vedação legal e não piorando a situações do colaborador, não existem óbices às cláusulas.

Por outro lado, aqueles que sustentam a impossibilidade de pactuação de benefícios atípicos valem-se, essencialmente, da necessária tutela do princípio da legalidade e do risco oriundo de uma colaboração atípica, que pode prejudicar os corréus delatados.

O STF, no julgamento INQ 4405 AgR, DJe 05.04.18, decidiu que:

> **A fixação de sanções premiais não expressamente previstas na Lei nº 12.850/2013, mas aceitas de modo livre e consciente pelo investigado não geram invalidade do acordo**. O princípio da legalidade veda a imposição de penas mais graves do que as previstas em lei, por ser garantia

> instituída em favor do jurisdicionado em face do Estado. Deste modo, não viola o princípio da legalidade a fixação de pena mais favorável, não havendo falar-se em observância da garantia contra o garantido.

Não há dúvidas de que, no processo penal, a forma reveste-se de garantia e deve nortear a celebração dos acordos a título de balizamento. Não há dúvidas, igualmente, que o acordo de colaboração premiada deve, ao máximo, se aproximar das previsões legais, porquanto há interesses de terceiros em jogo.

Diante da divergência apresentada, a Lei do Pacote Anticrime incluiu o §7º no art.4º da Lei 12.850/13, assinalando que dentre outras questões, o magistrado, na homologação do acordo, deverá analisar a adequação dos benefícios pactuados àqueles previstos no *caput* e nos §§ 4º e 5º do artigo, sendo nulas as cláusulas que violem o critério de definição do regime inicial de cumprimento de pena do Código Penal, as regras de cada um dos regimes previstos no CP e na LEP, e os requisitos de progressão de regime não abrangidos pelo § 5º do artigo 4º (inciso II).

Nitidamente, o legislador vedou expressamente as cláusulas que: a) violem o critério de definição do regime inicial de cumprimento de pena do Código Penal; b) violem as regras de cada um dos regimes previstos no CP e na LEP; e c) constituam requisitos de progressão de regime não abrangidos pelo § 5º do artigo 4º, ou seja, a progressão de regime só pode sofrer impactos quando a colaboração for posterior à sentença.

O ponto que nos chama atenção, contudo, não se refere às vedações, porquanto expressas e por demais claras, mas a fórmula geral permissiva que envolve a expressão "adequação dos benefícios pactuados àqueles previstos no *caput* e nos §§ 4º e 5º". Adequar-se, não necessariamente, amolda-se à feição de submissão perfeita. É possível que uma conduta seja adequada, não obstante não prevista de forma expressa.

O argumento de que o colaborador poderá não trazer fatos verdadeiros para obter outros benefícios, não se sustenta por si só, haja vista que, havendo ou não a colaboração, no exercício de sua autodefesa, poderá lançar inverdades. Uma testemunha, de acusação ou defesa, pode, igualmente, trazer fatos não verdadeiros para o processo. À exceção do réu, que não sofre qualquer espécie de sancionamento, ressalvada a possibilidade de denunciação caluniosa, os próprios sistemas processuais e penais preveem regras de correção das inconsistências probatórias. Somente o caso concreto será capaz de nortear se a colaboração é viciada no sentido da veracidade das informações prestadas ou não, de forma que a negativa genérica de cláusulas atípicas, sob o fundamento restrito da forma e ausência de previsão, sucumbe diante da própria fragilidade da construção da prova no processo, sempre passível de revelar inverdades.

Vale destacar, nos termos da decisão do STF no julgamento do AgRg no Inq. 4.405/DF, que "não é o acordo em si que repercute na esfera jurídica do investigado, mas os elementos de prova produzidos a partir dele". Logo, o argumento de que a colaboração pode atingir terceiros não merece prosperar, vez que, de todo modo, será assegurada a ampla defesa e contraditório em processo penal regido pelo devido processo legal, com ampla oportunidade de demonstrar sua não culpabilidade.

Por essas razões, entendemos, na mesma linha do STF, que salvo as restrições legais consolidadas no inciso II do §7º do art. 4º, podem ser pactuados benefícios não típicos no acordo de colaboração premiada que sejam concebidos como legais e adequados pelo magistrado que o homologa, observada a efetiva proporcionalidade.

6.5.1.9 Suspensão do prazo para oferecimento da denúncia e prescrição

Segundo o §3º do art. 4º da Lei 12.850/13, **o prazo para oferecimento de denúncia ou o processo**, relativos ao colaborador, **poderá ser suspenso por até 6 (seis) meses, prorrogáveis por igual período**, até que sejam cumpridas as medidas de colaboração, suspendendo-se o respectivo prazo prescricional.

Dada a própria natureza dos crimes investigados no curso de processos que envolvem organizações criminosas, nem sempre será possível a obtenção de um dos resultados previstos no art. 4º de imediato, sendo necessário o prolongamento do tempo para fins de investigação e produção do resultado.

Nesse sentido, caminhou relativamente bem o legislador ao prever a possibilidade de suspensão do oferecimento da denúncia ou do processo, referentes ao colaborador, pelo período de seis meses, prorrogáveis por igual período, até que sejam cumpridas as medidas de colaboração. A possibilidade de suspensão, assim, não atinge os demais agentes ante a restrição normativa, de forma que a suspensão atinge somente o oferecimento da denúncia ou processo relacionado ao agente colaborador.

A norma expressamente consigna a suspensão do curso do prazo prescricional durante o prazo da suspensão do oferecimento da denúncia ou processo. Contudo, apesar de prevista em lei, entendemos que a suspensão da prescrição precisa ser declarada pelo magistrado, como forma de garantia para o agente colaborador.

Não nos parece admissível que o acordo de colaboração premiada trate, de forma atípica, de prorrogação dos prazos legais para suspensão da denúncia, processo ou prescrição. No tocante à última, calha lembrar que os prazos prescricionais são construídos em favor do réu, por força de lei, não cabendo ao Ministério Público elastecê-los, em franco prejuízo ao réu, por meio de negócio jurídico.

De igual modo, não entendemos por possível que o acordo trate de prazo diverso para suspensão do oferecimento da denúncia ou processo, por se tratar de norma de natureza cogente, destinada à satisfação não somente da celeridade processual, mas de sua efetividade.

Por outro lado, entendemos como possível que, de forma fundamentada e justificada, o magistrado possa, excepcionalmente, suspender por mais de uma vez o prazo para oferecimento da denúncia e o processo, haja vista a complexidade do caso e necessidade de prolongamento da diligência probatória, especialmente nos casos que envolva cooperação internacional para recuperação de ativos, procedimento nem sempre dotado da celeridade exigida. Contudo, não obstante as excepcionalíssimas situações, o magistrado não poderá prorrogar o prazo de suspensão do curso do prazo prescricional.

Diante da possibilidade legal de suspensão dos prazos, afigura-se salutar a compreensão de que os agentes investigados ou acusados, enquanto viger a suspensão, não devam estar com suas liberdades privadas em razão do(s) crime(s) objeto da colaboração, vez que o art. 22, parágrafo único, da Lei 12.850/13, assinala o prazo de cento e vinte dias, prorrogáveis por mais cento e vinte dias pela complexidade da causa ou por fato procrastinatório atribuível ao réu, para finalização da instrução. Assim, salvo na hipótese de diligências a serem realizadas em curto espaço tempo, permitindo-se que a instrução seja efetivada no prazo legal, circunstância que permitiria a manutenção da prisão durante o prazo de suspensão, o melhor caminho será o da concessão de liberdade provisória nas hipóteses em que a produção da prova se revelar impossível no espaço de tempo destinado à instrução processual.

6.5.1.10 Valor probatório da colaboração premiada

O valor probatório da colaboração premiada deve ser analisado sob dois prismas, para a deflagração de uma investigação criminal e para sustentar uma sentença condenatória. Em ambos os casos, entretanto, não se pode afastar de sua perspectiva relativa. Vale lembrar que o acordo de colaboração premiada é meio de obtenção de provas, não sendo o acordo em si prova de coisa alguma. Das provas produzidas a partir do acordo, destacam-se as declarações do colaborador (prova oral) e os elementos de corroboração dessas declarações, que podem ser levados aos autos diretamente pelo colaborador (entrega direta de documentos, por exemplo) ou obtidos a partir de atos de investigação e medidas cautelares probatórias para confirmar hipóteses (busca e apreensão num local indicado pelo colaborador, por exemplo).

Para a deflagração da investigação, o *standard* probatório exigido é mínimo, bastando qualquer indício da prática de crime, vez que, conforme o art. 27 da nova Lei de Abuso de Autoridade, a requisição de instauração ou instauração de procedimento investigatório criminal só caracteriza crime quando desprovido de qualquer indício da prática de crime. O próprio §4º, do art. 3-C, da Lei 12.850/13, assinala que cabe à defesa instruir a proposta de colaboração com os fatos adequadamente descritos, com todas as suas circunstâncias, e indicar as provas e os elementos de corroboração, evidenciando a necessidade de um mínimo suporte para deflagração das tratativas. Sob prisma de fundamento para deflagração para investigação, portanto, os elementos que instruem a proposta de colaboração premiada assumem o *status* de prova relativa de média intensidade, porquanto, ainda que corroborada, demanda todo um trâmite processual para validação.

Por outro lado, sob a perspectiva de elemento de prova a ser valorado na sentença, assim como as demais provas, as provas produzidas a partir da colaboração premiada possuem valor relativo, não se podendo atribuir àquelas derivadas do meio especial de obtenção da prova um valor superior àquele ordinariamente conferido às demais provas. Ao contrário, a colaboração premiada deve ser sempre vista com ressalvas, haja vista que, não obstante poder trazer elementos de prova possivelmente inalcançáveis pelos meios ordinários, é inegável que, igualmente, pode revelar, de forma subjacente, interesses escusos do colaborador, motivo pelo qual seu valor probatório deve variar de acordo com sua corroboração diante das demais provas, assumindo uma posição intermediária atenuada no processo, nesse ponto e em especial no que toca às declarações do colaborador, que não podem ser tomadas como as de uma testemunha desinteressada.

Seguindo essa trilha, o §16 do art. 4º, inciso III, da Lei 12.850/13, assinalou que nenhuma sentença condenatória será proferida com fundamento apenas nas declarações de agente colaborador. Aliás, segundo o inciso II, do mesmo artigo, sequer a denúncia pode ser recebida com fundamento apenas nas declarações do colaborador ou, nos termos do inciso I, **igualmente não poderão ser decretadas medidas cautelares reais ou pessoais apenas com lastro nas declarações do colaborador**. Neste particular, portanto, seu valor probatório é mínimo, porquanto sua valoração pressupõe, necessariamente, a conjugação com outra prova, revelando, portanto, um regime de prova negativa.

Na interpretação do inciso I, contudo, ousamos levantar uma divergência em favor de uma interpretação mais ajustada ao texto legal e à natureza jurídica da colaboração premiada e mais adequada à funcionalidade do sistema. É que, a nosso ver, **as declarações do colaborador, ainda que isoladas,**

podem constituir causa provável para a concessão de medidas cautelares probatórias, independente de já estarem acompanhadas de elementos de corroboração. E, nisso, não seriam diferentes de qualquer declaração (de testemunha, de vítima ou de corréu) que, vencido o crivo judicial de análise de seu poder de convencimento, podem confirmar a verossimilhança de requerimento dessa espécie. A interpretação – tanto dominante quanto apressada, data vênia – confere à declaração no bojo de colaboração premiada (sujeita a maior controle), valor menor que àquela proferida em inquérito policial.

Com efeito, as medidas cautelares podem ser de três espécies: pessoais (prisão preventiva, proibição de aproximação de pessoas, afastamento do cargo, etc.), reais (sequestro, arresto, indisponibilidade de bens e valores, etc.) e probatórias (busca e apreensão, interceptação telefônica, quebra de sigilo bancário, etc.). Quanto a isso, pouca ou nenhuma divergência há na Doutrina. Desse modo, quando a Jurisprudência recusa suficiência às declarações do colaborador para a decretação de uma medida cautelar probatória, recorrendo ao art. 4º, §16, I, da Lei 12.850/13[20], o faz desconhecendo a classificação apresentada e ampliando onde a Lei restringiu (ao especificar expressa e categoricamente as cautelares reais e pessoais, propositadamente excluindo as probatórias). Por outro lado, é inerente à natureza da colaboração premiada como meio de obtenção de provas que as declarações do colaborador possam ser corroboradas tanto diretamente (com a apresentação de documentos, coisas, registros, etc.), quanto indiretamente, o que se dá quando ele apresenta apenas informações que indicam o caminho para obtê-los (art. 3º-B, §4º), o que nem sempre prescinde de ordem judicial (cautelares probatórias em regra sujeitas à reserva de jurisdição).

Para encerrar o parêntesis, um exemplo: um pretenso colaborador apresenta declarações firmes, verossímeis, íntegras e coesas sobre a existência de uma organização criminosa armada, indicando detalhadamente a localização de seu arsenal. Não há qualquer restrição, legal, sistêmica ou dogmática, para que essas declarações não autorizem a emissão de um mandado de busca e apreensão.

Surge, nesse ponto a concepção de **regra de corroboração**, porquanto a validade do conteúdo da colaboração premiada exige que essa seja confirmada por outro meio de prova. BADARÓ[21] (2021, p. 560), destaca que a jurisprudência italiana tem considerado que o controle sobre a valoração da declaração do co-imputado deve se desenvolver sob um tríplice perfil:

---

20. HC 624.608/CE, HC 750.946/RJ, ambos do STJ.
21. BADARÓ, Gustavo Henrique. **Processo Penal.** 9ª ed. São Paulo: Thomson Reuters Brasil, 2021.

(i) em relação à credibilidade do delator, ou seja, a circunstância de que seja pessoa digna de fé (é o tema "de quem fala"); (ii) em relação à coerência e verossimilhança da narração (é o tema de "que coisa disse"); (iii) em relação aos chamados elementos extrínsecos, isto é, a circunstância de que a declaração do delator, na parte significativa da reconstrução dos fatos, encontre confirmação em outros elementos de prova (fenômeno não diverso da convergência dos indícios sobre uma mesma proposição).

Ainda segundo o autor, "os dois primeiros momentos são de análise de requisitos intrínsecos, sejam subjetivos, em relação ao declarante, sejam objetivos, em relação ao conteúdo da declaração, comuns à análise do valor de qualquer testemunho; já o terceiro, é um requisito extrínseco, específico do controle das declarações incriminatórias de corréu, isto é, da delação premiada".

Dentre os requisitos, chama-nos atenção especial o extrínseco, que envolve a corroboração, que deve se aferida sob os prismas objetivo (fatos) e subjetivo (delatados), isto é, deve ser buscada a correlação entre a imputação fática a cada um dos delatados, com o recorte necessário, de forma a se permitir a avaliação da colaboração não como um todo, mas de forma segmentada, fato a fato, agente a agente. Em síntese, a análise fragmentada da colaboração permitirá o reconhecimento da colaboração como válida para um determinado crime e inválida para outro. A regra da corroboração, portanto, funciona como filtro analítico quanto à validade da prova produzida em decorrência da colaboração premiada, permitindo que sua valoração, sempre relativa, varie de acordo com os fatos noticiados e agentes delatados. Não há, portanto, como se conferir à colaboração premiada o caráter da unicidade, que impõe o tratamento único ao seu conteúdo.

Logo, é perfeitamente possível que o magistrado, ao valorar a colaboração premiada, valha-se dessa, não de forma isolada, para condenar alguns dos agentes e, igualmente, para absolver outros.

6.5.1.11 Corroboração mútua ou cruzada

Verifica-se o fenômeno da *mutual corroboration*, ou corroboração cruzada, quando duas ou mais colaborações trilham o mesmo caminho, isto é, o conteúdo da delação do agente "A", que imputa um fato ao agente "B", é corroborado por outra delação, realizada pelo agente "C".

Não se pode olvidar que o próprio legislador considerou as declarações do colaborador como uma prova "relativamente incapaz", que precisa de outros elementos para confirmação. Conforme visto, isolada, sequer é apta a fundamentar o recebimento da denúncia. Logo, se a própria norma considerou a impureza da prova, não nos parece crível que sua corroboração por outra prova impura, isto é, outra colaboração premiada, seja capaz de modificar o *status* de "relativamente incapaz".

Assim, entendemos que o conteúdo de uma colaboração não pode ser validado, **de forma isolada**, por outra colaboração, como fundamento para reconhecimento de suas validades. É preciso que ambas ganhem corpo, deixando o estado espiritual, por meio de outros meios de prova admitidos em Direito, isto é, que encontrem fundamento em outras provas, que não outras colaborações.

6.5.1.12 O acordo de colaboração premiada – negociação, proposta e homologação

Há que se assentar, de antemão e de forma definitiva, que a colaboração premiada configura uma realidade jurídica, em si, mais ampla do que o acordo de colaboração premiada[22].

Conforme destacamos no tópico atinente à previsão legal, entendemos que a colaboração premiada, seja a prevista na Lei 12.850/13, sejam aquelas fundadas em outros diplomas legais, devem ser estruturadas em documento próprio e homologado judicialmente para que se assegure a produção de efeitos. Isso não significa, todavia, que não sendo formalizado o acordo, não possa o magistrado aplicar os prêmios legais, caso verifique a satisfação dos requisitos legais e produção dos resultados desejados, dando vazão à colaboração premiada concebida de forma ampla.

À guisa de exemplo, com a alteração promovida no §4º pela Lei 9.269/96, o art. 159, §4º, do Código Penal passou a prever que se o crime de extorsão mediante sequestro for cometido em concurso, o concorrente que o denunciar à autoridade, facilitando a libertação do sequestrado, terá sua pena reduzida de um a dois terços.

No exemplo, que pode ser projetado para as demais hipóteses, salvo as da Lei 12.850/13, que possuem o rito e forma especificados, de bom alvitre seria que acusação e defesa pactuassem, de forma prévia ou no curso do processo, o acordo contemplando a previsão legal e o submetessem à homologação judicial, revestindo a colaboração de título jurídico próprio e adequado a assegurar sua eficácia e correta valoração. Não obstante, também como destacamos previamente, caso não seja celebrado o acordo, mas verificando o magistrado que o concorrente que denunciou os outro(s) agente(s) à autoridade,

22. STF: MS 35693 AgR/DF, DJe 27.07.20.

facilitando a libertação do sequestrado, deverá reduzir a pena do colaborador de um a dois terços.

Não existe um direito líquido certo do colaborador a compelir o Ministério Público a ofertar o acordo de colaboração premiada. Em regra, sequer há direito líquido e certo a ensejar a aplicação dos prêmios legais pelo magistrado, porquanto somente ao final do processo, quando da prolação da sentença condenatória, será realizada a valoração da eficácia da colaboração, concebida de forma *lato sensu*. Logo, por depender de valoração probatória, a celebração do acordo depende da avaliação dos critérios de conveniência e oportunidade do Ministério Público. Por sua vez, a aplicação dos prêmios legais depende da análise da prova produzida e eficácia da colaboração por parte do magistrado.

Não obstante, parece inegável a existência de um direito subjetivo do pretenso colaborador à busca pela colaboração premiada, porquanto legítima a pretensão de alcançar a colaboração. Contudo, conforme entendimento do STF, o Ministério Público não pode ser compelido, pelo Poder Judiciário, a promover a negociação na seara processual:

> A jurisprudência do Supremo Tribunal Federal assentou que o acordo de colaboração premiada consubstancia negócio jurídico processual, de modo que seu aperfeiçoamento pressupõe voluntariedade de ambas as partes celebrantes. Precedentes. 2. **Não cabe ao Poder Judiciário, que não detém atribuição para participar de negociações na seara investigatória, impor ao Ministério Público a celebração de acordo de colaboração premiada**, notadamente, como ocorre na hipótese, em que há motivada indicação das razões que, na visão do titular da ação penal, não recomendariam a formalização do **discricionário negócio jurídico processual**. 3. A realização de tratativas dirigidas a avaliar a conveniência do Ministério Público quanto à celebração do acordo de colaboração premiada não resulta na necessária obrigatoriedade de efetiva formação de ajuste processual. 4. A negativa de celebração de acordo de colaboração premiada, quando explicitada pelo Procurador-Geral da República em feito de competência originária desta Suprema Corte, não se subordina a escrutínio no âmbito das respectivas Câmaras de Coordenação e Revisão do Ministério Público. 5. Nada obstante a ausência de demonstração de direito líquido e certo à imposição de celebração de acordo de colaboração premiada, assegura-se ao impetrante, por óbvio, insurgência na seara processual própria, inclusive quanto à eventual possibilidade de concessão de sanção premial em sede sentenciante, independentemente de anuência do Ministério Público. Isso porque a colaboração premiada configura realidade jurídica, em si, mais ampla do que o acordo de colaboração premiada[23].

23. MS 35693 AgR/DF, DJe 27.07.20.

Isso não significa, contudo, que o agente fique à mercê do órgão ministerial de primeiro grau, porquanto, diante da recusa desse na celebração do acordo, o pretenso colaborador ainda poderá pleitear a revisão ao Procurador-Geral de Justiça, diante do possível controle acerca da conveniência e discricionariedade.

6.5.1.13 Proposta e negociações

Conforme se extrai do art. 3º-B da Lei 12.850/13, o recebimento da proposta para formalização de acordo de colaboração demarca o início das negociações e constitui também marco de confidencialidade, configurando violação de sigilo e quebra da confiança e da boa-fé a divulgação de tais tratativas iniciais ou de documento que as formalize, até o levantamento de sigilo por decisão judicial.

As tratativas iniciais entre o Ministério Público e o colaborador são naturalmente tensas. Apesar de ambos buscarem a entabulação de um acordo, parece-nos inegável que a suspeita predomina, de ambos os lados. Ao mesmo tempo que o colaborador possui o receio de fornecer armas ao Ministério Público, esse receia estar sendo ludibriado. E, nesse cenário, de suspeita mútua, constrói-se o acordo de colaboração premiada.

Diante da inclusão do art. 3º-B, não mais se sustentam as negociações preliminares por meio de pré-acordos. **Recebida a proposta para formalização do acordo, demarcado estará o início das negociações**. E, de igual modo, recebida a proposta, impõe-se aos negociadores o dever sigilo, estabelecendo-se o **marco de confidencialidade**. E, nessa trilha, a divulgação das tratativas iniciais ou de documento que as formalize caracteriza violação de sigilo e quebra da confiança e da boa-fé, sem que tenha sido levantado de sigilo por decisão judicial.

Nos termos do art. 3º-C, *caput*, a proposta de colaboração premiada deve estar instruída com procuração do interessado com poderes específicos para iniciar o procedimento de colaboração e suas tratativas, ou ser firmada pessoalmente pela parte que pretende a colaboração e seu advogado ou defensor público. Registre-se que nenhuma tratativa sobre colaboração premiada deve ser realizada sem a presença de advogado constituído ou defensor público (§1º), reforçando a imperatividade da assistência técnica no acordo de colaboração premiada. Frise-se, ainda, que segundo §5º do art. 3º-B, os termos de recebimento de proposta de colaboração e de confidencialidade serão elaborados pelo celebrante e assinados por ele, pelo colaborador e pelo advogado ou defensor público com poderes específicos.

Conforme se extrai do §4º do mesmo dispositivo, incumbe à defesa instruir a proposta de colaboração e os anexos com os fatos adequadamente descritos, com todas as suas circunstâncias, indicando as provas e os elementos de corroboração.

É possível ainda que exista conflito de interesses entre o pretenso colaborador e seu advogado constituído, bem como que o agente que pretenda prestar a colaboração seja hipossuficiente. Nesses casos, será necessário, como forma de se assegurar o devido processo legal, a participação de defensor público ou de outro advogado nos termos do §2º. Nesses casos, o Ministério Público não deverá avançar com qualquer espécie de proposta ou tratativa e comunicar o fato à Defensoria Pública, solicitando a designação de defensor para atendimento do pretenso colaborador com o escopo de avaliar sobre a pertinência da celebração do acordo de colaboração premiada.

O art. 3º-C transmite a ideia de que a iniciativa da proposta seja exclusiva da defesa e, de fato, a proposta em si deve partir da defesa, vez que o Ministério Público não dispõe das informações conhecidas pelo pretenso colaborador. Entretanto, nada impede que o *parquet* ou a autoridade policial, com a chancela do órgão ministerial, provoque o agente com quem se pretende a colaboração, alertando-o sobre a possibilidade de obtenção de algum prêmio legal caso manifeste a intenção de colaborar.

Conforme destacado, não há um direito líquido e certo à celebração do acordo de colaboração premiada, haja vista que o *dominus litis* pode não ter interesse em sua celebração por diversos fatores como, por exemplo, já dispor de elementos de prova suficientes para deflagração da ação penal sem que o colaborador possa contribuir com alguma prova relevante. A colaboração premiada não se confunde com a confissão e não deve ser utilizada para obtenção de benefícios maiores do que os previstos regularmente pela legislação comum. De fato, se o colaborador nada tiver a contribuir, não há razões para celebração do acordo. Nesse sentido, §1º do art. 3º-B, assinala que a proposta de acordo de colaboração premiada poderá ser sumariamente indeferida, com a devida justificativa, cientificando-se o interessado. A previsão reforça o caráter discricionário do acordo de colaboração premiada e não exige exaustiva fundamentação na justificativa, bastando a demonstração de falta de interesse ministerial por inexistência contribuição a ser realizada.

Não havendo o indeferimento sumário, as partes pactuantes deverão firmar **Termo de Confidencialidade** para prosseguimento das tratativas, documento que vincula os órgãos envolvidos na negociação e impede o indeferimento posterior sem justa causa. A previsão do §2º do art. 3º-B vincula a instituição ministerial, haja vista que a assunção do compromisso é realizada com o Ministério Público que, uma vez expressando sua vontade de negociar, deverá prosseguir com a negociação independentemente da pessoa do promotor de justiça que esteja à frente do caso. Logo, eventual movimentação na carreira por parte do promotor de justiça que esteja no comando das negociações não afasta o dever da instituição em dar prosseguimento ao negócio jurídico. Por justa causa, apta a fundamentar o indeferimento posterior, há que se compreender aquela não conhecida no momento das tratativas ou que tenha o condão de atacar os pressupostos de constituição dos negócios jurídicos em geral, como a incapacidade mental superveniente do colaborador ou o fato desse, não obstante a proposta, ainda estar no seio de práticas delitivas conexas à colaboração.

Nos termos do §3º do art. 3º-B, o recebimento de proposta de colaboração para análise ou a assinatura do Termo de Confidencialidade não implicam, por si só, a suspensão da investigação. Entretanto, é possível a celebração de acordo em contrário quanto à propositura de medidas processuais penais cautelares e assecuratórias, bem como medidas processuais cíveis admitidas pela legislação processual civil em vigor. Nesse sentido, o acordo pode, por exemplo, pactuar pelo não requerimento de prisão preventiva por parte do Ministério Público caso o colaborador venha a cumprir, na integralidade, suas obrigações. Naturalmente, havendo o descumprimento por parte do colaborador e havendo a satisfação dos requisitos e pressupostos legais, o *parquet* poderá formular o requerimento de prisão, pois o descumprimento injustificado do acordo por parte do colaborador faz cessar a boa-fé inerente à entabulação.

Conforme se extrai do §3º do art. 3º-C, no acordo de colaboração premiada, o colaborador deve narrar todos os fatos ilícitos para os quais concorreu e que tenham relação direta com os fatos investigados. Além da narrativa, conforme vimos pelo estudo do §4º do mesmo dispositivo, deverá instruir a proposta de colaboração e os anexos com os fatos adequadamente descritos, com todas as suas circunstâncias, indicando as provas e os elementos de corroboração. Nesse sentido, vale lembrar da Orientação Conjunta nº 01/18 do MPF: "Art. 13.1. Cada fato típico descrito ou conjunto de fatos típicos intrinsecamente ligados deverá ser apresentado em termo próprio e apartado (anexo) a fim de manter o necessário sigilo sobre cada um deles e possibilitar sua investigação individualizada; 13.2. Os anexos devem conter, no mínimo, os seguintes elementos: a) descrição dos fatos delitivos; b) duração dos fatos e locais de ocorrência; c) identificação de todas as pessoas envolvidas; d) meios de execução do crime; e) eventual produto ou proveito do crime; f) potenciais testemunhas dos fatos e outras provas de corroboração existentes em relação a cada fato e a cada pessoa; g) estimativa dos danos causados".

Ocorre que nem sempre todos esses elementos estarão presentes. Como corretivo, o § 4º do art. 3º-B dispõe que o acordo de colaboração premiada poderá ser precedido de instrução, quando houver necessidade de identificação ou complementação de seu objeto, dos fatos narrados, sua definição jurídica, relevância, utilidade e interesse público. A instrução prévia, portanto, destina-se à formação da convicção do órgão ministerial acerca, principalmente, dos fatos, relevância, utilidade e interesse público na celebração do acordo.

Independentemente da instrução prévia, segundo o §6º do art. 3º-B, na hipótese de não ser celebrado o acordo por iniciativa do celebrante, esse não poderá se valer de nenhuma das informações ou provas apresentadas pelo colaborador, de boa-fé, para qualquer outra finalidade. O dispositivo, em conjunto com o *caput* do dispositivo, consagra os efeitos expressão norte americana *queen for a day* (rainha por um dia), que impede que as informações recebidas a título sigiloso e em caráter de confidencialidade sejam utilizadas pelo órgão de investigação, preservando-se a lealdade e boa-fé entre os negociadores.

Ainda na seara da negociação, o §6º do art. 4º expressamente impede a participação do juiz nas negociações realizadas entre as partes para a formalização do acordo de colaboração. Em síntese, a norma mantém o magistrado imparcial e equidistante das partes, vez que posteriormente será chamado a decidir sobre a homologação do acordo.

Finalizada a fase das negociações e propostas, pactuado o acordo, o art. 6º dispõe que o termo de acordo da colaboração premiada deverá ser feito por escrito e conter: I – o relato da colaboração e seus possíveis resultados; II – as condições da proposta do Ministério Público ou do delegado de polícia; III – a declaração de aceitação do colaborador e de seu defensor; IV – as assinaturas do representante do Ministério Público ou do delegado de polícia, do colaborador e de seu defensor; V – a especificação das medidas de proteção ao colaborador e à sua família, quando necessário.

6.5.1.13.1 Ampla defesa – renúncia ao direito ao silêncio

O §14, do art. 4º, da Lei 12.850/13, prevê que nos depoimentos que prestar, o colaborador renunciará, na presença de seu defensor, ao direito ao silêncio e estará sujeito ao compromisso legal de dizer a verdade.

A norma, num primeiro momento, parece contrariar o direito à não autoincriminação e a própria regra constitucional do direito ao silêncio. Ocorre que a imposição legal de renúncia ao direito ao silêncio e a submissão ao compromisso legal de dizer a verdade são imperativos para a própria celebração do acordo de colaboração premiada, provocado pelo próprio agente.

Dessa forma, seria no mínimo contraditório o pretenso colaborador buscar a colaboração premiada e não assumir o compromisso de dizer a verdade ou de renunciar o direito ao silêncio. A formação de um acordo pressupõe a lealdade e boa-fé, de forma que não nos parecem atendidos os requisitos contratuais por parte daquele que, de antemão, nega a garantia de falar a verdade. Não deve haver dificuldade em compreender o direito ao silêncio como disponível, na medida em que, independente de colaboração, sempre foi facultado ao indiciado ou réu falar e confessar (obtendo o benefício correlato) quando e caso queira. Além disso, seu exercício é apenas uma (dentre outras) forma de praticar a autodefesa pelo acusado que pode optar por outra que, de igual ou melhor modo, atenda a seus interesses, recaindo-lhe, por consequência, o ônus de, para tanto, ser coerente com ela e atender a seus requisitos.

Temos, portanto, uma hipótese na qual o réu, caso denunciado, passa a ter o compromisso legal de dizer a verdade e renuncia ao direito ao silêncio. Registre-se, contudo, que não se submete ao crime de falso testemunho, porquanto as figuras do colaborador ou réu não se constituem como elementares do crime previsto no art. 342 do Código Penal. Descumprindo o compromisso e negando a verdade, o réu ensejará a rescisão do acordo, perdendo o direito aos prêmios legais, mas não será processado criminalmente por tal fato.

Registre-se, por relevante, que na forma do §15, **em todos os atos de negociação, confirmação e execução da colaboração**, o colaborador deverá estar assistido por defensor.

6.5.1.13.2 Controle e homologação

Conforme o art. 7º da Lei 12.850/13, o pedido de homologação do acordo deverá ser sigilosamente distribuído, contendo apenas informações que não possam identificar o colaborador e o seu objeto, como forma de se tutelar não somente a integridade do colaborador, mas também a do próprio acordo. O §1º assinala que as informações pormenorizadas da colaboração serão dirigidas diretamente ao juiz a que recair a distribuição, que decidirá no prazo de 48 (quarenta e oito) horas.

Visando preservar o sigilo, o §2º dispõe que o acesso aos autos será restrito ao juiz, ao Ministério Público e ao delegado de polícia, como forma de garantir o êxito das investigações, assegurando-se ao defensor, no interesse do representado, amplo acesso aos elementos de prova que digam respeito ao exercício do direito de defesa, devidamente precedido de autorização judicial, ressalvados os referentes às diligências em andamento.

Na forma do §3º, o acordo de colaboração premiada e os depoimentos do colaborador serão mantidos em sigilo até o recebimento da denúncia ou da queixa-crime, sendo vedado ao magistrado decidir por sua publicidade em qualquer hipótese. O levantamento indevido do sigilo, contudo, não afeta a validade ou eficácia do acordo, embora possa sujeitar o responsável a sanções funcionais e criminais.

Nos termos do §7 do art. 4º, superadas as fases da proposta e negociação, assinado o acordo pelas partes em observância à forma legal (arts. 6º e 7º), deverão ser remetidos ao magistrado, para análise, o respectivo termo, as declarações do colaborador e cópia da investigação, devendo o juiz ouvir sigilosamente o colaborador, acompanhado de seu defensor, oportunidade em que analisará os seguintes aspectos na homologação:

> I – regularidade e legalidade;
>
> II – adequação dos benefícios pactuados àqueles previstos no *caput* e nos §§4º e 5º deste artigo, sendo nulas as cláusulas que violem o critério de definição do regime inicial de cumprimento de pena do art. 33 do Decreto-Lei nº 2.848, de 7 de dezembro de 1940 (Código Penal), as regras de cada um dos regimes previstos no Código Penal e na Lei nº 7.210, de 11 de julho de 1984 (Lei de Execução Penal) e os requisitos de progressão de regime não abrangidos pelo §5º deste artigo;
>
> III – adequação dos resultados da colaboração aos resultados mínimos exigidos nos incisos I, II, III, IV e V do *caput* deste artigo;
>
> IV – voluntariedade da manifestação de vontade, especialmente nos casos em que o colaborador está ou esteve sob efeito de medidas cautelares.

Por regularidade há que se compreender a satisfação dos preceitos formais do acordo, como a participação de defensor, observância do termo de confidencialidade, forma escrita etc. A análise da legalidade, por sua vez, deve cotejar as normas autorizativas do acordo, a extensão das cláusulas, a existência de conformação com o ordenamento jurídico etc. A esses, soma-se a voluntariedade, concebida por nós como livre manifestação da consciência.

O magistrado deverá observar também se os benefícios pactuados encontram previsão nos §§4º e 5º do art. 4º, de forma a impedir uma ampliação não razoável da previsão normativa, conforme destacamos anteriormente. De forma expressa, atribui-se a pecha de nulas às cláusulas que violem os critérios de definição do regime inicial de cumprimento de pena e suas respectivas regras, bem como àquelas que estipulem requisitos não previstos lei para fins de progressão de regime, salvo na hipótese de acordo de colaboração premiada celebrado após a sentença. Veda-se, portanto, a imposição de regime de cumprimento de pena não condizente com a pena fixada, a chamada progressão *per saltum*, ou patamares de progressão distinto dos previstos no art. 112 da LEP. O § 7º-B do art. 4º ainda assinala serem nulas de pleno direito as previsões de renúncia ao direito de impugnar a decisão homologatória.

Interessante questão envolve a ausência de contemplação de concessão do livramento condicional nos incisos I a IV. Nesse sentido, poderia o acordo prever a concessão de livramento condicional ao agente colaborador? A se seguir a linha da corrente fechada, que não admite ampliação dos benefícios previstos no *caput* do art. 4º, a pactuação do livramento condicional, forma de cumprimento da pena, não seria admissível, não obstante a ausência de restrição formal no inciso II do §7º do art. 4º.

Por outro lado, a se seguir o entendimento até então consolidado do STF, a pactuação da concessão do livramento condicional seria possível, sob o argumento maior que envolve a concessão do perdão judicial, hipótese que afasta o próprio cumprimento da pena. De fato, se o juiz poderia afastar a própria pena, por que não poderia homologar o acordo que previsse a concessão do livramento condicional, forma de cumprimento da pena?

Poder-se-ia, em terceira linha, construir a hipótese da possibilidade mitigada da cláusula que envolve o livramento condicional, submetendo-a, por ausência de previsão expressa no *caput* do art. 4º, à satisfação do requisito do não impedimento legal, isto é, de não ser hipótese na qual o próprio livramento condicional é vedado.

O STJ, ainda que indiretamente, reconheceu a possibilidade da inserção da cláusula concessiva no julgamento do AgRg no Resp 1894570/PR, DJe 16.11.21, ao decidir que:

> O acordo de colaboração premiada é negócio jurídico entre as partes, e a mora de uma delas no cumprimento de sua obrigação não deve prejudicar o exercício do pactuado em detrimento da outra parte.
>
> No caso concreto, a obrigação de fazer decorrente do Acordo, qual seja, a concessão do livramento condicional pelo restante da pena após o término do regime aberto diferenciado, embora reconhecida com mora pelo Juiz da Execução Penal, deve retroagir no tempo para ser computada como período de pena cumprida, afastando-se o prejuízo do apenado que adimpliu com seu dever para fins de obtenção do referido instituto (...).

É fato que o julgado se refere a um acordo de colaboração premiada realizado antes da entrada em vigor da Lei do Pacote Anticrime, que incluiu expressamente vedações atinentes às modificações de regimes iniciais de cumprimento de pena, regras dos regimes e requisitos para fins de progressão de regime. Contudo, entendemos que o livramento condicional, dada sua natureza jurídica, não se vincula especificamente ao regime, mas ao tempo e forma de cumprimento de pena, razão pela qual entendemos por possível sua pactuação, sufragados pelo entendimento do STF, exarado no julgamento INQ 4405 AgR, DJe 05.04.18:

> A fixação de sanções premiais não expressamente previstas na Lei nº 12.850/2013, mas aceitas de modo livre e consciente pelo investigado não geram invalidade do acordo. **O princípio da legalidade veda a imposição de penas mais graves do que as previstas em lei, por ser garantia instituída em favor do jurisdicionado em face do Estado.** Deste modo, não viola o princípio da legalidade a fixação de pena mais favorável, não havendo falar-se em observância da garantia contra o garantido.

Em sede de controle, o magistrado, antes de homologar o acordo, deverá avaliar a adequação dos resultados da colaboração aos resultados mínimos exigidos nos incisos I, II, III, IV e V do *caput* do art. 4º, isto é, se já ocorreram ou se há previsão de: a) identificação dos demais coautores e partícipes da organização criminosa e das infrações penais por eles praticadas (I); b) revelação da estrutura hierárquica e da divisão de tarefas da organização criminosa (II); c) de o acordo trilhar a linha da prevenção de infrações penais decorrentes das atividades da organização criminosa (III); d) recuperação total ou parcial do produto ou do proveito das infrações penais praticadas pela organização criminosa (IV); e e) a localização de eventual vítima com a sua integridade física preservada (V).

O §7º ainda prevê que o magistrado, antes de homologar o acordo, deverá ouvir sigilosamente o colaborador, acompanhado de seu defensor, como forma de buscar o elemento voluntariedade, especialmente nos casos em que colaborador está ou esteve sob o efeito de medidas cautelares, oportunidade em que analisará os demais aspectos acima vistos na homologação. Essa oitiva, em audiência especialmente designada para tal finalidade, tem sido feita sem a presença do Ministério Público.

Realizado o controle judicial, nos termos do §8º do mesmo artigo, o juiz poderá recusar a homologação da proposta que não atender aos requisitos legais, devolvendo-a às partes para as adequações necessárias. A previsão legal não traz a figura do juiz para o seio, como parte, do acordo de colaboração premiada, vez que tão somente lhe será permitido fazer o juízo referente à satisfação dos requisitos legais. Logo, não pode, por exemplo, recusar-lhe a homologação por entender que as declarações do colaborador são falsas ou insuficientes para demonstrar a efetividade da colaboração. Tal valoração deverá ser realizada na sentença definitiva, na forma do §11, a qual apreciará os termos do acordo homologado e sua eficácia.

A lógica do §8º, portanto, caminha no sentido da avaliação formal e não de mérito. Pode ocorrer, todavia, que mesmo diante da devolução do acordo pelo magistrado às partes para adequação, essas venham a entender que o acordo submetido a homologação não padece de vícios. Nesses casos, não foi previsto recurso próprio e adequado, de forma expressa, para revisão da decisão.

Diante da ausência de previsão, foram produzidos diversos entendimentos na doutrina. FELIPPETTO e ROCHA (2017)[24] sustentam a interposição de apelação, na forma do art. 593, II do CPP; PACELLI[25] (2021), por sua vez, aduz tratar-se de hipótese de recurso em sentido estrito (art. 581, I, por analogia), por rejeição de iniciativa postulatória da acusação. Há vozes ainda pela possibilidade de reconhecimento da correição parcial e aplicação do art. 28 do CPP, por analogia.

O **STJ**, enfrentando a matéria no julgamento do REsp 1834215, 6ª Turma, DJe 12.11.20, entendeu que **a apelação residual é o recurso adequado para impugnação da decisão que recusa a homologação**, por entender que o "ato judicial: a) não ocasiona uma situação de inversão tumultuária do processo, a atrair o uso da correição parcial e b) tem força definitiva, uma vez que impede o negócio jurídico processual, com prejuízo às partes interessadas. Ademais, o cabimento do recurso em sentido estrito está taxativamente previsto no art. 581 do CPP e seus incisos não tratam de hipótese concreta que se assemelha àquela prevista no art. 4º, § 8º, da Lei n. 12.850/2013".

Admitiu, contudo, ante a existência de dúvida objetiva, quanto ao instrumento adequado para combater o provimento jurisdicional, que não constitui erro grosseiro o emprego da correição parcial, principalmente quando esse instrumento foi aceito em situações outras pelo Tribunal. Desde que interposta no prazo de cinco dias, afastando eventual intempestividade, o STJ entendeu por possível a aplicação do princípio da fungibilidade recursal.

Segundo o art. §7º-A, na homologação, o juiz ou o tribunal deve proceder à análise fundamentada do mérito da denúncia, do perdão judicial e das primeiras etapas de aplicação da pena, nos termos do CP e CPP, antes de conceder os benefícios pactuados, exceto quando o acordo previr o não oferecimento da denúncia ou já tiver sido proferida sentença.

Fixados os limites da homologação, cumpre indagar sobre qual o juízo competente para a homologação. De acordo com o art. 3º-B do CPP, a competência originária para homologação do acordo de colaboração premiada

24. FELIPPETTO, Rogério. ROCHA, Luísa Carolina Vasconcelos Chagas. **Colaboração Premiada: contornos segundo o sistema acusatório**. Belo Horizonte: 2017. Ed. D'Plácido.
25. PACELLI, Eugênio. **Curso de processo Penal**. 25. Ed. São Paulo: Atlas, 2021.

celebrados na fase de investigação é do juiz das garantias (inc. XVII). Vale destacar que, segundo o STF, **a homologação da colaboração premiada não fixa competência** para processar e julgar a ação penal derivada (INQ 4.130).

Tratando-se de acordo celebrado com autoridade detentora de foro por prerrogativa de função ou cujo teor envolva agentes com o foro especial como delatados, a competência para homologação será monocrática do Relator, na forma do art. 2º da Lei 8.038/90. Havendo mais de um delatado, com foros distintos, prevalecerá o do foro de maior graduação. Assim, se o delator, no acordo de colaboração premiada, reunir informações criminosos que envolvam um prefeito e um deputado federal, a competência para homologação será do STF, foro mais graduado e de origem para processo e julgamento de deputados federais, que o fará por meio do Relator. Por outro lado, sendo a delação somente contra o prefeito, competência será do Relator do caso, vinculado Tribunal de Justiça do Estado. Em linhas gerais, segue-se a regra de competência para processo e julgamento. Nesse sentido é o entendimento do STF:

> (...) Muito embora a lei fale apenas em juiz, é possível que a homologação de delações seja da competência de Tribunal. O colaborador admite seus próprios delitos e delata outros crimes. Assim, quanto à prerrogativa de função, será competente o Juízo mais graduado, observadas as prerrogativas de função do delator e dos delatados. Precedentes.
>
> 4. Acordos de colaboração premiada celebrados pelo Ministério Público Estadual e homologados por Juiz de Direito, delatando Governador de Estado. Ilegitimidade e incompetência.
>
> 5. Legitimidade da autoridade com prerrogativa de foro para discutir a eficácia das provas colhidas mediante acordo de colaboração realizado sem a supervisão do foro competente. A impugnação quanto à competência para homologação do acordo diz respeito às disposições constitucionais quanto à prerrogativa de foro. Assim, ainda que, ordinariamente, seja negada ao delatado a possibilidade de impugnar o acordo, esse entendimento não se aplica em caso de homologação sem respeito à prerrogativa de foro. Inaplicabilidade da jurisprudência firmada a partir do HC 127.483, rel. Min. Dias Toffoli, Pleno, julgado em 27.8.2017. HC 151.605, DJ 22.07.20.

A realização da homologação pelo magistrado, segundo a normatização vigente, não gera seu impedimento para funcionar como juiz da causa, vez que o acordo de colaboração premiada pode ser celebrado no curso do processo e deverá ser homologado pelo próprio magistrado. Não se olvida do art. 3º-B, XVII do CPP, afeto ao juízo das garantias, que estabelece a competência de tal juízo para a homologação do acordo de colaboração premiada.

Com a retomada da vigência do dispositivo, por força da decisão do STF, proferida no julgamento das ADIs 6.298, 6.299, 6.300 e 6.305, a competência para homologação do acordo passa a ser do juízo das garantias, salvo nos casos em que o acordo for celebrado durante a instrução ou após a sentença.

Nos termos do §9º, depois de homologado o acordo, o colaborador poderá, sempre acompanhado pelo seu defensor, ser ouvido pelo membro do Ministério Público ou pelo delegado de polícia responsável pelas investigações.

6.5.1.13.3 Retratação e rescisão

É possível que, no curso das tratativas ou mesmo no cumprimento do acordo de colaboração premiada, as partes desistam de dar prosseguimento ao acordo, surgindo os institutos da retratação e rescisão do acordo de colaboração premiada.

A retratação reflete a possibilidade de desistência do acordo até a sua assinatura, conforme se extrai do §10 do art. 4º: As partes podem retratar-se da proposta, caso em que as provas autoincriminatórias produzidas pelo colaborador não poderão ser utilizadas exclusivamente em seu desfavor.

Trata-se de direito assegurado aos negociadores em decorrência da possibilidade de desvio na convergência das vontades. O legislador estabeleceu um **marco temporal para a retratação: o da homologação da proposta**. Isso significa que, **homologada a proposta, não mais caberá a retratação**.

Celebrado o distrato no tocante à proposta, os elementos de prova produzidos no curso da proposta podem ser utilizados no processo, desde que não autoincriminatórios e em desfavor do colaborador, possível fonte das provas produzidas. Registre-se que, caso a prova venha a ser obtida por fonte independente, não haverá qualquer vício em sua utilização contra o colaborador. O que a norma visa evitar é a quebra da lealdade e boa-fé em prejuízo do colaborador. Seria estranho, de fato, que uma confissão fornecida no curso da proposta fosse utilizada pela acusação contra colaborador, após o Ministério Público retratar-se da proposta.

A rescisão, por sua vez, ocorre quando houver o descumprimento de obrigações previstas no acordo e ocorrer após a sua homologação. O instituto, previsto no §17 do art. 4º, prevê que o acordo homologado poderá ser rescindido em caso de omissão dolosa sobre os fatos objeto da colaboração.

Nos termos do §13 do art. 4º, o registro das tratativas e dos atos de colaboração deverá ser feito pelos meios ou recursos de gravação magnética, estenotipia, digital ou técnica similar, inclusive audiovisual, destinados a obter maior fidelidade das informações, garantindo-se a disponibilização de cópia do material ao colaborador. A previsão visa, de forma efetiva, assegurar a possibilidade de demonstração da lisura do acordo, de forma a se evitar infundadas alegações de descumprimento por qualquer das partes. Revela, portanto, a garantia da segurança jurídica para as partes celebrantes por ser apta a demonstrar eventual omissão dolosa sobre os fatos objeto da colaboração.

O acordo pode ser rescindido por ocorrência de omissão dolosa sobre fato objeto da colaboração ou, na hipótese prevista no §18 do art. 4º, quando o colaborador descumpre o pressuposto de cessação do envolvimento em conduta ilícita relacionada ao objeto da colaboração, isto é, quando, por exemplo, delata a organização criminosa, mais continua participando de suas atividades.

É possível, igualmente, verificar-se a omissão dolosa na conduta do agente que mente ou se recusa a prestar informações sobre os fatos em apuração; oculta fatos praticados dos quais tem ciência; sonega, adultera ou destrói provas em seu poder após a celebração do acordo; empreende fuga; deixa de atender, de forma reiterada e injustificada, as intimações para prestar novos esclarecimentos etc.

Configurando-se, portanto, situações de quebra da confiança do acordo, como as exemplificadas acima, o acordo poderá ser rescindido em juízo, mediante requerimento formal do Ministério Público, com a devida fundamentação, o qual deverá pugnar pela não aplicação dos prêmios legais ao colaborador. De igual forma, mas com solução distinta, caso o *parquet* venha a dar causa à quebra da confiança, seja por violar o sigilo pactuado no acordo ou por violar os direitos do colaborador previstos no art. 5º da Lei 12.850/13, entre outras, o colaborador pode, do mesmo modo, pleitear a rescisão do acordo. Nesses casos, parece-nos razoável que juiz, ao proferir a sentença, leve em consideração a eficácia da colaboração até o momento da rescisão, e aplique, de forma equitativa, os prêmios adequados ao colaborador. Vale destacar que, segundo o STF[26], "ainda que rescindido o acordo, as provas coletadas podem ser utilizadas contra terceiros (art. 4º, § 10, da Lei nº 12.850/2013)".

6.5.1.13.4 Anulação e contraditório

Além das hipóteses de retratação e rescisão, é possível que o acordo de colaboração premiada possa vir a ser anulado quando, por exemplo, sua constituição tiver sido marcada por algum vício de natureza formal, como a não participação do defensor em todos os atos de negociação, ausência de voluntariedade do colaborador etc.

26. INQ 4506/DF, DJe 04.09.18.

Diferentemente da rescisão, que não nulifica as provas produzidas, a anulação do acordo tem o condão de contaminar as provas produzidas e as dela derivadas. O tema foi enfrentado pela Segunda Turma do STF no julgamento do HC 142208, DJe 01.10.20, tendo a corte não somente reconhecido a nulidade e aplicação de seus efeitos, mas também a possibilidade de impugnação do acordo por terceiros:

> (...) 2. Colaboração premiada, admissibilidade e impugnação por corréus delatados. Provas produzidas em razão do acordo e utilizadas no caso concreto. Abusos da acusação e fragilização da confiabilidade. Nulidade do acordo e inutilização de declarações dos delatores. 3. Possibilidade de impugnação do acordo de colaboração premiada por terceiros delatados. Além de caracterizar negócio jurídico entre as partes, o acordo de colaboração premiada é meio de obtenção de provas, de investigação, visando à melhor persecução penal de coimputados e de organizações criminosas. Potencial impacto à esfera de direitos de corréus delatados, quando produzidas provas ao caso concreto. Necessidade de controle e limitação a eventuais cláusulas ilegais e benefícios abusivos. Precedente desta Segunda Turma: HC 151.605 (de minha relatoria, j. 20.3.2018). (...) 6. Situação do colaborador diante da nulidade do acordo. Tendo em vista que a anulação do acordo de colaboração aqui em análise foi ocasionada por atuação abusiva da acusação, penso que os benefícios assegurados aos colaboradores devem ser mantidos, em prol da segurança jurídica e da previsibilidade dos mecanismos negociais no processo penal brasileiro. Precedente: direito subjetivo ao benefício se cumpridos os termos do acordo (STF, HC 127.483/PR, Plenário, rel. Min. Dias Toffoli, j. 27.8.2015) e possibilidade de concessão do benefício de ofício pelo julgador, ainda que sem prévia homologação do acordo (RE-AgR 1.103.435, Segunda Turma, Rel. Min. Ricardo Lewandowski, j. 17.5.2019). (HC 142205, Relator(a): GILMAR MENDES, Segunda Turma, julgado em 25/08/2020, PROCESSO ELETRÔNICO DJe-240 DIVULG 30-09-2020 PUBLIC 01-10-2020).

Ocorre que, segundo o Plenário do próprio STF, no julgamento do HC 127.483/PR, DJe 04.02.16, "por se tratar de negócio jurídico personalíssimo, o acordo de colaboração premiada **não pode ser impugnado por coautores ou partícipes do colaborador na organização criminosa e nas infrações penais por ela praticadas**, ainda que venham a ser expressamente nominados no respectivo instrumento no relato da colaboração e seus possíveis resultados (art. 6º, I, da Lei nº 12.850/13)".

Há, portanto, nítida divergência entre o Pleno do STF e o entendimento da 2ª Turma, que afastou o precedente do Plenário para permitir a impugnação do acordo de colaboração premiada por terceiros.

A rigor, o delatado que se torne réu em ação penal embasada nas provas produzidas a partir da colaboração, poderá impugná-las (as provas, não o acordo) tanto na forma (meio) quanto no mérito, no exercício do contraditório na ação de que seja parte. Contudo, a impugnação dos termos do acordo por terceiro, ainda que delatado, é incompatível com a sistemática do instituto, porque: 1) não há previsão legal na exaustiva regulamentação da Lei 12.850/13; 2) os delatados não são chamados a participar das tratativas, que são sigilosas, de modo que, em princípio, ele nem toma conhecimento do negócio antes de sua homologação (aliás, antes da denúncia); 3) os efeitos penais do acordo só valem para o acordante; 4) o acordo não impõe nenhuma sanção ao delatado, se não permite a obtenção de provas a serem validadas sob contraditório na ação própria. Nada obstante, tendo o STF admitido tal possibilidade, deve-se reservá-la a hipóteses excepcionalíssimas de ilegalidade decorrente de ação dolosa por parte do órgão de execução do Ministério Público (abuso de autoridade, por exemplo) ou de incompetência absoluta do juízo para homologação. Nesses casos, o *habeas corpus*, enquanto ação constitucional, seria o remédio hábil a atacar a fase de negociação ou a decisão homologatória por um terceiro que não é parte do processo.

No que tange ao contraditório e ampla defesa, o §10-A do art. 4º, da Lei 12.850/13, prevê que em todas as fases do processo deve-se garantir ao réu delatado a oportunidade de manifestar-se após o decurso do prazo concedido ao réu que o delatou. A previsão, incluída pela Lei do Pacote Anticrime, criou, sem qualquer espécie de violação à isonomia, um terceiro degrau na esfera do contraditório. Diante da previsão, o delator, não obstante réu, foi colocado em posição híbrida para fins de defesa, situado entre a acusação e a defesa dos réus delatados.

O STF, entretanto, ao enfrentar o assunto, decidiu que a ausência de fixação de prazo sucessivo para a apresentação de defesa prévia entre os réus, por si só, não enseja a nulidade do ato e tampouco de toda ação penal:

> (...) 5. Nos termos da recente alteração promovida pela Lei 13.964/2019, que acrescentou o § 10-A ao art. 4º da Lei 12.850/2013, no curso da ação penal, o réu delatado deve sempre se manifestar após o colaborador. 6. No caso dos autos, conforme informações prestadas, durante toda a instrução criminal tem sido observado essa regra, inclusive, nas manifestações ocorridas em audiência. 7. **A ausência de fixação de prazo sucessivo para a apresentação de defesa prévia entre os réus, por si só, não enseja a nulidade do ato e tampouco de toda ação penal.** É imperioso que o interessado evidencie certo nexo causal entre a suposta irregularidade e o resultado da ação penal, bem como que indique, ao menos de forma indiciária, o concreto prejuízo e a possibilidade efetiva de reversão do julgamento. 8. A jurisprudência desta Suprema Corte é farta e firme no sentido de que a "demonstração de prejuízo, a teor do art. 563 do CPP, é essencial à alegação de nulidade, seja ela relativa ou absoluta, eis que, conforme já decidiu a Corte,

o âmbito normativo do dogma fundamental da disciplina das nulidades – pas de nullité sans grief – compreende as nulidades absolutas" (HC 85155, Relator(a): Min. Ellen Gracie, Segunda Turma, julgado em 22/03/2005). HC 200818 AgR, 2ª Turma, DJe 26.11.21.

Não obstante o entendimento do STF, a norma nos parece cristalina: o réu delatado tem o direito de se manifestar após o réu delator.

6.5.1.13.5 Sentença

Nos termos do §11 do art. 4º da Lei de Organizações Criminosas, a sentença apreciará os termos do acordo homologado e sua eficácia. A sentença a que se refere o §11 é a definitiva, isto é, aquela que julgará o mérito da ação penal. De forma direta, o dispositivo impõe ao magistrado o dever de apreciar, sob a lógica da correlação e razoabilidade, os termos do acordo, nos quais há a previsão de deveres e direitos para o colaborador, bem como resultados a serem obtidos, sua eficácia.

O magistrado, portanto, deverá buscar os fatores de correlação entre os resultados produzidos e demonstrados nos autos, como forma de aferir a eficácia da colaboração. Tendo o colaborador cumprido com todas as suas obrigações e os resultados pactuados sido obtidos, fará jus aos benefícios entabulados.

Pode ocorrer, todavia, que a eficácia seja parcial, ou seja, que as informações prestadas pelo colaborador tenham conduzido somente à satisfação de parte dos resultados desejados. Nesses casos, o magistrado deverá, sob o prisma da proporcionalidade, aplicar os benefícios pactuados partindo da lógica da satisfação parcial do acordo. Sempre de forma fundamentada, deverá, de forma proporcional, aplicar os prêmios legais equitativamente, considerando-se o grau de relevância e eficácia da colaboração, observando os parâmetros do próprio acordo homologado.

6.5.2 Captação ambiental de sinais eletromagnéticos, ópticos ou acústicos (inciso II)

Em razão da natureza e especificidade da prova, para evitarmos repetições, remetemos o leitor para o capítulo referente à Lei de Interceptações Telefônicas.

6.5.3 Ação controlada (inciso III)

A ação controlada é uma técnica especial de investigação prevista nas Leis 11.343/06 (Lei de Drogas, art. 53, II), Lei 9.613/98 (Lei de Lavagem de Capitais, art. 1º, §6º c/c art. 4º-B, e Lei 12.850/13 (Lei de Organizações Criminosas, art. 8º).

Especificamente quanto à Lei 12.850/13, o assunto foi regrado da seguinte forma:

> Art. 8º Consiste a ação controlada em retardar a intervenção policial ou administrativa relativa à ação praticada por organização criminosa ou a ela vinculada, desde que mantida sob observação e acompanhamento para que a medida legal se concretize no momento mais eficaz à formação de provas e obtenção de informações.
>
> § 1º O retardamento da intervenção policial ou administrativa será previamente comunicado ao juiz competente que, se for o caso, estabelecerá os seus limites e comunicará ao Ministério Público.
>
> § 2º A comunicação será sigilosamente distribuída de forma a não conter informações que possam indicar a operação a ser efetuada.
>
> § 3º Até o encerramento da diligência, o acesso aos autos será restrito ao juiz, ao Ministério Público e ao delegado de polícia, como forma de garantir o êxito das investigações.
>
> § 4º Ao término da diligência, elaborar-se-á auto circunstanciado acerca da ação controlada.
>
> Art. 9º Se a ação controlada envolver transposição de fronteiras, o retardamento da intervenção policial ou administrativa somente poderá ocorrer com a cooperação das autoridades dos países que figurem como provável itinerário ou destino do investigado, de modo a reduzir os riscos de fuga e extravio do produto, objeto, instrumento ou proveito do crime.

Da análise dos dispositivos, podemos **conceituar a ação controlada** como o retardamento da intervenção estatal na seara da persecução criminal, com o escopo maior de **identificar e responsabilizar maior número de integrantes, sem o comprometimento das investigações**, para que se concretize no **momento mais eficaz à formação de provas e obtenção de informações**.

O conceito proposto reúne as principais características dos modelos legais, vez que o instituto, não obstante possuir regramento diferente nas leis que o normatizam, possui um núcleo comum derivado da sua perspectiva teleológica: **eficácia e rendimento da diligência**.

6.5.3.1 Ação controlada na Lei de Organizações Criminosas

Dentre as normas que regulam a ação controlada, a Lei de Organizações Criminosas foi aquela que trouxe o maior regramento sobre o tema nos artigos 8º e 9º.

No art. 8º, previu a possibilidade de retardamento das intervenções policiais ou administrativas referentes às ações praticadas por organizações criminosas ou a elas vinculadas. Por intervenções policiais há que se compreender aquelas ordinárias referente à investigação criminal, como a não realização da prisão, efetivação de medidas assecuratórias etc. Por intervenções administrativas deve-se compreender as ações ordinárias de outros atores estatais, que deveriam agir de ofício, mas que, diante do cenário macro caracterizado, podem deixar de atuar imediatamente com comunicação ao juízo, como na hipótese da administração fazendária.

O art. 8º ainda exige que a ação controlada seja mantida sob **observação e acompanhamento** para que a medida legal se concretize no momento mais eficaz à formação de provas e obtenção de informações. Conforme o §1º, o retardamento da intervenção policial ou administrativa será **previamente comunicado ao juiz competente** que, se for o caso, estabelecerá os seus limites e comunicará ao Ministério Público. Afasta, portanto, a necessidade de autorização judicial, exigindo-se, contudo, que a comunicação seja sigilosamente distribuída de forma a não conter informações que possam indicar a operação a ser efetuada (§2º).

Nos termos do §3º, até o encerramento da diligência, o acesso aos autos será restrito ao juiz, ao Ministério Público e ao delegado de polícia, como forma de garantir o êxito das investigações. Naturalmente, encerrada a diligência, deverá ser elaborado auto circunstanciado acerca da ação controlada, documentando-se nos autos (§4º), com permissão de conhecimento por parte do investigado.

Por seu turno, o art. 9º dispõe que se a ação controlada envolver transposição de fronteiras, o retardamento da intervenção policial ou administrativa somente poderá ocorrer com a cooperação das autoridades dos países que figurem como provável itinerário ou destino do investigado, de modo a reduzir os riscos de fuga e extravio do produto, objeto, instrumento ou proveito do crime.

6.5.3.2 Quadro comparativo com as demais espécies

AÇÃO CONTROLADA		
Fonte	**Finalidade**	**Autorização Judicial**
Lei de Drogas	Não-atuação policial sobre os portadores de drogas, seus precursores químicos ou outros produtos utilizados em sua produção, que se encontrem no território brasileiro, com a finalidade de identificar e responsabilizar maior número de integrantes de operações de tráfico e distribuição, sem prejuízo da ação penal cabível	Necessária

AÇÃO CONTROLADA		
Fonte	**Finalidade**	**Autorização Judicial**
Lei de Organizações Criminosas	Retardar a intervenção policial ou administrativa relativa à ação praticada por organização criminosa ou a ela vinculada, desde que mantida sob observação e acompanhamento para que a medida legal se concretize no momento mais eficaz à formação de provas e obtenção de informações.	Desnecessária. Basta mera comunicação
Lei de Lavagem de Capitais	A ordem de prisão de pessoas ou as medidas assecuratórias de bens, direitos ou valores poderão ser suspensas pelo juiz, ouvido o Ministério Público, quando a sua execução imediata puder comprometer as investigações. Art. 4º-B	Depende de decisão judicial
	Aplicação da ação controlada da Lei de Organizações Criminosas nos crimes previstos da Lei 9.613/98	Desnecessária. Basta mera comunicação

6.5.4 Acesso a registros de ligações telefônicas e telemáticas, a dados cadastrais constantes de bancos de dados públicos ou privados e a informações eleitorais ou comerciais (inciso IV)

Nos termos do art. 15 da Lei 12.850/13, o delegado de polícia e o Ministério Público terão acesso, independentemente de autorização judicial, apenas aos dados cadastrais do investigado que informem exclusivamente a qualificação pessoal, a filiação e o endereço mantidos pela Justiça Eleitoral, empresas telefônicas, instituições financeiras, provedores de internet e administradoras de cartão de crédito.

Por sua vez, o art. 16 assinala que as empresas de transporte possibilitarão, pelo prazo de 5 (cinco) anos, acesso direto e permanente do juiz, do Ministério Público ou do delegado de polícia aos bancos de dados de reservas e registro de viagens.

Arrematando o assunto sob a perspectiva estrita da norma, o art. 17 dispõe que as concessionárias de telefonia fixa ou móvel manterão, pelo prazo de 5 (cinco) anos, à disposição das autoridades mencionadas no art. 15, registros de identificação dos números dos terminais de origem e de destino das ligações telefônicas internacionais, interurbanas e locais.

Os dados cadastrais são aqueles normalmente utilizados para cadastro, como nome, telefone, endereço, RG, CPF etc. Apesar da proteção aos dados pessoais ter sido erigido ao *status* de direito fundamental, o inciso LXXIX[27], do art. 5º da CF, incluído pela Emenda Constitucional 115, revela-se norma de eficácia limitada, circunstância que não colide com a regulamentação e restrição especial fornecida pelo art. 15 da Lei 12.850/13. Logo, não se exige a reserva de jurisdição nesses casos.

O STJ, por exemplo, entende que a decisão do magistrado que determina à operadora de telefonia que informe o titular de determinado número telefônico não viola o sigilo dos dados cadastrais (HC 190.917/SP). Em síntese, por dados cadastrais deve-se compreender as informações superficiais de registro, não encapando registros telefônicos, movimentações bancárias, sites visitados etc.

A norma contida no art. 3º, IV, da Lei 12.850/13, é mais ampla do que a estrita previsão do art. 13-A do CPP, porquanto encampa também a possibilidade de acesso a registros de ligações telefônicas e telemáticas, e a informações eleitorais ou comerciais. Não obstante, o art. 15 da Lei 12.850/13 restringiu o acesso sem autorização judicial apenas aos dados cadastrais do investigado que informem exclusivamente a qualificação pessoal, a filiação e o endereço mantidos pela Justiça Eleitoral, empresas telefônicas, instituições financeiras, provedores de internet e administradoras de cartão de crédito.

Tem-se, portanto, que a despeito da previsão do inciso IV do art. 3º, ao tratar de forma específica do assunto, a Lei conferiu o acesso direito ao delegado de polícia e Ministério Público apenas aos dados cadastrais, de forma que, por envolver questão relacionada ao direito de privacidade, entendemos que a hipótese legal atinente aos registros de ligações telefônicas e telemáticas demanda ordem judicial, estando sujeita à reserva de jurisdição.

Não se pode olvidar ainda das hipóteses que há a apreensão do aparelho de telefonia celular no momento da prisão ou do cumprimento de busca e apreensão, circunstâncias que, em diversas oportunidades, conduz o agente que efetivou a prisão e apreensão do bem, a buscar informações no aparelho apreendido.

Sob nossa perspectiva, o acesso à agenda de contados, registros telefônicos e outros dados mantidos no aparelho celular apreendido só pode ser realizado mediante prévia decisão judicial, fundada na proporcionalidade, isto é, na existência de elementos concretos e estrita necessidade da medida, sob pena de violação aos direitos fundamentais de intimidade, privacidade, sigilo

27. É assegurado, nos termos da lei, o direito à proteção dos dados pessoais, inclusive nos meios digitais.

das comunicações e proteção dos dados pessoais. Entendendo os registros (agenda, conversas em aplicativos de mensagens e e-mails, cadastros em aplicativos, etc.) como documentos (em forma digital) exige-se para o acesso a eles os mesmos requisitos de verossimilhança (causa provável) que autorizam a busca pessoal ou domiciliar para acesso a documentos físicos que sirvam de provas de crimes que, de igual forma, submetem-se à cláusula de reserva de jurisdição.

Mas também recorrendo-se à exceção constitucional aplicável à inviolabilidade do domicílio e ao regramento das excludentes de ilicitude (no caso, do meio de obtenção de provas) é possível sustentar que se o aparelho celular estiver sendo usado no momento do flagrante, as informações que confirmem o crime em andamento ou recém praticado (como uma mensagem de texto de liderança de facção dando um comando para um homicídio, por exemplo) independam de ordem judicial para serem acessadas no curso da diligência e, de igual modo, usadas como prova se o flagrante for ratificado e homologado.

6.5.5 Interceptação de comunicações telefônicas e telemáticas, nos termos da legislação específica (inciso V)

Em razão da natureza e especificidade da prova, para evitarmos repetições, remetemos o leitor para o capítulo referente à Lei de Interceptações Telefônicas.

6.5.6 Afastamento dos sigilos financeiro, bancário e fiscal, nos termos da legislação específica (inciso VI)

O tema envolve o suposto conflito entre o direito à intimidade do cliente e terceiros envolvidos em operações financeiras, o dever de sigilo profissional das instituições financeiras (art. 1º, *caput*, da LC 105/01) e o interesse estatal na apuração das infrações penais.

Além da possibilidade de **fornecimento voluntário** por parte do agente dos dados financeiros e da **possibilidade das CPIs decretarem a quebra do sigilo bancário e financeiro** (art. 58, §3º da CF, c/c art. 4º, §1º da LC 105/01), no julgamento do REsp 1.561.191/SP[28], o STJ decidiu que, independentemente de autorização judicial, **é garantido ao Ministério Público** o acesso a **dados cadastrais bancários** não protegidos pelo sigilo, desde que os dados sejam relativos a pessoas investigadas pelo órgão e haja a necessidade de

28. DJe 26.11.18.

instrução de procedimentos de natureza penal ou civil, como ações judiciais e inquéritos policiais.

O Ministério Público, em suas atividades precípuas, depara-se constantemente com a necessidade de buscar dados e informações de usuários investigados para instruir processo judicial, inquérito policial ou qualquer outra investigação criminal ou civil, constantes em bancos de dados de pessoas jurídicas de direito público ou privado. O acesso a tais bancos é essencial para que haja sucesso na tarefa de individualização e identificação de agentes praticantes das mais diversas infrações penais, seja na posição de autores, partícipes ou até mesmo como testemunhas de crimes.

Outro ponto imprescindível ao deslinde da presente controvérsia é a distinção de dados e dados cadastrais. Enquanto os "dados" revelam aspectos da vida privada ou da intimidade do indivíduo e possuem proteção constitucional esculpida no art. 5º, X e XII, da Constituição Federal, os "dados cadastrais" se referem a informações de caráter objetivo que todos possuem, não permitindo a criação de qualquer juízo de valor sobre o indivíduo a partir de sua divulgação. São essencialmente um conjunto de informações objetivas fornecidas pelos consumidores/clientes/usuários sistematizados em forma de registro de fácil acesso por meio de seu armazenamento em banco de dados de pessoas jurídicas de direito público ou privado, contendo informações como nome completo, CPF, RG, endereço, número de telefone etc.

Os dados cadastrais bancários (informações de seus correntistas tais como número da conta-corrente, nome completo, RG, CPF, número de telefone e endereço) estão incluídos na definição de dados cadastrais e não estão, portanto, protegidos por sigilo bancário, que abriga apenas os serviços da conta (aplicações, transferências, depósitos etc.) e não os dados cadastrais de seus usuários.

Ressalte-se que o STJ, ao apreciar controvérsia referente ao acesso a dados cadastrais telefônicos, adotou o mesmo entendimento aqui esposado, ao consignar que informações referentes ao proprietário de linha telefônica (nome completo, CPF, RG, número da linha e endereço) buscam somente a identificação de seus usuários e, portanto, não estão acobertadas pelo sigilo das comunicações telefônicas. Nesse sentido: RHC 82.868/MS, Rel. Ministro Felix Fischer, Quinta Turma, DJe 1º.8.2017; HC 131.836/RJ, Rel. Ministro Jorge Mussi, Quinta Turma, DJe 6.4.2011.

O entendimento fixado pela Segunda Turma do Superior Tribunal de Justiça (STJ) concluiu que o acesso aos bancos de dados é essencial para que haja sucesso na identificação de pessoas envolvidas nas mais diversas infrações penais, "seja na posição de autores, partícipes ou até mesmo como testemunhas de crimes".

De acordo com o Min. Herman Benjamin, enquanto os dados se relacionam a aspectos da vida privada do indivíduo e possuem proteção constitucional, os dados cadastrais se referem a informações de caráter objetivo, que não possuem a garantia de inviolabilidade da comunicação de dados. Tem-se, dessa forma, que o número da conta-corrente, o nome do titular e os registros de documentos pessoais enquadram-se no conceito de dados cadastrais, não protegidos por sigilo bancário, os quais conglobam os serviços da conta, como aplicações financeiras, transferências, depósitos etc.

Naturalmente, havendo necessidade de obtenção de informações protegidas pelo sigilo bancário, o pedido deverá ser formulado perante o juízo competente, por envolver matéria sujeita à reserva de jurisdição, sendo importante observar a necessidade de pertinência temática entre o pedido formulado e o delito investigado[29]. A exceção, construída pela jurisprudência, reside na hipótese de contas públicas, não detentoras, em regra, da proteção do direito à intimidade e privacidade:

> No entanto, as contas públicas, ante os princípios da publicidade e da moralidade (art. 37 da CF), não possuem, em regra, proteção do direito à intimidade/privacidade, e, em consequência, não são protegidas pelo sigilo bancário. Na verdade, a intimidade e a vida privada de que trata a Lei Maior referem-se à pessoa humana, aos indivíduos que compõem a sociedade, e às pessoas jurídicas de Direito privado, inaplicáveis tais conceitos aos entes públicos.
>
> Assim, conta-corrente de titularidade de Prefeitura Municipal não goza de proteção à intimidade/privacidade, tampouco do sigilo bancário, garantia constitucional das pessoas naturais e aos entes particulares.
>
> Nessa linha de raciocínio, lícita a requisição pelo Ministério Público de informações bancárias (emissão de cheques e movimentação financeira) de titularidade da Prefeitura Municipal de Potengi/CE, com o fim de proteger o patrimônio público, não se podendo falar em quebra ilegal de sigilo bancário.
>
> "Operações financeiras que envolvam recursos públicos não estão abrangidas pelo sigilo bancário a que alude a Lei Complementar nº 105/2001, visto que as operações dessa espécie estão submetidas aos princípios da administração pública insculpidos no art. 37 da Constituição Federal" (MS-33.340/STF, Relator Ministro LUIZ FUX, 1ª Turma, DJe de 3/8/2015). STJ: HC 308.493/CE, DJe 26.10.15.

Registre-se, ainda que, a 2ª Turma do STF possui precedentes admitindo que "**o poder do Ministério Público de requisitar informações bancárias**

29. STJ: 5ª Turma, RHC 78.162/RJ, Min. Reynaldo Soares da Fonseca, j. 27.11.2018.

de conta corrente de titularidade da prefeitura municipal compreende, por extensão, o acesso aos registros das operações bancárias realizadas por particulares, a partir das verbas públicas creditadas naquela conta. De nada adiantaria permitir ao Ministério Público requisitar diretamente os registros das operações feitas na conta bancária da municipalidade e negar-lhe o principal: o acesso ao real destino dos recursos públicos, a partir do exame de operações bancárias sucessivas (v.g., desconto de cheque emitido pela Municipalidade na boca do caixa, seguido de transferência a particular do valor sacado). Entendimento em sentido diverso implicaria o esvaziamento da própria finalidade do princípio da publicidade, que é permitir o controle da atuação do administrador público e do emprego de verbas públicas" (RHC 133118/CE, DJe 09.03.18).

No que toca à **quebra do sigilo fiscal**, trata-se de um dos temas que tem recebido maior oscilação jurisprudencial nos últimos anos.

O Plenário do STF decidiu, em 24.02.16, no julgamento das ADI 2.390/DF, ADI 2.386/DF, ADI 2.397/DF e ADI 2.859/DF, pela constitucionalidade do art. 6º da LC 105/01, reforçando a norma de que as autoridades e os agentes fiscais tributários podem ter acesso às movimentações bancárias, mesmo sem autorização judicial, desde que exista um processo administrativo instaurado ou um procedimento fiscal em curso e essas informações sejam indispensáveis.

Em 2019, o Pleno do STF decidiu, no julgamento do Tema de Repercussão Geral 990, RE 1.055.941/SP, que "é legítimo que a Receita Federal compartilhe o procedimento fiscalizatório que ela realizou para apuração do débito tributário com os órgãos de persecução penal para fins criminais (Polícia Federal, Ministério Público etc.), não sendo necessário, para isso, prévia autorização judicial".

Tem-se, portanto, que as autoridades e agentes fiscais tributários podem ter acesso às movimentações bancárias no curso de processo administrativo ou procedimento fiscal, sem autorização judicial, desde que as informações sejam indispensáveis. E, diante do resultado, poderá haver o compartilhamento de provas, a título de prova emprestada para os órgãos de investigação criminal.

Entretanto, apesar do Ministério Público poder receber a prova produzida sem autorização judicial, não pode, paradoxalmente, diretamente e sem autorização judicial, requisitar os dados fiscais do agente investigado, conforme o entendimento do STJ proferido no julgamento do RHC 83.233/MG, j. em 09.02.22:

A possibilidade de a Receita Federal valer-se da representação fiscal para fins penais, a fim de encaminhar, de ofício, os dados coletados no âmbito do procedimento administrativo fiscal, quando identificada a existência de indícios da prática de crime, ao Ministério Público, para fins de persecução criminal, **não autoriza o órgão da acusação a requisitar diretamente esses mesmos dados sem autorização judicial.**

6.5.7 Infiltração de agentes (inciso VII)

A infiltração de agentes traz para nosso ordenamento jurídico a figura do *undercover agent*, isto é, o agente policial que se infiltra disfarçadamente, mediante autorização judicial, em uma organização criminosa, para obter a confiança, com o tempo, dos integrantes da organização com o escopo de obter provas ou fontes de provas de outros delitos.

A figura do agente infiltrado revela uma técnica especial de investigação como natureza jurídica que pode ser realizada em qualquer fase da persecução penal, respeitadas as previsões legais da Lei de Drogas (art. 53, I), Lei de Organizações Criminosas (art. 10), Lei de Lavagem de Capitais (art. 1º, §6º) e Convenção das Nações Unidas contra o Crime Organizado Transnacional (Decreto 5.0115/04, art. 20).

A utilização da técnica investigava especial encontra amparo na maior dificuldade probatória nos casos que envolvem a chamada macrocriminalidade, por vezes repletas de agentes do próprio Estado em sua constituição, circunstância que dificulta a realização da investigação criminal pelas vias ordinárias.

6.5.7.1 O agente infiltrado

Quem pode ser o agente infiltrado? Somente os agentes de polícia, isto é, aqueles incumbidos de obter provas em investigações criminais, podem atuar como agentes infiltrados. Não se admite, portanto, a infiltração por agentes estatais não atribuídos de função investigativa destinada à investigação criminal, a exemplo dos agentes da ABIN e SISBIN, antes permitida, não sem questionamento, pela Lei 9.034/95.

A regulação constitucional afeta à segurança pública revela que as atividades de polícia judiciária são da Polícia Federal e das Polícias Civis, de forma que os agentes da ABIN não se enquadram em tal contexto[30], especial-

30. O STJ anulou as provas produzidas por agentes da ABIN e ex. agente do SNI no curso da Operação Satiagraha, no julgamento do HC 149.250/SP, DJe 05.09.11: No caso em exame, é inquestionável o prejuízo acarretado pelas investigações realizadas em desconformidade

mente pelo teor do art. 1º da Lei 9.883/99, que dispõe: Art. 1º. Fica instituído o sistema Brasileiro de Inteligência, que integra as ações de planejamento e execução das atividades de inteligência do País, **com a finalidade de fornecer subsídios ao Presidente da República nos assuntos de interesse nacional**.

De igual modo, não se admite ao particular a realização da infiltração de agentes na acepção plena do meio de prova. Isso não significa, contudo, que não possa contribuir com as investigações, especialmente nos casos em que atua como colaborador, no curso de colaboração premiada.

Ocorre que, não obstante atuar, na prática, como agente infiltrado, tecnicamente não o é, pois não reúne os atributos legais para a realização da infiltração e, igualmente, não se subordina ao regime especial probatório, devendo suas contribuições serem observadas sob a luz da colaboração premiada.

Não há dúvidas de que o particular possa vir a contribuir com a investigação criminal. Entretanto, sob a luz do ordenamento vigente, ainda que o particular possua o interesse em assim atuar, não há regulamentação legal adequada e, diante dos riscos inerentes à atividade, seja pela perspectiva da investigação, seja pela própria segurança do particular, sem a existência de norma expressa autorizativa e reguladora, não nos parece razoável a ampliação da *mens legis* afeta à infiltração de agentes e colaboração premiada para englobar uma atuação não prevista em lei, apta a colocar em risco a vida do particular.

Não obstante, parece-nos de bom alvitre a construção da figura do agente particular colaborador, que pode ser infiltrado ou não, para contribuir com a investigação criminal, especialmente nos casos que envolvem alta tecnologia e conhecimentos extraordinários. A regulação passaria, contudo, pela necessária regulação administrativa de contratação excepcional por particulares pela Administração Pública, de forma a se permitir, oficialmente a atuação de agentes particulares em colaboração com o Estado, a exemplo de *hackers*, como ocorre em outros países.

6.5.7.2 Direitos do agente infiltrado

Os direitos do agente infiltrado foram previstos no art. 14 da Lei 12.850/13:

---

com as normas legais, e não convalescem, sob qualquer ângulo que seja analisada a questão, porquanto é manifesta a nulidade das diligências perpetradas pelos agentes da ABIN e um ex-agente do SNI, ao arrepio da lei.

I. Recusar ou fazer cessar a atuação infiltrada: o inciso I prevê a possibilidade de o agente policial aceitar ou recusar a ordem de seu superior, sem que possa sofrer qualquer consequência negativa diante da recusa. Pode, ainda, a qualquer momento, independentemente do prejuízo para a investigação, fazer cessar sua atuação infiltrada, vez que o risco inerente à atividade ultrapassa os limites normativos, os quais somente poderão ser rompidos no caso de voluntariedade do agente.

II. Ter sua identidade alterada, aplicando-se, no que couber, o disposto no art. 9º da Lei nº 9.807, de 13 de julho de 1999, **bem como usufruir das medidas de proteção a testemunhas**: o dispositivo, assim como os seguintes, tutela não somente a pessoa do agente infiltrado, mas seu cônjuge, ascendentes e descendentes que dele dependam.

III. Ter seu nome, sua qualificação, sua imagem, sua voz e demais informações pessoais preservadas durante a investigação e o processo criminal, salvo se houver decisão judicial em contrário: na linha da previsão anterior, a norma tem por objetivo preservar a identidade, concebida de forma ampla, do agente infiltrado.

IV. Não ter sua identidade revelada, nem ser fotografado ou filmado pelos meios de comunicação, sem sua prévia autorização por escrito: no mesmo sentido, a previsão tem por escopo tutela a identidade do agente, reduzindo os riscos de futura identificação e consequente retaliação ou vingança, expedientes muito comuns no seio da criminalidade organizada.

6.5.7.2.1 *Prerrogativas e limites do agente infiltrado* – entrapment doctrine *ou teoria da armadilha*

Deferida a infiltração de agentes por decisão judicial, o agente infiltrado deve observar, de forma estrita, os limites da decisão. No curso da diligência, deverá buscar elementos de prova aptos a promover o desmantelamento da organização criminosa, atuando, preferencialmente, de modo passivo, isto é, não instigando os criminosos da organização à prática de novos delitos.

O simples fato de existir uma operação de infiltração em curso não afasta a possibilidade de realização de novos delitos pela organização criminosa, vez que o escopo precípuo do agente infiltrado é buscar informações sobre a prática de delitos já praticados e não impedir a realização de novos crimes. Ainda que isso seja desejável e ocorra, efetivamente, com a finalização da operação de infiltração, em momento posterior, fato é que durante a infiltração, o agente não tem o controle ambiental e situacional que lhe garantam, em absoluto, impedir a execução de qualquer eventual delito, determinando a incidência da Súmula 145, do STF. Lado outro, em se tratando de diligência regular, que se opera sobre organização criminosa preexistente, a intenção de delinquir dos agentes criminosos é prévia e independe da infiltração, ainda que o agente infiltrado, em alguma medida e no caso concreto, se apresente como provocador (instigação e não induzimento). Por tais razões, a presença de um agente infiltrado não é capaz de caracterizar a figura do crime impossível no tocante aos delitos tentados (os únicos que admitem a incidência desta causa extintiva de punibilidade) praticados no curso da infiltração. Remetemos, aqui, ao dito sobre o tema no item 1.2.6.5.

No curso da diligência, é perfeitamente possível que o agente infiltrado reúna elementos de prova aptos a sustentar a realização de prisões em flagrante. Contudo, pode ocorrer a necessidade de prorrogação dessas com o escopo maior de identificação de outros agentes integrantes da organização criminosa ou obtenção de prova de outras infrações penais conhecidas, podendo, nesses casos, aplicar-se a figura do **flagrante esperado** de forma válida, desde que previamente comunicado ao magistrado ou a decisão judicial que deferiu a infiltração de agentes contemple tal possibilidade na forma de ação controlada.

Não obstante a flexibilidade permitida pela decisão autorizativa, o agente infiltrado não pode, em nenhuma situação, induzir um dos integrantes do bando à prática de delitos com a finalidade prendê-lo ou obter provas que poderão ser utilizadas posteriormente. Há, nesses casos e desde que o aparato policial de apoio ao agente prepare o cenário para garantir que o crime não se consume e mantenha o controle da situação para que o bem jurídico não seja colocado em risco real, crime impossível por ineficácia do meio, porquanto a intenção delitiva decorre de indevida provocação de agente estatal, que atua, na sequência, para impedir a consumação do delito. Nesse caso, o suposto autor do crime assume o papel de ator inconsciente de um teatro dirigido pelo agente provocador.

O comportamento ilegal do agente provocador dá ensejo à aplicação da **teoria da armadilha**, ou ***entrapment defense***, configurando a nulidade da prova obtida por meio do flagrante preparado no curso de um crime impossível por ineficácia absoluta do meio, nos termos da Súmula 145 do STF: "**Não há crime, quando a preparação do flagrante pela polícia torna impossível a sua consumação**".

A figura do agente infiltrado ou *undercover agent* não se confunde com o agente de inteligência. A distinção foi resumida pelo voto do Min. Gilmar Mendes no julgamento do HC 147.837/RJ[31], valendo-se do voto divergente proferido pelo Min. Rogério Schietti no julgamento do RHC 57.023 no STJ:

31. DJe 26.06.19.

> Segundo adequadamente exposto pelo Ministro Rogerio Schietti em seu voto divergente, em essência, a distinção entre agente infiltrado e agente de inteligência **(a) se dá em razão da finalidade e amplitude de investigação.** Enquanto "agente de inteligência" tem uma função preventiva e genérica, buscando informações de fatos sociais relevantes ao governo, o "agente infiltrado" possui finalidades repressivas e investigativas, visando à obtenção de elementos probatórios relacionados a fatos supostamente criminosos e organizações criminosas específicas. Na doutrina, afirma-se que "o agente infiltrado pode ser entendido como o funcionário de investigação criminal ou um terceiro (subordinado à polícia) que atua ocultando sua qualidade, visando conquistar a confiança dos possíveis criminosos e, consequentemente, à obtenção de provas que possam incriminá-los" (GONÇALVES, Vinícius A. O agente infiltrado frente ao processo penal constitucional. Arraes, 2014. p. 12).

Após delimitar as distinções entre os institutos, **deve-se analisar o caso concreto (b), a partir dos elementos aportados e reconhecidos pelos juízos ordinários.**

Assim, o agente de inteligência que ultrapassa os limites da sua atribuição e atua como agente infiltrado, sem autorização judicial, contamina toda e qualquer prova obtida com seu comportamento, pois suas informações devem servir, tão somente, como subsídio para orientação de atuação estratégica e não como elementos de prova.

Por outro lado, conforme vimos nos direitos do agente infiltrado, esse pode, a qualquer tempo, fazer cessar a atuação infiltrada (art. 14, I). De igual forma, nos termos do art. 12, §3º, havendo indícios seguros de que o agente infiltrado sofre risco iminente, a operação será sustada mediante requisição do Ministério Público ou pelo delegado de polícia, dando-se imediata ciência ao Ministério Público e à autoridade judicial. Perceba-se que, para o início da infiltração, exige-se anuência do agente policial e autorização judicial. Contudo, **para sua interrupção por vontade do agente ou sustação por risco, não se exige qualquer autorização judicial**, bastando, no primeiro caso, a comunicação do agente e, no segundo, a requisição do Ministério Público ou do delegado de polícia, dando-se imediata ciência ao Ministério Público e à autoridade judicial.

6.5.7.3 Requisitos para a infiltração de agentes

Os requisitos para a infiltração de agentes foram previstos no art. 10 da Lei 12.850/13, sendo que do dispositivo, outros podem ser extraídos.

a) **Representação pelo delegado de polícia ou requerimento do Ministério Público**: conforme vimos acima, a medida não pode ser decretada de ofício pelo magistrado, devendo haver pedido formal no sentido da infiltração.

b) **Autorização judicial prévia e delimitada**: nos termos do art. 10 da Lei 12.850/13, a "infiltração de agentes de polícia em tarefas de investigação, representada pelo delegado de polícia ou requerida pelo Ministério Público, após manifestação técnica do delegado de polícia quando solicitada no curso de inquérito policial, será **precedida de circunstanciada, motivada e sigilosa autorização judicial**, que estabelecerá seus limites". A ausência de fundamentação adequada implica a nulidade absoluta da prova produzida. A decisão, igualmente, deve estabelecer limites e prazo para a realização da diligência. Dentre os limites, temos por razoável que o agente infiltrado deverá receber orientações no sentido de não se envolver diretamente na prática de delitos que atentem contra a dignidade da pessoa humana ou que atinjam bens cujos valores, a despeito da necessidade da prova, não devem admitir violação, a exemplo dos crimes de tortura, dolosos contra a vida e dignidade sexual.

Ainda no contexto da autorização judicial prévia e delimitada, essa deverá trazer a descrição detalhada dos procedimentos que poderão ser realizados pelo agente infiltrado, sob pena de invalidade da prova. Isso significa que o magistrado, ao conceder a autorização judicial, deverá estabelecer quais procedimentos probatórios estarão amparados pela infiltração, aplicando uma coberta preventiva sobre a futura prova, delimitando, por exemplo, que o agente poderá realizar gravações ambientais e telefônicas, apreender objetos etc., visando a conferir, à tais provas, o *status* de legais. Referida delimitação trilha a linha da tutela dos direitos fundamentais e, igualmente, da própria efetividade da infiltração, porquanto se, ao contrário, exigir-se do agente infiltrado que, a cada medida venha a buscar socorro junto do Judiciário, haveria um sério risco de exposição e de frustração da eficácia da infiltração.

c) ***Fumus comissi delicti* e *periculum in mora***: consoante o §2º do art. 10, será admitida a infiltração se houver indícios de infração penal de que trata o art. 1º e se a prova não puder ser produzida por outros meios disponíveis. Em síntese, exige, de forma semelhante aos demais meios especiais de investigação, que existam indícios da prática de crimes praticados por organizações criminosas e, em nossa compreensão, aos crimes previstos na Lei de Drogas, por força do art. 53, I, que, após a entrada em vigor da Lei de Organizações Criminosas, deve observar o regramento dessa, porquanto a Lei 11.343/06 é omissa quanto ao procedimento e requisitos.

Tem-se, portanto, que o ***standard* probatório** pressupõe tão somente indícios de infrações penais praticadas por organizações criminosas e a impossibilidade de realização de prova por outros meios disponíveis. Assim, afasta-se, por razões naturais, a necessidade de indícios de autoria ou participação, haja vista que a macrocriminalidade associada a tais entidades criminosas por vezes não permite o conhecimento de todos os seus integrantes, motivo pelo qual o próprio art. 11, ao tratar do requerimento formulado pelo Ministério Público ou da representação do delegado de polícia para a infiltração de agentes, dispõe que esses conterão a demonstração da necessidade da medida, o alcance das tarefas dos agentes **e, quando possível, os nomes ou apelidos das pessoas investigadas** e o local da infiltração. Por sua vez, o ***periculum in mora*** é evidenciado pela análise conglobada do risco que a não realização da medida poderá gerar para a aplicação da lei penal, para a investigação ou para a instrução criminal e para a evitação da prática de infrações penais (art. 281, I, CPP).

d) **Indispensabilidade da infiltração**: conforme o teor do art. 10, §2º da Lei 12.850/13, a infiltração de agentes somente poderá ser realizada se a prova não puder ser produzida por outros meios disponíveis. O dispositivo, assim como a previsão do art. 2º, II, da Lei de Interceptações Telefônicas, atribuiu à infiltração de agentes o caráter de *ultima ratio*, conferindo-lhe aplicação subsidiária e suplementar porquanto, não obstante o escopo da diligência probatória, o Estado deve buscar aquelas que menos impactem no contexto das liberdades individuais do agente. Em linhas gerais, o comando dispõe que, dentre os diversos meios de prova disponíveis, deverão ser eleitos aqueles menos invasivos e, somente quando esses não forem suficientes para repressão e prevenção do crime, poderão ser utilizados, observadas as restrições legais, os meios invasivos, dentre os quais se insere, por exemplo, a infiltração de agentes e a interceptação telefônica.

Ocorre que o legislador, ao conferir a dois[32] meios de prova o caráter de *ultima ratio*, acabou por, de forma não técnica, criar uma situação no mínimo estranha. *Ultima ratio* significa última razão ou último recurso. Logo, se ambas só poderão ser utilizadas em última instância, uma deverá sucumbir à outra, perdendo o *status* de última.

O caráter de *ultima ratio* da interceptação telefônica, cujo fundamento reside na tutela constitucional da privacidade, atualmente divide o status peculiar

32. A previsão também contempla a infiltração virtual de agentes, prevista no art. 10-A, §3º da Lei de Organizações Criminosas e art. 190-A do Estatuto da Criança e do Adolescente.

com a infiltração de agentes, que tutela, entre outros bens jurídicos, a integridade corporal do agente infiltrado consoante se extrai do teor do §3º do art. 12, que prevê a sustação da infiltração no caso de risco iminente para o agente.

Assim, mesmo que incompreensível em termos lógicos, pois os dispositivos são colidentes quanto à reserva de impossibilidade de realização da prova por outro meio, ambos os meios de obtenção de provas têm sido admitidos em conjunto pelo STJ, conforme se extrai do RHC 093234/DF, sem que, contudo, a questão da *ultima ratio* tenha sido enfrentada. Não obstante, nos parece que, diante de eventual conflito que possa vir a ser alegado, a melhor solução caminha na trilha de se considerar a infiltração de agentes como tendo caráter de *ultima ratio* prevalente, vez que além de colocar em risco a integridade física do agente infiltrado, permite, em razão dos limites estabelecidos pela decisão, a produção de outros meios de prova invasivos, como gravações e captações ambientais em locais de íntima privacidade. De toda forma, há que se atentar, especialmente, para a potencial eficácia do meio para demonstrar o fato que se pretenda provar, optando por aquele que obtenha melhor resposta num teste de adequação. Lembrando que toda essa análise se processa em tese, não havendo obrigatoriedade na testagem concreta (com resultado frustrado) de outros meios de prova se o órgão do Ministério Público ou a Autoridade Policial se desincumbirem do ônus argumentativo.

e) **Anuência do agente policial**: o art. 14, inc. I, da Lei 12.850/13, expressamente consigna a realização da infiltração de agentes à concordância do agente policial. Isso porque, em razão do risco inerente, o Estado não pode compelir seus agentes a participaram do meio de obtenção de prova que implica situação de periculosidade não exigível de forma ordinária, motivo pelo qual a participação desse deverá ser voluntária, não se podendo impor qualquer espécie de sanção administrativa ou penal pela não anuência.

6.5.7.4 Procedimento

Nos termos do art. 12 da Lei 12.850/13, o pedido de infiltração será sigilosamente distribuído, de forma a não conter informações que possam indicar a operação a ser efetivada ou identificar o agente que será infiltrado.

O §1º, por sua vez, assinala que as informações quanto à necessidade da operação de infiltração serão dirigidas diretamente ao juiz competente, que decidirá no prazo de 24 (vinte e quatro) horas, após manifestação do Ministério Público na hipótese de representação do delegado de polícia, devendo-se adotar as medidas necessárias para o êxito das investigações e a segurança do agente infiltrado. O prazo estipulado encontra-se em total descompasso com a complexidade e o planejamento necessário para a implementação da medida, que se volta à investigação de organizações criminosas estáveis e duradouras e, por isso, raramente exige urgência para implementação. De toda forma, cuida-se de prazo impróprio.

Extrai-se dos dispositivos o nítido caráter sigiloso da medida, fundado, naturalmente, na segurança do agente a ser infiltrado e no êxito da diligência. O juízo competente, até a efetivação completa do juízo das garantias, é aquele originariamente dotado de competência para julgamento do caso.

O §2º, por outro lado, dispõe que os autos contendo as informações da operação de infiltração acompanharão a denúncia do Ministério Público, quando serão disponibilizados à defesa, assegurando-se a preservação da identidade do agente. A medida, dotada de sigilo por razões de efetividade, só admite o contraditório diferido, após o recebimento da denúncia, sendo assegurada a preservação da identidade do agente infiltrado.

Por fim, o §3º prevê que, havendo indícios seguros de que o agente infiltrado sofre risco iminente, a operação será sustada mediante requisição do Ministério Público ou pelo delegado de polícia, dando-se imediata ciência ao Ministério Público e à autoridade judicial.

Em importante julgado, o STJ, no AREsp 2257960, em sede de decisão monocrática, considerou válida a prova obtida via espelhamento do Whatsapp Web, anteriormente invalidada. Nitidamente, houve no caso um distinguishing quanto ao entendimento anterior (RHC 99735/SC), haja vista que a medida, no AREsp 2257960 encontrava-se sob o pálio de ação controlada e infiltração de agentes. De acordo com a decisão:

> [...] Postas as premissas supra, delineadas as teses em confronto, de se destacar que a questão posta em juízo traz à baila a aferição da possibilidade de utilização, no ordenamento jurídico pátrio, de ações encobertas, controladas virtuais ou de agentes infiltrados no plano cibernético. A questão que se põe é: pode-se revestir a mencionada manobra policial de legalidade, gerando o subsequente aproveitamento das provas?
>
> A resposta se denota positiva, desde que o uso da ação controlada na investigação criminal esteja amparado por autorização judicial. A chancela jurídica, portanto, possibilita o monitoramento legítimo, inclusive via espelhamento do software Whatsapp Web, outorgando funcionalidade à persecução virtual, de inestimável valia no mundo atual. A prova assim obtida, via controle judicial, não se denota viciada, não inquinando as provas derivadas, afastando-se a teoria do fruits of the poisounous tree na hipótese. [...]
>
> [...] No caso dos autos, não houve comprovação de qualquer adulteração no decorrer probatório, nenhum elemento veio aos autos a demonstrar que houve adulteração da prova, alteração na ordem cronológica dos diálogos

> ou mesmo interferência de quem quer que seja, a ponto de invalidar a prova, salvo, naturalmente, a eventual ingerência e interação que decorre da atuação na ação controlada e da condição de agente infiltrado aqui reconhecida, não podendo referida invalidade ser presumida. [...]

Em outro julgado, da 5ª Turma do STJ (AREsp 2309888/MG, DJe 30.10.23), a Corte entendeu que

> (...) 2. É possível a utilização, no ordenamento jurídico pátrio, de ações encobertas, controladas virtuais ou de agentes infiltrados no plano cibernético, **desde que o uso da ação controlada na investigação criminal esteja amparado por autorização judicial**. A chancela jurídica, portanto, **possibilita o monitoramento legítimo, inclusive via espelhamento do software Whatsapp Web**, outorgando funcionalidade à persecução virtual, de inestimável valia no mundo atual. A prova assim obtida, via controle judicial, não se denota viciada, não inquinando as provas derivadas, afastando-se a teoria do fruits of the poisounous tree na hipótese.
>
> 2. No ordenamento pátrio, as ações encobertas recebem a denominação de infiltração de agentes. A Lei que trata acerca de Organizações Criminosas, Lei n. 12.850/2013, prevê que, em qualquer fase da persecução penal, serão permitidos, sem prejuízo de outros procedimentos já previstos em lei, infiltração, por policiais, em atividade de investigação, mediante motivada e sigilosa autorização judicial. Objetiva-se a outorga, ao agente estatal, da possibilidade de penetrar na organização criminosa, participando de atividades diárias, para, assim, compreendê-la e melhor combatê-la pelo repasse de informações às autoridades.
>
> 3. De se destacar, que de acordo com ensinamento doutrinário (Mendroni, Marcelo Batouni. Comentários à Lei de Combate ao Crime organizado – Lei n. 12.850/2013. São Paulo Atlas, 2014. p. 75), a ação controlada, pela via do agente infiltrado, resulta em atuação que visa obter prova para incriminar o suspeito, ganhar sua confiança pessoal, mantendo-se a par dos acontecimentos, acompanhando a execução dos fatos e praticando atos de execução, se necessário, como forma de conseguir a informação necessária ao fim da investigação. O agente infiltrado, portanto, tem, ou pode ter, intervenção direta sobre os atos preparatórios e de execução na prática do crime. Da natureza da figura do agente infiltrado, portanto, ter influência no modo como o crime é praticado. Além da já mencionada lei de organizações criminosas (Lei n. 12.850/2013) admitir ações infiltradas, quando houver indícios atuação de organização criminosa, outras legislações, como a Lei n. 11.343/2006 (Lei de Tóxicos), em seu art. 53, I, contempla a possibilidade de infiltração de agentes (operação undercover) na persecução penal do tráfico ilícito de entorpecentes, como ocorrido na hipótese. (...)
>
> (...) 5. De outra banda, a Lei n. 9.296/1996 (Interceptação Telefônica), permite, por sua vez, em seu art. 1º, parágrafo único, a quebra do sigilo no que

concerne à comunicação de dados, mediante ordem judicial fundamentada. **Nesse ponto reside a permissão normativa para quebra de sigilo de dados informáticos, na hipótese, e, de forma subsequente, para permitir a interação, a interceptação e a infiltração do agente, inclusive pelo meio cibernético, consistente no espelhamento do Whatsapp Web.** A lei de interceptação, em combinação com a Lei das Organizações Criminosas, na hipótese, outorga legitimidade (legalidade) e dita o rito (regra procedimental), a mencionado espelhamento, em interpretação progressiva, em conformidade com a realidade atual, para adequar a norma à evolução tecnológica. (...)

(...) 10. Não há empecilho, portanto, na utilização de ações encobertas ou agentes infiltrados na persecução de delitos, pela via dos meios virtuais, desde que, conjugados critérios de proporcionalidade (utilidade, necessidade), reste observada a subsidiariedade, não podendo a prova ser produzida por outros meios disponíveis.

11. A ação controlada e a infiltração, que se configuram como técnica especial de investigação voltada ao combate da criminalidade moderna, deve ser admitida quando a prova não puder ser produzida por outros meios disponíveis, desde que comprovada sua necessidade.

É o que se dá na hipótese dos autos, com o autorizado espelhamento via software Whatsapp Web, como meio de infiltração investigativa, na medida em que a interceptação de dados direta, feita no próprio aplicativo original do Whatsapp, se denota, por vezes, despicienda, em face da conhecida criptografia ponta a ponta que vigora no aplicativo original, impossibilitando o acesso ao teor das conversas ali entabuladas. **Concebe-se plausível, portanto, que o espelhamento autorizado via software Whatsapp Web, pelos órgãos de persecução, se denote equivalente à modalidade de infiltração do agente, que consiste, como já asseverado, em meio extraordinário, mas válido, de obtenção de prova.**

12. Pode, desta forma, o agente policial valer-se da utilização do espelhamento pela via do software Whatsapp Web, desde que respeitados os parâmetros de proporcionalidade, subsidiariedade, controle judicial e legalidade, calcado pelo competente mandado judicial, como ocorrido na hipótese presente. De fato, como já asseverado supra, a Lei n. 9.296/1996, que regulamenta as interceptações, conjugada com a Lei n. 12.850/2013 (Lei das Organizações Criminosas), outorgam substrato de validade processual às ações infiltradas no plano cibernético, desde que observada a cláusula de reserva de jurisdição.

13. Pode-se argumentar que a prova obtida pela via do espelhamento, através do software Whatsapp Web, como modalidade de investigação, via agente infiltrado, implicaria em malferimento à prerrogativa do acusado de não produzir provar contra si mesmo (against self-incrimination) ou ao direito de permanecer em silêncio. Contudo, o respeito ao acusado, na

> condição de sujeito processual, tão somente impede que o Estado obrigue o investigado a produzir prova contra si mesmo. Desta forma, se o investigado vem a produzir, de forma espontânea, prova apta a corroborar sua inculpação, referida prova deverá ser valorada no processo, ante sua validade. É o que se dá na hipótese do multimencionado espelhamento. (...)

6.5.7.5 Prazo da infiltração

Conforme se extrai do §3º do art. 10, a infiltração será autorizada pelo **prazo de até 6 (seis) meses**, sem prejuízo de eventuais renovações, desde que comprovada sua necessidade. O §4º, por vez, assinala que findo o prazo previsto no §3º, o relatório circunstanciado será apresentado ao juiz competente, que imediatamente cientificará o Ministério Público.

O prazo legal de seis meses estabelece apenas o limite máximo por renovação, não havendo obstáculos no deferimento de medida por prazo inferior. A renovação do prazo da infiltração não é automática, pois pressupõe, necessariamente, nova e prévia decisão judicial, isto é, só pode ser requerida no curso de uma infiltração em andamento, sob pena de invalidação das provas produzidas a descoberto de título judicial autorizativo.

Contudo, por se tratar de renovação, a apresentação do relatório das atividades da infiltração (§§3º e 5º), a despeito de apto a demonstrar o requisito da necessidade para fins de prorrogação (§3º), não se revela imprescindível para nós, vez que sua confecção por agente no curso de infiltração pode comprometer a celeridade e a própria segurança do agente. Assim, demonstrada a necessidade, ainda que sem a apresentação do relatório, não há obstáculo para a renovação do prazo. Nada impede, contudo, conforme a previsão legal do §5º, que o delegado de polícia determine aos seus agentes, e o que Ministério Público requisite, a qualquer tempo, relatório da atividade de infiltração.

Por se tratar de meio de obtenção de prova especial, notadamente voltado para a macrocriminalidade, a renovação pelo prazo de seis meses pode ocorrer por quantas vezes se revele necessária, porquanto as investigações relacionadas ao crime organizado ordinariamente se revelam mais complexas que as demais.

6.5.7.6 Responsabilidade penal do agente infiltrado

Nos termos do art. 13 da Lei 12.850/13:

> O agente que não guardar, em sua atuação, a devida proporcionalidade com a finalidade da investigação, responderá pelos excessos praticados.

> Parágrafo único. Não é punível, no âmbito da infiltração, a prática de crime pelo agente infiltrado no curso da investigação, quando inexigível conduta diversa.

O agente infiltrado, para efetivar de forma plena a infiltração, deverá agir como se integrante do grupo fosse. E, para tanto, naturalmente, deverá representar o papel de criminoso. Isso implica a necessidade de, sendo chamado, concorrer para a prática de delitos.

BRASILEIRO[33] (2020, p. 821), citando Marcelo Batlouni Mendroni, destaca que:

> A despeito da redação genérica do art. 13 da Lei n. 12.850/13, que faz referência à atuação desproporcional do agente com a finalidade da investigação, sem explicitar melhor o que poderia ser compreendido como excesso por ele praticado, parece-nos evidente que o *undercover agent* não poderá ser responsabilizado por quaisquer das infrações penais de que trata o art. 2º da Lei nº 12.850/13 (v.g., integrar organização criminosa), nem tampouco pelos crimes de associações criminosas (v.g., art. 35 da Lei nº 11.343/06 ou art. 288 do CP). Afinal, o fato de haver prévia autorização judicial para a utilização dessa técnica especial de investigação, permitindo sua infiltração no seio da organização criminosa, tem o condão de afastar a ilicitude de sua conduta, diante do estrito cumprimento do dever legal (CP, art. 23, III).

A questão jurídica, contudo, não se revela simples. Em que pese compactuarmos com a ausência de responsabilidade penal em razão da existência de autorização judicial, a redação da norma permissiva prevista no parágrafo único do art. 13, **tratada por parcela majoritária da doutrina como excludente de ilicitude do estrito cumprimento do dever legal**, induz à **exclusão da culpabilidade** em razão da parte final do dispositivo, que prevê a condicionante "quando inexigível conduta diversa", posição adotada por Renato Brasileiro[34].

Não bastasse a falta de consenso quanto às duas espécies de exclusão do crime, e de uma terceira, que sustenta o afastamento da punibilidade por ausência de finalidade preventiva, entendemos que, na realidade, os comportamentos praticados pelo agente infiltrado, nos estritos limites da infiltração, serão amparados pela exclusão da própria imputação, por força da **teoria da imputação objetiva do comportamento** (Jakobs)[35]. Explicamos.

33. *op.cit.*
34. *op. cit.* p. 922.
35. O resultado será o mesmo se aplicarmos a teoria da imputação objetiva do resultado de Roxin, modificando-se somente o fundamento relacionado aos papeis sociais, adotado por Jakobs.

Conforme destacado por ABREU *in* Direito Penal, Parte Geral, para Jakobs, o risco é inerente à vida em sociedade e aos contatos sociais, sendo parte integrante da sociedade. Contudo, se o agente se comportar de acordo com seu papel social, cumprindo as expectativas normativas, eventual resultado oriundo de um comportamento não será a esse imputado.

Para o doutrinador alemão, não há como se conceber uma sociedade sem riscos e, portanto, a própria sociedade, por meio de normas jurídicas ou sociais, estabelece limites ao comportamento humano, definindo quais são os riscos permitidos ou tolerados pela estrutura social.

Logo, se o indivíduo cria um risco permitido e age dentro dos limites de seu papel social, cumprirá as expectativas normativas, de sorte que eventual resultado não lhe será imputável. Ao contrário, se cria um risco permitido, mas foge da expectativa normativa, violando seu papel, sofrerá as consequências do resultado. Dessarte, o critério definidor da imputação sob essa perspectiva reside na violação de um papel.

No contexto de uma infiltração de agentes, o papel social esperado pela norma jurídica é o de que o agente efetivamente se infiltre na organização, agindo como se um dos membros fosse, com o escopo lícito, contudo, de obter elementos de prova de infrações penais. E, naturalmente, a própria norma admite a possibilidade da prática de delitos por parte do agente infiltrado. Logo, temos que seu papel social, no caso, a despeito de agente de polícia, é o de realizar a infiltração com a maior eficácia possível, ainda que, para tanto, venha a concorrer, de forma proporcional, para a prática de delitos.

Noutra senda, por risco permitido há que se compreender aquele relevante, mas permitido pelo Estado. Verifica-se, portanto, que o risco permitido está, geralmente, normatizado pelo Estado, sendo que as normas estabelecem critérios de orientação para a atuação. E, consequentemente, funcionam como diretoras do risco à medida em que o agente, descumpridor de algum comando normativo, aumenta um risco permitido, criando, neste particular, um risco relevante e proibido, quebrando, na infiltração de agentes, a matriz da proporcionalidade.

Logo, o agente infiltrado que, no curso de uma infiltração, concorre para a prática de um delito, age de acordo com seu papel social no contexto no qual está inserido, que pressupõe, até pela própria previsão legal do art. 13, *caput*, e parágrafo único, a possibilidade de prática de delitos pelo *undercover agent*. Nesse sentido caminha a proporcionalidade prevista no *caput*, lida em diálogo com a inexigibilidade de conduta diversa do parágrafo único.

Notadamente, a infiltração de agentes caracteriza a realização de um risco. Risco esse, por sua vez, permitido e tolerado pelo próprio Estado que normatiza o meio de obtenção de prova. No contexto desse risco, o próprio legislador admitiu a possibilidade de concorrência para infração penais ao estabelecer o parâmetro da proporcionalidade e assinalar a ausência de punição para fato praticado, quando inexigível conduta diversa. Logo, temos que o agente infiltrado que concorre para uma infração penal, no contexto de seu papel social, consagrado e admitido pela própria norma, não pode ter, contra si, a imputação objetiva de um comportamento típico ou resultado produzido.

O risco permitido situa-se na esfera do tipo penal, flertando com a tipicidade, pela ausência de antinormatividade, e não com a ilicitude. Ainda que sejamos tentados a conceber a conduta como exercício regular de direito, causa excludente da ilicitude, no caso de realização de riscos permitidos, a análise sequer deve alcançar a ilicitude, porquanto sendo permitida ou ao menos tolerada, a questão deixa de ser um problema de ilicitude para ser uma questão de imputação ou antinormatividade. Isto é, a conduta, ainda que perigosa, se autorizada ou tolerada pelo Estado, não pode ser contrária ao Direito e, portanto, não pode ser concebida como antinormativa pela ausência de risco proibido.

Dessa forma, entendemos que a exclusão da responsabilidade penal do agente infiltrado melhor se amolda à figura do tipo penal, na esfera da imputação, motivo pelo qual o comportamento delitivo não pode ser imputado a esse, remanescendo, contudo, a responsabilidade penal dos demais agentes, vez que seus comportamentos não se amoldam à figura do risco permitido e nem encontram respaldo em qualquer papel social esperado.

Vale destacar, contudo, que o agente deverá guardar, em sua atuação, a devida proporcionalidade com a finalidade da investigação, respondendo pelos excessos praticados. Isso significa que a permissão contextualizada para a prática de eventuais delitos não é absoluta, pois deve o agente infiltrado abster-se, por exemplo, de praticar delitos que contrariam a própria razão de ser da infiltração de agentes, como praticar homicídios, torturas etc. Concebe-se, por outro lado, excludente de ilicitude (estado de necessidade) ou de culpabilidade (inexigibilidade de conduta diversa) quando o agente infiltrado, em situação extrema, vir-se obrigado à prática de delitos mais graves para preservar sua vida ou integridade física, quando sua recusa possa ser imediatamente punida (exemplo do teste de fidelidade à organização). Em resumo: exclui-se a imputação objetiva quando o agente age nos limites da autorização judicial, participando dos crimes da organização, para dar credibilidade ao disfarce e preservar a própria infiltração e exclui-se a ilicitude ou culpabilidade quando o agente pratica crime quando, sem alternativa imediata de interromper a diligência ou acionar reforço policial para este fim, pratica crime para salvar sua própria vida ou integridade física.

6.5.7.7 Infiltração virtual de agentes

A infiltração virtual de agentes foi inicialmente prevista no âmbito do Estatuto da Criança e do Adolescente, com as alterações promovidas pela Lei 13.441/17, sendo, posteriormente, tratada de forma mais ampla na Lei 12.850/13, alterada pela Lei do Pacote Anticrime.

Incluído pela Lei 13.694/19, o art. 10-A da Lei de Organizações Criminosas previu a possibilidade de ação de agentes de polícia infiltrados virtuais, obedecidos os requisitos do *caput* do art. 10, na internet, com o fim de investigar os crimes previstos na Lei de Organizações Criminosas e os a eles conexos, praticados por organizações criminosas, desde que demonstrada sua necessidade e indicados o alcance das tarefas dos policiais, os nomes ou apelidos das pessoas investigadas e, quando possível, os dados de conexão ou cadastrais que permitam a identificação dessas pessoas.

Em linhas gerais, a norma previu os mesmos requisitos da infiltração de agentes comum, aos quais remetemos o leitor para evitarmos repetições. Em especial, além de reforçar o caráter de *ultima ratio* da medida e restringir as espécies criminosas (§3º), especificou a necessidade de se indicar o alcance das tarefas dos policiais, os nomes ou apelidos das pessoas investigadas e, quando possível, os dados de conexão ou cadastrais que permitam a identificação dessas pessoas.

O §1º do dispositivo, em interpretação autêntica, assinalou que, para os efeitos decorrentes da Lei 12.850/13, dados de conexão são as informações referentes a hora, data, início, término, duração, endereço de Protocolo de Internet (IP) utilizado e terminal de origem da conexão; e dados cadastrais são as informações referentes a nome e endereço de assinante ou de usuário registrado ou autenticado para a conexão a quem endereço de IP, identificação de usuário ou código de acesso tenha sido atribuído no momento da conexão.

O §2º, por seu turno, seguindo a trilha da normalidade, dispôs que na hipótese de representação do delegado de polícia, o juiz competente, antes de decidir, deverá ouvir o Ministério Público.

De forma distinta da infiltração de agentes comum, o §4º, não obstante prever o mesmo prazo de **autorização, até 6 (seis) meses**, e subsequentes renovações, estabeleceu o **prazo máximo total de 720 (setecentos e vinte) dias**, exigindo ainda a demonstração de sua necessidade.

Nesse ponto, o distanciamento jurídico e prático da infiltração regulada pelo art. 10 não encontra justificativa razoável. Primeiro, porque o número máximo de 720 dias pode não ser suficiente para finalização da diligência, especialmente em um cenário de ambiental virtual, repleto de informações;

segundo porque o risco pessoal do agente infiltrado revela-se menor daquele que se expõe, pessoalmente, ao contato físico com os demais integrantes da organização criminosa; e, terceiro, porque a exigência de demonstração de necessidade para fins de prorrogação pode prejudicar a celeridade e eficácia do meio de obtenção de prova. Em síntese, o *distinguishing* normativo não encontra justificativa razoável para o afastamento das regras gerais do modelo tradicional.

O §5º, em sequência, assinala que findo o prazo previsto no §4º, o relatório circunstanciado, juntamente com todos os atos eletrônicos praticados durante a operação deverão ser registrados, gravados, armazenados e apresentados ao juiz competente, que imediatamente cientificará o Ministério Público. Ocorre que o §4º prevê dois prazos, o de seis meses, para a diligência sem prorrogação, e o de 720 dias, como o máximo permitido.

Parece-nos, em leitura sistemática com o próprio §4º, que o legislador se referiu ao prazo original de seis meses, haja vista que esse, para ser prorrogado, pressupõe a demonstração da necessidade e, como a norma impôs a confecção do relatório circunstanciado, pelo menos em tese esse deveria servir de lastro para prorrogação do prazo. Exigi-lo tão somente ao final do prazo fatal, em termos hermenêuticos, pode soar estranho, pois a finalização da diligência deverá ser, de qualquer forma, registrada e encaminhada para o titular da ação penal.

Destaca-se que, da mesma forma que sustentamos na infiltração de agentes prevista no art. 10, que igualmente pressupõe a demonstração da necessidade para prorrogação, a apresentação do relatório poderá, para nós, ser dispensada quando sua confecção por agente no curso de infiltração puder comprometer a celeridade e a própria segurança do agente, desde que, ainda que sem o relatório, seja demonstrada a necessidade.

Ainda nesse contexto, o §6º dispõe que, no curso do inquérito policial, o delegado de polícia poderá determinar aos seus agentes, e o Ministério Público e o juiz competente poderão requisitar, a qualquer tempo, relatório da atividade de infiltração.

Por fim, o §7º prevê a nulidade da prova obtida sem a observância do disposto no art. 10-A.

O art. 10-B, por sua vez, assinala que as informações da operação de infiltração serão encaminhadas diretamente ao juiz responsável pela autorização da medida, que zelará por seu sigilo. O parágrafo único do artigo, contudo, prevê que antes da conclusão da operação, o acesso aos autos será reservado ao juiz, ao Ministério Público e ao delegado de polícia responsável pela operação, com o objetivo de garantir o sigilo das investigações.

O art. 10-C, valendo-se de redação distinta da prevista no art. 13, parágrafo único, atinente à infiltração de agentes tradicional, prevê que não comete crime o policial que oculta a sua identidade para, por meio da internet, colher indícios de autoria e materialidade dos crimes previstos no art. 1º da Lei de Organizações Criminosas. Percebe-se a distinção de tratamento, ainda que formal, pois o art. 13, parágrafo único, assinala não ser punível, no âmbito da infiltração, a prática de crime pelo agente infiltrado no curso da investigação, quando inexigível conduta diversa. Verifica-se, outrossim, que a regra do art. 13, parágrafo único, é mais ampla e permissiva, porquanto não restringe a natureza do delito à ocultação da identidade.

Não obstante a diferença formal de tratamento, entendemos que a conclusão segue a mesma trilha traçada quando da análise do art. 13, parágrafo único, não havendo razões de ordem material aptas a justificar eventual diferença de tratamento. Em ambos os casos, consoante entendemos, há que se cotejar o risco permitido, os papeis sociais e a normatividade do comportamento, sendo que ambas, igualmente, punem os excessos praticados, seja por deixar de observar a estrita finalidade da investigação (art. 10-C, parágrafo único), ou por não guardar, em sua atuação, a devida proporcionalidade com a finalidade da investigação (art. 13, parágrafo único).

Corroborando o entendimento referente ao prazo assinalado no §5º do art. 10-A, o art. 10-D prevê que, concluída a investigação, todos os atos eletrônicos praticados durante a operação deverão ser registrados, gravados, armazenados e encaminhados ao juiz e ao Ministério Público, juntamente com relatório circunstanciado. O parágrafo único do artigo ainda prevê que os atos eletrônicos registrados citados no *caput* serão reunidos em autos apartados e apensados ao processo criminal juntamente com o inquérito policial, assegurando-se a preservação da identidade do agente policial infiltrado e a intimidade dos envolvidos.

O art. 11, *caput*, de aplicação geral a ambas as modalidades de infiltração, dispõe que o requerimento do Ministério Público ou a representação do delegado de polícia para a infiltração de agentes conterão a demonstração da necessidade da medida, o alcance das tarefas dos agentes e, quando possível, os nomes ou apelidos das pessoas investigadas e o local da infiltração. O parágrafo único do dispositivo, incluído pela Lei do Pacote Anticrime, prevê que os órgãos de registro e cadastro público poderão incluir nos bancos de dados próprios, mediante procedimento sigiloso e requisição da autoridade judicial, as informações necessárias à efetividade da identidade fictícia criada, nos casos de infiltração de agentes na internet. Permite-se, portanto, a criação de uma pessoa fictícia para realização da infiltração virtual de agentes, figura a qual chamamos de *fake person*.

6.5.8 Cooperação entre instituições e órgãos federais, distritais, estaduais e municipais na busca de provas e informações de interesse da investigação ou da instrução criminal (inciso VIII)

A cooperação entre instituições e órgãos federais, distritais, estaduais e municipais na busca de provas e informações de interesse da investigação ou da instrução criminal é crucial para o combate à criminalidade, especialmente na seara do crime organizado, que invariavelmente se vale da lavagem de capitais ao final de suas operações criminosas.

Nesse sentido, o trabalho institucional conjunto permite o avanço probatório em diversas áreas, que passam pelo simples compartilhamento de informações e provas à construção de forças tarefas institucionais, dentre outras formas.

Em especial, vale destacar que o Supremo Tribunal Federal consolidou, em 2021, o Tema 990 de repercussão geral com a seguinte tese:

> "1. É constitucional o compartilhamento dos relatórios de inteligência financeira da UIF e da íntegra do procedimento fiscalizatório da Receita Federal do Brasil, que define o lançamento do tributo, com os órgãos de persecução penal para fins criminais, sem a obrigatoriedade de prévia autorização judicial, devendo ser resguardado o sigilo das informações em procedimentos formalmente instaurados e sujeitos a posterior controle jurisdicional. 2. O compartilhamento pela UIF e pela RFB, referente ao item anterior, deve ser feito unicamente por meio de comunicações formais, com garantia de sigilo, certificação do destinatário e estabelecimento de instrumentos efetivos de apuração e correção de eventuais desvios." (RE 1055941, Tribunal Pleno, Min. Rel. Dias Toffoli, DJe 18-03-2021)

Assim, segundo o Pretório Excelso, é constitucional o compartilhamento de dados entre o Coaf e as autoridades de persecução penal, sem necessidade de prévia autorização judicial, também nos casos em que o relatório tenha sido solicitado pela autoridade[36]. Não há dúvidas, portanto, que os relatórios emitidos pelo COAF podem ser diretamente compartilhados, espontaneamente ou por solicitação dos órgãos de persecução penal para fins criminais, independentemente de autorização judicial.

O STJ, que seguia entendimento diverso, passou a seguir, em 2024, o entendimento da Suprema Corte:

> (...) Como visto ao longo desta decisão, havia entendimentos no sentido de se admitir somente o compartilhamento espontâneo, por parte da UIF, dos

36. Reclamação 61.944/PA, Rel. Min. Cristiano Zanin, j. 23.11.23.

relatórios de inteligência, ou mediante solicitação dos órgãos de persecução penal, desde que antecedida de autorização judicial. Posteriormente, a partir do entendimento consolidado pelo Supremo Tribunal Federal no RE n. 1.055.941/SP e na Reclamação n. 61.944/PA, entendo que a discussão está superada no sentido de que os relatórios emitidos pela UIF podem ser compartilhados tanto espontaneamente quanto por solicitação dos órgãos de persecução penal para fins criminais, independentemente de autorização judicial prévia. (...) RHC 185644/SC, Rel. Min. Messod Azulay Neto, j. 07.03.24.

6.6 DOS CRIMES OCORRIDOS NA INVESTIGAÇÃO E NA OBTENÇÃO DA PROVA

6.6.1 Revelação ilegal de identidade do colaborador

> Art. 18. Revelar a identidade, fotografar ou filmar o colaborador, sem sua prévia autorização por escrito:
>
> Pena – reclusão, de 1 (um) a 3 (três) anos, e multa.

6.6.1.1 Introdução

O delito de revelação ilegal de identidade do colaborador, previsto no art. 18 da Lei 12.850/13, tutela, de forma direta, a incolumidade física do delator/colaborador, bem como a eficácia do meio de prova, evidenciando, igualmente, a tutela da Administração da Justiça haja vista a necessidade de se proteger o delator, que pode ser de suma importância para o alcance de pelo menos uma das finalidades dos incisos I a V do art. 4º da Lei de Organizações Criminosas.

Trata-se de **crime formal** e, em nossa compreensão, **de perigo abstrato**, pois além da norma não exigir o dano, não se pode desconsiderar que a revelação da identidade, fotografia ou filmagem do colaborador, sem sua prévia autorização por escrito, tem o condão de criar a situação de risco.

6.6.1.2 Sujeitos do crime

O crime de revelação ilegal de identidade do colaborador, em nossa perspectiva, é próprio, pois a finalidade da norma é tutelar não somente a integridade física do colaborador, mas a própria Administração da Justiça, passível de ser prejudicada, nesse caso, pela realização das condutas previstas no tipo penal. Naturalmente, os deveres impostos na norma não atingem o indivíduo comum, de forma que devem ser observados pelas autoridades que participaram do acordo de colaboração/delação premiada, pelos servidores que detém ciência do conteúdo do acordo e do defensor do colaborador, que igualmente deve guardar sigilo.

Lembre-se que, por expressa previsão legal, consubstanciada no inciso V do art. 5º da Lei 12.850/13 (direitos do colaborador), os meios de comunicação também possuem o dever de não revelar a identidade, fotografar ou filmar o colaborador, sem sua prévia autorização por escrito, de forma que os responsáveis podem, também, realizar o tipo penal.

O sujeito passivo do delito são o colaborador e o Estado.

6.6.1.3 Estrutura do tipo penal

A estrutura típica do crime previsto no art. 18 da Lei 12.850/13 é formada pelo núcleo verbal *revelar, fotografar ou filmar*; pela elementar normativa *colaborador*; e pelas elementares objetivas *identidade, sem sua prévia autorização por escrito.*

Conduta nuclear

- revelar, fotografar ou filmar

Elementares objetivas

- identidade
- sem sua prévia autorização por escrito

Elementares normativas

- colaborador

Elementares subjetivas, especial fim de agir e elementos volitivos

- dolo

A estrutura, todavia, não se resume aos elementos revelados pela leitura literal, pois também traz a estrutura basilar finalista, composta na sua integralidade pela conduta, resultado, nexo de causalidade e tipicidade.

No sentido do tipo penal, *revelar* significa divulgar, expor, tornar pública a identidade do colaborador. *Fotografar* significar capturar a imagem fixa, tirar uma fotografia, ao passo que *filmar* é capturar imagens contínuas em movimento, no ato autoexplicativo de produzir um vídeo. Por *identidade* há que se compreender seus dados pessoais, suas características físicas aptas a permitir que o agente colaborador seja identificável.

O termo *colaborador* caracteriza-se por ser elementar de cunho normativo, haja vista que somente os indivíduos que satisfaçam os requisitos legais para serem assim concebidos, previstos na Seção I do Capítulo II da Lei 12.850/13, ou normas correlatas previstas na legislação especial, podem figurar como sujeito passivo do delito. Entendemos, portanto, que a norma é perfeitamente aplicável nas hipóteses de delação premiada, por exemplo, previstas na Lei de Drogas, Lei de Lavagem de Capitais etc., vez que o termo *colaborador* admite interpretação extensiva, sem que tal interpretação caracterize violação ao princípio da legalidade.

A figura típica ainda pressupõe que o comportamento seja praticado sem prévia autorização por escrito do colaborador. Existindo a autorização, elementar objetiva de cunho negativo, não ocorrerá o delito.

Ocorrendo, contudo, autorização posterior, entendemos por configurado o delito, instantâneo por natureza. O fato de o colaborador conceder a autorização a *posteriori* não tem o condão de afastar o risco criado à Administração da Justiça, bem jurídico não pertencente à sua esfera de direitos. Logo, ainda que, por si, exare o consentimento posterior, o tipo penal estará configurado em razão da pluriofensividade.

O delito, em regra, é praticado por ação. É possível, contudo, a prática por omissão, como na hipótese do agente que detém o dever jurídico de agir e deixa de adotar as providências necessárias, mesmo podendo e devendo agir, omitindo-se quanto ao seu dever, permitindo a realização das condutas nucleares.

Ainda no contexto da conduta, o crime pode ser praticado sob as **modalidades dolo direto** e **eventual**, não exigindo o tipo penal qualquer finalidade específica.

O **resultado** deve ser analisado sob a perspectiva normativa, haja vista que o tipo penal se contenta com a criação do perigo abstrato.

A solução do nexo de causalidade pela **teoria da imputação objetiva** em nossa perspectiva não diverge da apresentada pela doutrina tradicional. O agente que revela a identidade do colaborador, sem autorização prévia e por escrito desse, **cria um risco juridicamente proibido**, que se materializa em um **resultado normativo (situação de perigo abstrato)**, sendo que resultado se encontra dentro do **alcance do tipo**.

Por fim, a estrutura do tipo penal completa-se com a tipicidade, expressamente consignada no art. 18 da Lei 12.850/13.

6.6.1.4 Consumação e tentativa

O delito de revelação de identidade do colaborar é concebido como **crime formal**, de modo que a consumação ocorre com a simples realização do comportamento típico, isto é, com a revelação da identidade, fotografia ou filmagem do colaborador, sem sua prévia autorização por escrito.

A tentativa nos parece perfeitamente admissível, haja vista a natureza dos comportamentos típicos, que admitem o fracionamento do *iter criminis*.

6.6.1.5 Conflito aparente de normas

a) **Art. 154, CP:** Revelar alguém, sem justa causa, segredo, de que tem ciência em razão de função, ministério, ofício ou profissão, e cuja revelação possa produzir dano a outrem: Pena – detenção, de três meses a um ano, ou multa de um conto a dez contos de réis. Parágrafo único – Somente se procede mediante representação.

b) **Art. 325, CP:** Revelar fato de que tem ciência em razão do cargo e que deva permanecer em segredo, ou facilitar-lhe a revelação: Pena – detenção, de seis meses a dois anos, ou multa, se o fato não constitui crime mais grave.

6.6.1.6 Ação penal

A ação penal no delito em questão é pública incondicionada.

Em razão da pena cominada (reclusão, de um a três anos, e multa), o delito admite a suspensão condicional do processo e o ANPP, não admitindo a transação penal.

6.6.2 Imputação ou revelação falsa em colaboração com a Justiça

> Art. 19. Imputar falsamente, sob pretexto de colaboração com a Justiça, a prática de infração penal a pessoa que sabe ser inocente, ou revelar informações sobre a estrutura de organização criminosa que sabe inverídicas:
>
> Pena – reclusão, de 1 (um) a 4 (quatro) anos, e multa.

6.6.2.1 Introdução

O delito de imputação ou revelação falsa em colaboração com a Justiça, previsto no art. 19 da Lei 12.850/13, tutela a Administração da Justiça.

Trata-se, na modalidade *imputar*, de uma espécie de calúnia circunstanciada por elementos específicos relacionados à colaboração. Não obstante a proximidade típica, os delitos não se confundem, vez que a imputação falsa em colaboração é praticada no seio de uma investigação e não tem por escopo ofender a honra objetiva do delatado. Assemelha-se, também, em parte com a denunciação caluniosa, com essa não se confundindo por não dar causa a uma investigação criminal, vez que já existente.

Por outro lado, na modalidade *imputar*, o delito se assemelha a uma espécie de fraude processual, especialmente porque o colaborador, para fazer *jus* aos benefícios legais, está sujeito ao compromisso de dizer a verdade (art. 4º, §14).

Trata-se de **crime formal**, vez que a norma não exige a ocorrência do dano.

6.6.2.2 Sujeitos do crime

O crime de imputação ou revelação falsa em colaboração é de **mão própria**, pois somente pode ser praticado pelo agente colaborador/delator, assim concebido quando da realização da conduta.

O sujeito passivo do delito, em ambas as formas, é o Estado. Na modalidade imputar, a pessoa falsamente imputada também será vítima do delito.

6.6.2.3 Estrutura do tipo penal

A estrutura típica do crime previsto no art. 19 da Lei 12.850/13 é formada pelo núcleo verbal imputar ou revelar; pelas elementares normativas falsamente; sob pretexto de colaboração com a Justiça; a prática de infração penal a pessoa que sabe ser inocente; e informações sobre a estrutura de organização criminosa que sabe inverídicas.

Conduta nuclear

- imputar ou revelar

Elementares objetivas

Elementares normativas

- falsamente
- sob pretexto de colaboração com a Justiça
- a prática de infração penal a pessoa que sabe ser inocente
- informações sobre a estrutura de organização criminosa que sabe inverídicas

Elementares subjetivas, especial fim de agir e elementos volitivos

- dolo

A estrutura, todavia, não se resume aos elementos revelados pela leitura literal, pois também traz a estrutura basilar finalista, composta na sua integralidade pela conduta, resultado, nexo de causalidade e tipicidade.

No sentido do tipo penal, *imputar* significa atribuir, apontar a prática de infração penal a pessoa que sabe ser inocente, de forma falsa e a pretexto de colaborar com a Justiça.

Na prática, a conduta descrita na primeira parte do tipo penal é uma espécie de calúnia circunstanciada pela situação, isto é, por ser praticada sob o pretexto de colaboração com a Justiça. A conformação típica pressupõe, portanto, que: **a) a imputação da prática de infração penal seja falsa; b) que tenha sido praticada a pretexto de colaboração com a Justiça; c) que o agente saiba que a pessoa imputada é inocente.**

Dos requisitos, portanto, podemos extrair as diferenças com crime de calúnia, que exige que imputação verse sobre crime, e não infração penal, e que o escopo do agente seja ofender a honra objetiva da vítima, e não que reúna o pretexto de colaborar com a Justiça.

Imputação falsa (art. 19 da Lei 12.850/13)	Calúnia (art. 138, CP)
Imputação falsa de infração penal	Imputação falsa de fato definido como crime[37]
Pretexto de colaborar	Finalidade de ofender a honra

Por outro lado, a segunda forma de se praticar o delito se materializa nas elementares *revelar informações sobre a estrutura de organização criminosa que sabe inverídicas.*

Revelar significa trazer à tona, expor, contar, trazer informações que sabe inverídicas sobre a estrutura da organização criminosa. O agente, portanto, atua no sentido de embaraçar, prejudicar a investigação, trazendo informações falsas sobre a estrutura da entidade criminosa. Trata-se, em nossa compreensão, de uma espécie de fraude contra a Administração da Justiça, haja vista que o agente, para ter direito à colaboração, está sujeito ao compromisso de dizer a verdade.

A norma pressupõe a mentira do colaborador ao exigir o conhecimento acerca da falta de veracidade das informações, de forma que havendo o registro de dúvida ou incerteza por parte do agente, durante sua colaboração, o delito não estará configurado.

No que toca à conduta, o crime, em nossa compreensão, somente pode ser praticado por ação. O delito admite a figura do **dolo direto**, sendo incompatível com o dolo eventual, pois exige o conhecimento da falsidade da imputação ou informações. O tipo penal não prevê a forma culposa ou especial fim de agir.

Não se pode confundir a elementar "sob pretexto de colaboração com a Justiça" com fim especial de agir, vez que a elementar tão somente revela o contexto, o ardil, o meio fraudulento consubstanciado na norma, empregado para ludibriar a Administração da Justiça, não se traduzindo em qualquer finalidade especial.

O **resultado** deve ser analisado sob a perspectiva normativa, haja vista que o tipo penal se contenta com a realização do comportamento.

A solução do nexo de causalidade pela **teoria da imputação objetiva**, em nossa perspectiva não diverge da apresentada pela doutrina tradicional. O agente que imputa falsamente, sob o pretexto de colaboração com a Justiça, a prática de infração penal a pessoa que sabe ser inocente, **cria um risco**

37. Se a imputação falsa versar sobre contravenção penal, a conduta poderá se amoldar ao delito de difamação (art. 139, CP).

juridicamente proibido, que se materializa em um **resultado normativo**, sendo que resultado se encontra dentro do **alcance do tipo**.

Por fim, a estrutura do tipo penal completa-se com a tipicidade, expressamente consignada no art. 19 da Lei 12.850/13.

6.6.2.4 Consumação e tentativa

O delito de imputação ou revelação falsa em colaboração é concebido como **crime formal**, de modo que a consumação ocorre com a simples realização do comportamento típico.

A tentativa é admissível, haja vista a natureza dos comportamentos típicos, que admitem o fracionamento do *iter criminis*.

6.6.2.5 Conflito aparente de normas

a) **Art. 138, CP:** Caluniar alguém, imputando-lhe falsamente fato definido como crime: Pena – detenção, de seis meses a dois anos, e multa.

b) **Art. 339, CP**: Dar causa à instauração de inquérito policial, de procedimento investigatório criminal, de processo judicial, de processo administrativo disciplinar, de inquérito civil ou de ação de improbidade administrativa contra alguém, imputando-lhe crime, infração ético-disciplinar ou ato ímprobo de que o sabe inocente: Pena – reclusão, de dois a oito anos, e multa.

6.6.2.6 Ação penal

A ação penal no delito em questão é pública incondicionada.

Em razão da pena cominada (reclusão, de um a quatro anos, e multa), o delito admite a suspensão condicional do processo e o ANPP, não admitindo a transação penal.

6.6.3 Descumprimento determinação de sigilo

> Art. 20. Descumprir determinação de sigilo das investigações que envolvam a ação controlada e a infiltração de agentes:
>
> Pena – reclusão, de 1 (um) a 4 (quatro) anos, e multa.

6.6.3.1 Introdução

O delito de descumprimento de determinação de sigilo, previsto no art. 20 da Lei 12.850/13, tutela a Administração da Justiça.

Trata-se de delito que pressupõe a violação de dever legal, porquanto nas técnicas especiais de investigação previstas no tipo penal, ação controlada e infiltração de agentes, é imposto o dever[38] de sigilo nos artigos 8º, §2º e 10, respectivamente.

Não bastasse a inferência do dever de sigilo acima mencionado, o art. 23 da Lei de Organizações Criminosas expressamente dispõe que "**o sigilo da investigação poderá ser decretado pela autoridade judicial competente**, para garantia da celeridade e da eficácia das diligências investigatórias, assegurando-se ao defensor, no interesse do representado, amplo acesso aos elementos de prova que digam respeito ao exercício do direito de defesa, devidamente precedido de autorização judicial, ressalvados os referentes às diligências em andamento".

Vale registrar que a Lei 9.296/96 prevê comportamento similar no âmbito da captação ambiental e sigilo das gravações (art. 10-A, §2º).

Trata-se de **crime formal**, vez que a norma não exige a ocorrência do dano.

6.6.3.2 Sujeitos do crime

O crime de descumprimento de determinação de sigilo é **próprio**, pois somente pode ser praticado pelo agente que detém o dever de sigilo, a exemplo do delegado de polícia, agente infiltrado e outros que atuam na investigação criminal que se vale das técnicas especiais de ação controlada e infiltração de agentes.

O sujeito passivo do delito é o Estado.

6.6.3.3 Estrutura do tipo penal

A estrutura típica do crime previsto no art. 20 da Lei 12.850/13 é formada pelo núcleo verbal *descumprir*; pelas elementares normativas *determinação de sigilo das investigações que envolvam a ação controlada e a infiltração de agentes.*

---

38. Voltaremos ao assunto no estudo da estrutura típica.

Conduta nuclear

- descumprir

Elementares objetivas

Elementares normativas

- determinação de sigilo das investigações que envolvam a ação controlada e a infiltração de agentes.

Elementares subjetivas, especial fim de agir e elementos volitivos

- dolo

A estrutura, todavia, não se resume aos elementos revelados pela leitura literal, pois também traz a estrutura basilar finalista, composta na sua integralidade pela conduta, resultado, nexo de causalidade e tipicidade.

No sentido do tipo penal, *descumprir* significa não observar, violar, afastar, ignorar determinação de sigilo das investigações que envolvam a ação controlada e a infiltração de agentes.

Conforme vimos acima, o art. 23 da Lei 12.850/13 assinala que **o sigilo da investigação poderá ser decretado pela autoridade judicial competente**, para garantia da celeridade e da eficácia das diligências investigatórias (...). Há, portanto, que se diferenciar, para fins típicos, dever e determinação.

A determinação, em nossa compreensão, pode derivar de norma concreta, a exemplo de uma decisão judicial que determina o sigilo das investigações (art. 23), ou da própria lei, quando, por exemplo, se impõe a "sigilosa autorização judicial" no art. 10, *caput*, ou a imperativa necessidade de que a comunicação da ação controlada seja sigilosamente distribuída. Não se exige, portanto, que a determinação seja específica, quando estivermos diante de um dever legal imposto normativamente, de forma prévia.

Assim como a determinação, o dever pode derivar de norma de cunho geral ou específica. Ocorre que, no tipo em comento, o legislador valeu-se do termo "determinação", que não necessariamente se confunde com "dever", não obstante o segundo poder ser derivado do primeiro.

Dessarte, temos que se o delegado de polícia, ao comunicar uma ação controlada, não observar o dever de sigilo - determinação legal - incorrerá, em nossa compreensão, no tipo penal. Por outro lado, o escrivão de polícia que concede vista dos autos ao defensor, em inquérito policial cujo sigilo não foi decretado, não incorre no tipo penal, não obstante ser detentor do dever sigilo funcional.

Superada a questão, o tipo penal expressamente faz o recorte para os institutos da ação controlada e infiltração de agentes, aos quais remetemos o leitor quanto aos detalhes para evitarmos repetições. No momento, portanto, como forma de reforço, traremos apenas os conceitos.

A ação controlada é uma técnica especial de investigação caracterizada como o retardamento da intervenção estatal na seara da persecução criminal, com o escopo maior de **identificar e responsabilizar maior número de integrantes, sem o comprometimento das investigações**, para que se concretize no **momento mais eficaz à formação de provas e obtenção de informações**.

A infiltração de agentes traz para nosso ordenamento jurídico a figura do *undercover agent*, isto é, o agente policial que se infiltra disfarçadamente, mediante autorização judicial, em uma organização criminosa, para obter a confiança, com o tempo, dos integrantes da organização com o escopo de obter provas ou fontes de provas de outros delitos.

A infiltração de agentes, por seu turno, revela uma técnica especial de investigação como natureza jurídica que pode ser realizada em qualquer fase da persecução penal, consistente na inserção de um agente policial, no seio da organização criminosa, com o escopo de angariar elementos de prova sobre a organização ou infrações penais por ela praticadas, como o fim maior de promover o desmantelamento da organização criminosa.

O tipo penal não se refere expressamente à infiltração virtual de agentes, inserida no ordenamento jurídico posteriormente. Não obstante, por se tratar de uma espécie de infiltração de agentes, não observamos qualquer obstáculo na aplicação da interpretação extensiva do tipo penal, para abarcar, também, a modalidade de infiltração prevista no art. 10-A da Lei 12.850/13.

No que toca à conduta, o crime, em nossa compreensão, pode ser praticado por ação ou omissão, como na hipótese em que o delegado de polícia se omite quanto ao se dever e nada faz para impedir que seu subordinado viole o sigilo da investigação. O delito admite a figura do **dolo direto e eventual**, não sendo incompatível com esse, em nossa compreensão, pois o descumprimento pode derivar de mero assentimento. O tipo penal não prevê a forma culposa ou especial fim de agir.

O **resultado** deve ser analisado sob a perspectiva normativa, haja vista que o tipo penal se contenta com a realização do comportamento.

A solução do nexo de causalidade pela **teoria da imputação objetiva**, em nossa perspectiva não diverge da apresentada pela doutrina tradicional. O agente que descumpre determinação de sigilo de investigação que envolve infiltração de agentes **cria um risco juridicamente proibido**, que se materializa em um **resultado normativo**, sendo que resultado se encontra dentro do **alcance do tipo**.

Por fim, a estrutura do tipo penal completa-se com a tipicidade, expressamente consignada no art. 20 da Lei 12.850/13.

6.6.3.4 Consumação e tentativa

O delito de descumprimento de determinação de sigilo é concebido como **crime formal**, de modo que a consumação ocorre com a simples realização do comportamento típico.

A tentativa nos parece admissível, especialmente quando o descumprimento é realizado por escrito, que acaba por ser interceptado antes que o sigilo seja revelado, admitindo, portanto, o fracionamento do *iter criminis*.

6.6.3.5 Conflito aparente de normas

a) **Art. 154, CP:** Revelar alguém, sem justa causa, segredo, de que tem ciência em razão de função, ministério, ofício ou profissão, e cuja revelação possa produzir dano a outrem: Pena – detenção, de três meses a um ano, ou multa de um conto a dez contos de réis. Parágrafo único – Somente se procede mediante representação.

b) **Art. 325, CP**: Revelar fato de que tem ciência em razão do cargo e que deva permanecer em segredo, ou facilitar-lhe a revelação: Pena – detenção, de seis meses a dois anos, ou multa, se o fato não constitui crime mais grave.

6.6.3.6 Ação penal

A ação penal no delito em questão é pública incondicionada.

Em razão da pena cominada (reclusão, de um a quatro anos, e multa), o delito admite a suspensão condicional do processo e o ANPP, não admitindo a transação penal.

6.6.4 Sonegação de informações requisitadas

> Art. 21. Recusar ou omitir dados cadastrais, registros, documentos e informações requisitadas pelo juiz, Ministério Público ou delegado de polícia, no curso de investigação ou do processo:
>
> Pena – reclusão, de 6 (seis) meses a 2 (dois) anos, e multa.
>
> Parágrafo único. Na mesma pena incorre quem, de forma indevida, se apossa, propala, divulga ou faz uso dos dados cadastrais de que trata esta Lei.

6.6.4.1 Introdução

O delito de sonegação de informações requisitadas, previsto no art. 21 da Lei 12.850/13, tutela a Administração da Justiça.

O delito, formal por excelência, é uma espécie de desobediência qualificada no curso de investigação ou processo.

6.6.4.2 Sujeitos do crime

O crime de descumprimento de determinação de sigilo é comum, pois pode ser praticado por qualquer pessoa que tenha sido requisitada a prestar informações ou a encaminhar dados cadastrais, registros e documentos, por determinação do juiz, Ministério Público ou delegado de polícia, no curso de investigação ou processo.

A figura equiparada, prevista no parágrafo único, apesar de sua leitura inicial sugerir tratar-se de crime próprio, vez que somente se poderia exigir o sigilo funcional das autoridades requisitantes e servidores que tomam ciência dos resultados da diligência[39], em nossa compreensão revela-se como crime comum, haja vista que as condutas de propalar ou divulgar podem ser praticadas por terceiros, não envolvidos diretamente com a investigação, a exemplo do jornalista que toma ciência do resultado de informações sigilosas requisitadas pelo delegado de polícia do agente infiltrado, e as divulga, indevidamente, revelando com tal ato a identidade do agente infiltrado, em flagrante violação ao disposto no art. 14, IV da Lei 12.850/13.

O sujeito passivo do delito é o Estado.

---

39. Entendimento de Bitencourt e Busato, p. 94. *op.cit.*

6.6.4.3 Estrutura do tipo penal

A estrutura típica do crime previsto no *caput* do art. 21 da Lei 12.850/13 é formada pelo núcleo verbal *recusar* ou *omitir*; pelas elementares normativas *dados cadastrais, registros, documentos e informações requisitadas no curso de informação ou processo*; e pelas elementares objetivas *juiz, Ministério Público e delegado de polícia.*

Conduta nuclear

- recusar ou omitir

Elementares objetivas

- juiz, Ministério Público e delegado de polícia

Elementares normativas

- dados cadastrais, registros, documentos e informações requisitadas no curso de informação ou processo

Elementares subjetivas, especial fim de agir e elementos volitivos

- dolo

A estrutura, todavia, não se resume aos elementos revelados pela leitura literal, pois também traz a estrutura basilar finalista, composta na sua integralidade pela conduta, resultado, nexo de causalidade e tipicidade.

No sentido do tipo penal, *recusar* significa negar, não atender, deixar de cumprir requisição em inobservância a dever legal. Por sua vez, *omitir* significa sonegar, deixar de atender, na integralidade, solicitação vinculante (requisição).

Ocorre o delito, por exemplo, quando o funcionário da operadora de telefonia móvel deixa de atender requisição judicial para encaminhamento dos dados cadastrais vinculados a um determinado terminal telefônico, ou quando o servidor público com atuação na prefeitura municipal encaminha informações incompletas, de forma deliberada.

Os *dados cadastrais* são aqueles normalmente utilizados para cadastro, como nome, telefone, endereço, RG, CPF etc. Apesar da proteção aos dados pessoais ter sido erigido ao *status* de direito fundamental, o inciso LXXIX[40], do art. 5º da CF, incluído pela Emenda Constitucional 115, revela-se norma de eficácia limitada, circunstância que não colide com a regulamentação e restrição especial fornecida pelo art. 15 da Lei 12.850/13. Logo, não se exige a reserva de jurisdição nesses casos.

Por sua vez, *registros* são apontamentos, anotações, documentação de atividades realizadas. *Documentos*, por seu turno, em interpretação autêntica e, de certo modo, restrita, o art. 232 do CPP dispõe que se consideram documentos quaisquer escritos, instrumentos ou papéis, públicos ou particulares. Em interpretação ampla, contudo, podemos assinalar que documento é todo objeto que traz, em seu bojo, a representação de um ato ou fato relevante, como e-mails, fotos, vídeos, croquis etc. E, por fim, o legislador valeu-se do termo genérico *informações*, representativa de eventuais dados relacionados à investigação, como circunstâncias, motivos etc.

O tipo penal em muito se assemelha, mas não se confunde, com o crime previsto no §1º do art. 2º da Lei 12.850/13, em razão da especialidade dessa.

Vejamos a comparação entre os tipos penais:

Art. 2º. [...] § 1º Nas mesmas penas incorre quem impede ou, de qualquer forma, embaraça a investigação de infração penal que envolva organização criminosa.	Art. 21. Recusar ou omitir dados cadastrais, registros, documentos e informações requisitadas pelo juiz, Ministério Público ou delegado de polícia, no curso de investigação ou do processo.

A leitura do art. 21, conjugada com a expressão "qualquer forma", prevista no §1º, nos evidencia que a conduta de recusar ou omitir dados cadastrais, registros, documentos e informações requisitadas pelo juiz, Ministério Público ou delegado de polícia, no curso de investigação ou do processo, tem o condão de impedir ou embaraçar a investigação criminal que envolva organização criminosa.

Há, portanto, uma superposição normativa do art. 2º, §1º sobre o art. 21, o qual deve ser interpretado em sua estrita legalidade, como apto a afastar a expressão "de qualquer forma", prevista no §1º do art. 2º, isto é, a conduta descrita no art. 21 da Lei 12.850/13 funciona como uma regra de exceção à "qualquer forma" prevista no §1º, no sentido de que, sendo o embaraçamento ou impedimento praticado por intermédio da conduta de *recusar ou*

40. É assegurado, nos termos da lei, o direito à proteção dos dados pessoais, inclusive nos meios digitais.

omitir dados cadastrais, registros, documentos e informações requisitadas pelo juiz, Ministério Público ou delegado de polícia, no curso de investigação ou do processo, incorrerá o agente, por estrita legalidade, na figura típica do art. 21, sob pena de se transformar a previsão do art. 21 em letra morta, porquanto qualquer recusa ou omissão na linha do dispositivo, será concebida como embaraçamento à investigação criminal.

Não nos parece, portanto, que a solução tenha que ser buscada pelo dolo, especialmente pela inalcançável e utópica "vontade" do agente, pertencente à sua esfera mais íntima. A perquirição se o agente intencionava embaraçar ou impedir a investigação criminal, ou se simplesmente objetivava omitir ou recusar o cumprimento de requisição de autoridade, não nos conduzirá a qualquer porto seguro.

Objetivamente, a solução deve ser realizada por meio do princípio da especialidade, mais seguro e objetivo, de sorte que a expressão "de qualquer forma", prevista no §1º do art. 2º, encontra sua exceção na conduta descrita no art. 21.

Ademais, vale lembrar que, no entendimento do STJ, a figura típica prevista no §1º do art. 2º é crime material, isto é, pressupõe a ocorrência do efetivo embaraço ou impedimento à investigação. Por sua vez, o delito em comento é crime formal, não exigindo qualquer outro resultado, além do normativo decorrente da recusa ou omissão dolosa.

No que toca à conduta, o crime pode ser praticado por ação ou omissão. O delito admite a figura do **dolo direto e eventual**, não sendo incompatível com esse, em nossa compreensão, pois a recusa ou omissão pode derivar de mero assentimento. O tipo penal não prevê a forma culposa ou especial fim de agir.

O **resultado** deve ser analisado sob a perspectiva normativa, haja vista que o tipo penal se contenta com a realização do comportamento.

A solução do nexo de causalidade pela **teoria da imputação objetiva**, em nossa perspectiva não diverge da apresentada pela doutrina tradicional. O agente que omite informações requisitas pelo delegado de polícia, no curso de investigação afeta a organização criminosa, **cria um risco juridicamente proibido**, que se materializa em um **resultado normativo**, sendo que resultado se encontra dentro do **alcance do tipo**.

Por fim, a estrutura do tipo penal completa-se com a tipicidade, expressamente consignada no art. 21 da Lei 12.850/13.

6.6.4.4 Figura equiparada

O parágrafo único do art. 21 da Lei de Organizações Criminosas dispõe que na mesma pena incorre quem, de forma indevida, se apossa, propala, divulga ou faz uso dos dados cadastrais de que trata esta Lei.

Apossar significa tomar a posse, apropriar, tomar para si, apoderar-se dos dados cadastrais de que trata a Lei de Organizações Criminosas. *Propalar*, por seu turno, significa disseminar, diferenciando-se, ainda que de forma sútil, da modalidade *divulgar*, que se materializa não somente por meio da fala, podendo ser realizada por meio escrito. Por fim, a figura equiparada se vale do *fazer uso* dos dados cadastrais, isto é, contempla a hipótese em que o agente utiliza, vale-se dos dados.

BITENCOURT E BUSATO[41] (2014, p. 95) aduzem que embora o parágrafo único refira-se somente a dados cadastrais, entendem que a figura abrange também registros, documentos e informações, sustentando que o texto legal apenas pretendeu não ser repetitivo.

Não nos parece, contudo, em especial por estarmos diante do princípio da legalidade, que o legislador tenha optado por economizar palavras, evitando repetições. Ao contrário, o parágrafo único fecha a redoma típica ao entorno dos dados cadastrais de que trata a Lei, objetivamente previstos no art. 15 da Lei de Organizações Criminosas.

Ainda que subjetivamente queiramos concordar com a posição dos autores, não há como se desconsiderar o *distinguishing* normativo protagonizado pelo próprio artigo 21, que no *caput* expressamente mencionou dados cadastrais, registros, documentos e informações, e no parágrafo único restringiu sua aplicação aos dados cadastrais tratados pela Lei.

Assim, sob a perspectiva do princípio da legalidade, entendemos que a omissão legislativa, bastante criticável por não contemplar as hipóteses de divulgação, propalação e uso indevidos de registros, documentos e informações obtidos em investigação criminal ou processo, não pode ser suprida pela interpretação extensiva nesse caso, sob o argumento de economia textual.

6.6.4.5 Consumação e tentativa

O delito de sonegação de informações requisitadas é concebido como **crime formal**, de modo que a consumação ocorre com a simples realização do comportamento típico.

---

41. *op.cit.*

A tentativa nos parece admissível nas formas comissivas, ainda que com difícil configuração prática, em razão da possibilidade de fracionamento do *iter criminis*, especialmente quando realizadas por escrito, circunstância não verificada na forma omissiva, que se consuma com o simples não fazer.

6.6.4.6 Conflito aparente de normas

a) **Art. 154, CP:** Revelar alguém, sem justa causa, segredo, de que tem ciência em razão de função, ministério, ofício ou profissão, e cuja revelação possa produzir dano a outrem: Pena – detenção, de três meses a um ano, ou multa de um conto a dez contos de réis. Parágrafo único – Somente se procede mediante representação.

b) **Art. 319, CP**: Retardar ou deixar de praticar, indevidamente, ato de ofício, ou praticá-lo contra disposição expressa de lei, para satisfazer interesse ou sentimento pessoal: Pena - detenção, de três meses a um ano, e multa.

c) **Art. 325, CP**: Revelar fato de que tem ciência em razão do cargo e que deva permanecer em segredo, ou facilitar-lhe a revelação: Pena - detenção, de seis meses a dois anos, ou multa, se o fato não constitui crime mais grave.

d) **Art. 330, CP:** Desobedecer a ordem legal de funcionário público: Pena - detenção, de quinze dias a seis meses, e multa.

6.6.4.7 Ação penal

A ação penal no delito em questão é pública incondicionada.

Em razão da pena cominada (reclusão, de seis meses a dois anos, e multa), o delito admite a transação penal e a suspensão condicional do processo.

6.7 RITO PROCESSUAL

Nos termos do art. 22 da Lei 12.850/13, "os crimes previstos nesta Lei e as infrações penais conexas serão apurados mediante procedimento ordinário previsto no Decreto-Lei nº 3.689, de 3 de outubro de 1941 (Código de Processo Penal), observado o disposto no parágrafo único deste artigo".

O parágrafo único, por sua vez, assinala que a instrução criminal deverá ser encerrada em prazo razoável, o qual não poderá exceder a 120 (cento e vinte) dias quando o réu estiver preso, prorrogáveis em até igual período, por decisão fundamentada, devidamente motivada pela complexidade da causa ou por fato procrastinatório atribuível ao réu.

6.8 SIGILO DA INVESTIGAÇÃO

O art. 23 da Lei de Organizações Criminosas expressamente dispõe que "o sigilo da investigação poderá ser decretado pela autoridade judicial competente, para garantia da celeridade e da eficácia das diligências investigatórias, assegurando-se ao defensor, no interesse do representado, amplo acesso aos elementos de prova que digam respeito ao exercício do direito de defesa, devidamente precedido de autorização judicial, ressalvados os referentes às diligências em andamento".

Conforme se extrai do parágrafo único do dispositivo, "determinado o depoimento do investigado, seu defensor terá assegurada a prévia vista dos autos, ainda que classificados como sigilosos, no prazo mínimo de 3 (três) dias que antecedem ao ato, podendo ser ampliado, a critério da autoridade responsável pela investigação".

7

LEI DOS CRIMES HEDIONDOS (LEI 8.072/90)

7.1 INTRODUÇÃO

O Direito Penal atual é resultado de uma evolução histórica da sociedade, que se transformou e evoluiu com as novidades trazidas pela tecnologia e pelas ciências. O mundo passa por transformações incontroláveis, produzindo novos riscos, principalmente relacionados ao avanço da criminalidade e suas novas formas de verificação.

Tais riscos são acentuados ou criados pela evolução social, desenvolvimento dos meios de comunicação e tecnologia, entre outros fatores. A sociedade, a qualquer tempo, exige do Estado um conjunto de ações para solucionar as novas demandas e conter o avanço da criminalidade, seja criando novos tipos penais, seja endurecendo o tratamento aos crimes previstos.

Surge, nesse contexto, o **caráter expansivo de antecipação da tutela penal**, que trabalha com a **ideia de risco**, dando vazão, em parte, a uma política criminal voltada para a prevenção e repressão, por vezes exagerada, no contexto de um Direito Penal também, por vezes, meramente simbólico.

Com a aprovação de leis mais severas ou novos delitos, especialmente após a divulgação midiática de fatos causadores de comoção social, utiliza-se o Direito Penal como meio de controle social e prevenção sem estudos e debates prévios, tendo por finalidade, consoante KINDERMAN, citado por NEVES[1] (1994, p. 34), confirmar valores sociais, demonstrar a capacidade de ação do Estado e adiar a solução de conflitos sociais através de compromissos

1. NEVES, Marcelo. **Constitucionalização Simbólica**. São Paulo: Acadêmica, 1994.

dilatórios. Manifesta-se, igualmente, no eficientismo penal, que tem por finalidade acelerar ou agravar a resposta punitiva, simbolicamente, por vezes por meio da supressão de direitos e garantias materiais e formais juridicamente tutelados.

A breve introdução acima, que em parte reflete o posicionamento exposto em nosso *Direito Penal, Parte Geral,* em sua primeira edição, em 2021, pode perfeitamente ser transportada para o idos de 1990, quando da edição da Lei 8.072/90, conhecida por Lei dos Crimes Hediondos, que definiu as infrações penais dessa natureza e previu regramento penais e processuais mais severos a tais delitos, além de endurecer o trato alusivo à execução penal nos crimes hediondos, tráfico de entorpecentes, terrorismo e tortura[2].

7.2 SISTEMAS PARA DEFINIÇÃO DA HEDIONDEZ

Existem três sistemas para definição dos crimes hediondos:

a) **Sistema legal ou *numerus clausus***: no sistema fechado, compete à lei definir os crimes concebidos como hediondos, sendo necessária previsão em rol taxativo. Isso significa que o juiz não possui discricionariedade para atestar a natureza hedionda do delito, ainda que o crime cause severa comoção social, ou mesmo afastar a natureza hedionda do delito, quando, apesar da baixa repercussão e impacto, o crime estiver contemplado no rol legal taxativo, a exemplo do art. 273, §1º-A, do CP (**falsificação, corrupção, adulteração ou alteração de produto destinado a fins terapêuticos ou medicinais**), que abrange a falsificação de cosméticos. Apesar da segurança jurídica que o sistema nos traz, parcela da doutrina o critica por transferir a discricionariedade na eleição da natureza hedionda para o Poder Legislativo, passível de maior influência midiática.

b) **Sistema judicial subjetivo**: permite ao magistrado, diante do caso concreto, fazer uma análise de forma discricionária, tendo como objetivo classificar como hediondo ou não. Assim, pelo modelo judicial subjetivo, o magistrado poderia levar em consideração a gravidade da conduta, motivos e consequências do crime, entre outros fatores, para conferir a pecha da hediondez a um determinado delito. Nitidamente, o sistema não traz a necessária segurança jurídica para o indivíduo, por deixar à mercê do magistrado a decisão acerca da hediondez do comportamento.

2. Ao longo dos anos de vigência, a Lei 8.072/90 foi alterada por diversas oportunidades (Leis: 8.930/94, 9.695/98, 11.464/07, 12.015/09, 12.978/14, 13.142/15, 13.964/19, 14.688/23 e 14.811/24).

c) **Sistema misto ou legislativo definidor**: diferentemente do sistema legal, que traz um rol taxativo, no sistema misto o legislador tão somente fornece balizas normativas para subsidiar a decisão judicial, seja fornecendo conceitos ou características peculiares à hediondez, seja apresentando um rol meramente exemplificativo, permitindo a aplicação da interpretação analógica. O sistema, assim como o judicial subjetivo, não confere a necessária segurança jurídica.

A legislação brasileira adota o sistema legal para considerar uma conduta como hedionda. Para determinar se uma infração penal é hedionda ou não, basta analisar o artigo 1° da Lei 8.072/90 e verificar se o delito consta do rol taxativo de crimes ali enumerados. Se constar, a infração será considerada hedionda e sujeita a todos os gravames inerentes a tais infrações penais, independentemente da avaliação judicial de sua gravidade concreta. Por outro lado, não estando o delito previsto no rol do art. 1º da Lei dos Crimes Hediondos, por mais gravosa que seja a conduta, não poderá ser concebida como hedionda, não se admitindo, em regra[3], a aplicação da interpretação analógica ou extensiva.

A sistemática legal é tão imperativa que o STF, chamado a se manifestar quanto à possibilidade de caracterização de crimes militares como hediondos, decidiu pela impossibilidade de equiparação de tratamento no julgamento do HC nº 86.459[4].

Com a entrada em vigor da Lei 13.491/17, com a ampliação do conceito de crimes militares para alcançar quaisquer infrações penais promovida pelo art. 9º, II, do CPM, passou-se a discutir sobre a **possibilidade de**

3. Voltaremos ao tema quando da apresentação do rol do art. 1º da Lei 8.072/90.

4. "Habeas corpus. Reclassificação tipológica de crime comum para crime militar. Afastamento da incidência da Lei nº 8.072/90. Impossibilidade. Violação ao princípio da reserva legal. Legitimidade da diferença de tratamento — A diferença de tratamento legal entre os crimes comuns e os crimes militares, mesmo em se tratando de crimes militares impróprios, não revela inconstitucionalidade, pois o Código Penal Militar não institui privilégios. Ao contrário, em muitos pontos, o tratamento dispensado ao autor de um delito é mais gravoso do que aquele do Código Penal comum (RE nº 115.770/RJ). O que se pretende, neste habeas, é a aplicação do Código Penal Militar apenas na parte que interessa ao paciente. Entretanto, isto representaria a criação de uma norma híbrida, em parte composta pelo Código Penal Militar e, em outra parte, pelo Código Penal comum. Isto, evidentemente, violaria o princípio da reserva legal e o próprio princípio da separação de poderes. Ordem parcialmente concedida, apenas para determinar que o juízo das execuções penais analise se o paciente faz jus à progressão de regime prisional, tendo em vista a declaração de inconstitucionalidade do art. 2º, § 1º, da Lei nº 8.072/90 (HC nº 82.959/SP)." (STF, HC nº 86.459, 1ª Turma, rel. Joaquim Barbosa, j. 05.12.06, p. 02.02.07).

caracterização de crimes militares como hediondos, tendo o debate sido superado com as alterações promovidas pela Lei 14.688/23 na Lei dos Crimes Hediondos, com o inclusão do inciso VI no parágrafo único do art. 1º da Lei 8.072/90, que previu como hediondos os crimes previstos no Decreto-Lei nº 1.001, de 21 de outubro de 1969 (Código Penal Militar), que apresentem identidade com os crimes previstos no art. 1º desta Lei.

A alteração era necessária, haja vista que a Lei dos Crimes Hediondos não prevê crimes, mas apenas arrola infrações penais já previstas na legislação penal comum como hediondos ou equiparados, de forma que a simples correlação entre as leis não se revelava suficiente para fazer com que a Lei dos Crimes Hediondos fosse aplicável na Justiça Militar.

Antes da alteração legislativa, a aplicação da Lei dos Crimes Hediondos na Justiça Militar seria **apenas parcial** e somente ocorreria nos casos em que um militar viesse a ser processado por um crime previsto como hediondo ou equiparado na lei 8.072/90, desde que em sua versão prevista na lei penal comum e não no correspondente tipo penal previsto no Código Penal Militar.

Assim, pelo menos em tese, se um militar, mesmo em serviço, cometesse um crime de tortura, sem previsão correlata no Código Penal Militar, mas previsto na lei 9.455/97, a Lei dos Crimes Hediondos poderia ser aplicada na Justiça Militar. Isso ocorre porque o militar responderia pelo crime comum na Justiça Especial, já que não há correspondente no CPM. Como o crime de tortura é considerado equiparado a hediondo pela lei 8.072/90 (art. 2º), o militar estaria sujeito às regras dos Crimes Hediondos também na Justiça Especial. Não obstante, conforme destacamos, com a alteração legal, a questão foi superada.

7.3 FUNDAMENTO CONSTITUCIONAL

O **artigo 5º, XLIII, da Constituição Federal**, estabelece que a lei considerará crimes inafiançáveis e insuscetíveis de graça ou anistia a prática da tortura, o tráfico ilícito de entorpecentes e drogas afins, o terrorismo e os definidos como crimes hediondos.

Nitidamente, o legislador originário pretendeu conferir aos crimes hediondos um regime jurídico mais gravoso, impondo restrições de ordem processuais e materiais, relacionadas tanto ao processo como execução da pena, conforme veremos detalhadamente na sequência do capítulo.

De se observar que, inserida no rol do artigo 5º da Constituição, a exigência de tratamento penal mais severo aos crimes hediondos e equiparados constitui direito fundamental de segunda geração (social), pelo que as decisões legislativas ou judiciárias que enfraqueçam a tutela penal em face de tais crimes, numa interpretação sistemática adequada, podem se revelar inconstitucionais.

7.4 CRIMES HEDIONDOS X CRIMES EQUIPARADOS A HEDIONDOS

Os crimes de tráfico ilícito de entorpecentes ou drogas afins, terrorismo e tortura não são considerados hediondos porque não estão listados no artigo 1º da Lei 8.072/90. No entanto, recebem tratamento semelhante nos demais dispositivos da lei e são chamados de figuras equiparadas ou assemelhadas. Essa equiparação é fundamentada no artigo 5º, XLIII, da Constituição Federal, que menciona explicitamente esses crimes como inafiançáveis e insuscetíveis de graça ou anistia.

Assim, temos que os crimes hediondos são aqueles que expressamente constam do rol do art. 1º da Lei 8.072/90, ao passo que os equiparados ou assemelhados são aqueles que recebem o mesmo tratamento conferido pela Lei dos Crimes Hediondos aos crimes efetivamente considerados como hediondos.

Enquanto o etiquetamento como crime hediondo compete ao legislador ordinário, o Constituinte Originário indicou (e congelou em cláusula pétrea) os três crimes que mereceriam, em qualquer cenário de evolução social, maior rigor no tratamento penal e processual penal. Nesse sentido, a despeito das expressões consagradas em Doutrina, melhor seria dizer que são os crimes classificados como hediondos que devem receber tratamento equiparado ou assemelhado ao dispensado (repita-se, pela própria Constituição) ao tráfico, à tortura e ao terrorismo e não o contrário.

7.5 ROL DE CRIMES HEDIONDOS

Segundo o art. 1º da Lei 8.072/90, são considerados hediondos os crimes listados nos incisos e previstos no parágrafo único, quando consumados ou tentados, ou seja, a natureza hedionda do delito não guarda relação com a consumação do crime quando realizadas todas as elementares típicas ou verificado o resultado agravador previsto, a exemplo do crime de epidemia com resultado morte (art. 267, §1º do CP).

Vejamos, separadamente, os delitos concebidos como hediondos.

7.5.1 Homicídio praticado em atividade típica de grupo de extermínio

Art. 1º, inciso I: homicídio (art. 121), quando praticado em atividade típica de grupo de extermínio, ainda que cometido por 1 (um) só agente, e homicídio qualificado (art. 121, § 2º, incisos I, II, III, IV, V, VII, VIII e IX).

Originalmente, o crime de homicídio não era concebido como hediondo, somente passando a ostentar tal atributo com a entrada em vigor da Lei 8.930/94, em setembro de 1994, fruto de intensa pressão midiática pelas chacinas da Candelária (1993) e Vigário Geral (1993), e o brutal homicídio da atriz Daniela Perez, ocorrido em 1992.

Do dispositivo, extrai-se a incompreensível lógica do legislador quanto ao homicídio simples, não caracterizado, em regra, como crime hediondo. De acordo com a redação legal, o homicídio simples só será concebido como hediondo quando praticado em atividade típica de grupo de extermínio, ainda que cometido por um só agente. Parece-nos no mínimo paradoxal que o legislador tenha erigido à categoria de infração penal hedionda a posse ou porte ilegal de armas de fogo de uso proibido (inciso I do parágrafo único da Lei 8.072/90), crime de perigo que flanqueia e visa tutelar essencialmente vida, e não conceber o crime capital, ainda que na sua forma simples, como crime hediondo.

Some-se a tal fato a circunstância de que, na prática, dificilmente teremos um homicídio simples praticado em atividade típica de grupo de extermínio, haja vista o amplo rol de qualificadoras previstos art. 121 do CP, de fácil enquadramento em homicídios dessa natureza (motivo torpe, meio que dificulta a defesa do ofendido etc.).

Com a entrada em vigor da Lei 12.720/12, que incluiu o §6º do art. 121, e o art. 288-A (constituição de milícia privada), no Código Penal, solucionou-se a questão típico-formal que decorria da primeira parte do inciso I do art. 1º da Lei dos Crimes Hediondos. Isso porque, antes da alteração legal, não havia elementar típica ou circunstância no crime de homicídio a ser imputada na denúncia quanto à atividade de grupo de extermínio, de forma que o assunto não era ou pelo menos não deveria ser quesitado aos jurados no plenário do júri, dificultando o reconhecimento da hediondez. Sob a ótica formal, ainda que pouco respeitada, apenas quando tivéssemos a caracterização do art. 288 do CP, conexo ao homicídio, poder-se-ia fazer a ilação quanto à atividade típica de grupo de extermínio.

Por **grupo de extermínio** deve-se compreender o grupo de pessoas que atua em prol de causa própria, como matadores e justiceiros, que voltam suas atividades para o extermínio de grupos específicos, como os marginalizados. A redação legal, apesar de fazer referência a grupo de extermínio, o faz tão somente a título exemplificativo, pois admite a hediondez ainda que o delito tenha sido cometido por um só agente. Nitidamente, o legislador valeu-se da forma analógica para trazer a referência a comportamentos típicos de chacinas e massacres, ainda que a vítima seja única, pois o legislador não impôs o número mínimo de vítimas.

Assim, considera-se hediondo o homicídio por atividade típica de grupo de extermínio quando o autor mata a vítima tão somente por pertencer a um determinado grupo ou classe social, como por exemplo negros, índios, mendigos, prostitutas, homossexuais, ex-presidiários etc.

7.5.2 Homicídio qualificado

Art. 1º, inciso I: homicídio (art. 121), quando praticado em atividade típica de grupo de extermínio, ainda que cometido por 1 (um) só agente, e homicídio qualificado (art. 121, § 2º, incisos I, II, III, IV, V, VII, VIII e IX).

Nos termos do art. 121 do CP, considera-se qualificado o homicídio quando praticado mediante paga ou promessa de recompensa, ou por outro motivo torpe (§2º, I); por motivo fútil (§2º, II); com emprego de veneno, fogo, explosivo, asfixia, tortura ou outro meio insidioso ou cruel, ou de que possa resultar perigo comum (§2º, III); à traição, de emboscada, ou mediante dissimulação ou outro recurso que dificulte ou torne impossível a defesa do ofendido (§2º, IV); para assegurar a execução, a ocultação, a impunidade ou vantagem de outro crime (§2º, V); contra a mulher por razões da condição de sexo feminino (§2º, VI); contra autoridade ou agente descrito nos arts. 142 e 144 da Constituição Federal, integrantes do sistema prisional e da Força Nacional de Segurança Pública, no exercício da função ou em decorrência dela, ou contra seu cônjuge, companheiro ou parente consanguíneo até terceiro grau, em razão dessa condição (§2º, VII); com emprego de arma de fogo de uso restrito ou proibido (§2º, VIII); e contra menor de 14 (quatorze) anos (§2º, IX).

O chamado **homicídio qualificado-privilegiado**, que combina uma das qualificadoras com a causa de diminuição de pena prevista no §1º do art. 121 do CP **não é considerado crime hediondo** por falta de previsão legal e observância de coerência sistêmica, pois seria minimamente estranho se reconhecer o relevante valor moral ou social ou, ainda, a reação dominada por violenta emoção após injusta provocação da vítima como comportamentos repugnantes e, portanto, aptos a caracterizar a hediondez.

7.5.3 Lesão corporal gravíssima funcional e lesão corporal seguida de morte funcional

I-A – lesão corporal dolosa de natureza gravíssima (art. 129, § 2º) e lesão corporal seguida de morte (art. 129, § 3º), quando praticadas contra:

a) autoridade ou agente descrito nos arts. 142 e 144 da Constituição Federal, integrantes do sistema prisional e da Força Nacional de Segurança Pública, no exercício da função ou em decorrência dela, ou contra seu cônjuge, companheiro ou parente consanguíneo até o terceiro grau, em razão dessa condição;

b) membro do Poder Judiciário, do Ministério Público, da Defensoria Pública ou da Advocacia Pública, de que tratam os arts. 131 e 132 da Constituição Federal, ou oficial de justiça, no exercício da função ou em decorrência dela, ou contra seu cônjuge, companheiro ou parente, inclusive por afinidade, até o terceiro grau, em razão dessa condição;

O crime de lesão corporal gravíssima, conforme descrito no art. 129, §2°, do Código Penal, é caracterizado quando a ofensa à integridade corporal ou saúde de outra pessoa resulta em incapacidade permanente para o trabalho, enfermidade incurável, perda ou inutilização de membro, sentido ou função, deformidade permanente ou aborto. No entanto, se a vítima morrer e as circunstâncias evidenciarem que o agente não quis o resultado nem assumiu o risco de produzi-lo, então será caracterizado o delito de lesão corporal seguida de morte (art. 129, §3°, CP).

Referidos delitos serão considerados hediondos quando praticados contra autoridade ou agente descrito nos arts. 142 e 144 da Constituição Federal, integrantes do sistema prisional e da Força Nacional de Segurança Pública, no exercício da função ou em decorrência dela, ou contra seu cônjuge, companheiro ou parente consanguíneo até terceiro grau, em razão dessa condição.

O art. 142 da Constituição Federal trata das forças armadas, de forma que o delito cometido contra membros do Exército, Marinha e Aeronáutica será hediondo se praticado no exercício da função ou em decorrência dela.

Por sua vez, o art. 144 da Constituição da República prevê os órgãos relacionais à segurança pública, de forma que as lesões gravíssimas ou seguidas de morte praticadas contra policiais federais, rodoviários e ferroviários federais, civis, militares, penais federais, estaduais e distritais, além de bombeiros militares, será considerado hediondo se praticado no exercício da função ou em decorrência dela.

Os guardas municipais e agentes de segurança viária também recebem a proteção legal, vez que contemplados nos §§8º e 10 do art. 144 da

CF. A redação legal contempla o art. 144 da CF no seu todo e não apenas os órgãos previstos nos incisos do *caput.*

A norma ainda prevê que o fato do delito ter sido praticado contra **integrantes do sistema prisional** será hediondo se praticado **no exercício da função ou em decorrência dela.** Registre-se que a alteração do art. 144 da CF para prever a polícia penal não afasta a aplicação da previsão legal, haja vista que por "integrantes do sistema prisional" há que compreender todos aqueles que participam do processo da execução da pena e não apenas os policiais penais. Assim, os médicos, assistentes sociais, psicólogos, membros do Conselho Penitenciário etc., podem ser alvo de ataques em razão da função exercida ou no exercício da própria, abrangidos pela redação genérica pelo termo "integrantes".

O delito ainda pode ser considerado hediondo quando praticado contra os agentes **aposentados** que se amoldam à previsão típica, desde que o delito tenha sido praticado em razão da função exercida. É inegável que eventual retaliação ou vingança por sua atuação funcional merece uma tutela mais rígida.

O legislador ainda previu a hediondez quando o delito for praticado contra o cônjuge, companheiro ou parente consanguíneo até terceiro grau das pessoas acima mencionadas, em razão da condição especializante[5]. Tutela o legislador os laços familiares daquele atua na segurança pública ou Forças Armadas, haja vista que, muitas das vezes, o ataque é direcionado a familiar.

No que toca ao filho adotivo, MASSON[6] (2018, p. 81) destaca que:

> O legislador não foi feliz ao utilizar a fórmula "**parente consanguíneo**". Em verdade, ao limitar a qualificadora ao parentesco natural, decorrente do vínculo biológico (pessoas do mesmo sangue), o Código Penal excluiu da especial proteção as relações oriundas do parentesco civil, notadamente os filhos adotivos. Deveria ter falado somente em "**parente até terceiro grau**", em respeito à regra contida no art. 227, § 6.º, da Constituição Federal: "Os filhos, havidos ou não da relação do casamento, ou por adoção, terão os mesmos direitos e qualificações, proibidas quaisquer designações discriminatórias relativas à filiação".

Em nossa compreensão, não obstante a literalidade legal, a infundada exclusão dos filhos adotivos pode ser suprida por declaração de inconstitucionalidade sem redução de texto, haja vista que o art. 227, §6º da CF veda qualquer espécie de designação discriminatória.

---

5. Autoridade ou agente descrito nos arts. 142 e 144 da Constituição Federal, integrantes do sistema prisional e da Força Nacional de Segurança Pública.
6. MASSON, Cleber. **Direito penal**: parte especial: arts. 121 a 212. 11. ed. rev., atual. e ampl. Rio de Janeiro: Forense, São Paulo: MÉTODO, 2018.

Assim, mantem-se a redação legal, pois nitidamente a *mens legis* foi apenas a de afastar as hipóteses de parentesco por afinidade, permitindo-se que o termo "consanguíneo" receba interpretação conforme à Constituição no tocante aos filhos, independente do vínculo biológico.

A Lei 15.134/25 modificou a redação do inciso I-A para incluir a previsão na alínea *b* que confere hediondez à lesão corporal dolosa de natureza gravíssima e seguida de morte tendo como vítimas os membros do Poder Judiciário, do Ministério Público, da Defensoria Pública ou da Advocacia Pública, de que tratam os arts. 131 e 132 da Constituição Federal, ou oficial de justiça, no exercício da função ou em decorrência dela, ou contra seu cônjuge, companheiro ou parente, inclusive por afinidade, até o terceiro grau, em razão dessa condição.

O dispositivo distingue-se da previsão da alínea *a*, além, naturalmente, das pessoas envolvidas, por prever a incidência da hediondez nos casos de parentescos por afinidade, criando, sem qualquer razão lógica, uma distinção injustificada.

7.5.4 Feminicídio

A Lei 14.994/24 incluiu, de forma autônoma, o delito de feminicídio em nosso ordenamento jurídico no art. 121-A do Código Penal. O delito, antes da entrada em vigor da nova lei, revela-se como uma forma qualificada do crime de homicídio, previsto como hediondo com fundamento no inciso I do art. 1º da Lei dos Crimes Hediondos.

Na prática, portanto, no âmbito da Lei 8.072/90, houve tão somente a modificação do fundamento legal do inciso I para o inciso I-B.

7.5.5 Roubo circunstanciado

> II – roubo:
>
> a) circunstanciado pela restrição de liberdade da vítima (art. 157, § 2º, inciso V);
>
> b) circunstanciado pelo emprego de arma de fogo (art. 157, § 2º-A, inciso I) ou pelo emprego de arma de fogo de uso proibido ou restrito (art. 157, § 2º-B);
>
> c) qualificado pelo resultado lesão corporal grave ou morte (art. 157, § 3º).

Antes da entrada em vigor da Lei 13.964/2019, apenas o roubo qualificado pelo resultado morte (latrocínio), consumado ou tentado, era considerado hediondo. No entanto, com a entrada em vigor da Lei do Pacote Anticrime, ampliou-se as hipóteses de roubo concebidos como hediondos. Assim, atualmente, o roubo é considerado hediondo se cometido mediante restrição da liberdade da vítima, com emprego de arma de fogo ou quando houver resultado morte ou lesão grave.

De acordo com o entendimento doutrinário e jurisprudencial, a majorante da restrição de liberdade só é aplicável quando o agente mantém a vítima em seu poder por período não prolongado, como meia hora ou uma hora. Essa interpretação se deve ao fato de que o legislador utilizou a expressão "restrição de liberdade", que difere da expressão "privação de liberdade". A última indica uma permanência prolongada da vítima em poder do agente, o que configura um crime de roubo em concurso material com delito de sequestro ou cárcere privado.

O roubo cometido com qualquer tipo de arma de fogo é considerado hediondo. Não será hediondo, contudo, quando praticado com arma branca, simulação de arma, arma de brinquedo ou outra imitação. Além disso, o roubo não será considerado hediondo se for cometido com uma arma verdadeira que esteja inapta a efetuar disparos devido a algum defeito ou estar desmuniciada. Os tribunais superiores não reconhecem a aplicação da majorante do emprego de arma de fogo nesses casos e, portanto, o roubo não pode ser considerado hediondo nessas condições.

O latrocínio, por sua vez, ocorre quando o agente utiliza violência física para cometer um roubo e, como resultado dessa violência, a vítima morre. Esse resultado pode ter sido causado intencionalmente ou por imprudência ou negligência, mas em ambos os casos, o crime é considerado hediondo.

Por outro lado, o roubo qualificado pela lesão grave (ou gravíssima) ocorre quando o agente causa danos graves à vítima sem a intenção de matá-la. Se houver a intenção de matar, o crime será considerado tentativa de latrocínio. Ambas as figuras são consideradas hediondas atualmente, mesmo que não sejam cometidas com emprego de arma de fogo.

7.5.6 Extorsão qualificada pela restrição da liberdade da vítima, ocorrência de lesão corporal ou morte

> III – extorsão qualificada pela restrição da liberdade da vítima, ocorrência de lesão corporal ou morte (art. 158, § 3º).

O crime de extorsão ocorre quando alguém constrange outra pessoa, usando violência ou ameaça grave, com o objetivo de obter vantagem econômica indevida para si ou para outrem (art. 158, *caput*, CP). Antes da Lei

13.964/19, apenas a extorsão qualificada pela morte era considerada crime hediondo. No entanto, a Lei do Pacote Anticrime trouxe mudanças significativas em relação ao caráter hediondo de algumas modalidades do crime de extorsão.

A Lei 13.964/19 incluiu o crime conhecido como "sequestro relâmpago" na lista de crimes hediondos. Esse crime é uma modalidade de extorsão qualificada pela restrição da liberdade, em que dois ou mais criminosos, usando violência ou grave ameaça, por exemplo, apoderam-se do cartão bancário da vítima e exigem que ela forneça a senha. Enquanto um dos criminosos mantém a vítima sob restrição da liberdade, os outros usam o cartão e a senha para fazer compras ou saques em caixas eletrônicos.

Encerrando a polêmica existente na doutrina quanto à caracterização da figura como crime hediondo quando houvesse a morte da vítima, eis que não prevista expressamente na Lei dos Crimes Hediondos antes da Lei 13.964/19, o legislador consignou a figura qualificada como crime hediondo na forma do inciso III do art. 1º da Lei 8.072/90. De todo modo, para nós a figura já era qualificada, vez que se a figura simples, qualificada pela morte, era concebida como crime hediondo, com maior razão a forma qualificada pela restrição da liberdade da vítima também o era. De fato, o legislador não criou um novo crime de extorsão via sequestro relâmpago, mas tão somente qualificou uma forma de se praticá-lo.

Entretanto, paradoxalmente, o legislador deixou de incluir a figura qualificada do §1º do art. 158 do CP, na modalidade emprego de arma, em especial arma de fogo, quebrando a relativa isonomia de tratamento com o crime de roubo no que toca à hediondez. Assim, temos que o roubo circunstanciado pelo emprego de arma de fogo é considerado hediondo (art. 1º, II, *b*), ao passo que o crime de extorsão circunstanciado pelo emprego de arma de fogo não é concebido como hediondo.

7.5.7 Extorsão mediante sequestro e forma qualificada

> IV – extorsão mediante sequestro e na forma qualificada (art. 159, **caput**, e §§ 1º, 2º e 3º).

A previsão legal contempla as formas simples e qualificadas do delito, de forma que tanto o sequestro de uma pessoa com o objetivo de obter vantagem econômica como condição ou preço do resgate, forma simples, quanto as formas qualificadas (o sequestro durar mais de 24 horas; vítima menor de 18 anos ou maior de 60; crime cometido por bando ou quadrilha; ou a vítima sofrer lesão grave ou morrer) foram estabelecidas como crimes hediondos.

No que toca à previsão atinente ao crime cometido por quadrilha ou bando (art. 288, CP), atual delito de associação criminosa, entendemos que a simples modificação do *nomen iuris* não afasta a previsão legal. No que concerne ao crime de extorsão mediante sequestro praticado por organização criminosa, é preciso destacar que a previsão do inciso V do parágrafo único da Lei 8.072/90 é específica para o crime de organização criminosa quando direcionado à pratica de crime hediondo ou equiparado, de forma que não podemos transpor os limites legais para conferir aos crimes praticados por organizações criminosas o *status* de hediondos.

Nesse contexto, conforme sustentamos em nosso Direito Penal, Parte Especial, entendemos que o crime de extorsão mediante sequestro praticado por organização criminosa, ainda que referida modalidade não esteja expressamente contemplada pelo §1º do art. 159 do CP, é hediondo, não somente porque a conduta se amolda formalmente à figura simples, por si hedionda, mas porque a configuração do crime de organização criminosa contempla, necessariamente, a prática do crime de associação criminosa, sendo apenas uma espécie mais gravosa. Explicamos.

Segundo o art. 1º da Lei de 12.850/13, considera-se organização criminosa a associação de 4 (quatro) ou mais pessoas estruturalmente ordenada e caracterizada pela divisão de tarefas, ainda que informalmente, com objetivo de obter, direta ou indiretamente, vantagem de qualquer natureza, mediante a prática de infrações penais cujas penas máximas sejam superiores a 4 (quatro) anos, ou que sejam de caráter transnacional. Por sua vez, o art. 288 do CP dispõe como crime de associação criminosa a conduta de associarem-se 3 (três) ou mais pessoas, para o fim específico de cometer crimes.

Assim, salvo na hipótese de configuração do crime de organização criminosa que envolva contravenção penal de caráter transnacional, qualquer modalidade de organização criminosa necessariamente terá, antes, caracterizado o delito de associação criminosa. A distinção entre os delitos reside no **número de agentes exigido**, quatro para a organização e três para a associação criminosa, e na **finalidade**, prática de **infrações penais cujas penas máximas sejam superiores a quatro anos** para a organização e tão somente a **prática de crimes** para a associação criminosa.

Logo, caracterizada uma organização criminosa voltada para a prática de crimes, necessariamente teremos uma associação criminosa, pois os requisitos da primeira são mais densos do que os da segunda. E, nesse sentido, seria desproporcional admitir-se hediondez no comportamento de associações criminosas e não a admitir nas organizações criminosas, motivo pelo qual entendemos por perfeitamente possível o enquadramento da conduta de organização criminosa como forma qualificada (§1º do art. 158, CP).

7.5.8 Estupro e estupro de vulnerável

> V – estupro (art. 213, caput e §§ 1º e 2º);
>
> VI – estupro de vulnerável (art. 217-A, caput e §§ 1º, 2º, 3º e 4º).

A Lei 12.015/09 promoveu alterações nos incisos V e VI do art. 1º da Lei dos Crimes Hediondos, adequando-os à modificação também operada no Código Penal quanto aos artigos 213, 214, 217-A, 223 e 224.

Com efeito, o art. 214 do CP, que previa o delito de atentado violento ao pudor, passou a ser regido pelo art. 213 do mesmo Código, sendo concebida a conduta como estupro. De igual sorte, o estupro praticado contra menores de quatorze anos passou a receber tratamento próprio no art. 217-A do CP. As condutas, que antes se amoldavam aos artigos 213 e 214, e eventuais combinações com os artigos 223 e 224 do CP, foram segmentadas nos atuais artigos 213 e 217-A do CP, de forma que o fenômeno se reveste da característica da continuidade normativo-típica, não se tratando, portanto, de *novatio legis* incriminadora.

Vale destacar que o STF, antes da alteração legal, já sufragava o entendimento de que os crimes de estupro e atentado violento ao pudor, praticados em suas formas simples, também eram hediondos[7], refutando a corrente doutrinária que apregoava que a conjunção aditiva "e", então presente no texto legal[8], somente permitia a conclusão de que o estupro qualificado seria hediondo.

7.5.9 Epidemia com resultado morte

> VII – epidemia com resultado morte (art. 267, § 1º).

Epidemia é a concentração da difusão da doença em um determinado local com alto número de infectados, por um período repentino e temporário, como no caso das infecções relacionadas à dengue. **A epidemia, contudo, não**

---

7. "A jurisprudência deste Supremo Tribunal firmou entendimento no sentido de que, nos casos de estupro e atentado violento ao pudor, as lesões corporais graves ou morte traduzem resultados qualificadores do tipo penal, não constituindo elementos essenciais e necessários para o reconhecimento legal da natureza hedionda das infrações. 2. Em razão do bem jurídico tutelado, que é a liberdade sexual da mulher, esses crimes, mesmo em sua forma simples, dotam-se da condição hedionda..." (STF — HC 88.245, Rel. Min. Marco Aurélio, Rel. p/ Acórdão: Min. Cármen Lúcia, Tribunal Pleno, julgado em 16/11/2006, *DJ* 20/04/2007, p. 87).

8. "art. 213 **e** sua combinação com o art. 223..."

se confunde com a pandemia ou com endemia. A endemia não se relaciona com a quantidade de casos, mas sim com sua frequência em uma determinada região, a ponto de ser considerada típica do local (endêmica), a exemplo da febre amarela no norte do país. A pandemia, por outro lado, é o pior cenário possível, vez que a proliferação da doença deixa de se concentrar numa determinada localidade, para atingir o mundo, a exemplo do verificado com a situação do COVID19. Embora os conceitos médicos sejam distintos, é possível concluir que tanto a endemia quanto a pandemia são evoluções ou agravamentos de uma epidemia, de modo que, enquanto elementares típicas, se equivalem.

No que pertine à Lei dos Crimes Hediondos, o crime de epidemia é considerado hediondo apenas quando doloso e qualificado pelo resultado morte (§1º), de forma que a epidemia simples (*caput*) ou culposa (§2º) não são consideradas hediondas.

7.5.10 Falsificação, corrupção, adulteração ou alteração de produto destinado a fins terapêuticos ou medicinais

VII-A – VETADO.

VII-B – falsificação, corrupção, adulteração ou alteração de produto destinado a fins terapêuticos ou medicinais (art. 273, *caput* e § 1º, § 1º-A e § 1º-B, com a redação dada pela Lei nº 9.677, de 2 de julho de 1998).

As condutas dolosas previstas no artigo 273, *caput*, e respectivos parágrafos (1º, 1º-A, e 1º-B), são concebidas como **crimes hediondos** na forma do inc. VII-B do art. 1.º, VII-B da Lei 8.072/90. Tem-se, portanto, que legalmente somente a figura culposa não é considerada crime hediondo. Embora não haja uma menção explícita, é evidente que as formas qualificadas descritas no artigo 285 do Código Penal (lesão grave ou morte) também serão consideradas hediondas, vez que mais gravosas.

O STF, no julgamento do RE 979962, apreciando o tema 1.003 de Repercussão Geral, fixou a seguinte tese:

> "É inconstitucional a aplicação do preceito secundário do art. 273 do Código Penal, com redação dada pela Lei nº 9.677/98 (reclusão, de 10 a 15 anos, e multa), à hipótese prevista no seu § 1º-B, I, que versa sobre a importação de medicamento sem registro no órgão de vigilância sanitária. Para esta situação específica, fica repristinado o preceito secundário do art. 273, na redação originária (reclusão, de 1 a 3 anos, e multa)". Plenário, 24.03.2021.

Entretanto, a tese de repercussão geral foi readequada em junho de 2023, ampliando sua aplicação, nos seguintes termos:

> "É inconstitucional a aplicação do preceito secundário do art. 273 do Código Penal, com redação dada pela Lei nº 9.677/98 (reclusão, de 10 a 15 anos, e multa), à hipótese prevista no seu § 1º-B, I, que versa sobre importar, vender, expor à venda, ter em depósito para vender ou, de qualquer forma, distribuir ou entregar produto sem registro no órgão de vigilância sanitária. Para estas situações específicas, fica repristinado o preceito secundário do art. 273, na sua redação originária (reclusão, de 1 a 3 anos, e multa)".

Com a decisão, a pena do crime previsto para o art. 273, §1º-B, inc. I, volta a ser de um a três anos de reclusão, permitindo, pelo menos em tese, os institutos da suspensão condicional do processo e acordo de não persecução penal.

Dessarte, não nos parece razoável que o delito seja simultaneamente concebido como hediondo e admita a aplicação de institutos despenalizantes como o ANPP e a suspensão condicional do processo. Dessa forma, entendemos que, não obstante a previsão da Lei dos Crimes Hediondos e ausência de apreciação do tema pelo STF, pelo mesmo fundamento da decisão – proporcionalidade – o delito, na forma prevista no art. 271, §1º-B, inc. I do Código Penal, não pode ser considerado hediondo por incompatibilidade lógica por arrastamento, vez que padece do vício de inconstitucionalidade.

Por sua vez, mesmo sem afastar a natureza hedionda do delito, o STJ entendeu que a pena prevista no inc. V do art. 273, §1º-B, do Código Penal, é desproporcional e, portanto, inconstitucional: É inconstitucional o preceito secundário do art. 273, § 1.º-B, V, do CP – "reclusão, de 10 (dez) a 15 (quinze) anos, e multa" –, devendo-se considerar, no cálculo da reprimenda, a pena prevista no *caput* do art. 33 da Lei 11.343/2006 (Lei de Drogas), com possibilidade de incidência da causa de diminuição de pena do respectivo §4º. AI no HC 239.363/PR, rel. Min. Sebastião Reis Júnior, Corte Especial, j. 26.02.2015.

Em linhas gerais, portanto, segundo o entendimento jurisprudencial, mantém-se a natureza hedionda das previsões constantes no art. 273, *caput* e § 1º, § 1º-A e § 1º-B, CP. Conforme destacamos acima, entendemos, por decorrência da decisão do STF, que o inciso I do §1º-B (quem importa, vende, expõe à venda, tem em depósito para vender ou, de qualquer forma, distribui ou entrega a consumo o produto sem registro, quando exigível, no órgão de vigilância sanitária competente) não pode ser concebido como hediondo, por incoerência sistêmica. Ainda que não tenha sido objeto de análise pela jurisprudência, entendemos que o inciso VI (quem importa, vende, expõe à venda, tem em depósito para vender ou, de qualquer forma, distribui ou entrega a consumo produtos adquiridos de estabelecimento sem licença da autoridade sanitária competente) igualmente não revela, apenas pela previsão típica, natureza hedionda, sob pena de transformarmos uma ilegalidade administrativa em crime hediondo.

7.5.11 Favorecimento da prostituição ou de outra forma de exploração sexual de criança ou adolescente ou de vulnerável

> VIII – favorecimento da prostituição ou de outra forma de exploração sexual de criança ou adolescente ou de vulnerável (art. 218-B, *caput*, e §§ 1º e 2º)

Incluído pela Lei 12.978/14, o artigo 218-B prevê a pena de reclusão de quatro a dez anos para aqueles que submeterem, induzirem ou atraírem à prostituição ou outra forma de exploração sexual, pessoa menor de 18 anos ou que não tenha discernimento necessário para a prática do ato. Aplica-se a mesma pena àquele que facilita tais condutas, impede ou dificulta o abandono de tais atividades pelo menor de dezoito anos ou com discernimento reduzido por questões de enfermidade ou deficiência mental.

As condutas descritas no §2º do artigo 218-B também são consideradas hediondas, de forma que a prática de conjunção carnal ou outro ato libidinoso com alguém menor de 18 anos e maior de 14 anos em situação de prostituição ou exploração sexual amolda-se ao modelo legal (inc. I). Além disso, os proprietários, gerentes ou responsáveis pelo local onde tais práticas ocorrem também serão responsabilizados.

O §1º, apesar de não descrever comportamentos específicos, prevê a aplicação cumulativa da pena de multa quando o crime for cometido com intenção de obter vantagem econômica. A previsão, na seara da Lei dos Crimes Hediondos, é completamente desnecessária, haja vista que a hediondez se satisfaz com a previsão do *caput.*

7.5.12 Furto qualificado pelo emprego de explosivo ou de artefato análogo que cause perigo comum

> IX – furto qualificado pelo emprego de explosivo ou de artefato análogo que cause perigo comum (art. 155, § 4º-A)

A qualificadora[9] foi incluída pela Lei 13.654/18 visando aumentar a repressão dos crimes de furto praticados contra instituições financeiras por meio de explosão de caixas eletrônicos.

Explosivo é a substância ou material capaz de liberar uma grande quantidade de energia apta a causar destruição. A qualificadora engloba todo e

9. § 4º-A A pena é de reclusão de 4 (quatro) a 10 (dez) anos e multa, se houver emprego de explosivo ou de artefato análogo que cause perigo comum.

qualquer artefato que reúne a capacidade de provocar destruição de forma similar ao explosivo. A substância explosiva deve reunir capacidade bélica para causar **perigo comum**, elementar típica da qualificadora.

Não se exige que o explosivo ou artefato seja utilizado sobre o bem a ser subtraído ou sobre o objeto que o protege. Para sua configuração, basta a utilização com capacidade de causar perigo comum, a exemplo do agente que explode uma bomba causando perigo comum em local diverso, com o escopo de atrair a atenção da polícia enquanto o furto é praticado em outro lugar.

Havendo a detonação do explosivo para romper o obstáculo que protege a coisa (caixa eletrônico, por exemplo), não incidirá a qualificadora do rompimento do obstáculo, sob pena de *bis in idem*.

A figura típica foi erigida à categoria de crime hediondo pela Lei 13.964/19, que incluiu o inciso IX no art. 1º da Lei dos Crimes Hediondos. Paradoxalmente, contudo, o legislador não realizou a previsão de hediondez para o crime de roubo praticado nas mesmas condições.

7.5.13 Induzimento, instigação ou auxílio a suicídio ou a automutilação realizados por meio da rede de computadores, de rede social ou transmitidos em tempo real (art. 122, caput e § 4º)

> X – induzimento, instigação ou auxílio a suicídio ou a automutilação realizados por meio da rede de computadores, de rede social ou transmitidos em tempo real (art. 122, *caput* e §4º)

O dispositivo foi incluído pela Lei 14.811/24, que instituiu novas medidas de proteção à criança e ao adolescente contra a violência nos estabelecimentos educacionais ou similares, e previu, dentre outras mudanças na legislação, a Política Nacional de Prevenção e Combate ao Abuso e Exploração Sexual da Criança e do Adolescente.

Dentre outros impactos, promoveu quatro alterações na Lei dos Crimes Hediondos, incluindo os incisos X a XII no art. 1º, e inciso VII, no parágrafo único do art. 1º.

A figura típica, agora concebida como crime hediondo, envolve a conduta de induzir ou instigar alguém a suicidar-se ou a praticar automutilação ou prestar-lhe auxílio material para que o faça, quando realizada por meio da rede de computadores, de rede social ou transmitida em tempo real. Não houve, portanto, modificação da estrutura de crime comum da previsão do *caput* do art. 122 do CP, mas tão somente a modificação da figura especial prevista no §4º.

7.5.14. Sequestro e cárcere privado cometido contra menor de 18 (dezoito) anos (art. 148, § 1º, inciso IV)

> XI – sequestro e cárcere privado cometido contra menor de 18 (dezoito) anos (art. 148, §1º, inciso IV)

O dispositivo foi incluído pela Lei 14.811/24, que instituiu novas medidas de proteção à criança e ao adolescente contra a violência nos estabelecimentos educacionais ou similares, e previu, dentre outras mudanças na legislação, a Política Nacional de Prevenção e Combate ao Abuso e Exploração Sexual da Criança e do Adolescente.

Dentre outros impactos, promoveu quatro alterações na Lei dos Crimes Hediondos, incluindo os incisos X a XII no art. 1º, e inciso VII, no parágrafo único do art. 1º.

A figura típica, agora concebida como crime hediondo, abarca o comportamento de privar pessoa menor de dezoito anos, mediante sequestro ou cárcere privado, prevista no art. 148, §1º, inciso IV do CP. Não houve, portanto, modificação da estrutura de crime comum da previsão geral do art. 148 do CP, mas tão somente a modificação da figura qualificada prevista §1º, inciso IV.

7.5.15. Tráfico de pessoas cometido contra criança ou adolescente (art. 149-A, caput, incisos I a V, e § 1º, inciso II)

> XII – tráfico de pessoas cometido contra criança ou adolescente (art. 149-A, caput, incisos I a V, e § 1º, inciso II).

O dispositivo foi incluído pela Lei 14.811/24, que instituiu novas medidas de proteção à criança e ao adolescente contra a violência nos estabelecimentos educacionais ou similares, e previu, dentre outras mudanças na legislação, a Política Nacional de Prevenção e Combate ao Abuso e Exploração Sexual da Criança e do Adolescente.

Dentre outros impactos, promoveu quatro alterações na Lei dos Crimes Hediondos, incluindo os incisos X a XII no art. 1º, e inciso VII, no parágrafo único do art. 1º.

A figura típica, agora concebida como crime hediondo, compreende a conduta de agenciar, aliciar, recrutar, transportar, transferir, comprar, alojar ou acolher criança ou adolescente, mediante grave ameaça, violência, coação, fraude ou abuso, com a finalidade de: I – remover-lhe órgãos, tecidos ou partes do corpo; II – submetê-la a trabalho em condições análogas à de escravo; III – submetê-la a qualquer tipo de servidão; IV – adoção ilegal; ou V – exploração sexual.

Apesar do inciso II do §1º, do art. 149-A, do Código Penal, ter sido expressamente mencionado pelo inciso XII do art. 1º da Lei dos Crimes Hediondos, a lei, por opção legislativa, em nossa compreensão, de forma infeliz, deixou de prever a hediondez para a conduta idêntica praticada contra pessoa idosa ou com deficiência, isto é, a despeito da menção ao dispositivo, somente será hediondo o delito quando praticado contra criança ou adolescente.

Não houve, portanto, modificação da estrutura de crime comum da previsão geral do art. 149-A do CP, mas tão somente a modificação da figura qualificada prevista §1º, inciso II.

7.5.16 Genocídio

> I – o crime de genocídio, previsto nos arts. 1º, 2º e 3º da Lei nº 2.889, de 1º de outubro de 1956.

O crime de genocídio, previsto nos artigos 1º, 2º e 3º da Lei 2.889/56[10], tentado ou consumado, é considerado hediondo de acordo com o artigo 1º, parágrafo único, da Lei dos Crimes Hediondos. A Lei 8.072/90 rotula como

---

10. Art. 1º Quem, com a intenção de destruir, no todo ou em parte, grupo nacional, étnico, racial ou religioso, como tal:
a) matar membros do grupo;
b) causar lesão grave à integridade física ou mental de membros do grupo;
c) submeter intencionalmente o grupo a condições de existência capazes de ocasionar-lhe a destruição física total ou parcial;
d) adotar medidas destinadas a impedir os nascimentos no seio do grupo;
e) efetuar a transferência forçada de crianças do grupo para outro grupo;
Será punido:
Com as penas do art. 121, § 2º, do Código Penal, no caso da letra a;
Com as penas do art. 129, § 2º, no caso da letra b;
Com as penas do art. 270, no caso da letra c;
Com as penas do art. 125, no caso da letra d;
Com as penas do art. 148, no caso da letra e
Art. 2º Associarem-se mais de 3 (três) pessoas para prática dos crimes mencionados no artigo anterior:
Pena: Metade da cominada aos crimes ali previstos.
Art. 3º Incitar, direta e publicamente alguém a cometer qualquer dos crimes de que trata o art. 1º:
Pena: Metade das penas ali cominadas.
§ 1º A pena pelo crime de incitação será a mesma de crime incitado, se este se consumar.

hediondos não apenas o crime de genocídio propriamente dito previsto no artigo 1º, mas também os delitos de associação para fins de genocídio (Lei 2.889/56, artigo 2°) e incitação ao genocídio (Lei 2.889/56, artigo 3°), ao se referir expressamente aos artigos mencionados da Lei 2.889/56.

Parcela da doutrina sustenta que apenas o crime previsto no art. 1º da Lei 2.889/56 seria hediondo, vez que a Lei 8.072/90, não obstante a expressa menção aos artigos 2º e 3º, somente menciona "o crime de genocídio", motivo pelo qual os delitos de associação e incitação não seriam hediondos.

Apesar da compreensão, estrita por essência, assim não entendemos, haja vista não somente a clara intenção do legislador ao prever os arts. 2º e 3º, mas a unidade que deve ser conferida à Lei 2.889/56, a exemplo da verificada na Lei de Racismo (Lei 7.716/89), que trata pelo gênero "racismo" diversas condutas.

7.5.17. Crime de posse ou porte ilegal de arma de fogo de uso proibido

> II – o crime de posse ou porte ilegal de arma de fogo de uso proibido, previsto no art. 16 da Lei nº 10.826, de 22 de dezembro de 2003

Antes da Lei 13.964/2019, tanto o porte e a posse de arma de fogo de uso proibido quanto as condutas relacionadas a arma de fogo de uso restrito eram considerados crimes hediondos. No entanto, A Lei do Pacote Anticrime trouxe uma importante modificação, afastando o caráter hediondo em relação àqueles que cometeram crime de porte ou posse ilegal de arma de fogo de uso restrito durante a vigência da lei anterior. Por se tratar de *novatio legis* benéfica, as condutas anteriores devem ter sua hediondez afastada.

A 6ª Turma do STJ, em decisão proferida no HC 525.249, DJe 18.12.20, superando o entendimento anterior, entendeu que o porte ou a posse de arma de fogo de uso permitido com numeração, marca ou qualquer outro sinal de identificação raspado, suprimido ou adulterado, não tem natureza de crime hediondo. O Entendimento foi materializado na Súmula 668 do STJ:

> Não é hediondo o delito de porte ou posse de arma de fogo de uso permitido, ainda que com numeração, marca ou qualquer outro sinal de identificação raspado, suprimido ou adulterado.

---

§ 2º A pena será aumentada de 1/3 (um terço), quando a incitação for cometida pela imprensa.

O crime de porte ou posse ilegal de arma de fogo de uso proibido é atualmente definido no artigo 16, §2º, do Estatuto do Desarmamento, tendo como preceito secundário a pena de reclusão de 4 e 12 anos.

Trata-se de **norma penal em branco**, vez que a definição de arma de fogo foi realizada pelo Decreto Federal 10.030/19, que define arma de fogo como *"arma que arremessa projéteis empregando a força expansiva dos gases, gerados pela combustão de um propelente confinado em uma câmara, normalmente solidária a um cano, que tem a função de dar continuidade à combustão do propelente, além de direção e estabilidade ao projétil"*. O conceito ainda recebe o complemento do artigo 3º I, II e III, do Anexo I do Decreto 10.030/19, incluído pelo Decreto 10.327/21, o qual dispõe sobre as armas de uso permitido, restrito e proibido.

Assim, o tipo necessita do **complemento normativo** para saber quais armas de fogo se adequam ao conceito de uso restrito ou proibido. A definição encontra-se, atualmente, no Decreto Federal 11.615/23, que promoveu alterações nos Decretos 9.607/18, 9.847/19, 9.981/19, 10.030/19, 11.035/22, 11.366/23 e 11.455/23, e disciplinou os conceitos de armas de fogo e munições de uso permitido, restrito e proibido nos artigos 11, 12 e 14, respectivamente.

Nos termos do art. 14 do Decreto 11.615/23:

> Art. 14. São de uso proibido:
>
> I – as armas de fogo classificadas como de uso proibido em acordos ou tratados internacionais dos quais a República Federativa do Brasil seja signatária;
>
> II – os brinquedos, as réplicas e os simulacros de armas de fogo que com estas possam se confundir, exceto as classificadas como armas de pressão e as réplicas e os simulacros destinados à instrução, ao adestramento ou à coleção de usuário autorizado, nas condições estabelecidas pela Polícia Federal;
>
> III – as armas de fogo dissimuladas, com aparência de objetos inofensivos; e
>
> IV – as munições:
>
> a) classificadas como de uso proibido em acordos ou tratados internacionais dos quais a República Federativa do Brasil seja signatária; ou
>
> b) incendiárias ou química.

O art. 16, § 2º, do Estatuto do Desarmamento não faz referência às munições de uso proibido. A infeliz omissão permite duas interpretações: a) por ausência de previsão expressa, a posse e porte de munições de uso proibido não é crime hediondo; b) a omissão pode ser solucionada por interpretação extensiva, pois nitidamente o legislador disse menos do que gostaria de dizer. Parece-nos que, de fato, a omissão legislativa não foi proposital, vez que a referência do §2º ao *caput* do art. 16 visa conferir o tratamento mais gravoso aos artefatos proibidos e não haveria sentido se prever a hediondez para a posse e porte de armas de uso proibido e não o fazê-lo com relação às munições.

7.5.18 Crime de comércio ilegal de armas de fogo

> III – o crime de comércio ilegal de armas de fogo, previsto no art. 17 da Lei nº 10.826, de 22 de dezembro de 2003.

A Lei 13.964/19 incluiu o crime previsto no art. 17 do Estatuto do Desarmamento como crime hediondo:

Art. 17. Adquirir, alugar, receber, transportar, conduzir, ocultar, ter em depósito, desmontar, montar, remontar, adulterar, vender, expor à venda, ou de qualquer forma utilizar, em proveito próprio ou alheio, no exercício de atividade comercial ou industrial, arma de fogo, acessório ou munição, sem autorização ou em desacordo com determinação legal ou regulamentar: Pena – reclusão, de 6 (seis) a 12 (doze) anos, e multa.

7.5.19 Crime de tráfico internacional de arma de fogo, acessório ou munição

> IV – o crime de tráfico internacional de arma de fogo, acessório ou munição, previsto no art. 18 da Lei nº 10.826, de 22 de dezembro de 2003.

O delito, assim como o anterior, foi incluído no rol dos crimes hediondos pela Lei 13.964/19, de forma que a conduta de "importar, exportar, favorecer a entrada ou saída do território nacional, a qualquer título, de arma de fogo, acessório ou munição, sem autorização da autoridade competente", além de apenada com a sanção de reclusão, de 8 a 16 anos, e multa, é concebida como hedionda.

Tem-se, portanto, que somente os crimes de posse ou porte ilegal de arma de fogo de uso proibido (art. 16), comércio ilegal (art. 17) e tráfico internacional (art. 18) são concebidos como hediondos.

7.5.20 Crime de organização criminosa, quando direcionado à prática de crime hediondo ou equiparado

> V – o crime de organização criminosa, quando direcionado à prática de crime hediondo ou equiparado.

Segundo o §1º do art. 1º da Lei 12.850/13, "considera-se organização criminosa a associação de 4 (quatro) ou mais pessoas estruturalmente ordenada e caracterizada pela divisão de tarefas, ainda que informalmente, com objetivo de obter, direta ou indiretamente, vantagem de qualquer natureza, mediante a prática de infrações penais cujas penas máximas sejam superiores a 4 (quatro) anos, ou que sejam de caráter transnacional".

Por sua vez, conforme o art. 2º, igualmente pratica o delito de organização criminosa quem promove, constitui, financia ou integra, pessoalmente ou por interposta pessoa, organização criminosa.

Ambas as condutas são concebidas como hediondas, haja vista que a Lei do Crimes Hediondos se valeu apenas do *nomen iuris* "organização criminosa", atraindo toda a carga relacionada à caracterização do delito, conforme se infere do §1º do art. 1º e art. 2º da Lei 12.850/13.

Não obstante, entendemos que a previsão do §1º do art. 2º, que equipara, para fins de pena, a conduta daquele que "impede ou, de qualquer forma, embaraça a investigação de infração penal que envolva organização criminosa", não pode ser concebida, em regra, como hedionda. Isso porque a conduta, em si, não caracteriza o crime de organização criminosa a ponto de atrair a hediondez.

Apesar da gravidade, nitidamente os núcleos típicos são distintos, de forma que, não se evidenciando que a conduta embaraçosa ou impeditiva tenha ligação direta com a participação do agente na organização criminosa, tendo sido praticada, por exemplo, apenas como decorrência natural de sua participação na estrutura ilícita por divisão funcional de tarefas, a equiparação não pode ser concebida como hedionda.

Paradoxalmente, o crime de associação criminosa, qualificado pela finalidade de cometer crimes hediondos (art. 288 do CP c/c art. 8º, *caput*, da Lei 8.072/90), não é considerado um crime hediondo. Em síntese, apesar ter sido tratado expressamente pela Lei dos Crimes Hediondos, o legislador entendeu que a conduta de se associarem três ou mais pessoas com o fim de cometer crimes hediondos não é crime hediondo.

7.5.21 Crime militares que apresentem identidade com os previstos no art. 1º da Lei dos Crimes Hediondos

> VI – os crimes previstos no Decreto-Lei nº 1.001, de 21 de outubro de 1969 (Código Penal Militar), que apresentem identidade com os crimes previstos no art. 1º desta Lei.

A Lei 14.688/23 promoveu alterações no Código Penal Militar com o objetivo de compatibilizá-lo com o Código Penal e com a Constituição Federal, bem como alterou a Lei dos Crimes Hediondos para classificar como hediondos os crimes militares que apresentem identidade com os previstos como hediondos pela Lei 8.072/90, que expressamente indica dispositivos do Código Penal brasileiro.

Assim, todos os delitos previstos como hediondos pelo art. 1º da Lei 8.072/90, que apresentem **correlação direta por identidade** com o Código Penal, são concebidos como hediondos. À título exemplificativo, o art. 205, §2º do CPM, que prevê o delito de homicídio qualificado, encontra correlação de identidade com o art. 121, §2º do CP, previsto como hediondo no inciso I do art. 1º da Lei 8.072/90, razão pela qual passou a ser concebido após a alteração realizada pela Lei 14.688/23. A mesma lógica, portanto, deve ser replicada aos demais delitos previstos como hediondos (art. 129, §2º, CP e art.209, §2º, CPM, por força do art. 1º, I-A da Lei 8.072/90, e assim sucessivamente).

7.5.22 Crimes de pornografia infanto-juvenil previstos no § 1º do art. 240 e no art. 241-B do ECA

> VII – os crimes previstos no § 1º do art. 240 e no art. 241-B da Lei nº 8.069, de 13 de julho de 1990 (Estatuto da Criança e do Adolescente).

O dispositivo foi incluído pela Lei 14.811/24, que instituiu novas medidas de proteção à criança e ao adolescente contra a violência nos estabelecimentos educacionais ou similares, e previu, dentre outras mudanças na legislação, a Política Nacional de Prevenção e Combate ao Abuso e Exploração Sexual da Criança e do Adolescente.

Dentre outros impactos, promoveu quatro alterações na Lei dos Crimes Hediondos, incluindo os incisos X a XII no art. 1º, e inciso VII, no parágrafo único do art. 1º.

As figuras típicas, agora concebidas como crimes hediondos, compreendem as seguintes condutas:

(a) agenciar, facilitar, recrutar, coagir ou de qualquer modo intermediar a participação de criança ou adolescente em cena de sexo explícito ou pornográfica (art. 240, §1º, I, ECA);

(b) contracena com criança ou adolescente em cena de sexo explícito ou pornográfica (art. 240, §1º, I, ECA);

(c) exibir, transmitir, auxiliar ou facilitar a exibição ou transmissão, em tempo real, pela internet, por aplicativos, por meio de dispositivo informático ou qualquer meio ou ambiente digital, de cena de sexo explícito ou pornográfica com a participação de criança ou adolescente (art. 240, §1º, II, ECA); e

(d) adquirir, possuir ou armazenar, por qualquer meio, fotografia, vídeo ou outra forma de registro que contenha cena de sexo explícito ou pornográfica envolvendo criança ou adolescente (art. 241-B, ECA).

Apesar da Lei 14.811/24 não ter promovido qualquer exceção quanto ao §1º do art. 241-B do ECA, como o dispositivo prevê a redução da pena de 1 (um) a 2/3 (dois terços) se de pequena quantidade o material ilícito, acreditamos que a jurisprudência trilhará o caminho de não conceber a forma privilegiada do §1º como hedionda.

7.6 CRIMES EQUIPARADOS A HEDIONDOS

O artigo 5°, inciso XLIII, da Constituição Federal, dispõe que "a lei considerará crimes inafiançáveis e insuscetíveis de graça ou anistia a prática da tortura, o tráfico ilícito de entorpecentes e drogas afins, o terrorismo e os definidos como crimes hediondos, por eles respondendo os mandantes, os executores e os que, podendo evitá-los, se omitirem".

O constituinte incluiu a conjunção aditiva "e" após mencionar a tortura, o tráfico e o terrorismo e, em seguida, referiu-se aos crimes definidos como hediondos, tecnicamente sugerindo que esses delitos não são considerados hediondos. No entanto, como a Constituição Federal determina que eles recebam tratamento semelhante, a tortura, o tráfico e o terrorismo são considerados crimes equiparados aos hediondos.

A título de equiparação, portanto, temos o núcleo formado pelos três "T":

Tortura / **T**errorismo / **T**ráfico

7.6.1 Tortura

De acordo com a Lei 9.455/97:

> Art. 1º Constitui crime de tortura:
>
> I – constranger alguém com emprego de violência ou grave ameaça, causando-lhe sofrimento físico ou mental:

a) com o fim de obter informação, declaração ou confissão da vítima ou de terceira pessoa;

b) para provocar ação ou omissão de natureza criminosa;

c) em razão de discriminação racial ou religiosa;

II – submeter alguém, sob sua guarda, poder ou autoridade, com emprego de violência ou grave ameaça, a intenso sofrimento físico ou mental, como forma de aplicar castigo pessoal ou medida de caráter preventivo.

Pena – reclusão, de dois a oito anos.

§ 1º Na mesma pena incorre quem submete pessoa presa ou sujeita a medida de segurança a sofrimento físico ou mental, por intermédio da prática de ato não previsto em lei ou não resultante de medida legal.

§ 2º Aquele que se omite em face dessas condutas, quando tinha o dever de evitá-las ou apurá-las, incorre na pena de detenção de um a quatro anos.

Do tipo penal, podemos extrair as espécies de tortura-prova (inc. I, *a*), tortura-teleológica (para a prática de crime, inc. I, *b*), tortura discriminatória (inc. I, *c*), tortura-castigo (inc. II e §1º) e tortura-omissão (imprópria, §2º), que veremos, detalhadamente, no estudo do capítulo referente à Lei de Tortura.

À exceção da tortura imprópria, prevista no §2º, todas as demais formas de tortura são concebidas como hediondas. A excepcionalidade da regra, apontada pela doutrina, decorre de dois argumentos: a) a Constituição Federal, no art. 5º, inciso XLIII, referiu-se apenas à **prática** da tortura, sugerindo, para parcela da doutrina, que somente os comportamentos comissivos poderiam ser concebidos com hediondos; b) a pena cominada ao delito é de detenção de um a quatro anos, sendo o delito concebido de médio potencial ofensivo, admitindo, em tese, a suspensão condicional do processo, nos termos do *caput* art. 89 da Lei 9.099/95.

O primeiro argumento não nos convence, haja vista que o próprio inciso XLIII, em sua parte final, abarca da omissão dos detentores do dever jurídico de agir na expressão "por eles respondendo os mandantes, os executores e os que, podendo evitá-los, se omitirem". O segundo argumento, entretanto, parece-nos apto a afastar a hediondez do delito, pois seria de fato incoerente concebermos um comportamento de médio potencial ofensivo, punido com pena de detenção de um a quatro anos, em tese passível de suspensão condicional do processo e ANPP, como hediondo.

7.6.2 Tráfico ilícito de drogas

Embora mencionado na Constituição Federal (artigo 5°, inciso XLIII) e na Lei dos Crimes Hediondos (artigo 2°, *caput*), a expressão "tráfico ilícito de entorpecentes" não aparece explicitamente na Lei 11.343/06. Isso ocorre porque tanto a nova Lei de Drogas quanto a anterior (Lei 6.368/76) não definem um crime com o nome jurídico de "tráfico de drogas".

Prevalece, no âmbito da doutrina e jurisprudência, que as condutas previstas nos artigos 33, *caput* e §1º, 34 e 36, são concebidas como hediondas.

> Art. 33. Importar, exportar, remeter, preparar, produzir, fabricar, adquirir, vender, expor à venda, oferecer, ter em depósito, transportar, trazer consigo, guardar, prescrever, ministrar, entregar a consumo ou fornecer drogas, ainda que gratuitamente, sem autorização ou em desacordo com determinação legal ou regulamentar:
>
> Pena – reclusão de 5 (cinco) a 15 (quinze) anos e pagamento de 500 (quinhentos) a 1.500 (mil e quinhentos) dias-multa.
>
> § 1º Nas mesmas penas incorre quem:
>
> I – importa, exporta, remete, produz, fabrica, adquire, vende, expõe à venda, oferece, fornece, tem em depósito, transporta, traz consigo ou guarda, ainda que gratuitamente, sem autorização ou em desacordo com determinação legal ou regulamentar, matéria-prima, insumo ou produto químico destinado à preparação de drogas;
>
> II – semeia, cultiva ou faz a colheita, sem autorização ou em desacordo com determinação legal ou regulamentar, de plantas que se constituam em matéria-prima para a preparação de drogas;
>
> III – utiliza local ou bem de qualquer natureza de que tem a propriedade, posse, administração, guarda ou vigilância, ou consente que outrem dele se utilize, ainda que gratuitamente, sem autorização ou em desacordo com determinação legal ou regulamentar, para o tráfico ilícito de drogas.
>
> IV – vende ou entrega drogas ou matéria-prima, insumo ou produto químico destinado à preparação de drogas, sem autorização ou em desacordo com a determinação legal ou regulamentar, a agente policial disfarçado, quando presentes elementos probatórios razoáveis de conduta criminal preexistente.
>
> Art. 34. Fabricar, adquirir, utilizar, transportar, oferecer, vender, distribuir, entregar a qualquer título, possuir, guardar ou fornecer, ainda que gratuitamente, maquinário, aparelho, instrumento ou qualquer objeto destinado à fabricação, preparação, produção ou transformação de drogas, sem autorização ou em desacordo com determinação legal ou regulamentar:

> Pena – reclusão, de 3 (três) a 10 (dez) anos, e pagamento de 1.200 (mil e duzentos) a 2.000 (dois mil) dias-multa.
>
> Art. 36. Financiar ou custear a prática de qualquer dos crimes previstos nos arts. 33, caput e § 1º, e 34 desta Lei:
>
> Pena – reclusão, de 8 (oito) a 20 (vinte) anos, e pagamento de 1.500 (mil e quinhentos) a 4.000 (quatro mil) dias-multa.

O Superior Tribunal de Justiça, de forma consolidada, entende que **o crime de associação para o tráfico de entorpecentes (previsto no artigo 35 da Lei 11.343/06) não é considerado um crime hediondo ou equiparado**, já que não está incluído no rol taxativo do artigo 2° da Lei 8.072/90.

De igual forma, o STJ, ao julgar o Tema 600 de Recursos Repetitivos ficou a seguinte tese: "**O tráfico ilícito de drogas na sua forma privilegiada (artigo 33, parágrafo 4º) não é crime equiparado a hediondo**". Em reforço à tal compreensão, a Lei do Pacote Anticrime incluiu o §5º no art. 112 da Lei de Execuções Penais, para prever que "não se considera hediondo ou equiparado, para os fins deste artigo, o crime de tráfico de drogas previsto no § 4º do art. 33 da Lei nº 11.343, de 23 de agosto de 2006". A despeito da impropriedade técnica em se considerar forma privilegiada o que, a rigor, é uma minorante (que, vinculada a características pessoais do agente, não deveria afetar a natureza do delito), o afastamento da hediondez (por equiparação) em tais casos é questão pacificada e superada.

No que toca ao **crime de informante do tráfico**, previsto no art. 37 da Lei de Drogas, apesar de se caracterizar como uma espécie de participação no tráfico, há divergência quanto à sua natureza hedionda. Parcela da doutrina entende ser o delito equiparado a hediondo porquanto o informante que ajuda um grupo envolvido com o tráfico de drogas contribui diretamente para a prática desse crime, de forma que a conduta também deveria ser considerada equiparada a hedionda.

Não obstante, prevalece doutrinariamente o entendimento, com o qual anuímos, de que o crime previsto no art. 37 da Lei de Drogas não é equiparado a hediondo. É o que se depreende do entendimento do STJ[11].

---

11. Habeas corpus impetrado em substituição ao recurso previsto no ordenamento jurídico. 1. Não cabimento. Modificação de entendimento jurisprudencial. Restrição do remédio constitucional. Exame excepcional que visa privilegiar a ampla defesa e o devido processo legal. 2. Delito de colaboração como informante. Art. 37 da lei nº 11.343/2006. Pressuposição de inexistência de qualquer outro envolvimento com o grupo, associação

ou organização criminosa. Manutenção de vínculo. Divisão de tarefas. Função interna de sentinela, fogueteiro ou informante. Configuração de tipo penal mais abrangente. Tráfico ou associação. 3. Crime de associação para o tráfico e de colaboração com a associação. Arts. 35 e 37 da lei n° 11.343/2006. Agente que exerce função de informante dentro da associação da qual participa. Concurso material. Impossibilidade. Dupla apenação indevida. Princípio da subsidiariedade. 4. Regime fechado. Imposição legal. Inconstitucionalidade. Crime não equiparado a hediondo. Constrangimento ilegal evidenciado. 5. Habeas corpus não conhecido. Ordem concedida de ofício para cassar a condenação pelo delito do art. 37 da lei nº 11.343/2006 e alterar o regime de cumprimento da pena para o aberto.

1. A jurisprudência do Superior Tribunal de Justiça, buscando a racionalidade do ordenamento jurídico e a funcionalidade do sistema recursal, vinha se firmando, mais recentemente, no sentido de ser imperiosa a restrição do cabimento do remédio constitucional às hipóteses previstas na Constituição Federal e no Código de Processo Penal. Nessa linha de evolução hermenêutica, o Supremo Tribunal Federal passou a não mais admitir habeas corpus que tenha por objetivo substituir o recurso ordinariamente cabível para a espécie. Precedentes. Contudo, devem ser analisadas as questões suscitadas na inicial no intuito de verificar a existência de constrangimento ilegal evidente a ser sanado mediante a concessão de habeas corpus de ofício, evitando-se prejuízos à ampla defesa e ao devido processo legal.

2. A norma incriminadora do art. 37 da Lei nº 11.343/2006 tem como destinatário o agente que colabora como informante com grupo (concurso eventual de pessoas), organização criminosa (art. 2º da Lei nº 12.694/2012) ou associação (art. 35 da Lei nº 11/343/2006), desde que não tenha ele qualquer envolvimento ou relação com as atividades daquele grupo, organização criminosa ou associação para as quais atua como informante. Se a prova indica que o agente mantém vínculo ou envolvimento com esses grupos, conhecendo e participando de sua rotina, bem como cumprindo sua tarefa na empreitada comum, a conduta não se subsome ao tipo do art. 37 da Lei de Tóxicos, mas sim pode configurar outras figuras penais, como o tráfico ou a associação, nas modalidades autoria e participação, ainda que a função interna do agente seja a de sentinela, fogueteiro ou informante.

3. O tipo penal trazido no art. 37 da Lei de Drogas se reveste de verdadeiro caráter de subsidiariedade, só ficando preenchida a tipicidade quando não se comprovar a prática de crime mais grave. De fato, cuidando-se de agente que participa do próprio delito de tráfico ou de associação, a conduta de colaborar com informações para o tráfico já é inerente aos mencionados tipos. Considerar que o informante possa ser punido duplamente, pela associação e pela colaboração com a própria associação da qual faz parte, além de contrariar o princípio da subsidiariedade, revela indevido bis in idem.

4. Além de o § 1º do art. 2º da Lei nº 8.072/1990 ter sido considerado inconstitucional pelo Supremo Tribunal Federal, o crime de associação nem sequer é equiparado a hediondo, não havendo se falar, portanto, em regime fechado decorrente de imposição legal. Fixada a reprimenda no mínimo legal, ante a inexistência de circunstâncias negativas, mostra-se adequada a aplicação do regime aberto, nos termos do que disciplina o art. 33, § 2º, alínea c, do Código Penal.

7.6.3 Terrorismo

Os crimes de terrorismo foram previstos na Lei 13.260/16, sendo todos concebidos como hediondos por força do art. 17 da Lei, que prevê a aplicação das disposições previstas na Lei dos Crimes Hediondos aos crimes previstos na Lei Antiterrorismo.

Poder-se-ia, a título argumentativo, sustentar que a conduta prevista no art. 5º, de "realizar atos preparatórios de terrorismo com o propósito inequívoco de consumar tal delito", não seria equiparada a hedionda, vez que o tipo penal pune tão somente atos preparatórios, revelando uma antecipação do Direito Penal. *In casu*, não há efetivamente a prática do terrorismo, mas tão somente a prática de atos preparatórios.

Entretanto, a *mens legis* do art. 17 é por demais clara, evidenciando o nítido propósito do legislador em categorizar tal conduta como equiparada a hedionda.

7.7 VEDAÇÃO À ANISTIA, GRAÇA E INDULTO

Os institutos, previstos no art. 107, II, CP, são modalidades de indulgência soberana provenientes dos outros poderes da República, que afastam, total ou parcialmente, os efeitos da lei penal.

A utilização de tais institutos foi vedada pelo inciso XLIII do art. 5º da CF e inciso I do art. 2º da Lei 8.072/90, que dispõe: Os crimes hediondos, a prática da tortura, o tráfico ilícito de entorpecentes e drogas afins e o terrorismo são insuscetíveis de anistia, graça e indulto.

Apesar do art. 5º, inc. XLIII da CF, ter apenas vedado a concessão da graça e anistia, o STF, afastando a divergência doutrinária, entendeu que a previsão do inc. I, do art. 2º da Lei dos Crimes Hediondos é constitucional, vez que o poder de graça concedido ao Presidente da República engloba o instituto do indulto:

> "É constitucional o art. 2º, I, da L. 8.072/90, porque, nele, a menção ao indulto é meramente expletiva da proibição de graça aos condenados por crimes hediondos ditada pelo art. 5º, XLIII, da Constituição. Na Constituição,

---

5. Habeas corpus não conhecido. Ordem concedida de ofício para cassar a condenação pelo delito descrito no art. 37 da Lei nº 11.343/2006, mantendo apenas o édito condenatório pelo crime de associação, alterando-se, no mais, o regime de cumprimento da pena para o aberto. (HC 224.849/RJ, Rel. Ministro Marco Aurélio Bellizze, Quinta Turma, julgado em 11/06/2013, DJe 19/06/2013).

a graça individual e o indulto coletivo – que ambos, tanto podem ser totais ou parciais, substantivando, nessa última hipótese, a comutação de pena – são modalidades do poder de graça do Presidente da República (art. 84, XII) – que, no entanto, sofre a restrição do art. 5º, XLIII, para excluir a possibilidade de sua concessão, quando se trata de condenação por crime hediondo"[12].

7.7.1 Anistia

A anistia é um ato praticado por meio de lei ordinária, editada pelo Congresso Nacional (arts. 21, XVII, e 48, VIII, da CF), que afasta, retroativamente, um ou mais fatos criminosos da esfera de aplicação do Direito Penal.

Originalmente pensada para os chamados crimes políticos, em razão da falta de restrição, o STF admitiu sua aplicação também aos crimes comuns[13]. Não se admite a anistia nos crimes hediondos e equiparados conforme o art. 5º, XLIII, da Constituição da República.

Concedida a anistia antes do trânsito em julgado da sentença condenatória (anistia própria), não subsiste qualquer efeito penal. Por se tratar de lei, geral e abstrata, atinge fatos e não pessoas. Nada impede, entretanto, que abstratamente sejam previstas condições a serem satisfeitas individualmente (anistia condicionada). A anistia concedida após o trânsito em julgado da decisão condenatória (anistia imprópria) apaga todos os efeitos penais da condenação.

A anistia produz efeitos *ex tunc*, retroagindo para atingir fatos passados, afastando todos os efeitos penais. Assim, o agente beneficiado pela lei de anistia, praticando um crime no futuro, não poderá ser considerado reincidente.

A anistia não pode ser, em hipótese alguma, recusada por eventual beneficiário, posto que não se admite a recusa à aplicação da lei. A doutrina majoritária entende que, no caso da anistia condicionada, o agente pode recusar o benefício. Para nós, contudo, não se trata de recusa à anistia, mas exercício do direito de não cumprir as condições impostas por lei, cuja consequência será a não aplicação da lei. O descumprimento das condições legalmente impostas não pode ser confundido com recusa à aplicação da lei, instrumento de cunho geral e obrigatório.

12. HC 81.565/SC, rel. Min. Sepúlveda Pertence, 1ª Turma, j. 19.02.2002
13. ADI 1.231/DF, rel. Min. Carlos Velloso, Tribunal Pleno, j. 15.12.2005.

Concedida a anistia, o juiz, de ofício, a requerimento do Ministério Público, do interessado, ou por provocação da autoridade administrativa ou do Conselho Penitenciário, declarará extinta a punibilidade (arts. 107, II, CP e 187, LEP).

7.7.2 Graça

A graça, ou indulto individual, é ato privativo do Presidente da República (art. 84, XII, CF), exercido por Decreto, que pode ser delegado para os Ministros de Estado, Procurador-Geral da República ou Advogado-Geral da União (p. único, art. 84, CF). Visa, originalmente, alcançar os crimes comuns, mas não existe vedação legal à sua aplicação a crimes políticos, vez que norma constitucional foi restrita aos crimes hediondos e equiparados, pelo que, em tese, seria possível sua aplicação.

A graça, em regra, deve ser solicitada pelo condenado, possuindo natureza pessoal. Pode, contudo, ser requerida pelo Ministério Público, Conselho Penitenciário ou autoridade administrativa (LEP, art. 188). Logo, ao contrário da anistia que atinge fatos, a graça leva em consideração a pessoa.

Pode a graça ser plena, quando extingue completamente a punibilidade, ou parcial, quando propicia apenas a redução da pena ou comutação. Alcança somente o cumprimento da pena, permanecendo íntegros os efeitos penais secundários e civis da condenação.

Em regra, a graça não pode ser recusada. Contudo, poderá ser recusada quando proposta a comutação da pena (art. 739, CPP), como no caso da substituição de uma pena privativa de liberdade por uma restritiva de direitos, vez que a lei assegura ao condenado referido direito. Ao contrário, sendo meramente condicional o Decreto, entendemos que não poderá haver recusa, mas tão somente o descumprimento das condições, sob os mesmos fundamentos da anistia.

7.7.3 Indulto

O indulto propriamente dito, ou indulto coletivo é, assim como a graça, ato privativo do Presidente da República (art. 84, XII, CF), exercido por Decreto, que pode ser delegado para os Ministros de Estado, Procurador-Geral da República ou Advogado-Geral da União (p. único, art. 84, CF).

Trata-se de ato discricionário do Presidente da República, não sujeito a controle de mérito por parte do Poder Judiciário. Ao referido Poder da República cabe, tão somente, analisar o aspecto formal do ato e os limites impostos pela Constituição Federal. Nesse sentido é o entendimento do STF, fixado no julgado da ADI 5874 (Informativo STF nº 939[14]).

O indulto, portanto, submete-se à discricionariedade do Presidente da República, de forma que pode versar sobre qualquer espécie de crime e pena, respeitados, obviamente, os limites fixados pela Constituição.

O indulto pode ser total, quando extingue a pena, ou parcial, quando diminui ou comuta a pena. Assim como a graça, para nós, só admite recusa no caso de comutação de pena. Pode ainda ser incondicionado ou condicionado ao cumprimento de certas situações.

14. "Prevaleceu o voto do ministro Alexandre de Moraes, que sublinhou existir complexo mecanismo de freios e contrapesos, de controles recíprocos, ao lado das funções preponderantes de cada um dos Poderes[...]O exercício do poder de indultar não fere a separação de Poderes por, supostamente, esvaziar a política criminal definida pelo legislador e aplicada pelo Judiciário. Está contido na cláusula de separação de Poderes. O ato de clemência privativo do presidente pode ser total, independentemente de parâmetros. Asseverou que, ainda que não se concorde com esse instituto, ele existe e é ato discricionário, trata-se de prerrogativa presidencial, portanto[...] Para o ministro Alexandre de Moraes, o decreto, no entanto, não é imune ao controle jurisdicional e está sob o império da Constituição. O art. 5º, XLIII, da CF (3) fixa limitação expressa ao instituto. O indulto e a comutação da pena configuram típicos atos de governo, caracterizados pela discricionariedade do presidente da República, respeitados os limites manifestos na Constituição. Como limite implícito, o STF já reconheceu a impossibilidade de eventualmente ser outorgada a clemência soberana ao extraditando, uma vez que o objeto de indulgência principis se restringe exclusivamente ao plano dos ilícitos penais sujeitos à competência jurisdicional do Estado brasileiro. Por outro lado, o ato de indulto não é passível de restrição fora dos parâmetros constitucionais. É admissível a revisão judicial de todas as espécies dessa clemência para se verificar o cumprimento dos requisitos da CF. Entretanto, não cabe a análise de seu mérito, do juízo de conveniência e oportunidade, ou seja, adentrar o mérito das escolhas do Presidente da República feitas dentre as opções constitucionalmente lícitas. Não é possível trocar o subjetivismo do Chefe do Executivo pelo subjetivismo de outro Poder. Não compete ao Poder Judiciário reescrever o decreto de indulto. Ou o STF entende que o Presidente extrapolou o exercício de sua competência e declara a inconstitucionalidade do ato, ou, mesmo que não esteja de acordo com a opção, compreende que ele cumpriu as exigências constitucionais. O Tribunal não pode fixar requisitos, haja vista que, ao Poder Judiciário, também se impõe o império da Constituição da República. Se o STF fixar condições para o decreto analisado, estará fixando, também, para todos os subsequentes, e, portanto, estará legislando. O ministro asseverou que, se fosse admitida, por via judicial, a exclusão de certos crimes, como os de corrupção e os contra a Administração Pública, o Poder Judiciário atuaria como legislador positivo. No ponto, reputou não haver comprovação, mas apenas insinuação, de desvio de finalidade no decreto. Se houvesse desvio, pela teoria dos motivos determinantes, o Judiciário poderia anulá-lo. ADI 5874, rel. Min. Alexandre de Moraes, j. 09.05.2019.

No tocante aos crimes hediondos e equiparados, em razão do art. 5º, inc. XLIII da CF, ter apenas vedado a concessão da graça e anistia, o STF, afastando a divergência doutrinária, entendeu que a previsão do inc. I, do art. 2º da Lei dos Crimes Hediondos é constitucional, vez que o poder de graça concedido ao Presidente da República engloba o instituto do indulto:

> "É constitucional o art. 2º, I, da L. 8.072/90, porque, nele, a menção ao indulto é meramente expletiva da proibição de graça aos condenados por crimes hediondos ditada pelo art. 5º, XLIII, da Constituição. Na Constituição, a graça individual e o indulto coletivo - que ambos, tanto podem ser totais ou parciais, substantivando, nessa última hipótese, a comutação de pena - são modalidades do poder de graça do Presidente da República (art. 84, XII) - que, no entanto, sofre a restrição do art. 5º, XLIII, para excluir a possibilidade de sua concessão, quando se trata de condenação por crime hediondo"[15].

O STF ainda entendeu o induto pode alcançar os agentes que cumprem medida de segurança em sede de repercussão geral:

> "Reveste-se de legitimidade jurídica a concessão, pelo Presidente da República, do benefício constitucional do indulto (CF, art. 84, XII), que traduz expressão do poder de graça do Estado, mesmo se se tratar de indulgência destinada a favorecer pessoa que, em razão de sua inimputabilidade ou semi-imputabilidade, sofre medida de segurança, ainda que de caráter pessoal e detentivo"[16].

O indulto, assim como a graça, só atinge os efeitos principais da condenação, persistindo os demais. Pode ainda permitir sua aplicação antes do trânsito em julgado da condenação, no caso de execução provisória da pena.

15. HC 81.565/SC, rel. Min. Sepúlveda Pertence, 1ª Turma, j. 19.02.2002
16. Tese de repercussão Geral 371. RE 628658.

Síntese comparativa:

	Anistia	Graça	Indulto
Caracterís-ticas	Benefício coletivo Atinge o fato Não depende de re-querimento	Benefício individual Atinge a pessoa de forma individual e concreta Depende de requeri-mento	Benefício coletivo Atinge a pessoa de forma geral e abs-trata Não depende de re-querimento
Crimes hediondos	Vedada	Vedada	Vedado
Competência privativa	Congresso Nacional	Presidente da Re-pública (pode existir delegação para Ministros de Estado, PGR e AGU.	Presidente da Re-pública (pode existir delegação para Minis-tros de Estado, PGR e AGU.
Fundamento legal	Lei ordinária	Decreto	Decreto
Momento da concessão	Antes ou depois do trânsito em julgado	Depois do trânsito em julgado[17]	Antes ou depois do trânsito em julgado[18]
Efeitos	Alcança todos os efei-tos penais, mantendo--se os extrapenais. Não gera reincidência	Alcança somente os efeitos principais da condenação, persis-tindo os demais. Gera reincidência	Alcança somente os efeitos principais da condenação, persis-tindo os demais. Gera reincidência

7.8 INSTITUTOS DESPENALIZANTES

Conforme destacamos em nosso Manual de Processo Penal, o legislador foi inexplicavelmente omisso ao não dispor sobre a vedação expressa quanto ao ANPP no que toca aos crimes hediondos. Entretanto, parece-nos solucionável a omissão com lastro no *caput* do art. 28-A, que impede o ANPP nos crimes com pena mínima inferior a quatro anos ou praticados com violência ou grave ameaça à pessoa, fatores que afastam a maioria dos crimes hediondos e, caso não haja o afastamento, parece-nos que o ANPP em crimes hediondos não se revela meio hábil, necessário e suficiente para a reprovação e prevenção do crime.

---

17. Pela natureza do instituto só seria admissível sua aceitação após o trânsito em julgado em razão natureza individual. Não encontramos precedentes em outro sentido.
18. Pode alcançar execuções provisórias de pena segundo o STF.

A previsão do art. 28-A conjuga dois fatores: a necessidade e suficiência. A necessidade decorre da prevenção geral e especial, como resposta ao indivíduo pela prática da infração penal, e à sociedade, como comando de que as normas penais devem ser respeitadas. Por sua vez, a suficiência associa-se ao princípio da proporcionalidade, cotejando a vedação da proteção insuficiente dos bens jurídico-penais e a proibição do excesso, no sentido da adequação da resposta penal à conduta praticada.

Nesse sentido é o teor do **Enunciado 22** do Conselho Nacional de Procuradores-Gerais dos Ministérios Públicos dos Estados e da União (CNPG) e do Grupo Nacional de Coordenadores de Centro de Apoio Criminal (GNCCRIM): "Veda-se o acordo de não persecução penal aos crimes praticados no âmbito de violência doméstica ou familiar, ou praticados contra a mulher por razões da condição de sexo feminino, bem como aos crimes hediondos e equiparados, pois em relação a estes o acordo não é suficiente para a reprovação e prevenção do crime".

A exigência legal de regime inicial (e, antes, integralmente) fechado para o cumprimento das penas nas condenações por crimes hediondos e equiparados favorece nosso entendimento (interpretação sistemática e *mens legis*). Contudo, a Jurisprudência tem sistematicamente afastado a incidência das normas que, cumprindo o comando constitucional, determinam tratamento penal mais rigoroso aos crimes hediondos e equiparados, de modo que não nos causará qualquer surpresa se abraçar a tese do cabimento do acordo.

A mesma lógica deve ser aplicada à transação penal e suspensão condicional do processo caso, eventualmente, o legislador venha a prever como hediondos crimes que, sob o aspecto objetivo, admitam tais institutos.

7.9 VEDAÇÃO À FIANÇA

A fiança, até o advento da Lei 12.403/11, funcionava exclusivamente como medida de contracautela, vinculada à hipótese de decretação de prisão. Com a alteração promovida no art. 319 do CPP, a fiança passou a ser concebida também como medida cautelar autônoma, isto é desvinculada da prisão e consequente concessão da liberdade provisória.

O regime da fiança, segundo o §4º do art. 319, segue a normatização anterior da fiança contracautela, previsto no Capítulo VI, do Título IX, do CPP (arts. 321 a 350).

Parcela da doutrina confere à fiança duas roupagens distintas, ao admiti-la como medida de contracautela substitutiva da prisão em flagrante (art. 310, III), e como medida cautelar autônoma (art. 319, VIII). Com as alterações promovidas pela Lei 12.403/11, que situou a fiança expressamente como medida cautelar, não mais conseguimos observar a fiança como espécie de contracautela. A dupla previsão, contida nos arts. 310, III e 319, VIII, do CPP, reflete mais a falta de sistemática legislativa do que um caráter distinto à fiança.

Houve, de fato, a superação da histórica construção que envolvia a liberdade provisória com ou sem fiança, porquanto, atualmente, a liberdade pode ser vinculada a outras diversas medidas alternativas à prisão e não mais somente à fiança. Não persiste, na sistemática atual, a lógica da compreensão da fiança como medida de contracautela substitutiva do flagrante delito, porquanto esse não mais se sustenta de forma autônoma.

Em linhas gerais, a fiança destina-se a assegurar o cumprimento das obrigações processuais e o fiel andamento do processo, podendo, igualmente, funcionar como garantia da pena de multa, custas processuais e indenização pela prática da infração penal.

Nos termos do inciso XLIII da CF, a prática da tortura, o tráfico ilícito de entorpecentes e drogas afins, o terrorismo e os definidos como crimes hediondos, são inafiançáveis, isto é, não admitem a concessão da fiança. O art. 323, II, do Código de Processo Penal igualmente veda a fiança para tais delitos.

A previsão, a despeito de preservada, não encontra mais sentido em nosso ordenamento jurídico diante da **superação da dicotomia liberdade provisória com ou sem fiança**, vez que, conforme destacamos acima, foram criadas diversas outras medidas cautelares diversas da prisão por meio da Lei 12.403/11, que modificou o teor do art. 319 do CPP.

De fato, ainda que exista a vedação à concessão da fiança, **não existe vedação à concessão de outras medidas alternativas diversas à prisão aos crimes hediondos ou equiparados**. Isso porque a anterior previsão do inciso II do art. 2º da Lei 8.072/90, que estabelecia a vedação também à concessão da liberdade provisória foi revogada pela Lei 11.464/07[19], consolidando, em norma, o reiterado entendimento dos Tribunais Superiores quanto à inconstitucionalidade da previsão que impunha uma espécie de prisão *ex lege*.

A vedação, portanto, revela um verdadeiro paradoxo, haja vista a fiança possui um papel importante no processo, pois pode ser usada não somente como uma alternativa à prisão preventiva, mas também para pagamento das custas, prestação pecuniária e multa, além de permitir seu uso para

19. Com a alteração, restou superada a Súmula 697 do STF.

pagamento da indenização às vítimas, conforme previsão do artigo 336 do Código de Processo Penal, trilhando a linha dos objetivos dos artigos 336 e 387, inciso IV, do Código de Processo Penal e artigo 91, inciso I, do Código Penal. E, ao se vedar a concessão da fiança, em tese para se conferir um tratamento mais severo aos crimes hediondos, afasta-se seu emprego para tais fins, reduzindo a tutela estatal.

7.10 PENAS RESTRITIVAS DE DIREITOS

Nos crimes hediondos e equiparados, apesar da divergência doutrinária, entendemos que não se admite a substituição da pena em razão da natureza dos delitos. Apesar da maioria dos crimes hediondos e equiparados não admitir a substituição por força do *quantum* de pena, não há vedação legal expressa vigente em abstrato. Contudo, toda a sistemática criada em torno dos crimes hediondos sugere a insuficiência das penas alternativas diante de tais crimes.

Não obstante, o Supremo Tribunal Federal reconheceu, *incidenter tantum*, a inconstitucionalidade do § 1º do art. 2º da Lei dos Crimes *Hediondos*, redação dada pela Lei 11.464/07, que instituiu a obrigatoriedade do regime inicial fechado aos crimes *hediondos* ou equiparados (HC nº 111.840/ES, Rel. Min. Dias Toffoli, Tribunal Pleno, j. 27/06/2012, p. 17/12/2013). Referido entendimento foi confirmado, sob a sistemática da repercussão geral, no sentido de ser "inconstitucional a fixação *ex lege*, com base no art. 2º, § 1º, da Lei 8.072/1990, do regime inicial fechado, devendo o julgador, quando da condenação, ater-se aos parâmetros previstos no artigo 33 do Código Penal." (ARE nº 1.052.700-RG/MG, Tribunal Pleno, Rel. Min. Edson Fachin, j. 02/11/2017, p. 1º/02/2018)

De igual modo, o Plenário do STF, no julgamento do HC 97.256, Rel. Min. Ayres Britto, declarou, incidentalmente, a inconstitucionalidade do art. 44 da Lei 11.343/06, na parte em que vedava a *substituição* da *pena* privativa de liberdade por medida restritiva de direitos, em favor dos condenados pela prática do crime de tráfico de entorpecentes.[20]

Aludidas decisões, portanto, não obstante nossa compreensão acerca da insuficiência da substituição da pena nos crimes hediondos, admitem, pelo

20. Sobre o tema, incluindo toda a evolução legislativa e jurisprudencial, ALBUQUERQUE, Marcelo Schirmer "A Lei Anti-Drogas pelo STF: mutilações (in)constitucionais" *in Sereis Como Deuses, o STF e a subversão da justiça. Coord. PIOVEZAN, Cláudia Rodrigues de Morais. Londrina: Editora E.D.A – Educação Direito e Alta Cultura, 2021.*

menos em tese, a substituição da reprimenda nos crimes hediondos. Segundo o entendimento do STF, extraído do inteiro teor do voto do Min. Dias Toffoli no HC 11.840/ES:

> O legislador faculta a substituição de pena com base em critérios objetivos (a quantidade de pena cominada quando dolosa a infração e a inexistência de violência ou grave ameaça) e subjetivos (condições pessoais do agente do ilícito penal), e não em função do tipo do crime. Se houvesse a intenção, na Constituição Federal, de permitir que se proibisse por meio de lei a substituição consoante o tipo criminal, certamente tal restrição teria sido incluída entre as vedações feitas no inciso XLIII do art. 5º.
>
> Portanto, do meu ponto de vista, a substituição da pena privativa de liberdade pela restritiva de direitos deve sempre ser analisada independentemente da natureza da infração, em razão da quantidade de pena cominada para a infração, da presença ou não de violência ou grave ameaça e das condições pessoais do agente, por se tratar de direito subjetivo garantido constitucionalmente ao indivíduo.

7.11 PRISÃO TEMPORÁRIA

Após a entrada em vigor da Lei 7.960/89, foi editada a Lei 8.072/90, que versa sobre os crimes hediondos. Nessa, expressamente, o §4º, incluído pela Lei 11.464/07, consignou que:

> § 4º A prisão temporária, sobre a qual dispõe a Lei nº 7.960, de 21 de dezembro de 1989, nos crimes previstos neste artigo, terá o prazo de 30 (trinta) dias, prorrogável por igual período em caso de extrema e comprovada necessidade.

Do teor do dispositivo, extrai-se que o legislador admitiu a prisão temporária aos crimes hediondos, à prática da tortura, o tráfico ilícito de entorpecentes e drogas afins e o terrorismo (art. 2º, *caput*, c/c art. 1º da Lei 8.072/90). Assim, há que se conceber a prisão temporária como possível nos delitos previstos no inciso III do art. 1º da Lei 7.960/89 e aqueles previstos como hediondos ou equiparados consubstanciados no art. 1º da Lei 8.072/90.

A Lei 7.960/89, que regula a prisão temporária, prevê que essa pode ser decretada por 5 dias, prorrogáveis por mais 5 dias, totalizando o máximo de 10 dias de prisão (art. 2º), coincidindo com prazo de conclusão do inquérito policial de investigado preso. No tocante aos crimes hediondos, a Lei 8.072/90 prevê, no art. 2º, §4º, que a prisão temporária poderá ser decretada por 30 dias, prorrogáveis por mais 30 dias. Nesse caso, parece-nos evidente que o prazo para conclusão do inquérito policial será de até sessenta dias, caso tenha havido prorrogação da prisão, vez que a prisão temporária tem por pressuposto sua decretação a imprescindibilidade para investigação criminal.

7.12 DIREITO DE APELAR EM LIBERDADE

O art. 2º, §3º da Lei dos Crimes Hediondos prevê que "em caso de sentença condenatória, o juiz decidirá fundamentadamente se o réu poderá apelar em liberdade".

Com as alterações promovidas pela reforma processual de 2008, não nos parece incorreta a afirmação de que não mais subsistem, no processo penal, prisões cautelares fundadas tão somente na natureza do título. Assim, a expressamente revogada prisão decorrente de pronúncia e a prisão decorrente de sentença condenatória não transitada em julgado, ainda prevista em alguns diplomas legais, não encontram substrato constitucional.

A prisão cautelar demanda, fundamentadamente, motivos concretos para sua efetivação, não bastando a existência de título de pronúncia ou condenatório ainda não estável para sua decretação. Assim, por exemplo, o art. 59, da Lei de Drogas[21], não encontra ressonância na moderna concepção que envolve as prisões cautelares. No mesmo sentido, os próprios artigos 995 e 1029, § 5º, do CPC, que assinalam a inexistência de efeito suspensivo aos recursos extraordinário e especial merecem uma leitura diferenciada sob a perspectiva processual penal.

Isso porque, conforme o entendimento do STF, exarado no julgamento das ADCs 43, 44 e 54, dotadas de efeito vinculante, não se admite a execução provisória da pena, por violação ao princípio da não culpabilidade ou, como preferimos, do estado de inocência. No julgamento, o STF expressamente consignou que:

> (...) No âmbito criminal, a possibilidade de atribuição de efeito suspensivo aos recursos extraordinário e especial detém caráter excepcional (art. 995 e art. 1.029, § 5º, ambos do CPC c/c art. 3º e 637 do CPP), normativa compatível com a regra do art. 5º, LVII, da Constituição da República. Efetivamente, o acesso individual às instâncias extraordinárias visa a propiciar a esta Suprema Corte e ao Superior Tribunal de Justiça exercer seus papéis de estabilizadores, uniformizadores e pacificadores da interpretação das normas constitucionais e do direito infraconstitucional. 3. Inexiste antinomia entre a especial regra que confere eficácia imediata aos acórdãos somente atacáveis pela via dos recursos excepcionais e a disposição geral que exige o trânsito em julgado como pressuposto para a produção de efeitos da prisão decorrente de sentença condenatória a que alude o art. 283 do CPP.

21. Art. 59. Nos crimes previstos nos arts. 33, *caput* e § 1º, e 34 a 37 desta Lei, o réu não poderá apelar sem recolher-se à prisão, salvo se for primário e de bons antecedentes, assim reconhecido na sentença condenatória.

Tem-se, portanto, que ao não admitir a execução provisória da pena, qualquer decisão, de cunho cautelar, demanda fundamentação específica de natureza cautelar, não podendo a prisão ser ancorada somente na natureza do título jurídico.

Assim, entendemos que toda e qualquer prisão de natureza cautelar deve ser pautada em elementos concretos e justificadores, não podendo ser utilizada, *ex lege*, como forma de cumprimento antecipado de pena, pelo que a decisão acerca da prisão no âmbito da Lei dos Crimes Hediondos deve seguir a regra geral das medidas cautelares.

7.13 REGIME INICIAL FECHADO

Como regra geral prevista na legislação penal, o regime inicial fechado somente é fixado quando imposta ao réu uma pena de reclusão superior a oito anos ou se for reincidente. No entanto, para crimes hediondos, tráfico de drogas, terrorismo e tortura, o §1º do art. 2º da Lei dos Crimes Hediondos estabeleceu que o regime inicial deve ser sempre fechado, independentemente da quantidade de pena aplicada e se o réu é primário ou reincidente.

Entretanto, em 27 de junho de 2012, o Plenário do Supremo Tribunal Federal, no julgamento do HC 111.840/ES, declarou, por maioria de votos, que o artigo 2º, parágrafo 1º, da Lei nº 8.072/90 é inconstitucional, vez que a obrigatoriedade de imposição do regime inicial fechado para penas inferiores a oito anos viola o princípio constitucional da individualização da pena (artigo 5º, XLVI, CF).

Em novembro de 2017, consolidando tal entendimento, o STF fixou a tese 972, em sede de repercussão geral: "É inconstitucional a fixação *ex lege*, com base no art. 2º, § 1º, da Lei n. 8.072/90, do regime inicial fechado, devendo o julgador, quando da condenação, ater-se aos parâmetros previstos no art. 33 do Código Penal".

Portanto, mesmo para crimes hediondos, tráfico de drogas, terrorismo e tortura, o regime inicial só pode ser fechado (quando a pena fixada na sentença não for superior a 8 anos) se o acusado for reincidente ou se as circunstâncias do caso indicarem uma gravidade diferenciada do crime específico.

7.14 PROGRESSÃO DE REGIME NOS CRIMES HEDIONDOS E EQUIPARADOS

A Lei 8.072/90 originalmente estabelecia que para os crimes hediondos, tortura, terrorismo e tráfico de drogas, a pena deveria ser cumprida em regime integralmente fechado, sem que o condenado tivesse direito à progressão de regime.

Em 2006, o STF, no julgamento do HC 82.959/SP, o STF, por maioria de votos, declarou a inconstitucionalidade da redação original do artigo 2º, parágrafo 1º, da Lei 8.072/90, por entender que a proibição de progressão de regime violava os princípios da individualização da pena e da dignidade humana.

Em reação legislativa à referida decisão, que permitiu a progressão de regime para os crimes hediondos e equiparados tão somente com o cumprimento de apenas 1/6 da pena, foi aprovada a Lei 11.464/07, que modificou os parâmetros para fins de progressão de regime para os crimes hediondos e equiparados, permitindo-a com o cumprimento mínimo de 2/5 da pena, se o sentenciado for primário, e de 3/5 se reincidente.

A Lei 13.964/19, Lei do Pacote Anticrime, modificou novamente os parâmetros para fins de progressão de regime ao revogar o §2º do art. 2º da Lei 8.072/90 e os patamares de progressão previstos no art. 112 da LEP.

Assim, de acordo com a legislação vigente, a progressão de regime nos crimes hediondos ou equiparados pressupõe o cumprimento ao menos de:

a) 40% da pena, se for condenado pela prática de crime hediondo ou equiparado, se for primário (art. 112, V)[22];

b) 50% da pena, se for condenado pela prática de crime hediondo ou equiparado, com resultado morte, se for primário (art. 112, VI, "a");

c) 55% da pena, se o apenado for condenado pela prática de feminicídio, se for primário, vedado o livramento condicional (art. 112, VI-A);

d) 60% da pena, se for reincidente na prática de crime hediondo ou equiparado (art. 112, VII);

e) 70% da pena, se for reincidente em crime hediondo ou equiparado com resultado morte (art. 112, VIII).

22. Segundo o STF (**ARE 1.327.963**), o percentual a ser aplicado para a progressão de regime de condenado por crime hediondo ou equiparado, sem morte, que seja reincidente por crime comum é de 40%. O STF fixou a seguinte tese de repercussão geral: "Tendo em vista a legalidade e a taxatividade da norma penal (artigo 5º, XXXIX, CF), a alteração promovida pela Lei 13.964/2019 no artigo 112 da LEP não autoriza a incidência do percentual de 60% (inciso VII) aos condenados reincidentes não específicos para o fim de progressão de regime. Diante da omissão legislativa, impõe-se a analogia *in bonam partem*, para aplicação, inclusive retroativa, do inciso V do artigo 112 da LEP (lapso temporal de 40%) ao condenado por crime hediondo ou equiparado sem resultado morte reincidente não específico".

Naturalmente, em razão das regras que impedem a retroatividade da lei mais gravosa, a atual previsão só se aplica aos crimes cometidos após a entrada em vigor da Lei 13.964/19, de forma que para os condenados por crimes hediondos ou equiparados praticados antes de 29 de março de 2007, a progressão de regime será possível com o cumprimento de 1/6 da pena, por força da declaração de inconstitucionalidade da redação originária da Lei dos Crimes Hediondos. Por outro lado, aos crimes hediondos ou equiparados praticados entre 29 de março de 2007 e 23 de janeiro de 2020[23], a progressão poderá ser obtida pelo cumprimento de 2/5 da pena, se primário, e 3/5 se reincidente.

Crimes hediondos e equiparados	Crimes praticados antes de 29.03.07	Crimes praticados entre 29.03.07 até 23.01.20	Crimes praticados após 23.01.20
Progressão de regime (primário)	1/6 da pena	2/5 da pena, se primário	40% da pena, se primário; 50% da pena, se ocorrer morte, se for primário;
Progressão de regime (reincidente)	1/6 da pena	3/5 da pena, se reincidente	40% da pena, se reincidente em crime comum; 60% da pena, se for reincidente na prática de crime hediondo ou equiparado; 70% da pena, se for reincidente em crime hediondo ou equiparado com resultado morte.

É importante frisar que o art. 2º, §2º, da Lei 8.072/90 foi expressamente revogado pela Lei 13.964/19. O dispositivo previa regras mais brandas para a progressão de regime em relação a crimes hediondos ou equiparados para mulheres gestantes, mães ou responsáveis por crianças ou pessoas com deficiência, desde que o crime não tivesse sido cometido com violência ou grave ameaça, a sentenciada não integrasse organização criminosa, fosse primária e tivesse bom comportamento carcerário e não tivesse cometido o crime contra filho ou dependente. Com a revogação do dispositivo, não mais existe a distinção, exceto para os crimes praticados antes da entrada em vigor da Lei 13.964/19, que seguem a regra anterior.

23. A lei do Pacote Anticrime entrou em vigor em 24.01.20.

7.15 PARTICULARIDADES NA EXECUÇÃO PENAL

7.15.1 Estabelecimentos penais

Segundo o art. 3º da Lei 8.072/90, "a União manterá estabelecimentos penais, de segurança máxima, destinados ao cumprimento de penas impostas a condenados de alta periculosidade, cuja permanência em presídios estaduais ponha em risco a ordem ou incolumidade pública".

Trata-se de norma mandamental que impõe à União o dever de manter estabelecimentos penais de segurança máxima, destinados a uma criminalidade especial.

A norma, apesar do cunho mandamental e da previsão no âmbito da Lei dos Crimes Hediondos, de forma subjacente não se restringe a tais delitos e não necessariamente será aplicada à condenado por crime hediondo, haja vista que o legislador restringiu sua aplicação aos condenados de alta periculosidade, cuja permanência em presídios estaduais ponha em risco a ordem ou incolumidade pública.

Conforme vimos anteriormente, se o STF admite a possibilidade de substituição de pena nos crimes hediondos, o faz porque reconhece que nem todos os condenados por delitos de tais quilates possuem alta periculosidade. Logo, a análise acerca da destinação do preso para os estabelecimentos de segurança máxima dependerá da análise do caso concreto, pautando-se a decisão na periculosidade do agente e risco a ordem ou incolumidade pública.

7.15.2 Exame criminológico

> **Súmula Vinculante 26 do STF**: "para efeito de progressão de regime no cumprimento da pena por crime hediondo, ou equiparado, o juízo da execução observará a inconstitucionalidade do art. 2º da Lei n. 8.072, de 25 de julho de 1990, sem prejuízo de avaliar se o condenado preenche, ou não, os requisitos objetivos e subjetivos do benefício, podendo determinar para tal fim, de modo fundamentado, a realização do exame criminológico".

A menção na Súmula, à inconstitucionalidade do art. 2º da Lei 8.072/90, versa somente sobre os crimes hediondos ou equiparados cometidos antes da Lei 11.464/07.

Conforme alteração realizada no §1º do art. 112 da LEP pela Lei 14.843/24, "em todos os casos, o apenado somente terá direito à progressão de regime se ostentar boa conduta carcerária, comprovada pelo diretor do estabelecimento, e pelos resultados do exame criminológico, respeitadas as normas que vedam a progressão".

7.15.3 Separação de presos provisórios e condenados

> LEP: Art. 84. O preso provisório ficará separado do condenado por sentença transitada em julgado.
>
> § 1º Os presos provisórios ficarão separados de acordo com os seguintes critérios:
>
> I - acusados pela prática de crimes hediondos ou equiparados;
>
> II - acusados pela prática de crimes cometidos com violência ou grave ameaça à pessoa
>
> III - acusados pela prática de outros crimes ou contravenções diversos dos apontados nos incisos I e II.
>
> (...)
>
> § 3º Os presos condenados ficarão separados de acordo com os seguintes critérios:
>
> I - condenados pela prática de crimes hediondos ou equiparados;
>
> II - reincidentes condenados pela prática de crimes cometidos com violência ou grave ameaça à pessoa;
>
> III - primários condenados pela prática de crimes cometidos com violência ou grave ameaça à pessoa;
>
> IV - demais condenados pela prática de outros crimes ou contravenções em situação diversa das previstas nos incisos I, II e III.

7.15.4 Saída temporária

LEP: Art. 122. Os condenados que cumprem pena em regime semiaberto poderão obter autorização para saída temporária do estabelecimento, sem vigilância direta, nos seguintes casos: (...) § 2º Não terá direito à saída temporária a que se refere o *caput* deste artigo o condenado que cumpre pena por praticar crime hediondo com resultado morte.

O artigo 122, §2° da LEP, alterado pela Lei 14.843/24, prevê que não terá direito à saída temporária de que trata o *caput* deste artigo ou a trabalho externo sem vigilância direta o condenado que cumpre pena por praticar crime hediondo ou com violência ou grave ameaça contra pessoa. Prevalece o entendimento[24] de que a norma possui natureza penal, de modo que, sendo prejudicial ao apenado, não pode retroagir, somente sendo aplicável aos crimes hediondos com resultado morte após a entrada em vigor da Lei 13.964/19, e

---

24. Apesar de divergência, nesse ponto, inclusive entre os autores desta obra, entendendo Marcelo Albuquerque que são processuais, com aplicabilidade imediata ao processo de execução penal no estado em que se encontra, todas as normas que regulamentam benefícios carcerários, à exceção das regras para progressão de regime e livramento condicional.

aos demais crimes hediondos não contemplados pela redação anterior, após a entrada em vigor da Lei 14.843/24.

7.15.5 Livramento condicional

O Código Penal prevê, no inc. V, do art. 83, que o agente cumpra dois terços da pena nos casos de condenação por crime hediondo, prática de tortura, tráfico ilícito de entorpecentes e drogas afins, tráfico de pessoas e terrorismo, se o apenado não for reincidente específico em crimes dessa natureza. O dispositivo, apesar de não ter sido objeto de alteração direta pela Lei 13.964/19, sofreu profunda alteração com a entrada em vigor da Lei, que vedou o livramento condicional para o condenado pela prática de crime hediondo ou equiparado, primário ou reincidente, desde que presente o resultado morte (art. 112, VI, "a" e inc. VIII, da LEP), e para o agente que exerce comando, individual ou coletivo, de organização criminosa estruturada para a prática de **crimes hediondos ou equiparados**, se houver elementos probatórios que indiquem a manutenção do vínculo associativo (art. 2º, §9º, da Lei 12.850/13).

Assim, a nova regra do livramento condicional para os crimes comuns, hediondos e equiparados, ficou assim consolidada:

<table>
<tr><th>Natureza do crime</th><th>Condição subjetiva</th><th>Situação legal vigente</th></tr>
<tr><td rowspan="2">Crime praticado sem violência ou grave ameaça</td><td>Primário</td><td>Mais de 1/3 da pena. Art. 83, I, do CP.</td></tr>
<tr><td>Reincidente</td><td>Mais de 1/2 da pena. Art. 83, II do CP</td></tr>
<tr><td rowspan="2">Crime praticado com violência ou grave ameaça</td><td>Primário</td><td>Mais de 1/3 da pena. Art. 83, I, do CP.</td></tr>
<tr><td>Reincidente</td><td>Mais de 1/2 da pena. Art. 83, II do CP.</td></tr>
<tr><td rowspan="2">Crime hediondo ou equiparado</td><td>Primário</td><td>Mais de 2/3 da pena. Art. 83, V, do CP.
Se houver morte é vedado o livramento condicional – Art. 112, VI, "a", LEP.</td></tr>
<tr><td>Reincidente</td><td>Mais de 2/3 da pena, vedado para reincidentes específicos em crimes desta natureza. Art. 83, V, do CP.
Se houver morte é vedado o livramento condicional – Art. 112, VIII, LEP.</td></tr>
<tr><td>Feminicídio</td><td>Primário ou reincidente</td><td>Vedado o livramento condicional – Art. 112, VI-A</td></tr>
<tr><td colspan="2">Agente que exerce comando, individual ou coletivo, de organização criminosa estruturada para a prática de crime hediondo ou equiparado</td><td>Vedado o livramento condicional se houver elementos probatórios que indiquem a manutenção do vínculo associativo (art. 2º, §9º, da Lei 12.850/13).</td></tr>
</table>

Vale destacar que a reincidência possui como efeito o impedimento do livramento condicional em crimes hediondos ou equiparados em caso de reincidência específica em crimes dessa natureza (CP, art. 83, V).

7.16 ALTERAÇÕES NO CÓDIGO PENAL E LEGISLAÇÃO ESPECIAL

A Lei dos Crimes Hediondos trouxe alterações no Código Penal no tocante à pena de diversos delitos (art. 157, §3º, art. 159, §§1º a 3º, art. 213, arts. 214 e 223 (revogados posteriormente), art. 267 e art. 270).

Além dessas alterações, previu o instituto da delação premiada ou delação eficaz no âmbito do crime de extorsão mediante sequestro (art. 159, CP).

Em breve síntese, porque o assunto delação premiada será mais bem abordado no estudo da Lei de Organizações Criminosas, podemos assinalar que o §4º, do art. 159 do CP, previu que se o crime for cometido em concurso, o concorrente que o denunciar à autoridade, facilitando a libertação do sequestrado, terá sua pena reduzida de um a dois terços.

Da redação, extrai-se três requisitos cumulativos:

1) crime praticado em concurso de pessoas;
2) denúncia, por um dos concorrentes, à autoridade (delegado, juiz, promotor etc.);
3) nexo de causalidade entre a denúncia e a libertação do sequestrado, não se exigindo a prisão dos demais agentes (eficácia da delação).

Ocorrendo a liberação da vítima em razão do pagamento do resgate e não em decorrência da delação oferecida pelo concorrente, não se aplica o §4º do art. 159. Pode, contudo, ser aplicado art. 13 da Lei 9.807/99 ou o disposto no art. 4º da Lei 12.850/13 caso se trate de organização criminosa e algum dos resultados previstos nos incisos I a IV venha a ser alcançado.

O art. 9º da Lei 8.072/90, por sua vez, dispôs que "as penas fixadas no art. 6º para os crimes capitulados nos arts. 157, § 3º, 158, § 2º, 159, *caput* e seus §§ 1º, 2º e 3º, 213, *caput* e sua combinação com o art. 223, *caput* e parágrafo único, 214 e sua combinação com o art. 223, *caput* e parágrafo único, todos do Código Penal, são acrescidas de metade, respeitado o limite superior de trinta anos de reclusão, estando a vítima em qualquer das hipóteses referidas no art. 224 também do Código Penal".

O dispositivo em questão estabelece o aumento de metade da pena nos crimes hediondos de natureza patrimonial e sexual, caso a vítima não seja maior de 14 anos, seja alienada ou débil mental, ou se a vítima não possa oferecer resistência por qualquer motivo. No entanto, o artigo 9º foi tacitamente revogado, já que a Lei 12.015/2009 revogou expressamente os arts. 223 e 224 do Código Penal, que complementavam o dispositivo. Portanto, nos crimes patrimoniais referidos não incide mais a causa de aumento de pena e, nos crimes sexuais, a mesma lei readequou a previsão no crime de estupro de vulnerável (art. 217-A, CP).

Por fim, vale registrar que o art. 10 da Lei 8.072/90, que promoveu alterações na Lei 6.368/76, antiga Lei de Drogas, modificando prazos procedimentais, perdeu por completo o sentido, haja vista que Lei 11.343/06 regulou por completo o procedimento.

7.16.1 Associação criminosa qualificada

O art. 8º da Lei 8.072/90 (Lei dos Crimes Hediondos), prevê que: "Será de três a seis anos de reclusão a pena prevista no art. 288 do Código Penal, quando se tratar de crimes hediondos, prática da tortura, tráfico ilícito de entorpecentes[25] e drogas afins ou terrorismo".

Entretanto, apesar da previsão legal, o crime de associação criminosa, mesmo quando voltado para a prática de crimes hediondos, não foi erigido à categoria de delito hediondo nos termos do art. 2º da Lei dos Crimes Hediondos.

Por sua vez, o parágrafo único do art. 8º da Lei dos Crimes Hediondos prevê que "o participante e o associado que denunciar à autoridade o bando ou quadrilha, possibilitando seu desmantelamento, terá a pena reduzida de um a dois terços", sendo tal procedimento conhecido por "traição benéfica", vez que o agente atua como um verdadeiro "X9 premiado".

7.17 PRIORIDADE DE TRAMITAÇÃO

Conforme o artigo 394-A do Código de Processo Penal, incluído pela Lei 13.285/2016, os processos que apurem a prática de crime hediondo terão prioridade de tramitação em todas as instâncias.

25. No caso de associação para o tráfico, a solução passou a ser realizada pelo art. 35 da Lei 11.343/06, que prevê a pena de três a dez anos de reclusão, e multa.

7.18 SÍNTESE GRÁFICA

ROL DOS CRIMES HEDIONDOS	a) homicídio quando praticado em atividade típica de grupo de extermínio, ainda que cometido por um só agente; b) homicídio qualificado e feminicídio; c) lesão corporal gravíssima ou seguida de morte funcional; d) roubo circunstanciado pela restrição da liberdade e emprego de arma de fogo, e roubo qualificado pela lesão grave ou morte; e) extorsão qualificada pela restrição da liberdade, ocorrência de lesão corporal ou morte; f) extorsão mediante sequestro simples e em suas formas qualificadas; g) estupro simples e qualificado pela lesão grave ou morte; h) estupro de vulnerável em sua forma simples ou qualificada pela lesão grave ou morte; i) epidemia com resultado morte; j) falsificação, corrupção, adulteração ou alteração de produto destinado a fins terapêuticos ou medicinais; k) favorecimento da prostituição ou de outra forma de exploração sexual de criança ou adolescente ou de vulnerável; l) furto qualificado pelo emprego de explosivo ou de artefato análogo que cause perigo comum; m) induzimento, instigação ou auxílio a suicídio ou a automutilação realizados por meio da rede de computadores, de rede social ou transmitidos em tempo real (art. 122, caput e § 4º); n) sequestro e cárcere privado cometido contra menor de 18 (dezoito) anos (art. 148, § 1º, inciso IV); o) tráfico de pessoas cometido contra criança ou adolescente (art. 149-A, caput, incisos I a V, e § 1º, inciso II); p) genocídio; q) posse ou porte ilegal de arma de fogo de uso proibido; r) comércio ilegal de armas de fogo; s) tráfico internacional de arma de fogo; t) crime de organização criminosa quando direcionado à prática de crime hediondo ou equiparado; u) os crimes previstos no Decreto-Lei nº 1.001, de 21 de outubro de 1969 (Código Penal Militar), que apresentem identidade com os crimes previstos no art. 1º desta Lei; v) os crimes previstos no § 1º do art. 240 e no art. 241-B da Lei nº 8.069, de 13 de julho de 1990 (Estatuto da Criança e do Adolescente). *As modalidades tentadas desses delitos também configuram crime hediondo. * O crime de homicídio qualificado-privilegiado não é concebido como hediondo
FIGURAS EQUIPARADAS	**T**ráfico ilícito de drogas, **T**errorismo e **T**ortura (**TTT**) *O tráfico privilegiado não é concebido como hediondo.
VEDAÇÕES LEGAIS	Anistia, graça, indulto e fiança.
INSTITUTOS DESPENALIZANTES	ANPP (Enunciado 22 CNPG), transação penal e suspensão condicional do processo incabíveis em nossa compreensão.
PRIORIDADE DE TRAMITAÇÃO	Art. 394-A, CPP

<table>
<tr><td>PENAS RESTRITIVAS DE DIREITO</td><td colspan="3">Substituição possível de acordo com o STF</td></tr>
<tr><td>LIVRAMENTO CONDICIONAL</td><td colspan="3">Primário – Mais de 2/3 da pena. Art. 83, V, do CP.
Reincidente – Mais de 2/3 da pena, vedado para reincidentes específicos em crimes desta natureza. Art. 83, V, do CP.
Se houver morte é vedado o livramento condicional – Art. 112, VIII, LEP.
Feminicídio – vedado o livramento condicional– Art. 112, VI-A, LEP.
Agente que exerce comando, individual ou coletivo, de organização criminosa estruturada para a prática de crime hediondo ou equiparado – Vedado o livramento condicional se houver elementos probatórios que indiquem a manutenção do vínculo associativo (art. 2º, §9º, da Lei 12.850/13).</td></tr>
<tr><td>SAÍDA TEMPORÁRIA</td><td colspan="3">Vedada para os condenados por prática de crime hediondo com resultado morte cometido após a entrada em vigor da Lei 13.964/19.
Vedada para os condenados por prática de qualquer crime hediondo cometido após a entrada em vigor da Lei 14.843/24</td></tr>
<tr><td>PRISÃO TEMPORÁRIA</td><td colspan="3">30 dias prorrogáveis por mais 30 dias</td></tr>
<tr><td>PROGRESSÃO DE REGIME</td><td>Crimes praticados antes de 29.03.07</td><td>Crimes praticados entre 29.03.07 até 23.01.20</td><td>Crimes praticados após 23.01.20</td></tr>
<tr><td>primário</td><td>1/6 da pena</td><td>2/5 da pena, se primário</td><td>40% da pena, se primário;
50% da pena, se ocorrer morte, se for primário;
55% da pena, se condenado pelo crime de feminicídio</td></tr>
<tr><td>reincidente</td><td>1/6 da pena</td><td>3/5 da pena, se reincidente</td><td>40% da pena, se reincidente em crime comum;
60% da pena, se for reincidente na prática de crime hediondo ou equiparado;
70% da pena, se for reincidente em crime hediondo ou equiparado com resultado morte.</td></tr>
</table>

8

LEI DE INVESTIGAÇÃO CRIMINAL CONDUZIDA PELO DELEGADO DE POLÍCIA (LEI 12.830/13)

A Lei 12.830/13 dispõe sobre a investigação criminal conduzida pelo delegado de polícia. Não obstante, o regramento legal acerca da investigação criminal, realizada pela autoridade policial, consta do Código de Processo Penal, mais rico em detalhes e especificações.

O art. 1º da Lei estabelece o objeto normativo, investigação criminal conduzida pelo delegado de polícia. Por sua vez, o art. 2º prevê que as **funções de polícia judiciária e a apuração de infrações penais** exercidas pelo delegado de polícia são de **natureza jurídica, essenciais e exclusivas de Estado**.

O dispositivo reforça o princípio da **oficialidade**, caracterizando as funções da polícia judiciária e de apuração das infrações penais como de natureza jurídica, essenciais e exclusivas do Estado.

O termo "polícia" é amplo e utilizado para designar diversas funções, que perpassam pelo aspecto administrativo, pela investigação, cumprimento de determinações do Poder Judiciário e alcançam até mesmo o Direito Administrativo, quando se estuda o poder de polícia. Compete-nos, contudo, analisar a mal designada polícia judiciária pelo CPP.

A polícia judiciária não se confunde com a polícia investigativa, vez que a primeira alcança as funções de cumprimento das ordens do Poder Judiciário, como os mandados de prisão e de busca e apreensão, ao passo que a segunda abarca a atribuição para apuração das infrações penais. A distinção é nítida no próprio texto constitucional, que expressamente dispõe no art. 144, §4º, que às polícias civis, dirigidas por delegados de polícia de carreira, incumbem, ressalvada a competência da União, as **funções de polícia judiciária**

e a apuração de infrações penais, exceto as militares[1]. Não obstante, ainda é usual na doutrina e na jurisprudência[2] a referência à polícia investigativa como judiciária.

Segundo o art. 4º do CPP:

> Art. 4º A polícia judiciária será exercida pelas autoridades policiais no território de suas respectivas circunscrições e terá por fim a apuração das infrações penais e da sua autoria.
>
> Parágrafo único. A competência definida neste artigo não excluirá a de autoridades administrativas, a quem por lei seja cometida a mesma função.

O dispositivo, afastando-se da melhor técnica, sobretudo tendo por referencial o código em que está inserido, menciona "competência", que no Processo Penal é termo que se refere a atividade tipicamente jurisdicional. Há que se ler o termo, portanto, como **atribuição**.

A presidência do inquérito policial compete ao delegado de polícia, que faz uso da estrutura interna da Polícia Civil ou Federal[3], a depender da natureza da infração, para promover a apuração da infração penal. Logo, temos que a investigação deve ser realizada, de forma originária, pela estrutura da polícia, nada impedindo, todavia, que sejam realizados termos de cooperação técnica ou colaboração entre instituições no tocante a pontos específicos.

Em linhas gerais, cabe ao delegado da Polícia Federal promover a apuração dos crimes cuja competência é da Justiça Federal (art. 144, §1º da CF[4]), ao

---

1. A polícia militar possui cunho administrativo, não sendo incumbida de investigações de infrações penais, salvo as militares. Isso não impede, contudo, que a polícia militar realize serviços de inteligência visando impedir a prática de crimes.
2. "É direito do defensor, no interesse do representado, ter acesso amplo aos elementos de prova que, já documentados em procedimento investigatório realizado por órgão com competência de polícia judiciária, digam respeito ao exercício do direito de defesa".
3. No caso das infrações penais militares a apuração é realizada por um encarregado designado para tanto.
4. § 1º A polícia federal, instituída por lei como órgão permanente, organizado e mantido pela União e estruturado em carreira, destina-se a: I – apurar infrações penais contra a ordem política e social ou em detrimento de bens, serviços e interesses da União ou de suas entidades autárquicas e empresas públicas, assim como outras infrações cuja prática tenha repercussão interestadual ou internacional e exija repressão uniforme, segundo se dispuser em lei; II – prevenir e reprimir o tráfico ilícito de entorpecentes e drogas afins, o contrabando e o descaminho, sem prejuízo da ação fazendária e de outros órgãos públicos nas respectivas áreas de competência; III – exercer as funções de polícia marítima, aeroportuária e de fronteiras; IV – exercer, com exclusividade, as funções de polícia judiciária da União.

passo que ao delegado da Polícia Civil[5] a apuração dos crimes de competência da Justiça Estadual, destacando, todavia, que em ambos os casos não há apuração de crimes militares. Há que se destacar a possibilidade de **federalização da investigação** nos termos do art. 1º da Lei 10.446/02:

> Art. 1º; Na forma do inciso I do § 1º do art. 144 da Constituição, quando houver **repercussão interestadual ou internacional que exija repressão uniforme**[6]**, poderá o Departamento de Polícia Federal do Ministério da Justiça, sem prejuízo da responsabilidade dos órgãos de segurança pública arrolados no** art. 144 da Constituição Federal, em especial das Polícias Militares e Civis dos Estados, proceder à investigação, dentre outras, das seguintes infrações penais:
>
> I – sequestro, cárcere privado e extorsão mediante sequestro (arts. 148 e 159 do Código Penal), se o agente foi impelido por motivação política ou quando praticado em razão da função pública exercida pela vítima;
>
> II – formação de cartel (incisos I, a, II, III e VII do art. 4º da Lei nº 8.137, de 27 de dezembro de 1990); e
>
> III – relativas à violação a direitos humanos, que a República Federativa do Brasil se comprometeu a reprimir em decorrência de tratados internacionais de que seja parte; e
>
> IV – furto, roubo ou receptação de cargas, inclusive dos produtos controlados a que se refere o Decreto nº 24.602, de 6 de julho de 1934, especialmente pólvoras, explosivos e artigos pirotécnicos, transportadas em operação interestadual ou internacional, quando houver indícios da atuação de quadrilha ou bando em mais de (1) um Estado da Federação;
>
> V – falsificação, corrupção, adulteração ou alteração de produto destinado a fins terapêuticos ou medicinais e venda, inclusive pela internet, depósito ou distribuição do produto falsificado, corrompido, adulterado ou alterado (art. 273 do Decreto-Lei nº 2.848, de 7 de dezembro de 1940 – Código Penal).
>
> VI – furto, roubo ou dano contra instituições financeiras, incluindo agências bancárias ou caixas eletrônicos, quando houver indícios da atuação de associação criminosa em mais de um Estado da Federação.
>
> VII – quaisquer crimes praticados por meio da rede mundial de computadores que difundam conteúdo misógino, definidos como aqueles que propagam o ódio ou a aversão às mulheres.
>
> VIII – furto, roubo ou dano contra empresas de serviços de segurança privada especializadas em transporte de valores.

5. A competência para julgamento dos crimes será estudada no capítulo pertinente à competência, ao qual remetemos o leitor.
6. Requisitos cumulativos.

> Parágrafo único. Atendidos os pressupostos do *caput*, o Departamento de Polícia Federal procederá à apuração de outros casos, desde que tal providência seja autorizada ou determinada pelo Ministro de Estado da Justiça.

Os crimes eleitorais são apurados, em regra, pela Polícia Federal, sendo que o TSE já firmou o entendimento de que não havendo estrutura da PF no local, a investigação pode ser realizada pela Polícia Civil.

Ao contrário do sustentado por parcela da doutrina, não entendemos que o dispositivo tenha firmado a premissa de que o delegado de polícia seja o primeiro agente estatal incumbido da tutela de direitos fundamentais do indivíduo na seara penal, haja vista que, no caso de prisão em flagrante ou cumprimento de mandado de prisão, o agente público responsável pelo ato possui, de forma primária, o dever de respeitar a integridade pessoal do indivíduo preso, bem como o de somente realizar a prisão nos casos efetivamente permitidos em lei, só podendo conduzi-lo perante a autoridade policial nos casos em que se admite a prisão em flagrante ou em cumprimento de mandado de prisão.

Isso não significa, entretanto, que o delegado de polícia não exerça um importantíssimo papel na tutela dos direitos fundamentais da pessoa presa, haja vista ser de sua atribuição a lavratura do auto de prisão em flagrante delito. Nesse sentido, verificando alguma ilegalidade clara na prisão realizada, deverá exercer seu múnus e **não ratificar a prisão realizada, colocando o indivíduo em liberdade**. De igual sorte, cabe ao delegado de polícia assegurar a integridade física do agente preso, determinando a realização do exame de corpo de delito caso verifique que o conduzido possui alguma lesão aparente.

Ademais, ainda a título de exemplo, caso ratifique a prisão efetuada, deverá observar uma série de atos para a formalização do auto de prisão em flagrante delito, dentre as quais a de comunicar a prisão ao juízo, à família do preso e ao Ministério Público.

A expressão "de natureza jurídica" ao passo em que ratifica a necessidade de formação acadêmica específica para o cargo de delegado, revela, de forma objetiva, que as funções típicas de polícia judiciária e apuração de infrações penais exercidas pelo delegado de polícia devem ser exercidas em conformidade com a técnica jurídica e em estrita observância ao ordenamento jurídico e que seus atos e manifestações gozam do status de juridicidade, podendo se presumir, com maior relevo, a veracidade e legalidade dos atos praticados no exercício da função. É de se observar, contudo, que os atos administrativos em geral e os atos de polícia e de investigação e em específico, embora devam obediência às leis e ao Direito, seguem técnicas e metodologias distintas, voltadas à consecução de suas finalidades.[7]

Do dispositivo ainda se extrai ainda a essencialidade e exclusividade estatal para o exercício das funções de polícia judiciária e a apuração de infrações penais exercidas pelo delegado de polícia.

O §1º do art. 2º assinala que ao delegado de polícia, na qualidade de autoridade policial, cabe a condução da investigação criminal por meio de inquérito policial ou outro procedimento previsto em lei, que tem como objetivo a apuração das circunstâncias, da materialidade e da autoria das infrações penais.

O §2º do dispositivo, por sua vez, prevê, em reforço à lógica do CPP, que durante a investigação criminal cabe ao delegado de polícia a requisição de perícia, informações, documentos e dados que interessem à apuração dos fatos.

O §3º, vetado pela Presidente de República, previa que o delegado de polícia conduziria a investigação criminal de acordo com seu livre convencimento técnico-jurídico, com isenção e imparcialidade. As razões do veto foram assim apresentadas:

> Da forma como o dispositivo foi redigido, a referência ao convencimento técnico-jurídico poderia sugerir um conflito com as atribuições investigativas de outras instituições, previstas na Constituição Federal e no Código de Processo Penal. Desta forma, é preciso buscar uma solução redacional que assegure as prerrogativas funcionais dos delegados de polícias e a convivência harmoniosa entre as instituições responsáveis pela persecução penal.

O §4º, por seu turno, prevê que o inquérito policial ou outro procedimento previsto em lei em curso somente poderá ser avocado ou redistribuído por superior hierárquico, mediante despacho fundamentado, por motivo de interesse público ou nas hipóteses de inobservância dos procedimentos previstos em regulamento da corporação que prejudique a eficácia da investigação. Por sua vez, o §5º prevê que a remoção do delegado de polícia dar-se-á somente por ato fundamentado.

Os dispositivos, em nossa compreensão, atingem de forma sensível a atuação da autoridade policial, porquanto refutam a inamovibilidade e permitem a mudança na presidência das investigações. Ainda que a norma tenha restringido as hipóteses legais para os casos de **inobservância dos**

---

7. A quem interesse um substancial aprofundamento no tema, veja: PEREIRA, Eliomar da Silva. *Teoria da Investigação Criminal.* 3ª Ed. São Paulo: Almedina, 2022.

procedimentos previstos em regulamento da corporação que prejudique a eficácia da investigação ou motivo de interesse público, a abertura conceitual derivada da expressão "**motivo de interesse público**" admite, infelizmente, abusos hermenêuticos em prejuízo ao livre, fiel e escorreito exercício da função, por vezes amparados por interesses não republicanos.

Noutra linha, o §6º trata do **indiciamento** realizado pela autoridade policial. Conforme destaca Abreu, *in Manual de Processo Penal*, o indiciamento é um ato privativo do delegado de polícia que será realizado por ato fundamentado, mediante análise técnico-jurídica do fato, que deverá indicar a autoria, materialidade e suas circunstâncias (art. 2º, §6º da Lei 12.830/13).

Não obstante o legislador, em diversas oportunidades no CPP, referir-se ao suspeito ou investigado como indiciado, tecnicamente são figuras distintas, porquanto o indiciamento exige ato formal da autoridade policial, que pode ocorrer no APFD ou no relatório final conclusivo.

Para realização do ato do indiciamento, a autoridade policial deverá fundamentar seu entendimento, apresentando elementos que evidenciem a materialidade e autoria da infração penal. Por se tratar de ato formal, o indiciado deverá ser cientificado do indiciamento.

O ato de indiciamento tem recebido, nos últimos anos, espetaculosas coberturas da imprensa, trazendo desinformação à sociedade. Isso porque o indiciamento sequer é pressuposto para oferecimento da denúncia e, igualmente, não vincula o titular da ação penal. A cobertura midiática submete o indiciado ao julgamento popular com lastro apenas em provas inquisitoriais, em flagrante afronta a direitos e garantias fundamentais.

Por essa e outras razões é que alguns profissionais do Direito sustentam que o indiciamento é o **nada jurídico**. Contudo, assim não entendemos.

Conforme vimos, o indiciamento não produz qualquer efeito quanto à atuação do titular da ação penal, que pode ofertar a denúncia ou queixa independentemente do indiciamento. Ademais, o Ministério Público pode, por exemplo, promover o arquivamento de um inquérito policial cujo indiciamento foi realizado pela autoridade policial.

Apesar do indiciamento não promover qualquer **efeito jurídico-penal** para o indiciado por ser baseado em provas inquisitoriais, isto é, não sofre qualquer consequência de efeitos **penais**, o **indiciamento possui caráter jurídico-formal e, portanto, produz efeitos**. A uma porque promove assentamentos de registros policiais e, ainda que esses não possam ser utilizados de forma negativa contra o indiciado, produz o **efeito formal de registro**. A duas, porque, não obstante ser dispensável para propositura da ação penal, é dever do delegado de polícia se manifestar quanto ao indiciamento, podendo, caso se omita, incorrer em **falta funcional**. A três, porque o STF decidiu no HC 85.541-5 que "tem-se no indiciamento o momento procedimental ideal a partir do qual se deve, necessariamente, garantir a oportunidade ou ensejo ao exercício do direito de defesa (...) o indiciado em interesse em demonstrar que não deve ser denunciado em juízo", isto é, o indiciamento deflagra o **encerramento da fase inquisitorial**. A quatro, porque a realização do indiciamento sem fundamentação ou elementos mínimos configura **constrangimento** ao indiciado. E, a cinco, entre **outras consequências administrativas** possíveis de serem estatuídas, o indiciado pode ser impedido de adquirir arma de fogo, nos termos do art. 4º, inc. I, do Estatuto do Desarmamento (Lei 10.823/03).

Conforme destacado acima, a prova inquisitorial não pode, em hipótese alguma, trazer consequências penais para o indiciado, como maus antecedentes[8], fundamentação para caracterização de tráfico de entorpecentes não privilegiado etc.

O STF, no julgamento da ADI 4.911/DF[9], decidiu que o efeito de afastamento cautelar de servidor indiciado em crime de lavagem de capitais em sede de inquérito policial é inconstitucional:

> "O afastamento do servidor, em caso de necessidade para a investigação ou instrução processual, somente se justifica quando demonstrado nos autos o risco da continuidade do desempenho de suas funções e a medida ser eficaz e proporcional à tutela da investigação e da própria Administração Pública, circunstâncias a serem apreciadas pelo Poder Judiciário.
>
> Reputa-se violado o princípio da proporcionalidade quando não se observar a necessidade concreta da norma para tutelar o bem jurídico a que se destina, já que o afastamento do servidor pode ocorrer a partir de representação da autoridade policial ou do Ministério Público, na forma de medida cautelar diversa da prisão, conforme os arts. 282, § 2º, e 319, VI, ambos do Código de Processo Penal (CPP).
>
> Ademais, a presunção de inocência exige que a imposição de medidas coercitivas ou constritivas aos direitos dos acusados, no decorrer de inquérito ou processo penal, seja amparada em requisitos concretos que sustentam a fundamentação da decisão judicial impositiva, não se admitindo efeitos cautelares automáticos ou desprovidos de fundamentação idônea.
>
> Por fim, sendo o indiciamento ato dispensável para o ajuizamento de ação penal, a norma que determina o afastamento automático de servidores públicos, por força da opinio delicti da autoridade policial, quebra a isonomia

8. STF: RE 591.054, DJe 26.02.15.
9. j. 20.11.20.

> entre acusados indiciados e não indiciados, ainda que denunciados nas mesmas circunstâncias.
>
> Trata-se de ação direta de inconstitucionalidade ajuizada contra o art. 17-D da Lei 9.613/1998, com redação conferida pela Lei 12.683/2012, que prevê o afastamento automático de servidor público em decorrência do indiciamento policial em inquérito instaurado para apurar crimes de lavagem ou ocultação de bens, direitos e valores.
>
> Com base no entendimento exposto, o Plenário, por maioria, julgou procedente o pedido formulado. Vencidos os ministros Edson Fachin (relator) e Cármen Lúcia e, em parte, o ministro Marco Aurélio" ADI 4911/DF, j. 20/11/2020.

Ainda, reforçando a **produção de efeitos administrativos** do ato de indiciamento, a jurisprudência tem admitido a figura do **desindiciamento** por meio de HC: "O indiciamento configura constrangimento quando a autoridade policial, sem elementos mínimos de materialidade delitiva, lavra o termo respectivo e nega ao investigado o direito de ser ouvido e de apresentar documentos" (STJ: HC 43.599/SP, DJe 04.08.08).

Em derradeira conclusão, vale lembrar que, em regra, qualquer pessoa submetida à investigação policial pode ser indiciada. Contudo, há exceções legais e jurisprudenciais.

a) **Membro do Ministério Público**: segundo o art. 41, inc. II, da Lei 8.625/93, o membro do *parquet* não pode ser indiciado em inquérito policial. Isso porque a atribuição para apuração de fatos em tese criminosos praticados por promotores de justiça compete ao Procurador-Geral de Justiça (p. único do art. 41).

b) **Parlamentares**: na Questão de Ordem 2.411, o pleno o STF entendeu que a autoridade policial não pode promover o indiciamento de parlamentares sem prévia autorização do ministro-relator do inquérito. Sufragou ainda o entendimento que a abertura da investigação está condicionada à autorização do Relator.

c) **Demais autoridades com foro por prerrogativa de função**: não obstante ausência de previsão legal, pensamos que o entendimento do STF acima exposto deve ser aplicado às demais hipóteses legais de foro por prerrogativa de função, levando-se em consideração simetria e tratamento isonômico.

Por fim, importante destacar que o art. 3º prevê que o cargo de delegado de polícia é privativo de bacharel em Direito, devendo-lhe ser dispensado o mesmo tratamento protocolar que recebem os magistrados, os membros da Defensoria Pública e do Ministério Público e os advogados.

9

PRISÃO TEMPORÁRIA (LEI 7.960/89)

A prisão temporária foi trazida à lume no ordenamento pátrio por meio da Lei 7.960/89, com o escopo principal de assegurar a efetividade nas investigações criminais em crimes mais graves e, consequentemente, dar cabo às chamadas prisões para averiguação.

9.1 CONCEITO

Trata-se de medida cautelar decretada pela autoridade competente, a requerimento da autoridade policial ou Ministério Público, por prazo certo e determinado, com o escopo de buscar elementos de prova sobre as infrações penais descritas na Lei 7.960/89, somente podendo ser decretada quando imprescindível para as investigações.

9.2 REQUISITOS

Os requisitos para decretação da prisão temporária foram previstos no art. 1º da Lei 7.960/89, aos quais deve ser agregado o entendimento do STF, firmado no julgamento das ADIs 4.109 e 3.360, j. 12.02.22. Vejamos o art. 1º:

> Art. 1º Caberá prisão temporária:
>
> I – quando imprescindível para as investigações do inquérito policial;
>
> II – quando o indicado não tiver residência fixa ou não fornecer elementos necessários ao esclarecimento de sua identidade;
>
> III – quando houver fundadas razões, de acordo com qualquer prova admitida na legislação penal, de autoria ou participação do indiciado nos seguintes crimes:
>
> a) homicídio doloso (art. 121, *caput*, e seu § 2º);

b) sequestro ou cárcere privado (art. 148, *caput*, e seus §§ 1º e 2º);

c) roubo (art. 157, *caput*, e seus §§ 1º, 2º e 3º);

d) extorsão (art. 158, *caput*, e seus §§ 1º e 2º);

e) extorsão mediante sequestro (art. 159, *caput*, e seus §§ 1º, 2º e 3º);

f) estupro (art. 213, *caput*, e sua combinação com o art. 223, *caput*, e parágrafo único);

g) atentado violento ao pudor (art. 214, *caput*, e sua combinação com o art. 223, *caput*, e parágrafo único);

h) rapto violento (art. 219, e sua combinação com o art. 223, *caput*, e parágrafo único);

i) epidemia com resultado de morte (art. 267, § 1º);

j) envenenamento de água potável ou substância alimentícia ou medicinal qualificado pela morte (art. 270, *caput*, combinado com art. 285);

l) quadrilha ou bando (art. 288), todos do Código Penal;

m) genocídio (arts. 1º, 2º e 3º da Lei nº 2.889, de 1º de outubro de 1956), em qualquer de suas formas típicas;

n) tráfico de drogas (art. 12 da Lei nº 6.368, de 21 de outubro de 1976);

o) crimes contra o sistema financeiro (Lei nº 7.492, de 16 de junho de 1986).

p) crimes previstos na Lei de Terrorismo.

A previsão legal levou a doutrina a desenvolver diversas correntes, as quais foram pacificadas pelo entendimento do STF. Os ministros do STF entenderam que a prisão temporária só é admissível na investigação dos crimes previstos no rol (taxativo) do inciso III, que deve ser atendido no caso concreto, cumulativamente, com um dos demais (incisos I ou II). Não basta, portanto, cumprir apenas um dos incisos listados na lei, sendo certo que o cumprimento do inciso III é imprescindível. De igual modo, passou a exigir o requisito da **contemporaneidade**, isto é, a prisão temporária não poderá ser decretada se o cumprimento desses pré-requisitos se valer de elementos ocorridos muito tempo antes da prisão.

Definiu-se, então, que será necessário avaliar:

a) se a prisão temporária é medida imprescindível para as investigações do inquérito – com base em elementos concretos, e não em "meras conjecturas";

b) se há razões fundamentadas para dizer que o alvo da prisão participou do crime investigado – e esse crime precisa constar no art. 1º, III da Lei 7.960/89;

c) se a justificativa para o pedido de prisão se baseia em fatos novos ou contemporâneos ao pedido;

d) se a medida é adequada à gravidade do crime, às circunstâncias do fato e às condições pessoais do alvo da prisão;

e) se outras medidas cautelares alternativa à prisão, como o uso de tornozeleira eletrônica, não seriam suficientes para o caso.

O julgamento também definiu que o fato de o alvo da prisão "não ter residência fixa ou não fornecer elementos necessários ao esclarecimento de sua identidade", por si só, não é suficiente para embasar a prisão temporária. Vejamos os requisitos separadamente.

9.2.1 Imprescindibilidade para as investigações

Do inciso I do art. 1º, da Lei 7.960/89, extrai-se nitidamente a sede da prisão temporária: a investigação criminal (IP, PIC etc.). Logo, não há como se cogitar de prisão temporária durante o curso do processo criminal.

Imprescindível é aquilo "sem o qual não", isto é, a prisão temporária revela-se de tal forma importante que, sem a sua realização, a investigação criminal estará severamente comprometida. Possui, portanto, um caráter de *ultima ratio* quanto à condução coercitiva, vez que essa, a depender da situação, pode trazer os elementos necessários para o fiel prosseguimento da investigação.

Por essas razões, o requerimento de prisão temporária deve ser bem fundamentado, no sentido de trazer, para o julgador, elementos concretos que justifiquem a excepcionalíssima medida. Nesse sentido, o STF (ADI 4109/DF):

> A decretação da prisão temporária exige também a presença do inciso I do art. 1º da Lei de regência. O inciso, ao dispor que a prisão temporária pode ser decretada somente quando for imprescindível para as investigações do inquérito policial, traz a necessidade de demonstração do *periculum libertatis* do representado, requisito indispensável para a imposição de prisões cautelares por força do princípio constitucional da presunção de inocência que obsta a antecipação de penas. **Exigência de fundamentação calcada em elementos concretos, e não em simples conjecturas.**

9.2.2 Agente sem residência fixa ou não fornecimento de elementos necessários ao esclarecimento de sua identidade

Nos termos da decisão do STF, a previsão contida no inciso II do art. 1º é dispensável e, interpretado de forma isolada, inconstitucional, vez que, atualmente, há normas delimitando a identificação criminal (Lei 12.037/09), não se justificando a decretação da prisão de alguém tão somente por não ter esclarecido sua identidade ou não ser detentor de residência fixa.

> O inciso II do art. 1º da Lei 7.960/1989 mostra-se dispensável ou, quando interpretado isoladamente, inconstitucional. Não se pode decretar a prisão temporária pelo simples fato de o representado não possuir endereço fixo. A circunstância de o indiciado não possuir residência fixa deve evidenciar de modo concreto que a prisão temporária é imprescindível para a investigação criminal (inciso I do art. 1º da Lei em comento) (ADI 4109/DF).

9.2.3 Estar a infração penal contemplada no rol taxativo do inciso III do art. 1º da Lei 7.960/89

Consoante o entendimento do STF:

> **A decretação da prisão temporária reclama sempre a presença do inciso III do art. 1º da Lei 7.960/1989.** O dispositivo, ao exigir a presença de fundadas razões de autoria ou participação do indiciado nos crimes nele previstos, evidencia a necessidade do *fumus comissi delicti*, indispensável para a decretação de qualquer medida cautelar. **Rol de crimes de natureza taxativa, desautorizada a analogia ou a interpretação extensiva, em razão dos princípios da legalidade estrita** (art. 5º, inciso XXXIX, da CF) e do devido processo legal substantivo (art. 5º, inciso LXV, CF). (ADI 4109/DF).

A decisão, no sentido da doutrina então predominante, assinala a natureza taxativa do rol e sua consequente impossibilidade de ampliação por interpretação. O inciso III exige, como *standard* probatório mínimo para a decretação da prisão preventiva, a existência de fundadas razões, de acordo com qualquer prova admitida na legislação penal, de autoria ou participação do indiciado nos crimes relacionados pela lei.

A conhecida atecnia do Legislador ao tratar, sobretudo de forma sistemática, dos requisitos de medidas cautelares e a ausência de compreensão adequada do tema dos *standards* probatórios traz consequências insolúveis na interpretação deste dispositivo. Ao passo em que a referência às fundadas razões (ao invés de aos indícios suficientes) pode ser interpretada como um *minus* em relação ao standard padrão a ser satisfeito para concessão de medidas cautelares restritivas na fase de investigação, a vinculação à exigência de prova (no tratamento de medidas cautelares, termo frequentemente usado em oposição a indícios) indica exatamente o contrário, tornando quase impossível traçar uma separação no caso concreto. Em princípio, no plano teórico e recorrendo aos *standards* consagrados nos EUA, podemos supor que a intenção do legislador tenha sido exigir um juízo de mera plausibilidade para a prisão temporária, enquanto para a preventiva (tal como para o recebimento da Denúncia) exige-se preponderância de prova.

A despeito da confusão, agiu, em nossa compreensão, com acerto o legislador ao tentar diferenciar os *standards*, exigindo para a prisão temporária tão somente as fundadas razões de autoria ou participação e não a prova da existência do crime ou indícios suficientes de autoria ou participação, porquanto, havendo esses, a medida seria dispensável. Todavia, com a exigência de que as fundadas razões estejam em conformidade com provas, há que se compreender ao menos a existência de elementos de convicção que permitam recair sobre o agente suspeição de envolvimento no delito. Exige-se, portanto, minimamente, a presença de algum elemento concreto, como um depoimento, uma fotografia, um áudio enviado por aplicativo de mensagens etc o que, dificilmente não se caracterizará, ao menos, como um indício de autoria.

No tocante ao rol previsto no inciso III, alguns delitos dispensam maiores considerações, como o sequestro ou cárcere privado (art. 148, *caput*, e seus §§ 1º e 2º); a extorsão mediante sequestro (art. 159, *caput*, e seus §§ 1º, 2º e 3º); a epidemia com resultado de morte (art. 267, § 1º); o envenenamento de água potável ou substância alimentícia ou medicinal qualificado pela morte (art. 270, *caput*, combinado com art. 285); o genocídio (arts. 1º, 2º e 3º da Lei nº 2.889, de 1º de outubro de 1956), em qualquer de suas formas típicas; o tráfico de drogas (atual art. 33 da Lei 11.343/06); os crimes contra o sistema financeiro (Lei nº 7.492, de 16 de junho de 1986); e crimes previstos na Lei de Terrorismo, bastando o mero enquadramento típico.

No crime de homicídio doloso (art. 121, *caput*, e seu § 2º), chama-nos atenção o fato de que apenas as figuras qualificadas e o homicídio simples, praticado em atividade típica de grupo de extermínio, são considerados hediondos (art. 1º, I, da Lei 8.072/90), admitindo, portanto, a prisão temporária pelo período de 30 dias, prorrogáveis por mais 30 dias, no caso de extrema e comprovada necessidade.

No que tange ao crime de roubo (art. 157, *caput*, e seus §§ 1º, 2º e 3º), a Lei 13.654/18 incluiu o §2ºA, prevendo o aumento de pena de 2/3 se a violência ou ameaça for exercida com emprego de arma de fogo (inc. I) e se houver destruição ou rompimento de obstáculo mediante o emprego de explosivo ou de artefato análogo que cause perigo comum (inc. II). O inciso I, roubo com emprego de arma de fogo, encontrava previsão na redação anterior do §2º, especificamente no inciso I, razão pela qual, para nós, houve tão somente a continuidade normativo típica. O problema encontra-se no inciso II, quando há destruição ou rompimento de obstáculo mediante o emprego de explosivo ou de artefato análogo que cause perigo comum. A previsão típica não encontrava correlação na legislação anterior, sendo novidade no ordenamento jurídico pátrio. Sendo o rol do art. 1º, III, da Lei de Prisão Temporária, taxativo, há quem sustente a impossibilidade de aplicação da prisão temporária à espécie em razão da taxatividade legal. Não nos parece, contudo, a melhor exegese, pois nitidamente o legislador disse menos do que queria, especialmente pelo fato da alteração ter sido realizada no Código Penal, evidenciando não a intenção de não enquadrar a questão na Lei de Prisão Temporária, mas uma nítida omissão por atecnia legislativa, muito frequente, aliás. De fato, não haveria sentido em se admitir a prisão temporária no roubo simples e não a admitir na figura agravada, sendo o caso, para nós, de simples aplicação de interpretação extensiva, apesar da interpretação restritiva conferida pelo STF. No mesmo sentido é o raciocínio referente ao §2º-B, incluído pela Lei 13.964/19.

Na mesma esteira, no que concerne ao crime de extorsão, a Lei 11.923/09 incluiu a figura do sequestro relâmpago no §3º do art. 158 do CP. Com o mesmo raciocínio sustentado quanto ao crime de roubo, parece-nos perfeitamente possível a aplicação da prisão temporária ao §3º do art. 158 do CP, sendo nítida a hipótese de interpretação extensiva. *In casu*, o fundamento para a prisão temporária também pode ser extraído do §4º, do art. 2º da Lei 8.072/90, conforme veremos na sequência.

A previsão relacionada ao crime de estupro, novamente, revela a falta de técnica do legislador, porquanto, com a revogação do art. 223 do CP, aparentemente o crime de estupro de vulnerável (art. 217-A) do CP permaneceu no limbo quanto à possibilidade de decretação da prisão temporária. Não há, contudo, qualquer obstáculo à decretação da prisão temporária no crime de estupro de vulnerável, haja vista que o art. 217-A do CP reveste-se da característica da continuidade normativo-típica do art. 213, *caput*, e sua combinação com o art. 223, *caput*, e parágrafo único. Ademais, o delito é concebido como crime hediondo, extraindo seu fundamento também do §4º do art. 2º da Lei 8.072/90. O mesmo raciocínio se aplica quanto à previsão referente ao atentado violento ao pudor (art. 214, *caput*, e sua combinação com o art. 223 e parágrafo único do C), incorporado no art. 213 e 217-A do CP.

No que toca ao crime de rapto violento (art. 219, e sua combinação com o art. 223 *caput*, e parágrafo único), há, igualmente, a necessidade de aplicação do princípio da continuidade normativo-típica, haja vista que a conduta prevista foi incorporada pelo art. 148, §1º, V do CP (STF: HC 101.035/RJ, j. 20.10.10).

Por outro lado, no que concerne ao crime de quadrilha ou bando (art. 288), atual delito de associação criminosa, entendemos que a simples modificação do *nomen iuris* não afasta a previsão legal. Entretanto, o crime de constituição de milícia privada, espécie qualificada de associação criminosa, não contemplada anteriormente na sua forma específica pelo art. 288 do CP, não permite, para nós, apenas por falta de previsão legal, a decretação da prisão temporária. A mesma lógica, contudo, não se aplica, para nós, ao crime de organização criminosa quando voltada para a prática de crimes, porquanto a configuração do crime de organização criminosa contempla, necessariamente, a prática do crime de associação criminosa, sendo apenas uma espécie mais gravosa. Explicamos.

Segundo o art. 1º da Lei 12.850/13, considera-se organização criminosa a associação de 4 (quatro) ou mais pessoas estruturalmente ordenada e caracterizada pela divisão de tarefas, ainda que informalmente, com objetivo de obter, direta ou indiretamente, vantagem de qualquer natureza, mediante a prática de infrações penais cujas penas máximas sejam superiores a 4 (quatro) anos, ou que sejam de caráter transnacional. Por sua vez, o art. 288 do CP dispõe como crime de associação criminosa a conduta de associarem-se 3 (três) ou mais pessoas, para o fim específico de cometer crimes.

Assim, salvo nas hipóteses de configuração do crime de organização criminosa que envolva contravenção penal de caráter transnacional, qualquer modalidade de organização criminosa necessariamente terá, antes, caracterizado o delito de associação criminosa. A distinção entre os delitos reside no **número de agentes exigido**, quatro para a organização e três para a associação criminosa, e na **finalidade**, prática de **infrações penais cujas penas máximas sejam superiores a quatro anos** para a organização e tão somente a **prática de crimes** para a associação criminosa. Logo, caracterizada uma organização criminosa voltada para a prática de crimes, necessariamente teremos uma associação criminosa, pois os requisitos da primeira são mais densos do que os da segunda. E, nesse sentido, seria desproporcional admitir-se a prisão temporária na associação criminosa e não a admitir nas organizações criminosas. Registre-se, por oportuno, que em se tratando de organização criminosa voltada para a prática de crime hediondo ou equiparado, o fundamento igualmente pode ser extraído do parágrafo único, inc. V, do art. 1º, c/c §4º do art. 2º, da Lei dos Crimes Hediondos.

Não obstante minoritário o entendimento, há registro de decisão do STF nesse sentido:

> PRISÃO TEMPORÁRIA – REQUISITOS – ATENDIMENTO. O envolvimento em organização criminosa estruturada, com divisão de tarefas, direcionada ao tráfico de entorpecentes, a teor de conteúdo extraído de aparelho celular, revela cumpridos os requisitos previstos no artigo 1º, incisos I e

III, da Lei nº 7.960/1989, combinado com o 2º, § 4º, da Lei nº 8.072/1990. HC 174.092/SP, j. 18.02.20.

Após a entrada em vigor da Lei 7.960/89, foi editada a Lei 8.072/90, que versa sobre os crimes hediondos. Nessa, expressamente, o §4º, incluído pela Lei 11.464/07, consignou que:

> § 4º A prisão temporária, sobre a qual dispõe a Lei nº 7.960, de 21 de dezembro de 1989, nos crimes previstos neste artigo, terá o prazo de 30 (trinta) dias, prorrogável por igual período em caso de extrema e comprovada necessidade.

Do teor do dispositivo, extrai-se que o legislador, ainda que de forma implícita, admitiu a prisão temporária aos crimes hediondos, à prática da tortura, o tráfico ilícito de entorpecentes e drogas afins e o terrorismo (art. 2º, *caput*, c/c art. 1º da Lei 8.072/90). Assim, há que se conceber a prisão temporária como possível nos delitos previstos no inciso III do art. 1º da Lei 7.960/89 e aqueles previstos como hediondos ou equiparados consubstanciados na Lei 8.072/90, art. 1º, os quais, em negrito, destacamos aqueles que não possuem previsão expressa na Lei de Prisão Temporária[1]:

> Art. 1º São considerados hediondos os seguintes crimes, todos tipificados no Decreto-Lei nº 2.848, de 7 de dezembro de 1940 - Código Penal, consumados ou tentados:
>
> I - homicídio (art. 121), quando praticado em atividade típica de grupo de extermínio, ainda que cometido por 1 (um) só agente, e homicídio qualificado (art. 121, § 2º, incisos I, II, III, IV, V, VII, VIII e IX);
>
> **I-A - lesão corporal dolosa de natureza gravíssima (art. 129, § 2º) e lesão corporal seguida de morte (art. 129, § 3º), quando praticadas contra:**
>
> **a) autoridade ou agente descrito nos arts. 142 e 144 da Constituição Federal, integrantes do sistema prisional e da Força Nacional de Segurança Pública, no exercício da função ou em decorrência dela, ou contra seu cônjuge, companheiro ou parente consanguíneo até o terceiro grau, em razão dessa condição;**
>
> **b) membro do Poder Judiciário, do Ministério Público, da Defensoria Pública ou da Advocacia Pública, de que tratam os arts. 131 e 132 da Constituição Federal, ou oficial de justiça, no exercício da função ou em**

1. É imprescindível que o leitor, para fins de atualização, acompanhe a jurisprudência dos Tribunais Superiores e alterações legislativas no tocante ao efetivo enquadramento das condutas como crimes hediondos ou equiparados. À guisa de exemplo, o crime de tráfico privilegiado, previsto no art. 33, §4º da Lei de Drogas, não é concebido como equiparado a hediondo, não obstante se amoldar, genericamente, à figura do tráfico de drogas.

decorrência dela, ou contra seu cônjuge, companheiro ou parente, inclusive por afinidade, até o terceiro grau, em razão dessa condição;

I-B - feminicídio (art. 121-A);

II - roubo:

a) circunstanciado pela restrição de liberdade da vítima (art. 157, § 2º, inciso V);

b) circunstanciado pelo emprego de arma de fogo (art. 157, § 2º-A, inciso I) ou pelo emprego de arma de fogo de uso proibido ou restrito (art. 157, § 2º-B);

c) qualificado pelo resultado lesão corporal grave ou morte (art. 157, § 3º);

III - extorsão qualificada pela restrição da liberdade da vítima, ocorrência de lesão corporal ou morte (art. 158, § 3º);

IV - extorsão mediante sequestro e na forma qualificada (art. 159, *caput*, e §§ 1º, 2º e 3º);

V - estupro (art. 213, *caput* e **§§ 1º e 2º**);

VI - estupro de vulnerável (art. 217-A, caput e §§ 1º, 2º, 3º e 4º);

VII - epidemia com resultado morte (art. 267, § 1º).

VII-A - (VETADO)

VII-B - falsificação, corrupção, adulteração ou alteração de produto destinado a fins terapêuticos ou medicinais (art. 273, caput e § 1º § 1º-A e § 1º-B, com a redação dada pela Lei nº 9.677, de 2 de julho de 1998).

VIII - favorecimento da prostituição ou de outra forma de exploração sexual de criança ou adolescente ou de vulnerável (art. 218-B, caput, e §§ 1º e 2º).

IX - furto qualificado pelo emprego de explosivo ou de artefato análogo que cause perigo comum (art. 155, § 4º-A).

X - induzimento, instigação ou auxílio a suicídio ou a automutilação realizados por meio da rede de computadores, de rede social ou transmitidos em tempo real (art. 122, *caput* e § 4º);

XI - sequestro e cárcere privado cometido contra menor de 18 (dezoito) anos (art. 148, § 1º, inciso IV);

XII - tráfico de pessoas cometido contra criança ou adolescente (art. 149-A, *caput*, incisos I a V, e § 1º, inciso II).

Parágrafo único. Consideram-se também hediondos, tentados ou consumados:

I - o crime de genocídio, previsto nos arts. 1º, 2º e 3º da Lei nº 2.889, de 1º de outubro de 1956;

II - o crime de posse ou porte ilegal de arma de fogo de uso proibido, previsto no art. 16 da Lei nº 10.826, de 22 de dezembro de 2003;

III - o crime de comércio ilegal de armas de fogo, previsto no art. 17 da Lei nº 10.826, de 22 de dezembro de 2003;

> **IV – o crime de tráfico internacional de arma de fogo, acessório ou munição, previsto no art. 18 da Lei nº 10.826, de 22 de dezembro de 2003;**
>
> **V – o crime de organização criminosa, quando direcionado à prática de crime hediondo ou equiparado.**
>
> VI – os crimes previstos no Decreto-Lei nº 1.001, de 21 de outubro de 1969 (Código Penal Militar), que apresentem identidade com os crimes previstos no art. 1º desta Lei.
>
> VII – os crimes previstos no § 1º do art. 240 e no art. 241-B da Lei nº 8.069, de 13 de julho de 1990 (Estatuto da Criança e do Adolescente).
>
> Art. 2º Os crimes hediondos, a **prática da tortura, o tráfico ilícito de entorpecentes e drogas afins**[2] **e o terrorismo** (...)

9.2.4 Contemporaneidade

De acordo com o STF:

> A prisão temporária deve estar fundamentada em fatos novos ou contemporâneos à decretação da medida (art. 312, § 2º, CPP). Ainda que se cuide de dispositivo voltado à prisão preventiva, a regra é consequência lógica da cautelaridade das prisões provisórias e do princípio constitucional da não culpabilidade. (ADI 4109/DF).

O Pretório Excelso, portanto, estendeu o requisito da contemporaneidade, previsto para a prisão preventiva, para as hipóteses de prisão temporária, por decorrência lógica da própria cautelaridade das prisões provisórias e, como consequência do princípio constitucional da não culpabilidade.

Assim, não se impede a decretação de prisão cautelar por crimes antigos, mas tão somente obsta a imposição de prisão caso não haja fato contemporâneo ao decreto que justifique, de maneira objetiva, o *periculum libertatis*.

9.2.5 Necessidade e adequação

Naturalmente, a decretação da prisão temporária pressupõe sua necessidade e adequação, prevista no inciso II do art. 282 do CPP, mas de aplicação às demais hipóteses de medidas cautelares pessoais. Consagra-se, dessa forma, doravante de forma expressa no entendimento do STF, a observância do princípio da proporcionalidade.

2. A Lei de Prisão Temporária apenas faz menção ao tráfico de drogas (art. 12 da antiga Lei 6.368/76, atual art. 33 da Lei 11.343/06).

> A decretação da prisão temporária deve observar o previsto no art. 282, inciso II, do CPP. Trata-se de regra geral a incidir sobre todas as modalidades de medida cautelar, as quais, em atenção ao **princípio da proporcionalidade**, devem observar a necessidade e a adequação da medida em vista da gravidade do crime, das circunstâncias do fato e das condições pessoais do representado. (ADI 4109/DF).

9.2.6 Subsidiariedade da medida – caráter de *ultima ratio*

Nos termos da decisão proferida pelo STF, conforme assinalamos acima, só caberá a prisão temporária se não houver outro remédio constritivo apto a alcançar os resultados que se visa alcançar com a prisão temporária, consagrando, portanto, o caráter de *ultima ratio* da prisão.

> O disposto no art. 282, § 6º, do CPP também deve ser atendido para a decretação da prisão temporária. Em razão do princípio constitucional da não culpabilidade, a regra é a liberdade; a imposição das medidas cautelares diversas da prisão a exceção; ao passo que a prisão, qualquer que seja a sua modalidade, a exceção da exceção, é dizer, a *ultima ratio* do sistema processual penal. Inteligência do art. 5º, inciso LXVI, da CF. (ADI 4109/DF).

9.3 PROCEDIMENTO E PRAZO

A decretação da prisão temporária pressupõe a formalização de requerimento pela autoridade policial ou Ministério Público (art. 2º), não admitindo a atuação *ex ofício* pelo magistrado ou requerimento por parte do querelante, vez que dentre os delitos que admitem a prisão temporária, não há nenhum processado por ação penal de iniciativa privada. Tratando-se de pedido formulado pela autoridade policial, o Ministério Público deverá ser ouvido previamente (art. 2º, §1º).

Apresentado o pedido, o magistrado terá o prazo de 24h para apreciá-lo, nos termos do §2º do art. 2º. Entendemos que, no caso de requerimento formulado pela autoridade policial, o mesmo prazo deverá ser conferido ao Ministério Público para exarar sua manifestação.

A decisão, naturalmente, deverá ser fundamentada, observando-se a especialidade dos requisitos da prisão temporária e o teor do art. 315 do §§1º e 2º do CPP.

O §3º do art. 2º prevê que o juiz poderá, de ofício, ou a requerimento do Ministério Público e do Advogado, determinar que o preso lhe seja apresentado, solicitar informações e esclarecimentos da autoridade policial e submetê-lo a exame de corpo de delito. Na realidade, o dispositivo não mais guarda sentido, porquanto efetivada a prisão, e informado o preso sobre seus direitos constitucionais pela autoridade policial (§6º), o magistrado deverá realizar audiência de custódia, isto é, obrigatoriamente o preso será apresentado em juízo.

Vale destacar que o §5º dispõe, de forma naturalmente óbvia, que a prisão somente poderá ser executada depois da expedição de mandado judicial. Não obstante a obviedade da questão, a norma consigna a ilegalidade da prisão anterior à expedição do mandato, expediente utilizado, de forma corriqueira, em outros tempos. Ainda, nos termos do art. 3º, os presos temporários deverão permanecer, obrigatoriamente, separados dos demais detentos.

O §4º, por sua vez, dispõe que decretada a prisão temporária, expedir-se-á mandado de prisão, em duas vias, uma das quais será entregue ao indiciado e servirá como nota de culpa. Especificamente no que toca ao mandado, o §4º-A assinala que esse conterá, necessariamente, o período de duração da prisão temporária estabelecido, bem como o dia em que o preso deverá ser libertado.

Nesse particular, cumpre assinalar que **o prazo de prisão temporária será de até 5 dias**, prorrogável por igual período em caso de extrema e comprovada necessidade (art. 2º). Tratando-se, contudo, de **crime hediondo ou equiparado**, **o prazo da prisão preventiva será de até 30 dias**, prorrogáveis **a requerimento, de forma fundamentada e, portanto, não automática**, por igual período em caso de extrema e comprovada necessidade (art. 2º, §3º da Lei 8.072/90). Vale destacar que o prazo da prisão possui natureza material, isto é, inclui-se o dia do cumprimento do mandado de prisão no cômputo do prazo de prisão temporária (§8º).

Nos termos do §7º, decorrido o prazo contido no mandado de prisão, a autoridade responsável pela custódia deverá, independentemente de nova ordem da autoridade judicial, por imediatamente o preso em liberdade, salvo se já tiver sido comunicada da prorrogação da prisão temporária ou da decretação da prisão preventiva. À previsão, acrescemos a circunstância de que, atendida à finalidade da prisão e não sendo o caso de requerimento de prisão preventiva, a autoridade policial, **após ouvir o Ministério Público**, poderá liberar o agente preso, sendo desnecessária a manifestação judicial nesse sentido[3]. Não se trata, para nós, de revogação de mandado de prisão, autodestrutivo pelo próprio decurso do prazo, mas de salvaguardar o direito de liberdade do agente diante da inexistência do motivo ensejador da prisão, imprescindibilidade para a investigação criminal, questão que deve ser avaliada, precipuamente, por aqueles que atuam nessa seara.

3. Também nesse sentido, Aury Lopes Jr.

10

LEI DE PROTEÇÃO A VÍTIMAS E TESTEMUNHAS (LEI 9.807/99)

10.1 INTRODUÇÃO

A Lei de Proteção a Vítimas e Testemunhas, Lei 9.807/99, foi dividida em dois capítulos e disposições gerais. O primeiro capítulo, de cunho objetivo, versa sobre a Proteção Especial a Vítimas e a Testemunhas, ao passo que o segundo abarca a Proteção aos Réus Colaboradores, foco principal de nossa análise.

10.2 DA PROTEÇÃO ESPECIAL AS VÍTIMAS E AS TESTEMUNHAS

Nos termos do art. 1º da Lei 9.807/99, as medidas de proteção requeridas por vítimas ou por testemunhas de crimes, que estejam coagidas ou expostas a grave ameaça em razão de colaborarem com a investigação ou processo criminal, serão prestadas pela União, pelos Estados e pelo Distrito Federal, no âmbito das respectivas competências, na forma de programas especiais organizados com base nas disposições desta Lei.

Conforme se extrai do §1º, a União, os Estados e o Distrito Federal poderão celebrar convênios, acordos, ajustes ou termos de parceria entre si ou com entidades não-governamentais objetivando a realização dos programas. Por sua vez, o §2º assinala que a supervisão e a fiscalização dos convênios, acordos, ajustes e termos de parceria de interesse da União ficarão a cargo do órgão do Ministério da Justiça com atribuições para a execução da política de direitos humanos.

Do art. 1º, *caput*, podemos extrair os requisitos para aplicação da Lei: a) requerimento de proteção por vítimas ou testemunhas de crimes; b) vítimas ou testemunhas coagidas ou expostas a grave ameaça em razão de colaboração com a investigação ou processo criminal.

A **vítima** pode ser definida como o titular do direito violado ou colocado em risco pelo comportamento criminoso praticado pelo autor do fato. Trata-se do ofendido, do sujeito passivo da infração penal. Por sua vez, **testemunha** é a pessoa que possui alguma espécie de conhecimento sobre o fato objeto do processo ou do acusado e que leva tal informação ao processo, por meio de depoimento prestado ao juiz.

10.2.1 Parâmetros e requisitos para ingresso no programa

O art. 2º da Lei de Proteção a Vítimas e Testemunhas dispõe sobre os parâmetros e requisitos para concessão da proteção. O *caput* do dispositivo, nesse sentido, assinala que a proteção concedida pelos programas e as medidas dela decorrentes levarão em conta a **gravidade da coação ou da ameaça à integridade física ou psicológica, a dificuldade de preveni-las ou reprimi-las pelos meios convencionais e a sua importância para a produção da prova.**

Logo, temos a seguinte estrutura:

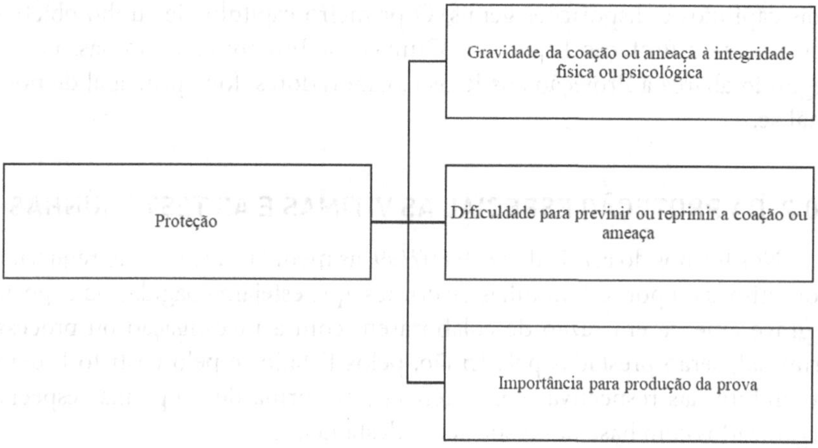

O §1º dispõe que **a proteção poderá ser dirigida ou estendida** ao cônjuge ou companheiro, ascendentes, descendentes e dependentes que tenham convivência habitual com a vítima ou testemunha, conforme o especificamente necessário em cada caso, tutelando, dessa forma, o **núcleo familiar**, eventual alvo da coação ou ameaça.

O §2º do art. 2º, de forma restritiva, prevê que estão excluídos da proteção os indivíduos cuja **personalidade ou conduta seja incompatível** com as restrições de comportamento exigidas pelo programa, os **condenados que estejam cumprindo pena** e os **indiciados ou acusados sob prisão cautelar** em qualquer de suas modalidades. Tal exclusão não trará prejuízo a eventual prestação de medidas de preservação da integridade física desses indivíduos por parte dos órgãos de segurança pública.

Apesar da previsão legal, não nos parece razoável a proibição quanto aos condenados que estejam cumprindo pena e os indiciados ou acusados sob prisão cautelar, vez que mesmo sob a tutela do Estado, no curso de cumprimento de pena ou prisão cautelar, devem receber a proteção estatal e podem ser importantes para produção da prova. As circunstâncias do caso concreto, em nossa compreensão, poderiam justificar a aplicação da Lei em casos excepcionais.

Os §§3º e 4º, por sua vez, dispõem que o ingresso no programa, as restrições de segurança e demais medidas por ele adotadas terão sempre a **anuência da pessoa protegida, ou de seu representante legal**, e que após ingressar no programa, o protegido ficará obrigado ao cumprimento das normas por ele prescritas. Em todos os casos, conforme se extrai do §5º, as medidas e providências relacionadas com os programas serão **adotadas, executadas e mantidas em sigilo** pelos protegidos e pelos agentes envolvidos em sua execução, como o escopo de ampliar a segurança dos envolvidos.

Nos termos do art. 3º, toda admissão no programa ou exclusão dele será precedida de consulta ao Ministério Público sobre o disposto no art. 2º e deverá ser subsequentemente comunicada à autoridade policial ou ao juiz competente.

Conforme se extrai do art. 4º, cada programa será dirigido por um conselho deliberativo em cuja composição haverá representantes do Ministério Público, do Poder Judiciário e de órgãos públicos e privados relacionados com a segurança pública e a defesa dos direitos humanos. O §1º prevê que a execução das atividades necessárias ao programa ficará a cargo de um dos órgãos representados no conselho deliberativo, devendo os agentes dela incumbidos ter formação e capacitação profissional compatíveis com suas tarefas. O § 2º, por sua vez, assinala que os órgãos policiais prestarão a colaboração e o apoio necessários à execução de cada programa.

O art. 5º dispõe que a solicitação objetivando ingresso no programa poderá ser encaminhada ao órgão executor:

I – pelo interessado;

II – por representante do Ministério Público;

III – pela autoridade policial que conduz a investigação criminal;

IV – pelo juiz competente para a instrução do processo criminal;

V – por órgãos públicos e entidades com atribuições de defesa dos direitos humanos.

A solicitação será instruída com a qualificação da pessoa a ser protegida e com informações sobre a sua vida pregressa, o fato delituoso e a coação ou ameaça que a motiva (1º).

O §2º ainda prevê que para fins de instrução do pedido, o órgão executor poderá solicitar, com a aquiescência do interessado: I – documentos ou informações comprobatórios de sua identidade, estado civil, situação profissional, patrimônio e grau de instrução, e da pendência de obrigações civis, administrativas, fiscais, financeiras ou penais; II – exames ou pareceres técnicos sobre a sua personalidade, estado físico ou psicológico.

Consoante se verifica do teor do §3º, **em caso de urgência** e levando em consideração a **procedência, gravidade e a iminência da coação ou ameaça**, a vítima ou testemunha poderá ser colocada **provisoriamente** sob a custódia de órgão policial, pelo órgão executor, no aguardo de decisão do conselho deliberativo, com comunicação imediata a seus membros e ao Ministério Público.

Satisfeitos os parâmetros e requisitos para fins de enquadramento no programa, a decisão caberá ao Conselho Deliberativo que, além da possibilidade de ingresso, decidirá, por maioria absoluta de seus membros, sobre (art. 6º): I – o ingresso do protegido no programa ou a sua exclusão; II – as providências necessárias ao cumprimento do programa.

O art. 7º prevê que os programas compreendem, dentre outras, as seguintes medidas, aplicáveis isolada ou cumulativamente em benefício da pessoa protegida, segundo a gravidade e as circunstâncias de cada caso:

> I – segurança na residência, incluindo o controle de telecomunicações;
> II – escolta e segurança nos deslocamentos da residência, inclusive para fins de trabalho ou para a prestação de depoimentos;
> III – transferência de residência ou acomodação provisória em local compatível com a proteção;
> IV – preservação da identidade, imagem e dados pessoais[1];

1. A despeito da previsão do art. 7º, IV, da Lei 9.807/99, que trata da Proteção de Vítimas e Testemunhas e respectiva preservação da identidade, imagem e dados pessoais, não se pode afastar, da defesa, o direito de conhecer a origem da prova, sob pena de se inviabilizar, inclusive, eventual contradita da testemunha. Segundo o STJ: [...] não preservou inteiramente as garantias do devido processo legal, da ampla defesa, do contraditório, da publicidade dos atos processuais constitucionalmente previstas, porque não há qualquer previsão de acesso aos dados pessoais da testemunha pelo defensor do réu, elemento essencial para se viabilizar o direito de confronto, por meio da contradita" (STJ: 5ª Turma, HC 157997, rel. Min. Ribeiro Dantas, DJe 21/10/2015). O STF, por seu turno, entende que o testemunho sigiloso é válido, desde que os dados de qualificação, arquivados em apartado

V – ajuda financeira mensal para prover as despesas necessárias à subsistência individual ou familiar, no caso de a pessoa protegida estar impossibilitada de desenvolver trabalho regular ou de inexistência de qualquer fonte de renda (Parágrafo único. A ajuda financeira mensal terá um teto fixado pelo conselho deliberativo no início de cada exercício financeiro);

VI – suspensão temporária das atividades funcionais, sem prejuízo dos respectivos vencimentos ou vantagens, quando servidor público ou militar;

VII – apoio e assistência social, médica e psicológica;

VIII – sigilo em relação aos atos praticados em virtude da proteção concedida;

IX – apoio do órgão executor do programa para o cumprimento de obrigações civis e administrativas que exijam o comparecimento pessoal.

De acordo com o art. 8º, quando entender necessário, poderá o conselho deliberativo solicitar ao Ministério Público que requeira ao juiz a concessão de medidas cautelares direta ou indiretamente relacionadas com a eficácia da proteção.

Por sua vez, o art. 9º dispõe que, **em casos excepcionais e considerando as características e gravidade da coação ou ameaça**, poderá o conselho deliberativo encaminhar requerimento da pessoa protegida ao juiz competente para registros públicos objetivando a alteração de nome completo.

No que tange à alteração do nome completo, essa poderá estender-se às pessoas cônjuge ou companheiro, ascendentes, descendentes e dependentes que tenham convivência habitual com a vítima ou testemunha, inclusive aos filhos menores, e será precedida das providências necessárias ao resguardo de direitos de terceiros (§1º). Conforme se extrai do §2º, o requerimento será sempre fundamentado e o juiz ouvirá previamente o Ministério Público, determinando, em seguida, que o procedimento tenha rito sumaríssimo e corra em segredo de justiça.

O §3º dispõe que concedida a alteração pretendida, o juiz determinará na sentença, observando o sigilo indispensável à proteção do interessado: I – a averbação no registro original de nascimento da menção de que houve alteração de nome completo em conformidade com o estabelecido nesta Lei, com expressa referência à sentença autorizatória e ao juiz que a exarou e sem a aposição do nome alterado; II – a determinação aos órgãos competentes para o fornecimento dos documentos decorrentes da alteração; III – a remessa da

com acesso restrito, fiquem disponíveis ao magistrado, acusação e defesa (STF: 2ª Turma, HC 112811, rel. Min. Cármen Lúcia, DJe 09/08/2013).

sentença ao órgão nacional competente para o registro único de identificação civil, cujo procedimento obedecerá às necessárias restrições de sigilo.

Não obstante, realizada a alteração, o conselho deliberativo, resguardado o sigilo das informações, manterá controle sobre a localização do protegido cujo nome tenha sido alterado (§4º).

Por fim, §5º prevê que cessada a coação ou ameaça que deu causa à alteração, ficará **facultado ao protegido solicitar ao juiz competente o retorno à situação anterior**, com a alteração para o nome original, em petição que será encaminhada pelo conselho deliberativo e terá manifestação prévia do Ministério Público.

10.2.2 Exclusão do programa e tempo de duração

O art. 10 prevê que a **exclusão** da pessoa protegida de programa de proteção a vítimas e a testemunhas **poderá ocorrer a qualquer tempo,** por solicitação do próprio interessado (I) ou por decisão do conselho deliberativo, em consequência de: a) cessação dos motivos que ensejaram a proteção; b) conduta incompatível do protegido (II).

O art. 11, por sua vez, assinala que a proteção oferecida pelo programa terá a **duração máxima de dois anos**. A despeito de fixação de prazo máximo, o parágrafo único do dispositivo prevê que **em circunstâncias excepcionais, perdurando os motivos que autorizam a admissão**, a **permanência poderá ser prorrogada**.

10.2.3 Regulamentação

Nos termos do art. 12 da Lei 9.807/99, fica instituído, no âmbito do órgão do Ministério da Justiça com atribuições para a execução da política de direitos humanos, o Programa Federal de Assistência a Vítimas e a Testemunhas Ameaçadas, a ser regulamentado por decreto do Poder Executivo.

Aludida regulamentação foi realizada por intermédio do Decreto 3.518/2000, do qual destacamos, em razão da conexão com objeto do estudo, o serviço de proteção ao depoente especial:

> Art. 10. Entende-se por depoente especial:
>
> I - o réu detido ou preso, aguardando julgamento, indiciado ou acusado sob prisão cautelar em qualquer de suas modalidades, que testemunhe em inquérito ou processo judicial, se dispondo a colaborar efetiva e voluntariamente com a investigação e o processo criminal, desde que dessa colaboração possa resultar a identificação de autores, coautores ou partícipes da ação

criminosa, a localização da vítima com sua integridade física preservada ou a recuperação do produto do crime; e

II - a pessoa que, não admitida ou excluída do Programa, corra risco pessoal e colabore na produção da prova.

Art. 11. O Serviço de Proteção ao Depoente Especial consiste na prestação de medidas de proteção assecuratórias da integridade física e psicológica do depoente especial, aplicadas isoladas ou cumulativamente, consoante as especificidades de cada situação, compreendendo, dentre outras:

I - segurança na residência, incluindo o controle de telecomunicações;

II - escolta e segurança ostensiva nos deslocamentos da residência, inclusive para fins de trabalho ou para a prestação de depoimentos;

III - transferência de residência ou acomodação provisória em local compatível com a proteção;

IV - sigilo em relação aos atos praticados em virtude da proteção concedida; e

V - medidas especiais de segurança e proteção da integridade física, inclusive dependência separada dos demais presos, na hipótese de o depoente especial encontrar-se sob prisão temporária, preventiva ou decorrente de flagrante delito.

§ 1º A escolta de beneficiários do Programa, sempre que houver necessidade de seu deslocamento para prestar depoimento ou participar de ato relacionado a investigação, inquérito ou processo criminal, será efetuada pelo Serviço de Proteção.

§ 2º Cabe ao Departamento de Polícia Federal, do Ministério da Justiça, o planejamento e a execução do Serviço de Proteção, para tanto podendo celebrar convênios, acordos, ajustes e termos de parceria com órgãos da Administração Pública e entidades não-governamentais.

10.3 DA PROTEÇÃO AOS RÉUS COLABORADORES

Conforme destacamos em nosso Manual de Processo Penal, quando do estudo da colaboração premiada, a Lei 9.807/99 tratou do tema nos arts. 13 a 15. A Lei inovou ao permitir sua aplicação a qualquer delito e regrar, minimamente, a proteção aos colaborares.

O art. 13 assinala que o juiz poderá, de ofício ou a requerimento das partes, conceder o perdão judicial e a consequente extinção da punibilidade ao acusado que, sendo primário, tenha colaborado efetiva e voluntariamente com a investigação e o processo criminal, desde que dessa colaboração tenha resultado: I – a identificação dos demais coautores ou partícipes da ação criminosa; II – a localização da vítima com a sua integridade física preservada; e III – a recuperação total ou parcial do produto do crime. Segundo o parágrafo único, a concessão do perdão judicial levará em conta a personalidade do beneficiado e a natureza, circunstâncias, gravidade e repercussão social do fato criminoso.

Não se exige, conforme a doutrina dominante, a satisfação de todos os requisitos previstos nos incisos do dispositivo, vez que a compreensão por sua aplicação apenas com a satisfação de todos os requisitos conduziria à aplicação do instituto apenas ao delito de extorsão mediante sequestro, praticada em concurso de pessoas, que houvesse o pagamento de resgate.

Ocorre que o entendimento dominante, pela aplicação do Direito Penal premial quando satisfeito qualquer um dos requisitos legais previstos nos incisos I a III, não nos parece tenha sido a intenção do legislador. Ao se exigir sua cumulação, há, de fato, uma restrição não desejada. Por outro lado, ao se admitir a satisfação de apenas um dos requisitos, há uma demasiada abertura.

Por essas razões, há que se buscar a **cumulatividade temperada** no sentido de adequar o evento criminoso à norma jurídica, especialmente se considerarmos que a pauta do art. 13 é a concessão do perdão judicial. Conforme vimos acima, os requisitos legais são: a identificação dos demais coautores ou partícipes da ação criminosa; a localização da vítima com a sua integridade física preservada; e a recuperação total ou parcial do produto do crime.

Ao se reconhecer a possibilidade de aplicação do perdão judicial quando satisfeito apenas um dos requisitos legais, haveria uma ampliação severa de outros institutos de cunho geral do Direito Penal, a exemplo do arrependimento eficaz e posterior, atribuindo efeitos maiores à colaboração, em flagrante desproporção.

Quando analisamos o artigo 15 do CP, observamos que o agente que, voluntariamente, desiste de prosseguir na execução ou impede que o resultado se produza, só responde pelos atos já praticados. O arrependimento eficaz trilha o caminho do arrependimento decorrente de ato voluntário que impede que o resultado se produza, ou seja, o agente atua no sentido de evitar o resultado do mal por ele deflagrado. Obtendo êxito, responderá apenas pelos atos praticados.

Por sua vez, o arrependimento posterior, previsto no art. 16 do Código Penal, prevê que nos crimes cometidos sem violência ou grave ameaça à pessoa, reparado o dano ou restituída a coisa, até o recebimento da denúncia ou da queixa, por ato voluntário do agente, a pena será reduzida de um a dois terços.

Caso se entenda por possível a aplicação da colaboração prevista na Lei 9.807/99 com a satisfação de apenas um dos requisitos, recuperação total ou parcial do produto do crime, por exemplo, com a possibilidade de concessão do perdão judicial, tais institutos perdem grande parte de sua razão de existir.

Por que se buscar as pontes de ouro ou de prata de Von Liszt se, ao final, sem qualquer espécie de marco temporal delimitador, o agente simplesmente poderá auxiliar na recuperação total ou parcial do produto do crime? A interpretação ampla e irrestrita não somente desestimula o agente a atuar voluntariamente e em curto espaço de tempo, mas como confere àquele que não se arrependeu de forma eficaz ou voluntária, maior benefício (perdão judicial) do que aquele que atuou para impedir o resultado ou agiu de forma voluntária para reparar o dano até o recebimento da denúncia.

Em razão do exposto, entendemos que a colaboração prevista no art. 13 da Lei 9.807/99 exige, ao menos, a satisfação de cinco requisitos, três de ordem objetiva (inc. I e II, I e III ou I, II e III) e dois subjetivos (parágrafo único), que devem ser analisados sob a luz do crime-objeto: a) primariedade; b) identificação dos demais coautores ou partícipes da ação criminosa; c) a localização da vítima com a sua integridade física preservada **ou** a recuperação total ou parcial do produto do crime; d) personalidade do agente; e e) natureza, circunstâncias, gravidade e repercussão social do fato criminoso.

Assim, com a devida vênia, não compactuamos com o entendimento de BRASILEIRO[2] (2020, p. 873), que sustenta a prevalência da **cumulatividade temperada**, condicionada ao tipo penal, na qual se faz necessária a satisfação dos requisitos possíveis no mundo fático, quaisquer que sejam eles, de acordo com a natureza do delito praticado. O autor, à guisa de exemplo, assinala que "caso o delito praticado não permita a incidência simultânea dos três incisos – a exemplo de um crime de roubo de cargas cometido em concurso de agentes – a incidência do art. 13 da Lei nº 9.807/99 fica dependendo apenas da identificação dos demais concorrentes e da recuperação total ou parcial do produto do crime".

Admitida referida posição, que correlaciona o tipo penal com a realidade fática, teríamos que admitir, no exemplo do roubo de cargas, caso praticado sem concurso de pessoas, que a recuperação total ou parcial do produto do crime, mediante colaboração, faça incidir o Direito Penal premial. Em síntese, apesar da vedação legal de aplicação do arrependimento posterior para os crimes cometidos com violência ou grave ameaça (art. 16) do CP, seriamos compelidos a admitir a possibilidade de perdão judicial, benefício bem mais amplo, àquele que realiza um delito com violência ou grave ameaça tão somente porque colaborou com a investigação, auxiliando na recuperação total ou parcial do produto do crime, por ele mesmo praticado. Ainda que possamos afastar a aplicação do instituto pela gravidade do delito (parágrafo único

2. *op.cit.*

do art. 13 da Lei 9.807/99), não nos parece a melhor exegese a trilha do cotejo puro entre o tipo penal e a realidade fática.

Contudo, é preciso destacar que o art. 14 possui outra regra de cunho geral, que assinala que o indiciado ou acusado que colaborar voluntariamente com a investigação policial e o processo criminal na identificação dos demais coautores ou partícipes do crime, na localização da vítima com vida e na recuperação total ou parcial do produto do crime, no caso de condenação, terá pena reduzida de um a dois terços.

A análise conjunta dos dispositivos nos evidencia nitidamente a diferença de tratamento para o réu primário, passível de obter o perdão judicial e a consequente extinção da punibilidade (art. 13). Ao contrário da análise que realizamos quanto ao art. 13, permissivo do perdão judicial, entendemos por possível a aplicação da redução da pena quando presente apenas um dos requisitos legais, porquanto o tratamento conferido segue a trilha sistêmica do arrependimento posterior, previsto na Parte Geral do Código Penal. E, nessa esteira, há que permitir a aplicação do dispositivo também ao réu primário, pois ao restringirmos a aplicação do art. 13, não seria razoável se conferir tratamento mais benéfico ao reincidente em detrimento do primário.

O art. 15 da Lei 9.807/99 ainda prevê que: serão aplicadas em benefício do colaborador, na prisão ou fora dela, medidas especiais de segurança e proteção a sua integridade física, considerando ameaça ou coação eventual ou efetiva; §1º Estando sob prisão temporária, preventiva ou em decorrência de flagrante delito, o colaborador será custodiado em dependência separada dos demais presos; §2º Durante a instrução criminal, poderá o juiz competente determinar em favor do colaborador qualquer das medidas previstas no art. 8º desta Lei; §3º No caso de cumprimento da pena em regime fechado, poderá o juiz criminal determinar medidas especiais que proporcionem a segurança do colaborador em relação aos demais apenados.

10.4 PRIORIDADE DE TRAMITAÇÃO

Conforme se extrai o teor do art. 19-A, terão **prioridade na tramitação o inquérito e o processo criminal** em que figure indiciado, acusado, vítima ou réu colaboradores, vítima ou testemunha protegidas pelos programas de que trata esta Lei.

Nos termos do parágrafo único, **qualquer que seja o rito processual criminal**, o juiz, após a citação, **tomará antecipadamente o depoimento das pessoas incluídas nos programas de proteção** previstos nesta Lei, devendo justificar a eventual impossibilidade de fazê-lo no caso concreto ou o possível prejuízo que a oitiva antecipada traria para a instrução criminal.

11

POLÍTICA INSTITUCIONAL DE PROTEÇÃO ÀS VÍTIMAS (RESOLUÇÃO CNMP 243/21)

A Resolução CNMP 243/21 dispõe sobre a Política Institucional de Proteção Integral e de Promoção de Direitos e Apoio às Vítimas.

Editada em 2021, a Resolução teve por objetivo ampliar a proteção às vítimas sob a perspectiva institucional do Ministério Público, considerando o princípio da prevalência dos direitos humanos (art. 4º, II, CF) e o princípio da dignidade da pessoa humana (art. 1º, III, CF).

Em seus "considerandos", a Resolução expressamente consigna que:

(a) a vítima de criminalidade merece especial proteção quanto aos seus direitos, inclusive direito à reparação do dano decorrente do crime que sofreu, conforme disposto no art. 245 da Constituição Federal;

(b) que os direitos e garantias expressos na Constituição Federal não excluem outros decorrentes do regime e dos princípios por ela adotados, ou dos tratados internacionais dos quais a República Federativa do Brasil seja parte;

(c) que a Resolução nº 40/34 da ONU, aprovada pela Assembleia Geral em 29 de novembro de 1985, além de trazer conceito amplo de vítima, recoloca-a em posição mais relevante no processo penal e estabelece direitos, entre os quais, o acesso à justiça, o tratamento equitativo, o direito à informação sobre seus direitos, o direito à rápida restituição e reparação, além da adoção de meios extrajudiciários de solução de conflitos, incluindo a mediação, a arbitragem e as práticas de direito consuetudinário ou as práticas autóctones de justiça, quando se revelem adequadas, para facilitar a conciliação e obter a reparação em favor das vítimas;

(d) que a criminalidade representa um dano para a sociedade, bem como uma violação dos direitos individuais, e que, como tal, as vítimas da criminalidade deverão ser reconhecidas e tratadas com o pertinente cuidado e profissionalismo;

(e) a necessidade de formação, aperfeiçoamento e qualificação especificamente voltados às políticas de proteção de vítimas no processo penal;

(f) que se deve observar a situação pessoal e as necessidades imediatas, a idade, o gênero, eventual deficiência e maturidade das vítimas, para que possa haver a correta e adequada proteção;

(g) que o Ministério Público deve zelar pela correta aplicabilidade da legislação (art. 91, I, do Código Penal; art. 387 do Código de Processo Penal; e art. 116 da Lei nº 8.069, de 13 de julho de 1990) e, para tanto, possui legitimidade para postular, no bojo da denúncia ou da representação, pedido de reparação mínima dos danos em favor da vítima de infração penal ou ato infracional, bem como daquelas oriundas de desastres naturais, calamidades públicas e graves violações dos direitos humanos, garantindo a inserção da vítima no processo; e

(h) que os postulados constitucionais e tratados internacionais de direitos humanos e de vítimas de criminalidade, ao assegurar a rápida e integral reparação do dano reconhecida nas sentenças condenatórias, referem não apenas ao dano material, mas também aos danos morais.

Na trilha da fundamentação acima, vejamos o teor da Resolução 243/21.

11.1 ÂMBITO DE INCIDÊNCIA NORMATIVO

O capítulo I foi dedicado à política institucional de proteção integral e de promoção de direitos e de apoio às vítimas.

O art. 1º expressamente consagra que a Resolução estabelece a Política Institucional de Proteção Integral e de Promoção de Direitos e de Apoio às Vítimas, **com o objetivo de assegurar direitos fundamentais às vítimas de infrações penais, atos infracionais, desastres naturais, calamidades públicas e graves violações de direitos humanos**, garantindo-lhes acesso à informação, comunicação, participação, verdade, justiça, diligência devida, segurança, apoio, tratamento profissional individualizado e não discriminatório, proteção física, patrimonial, psicológica e de dados pessoais, participação e reparação dos danos materiais, morais e simbólica, suportados em decorrência do fato vitimizante.

O art. 2º, por seu turno, de forma programática, assinala que as unidades do Ministério Público deverão implementar, gradualmente e de acordo com sua autonomia administrativa, Núcleos ou Centros de Apoio às Vítimas, levando em consideração a gravidade, a magnitude e as características do fato vitimizante, e a consequente violação de direitos, sendo **orientados pelos princípios da dignidade, da igualdade, do respeito, da autonomia da vontade, da confidencialidade, do consentimento e da informação**, sem prejuízo do atendimento rotineiro das vítimas pelo órgão ministerial.

Ingressando no aspecto conceitual e nas diretrizes de atendimento às vítimas, o art. 3º prevê que se entende por vítima qualquer pessoa natural que tenha sofrido danos físicos, emocionais, em sua própria pessoa, ou em seus bens, causados diretamente pela prática de um crime, ato infracional, calamidade pública, desastres naturais ou graves violações de direitos humanos, sendo destinatários da proteção integral de que trata a presente Resolução:

> **I – vítima direta**: aquela que sofreu lesão direta causada pela ação ou omissão do agente;
>
> **II – vítima indireta**: pessoas que possuam relação de afeto ou parentesco com a vítima direta, até o terceiro grau, desde que convivam, estejam sob seus cuidados ou desta dependam, no caso de morte ou desaparecimento causado por crime, ato infracional ou calamidade pública;
>
> **III – vítima de especial vulnerabilidade**: a vítima cuja singular fragilidade resulte, especificamente, de sua idade, do seu gênero, do seu estado de saúde ou de deficiência, bem como do fato de o tipo, o grau e a duração da vitimização terem resultado em lesões com consequências graves no seu equilíbrio psicológico ou nas condições de sua integração social;
>
> **IV – vítima coletiva**: grupo social, comunidades ou organizações sociais atingidas pela prática de crime, ato infracional ou calamidade pública que ofenda bens jurídicos coletivos, tais como a saúde pública, o meio ambiente, o sentimento religioso, o consumidor, a fé pública, a administração pública;
>
> V – familiares e pessoas economicamente dependentes da vítima;

O §1º, por sua vez, assinala que se aplicam às pessoas jurídicas vítimas, no que couber, as medidas de proteção e os direitos assegurados nesta Resolução.

O §2º, por seu turno, estabelece que devem ser **priorizadas** as vítimas de infrações penais e atos infracionais que, pela **condição de vulnerabilidade** em decorrência da idade, do gênero, de deficiência, pelo estado de saúde **ou pelas condições, natureza e duração da vitimização causada pelo delito**, tenham experimentado **consequências físicas ou psíquicas graves**.

Por fim, o §3º define **fato vitimizante** como a ação ou omissão que causa dano, menoscaba ou coloca em perigo os bens jurídicos ou direitos de uma pessoa, convertendo-a em vítima, podendo ser tipificados como crime, ato infracional, ou constituir uma violação dos direitos humanos reconhecidos pela Constituição Federal ou por tratados internacionais dos quais o Brasil seja parte.

11.2 DIREITOS TUTELADOS

O art. 4º prevê que incumbe ao Ministério Público zelar para que sejam assegurados os seguintes direitos: à informação, segurança, apoio, proteção física, patrimonial, psicológica, documental, inclusive de dados pessoais, participação e reparação dos danos materiais, psicológicos e morais suportados pelas vítimas em decorrência de delitos penais e atos infracionais.

O parágrafo único do art. 4º ainda prevê que a vítima tem o direito de ser protegida contra a **repetição de delitos da mesma natureza** e contra a **vitimização secundária e terciária**.

Apenas para fins de esclarecimento e distinção, de acordo com o CNMP, em sua página oficial[1]:

- a **vitimização primária se materializa com o** dano decorrente do próprio crime, de forma que as consequências imediatas da vitimização primária variam de acordo com a natureza do crime ou do fato delituoso cometido, podendo ser físicas, psicológicas ou materiais e patrimoniais.
- a **vitimização secundária é aquela que o**corre no âmbito dos órgãos formais do Estado. Também chamada de **"Revitimização" ou de "Sobrevitimização"**, é aquela causada pelas instâncias formais que detêm o controle sobre o âmbito social (isto é, em delegacias, no Ministério Público etc.). Abrange os custos pessoais derivados da intervenção do sistema legal que podem aumentar o sofrimento da vítima. Ocorre quando há desrespeito às garantias e aos direitos fundamentais das vítimas de crime no curso da investigação ou do processo penal.
- a **vitimização terciária o**corre quando, em contato com o grupo familiar ou em seu meio ambiente social (como trabalho, escola, vizinhança, igreja etc.), a vítima é novamente vitimada pelos que a cercam. Após a divulgação do crime, as pessoas que rodeiam a vítima podem se afastar, principalmente quando se tratar de crimes contra os costumes, considerados estigmatizantes. Olhares atravessados, comentários maldosos, perguntas indecentes e indiscretas e até mesmo "brincadeiras" trazem

1. https://www.cnmp.mp.br/defesadasvitimas/vitimas/vitimizacao

humilhação e constrangimento à vítima, levando a novos sofrimentos. A vitimização terciária, portanto, é o processo de "estigmatização" imposto pelo círculo mais próximo da vítima, após a ocorrência do crime/fato.

O art. 5º, por outro lado, dispõe que as informações sobre direitos básicos, serviços de apoio, processos e outros meios de obtenção de reparação dos danos causados pela infração penal e ato infracional devem ser prestadas de forma completa e transparente às vítimas.

De forma enunciativa, o art. 6º prevê que o Ministério Público diligenciará a fim de que seja assegurada às vítimas a prestação de apoio e atendimento especializado, por meio de equipe multidisciplinar da própria instituição ou pelo devido encaminhamento às redes de apoio externas. O parágrafo único, por sua vez, assinala que o Ministério Público fomentará a construção e a consistência das políticas de atuação em rede, mediante termos de cooperação e parcerias destinadas à implementação de atendimento das vítimas por equipes multidisciplinares, compostas por profissionais devidamente habilitados para a proteção integral, de modo a diminuir os efeitos e danos suportados em decorrência do fato.

Ainda sob a perspectiva enunciativa estabelecedora de deveres, o art. 7º dispõe que o Ministério Público deverá zelar pela proteção da segurança e da vida privada das vítimas e de seus familiares, mediante aplicação efetiva das medidas de proteção já previstas na legislação pátria e outras que se afigurem adequadas ao caso concreto, **adotando, como princípio, o estatuto normativo mais protetivo**, velando sempre pelo direito de a vítima não ter contato com o autor do fato, pela proteção de sua intimidade e integridade física e psíquica, mediante adoção de meios para evitar sua revitimização.

Na mesma senda, o art. 8º prevê que o Ministério Público deverá zelar para que as vítimas tenham **participação efetiva na fase da investigação e no processo**, seja por meio da materialização dos direitos de serem ouvidas, de terem seus bens restituídos, de apresentarem elementos de prova, de serem comunicadas de decisões no curso do processo, notadamente acerca do ingresso e saída do autor do fato da prisão, caso assim manifestem interesse, entre outras formas de participação.

Encerrando o Capítulo dos direitos que devem ser protegidos, o art. 9º assinala que o Ministério Público deverá pleitear, de forma expressa, no bojo dos autos, a fixação de valor mínimo para reparação dos danos materiais, morais e psicológicos, causados pela infração penal ou ato infracional, em prol das vítimas diretas, indiretas e coletivas.

O §1º ainda dispõe que incumbe ao Ministério Público, orientado pelo princípio da unidade institucional, implementar políticas, parâmetros e protocolos para a exigência, sempre que possível, da reparação dos danos materiais e morais das vítimas e familiares em investigações, processos e acordos celebrados com sua mediação ou participação, e o §2º que os acordos ou valores recuperados para fins de ressarcimento dos danos suportados por vítimas ou familiares devem ser devidamente registrados em sistema próprio.

11.3 JUSTIÇA RESTAURATIVA E ATUAÇÃO MINISTERIAL

O Capítulo IV da Resolução foi dedicado à Justiça Restaurativa.

De acordo com o CNJ, a Justiça Restaurativa é um conjunto ordenado e sistêmico de princípios, métodos, técnicas e atividades próprias, que visa à conscientização sobre os fatores relacionais, institucionais e sociais motivadores de conflitos e violência, e por meio do qual os conflitos que geram dano, concreto ou abstrato são solucionados de modo estruturado.

A Política Pública Nacional de Justiça Restaurativa no âmbito do Poder Judiciário foi delineada na Resolução CNJ nº 225/2016 e tem por objetivo a consolidação da identidade e da qualidade da Justiça Restaurativa definidas na normativa, a fim de que não seja desvirtuada ou banalizada.

No âmbito da Resolução CNMP 243/21, o art. 10 prevê que incumbe ao Ministério Público implementar projetos e mecanismos de resolução extrajudicial de conflitos, por meio da negociação, mediação e conferências reparadoras dos traumas derivados dos eventos criminosos ou de atos infracionais, observando-se as diretrizes traçadas nas Resoluções CNMP nºs 118, de 1º de dezembro de 2014, e 181, de 7 de agosto de 2017.

Em reforço, o parágrafo único assinala que o Ministério Público deve implementar políticas de atuação em rede, mediante termos de cooperação e parcerias destinadas à implementação de políticas restaurativas, observada a assistência a que se refere o art. 6º, que visem à adesão e à integração voluntária e esclarecida da vítima.

Ingressando na normatização relacionada à atuação preventiva e difusa, o art. 11 expressamente dispõe que incumbe ao Ministério Público estimular políticas públicas e criar, em sua estrutura interna, meios de atendimento às vítimas que busquem evitar a revitimização, bem como núcleos próprios de jurimetria para diagnosticar e produzir uma política de atuação mais eficaz, resolutiva e preventiva.

De forma objetiva, o art. 12 prevê que caberá à Presidência do Conselho Nacional do Ministério Público compilar informações do número de casos atendidos, do número de casos em que se verificou a reparação dos danos sofridos, das taxas de vitimização, além de outras políticas que permitam a identificação de direitos difusos, coletivos ou individuais homogêneos lesados.

Por fim, em sede de disposições finais, transcrevemos integralmente os arts. 13 a 15 da Resolução:

> Art. 13. Cada unidade do Ministério Público poderá regulamentar, por ato próprio, as diretrizes fixadas nesta Resolução, acrescentando outras que se conciliem com suas especificidades regionais e com a política de proteção integral aqui planejada.
>
> Art. 14. Cada unidade do Ministério Público deverá incluir, obrigatoriamente, como meta de seu Planejamento Estratégico, tornar a vítima o objeto principal de defesa institucional, fomentando cursos de formação inicial e de capacitação continuada de membros e servidores, para atendimento especial de vítimas de infrações penais e atos infracionais.
>
> Art. 15. Os Ministérios Públicos deverão encaminhar ao Conselho Nacional do Ministério Público planejamento escalonado para implementação dos Núcleos ou Centros de Apoio às Vítimas.
>
> § 1º Até a estruturação dos Núcleos ou Centros de Apoio às Vítimas, os Ministérios Públicos deverão assegurar, na medida do possível, a prestação do serviço por meio de outros canais de atendimento ao cidadão que estejam em pleno funcionamento, a exemplo das ouvidorias, dos projetos especializados e dos serviços de acolhimento multidisciplinar.
>
> § 2º Será criado o Portal Informativo sobre os Direitos das Vítimas, gerenciado pela Presidência do Conselho Nacional do Ministério Público ou por órgão por ela autorizado, destinado a fornecer, em linguagem clara e acessível, informações às vítimas, dentre outras, sobre as reações e consequências de infrações penais ou atos infracionais, os direitos das vítimas, as fases do processo penal e os atores do sistema de justiça penal.

12

PROCEDIMENTO DE INVESTIGAÇÃO CRIMINAL (PIC) – RESOLUÇÃO CNMP 181/17

12.1 INTRODUÇÃO

A Resolução CNMP 181/17 regula, dentre outras questões, o procedimento de investigação criminal pelo Ministério Público.

Em razão da importância da matéria e necessidade de análise, analisaremos a Resolução em formato de comentários aos artigos, quando necessários, destacando em negrito, na própria redação, trechos importantes para fins de fixação.

Vejamos, portanto, os aspectos procedimentais da Resolução com os comentários pertinentes a pontos sensíveis e destaques na legislação.

12.2 DEFINIÇÃO E FINALIDADE

O art. 1º prevê que o procedimento investigatório criminal é **instrumento ~~sumário~~ e ~~desburocratizado~~ de natureza administrativa e investigatória**, instaurado e presidido pelo membro do Ministério Público com atribuição criminal, e terá como **finalidade** apurar a ocorrência de **infrações penais de iniciativa pública**, servindo como preparação e embasamento para o juízo de propositura, ou não, da respectiva ação penal.

O STF, enfrentando o dispositivo no julgamento da ADI 5793, DJe. 01.07.24, declarou a inconstitucionalidade das expressões "sumário" e "desburocratizado" constantes do art. 1º, *caput*, da Resolução n. 181/2017 do Conselho Nacional do Ministério Público

Trata-se, portanto, de instrumento exclusivo de atuação ministerial, de natureza administrativa e investigatória que tem por finalidade apurar a ocorrência de infrações penais de iniciativa pública.

Segundo o §1º, o procedimento investigatório criminal **não é condição de procedibilidade ou pressuposto processual** para o ajuizamento de ação penal e **não exclui a possibilidade de formalização de investigação** por outros órgãos legitimados da Administração Pública.

O PIC, portanto, não se revela imprescindível para o ajuizamento da ação penal, não sendo concebido como condição de procedibilidade ou pressuposto processual.

Conforme o §2º a regulamentação do procedimento investigatório criminal prevista nesta Resolução não se aplica às autoridades abrangidas pela previsão do art. 33, parágrafo único, da Lei Complementar nº 35, de 14 de março de 1979[1].

O art. 2º prevê que em poder de quaisquer peças de informação, o membro do Ministério Público poderá:

> I - promover a ação penal cabível;
>
> II - instaurar procedimento investigatório criminal;
>
> III - encaminhar as peças para o Juizado Especial Criminal, caso a infração seja de menor potencial ofensivo;
>
> IV - promover fundamentadamente o respectivo arquivamento[2];
>
> V - requisitar a instauração de inquérito policial, indicando, sempre que possível, as diligências necessárias à elucidação dos fatos, sem prejuízo daquelas que vierem a ser realizadas por iniciativa da autoridade policial competente[3].

O art. 3º, por seu turno, dispõe que o procedimento investigatório criminal poderá ser **instaurado de ofício**, por membro do Ministério Público, no âmbito de suas atribuições criminais, ao tomar conhecimento de infração penal de iniciativa pública, por qualquer meio, ainda que informal, ou mediante provocação. De acordo com o STF (ADIs 2.943, 3.309 e 3.318), "a instauração de procedimento investigatório pelo Ministério Público deverá ser motivada

1. Magistrados.
2. O arquivamento será visto mais adiante, de forma específica.
3. O STF, no julgamento da ADI 5793, DJe. 01.07.24, declarou a constitucionalidade do art. 2º, V, desde que interpretado conforme a Constituição e nos termos do voto, vedando-se ao Ministério Público assumir a presidência do inquérito, que representa atribuição privativa da autoridade policial.

sempre que houver suspeita de envolvimento de agentes dos órgãos de segurança pública na prática de infrações penais ou sempre que mortes ou ferimentos graves ocorram em virtude da utilização de armas de fogo por esses mesmos agentes. Havendo representação ao Ministério Público, a ausência de instauração do procedimento investigatório deverá ser sempre motivada".

Em sequência, o §1º assinala que o procedimento investigatório criminal deverá tramitar, comunicar seus atos e transmitir suas peças, preferencialmente, por **meio eletrônico**, isto é, assinala a preferência pelo meio eletrônico para trâmite do PIC, visando assegurar a proteção das informações e reduzir o acesso a pessoas indeterminadas. Conforme o §2º, a distribuição de peças de informação deverá observar as regras internas previstas no sistema de divisão de serviços.

O §3º dispõe que no caso de instauração de ofício, o procedimento investigatório criminal será distribuído livremente entre os membros da instituição que tenham atribuições para apreciá-lo, incluído aquele que determinou a sua instauração, observados os critérios fixados pelos órgãos especializados de cada Ministério Público e respeitadas as regras de competência temporária em razão da matéria, a exemplo de **grupos específicos criados para apoio e assessoramento e de forças-tarefas devidamente designadas pelo Procurador-Geral** competente, e as relativas à conexão e à continência. O dispositivo contempla a previsão de atuação de grupos específicos criados para apoio e de forças tarefas designadas pelo Procurador-Geral, a exemplo dos GAECOS.

Por fim, o §4º dispõe que o membro do Ministério Público, no exercício de suas atribuições criminais, **deverá dar andamento, no prazo de 30 (trinta) dias a contar de seu recebimento**, às representações, requerimentos, petições e peças de informação que lhe sejam encaminhadas, **podendo este prazo ser prorrogado**, fundamentadamente, por até **90 (noventa) dias**, nos casos em que sejam necessárias diligências preliminares. A previsão do §4º identifica-se com o regulamento das notícias de fato no âmbito dos Mistérios Públicos, que possuem o prazo inicial de 30 dias, prorrogáveis por mais noventa dias.

De acordo com o entendimento do STF (ADIs 2.943, 3.309 e 3.318), o Ministério Público dispõe de **atribuição concorrente para promover, por autoridade própria, e por prazo razoável, investigações de natureza penal**, desde que respeitados os direitos e garantias que assistem a qualquer indiciado ou a qualquer pessoa sob investigação do Estado. Devem ser observadas sempre, por seus agentes, as hipóteses de reserva constitucional de jurisdição e, também, as prerrogativas profissionais da advocacia, sem prejuízo da possibilidade do permanente controle jurisdicional dos atos, necessariamente documentados (Súmula Vinculante 14), praticados pelos membros dessa Instituição (tema 184).

Ainda na linha do entendimento da Suprema Corte, a realização de investigações criminais pelo Ministério Público tem por exigência:

(i) comunicação imediata ao juiz competente sobre a instauração[4] e o encerramento de procedimento investigatório, com o devido registro e distribuição;

(ii) observância dos mesmos prazos e regramentos previstos para conclusão de inquéritos policiais;

(iii) necessidade de autorização judicial para eventuais prorrogações de prazo, sendo vedadas renovações desproporcionais ou imotivadas;

(iv) distribuição por dependência ao Juízo que primeiro conhecer de PIC ou inquérito policial a fim de buscar evitar, tanto quanto possível, a duplicidade de investigações;

(v) aplicação do artigo 18 do Código de Processo Penal ao PIC (Procedimento Investigatório Criminal) instaurado pelo Ministério Público.

12.3 FORMALIZAÇÃO

No que toca à formalização, o art. 4º prevê que o procedimento investigatório criminal será instaurado por **portaria fundamentada**, devidamente registrada e autuada, com a **indicação dos fatos a serem investigados** e deverá conter, sempre que possível, o nome e a qualificação do autor da representação e a determinação das diligências iniciais. Conforme o parágrafo único, se, durante a instrução do procedimento investigatório criminal, for constatada a necessidade de investigação de outros fatos, o membro do Ministério Público **poderá aditar a portaria inicial ou determinar a extração de peças para instauração de outro procedimento**.

---

4. (...) a fim de preservar os atos que porventura tenham sido praticados, determinou a modulação dos efeitos da presente decisão, "dispensando o registro para as ações penais já iniciadas e para aquelas que se encontrem encerradas. Nas investigações em curso que ainda não tenham sido objeto de denúncia, o registro deverá ser realizado no prazo de 60 (sessenta) dias, contados da publicação da ata de julgamento. Efetuado o registro, impende a observância dos prazos para a conclusão dos procedimentos investigatórios, assim como a exigência de autorização judicial para os pedidos de prorrogação, nos termos já delineados. ADIs 2.943, 3.309 e 3.318.

Por seu turno, o art. 5º dispõe que da instauração do procedimento investigatório criminal far-se-á **comunicação imediata** e, preferencialmente, eletrônica ao **Órgão Superior** competente, sendo **dispensada** tal comunicação **em caso de registro em sistema eletrônico**.

12.4 DAS INVESTIGAÇÕES CONJUNTAS

O art. 6º disciplina as investigações conjuntas, assinalando que o procedimento investigatório criminal poderá ser instaurado **de forma conjunta**, por meio de **força tarefa ou por grupo de atuação especial composto por membros do Ministério Público**, cabendo sua presidência àquele que o ato de instauração designar. Nada obstante, a intervenção ou cooperação dos órgãos de apoio não pode alijar o promotor natural[5] do processo decisório sobre o caso, sendo certo, inclusive, que o respeito à sua independência funcional exige que se-lhe-dê a palavra final em caso de divergência interna, assim como a prerrogativa de fazer cessar o trabalho conjunto. Conforme se extrai do §1º, poderá também ser instaurado procedimento investigatório criminal, por meio de **atuação conjunta entre Ministérios Públicos dos Estados, da União e de outros países.** O §2º, que detalharemos mais adiante, prevê que o arquivamento do procedimento investigatório deverá ser objeto de **controle e eventual revisão em cada Ministério Público**, cuja apreciação se limitará ao âmbito de atribuição do respectivo Ministério Público. Por fim, o §3º prevê que nas hipóteses de investigações que se refiram a temas que abranjam atribuições de mais de um órgão de execução do Ministério Público, os procedimentos investigatórios deverão ser objeto de arquivamento e controle respectivo com observância das regras de atribuição de cada órgão de execução.

Em linhas gerais, portanto, o art. 6º prevê a possibilidade de atuação conjunta entre os Ministérios Públicos dos Estados e Federal, bem como o órgão correlato de outros países, por força da cooperação internacional.

12.5 INSTRUÇÃO

A instrução do PIC foi disciplinada nos arts. 7º a 13.

Segundo o art. 7º, o membro do Ministério Público, **observadas as hipóteses de reserva constitucional de jurisdição** e sem prejuízo de outras providências inerentes a sua atribuição funcional, poderá:

5. Definido conforme atos normativos prévios que disciplinem a divisão de atribuições e respeitadas também as regras de distribuição fixadas na própria Resolução 181.

I – fazer ou determinar vistorias, inspeções e quaisquer outras diligências, inclusive em organizações militares;

II – requisitar informações, exames, perícias[6] e documentos de autoridades, órgãos e entidades da Administração Pública direta e indireta, da União, dos Estados, do Distrito Federal e dos Municípios;

III – requisitar informações e documentos de entidades **privadas, inclusive de natureza cadastral**;

IV – notificar testemunhas e vítimas e **requisitar sua condução coercitiva**, nos casos de ausência injustificada, ressalvadas as prerrogativas legais;

V – acompanhar buscas e apreensões deferidas pela autoridade judiciária;

VI – acompanhar cumprimento de mandados de prisão preventiva ou temporária deferidas pela autoridade judiciária;

VII – expedir notificações e intimações necessárias;

VIII – realizar oitivas para colheita de informações e esclarecimentos;

IX – **ter acesso incondicional a qualquer banco de dados de caráter público** ou relativo a serviço de relevância pública;

X – requisitar auxílio de força policial.

Conforme se extrai do §1º **nenhuma autoridade pública ou agente de pessoa jurídica no exercício de função pública** poderá opor ao Ministério Público, sob qualquer pretexto, **a exceção de sigilo**, sem prejuízo da subsistência do caráter sigiloso da informação, do registro, do dado ou do documento que lhe seja fornecido, **ressalvadas as hipóteses de reserva constitucional de jurisdição.**

Por seu turno, o §2º prevê que as respostas às requisições realizadas pelo Ministério Público deverão ser encaminhadas, sempre que determinado, em **meio informatizado** e apresentadas em arquivos que possibilitem a migração de informações para os autos do processo sem redigitação.

O §3º assinala que as requisições do Ministério Público serão feitas fixando-se **prazo razoável de até 10 (dez) dias úteis** para atendimento, prorrogável mediante solicitação justificada. Em sequência, o §4º dispõe que ressalvadas as hipóteses de **urgência**, as notificações para comparecimento devem ser efetivadas com antecedência mínima de **48 horas**, respeitadas, em qualquer caso, as prerrogativas legais pertinentes.

6. Nas investigações de natureza penal, o Ministério Público pode requisitar a realização de perícias técnicas, cujos peritos deverão gozar de plena autonomia funcional, técnica e científica na realização dos laudos. (ADIs 2.943, 3.309 e 3.318).

O §5º, de forma objetiva, assinala que a notificação deverá mencionar o fato investigado, salvo na hipótese de decretação de sigilo, e a faculdade do notificado de se fazer acompanhar por defensor.

O §6º, em estrita observância às regras de competência por prerrogativa por foro, prevê que as correspondências, notificações, requisições e intimações do Ministério Público quando tiverem como destinatário o **Presidente da República, o Vice-Presidente da República, membro do Congresso Nacional, Ministro do Supremo Tribunal Federal, Ministro de Estado, Ministro de Tribunal Superior, Ministro do Tribunal de Contas da União ou chefe de missão diplomática de caráter permanente** serão encaminhadas e levadas a efeito pelo **Procurador-Geral da República** ou outro órgão do Ministério Público a quem essa atribuição seja delegada.

Na mesma linha do parágrafo anterior, o §7º prevê que as notificações e requisições previstas neste artigo, quando tiverem como destinatários **o Governador do Estado, os membros do Poder Legislativo e os desembargadores**, serão encaminhadas **pelo Procurador-Geral de Justiça** ou outro órgão do Ministério Público a quem essa atribuição seja delegada, e o § 8º que as autoridades referidas nos §§ 6º e 7º poderão fixar data, hora e local em que puderem ser ouvidas, se for o caso.

O §9º trata da responsabilidade do promotor de justiça, asseverando que o membro do Ministério Público será responsável pelo uso indevido das informações e documentos que requisitar, inclusive nas hipóteses legais de sigilo e de documentos assim classificados.

Em nossa compreensão, os principais destaques do art. 7º residem na impossibilidade de oposição de sigilo, salvo no caso de reserva de jurisdição, no prazo para cumprimento das notificações ministeriais, ordinários de **10 dias úteis e, no caso de urgência, 48 horas**; na possibilidade de requisição de condução coercitiva de vítimas e testemunhas, e as particulares notificações e requisições às pessoas mencionadas nos §§6º e 7º, a serem cumpridas pelo PGR ou PGJ.

Na linha da produção da prova, o art. 8º prevê que a colheita de informações e depoimentos deverá ser feita **preferencialmente de forma oral**, mediante a **gravação audiovisual**, **com o fim de** obter maior fidelidade das informações prestadas. Objetivamente, os §§1º a 8º do art. 8º preveem:

> § 1º Somente em **casos excepcionais e imprescindíveis deverá ser feita a transcrição dos depoimentos colhidos na fase investigatória**.
>
> § 1º-A. A colheita de informações, oitivas e depoimentos será realizada, preferencialmente, por meio de videoconferência ou outro recurso tecnológico de transmissão de sons e imagens em tempo real.

§ 2º O membro do Ministério Público poderá **requisitar** o cumprimento das diligências de oitiva de testemunhas ou informantes **a servidores da instituição, policiais civis, militares ou federais, guardas municipais** ou a **qualquer outro servidor público** que tenha **como atribuições fiscalizar atividades cujos ilícitos possam também caracterizar delito**.

§ 3º A requisição referida no parágrafo anterior deverá ser comunicada ao seu destinatário pelo meio mais expedito possível, e a oitiva deverá ser realizada, sempre que possível, no local em que se encontrar a pessoa a ser ouvida.

§ 4º O funcionário público, no cumprimento das diligências de que trata este artigo, após a oitiva da testemunha ou informante, deverá imediatamente elaborar relatório legível, sucinto e objetivo sobre o teor do depoimento, no qual deverão ser consignados a data e hora aproximada do crime, onde ele foi praticado, as suas circunstâncias, quem o praticou e os motivos que o levaram a praticar, bem ainda identificadas eventuais vítimas e outras testemunhas do fato, sendo dispensável a confecção do referido relatório quando o depoimento for colhido mediante gravação audiovisual.

§ 5º O Ministério Público, sempre que possível, deverá fornecer formulário para preenchimento pelo servidor público dos dados objetivos e sucintos que deverão constar do relatório.

§ 6º O funcionário público que cumpriu a requisição deverá assinar o relatório e, se possível, também o deverá fazer a testemunha ou informante.

§ 7º O **interrogatório de suspeitos** e a oitiva das **pessoas referidas nos §§ 6º e 7º do art. 7º** deverão **necessariamente** ser realizados pelo membro do Ministério Público.

§ 8º As testemunhas, informantes e suspeitos ouvidos na fase de investigação serão informados do dever de comunicar ao Ministério Público qualquer mudança de endereço, telefone ou e-mail.

O registro para o art. 8º é para a possibilidade de requisição de funcionários públicos que atuam, *lato sensu*, na área de segurança pública, para apoio nas oitivas e a necessidade do interrogatório e oitiva das pessoas mencionadas nos §§6º e 7º do art. 7º serem produzidas diretamente pelo membro, impossibilitando sua delegação. *A contrario sensu*, entende-se facultada pelo ato normativo a delegação de oitiva de outras testemunhas, o que pode, portanto, ser feito por servidores do Ministério Público ou mesmo de outras instituições públicas (Polícia, Controladoria, Receita) que comumente trabalham em parceria com o *Parquet*.

O art. 9º, tratando da questão defensiva, assinala que o autor do fato investigado poderá apresentar, querendo, as informações que considerar adequadas, facultado o acompanhamento por defensor. Por sua vez, o §1º, em reforço às prerrogativas do advogado, dispõe que o defensor poderá examinar, **mesmo sem procuração**, autos de procedimento de investigação criminal, findos ou em andamento, ainda que conclusos ao presidente, podendo copiar peças e tomar apontamentos, em meio físico ou digital. Não obstante, o §2º ressalva que para os fins do parágrafo anterior, o defensor **deverá apresentar procuração, quando decretado o sigilo das investigações**, no todo ou em parte.

Na mesma trilha do asseguramento da lisura procedimental, o §3º prevê que o órgão de execução que presidir a investigação velará para que o defensor constituído nos autos assista o investigado durante a apuração de infrações, de forma a evitar a alegação de nulidade do interrogatório e, subsequentemente, de todos os elementos probatórios dele decorrentes ou derivados, nos termos da Lei nº 8.906, de 4 de julho de 1994.

Por fim, o §4º prevê, na linha de entendimento da Súmula Vinculante 14 do STF, que o presidente do procedimento investigatório criminal **poderá delimitar o acesso do defensor aos elementos de prova relacionados a diligências em andamento e ainda não documentados nos autos**, quando houver risco de comprometimento da eficiência, da eficácia ou da finalidade das diligências.

Objetivamente, o art. 10 dispõe que as diligências serão documentadas em autos de modo sucinto e circunstanciado.

O art. 11, por seu turno, dispõe que as inquirições que devam ser realizadas fora dos limites territoriais da unidade em que se realizar a investigação serão feitas, sempre que possível, por meio de videoconferência, podendo ainda ser deprecadas ao respectivo órgão do Ministério Público local. Em sequência, o §1º prevê que nos casos referidos no *caput* deste artigo, o membro do Ministério Público poderá optar por realizar diretamente a inquirição com a prévia ciência ao órgão ministerial local, que deverá tomar as providências necessárias para viabilizar a diligência e colaborar com o cumprimento dos atos para a sua realização.

Por fim, o §2º prevê que a deprecação e a ciência referidas neste artigo poderão ser feitas por qualquer meio hábil de comunicação, e o §3º que o disposto neste artigo **não obsta a requisição de informações, documentos, vistorias, perícias a órgãos ou organizações militares sediados em localidade diversa** daquela em que lotado o membro do Ministério Público.

Ainda quanto à questão probatória, o art. 12 prevê que a pedido da pessoa interessada, será fornecida comprovação escrita de comparecimento.

Por seu turno, o art. 13 assinala que o procedimento investigatório criminal deverá ser **concluído no prazo de 90 (noventa) dias, permitidas,**

por igual período, prorrogações sucessivas, por decisão fundamentada do membro do Ministério Público responsável pela sua condução. Entende-se implicitamente derrogado o prazo em questão, na medida em que o STF (ADIs 2.943, 3.309, 3.318) decidiu que a investigação ministerial deve seguir os mesmos prazos e os mesmos regramentos da investigação policial, de modo que os prazos de conclusão do PIC passaram a ser aqueles do art. 10, CPP (10 dias para investigado preso, 30 para solto), sendo que as prorrogações devem ser requeridas e deferidas pelo Judiciário que poderá, inclusive, fixar prazo diverso (art. 10, §3º, CPP).

O § 1º prevê que cada unidade do Ministério Público manterá, para conhecimento dos órgãos superiores, controle atualizado, preferencialmente por meio eletrônico, do andamento de seus procedimentos investigatórios criminais, observado o nível de sigilo e confidencialidade que a investigação exigir, nos termos do art. 15 da Resolução. O §2º, por derradeiro, prevê que o controle referido no parágrafo anterior poderá ter nível de acesso restrito ao Procurador-Geral da República, ao Procurador-Geral de Justiça, ao Procurador-Geral de Justiça Militar e ao respectivo Corregedor-Geral, mediante justificativa lançada nos autos.

Em breve síntese, o art. 9º repete as previsões do CPP e da Lei 8.906/94 no tocante às prerrogativas do advogado. O §3º do art. 11 contém uma peculiaridade no tocante à possibilidade de requisição de informações, documentos, vistorias, perícias a órgãos ou organizações militares sediados em localidade diversa daquela em que lotado o membro do Ministério Público, isto é, ao contrário da atuação jurisdicional do magistrado que depreca a realização de atos cuja competência seja distinta, o *parquet* pode, no curso do PIC, requisitar diretamente ainda que fora de sua área territorial de atuação. Parece-nos pertinente o questionamento da constitucionalidade do dispositivo, quando analisado de forma sistêmica com as regras de competência jurisdicional.

12.6 PERSECUÇÃO PATRIMONIAL

Conforme se extrai do teor do art. 14, a **persecução patrimonial** voltada à localização de qualquer benefício derivado ou obtido, direta ou indiretamente, da infração penal, ou de bens ou valores lícitos equivalentes, com vistas à propositura de medidas cautelares reais, confisco definitivo e identificação do beneficiário econômico final da conduta, **será realizada em anexo autônomo do procedimento investigatório criminal**.

O §1º expressamente consigna que proposta a ação penal, a instrução do procedimento tratado no *caput* poderá prosseguir até que ultimadas as diligências de persecução patrimonial. Em síntese, o dispositivo permite a continuidade da investigação específica relacionada à persecução patrimonial, porquanto, dada a complexidade de apuração, nem sempre será possível, sem prejuízo da observância do prazo de tramitação do PIC, finalizar a investigação.

E nesse sentido, o §2º prevê que caso a investigação sobre a materialidade e autoria da infração penal já esteja concluída, sem que tenha sido iniciada a investigação tratada neste capítulo, procedimento investigatório específico poderá ser instaurado com o objetivo principal de realizar a persecução patrimonial.

O art. 14-A, inserido pela Resolução CNMP 289/24, que se associa, entre outras, à figura do confisco alargado, prevista no art. 91-A do CP, prevê que a persecução patrimonial dirigida à indicação dos bens correspondentes à **diferença entre o valor do patrimônio do investigado e aquele que seja compatível com o seu rendimento lícito**, com vistas à decretação do **confisco alargado**, será realizada em **anexo autônomo do procedimento investigatório criminal** e, salvo legislação específica, compreenderá bens de titularidade do investigado, ou em relação aos quais ele tenha o domínio e o benefício direto ou indireto, e aqueles transferidos a terceiros a título gratuito, mediante contraprestação irrisória ou, ainda, dolosamente e com culpa grave.

A previsão atinente à "culpa grave" não guarda qualquer sentido em nossa compreensão, não somente porque o Direito Penal não promove a distinção de graus de culpa, mas principalmente porque a responsabilidade patrimonial é *ex-lege*, que poderia, inclusive, ser apurada em procedimento relacionado à investigação de lavagem de capitais.

Conforme se extrai do §1º, a instrução do procedimento tratado no *caput* poderá prosseguir até que ultimadas as diligências de persecução patrimonial para detalhamento da indicação lançada na ação penal. Por fim, o §2º dispõe que a investigação mencionada no *caput* poderá ser instaurada **inclusive após o oferecimento da ação penal**, para detalhamento dos bens sujeitos a confisco alargado.

12.7 PUBLICIDADE

No que pertine à publicidade, o art. 15 prevê que os atos e peças do procedimento investigatório criminal **são públicos**, nos termos desta Resolução, **salvo disposição legal em contrário ou por razões de interesse público ou conveniência da investigação**.

Conforme o parágrafo único, a publicidade consistirá:

I – na expedição de certidão, mediante requerimento do investigado, da vítima ou seu representante legal, do Poder Judiciário, do Ministério Público ou de terceiro diretamente interessado;

II – no deferimento de pedidos de extração de cópias, com atenção ao disposto no § 1º do art. 3º desta Resolução e ao uso preferencial de meio eletrônico, desde que realizados de forma fundamentada pelas pessoas referidas no inciso I, pelos seus procuradores com poderes específicos ou por advogado, independentemente de fundamentação, ressalvada a limitação de acesso aos autos sigilosos a defensor que não possua procuração ou não comprove atuar na defesa do investigado;

III – no deferimento de pedidos de vista, realizados de forma fundamentada pelas pessoas referidas no inciso I ou pelo defensor do investigado, **pelo prazo de 5 (cinco) dias ou outro que assinalar fundamentadamente** o presidente do procedimento investigatório criminal, com atenção à restrição de acesso às diligências cujo sigilo tenha sido determinado na forma do § 4º do art. 9º desta Resolução;

IV – na prestação de informações ao público em geral, a critério do presidente do procedimento investigatório criminal, observados o princípio da presunção de inocência e as hipóteses legais de sigilo.

Nos termos do art. 16, o presidente do procedimento investigatório criminal **poderá decretar o sigilo das investigações, no todo ou em parte**, por decisão fundamentada, quando a elucidação do fato ou interesse público exigir, **garantido o acesso aos autos ao investigado e ao seu defensor**, desde que munido de procuração ou de meios que comprovem atuar na defesa do investigado, cabendo a ambos preservar o sigilo sob pena de responsabilização.

Por sua vez, o parágrafo único assinala que em caso de pedido da parte interessada para a expedição de certidão a respeito da existência de procedimentos investigatórios criminais, é vedado fazer constar qualquer referência ou anotação sobre investigação sigilosa.

Em linhas gerais, portanto, o art. 15 **consagra a regra da publicidade das investigações**, registrando, contudo, a possibilidade de decretação do sigilo. Do dispositivo extrai, portanto, uma das três diferenças basilares[7] entre o PIC e o inquérito policial, a regra da publicidade, sendo as demais verificadas na natureza escrita do IP e eletrônica do PIC, além da presidência dos instrumentos de apuração, autoridade policial no IP e membro do MP com atuação criminal no PIC.

7. Outras existem quanto ao procedimento, arquivamento, (des)necessidade de relatório etc.

12.8 DOS DIREITOS DAS VÍTIMAS

O art. 17 inaugura o tópico relacionado ao direito das vítimas e dispõe que o membro do Ministério Público que preside o procedimento investigatório criminal **esclarecerá a vítima sobre seus direitos materiais e processuais**, devendo tomar todas as medidas necessárias para a preservação dos seus direitos, a reparação dos eventuais danos por ela sofridos e a preservação da intimidade, vida privada, honra e imagem.

Nos termos do §1º, o membro do Ministério Público **velará pela segurança de vítimas e testemunhas que sofrerem ameaça** ou que, de modo concreto, **estejam suscetíveis a sofrer intimidação** por parte de acusados, de parentes deste ou pessoas a seu mando, **podendo, inclusive, requisitar proteção policial em seu favor**.

O §2º, por seu turno, dispõe que o membro do Ministério Público que preside o procedimento investigatório criminal, no curso da investigação ou mesmo após o ajuizamento da ação penal, deverá providenciar o encaminhamento da vítima ou de testemunhas, caso presentes os pressupostos legais, para inclusão em Programa de Proteção de Assistência a Vítimas e a Testemunhas ameaçadas ou em Programa de Proteção a Crianças e Adolescentes Ameaçados, conforme o caso.

O §3º, em especial previsão, assinala que em caso de medidas de proteção ao investigado, as vítimas e testemunhas, o membro do Ministério Público **observará a tramitação prioritária do feito**, bem como providenciará, se for o caso, a oitiva antecipada dessas pessoas ou pedirá a antecipação dessa oitiva em juízo.

Na linha do parágrafo anterior, o § 4º prevê que o membro do Ministério Público que preside o procedimento investigatório criminal providenciará o encaminhamento da vítima e outras pessoas atingidas pela prática do fato criminoso apurado à rede de assistência, para atendimento multidisciplinar, especialmente nas áreas psicossocial, de assistência jurídica e de saúde, a expensas do ofensor ou do Estado.

O §5º, por sua vez, dispõe que nos procedimentos de acolhimento, oitiva e atenção à vítima, o membro do Ministério Público diligenciará para que a ela seja assegurada a possibilidade de prestar declarações e informações em geral, eventualmente sugerir diligências, indicar meios de prova e deduzir alegações, que deverão ser avaliadas fundamentadamente pelo Ministério Público.

Objetivamente, o §6º assinala que os procedimentos previstos nesse artigo poderão ser estendidos aos **familiares da vítima**[8], **e o § 7º que o membro do Ministério Público deverá diligenciar para a comunicação da vítima ou, na ausência desta, dos seus respectivos familiares sobre o oferecimento de ação penal.**

Por fim, o §8º prevê que nas investigações que apurem notícia de violência manifestada por agentes públicos em desfavor de vítimas negras, em atenção ao disposto no art. 53 da Lei nº 12.288/2010, o membro do Ministério Público deve levar em consideração, para além da configuração típico-penal, eventual hipótese de **violência sistêmica, estrutural, psicológica, moral,** entre outras, para fins dos encaminhamentos previstos no presente artigo.

12.9 ACORDO DE NÃO PERSECUÇÃO PENAL

O art. 18 versa sobre o ANPP, regulado atualmente pelo art. 28-A do CPP.

12.9.1 Introdução

Introduzido originalmente no ordenamento jurídico pátrio pela Resolução CNMP 181/17, o acordo de não persecução penal (ANPP) foi devidamente previsto em lei por meio da Lei do Pacote Anticrime (Lei 13.964/19), que inseriu o art. 28-A no CPP.

Em linhas gerais, trata-se de uma espécie de resposta estatal à infração penal, construída de forma consensuada (negócio jurídico processual) entre o titular da ação penal e o confesso autor de uma infração penal. Além disso, para nós, como seus efeitos dependem de homologação judicial, se viabiliza por uma vertente de ação penal, conforme veremos detalhadamente abaixo.

12.9.2 Natureza jurídica

AVENA[9] (2020, p. 595) e BRASILEIRO[10] (2020, p. 273), entre outros, tratam o ANPP como negócio jurídico de natureza extrajudicial de cunho pré-processual, por ser celebrado sem a intervenção do Poder Judiciário e em

8. O art. 2º, §1º da Lei 9.807/99 prevê a extensão ao cônjuge ou companheiro, ascendentes, descendentes e dependentes que tenham convivência habitual com a vítima ou testemunha, conforme o especificamente necessário em cada caso.

9. *op.cit.*

10. *op.cit.*

fase anterior à inaugurada pela ação penal condenatória. Com a devida vênia, compreendemos o instituto de forma diferente.

Em primeiro lugar, importa destacar que o conteúdo do ANPP é de resposta penal a um crime, inclusive legitimada pelo princípio da culpabilidade, dada a exigência de confissão para celebração. Ainda que tal resposta seja alcançada mediante consenso e, portanto, do ponto de vista formal, trate-se de negócio jurídico processual (aspecto em que se diferencia da sentença condenatória, que é a principal resposta penal, mas não a única).

Entretanto, um negócio jurídico de natureza extrajudicial é aquele que produz efeitos independentemente de judicialização, isto é, aquele pactuado entre as partes e apto a produzir **efeitos completos** desde imediato, sendo desnecessária a homologação judicial. O termo de ajustamento de conduta, por exemplo, celebrado entre o Ministério Público e uma mineradora produz efeitos intrapartes e de imediato, não precisando de qualquer outra condição.

O ANPP, ao contrário, exige a **homologação judicial** para produção de efeitos plenos, de forma que não podemos concebê-lo puramente como um negócio jurídico de natureza extrajudicial, pois seus efeitos estão condicionados à homologação judicial, oportunidade em que o juiz, inclusive, analisa o mérito do acordo (ainda que não possa reformá-lo), é dizer, a adequação, suficiência e intensidade da resposta pactuada (inteligência dos §§5º e 7º do art. 28-A). Logo, o pacto prévio entre o *parquet* e o autor da infração penal é um **mero protocolo de intenções**, sem caráter vinculativo até que seja homologado judicialmente, não obstante ser apto a produzir efeitos intrapartes.

Reforçando essa compreensão, o §10 do art. 28-A do CPP estabelece que descumprido o acordo por parte do autor da infração penal, o Ministério Público deverá comunicar ao juízo para fins de rescisão e posterior oferecimento da denúncia, ou seja, o oferecimento da denúncia está condicionado à rescisão do acordo, condição de procedibilidade como vimos anteriormente. Não há como se conceber como puramente extrajudicial, um título ou acordo que não admite qualquer hipótese de rescisão pelas partes.

Por outro lado, para além do fato de que Doutrina e Jurisprudência já admitem inúmeras hipóteses de celebração de ANPP no curso da ação penal (por retroatividade, desclassificação, oferta tardia, etc.), a concepção do ANPP como **negócio jurídico pré-processual** precisa ser analisada sob dois prismas. Quando celebrado pelas partes em momento cronológico e procedimental anterior à propositura de ação de conhecimento e enquanto produza apenas efeitos internos, não deixa de ser um negócio jurídico pré-processual, porquanto sua entabulação vincula as partes. Entretanto, ao requerer a homologação, condição de eficácia externa, perante o juízo criminal, o Ministério

Público estar promovendo uma ação penal que tem por consequência obrigatória a formação de um processo, que será integrado também pelo acusado, revestindo-se, portanto, de **natureza processual**. Logo, **se sua validade externa pressupõe a homologação, após a avaliação da legalidade, voluntariedade e adequação pelo magistrado, só pode ser concebido como processual**, não obstante as tratativas tenham ocorrido na fase pré-processual.

O art. 18 da Resolução CNMP 181/17, com a redação conferida pela Res. 289/24, definiu o acordo de não persecução penal como o **negócio jurídico** celebrado entre Ministério Público e investigado devidamente assistido por advogado ou defensor público uma vez preenchidos os requisitos e pressupostos legais, que poderá ser proposto mediante avaliação das peculiaridades do caso concreto, desde que necessário e suficiente para a reprovação e prevenção da infração penal.

O §1º do art. 18, por sua vez, dispõe que o oferecimento da proposta de acordo, bem como sua negociação, é **ato privativo do Ministério Público**, devendo ser realizado em suas dependências, seja na modalidade presencial ou na virtual, cabendo ao juízo sua homologação em **audiência que prescinde da participação do membro ministerial**.

Retomando e aproveitando o ensejo crítico-construtivo, a mesma doutrina, majoritária por sinal, entende que o ANPP caracteriza uma mitigação ao princípio da obrigatoriedade da ação penal. Não obstante, compreendemos que não há mitigação alguma ao princípio pelo ANPP, sobretudo a partir de sua compreensão como uma resposta penal, de modo que ao requerer sua homologação, o Ministério Público estará exercendo um **espectro diferente da ação penal (pretensão não condenatória)**.

Estando satisfeitas as condições da ação penal e existindo prova da materialidade e indícios suficientes de autoria, o Ministério Público deve agir, seja para oferecer a denúncia ou propor os institutos despenalizantes, como o ANPP. **A obrigatoriedade da denúncia pode ser mitigada, abrindo-se ao Parquet uma opção diversa de resposta penal a ser buscada, mas não da ação penal, indispensável à efetiva tutela penal dos bens jurídicos atingidos pelo crime**.

Existe obrigatoriedade na atuação e, necessariamente, a materialização desse dever demanda a intervenção do Judiciário, perante o qual o Ministério Público exerce sua pretensão de obter uma resposta ao crime. Os institutos da transação penal e acordo de não persecução penal, por exemplo, demandam homologação judicial, e não nos parece razoável que essa homologação seja realizada em algo distinto de uma ação penal, especialmente porque fundada na prática de fato típico, ilícito e culpável. Logo, há o exercício da ação penal e, portanto, obediência ao princípio da obrigatoriedade em sua plenitude.

A perspectiva do conceito de ação penal ainda difundida emerge do Código Penal de 1940 e Código de Processo Penal de 1941, época distante dos novos institutos despenalizantes, pelo que é merecedora de uma nova construção.

Segundo BRANDALISE[11] (2019, p. 226), o ANPP funciona como uma ferramenta de política criminal, diversificando a resolução dos conflitos penais de forma distinta da do oferecimento da denúncia. E, nesse sentido, a diversificação[12] pode ser classificada da seguinte forma: **a) diversificação simples**, quando ocorre o arquivamento sem qualquer imposição de obrigações ao agente (inaplicável ao ANPP), como, *mutatis mutandis*, a remissão simples no Estatuto da Criança e do Adolescente; **b) diversificação encoberta**, que prescreve a extinção da punibilidade a partir da determinação em razão da realização de atos que impedem a deflagração do processo penal, como a composição civil dos danos (art. 74, p. único da Lei 9.099/95); **c) diversificação com intervenção**, quando se pactua com o agente o cumprimento de determinadas condições, como nos casos do ANPP, transação penal e suspensão condicional do processo.

Por outro lado, **não nos parece correto dizer que o ANPP caracterize direito público subjetivo do investigado**, vez que a recusa fundamentada do Ministério Público em oferecê-lo, inclusive com fundamento na insuficiência para prevenção e reprovação do crime, impede a atuação supletiva do magistrado. Trata-se, para nós, de **faculdade ministerial, discricionária, regrada e necessariamente fundamentada**, porquanto só será admitido o acordo quando preenchidos todos os requisitos previstos no art. 28-A, *caput*, e parágrafos do CPP, além da satisfação de, ao menos, conforme analisaremos abaixo, de duas condições previstas nos incisos I a V, mas a avaliação sobre o preenchimento de tais requisitos compete, num primeiro momento, ao *Parquet*.

11. BRANDALISE, Rodrigo da Silva. **O consenso processual penal analisado a partir de hipóteses negociais colombianas**. Revista do Ministério Público do Estado do Rio de Janeiro, nº 71, jan/mar. 2019. http://www.mprj.mp.br/documents/20184/1287128/Rodrigo_da_Silva_Brandalise.pdf. Acesso em 21.08.2021, as 17h34min.

12. A doutrina tem preferido o termo "diversão" em consideração à doutrina portuguesa, para evitar a confusão com a língua espanhola (*diversion*), conforme explica Brandalise. Contudo, dada a natureza do assunto, típico de diversificação do instituto da ação penal, preferimos o termo diversificação.

Sobre o tema, o **Enunciado 19** do Conselho Nacional de Procuradores-Gerais dos Ministérios Públicos dos Estados e da União (CNPG) e do Grupo Nacional de Coordenadores de Centro de Apoio Criminal (GNCCRIM) prenunciou: "O acordo de não persecução penal é faculdade do Ministério Público, que avaliará, inclusive em última análise (§14), se o instrumento é necessário e suficiente para a reprovação e prevenção do crime no caso concreto".

12.9.3 Requisitos, condições e vedações

A celebração do ANPP foi amplamente disciplinada pelo art. 28-A do CPP, que traz, no *caput*, incisos e parágrafos, requisitos, condições positivas e negativas (vedações).

12.9.3.1 Requisitos

> Art. 28-A. Não sendo caso de arquivamento e tendo o investigado confessado formal e circunstancialmente a prática de infração penal sem violência ou grave ameaça e com pena mínima inferior a 4 (quatro) anos, o Ministério Público poderá propor acordo de não persecução penal, desde que necessário e suficiente para reprovação e prevenção do crime, mediante as seguintes condições ajustadas cumulativa e alternativamente:

A propositura do ANPP, assim como na transação penal, por decorrência lógica da expressão "não sendo o caso de arquivamento", prevista no *caput* do art. 28-A e 76, *caput*, da Lei 9.099/95, respectivamente, pressupõe a existência de prova da materialidade e indícios suficientes de autoria, sendo que, no novel instituto, exige-se ainda a confissão formal e circunstancial do agente, diferentemente da transação penal. Vejamos, separadamente, os **requisitos legais**:

a) **Não ser caso de arquivamento**: por razões óbvias, sendo o caso de arquivamento, não há que se cogitar na aplicação da regra do ANPP, vez que sua propositura violaria um pressuposto fundamental atinente ao interesse de agir. O §2º do art. 18 da Resolução CNMP 181/17, com a redação conferida pela Res. 289/24, reforça tal compreensão ao assinalar que "não se proporá o acordo de não persecução penal quando o membro do Ministério Público não verificar, desde logo, a **justa causa** para o ajuizamento da ação penal".

b) **Confissão formal e circunstancial**: não basta, como na transação penal, que exista prova da materialidade e indícios suficientes de autoria. No ANPP, o legislador expressamente exigiu a confissão formal, no sentido de ser documentada (por escrito ou vídeo), e circunstancial, isto é, que traga elementos esclarecedores gerais de como foi praticada a infração penal, não se exigindo, todavia, todos os detalhes da infração penal, mas tão somente aqueles que seriam, por exemplo, objeto de descrição fática na denúncia, nos termos do art. 41 do CPP, ainda que de forma superficial. Tampouco exige-se a delação de coautor ou mesmo sua qualificação, satisfazendo o requisito da confissão que o indiciado por crime praticado em concurso de agentes (que pode, inclusive, ser elementar típica sobre a qual deve recair a confissão) reconheça a participação de terceiros que não pretenda identificar.

Sobre a confissão, o STJ fixou o seguinte entendimento, firmado por meio do Tema 1303: 1. A confissão pelo investigado na fase de inquérito policial não constitui exigência do art. 28-A do Código de Processo Penal para o cabimento de Acordo de Não Persecução Penal (ANPP), sendo inválida a negativa de formulação da respectiva proposta baseada em sua ausência. 2. A formalização da confissão para fins do ANPP pode se dar no momento da assinatura do acordo, perante o próprio órgão ministerial, após a ciência, avaliação e aceitação da proposta pelo beneficiado, devidamente assistido por defesa técnica, dado o caráter negocial do instituto. REsp 2.161.548-BA, Rel. Ministro Otávio de Almeida Toledo (Desembargador convocado do TJSP), Terceira Seção, por unanimidade, julgado em 12/3/2025.

c) **Infração penal à qual seja cominada pena mínima inferior a quatro anos**: o requisito, analisado objetivamente, deve levar em consideração as qualificadoras e eventuais causas de aumento ou diminuição de pena, a exemplo da tentativa, concurso de crimes etc., tomando-se por parâmetro §1º do art. 28-A do CPP[13] e as Súmulas 243 do STJ[14] e 723 do STF[15]. Em reforço ao tema, o §3º do art. 18 da Res. CNMP 181/17 prevê que além das hipóteses previstas no art. 28-A, §2º, do Código de Processo Penal, também não se admitirá a proposta de acordo de não persecução penal nas infrações penais cometidas em concurso material,

13. §1º Para aferição da pena mínima cominada ao delito a que se refere o *caput* deste artigo, serão consideradas as causas de aumento e diminuição aplicáveis ao caso concreto.

14. O benefício da suspensão do processo não é aplicável em relação às infrações penais cometidas em concurso material, concurso formal ou continuidade delitiva, quando a pena mínima cominada, seja pelo somatório, seja pela incidência da majorante, ultrapassar o limite de um (01) ano.

15. Não se admite a suspensão condicional do processo por crime continuado, se a soma da pena mínima da infração mais grave com o aumento mínimo de um sexto for superior a um ano.

concurso formal ou em continuidade delitiva em que a pena mínima cominada, seja pelo somatório, seja pela incidência de majorantes, ultrapasse o limite de 4 (quatro anos).

Assim, o cálculo da pena mínima pressupõe a realização em abstrato da dosimetria da pena levando-se em consideração tão somente as circunstâncias que possuem patamares fixos de aumento e diminuição da pena, afastando-se, portanto, as circunstâncias judiciais do art. 59 do CP e as causas agravantes e atenuantes previstas nos artigos 61 a 66 do CP. Aplica-se, igualmente, a **teoria do melhor cenário possível**, isto é, no cálculo abstrato soma-se o menor aumento possível e reduz-se o maior patamar previsto, vez que o parâmetro legal envolve a construção de pena mínima. Nesse sentido é o teor do §4º do art. 18 da Resolução CNMP 181/17: Para fins de aferição da pena mínima cominada à infração penal, serão consideradas as causas de aumento e diminuição aplicáveis ao caso concreto, devendo-se operar abstratamente a maior diminuição e o menor aumento, uma vez que o parâmetro legal é o piso punitivo

Não obstante a previsão legal, é possível, em situações extraordinárias, o oferecimento do acordo de não persecução penal em caso de delito cuja pena mínima seja igual ou ultrapasse o patamar legal de quatro anos. Conforme se extrai o §4º do art. 4º da Lei 12.850/13, "nas mesmas hipóteses do *caput* deste artigo[16], o Ministério Público poderá deixar de oferecer denúncia se a proposta de acordo de colaboração referir-se à infração de cuja existência não tenha prévio conhecimento e o colaborador: I – não for o líder da organização criminosa; II – for o primeiro a prestar efetiva colaboração nos termos deste artigo".

De fato, se a própria norma admite o não oferecimento da denúncia na colaboração premiada, admite, certo modo, a possibilidade de uma espécie de acordo de não persecução penal, ainda que regido por outras condições.

---

16. Art. 4º O juiz poderá, a requerimento das partes, conceder o perdão judicial, reduzir em até 2/3 (dois terços) a pena privativa de liberdade ou substituí-la por restritiva de direitos daquele que tenha colaborado efetiva e voluntariamente com a investigação e com o processo criminal, desde que dessa colaboração advenha um ou mais dos seguintes resultados:

    I – a identificação dos demais coautores e partícipes da organização criminosa e das infrações penais por eles praticadas;

    II – a revelação da estrutura hierárquica e da divisão de tarefas da organização criminosa;

    III – a prevenção de infrações penais decorrentes das atividades da organização criminosa;

    IV – a recuperação total ou parcial do produto ou do proveito das infrações penais praticadas pela organização criminosa;

    V – a localização de eventual vítima com a sua integridade física preservada.

Não se trata, contudo, de **ANPP atípico**, na acepção estrita da palavra, posto que previsto em lei.

d) **Infração penal cometida sem violência ou grave ameaça à pessoa**: o requisito, para nós, só tem aplicação aos crimes dolosos, vez que nos crimes culposos com resultado violento, há um desvalor preponderante do resultado e não da conduta. De fato, impedir o ANPP a um resultado não desejado, mas ocorrido em razão de negligência, imprudência ou imperícia, seria ir de encontro com a *mens legis*, que visou afastar o benefício de agressões que dirigiram sua ação à produção de um resultado lesivo. Nesse sentido, inclusive, é o **Enunciado 23** do Conselho Nacional de Procuradores-Gerais dos Ministérios Públicos dos Estados e da União (CNPG) e do Grupo Nacional de Coordenadores de Centro de Apoio Criminal (GNCCRIM): "É cabível o acordo de não persecução penal nos crimes culposos com resultado violento, uma vez que nos delitos desta natureza a conduta consiste na violação de um dever de cuidado objetivo por negligência, imperícia ou imprudência, cujo resultado é involuntário, não desejado e nem aceito pelo agente, apesar de previsível".

e) **O ANPP deverá ser necessário e suficiente para reprovação e prevenção do crime**: a previsão conjuga dois fatores: a necessidade e suficiência. A necessidade decorre da prevenção geral e especial, como resposta ao indivíduo pela prática da infração penal, e à sociedade, como comando de que as normas penais devem ser respeitadas. Por sua vez, a suficiência associa-se ao princípio da proporcionalidade, cotejando a vedação da proteção insuficiente dos bens jurídico-penais e a proibição do excesso, no sentido da adequação da resposta penal à conduta praticada.

12.9.3.2 Condições positivas

Além dos requisitos acima expostos, o art. 28-A do CPP traz, nos seus incisos e parágrafos, uma série **condições** para propositura do acordo, que deverão, nos termos do *caput*, serem fixadas alternativa e cumulativamente. De antemão, registramos a impropriedade redacional em razão da previsão alternativa e cumulativamente, incompatíveis entre si. Desse modo, entendemos que as condições estabelecidas nos incisos I a V podem ser aplicadas cumulativa **ou** alternativamente, segundo a necessidade e suficiência a ser analisada no caso concreto de forma fundamentada.

Nesse sentido, a LC 95/98, regulamentada Decreto 12.002/24, dispõe sobre a redação, a alteração e a consolidação das leis. O art. 14, "g", do referido Decreto dispõe que:

> Art. 14. As disposições normativas serão redigidas com clareza, precisão e ordem lógica, e observarão o seguinte: I – para obtenção da clareza: usar no penúltimo inciso, alínea, item ou subitem: 1. a conjunção "e", se a sequência de dispositivos for cumulativa ou enumerativa; ou 2. a conjunção "ou", se a sequência de dispositivos for alternativa.

Logo, há que se compreender que a partícula conjuntiva "ou", lançada no inciso IV do art. 28-A do CPP, emprega alternatividade a todos os incisos. Contudo, não podemos nos afastar da previsão do *caput* que também se vale da cumulatividade, de sorte que, não obstante a alternatividade nos incisos, precisamos de pelo menos dois incisos para caracterização da cumulatividade, sob pena de afastarmos a partícula aditiva "e" prevista no *caput*.

Assim, em conclusão, entendemos que o Ministério Público deverá propor o ANPP valendo-se de pelo menos **três condições** dentre as previstas nos incisos I a V do art. 28-A, na busca da satisfação da necessidade e suficiência para a reprovação e prevenção do crime. E, nesse particular, dois incisos, em especial, para nós, devem ser contemplados no ANPP de forma obrigatória, naturalmente, quando exigíveis sob a luz do caso concreto.

Os incisos I e II versam, respectivamente, sobre a reparação do dano ou restituição da coisa à vítima, salvo a impossibilidade de fazê-lo, e da renúncia voluntária de bens e direitos indicados pelo Ministério Público como instrumentos, produtos ou proveito do crime.

A obrigatoriedade, para nós, decorre de uma interpretação sistemática do processo penal, vez que tanto o Ministério Público como o magistrado (art. 384, IV do CPP) devem zelar pelos direitos das vítimas, buscando a reparação do dano, de forma que emerge da interpretação sistemática a reparação do dano ou devolução da coisa, salvo diante da impossibilidade de fazê-lo, como condição obrigatória.

No mesmo sentido, não nos parece razoável que, caracterizada a infração penal, permita-se que o agente permaneça na propriedade de bens concebidos como produto ou proveito do crime (art. 91, CP), bem como que continue a ser proprietário do instrumento do crime. A obrigatoriedade, portanto, decorre da natureza da medida, que só poderá ser afastada caso não exista produto, proveito ou instrumento do crime.

De igual sorte, pelo menos uma das situações previstas nos incisos III a V deve ser imposta, sob pena do ANPP ser restrito ao óbvio (incisos I e II), formando, como salientamos, três condições. Ademais, ainda que não tenham, sob o aspecto formal, a natureza de pena, as condições visam ao cumprimento das mesmas funções preventiva e repressiva, não alcançadas, sobretudo esta última, com a simples recomposição ou retorno ao *status quo ante* (reparação do dano e perda dos instrumentos e benefícios do crime).

Para fins didáticos, e mais uma vez reforçando a natureza de resposta penal do ANPP, procuraremos associar as condições aos efeitos análogos de uma sentença penal condenatória, quando possível, para evidenciar a razão de ser do instituto.

> Art. 28-A.(...)
>
> I – reparar o dano ou restituir a coisa à vítima, exceto na impossibilidade de fazê-lo;
>
> II – renunciar voluntariamente a bens e direitos indicados pelo Ministério Público como instrumentos, produto ou proveito do crime;
>
> III – prestar serviço à comunidade ou a entidades públicas por período correspondente à pena mínima cominada ao delito diminuída de um a dois terços, em local a ser indicado pelo juízo da execução, na forma do art. 46 do Decreto-Lei nº 2.848, de 7 de dezembro de 1940 (Código Penal);
>
> IV – pagar prestação pecuniária, a ser estipulada nos termos do art. 45 do Decreto-Lei nº 2.848, de 7 de dezembro de 1940 (Código Penal), a entidade pública ou de interesse social, a ser indicada pelo juízo da execução, que tenha, preferencialmente, como função proteger bens jurídicos iguais ou semelhantes aos aparentemente lesados pelo delito; ou
>
> V – cumprir, por prazo determinado, outra condição indicada pelo Ministério Público, desde que proporcional e compatível com a infração penal imputada.

I. reparar o dano ou restituir a coisa à vítima, exceto na impossibilidade de fazê-lo: um dos efeitos penais da sentença condenatória é tornar certa a obrigação de reparar o dano (art. 91, I, CP). A condição legal do inciso I do art. 28-A integra o chamado **Direito Penal premial** e se caracteriza como uma das formas de manifestação da **terceira via do Direito Penal**, nas palavras de Roxin, corrente que trilha o caminho da reparação do dano. Logo, seus fundamentos de política criminal são o incentivo ao arrependimento do agente e a proteção patrimonial da vítima com a reparação do dano. Discute-se, no âmbito do Direito Penal, na esfera do arrependimento posterior, sobre a **integralidade** da reparação do dano, isto é, se o benefício pode ser concedido se a reparação for parcial. Nesse particular, **os Tribunais Superiores**[17] **e a**

17. [...]O acórdão embargado assentou que, nos termos da orientação desta Corte, **para que se configure o arrependimento posterior, mostra-se indispensável a reparação integral do dano ou a restituição da coisa antes do recebimento da denúncia**, devendo o ato ser realizado de forma voluntária, o que não ocorreu no caso concreto. STJ: EDcl no AgRg no REsp 1540140/RS, julgado em 22/11/2016.

doutrina divergem sobre a possibilidade. Entendemos que o objetivo da norma é salvaguardar os interesses da vítima. Ainda que não exista a reparação integral, há que se reconhecer a possibilidade do ANPP no caso de reparação parcial, minimamente razoável, como forma de se fomentar uma conduta positiva do agente nesse sentido e reduzir o prejuízo experimentado pela vítima. Da mesma sorte, é indiferente a aceitação da reparação por parte da vítima, porquanto a norma não fez menção a tal requisito. Na eventualidade da vítima não aceitar a reparação, deverá o agente restituir a coisa ou reparar o dano em juízo por meio de deposito judicial.

II. renunciar voluntariamente a bens e direitos indicados pelo Ministério Público como instrumentos, produto ou proveito do crime: o art. 91, inciso II, prevê como efeitos da condenação, a perda em favor da União, ressalvado o direito do lesado ou de terceiro de boa-fé: a) dos instrumentos do crime, desde que consistam em coisas cujo fabrico, alienação, uso, porte ou detenção constitua fato ilícito; b) do produto do crime ou de qualquer bem ou valor que constitua proveito auferido pelo agente com a prática do fato criminoso. Percebam que a previsão do inciso II do art. 28-A do CPP caminha no sentido de uma "antecipação dos efeitos da tutela penal" ao impor, como condição, a renúncia voluntária a bens e direitos que foram instrumentos do crime ou são produto ou proveito do delito, efeitos naturais da condenação.

III. prestar serviços à comunidade ou a entidades públicas: o agente deverá prestar serviço à comunidade ou a entidades públicas por período correspondente à pena mínima cominada ao delito, diminuída de um a dois terços, em local **a ser indicado pelo juízo da execução**, na forma do art. 46 do Código Penal. Novamente, há que se registrar o paralelo com a sentença na hipótese em comento. Um dos requisitos do ANPP, conforme vimos acima, é que a infração penal tenha pena mínima inferior a quatro anos. Logo, temos que, em tese, a expressiva maioria dos delitos previstos no Código Penal admitem o ANPP. De igual forma, vale lembrar o teor do art. 44, inciso I do CP, que admite a substituição de pena quando essa for aplicada em patamar não superior a quatro anos e o crime não for cometido com violência ou grave ameaça à pessoa ou, qualquer que seja a pena aplicada, se o crime

A incidência do arrependimento posterior, contido no art. 16 do CP ("Nos crimes cometidos sem violência ou grave ameaça à pessoa, reparado o dano ou restituída a coisa, até o recebimento da denúncia ou da queixa, por ato voluntário do agente, a pena será reduzida de um a dois terços") prescinde da reparação total do dano e o balizamento, quanto à diminuição da pena decorrente da aplicação do instituto, está na extensão do ressarcimento, bem como na presteza com que ele ocorre. STF: HC 98658/PR, rel. orig. Min. Cármen Lúcia, red. p/o acórdão Min. Marco Aurélio, 9.11.2010. (HC-98658).

for culposo. Diante desse cenário, ainda que não possa ser concebido como regra, pois o ANPP leva em consideração a pena mínima inferior a quatro anos e a substituição de pena a pena máxima não superior a quatro anos, temos que, na maioria dos casos, o campo de aplicação da pena mínima do ANPP e pena máxima da substituição será coincidente, posto que o conjunto formado pelos delitos com pena mínima inferior a quatro anos e pena máxima não superior a quatro anos é consideravelmente maior do que aqueles que ultrapassam a pena de quatro anos, especialmente porque em grande parte dos casos em que o CP previu pena mínima ou superior a quatro anos, estamos diante de infrações penais praticadas com violência ou grave ameaça à pessoa, afastando tanto o ANPP como a substituição da pena.

IV. pagar prestação pecuniária: o pagamento de prestação pecuniária, a ser estipulada nos termos do art. 45 do CP, a entidade pública ou de interesse social, a ser **indicada pelo juízo da execução**, que tenha, preferencialmente, como função proteger bens jurídicos iguais ou semelhantes aos aparentemente lesados pelo delito, é outra condição que se associa à sentença, nos termos da argumentação do item acima, pois a prestação pecuniária é uma das formas de se substituir a pena privativa de liberdade (art. 43, I do CP).

V. cumprir, por prazo determinado, outra condição indicada pelo Ministério Público, desde que proporcional e compatível com a infração penal imputada: de igual modo, a previsão associa-se à sentença na medida em que o rol de penas substitutivas contempla várias outras além da prestação pecuniária e prestação de serviços. Assim, pode o *parquet*, por exemplo, pactuar a limitação de final de semana, interdição temporária de direitos, entre outras, adequadas ao caso específico, como frequentar grupos de apoio a alcoólatras, comparecer mensalmente ao juízo para informar suas atividades etc.

12.9.3.3 Condições negativas (vedações)

> § 2º O disposto no *caput* deste artigo não se aplica nas seguintes hipóteses:
>
> I – se for cabível transação penal de competência dos Juizados Especiais Criminais, nos termos da lei;
>
> II – se o investigado for reincidente ou se houver elementos probatórios que indiquem conduta criminal habitual, reiterada ou profissional, exceto se insignificantes as infrações penais pretéritas;

III – ter sido o agente beneficiado nos 5 (cinco) anos anteriores ao cometimento da infração, em acordo de não persecução penal, transação penal ou suspensão condicional do processo; e

IV – nos crimes praticados no âmbito de violência doméstica ou familiar, ou praticados contra a mulher por razões da condição de sexo feminino, em favor do agressor.

I. se for cabível transação penal de competência dos Juizados Especiais Criminais, nos termos da lei: podemos dizer, sem receio de equívoco, que o ANPP é o gênero do qual a transação penal é uma espécie, vez que em ambos os casos há o afastamento do oferecimento da denúncia e um pacto visando a despenalização. Nitidamente, o legislador entendeu que a transação penal é mais benéfica ao agente, não somente por impor menos requisitos e condições, mas por trazer consequências de menor impacto ao indivíduo, como, por exemplo, o fato de que a celebração da transação penal não impede, objetivamente, uma futura suspensão condicional do processo[18] ou que essa não impede a celebração da transação penal, ao passo que os institutos despenalizantes citados impedem a pactuação do ANPP na forma do inciso III do §2º do art. 28-A do CPP. Dessa forma, tem-se que cabendo a transação penal, essa deverá ser oferecida em detrimento do ANPP.

II. se o investigado for reincidente ou se houver elementos probatórios que indiquem conduta criminal habitual, reiterada ou profissional, exceto se insignificantes as infrações penais pretéritas: o dispositivo enceta, para nós, uma das maiores excrescências jurídico-penais do ordenamento jurídico pátrio. Não no tocante à reincidência, porquanto essa é regulada e recebe tratamento jurídico próprio pelo CP, podendo ser erigida à condicionante negativa, mas no tocante às demais previsões do dispositivo. Compreendemos, apesar de discordarmos, a *mens legis* no que concerne à indicação de conduta criminal habitual, reiterada ou profissional. Visou o legislador afastar o ANPP daquele que faz do crime o seu modo de vida. Não obstante a hipótese ser passível de enquadramento no *caput*, especialmente no que toca ao requisito "necessário e suficiente para reprovação e prevenção do crime", o legislador valeu-se de fórmula que caminha no sentido da aplicação do famigerado Direito Penal do autor e, quiçá, Direito Penal do inimigo, apesar do eufemismo

18. Não cabe a utilização de óbice previsto para o acordo de não persecução penal para negar o oferecimento da suspensão condicional do processo. Processo em segredo de justiça, Rel. Ministro Reynaldo Soares da Fonseca, Quinta Turma, por unanimidade, julgado em 1º/10/2024.

redacional decorrente da expressão "conduta criminal". De fato, o legislador referiu-se ao criminoso habitual, não como aquele que pratica crime habitual, mas que faz do crime um hábito. Por criminoso reiterado, referiu-se ao reincidente (hipótese já prevista na primeira parte do dispositivo) e ao portador de maus antecedentes. E, por criminoso profissional, àquele que tem o crime por profissão, de onde retira seu sustento, não obstante desconhecermos, com a devida vênia, regulamentação legal para a "profissão" de criminoso em observância ao tecnicismo da palavra previsto no art. 5º, XIII da CF.

Apesar das críticas acima expostas, todas superáveis com um pouco de parcimônia à falta de técnica, a parte final do dispositivo revela talvez uma das maiores teratologias legais já consagradas em lei.

O §2º do art. 28-A, inc. II, dispõe que não é aplicável o acordo quando o investigado for reincidente, ou se houver elementos probatórios que indiquem conduta criminal habitual, reiterada ou profissional, **exceto se insignificantes as infrações penais pretéritas. Ocorre que a previsão traz uma *contradictio in adjecto* insuperável,** pois se a "infração penal" é insignificante, não pode ser concebida como infração penal. O princípio da lesividade é consagrado pelo ordenamento jurídico e se materializa na lesão ou ameaça de lesão a bem jurídico penalmente protegido. De igual forma, o princípio da insignificância atua como corretivo do tipo penal, justamente para equilibrar a força da norma penal no seu aspecto formal com a necessária análise da lesividade, seu aspecto material. Como, portanto, podemos conceber a insignificância de uma infração penal, se as condutas e resultados insignificantes são afastados pela ausência de lesão ou ameaça de lesão a bem jurídico penalmente protegido? De fato, se a infração for insignificante não há como ser infração penal. Entendimento contrário conduziria à excrescência de termos, doravante, as infrações penais classificadas como crime, contravenção e insignificantes.

O **Enunciado 21,** do Conselho Nacional de Procuradores-Gerais dos Ministérios Públicos dos Estados e da União (CNPG) e do Grupo Nacional de Coordenadores de Centro de Apoio Criminal (GNCCRIM), visando corrigir a questão, dispõe que: "Não caberá o acordo de não persecução penal se o investigado for reincidente ou se houver elementos probatórios que indiquem conduta criminal habitual, reiterada ou profissional, exceto se insignificantes as infrações penais pretéritas, **entendidas estas como delitos de menor potencial ofensivo**" (grifo nosso).

Apesar do enunciado, seguimos firmes na necessidade de afastamento da redação legal em razão da teratologia, sob pena de, com lastro no princípio de que não existem palavras inúteis na lei, caminharmos no sentido da interpretação de que as infrações penais de pequeno potencial ofensivo são insignificantes, abrindo campo para um desnecessário e infrutífero debate.

Ainda sobre a reincidência, importante pontuar que seu conceito encontra-se normatizado no art. 63, CP, exigindo-se, portanto, condenação transitada em julgado antes do cometimento do novo crime. Por outro lado, para que seja afastada nos termos do art. 64, I, CP, o prazo ali previsto deve estar superado na data em que tenha sido praticada a infração posterior (em relação à qual avalie-se o cabimento de ANPP) e não na data da celebração do acordo.

III. ter sido o agente beneficiado nos 5 (cinco) anos anteriores ao cometimento da infração, em acordo de não persecução penal, transação penal ou suspensão condicional do processo: o requisito, de ordem objetiva, poderia ter esclarecido o marco inicial dos cinco anos para evitar divergências interpretativas. A redação legal registra "ter sido o agente beneficiado nos cinco anos anteriores" sem, no entanto, referir-se ao cumprimento da transação penal, suspensão condicional do processo ou ANPP. Embora o ideal fosse considerar como marco inicial do prazo quinquenal o efetivo cumprimento das condicionantes que aperfeiçoam os benefícios, esta data quase nunca se revela de forma objetiva nos registros criminais, exigindo, em abono à segurança jurídica, que se opte pela data da concessão do benefício (quando há uma decisão judicial homologatória) ou da extinção da punibilidade (quando se declara o cumprimento). Cabendo ambas na moldura interpretativa da expressão "ter sido o agente beneficiado", a primeira opção encontra-se em consonância com o princípio do *favor rei*.

IV. nos crimes praticados no âmbito de violência doméstica ou familiar, ou praticados contra a mulher por razões da condição de sexo feminino, em favor do agressor: seguindo a linha do impedimento da concessão de institutos despenalizadores nos casos de violência doméstica ou familiar, ou praticados contra a mulher por razões da condição de sexo feminino, o legislador, preservando a coerência legal e com o entendimento dos Tribunais Superiores, afastou a aplicação do ANPP a referidos delitos. Ressaltamos, conforme destacamos anteriormente, que em se tratando de lesões culposas, não vemos qualquer espécie de obstáculo dada a natureza involuntária no tocante ao resultado dos crimes dolosos.

Aos incisos legais, soma-se o entendimento sufragado pelos Tribunais Superiores (STF RHC 222.599, j. 07.02.23; e STJ AResp 2.607.962/GO, j. 13.08.24), que vedou o ANPP aos chamados crimes raciais, incluindo as condutas resultantes de atos homofóbicos.

12.9.3.4 Outras condições possíveis

A Resolução CNMP 181/17 trazia no artigo 18 a vedação atinente à possibilidade de ocorrência de prescrição como fator impeditivo do ANPP. Com a entrada em vigor da Lei 13.964/19, perdeu sentido a previsão, vez que foi inserido inciso IV do art. 116 do CP para prever que **não corre a prescrição enquanto não cumprido ou rescindido o ANPP**.

No que toca aos crimes hediondos, o legislador foi, inexplicavelmente, omisso ao não dispor sobre a vedação expressa. Entretanto, parece-nos solucionável a omissão com lastro no *caput* do art. 28-A, que impede o ANPP nos crimes com pena mínima inferior a quatro anos ou praticados com violência ou grave ameaça à pessoa, fatores que afastarão a maioria dos crimes hediondos e, caso não haja o afastamento, parece-nos que o ANPP em crimes hediondos não se revela meio hábil, necessário e suficiente para a reprovação e prevenção do crime. Ao menos como regra, mas devendo tal afastamento ser objeto de decisão ministerial fundamentada, inclusive para fins de controle interno e judicial.

Nesse sentido é o teor do **Enunciado 22** do Conselho Nacional de Procuradores-Gerais dos Ministérios Públicos dos Estados e da União (CNPG) e do Grupo Nacional de Coordenadores de Centro de Apoio Criminal (GNCCRIM): "Veda-se o acordo de não persecução penal aos crimes praticados no âmbito de violência doméstica ou familiar, ou praticados contra a mulher por razões da condição de sexo feminino, bem como aos crimes hediondos e equiparados, pois em relação a estes o acordo não é suficiente para a reprovação e prevenção do crime".

Com a entrada em vigo da Lei 14.344/22, Lei Henry Borel, entendemos por inaplicável o ANPP aos crimes praticados com violência contra crianças e adolescentes (objeto da norma), dada a sistematização analógica com a vedação referente à Lei Maria da Penha.

No que toca aos crimes militares SANCHES[19] (2020, p. 135), anteviu com clareza a divergência:

> A Res. 181/17 do CNMP vedava o ANPP nos crimes militares que afetassem a hierarquia e a disciplina. Nos demais, autorizava. A Lei 13.964/19 não trata do assunto. Silencia. O que interpretar do seu silêncio? Consigo antever a divergência. Uma primeira corrente dirá que o silêncio nos permite concluir que o ANPP, agora, está autorizado para qualquer crime militar.

19. CUNHA, Rogério Sanches. **Pacote Anticrime – Lei 13.964/2019**: Comentários às Alterações no CP, CPP e LEP. Salvador: Juspodivm, 2020.

Outros, não sem razão, dirão que o silêncio indica que o legislador julgou o ANPP incompatível com os crimes militares, próprios ou impróprios. É que Lei 13.964/19 fez algumas alterações no CPPM, buscando, ao que tudo indica, espelhar seus dispositivos com os do CPP comum, e nele, o CPPM, não tratou do ANPP. Silêncio eloquente, portanto.

O Superior Tribunal Militar vinha, reiteradamente, afastando o ANPP no âmbito da Justiça Castrense, tendo, inclusive, sumulado o entendimento[20]. Ocorre que o STF, por meio da 2ª Turma, no julgamento do HC 232.254, j. 19.04.24, entendeu por aplicável o benefício à Justiça Militar.

Por fim, destacamos que o **Enunciado 26** do Conselho Nacional de Procuradores-Gerais dos Ministérios Públicos dos Estados e da União (CNPG) e do Grupo Nacional de Coordenadores de Centro de Apoio Criminal (GNCCRIM) dispôs que: "Deverá constar expressamente no termo de acordo de não persecução penal as consequências para o descumprimento das condições acordadas, bem como o compromisso do investigado em comprovar o cumprimento das condições, independentemente de notificação ou aviso prévio, devendo apresentar, imediatamente e de forma documentada, eventual justificativa para o não cumprimento de qualquer condição, sob pena de imediata rescisão e oferecimento da denúncia em caso de inércia (§10)".

12.9.4 Normas regentes e controle

Segundo o §3º, "o acordo de não persecução penal será formalizado por escrito e será firmado pelo membro do Ministério Público, pelo investigado e por seu defensor". A norma estabelece a **forma escrita de forma taxativa**, não se admitindo, portanto, outro meio de formalização. De igual forma, consagra a necessidade do contraditório e ampla defesa ao exigir a participação de defensor do investigado.

Em termos procedimentais, o art. 18-A da Resolução CNMP 181/17, alterada pela Resolução 289/24, previu que sendo cabível o acordo de não persecução penal, **independentemente da existência de confissão anterior no curso do procedimento investigatório prestada perante a autoridade policial**, o investigado será notificado para comparecer em local, dia e horário determinados, devendo constar expressamente da notificação que o ato pressupõe a confissão formal e circunstanciada da prática da infração penal, bem como a necessidade de o investigado se fazer acompanhar por advogado ou defensor público. Seguindo orientação jurisprudencial (STJ, HC 657.165/

20. O Art. 28-A do Código de Processo Penal Comum, que dispõe sobre o Acordo de Não Persecução Penal, não se aplica à Justiça Militar da União.

RJ), reconheceu-se distinção procedimental entre a proposta[21] e a celebração do acordo, apenas esta condicionada à confissão que, portanto, será incluída como objeto das tratativas.[22]

Segundo o §1º, os atos dispostos no *caput* poderão ser realizados por meio de videoconferência ou outro recurso tecnológico de transmissão de sons e imagens em tempo real.

O §2º dispõe que o não comparecimento injustificado na data e no horário fixados poderá ser considerado como desinteresse do investigado no acordo.

O §3º prevê que a confissão detalhada dos fatos e as tratativas do acordo serão registrados pelos meios ou recursos de gravação audiovisual, destinados a obter maior fidelidade das informações, e o investigado deve estar sempre acompanhado de seu defensor.

Em reforço à tutela da vítima, §4º dispõe que na forma do art. 17 da Resolução, o membro do Ministério Público deverá diligenciar para que a **vítima ou, na ausência desta, seus respectivos familiares participem do acordo de não persecução penal com vistas à reparação dos danos causados pela infração, não se exigindo, contudo, sua aquiescência como requisito de validade ou eficácia do acordo**, observando-se o seguinte:

> I – antes da apresentação da proposta ao investigado, o Ministério Público providenciará a notificação da vítima para informar sobre os danos decorrentes da infração penal e apresentar, sempre que possível, documentos ou informações que permitam estimar o dano suportado e a capacidade econômica do investigado;
>
> II – a vítima, sempre que possível acompanhada de advogado ou defensor público, poderá figurar como interveniente no ANPP, no que diz respeito à reparação dos danos civis;
>
> III – o não comparecimento da vítima ou a sua discordância em relação à composição civil dos danos, por si só, não obstará a celebração do ANPP;

21. Habeas corpus não é o instrumento adequado para questionar as condições da proposta de Acordo de Não Persecução Penal. RHC 184.507-MT, Rel. Ministro Sebastião Reis Júnior, Sexta Turma, por unanimidade, julgado em 1º/4/2025.
22. Consta do voto do Ministro Relator, Rogério Schietti Cruz: "Não há como simplesmente considerar ausente o requisito objetivo da confissão sem que, no mínimo, o investigado tenha ciência sobre a existência do novo instituto legal (acordo de não persecução penal) e possa, uma vez equilibrada a assimetria técnico-informacional, refletir sobre o custo-benefício da proposta."

IV – na hipótese de não comparecimento da vítima ou da sua discordância em relação à composição civil dos danos, o montante a ser pactuado pelo Ministério Público nos termos do art. 28-A, I, do CPP, **deverá ser expressamente ressalvado como valor mínimo**, não impedindo a busca da reparação integral pelo ofendido por meio das vias próprias;

V – a cláusula relativa à composição de danos civis poderá ser pactuada com caráter de irrevogabilidade, constituindo título executivo de natureza cível apto à execução, mesmo na hipótese de posterior rescisão do ANPP; e

VI – para o cumprimento das providências indicadas nos incisos anteriores o órgão de execução ministerial poderá requisitar à Autoridade Policial responsável pela investigação que traga ao autos, documentalmente, elementos de convicção que permitam estimar o dano suportado pela vítima e a capacidade econômica do investigado, sem prejuízo de a própria vítima complementar ou modificar tal documentação antes da celebração do acordo com o investigado.

O art. 18-A da Resolução 181/17, a despeito da discutível legitimidade do CNMP para consolidar em ANPP um título executivo cível, a despeito da possibilidade de contorno pelas regras contratuais gerais, trouxe um inegável avanço para tutela da vítima. Ao prever no inciso II que **a vítima poderá figurar como interveniente no ANPP**, no que diz respeito à reparação dos danos civis, e no inciso V a **possibilidade de constituição de cláusula relativa à composição de danos civis com caráter de irrevogabilidade, constituindo título executivo de natureza cível apto à execução, mesmo na hipótese de posterior rescisão do ANPP**, trouxe importante segurança na tutela da vítima, especificamente quanto à reparação do dano.

Na prática, em nossa compreensão, o pactuado entre o autor do fato e a vítima ou seus representantes legais, no tocante à reparação do dano, **foge à esfera de atribuição do Ministério Público para fins de execução**, isto é, a despeito da cláusula reparatória ser inserida em instrumento firmado pelo *parquet*, somente os titulares do direito à reparação poderão mover a ação executiva, que se revestirá da forma de ação executiva *ex delicto*.

Por sua vez, o art. 18-B da Res. 181/17, inserido pela Res. 289/24, prevê que o acordo de não persecução penal será formalizado nos autos, por escrito, **vinculará toda a instituição**, e deverá conter as seguintes cláusulas:

I – qualificação completa do investigado, principalmente quanto ao endereço, número de telefone, e-mail, data de nascimento e número de inscrição no cadastro de pessoas físicas da Receita Federal do Brasil;

II – exposição do fato criminoso, com todas as suas circunstâncias e sua adequação típica;

III – estipulação clara das condições ajustadas e o prazo para seu cumprimento;

IV – indicação das entidades beneficiárias das medidas ajustadas ou de que estas serão indicadas no juízo competente pela execução do acordo;

V – a obrigação do investigado em informar, prontamente, qualquer alteração de endereço, número de telefone ou e-mail;

VI – a obrigação do investigado em comprovar, mensalmente, o cumprimento das condições acordadas, independente de notificação ou aviso prévio;

VII – as consequências para o descumprimento das condições acordadas;

VIII – o prazo para apresentar, por iniciativa própria, a justificativa de eventual descumprimento de quaisquer das condições ajustadas;

IX – declaração formal do investigado de que não foi condenado a prisão, não tem antecedentes criminais, não foi beneficiado por acordos semelhantes ou transação penal, com advertência de que se faltar com a verdade sobre esses fatos o acordo será rescindido e a denúncia oferecida de imediato.

Retomando o regramento apresentado pelo CPP, celebrado o acordo, o §4º prevê que "para a homologação do acordo de não persecução penal, será realizada audiência na qual o juiz deverá verificar a sua voluntariedade, por meio da oitiva do investigado na presença do seu defensor, e sua legalidade". O dispositivo estabelece, ao nosso ver, a **desnecessária obrigatoriedade de controle judicial acerca da voluntariedade** do investigado na presença de seu defensor por meio de audiência designada para sua oitiva, burocratizando o processo de despenalização.

Além da burocratização, a previsão coloca em dúvida a atuação ministerial, afastando inclusive sua presença à audiência, e do próprio defensor, ao exigir que o magistrado confirme se o ato foi voluntário, não obstante a voluntariedade estar estampada em documento escrito firmado por um agente da lei e por defensor constituído. Vale destacar que eventual abuso por parte do Ministério Público deve ser comunicado à Corregedoria ministerial ou CNMP, de sorte que o papel do magistrado, na atuação específica, seria de mero agente de comunicação aos órgãos correicionais, agindo em substituição ao próprio defensor, devidamente habilitado para tanto.

Ademais, com a devida vênia, pouco importa para nós a voluntariedade sob a perspectiva subjetiva do indivíduo, pois pode perfeitamente ter assinado o ANPP por estratégia por entender que o "mal seria menor" do que a condenação, mesmo não querendo, internamente, assinar o documento. O excesso de apego ao elemento subjetivo verificado em expressões como "confissão espontânea", "ato voluntário", previstas como atenuante e causa de diminuição de pena no arrependimento posterior, deve ser repensado no sistema jurídico-penal.

De mais a mais, o ANPP não comporta execução forçada, de modo que, não satisfeito o acordante com seus termos, por qualquer razão, pode resolvê-lo por descumprimento injustificado, sem que disso derive qualquer consequência distinta daquela que decorreria da recusa[23]. A voluntariedade, portanto, é condição não só da celebração, como do cumprimento do ANPP, sendo, por isso, despicienda a fiscalização judicial a pretexto de preservar direitos fundamentais do investigado.

No que toca ao controle de legalidade[24], previsto no §4º, o magistrado deverá avaliar o cabimento do acordo (é ilegal, por exemplo, o acordo ofertado ao réu reincidente ou pela prática de crime com violência) e sua regularidade formal, assim como da confissão.

A despeito do inconformismo de parcela significativa do Ministério Público nacional, o §5º, claramente, estabelece um controle de mérito exercido sobre os termos do acordo, um juízo de adequação entre meios e fins. Com efeito, embora o Magistrado não possa revisar, reescrever, repactuar ou modificar qualquer cláusula, ele deverá, por expressa disposição legal, verificar se as condições são necessárias e suficientes (naturalmente, tanto para a preservação dos direitos fundamentais do investigado quanto para a prevenção e reprovação do crime, finalidade expressa no *caput*). Consagra-se, assim e mais uma vez, a vedação à proteção deficiente, do que decorre que um acordo qualquer, com condições lenientes, celebrado apenas para pôr fim ao processo, sem cumprir a finalidade político-criminal do instituto, pode (e deve) ser rejeitado.

Segundo o dispositivo legal, se o juiz considerar inadequadas, insuficientes ou abusivas as condições dispostas no acordo de não persecução penal,

---

23. A não ser que se compreenda – e nos parece a melhor forma de fechar, hermeticamente, o sistema – que a confissão, colhida como requisito para o acordo, seja também homologada (assim como sua voluntariedade), conferindo-lhe, por isso, status de confissão judicial, como prova produzida antecipadamente. Confere-se, assim, utilidade e relevância à audiência de homologação, ao passo em se atribui ao menos uma consequência processual ao descumprimento injustificado do acordo, compensando sua ausência de exequibilidade com potencial abreviação da instrução probatória.

24. Não é possível rediscutir cláusulas de acordo de não persecução penal validamente celebrado e homologado, sob pena de violação do princípio da boa-fé objetiva e da vedação ao comportamento contraditório. HC 969.749-RJ, Rel. Ministro Sebastião Reis Júnior, Sexta Turma, por unanimidade, julgado em 18/3/2025.
A interpretação de cláusulas de acordo de não persecução penal não enseja recurso especial, conforme a Súmula n. 5 do STJ. AgRg no REsp 2.167.109-RS, Rel. Ministro Ribeiro Dantas, Quinta Turma, por unanimidade, julgado em 26/2/2025, DJEN 7/3/2025.

devolverá os autos ao Ministério Público para que seja reformulada a proposta de acordo, com concordância do investigado e seu defensor, o que é parece ser entendido majoritariamente como devolução ao próprio órgão de execução que celebrou o acordo e requereu a homologação.

Ora, como reforçado, no controle de mérito (de adequação), o acordo que não merece homologação, pode não merecer tanto por abusividade da cláusula quanto por insuficiência, ou seja, o acordo que onera excessivamente o indiciado ou o acordo que é viciado por proteção deficiente dos bens jurídicos a serem tutelados pela resposta estatal. Tudo isso em face do crime cometido (reforçando a natureza de resposta estatal, legitimidade da confissão, princípio da culpabilidade, etc.).

Em ambos os casos, mas especialmente no segundo (acordo insuficiente), a solução que parece, à primeira vista, a do texto legal, além de ineficaz, ignora que toda a decisão estatal não colegiada – e daí a importância de compreender a natureza jurídica do ANPP – precisa ser passível de controle e revisão (princípio da recorribilidade das decisões estatais ou do duplo grau que não é apenas de jurisdição, *ex vi* do art. 5º, LV, CR/88 – dos litigantes em processo).

Isso, sobretudo, considerando, como visto, que o Magistrado não pode revisar diretamente as cláusulas (hipótese em que o próprio judiciário seria a "instância recursal").

Vale lembrar que, nesta fase, as cláusulas que o Magistrado pode entender como abusivas já foram aceitas pelo indiciado, o que sugere, de um lado, a remota disposição do Promotor de Justiça ou Procurador da República para revisá-las e, de outro, que o indicado pode preferir submeter-se a elas (ainda que as considere abusivas ou, tanto mais, se não considerar) que submeter-se à ação penal que virá se, aplicado o §5º, a proposta não for reformulada e a solução for o §7º.

Por outro lado, o acordo com cláusulas insuficientes pode igualmente encontrar resistência das partes em reformulação, não apenas por um possível vício de origem (do que a reformulação representaria confissão), como por uma divergência jurídica em que as duas partes acordantes discordam da decisão judicial. Imagine-se, aqui, o Magistrado devolvendo o acordo ao membro do MP que o propôs, qual a chance de revisão? E, se não houver revisão, haverá denúncia? E, pior, imposta (indiretamente) pelo Magistrado num caso em que todos os envolvidos – MP, indiciado e Magistrado – concordam com o cabimento do acordo, havendo divergência apenas quanto às suas cláusulas.

A solução, portanto, exige uma releitura do texto legal, como feita por Vinícius Gomes de VASCONCELOS[25]:

> "se o juiz entender que os termos do acordo são excessivamente lenientes diante da gravidade dos fatos, isso poderá ensejar, no máximo e excepcionalmente, a remessa da questão para revisão ministerial interna nos termos do art. 28, *caput*, CPP por analogia".

A solução não ofende o texto legal, pois ao dizer que "devolverá os autos ao Ministério Público", não fala o órgão, mas a Instituição. Até o verbo escolhido – devolver – admite um sentido recursal (basta lembrar do efeito devolutivo dos recursos).

Uma outra solução seria, num segundo momento, ou seja, depois de devolvido o acordo ao próprio órgão proponente, equiparar a recusa em reformular a proposta (prevista no §5º) à recusa em propor o acordo, autorizando a aplicação do §14, ou seja, viabilizando o recurso à instância superior do Ministério Público pela Defesa. Entretanto, tal solução enfraquece o controle judicial, o que não parece ser a *mens legis*, além de só valer para a hipótese de cláusulas abusivas, não para a hipótese de cláusulas insuficientes.

Com efeito, a única hipótese expressamente prevista na lei de remessa a "órgão superior" (controle interno) é da "não oferta" (art. 28-A, §14, CPP), em que o "recurso" é do investigado.

Há, ainda, o problema do acordo com cláusula abusiva que, exatamente por isso, seja recusado[26]. É certo que, nesses casos, *a priori*, não há controle judicial, mas é preciso que tal hipótese também enseje recurso ao PGJ ou às câmaras de revisão do MPF, sob pena de obrigar o indiciado a aceitar o acordo entendido como abusivo para, talvez, revertê-lo a partir da intervenção judicial ou perder a chance de acordo. A oferta de acordo leonino, aí sim, deve ser equiparada com a não oferta, para fins de legitimar recurso ao segundo grau e, se o órgão de primeiro grau não promover o envio, é possível manejar uma ação constitucional para forçá-lo, colocando-o na condição de autoridade coatora.

---

25. VASCONCELLOS, Vinícius Gomes de. Acordo de Não Persecução Penal. São Paulo: RT, 2022. p. 178.
26. Aqui, o membro do MP que eventualmente não concorde com a política criminal materializada na regulamentação do ANPP (em resumo, com a própria existência do instituto) e não dispondo de argumentos dogmáticos ou jurisprudenciais para afastar seu cabimento no caso concreto, oferece-o para se desincumbir do ônus, mas condiciona a medidas desproporcionais, forçando o indicado, na prática, a recusar o acordo.

Por tudo isso, a oferta do acordo precisa estar nos autos, independentemente de sua efetiva celebração, assim como o motivo da recusa, recomendando-se, inclusive, apresentar o racional das cláusulas precisa para viabilizar o controle (princípio geral das fundamentações).

12.9.5 Execução e rescisão do ANPP e extinção da punibilidade

Superada a questão quanto à recusa à homologação, dispõe o § 6º que "homologado judicialmente o acordo de não persecução penal, o juiz devolverá os autos ao Ministério Público para que inicie sua execução perante o juízo de execução penal", sendo que a vítima deverá ser intimada da homologação e eventual descumprimento nos termos do §9º.

No que toca à execução e rescisão do ANPP, os autores divergem sobre o tema. Schirmer Albuquerque entende que ao estabelecer que a execução do ANPP se dará perante o juízo de execução penal, o Legislador provocou grave distorção sistêmica, além de transmitir a mensagem oposta à que pretendia. Ora, o juízo de execução penal executa penas e não medidas alternativas (e, mais, de submissão voluntária). A execução ali promovida equipara o acordante ao condenado, com toda carga simbólica negativa que se pretende evitar com as políticas criminais de despenalização.

Mas, superada tal questão pela vigência confirmada do §6º do art. 28-A pelo STF no julgamento da ADI 6305 resta então saber qual o papel do juiz da Vara de Execuções Penais, mais especificamente que tipo de decisão ele pode proferir dentro de sua esfera de competência?

Em primeiro lugar, é bom que se diga que, tecnicamente, o cumprimento de ANPP de execução não se cuida, porque não há qualquer procedimento destinado a garantir a satisfação de uma obrigação. Estabelecendo a Lei que o acordo descumprido terá por consequência a rescisão e o subsequente oferecimento de denúncia, afasta-se qualquer pretensão de qualificar o ANPP como "título executivo", não se podendo forçar o cumprimento da obrigação por meio de qualquer medida coercitiva típica ou atípica. Trata-se, portanto, de mera orientação e fiscalização do cumprimento voluntário que ensejará a extinção da punibilidade.

Assim, salvo decisões finais de extinção da punibilidade com o cumprimento ou de rescisão do acordo descumprido, não há espaço para qualquer decisão judicial (independente de quem seja o competente) sobre o ANPP; Não há qualquer dos incidentes (progressão, regressão, substituição) típicos da execução penal, ao mesmo tempo em que o juiz não delibera sobre as cláusulas, porque qualquer mudança deve ser repactuada, inclusive quanto a forma e prazo de cumprimento, de modo que nem mesmo justificativas poderiam ser acolhidas pela autoridade judicial.

Infelizmente, o que fez o legislador foi entregar ao Ministério Público as secretarias das varas de execuções para o trabalho cartorário (intimações e juntadas, sobretudo). Como "contrapartida", cabe ao Judiciário (e, aí sim, às varas de execuções) indicar as entidades a serem beneficiadas com as penas pecuniárias ou de prestação de serviços, como definiu o STJ no AREsp 2.419.790/SP. Em resumo, a Legislação validada pela Jurisprudência, apequenou o Ministério Público e assoberbou o serviço judiciário.

E, em relação às decisões finais, não parece ao autor que a questão esteja tampouco resolvida nos tribunais; Há, é certo, dezenas de acórdãos reforçando a competência do juízo da execução para executar e fiscalizar, mas nada específico quanto à decisão final.

Com efeito, o legislador não foi expresso no §10, como foi no §6º. Para piorar, utilizou a expressão "juízo competente", sem dizer qual, no §13.

Na visão do autor, nos dois casos é sustentável que a competência é do juízo do conhecimento. No caso da rescisão, pela lógica de que "quem homologa o acordo, homologa a rescisão" e porque o processo terá que voltar, de toda forma, para o juízo do conhecimento para oferecimento da denúncia (aliás, o processo em sua integralidade nunca é remetido à vara de execuções, que recebe apenas a documentação necessária, que pode ser resumir ao próprio termo do acordo.

No caso da extinção da punibilidade, para além do fato de que o legislador – supõe-se, propositadamente – não usou a expressão "juízo da execução" e, sim, "juízo competente", trabalha-se aqui com pretensão punitiva, não executória (e, legalmente, não se cuida de pena executada).

Por outro lado, expondo a divergência, Abreu entende que sobre o tema, o art. 18-C da Res. 181/17 prevê que homologado o acordo pelo juiz competente, o membro celebrante extrairá dos autos os arquivos necessários e iniciará a sua execução e fiscalização ou encaminhará as aludidas peças ao órgão de execução com a respectiva atribuição. O parágrafo único do dispositivo, por sua vez, prevê que se as condições estipuladas no acordo consistirem em **obrigações que podem ser cumpridas instantaneamente, não se mostra necessário o ajuizamento de ação de execução perante a Vara de Execuções Penais, podendo as obrigações serem cumpridas perante o órgão jurisdicional responsável pela homologação do acordo**, desde que exista a concordância deste, que ficará responsável pela posterior declaração da extinção de punibilidade pelo cumprimento integral do acordado.

Para o autor, o CPP, bem ou mal, expressamente conferiu ao **juízo da execução penal** a competência para fiscalização dos termos do acordo, retirando a competência do juízo das garantias ou criminal. Entretanto, com a inclusão do art. 18-C na Resolução 181/17, apesar da discutível legitimidade do órgão por estender a competência jurisdicional fixada por lei ao juízo da homologação, admitir-se-á, não sem nosso registro contrário, a possibilidade de, no caso de cumprimento de obrigação imediata e anuência do juízo da homologação, a efetiva execução do acordo perante o juízo homologatório.

Ainda nesse particular, surge a divergência diante do descumprimento do ANPP: compete a qual juízo a rescisão do acordo?

O §10 do art. 28-A do CPP assinala que "descumpridas quaisquer das condições estipuladas no acordo de não persecução penal, o Ministério Público deverá comunicar ao juízo, para fins de sua rescisão e posterior oferecimento de denúncia". Não obstante a omissão legal, parece claro ao autor que a competência para apreciação do pedido de rescisão é do juízo da execução penal, vez que se a esse compete a fiscalização, também competirá apreciar seus incidentes. Não fosse assim, a competência fixada para o juízo da execução penal para fins de fiscalização seria inócua em termos de jurisdição, sendo meramente instrumental-cartorária.

Entretanto, conforme já exposto na divergência entre os autores, há divergência doutrinária sobre o tema. Rogério Sanches[27] e Rodrigo Cabral[28], **assim como Abreu, entendem que o juízo competente é o da execução penal**, ao passo que Renato Brasileiro[29] e Schirmer Albuquerque compreendem que a competência é do juízo da homologação. O CNPG, na linha de Brasileiro, entendeu, por meio do enunciado 28/CNPG/GNCCRIM, que *"caberá ao juízo competente para a homologação rescindir o acordo de não persecução penal, a requerimento do Ministério Público, por eventual descumprimento das condições pactuadas, e decretar a extinção da punibilidade em razão do cumprimento integral do acordo de não persecução penal". No mesmo sentido, o art. 3º da Portaria Conjunta do Tribunal de Justiça do Estado de Minas Gerais, número 29/PR-TJMG/2021.*

Não obstante, ainda que não tenha de forma explícita afastado a divergência, o STJ deixou claro, no julgamento do CC n. 192.158/MT, Rel. Min. Laurita Vaz, Terceira Seção, DJe 18.11.22, que "o art. 28-A, § 6.º, do Código de Processo Penal, ao determinar que o acordo de não persecução penal

27. *op.cit.*
28. CABRAL, Rodrigo Leite Ferreira. **Manual do acordo de não persecução penal**. Salvador: 2020, Juspodivm.
29. *op.cit.*

será executado no juízo da execução penal, implicitamente, estabeleceu que o cumprimento das condições impostas no referido acordo deverá observar, no que forem compatíveis, as regras pertinentes à execução das penas.

Para Abreu, em termos práticos, a se seguir o entendimento do CNPG, teremos, no caso de descumprimento ou novações no acordo, perfeitamente possíveis por se tratar de instrumento negocial, uma verdadeira peregrinação processual sem sentido: fiscaliza-se no juízo da execução, mas as decisões seriam proferidas pelo juízo da homologação. De toda sorte, parece-nos que o procedimento para fins de rescisão impõe a observância do contraditório e ampla defesa[30].

Por sua vez, dispõe o §14 que, "no caso de recusa, por parte do Ministério Público, em propor o acordo de não persecução penal, o investigado poderá requerer a remessa dos autos a órgão superior, na forma do art. 28 deste Código". Não obstante a literalidade legal, o STJ, no julgamento do REsp 2.038.947-SP, Rel. Ministro Rogerio Schietti Cruz, Sexta Turma, julgado em 17/9/2024, entendeu que "a recusa injustificada ou ilegalmente motivada do Ministério Público em oferecer o acordo de não persecução penal autoriza à rejeição da denúncia, por falta de interesse de agir para o exercício da ação penal".

A decisão do STJ contraria a lógica do sistema acusatório e confunde o interesse de agir, verdadeira condição da ação penal, com o mérito do processo. No caso concreto, o Ministério Público recusou-se a oferecer acordo de não persecução penal sob o único fundamento de que o tráfico de drogas era crime hediondo, tendo a defesa requerido a remessa dos autos à Procuradoria-Geral de Justiça, o que foi negado pelo Magistrado, com o argumento de que houve apreensão de dois tipos de drogas e dinheiro.

Nesse ponto, vale o destaque processual, atinente ao *error in procedendo* pelo magistrado, que não poderia ter negado seguimento ao pleito defensivo, porquanto a decisão sobre o cabimento do ANPP compete ao Ministério Público conforme se extrai, por inferência lógica, do teor do art. 129, I, da Constituição Federal, e §14º do art. 28-A do CPP. Logo, seria perfeitamente possível, no momento processual, a oposição de correição parcial para que o Tribunal determinasse o encaminhamento dos autos à Chefia do Ministério Público. Verifica-se, igualmente, error in procedendo por parte do órgão ministerial, que deveria, de ofício, ter encaminhado os autos ao Procurador-Geral de Justiça, nos termos §4º do art. 18-G da Resolução CNMP 181/17:

30. "Muito embora seja possível a rescisão do acordo de não persecução penal (§10 do art. 28-A do CPP), necessário, para preservação dos princípios constitucionais do contraditório e da ampla defesa, oportunizar à defesa a manifestação acerca do pedido formulado pelo Ministério Público". STJ, HC n. 615.384/SP, Rel. Min. Reynaldo Soares da Fonseca, 5ª Turma, DJe 11.02.21.

"Apresentado o pedido acima junto ao órgão que recusou o acordo, o membro do Ministério Público deverá remetê-lo, caso não haja reconsideração, no prazo de 3 (três) dias, juntamente com cópia das principais peças da fase pré-processual e da decisão impugnada ao órgão superior para apreciação".

Em breve, mas relevante recorte, gize-se: em momento algum se pode cogitar em falta de interesse ministerial, haja vista que com o acusado foram apreendidos dois tipos de drogas e dinheiro (justa causa para a ação penal), revelando, independentemente do enquadramento típico na Lei de Drogas (art. 33, *caput*, ou art. 33, §4º), a necessidade de deflagração da ação penal (sancionatória – denúncia – ou consensual homologatória – ANPP).

No caso em análise, verifica-se outro *error in procedendo* por parte do magistrado, fruto de um erro também do *parquet*. O Ministério Público, antes de requerer a aplicação da minorante prevista no art. 33, § 4º, da Lei n. 11.343/2006, em sede de alegações finais, deveria, pelo afastamento por própria convicção do fundamento inicial para não propositura do ANPP (crime hediondo), ter ofertado o ANPP em razão da "*emendatio libelli*" promovida pela própria acusação, porquanto, juridicamente, o Ministério Público entendeu que os fatos imputados ao acusado amoldavam-se à figura privilegiada do tráfico, afastando a hediondez do delito, com reflexos desde o oferecimento da denúncia.

Novamente, destaque-se: ainda que modificado o contorno jurídico pelo *parquet*, o interesse de agir não foi afetado, posto que, mesmo no caso de propositura do ANPP, impõe-se a satisfação das condições da ação penal. Não fosse assim, concebida como adequada a falta de interesse de agir reconhecida pelo STJ, sequer haveria base normativa para a propositura do ANPP. Sob a lógica da teoria geral do processo, a decisão da Corte encontra severa resistência.

Ainda que não seja o ponto específico da crítica à decisão, atinente ao interesse de agir, parece-nos importante registrar o sinal de alerta, ainda que contraditório, emitido pela Sexta Turma do STJ, ao assinalar que "não cabe ao Ministério Público nem ao Poder Judiciário, salvo excepcionalmente em caso de inconstitucionalidade – como, por exemplo, reconheceu a Segunda Turma do STF em relação aos crimes raciais –, deixar de aplicar mecanismos consensuais legalmente previstos em favor do averiguado **com base, apenas, na natureza abstrata do delito ou em seu caráter hediondo**. Isso significaria criar, em prejuízo do investigado, novas vedações não previstas pelo legislador, o qual já fez a escolha das infrações incompatíveis com a formalização de acordo".

Ao que parece, a Corte se afasta da lógica da interpretação sistemática para trilhar a linha do positivismo casuístico. Não tivesse a Suprema Corte reconhecido a impropriedade do ANPP para os crimes raciais, estaria o STJ a impor sua aplicação? Não caberia ao próprio órgão reconhecer a incompatibilidade sistêmica do ANPP com tais delitos?

Não como se compreender como razoável o adjetivo "vagueza semântica" conferido pelo STJ à expressão legal "necessário e suficiente para reprovação e prevenção do crime". "Vago", é incerto, indeterminado, impreciso. Se a Corte não compreende, de forma sistêmica, a "necessidade e suficiência" como conceitos palatáveis, aceitáveis pelo espírito Hegeliano, talvez não devesse se valer dos conceitos de "necessidade e utilidade" para fundamentar, equivocadamente, a rejeição da denúncia.

Ademais, a Corte, ao se valer do fundamento de que "não altera essa conclusão o fato de o art. 28, § 14, do CPP estabelecer que 'No caso de recusa, por parte do Ministério Público, em propor o acordo de não persecução penal, o investigado poderá requerer a remessa dos autos a órgão superior, na forma do art. 28 deste Código'", incorre em flagrante erro procedimental, porque, conforme acima delineado, caberia a reavaliação do ANPP, porque patente o interesse de agir, no momento anterior ao da sentença, que poderia ter sido provocado pelo Ministério Público, pela Defesa ou magistrado.

12.9.6 Efeitos do ANPP

Os efeitos do ANPP e eventual descumprimento foram previstos nos §§11 a 13 do art. 28-A, além de outros já detalhados acima, como a necessidade de rescisão do acordo para oferecimento da denúncia, verdadeira condição de procedibilidade.

O §11 dispõe que "o descumprimento do acordo de não persecução penal pelo investigado também poderá ser utilizado pelo Ministério Público como justificativa para o eventual não oferecimento de suspensão condicional do processo". Em síntese, o dispositivo conferiu caráter subjetivo à análise do descumprimento do ANPP, que pode servir de fundamento para a não propositura da suspensão condicional do processo, pautado na quebra da confiança.

Nesse sentido, o art. 18-F da Res. 181/17, incluído pela Res. 289/24, prevê que havendo descumprimento de qualquer das condições do acordo, **a denúncia a ser oferecida poderá utilizar como suporte probatório a confissão formal e circunstanciada do investigado**, prestada voluntariamente na celebração do acordo.

Por sua vez, o §12 dispõe que "a celebração e o cumprimento do acordo de não persecução penal não constarão de certidão de antecedentes criminais, exceto para os fins previstos no inciso III do § 2º deste artigo", isto é, por não envolver condenação ou qualquer outro efeito similar, a celebração do ANPP impede qualquer espécie de registro, salvo, obviamente para impedimento de novo ANPP no prazo de cinco anos contados o cumprimento do anterior.

O §13 assinala que "cumprido integralmente o acordo de não persecução penal, o juízo competente decretará a extinção de punibilidade". A despeito da divergência tratada acima sobre qual seja o juízo competente, registre-se que a norma expressamente consigna o cumprimento do acordo, de forma que não basta o mero decurso do prazo previsto.

O art. 18-D da Res. 181/17, incluído pela Res. 289/24, prevê que a celebração do acordo de não persecução penal não impede que o beneficiário seja chamado para prestar declaração em juízo sobre as imputações deduzidas em desfavor dos corréus, respeitadas as regras próprias da chamada de corréu.

Por sua vez, o art. 18-E, igualmente incluído pela Res. 289/24, dispõe que sem prejuízo da fiscalização do juízo competente pela execução do acordo, poderá o Ministério Público manter, para fins de controle, cadastro com as medidas pactuadas e os prazos de cumprimento, o que se dará no próprio sistema informatizado vinculado ao processo judicial correspondente.

Por fim, o art. 18-H prevê que a celebração do acordo de não persecução penal não afasta a eventual responsabilidade administrativa ou cível pelo mesmo ato.

12.9.7 Valor probatório da confissão na ação penal decorrente de ANPP rescindido

A confissão, formal e **circunstancial (não circunstanciada)**, requisito não para a oferta, mas para a celebração do ANPP, não se confunde com o acordo. Segundo o entendimento dominante, ela não pode sequer ser uma cláusula dele, mas um ato que o precede.

Diante disso, a primeira pergunta que se coloca – e não é nem simples, nem de pouca relevância quanto parece – é, essa confissão é apresentada ao Juiz juntamente com o próprio acordo para homologação?

A resposta deve ser positiva, embora não decorra da literalidade do texto do CPP. Aliás, a regulamentação do ANPP parece muito mais completa do que realmente é. De toda forma, se a Lei não impõe expressamente que a confissão seja confirmada em juízo na audiência de homologação, tampouco proíbe.

E, de todo recomendado que o juiz, na oportunidade do §4º, é dizer, na "oitiva do indiciado para verificar a voluntariedade", questione sobre a confissão, colhendo sua ratificação. A uma, porque insere-se dentro da macro-análise da voluntariedade que deve ser não só do acordo, como da confissão e é preocupação da Lei que nem o acordo, nem a confissão que lhe antecede, sejam extraídos mediante coação; a duas, porque negada a confissão, o acordo perde um de seus requisitos (todos os quais devem ser analisados pelo Magistrado na apreciação da legalidade) e, por isso, não pode ser homologado.

O tema ganha especial relevância na hipótese de ação penal subsequente à rescisão do acordo descumprido, quando se colocará em pauta o valor probatório da confissão em análise.

A doutrina em síntese, apresenta os seguintes argumentos para que a confissão seja, nessa hipótese, desconsiderada:

> "As reservas do juiz penal, quanto a qualquer confissão (arts. 158 e 197, do CPP), remanescem em relação à confissão específica do ANPP; (...) diferente da colaboração premiada (...), o ANPP constitui mera medida despenalizadora, que não impõe ao autor do fato nenhum compromisso de colaboração; (...) o ANPP possui natureza jurídica de ajuste consensual penal e não deve ser encarado como meio de obtenção de provas; (...) cuida-se de confissão extrajudicial, declarada no bojo de negociação, e nada mais. Depende, pois, de provas submetidas a contraditório indisponível para se lhe aquilatar o valor" (PITOMBO, Antônio Sérgio Altieri de Moraes. Coord. Colaboração Premiada e Outros Acordos. São Paulo: Singular, 2022).

Esses quatro pontos sintetizam o entendimento doutrinário dominante de que a confissão, porque feita com objetivo de obter o acordo e extrajudicial, não pode ser utilizada para sustentar condenação na hipótese de descumprimento do acordo.

Observe-se que a Jurisprudência do Superior Tribunal de Justiça embora pareça dizer o mesmo na ementa do HC 756.907/SP, cuidou, naquela oportunidade do uso da confissão como suporte probatório exclusivo para a condenação de corréu e não do acordante que descumpriu a avença, oportunidade em que a Corte fez distinção – ali pertinente – entre o ANPP e o Acordo de Colaboração premiada, que exige elementos de corroboração justamente porque imputa fatos criminosos a terceiros em troca de benefícios.

Significa dizer que este problema especificamente: valor probatório da confissão requisito de ANPP em face do acordante – ainda não foi resolvido pelos Tribunais Superiores, menos ainda de modo vinculante.

Do ponto de vista dogmático, a nosso sentir, não só é possível utilizar a confissão para a condenação – nos moldes do art. 197, CPP – como isso é essencial para garantir o sucesso do ANPP enquanto política criminal.

E isso, sem que se fira qualquer garantia fundamental ou princípio de Direito Processual Penal e por uma razão muito simples: a confissão em questão é judicializada.

Por certo, a confissão é um compromisso probatório (em relação a si, não a terceiros) que, embora não seja imposto ao autor pelo ANPP (não seja derivado dele, portanto), é assumido pelo indiciado para viabilizar o acordo, sobretudo considerando o entendimento (absolutamente correto) de que a oferta prescinde da confissão, mas a celebração não. Ou seja, do acordo não deriva um compromisso probatório, mas para o acordo, se exige.

O fato de a confissão ser requisito para o acordo e não compromisso derivado dele, tampouco interfere no valor probatório que se lhe dê, se necessário, ou seja, se houver processo; O mesmo se diga em relação às mencionadas "reservas" que valem para qualquer confissão, inclusive judicial.

Por certo, diferente da colaboração premiada (que a prova que se faz por elementos de corroboração é em relação a terceiro, não ao próprio colaborador), o ANPP não é um "meio de obtenção de prova", inclusive porque a confissão não se obtém após o acordo, mas antes dele. A confissão que antecede o ANPP, cuja natureza jurídica não se confunde com a natureza do próprio acordo, segue sendo o que é, meio de defesa e meio de prova. A verdadeira discussão aqui é, em sendo meio de prova, qual seu valor probatório, seu peso e, sobretudo, sua qualificação, já que desde a reforma processual de 2008, a prova extrajudicial não pode, como regra, sustentar condenação, em restrição à aplicação plena da persuasão racional. E, isso, em razão do expressamente contido no art. 155, CPP, precisamente porque, dadas as características do inquérito policial (e das investigações em geral) essa prova não seria produzida perante julgador imparcial, sob o crivo do contraditório e com garantia de ampla defesa.

Ora, o fato de a confissão para o ANPP ser produzida no contexto de uma negociação já é algo que a diferencia da confissão produzida em ambiente investigatório. **Ali, ela é proferida, após oferta de acordo, muito mais em interesse do investigado que da investigação.** Remore-se que, para que o MP possa oferecer ANPP, ele precisa estar com *opinio delicti* formada no sentido do oferecimento da denúncia ("não sendo o caso de arquivamento"), o que significa investigação concluída e com prova. Não há – ou não pode haver – qualquer interesse probatório do MP na confissão.

Por outro lado, o que faz da confissão uma confissão "judicial"? É o fato dela ser proferida em ação penal ou o fato dela ser proferida perante o juiz?

A confissão, juntamente com o acordo, é (ou pode ser) homologada em juízo, nos termos do § 4º do art. 28-A. Isso a torna diferente da confissão extrajudicial; sua ratificação perante a Autoridade Judiciária e o exercício inequívoco da garantia de ampla defesa desde a resposta a oferta, até a audiência de homologação, até por respeito a tais princípios e como garantia da seriedade do acordo enquanto instrumento de política criminal efetiva (é dizer, acordos celebrados em alternativa à judicialização e cumpridos), exigem que se lhe confira um valor probatório de confissão judicial, sob pena de se dar ao investigado se não um novo mecanismo de atrasar o julgamento.

Seguindo uma perspectiva de análise econômica do direito, importante para o sucesso do ANPP enquanto política criminal, e já demonstrado que nenhum direito fundamental é violado ou restringido pelo reconhecimento do caráter judicializado da confissão, não se pode conceber que o sujeito, depois de aceitar o acordo ponderando a perspectiva de condenação, ainda possa jogar com a perspectiva de, descumprido o acordo, não recair sobre ele nenhum ônus além daquele que recairia se recusasse a oferta, o de ser processado e submetido à mesma instrução, com mais chance de absolvição, no mínimo, pelo decurso do tempo que prejudica a prova.

Portanto, a confissão condicionante do ANPP precisa ter por consequência a possibilidade de abreviação da instrução criminal, assumindo-lhe como confissão judicial (ainda que passível de retratação, a que o juiz aquilatará o valor de convencimento pertinente), após homologação, em situação análoga à produção antecipada de provas, que permite a judicialização, por razões cautelares, de prova judicial produzida fora ou antes da ação penal.

12.9.8 Momento e oportunidade de propositura do ANPP

O art. 18-G da Res. 181/17, incluído pela Res. 289/24, prevê que não sendo o caso de proposição do acordo de não persecução penal, a recusa, que sempre será fundamentada, deverá constar nos autos do procedimento investigatório ou na cota da respectiva denúncia.

Conforme se extrai do §1º, em caso de recusa em propor o acordo de não persecução penal é cabível o **pedido de remessa dos autos ao órgão superior** previsto no § 14 do art. 28-A do Código de Processo Penal, **no prazo de 10 (dez) dias.**

O §2º, por sua vez, assinala que no caso de recusa ao oferecimento do acordo de não persecução penal indicada na cota da denúncia, o prazo para o pedido de remessa ao órgão superior contará da citação para resposta à acusação.

Ainda na linha da recusa à proposta, o §3º prevê que havendo recusa em propor o acordo de não persecução penal nos autos de procedimento investigatório, o prazo para o pedido de remessa ao órgão superior contará da comunicação da recusa ao interessado.

Por sua vez, o §4º, regendo o "recurso" e prevendo o **efeito iterativo,** prevê que apresentado o pedido de revisão junto ao órgão que recusou o acordo, **o membro do Ministério Público deverá remetê-lo, caso não haja**

reconsideração, no prazo de 3 (três) dias, juntamente com cópia das principais peças da fase pré-processual e da decisão impugnada ao órgão superior para apreciação.

Por fim, o §5º assinala que o denunciado poderá pleitear diretamente ao órgão superior a revisão da decisão que recusou o oferecimento do acordo de não persecução penal, obedecido o prazo mencionado no § 1º deste artigo.

Superada a questão da recusa e retomando o estudo do CPP, segundo a lógica do *caput* do art. 28-A do CPP, o ANPP deve ser proposto **antes do oferecimento da denúncia**, sob pena de se frustrar um dos objetivos do instituto, o de evitar a persecução penal em juízo. Essa é, portanto, a regra normativa.

Ocorre que o instituto inegavelmente possui conteúdo híbrido e, dessa forma, diversas correntes doutrinárias surgiram para delimitar o alcance da retroatividade. A **primeira corrente**, sustentada por Renato Brasileiro, pelo CNPG (Enunciado 20) e prevalente no âmbito dos Tribunais Superiores, entende que, em razão da natureza, a regra do ANPP é passível de retroação até o recebimento da denúncia, isto é, enquanto não instaurado o processo sob o crivo do contraditório e ampla defesa.

> A respeito da aplicação retroativa do Acordo de Não Persecução Penal (ANPP), a 5ª Turma deste Superior Tribunal de Justiça já decidiu que, embora o benefício processual/penal possa ser aplicado aos fatos anteriores à vigência da lei, a denúncia não pode ter sido recebida ainda. (HC 607.003/SC, Rel. Min. Reynaldo Soares Da Fonseca, j. 24/11/2020). No mesmo sentido está a 6ª Turma do STJ- HC 628.647 e 1ª Turma do STF – HC 191.464.

A **segunda corrente** sustenta a retroatividade do ANPP até o momento anterior à sentença, e foi adotada, por exemplo, pelo TJMG e MPMG por meio da portaria conjunta 20/20. A **terceira corrente**, por sua vez, entende que o ANPP pode ser aplicado a qualquer momento, até o trânsito em julgado da decisão condenatória, conforme entendimento de Guilherme Madeira e Luciano Anderson[31]. Há ainda, entendimento no sentido de possibilidade de aplicação aos **processos transitados em julgado**, por se tratar de norma de cunho híbrido.

O tema esteve afetado ao Plenário do STF no HC 185.913/ DF, tendo sido apresentadas as seguintes divergências:

31. DEZEM, Guilherme Madeira. SOUZA, Luciano Anderson de. **Comentários ao pacote anticrime**. São Paulo: RT, 2020.

a) O ANPP pode ser oferecido em processos já em curso quando do surgimento da Lei 13.964/19? Qual é a natureza da norma inserida no art. 28-A do CPP? É possível a sua aplicação retroativa em benefício do imputado?

b) É potencialmente cabível o oferecimento do ANPP mesmo em casos nos quais o imputado não tenha confessado anteriormente, durante a investigação ou o processo?

Com a realização do julgamento em 18.09.24, DJe 19.11.24, foram fixadas as seguintes teses:

"1. Compete ao membro do Ministério Público oficiante, motivadamente e no exercício do seu poder-dever, avaliar o preenchimento dos requisitos para negociação e celebração do ANPP, sem prejuízo do regular exercício dos controles jurisdicional e interno;

2. É cabível a celebração de Acordo de Não Persecução Penal em casos de processos em andamento quando da entrada em vigência da Lei nº 13.964, de 2019, mesmo se ausente confissão do réu até aquele momento, desde que o pedido tenha sido feito antes do trânsito em julgado;

3. Nos processos penais em andamento na data da proclamação do resultado deste julgamento, nos quais, em tese, seja cabível a negociação de ANPP, se este ainda não foi oferecido ou não houve motivação para o seu não oferecimento, o Ministério Público, agindo de ofício, a pedido da defesa ou mediante provocação do magistrado da causa, deverá, na primeira oportunidade em que falar nos autos, após a publicação da ata deste julgamento, manifestar-se motivadamente acerca do cabimento ou não do acordo;

4. Nas investigações ou ações penais iniciadas a partir da proclamação do resultado deste julgamento, a proposição de ANPP pelo Ministério Público, ou a motivação para o seu não oferecimento, devem ser apresentadas antes do recebimento da denúncia, ressalvada a possibilidade de propositura, pelo órgão ministerial, no curso da ação penal, se for o caso".

Por fim, o Tribunal definiu que este julgamento não afeta, em nenhuma medida, as decisões já proferidas e, ainda, que a deliberação sobre o cabimento, ou não, do ANPP deverá ocorrer na instância em que o processo se encontrar, tudo nos termos do voto do Relator.

O STJ, no julgamento do REsp 2083823, ocorrido em 11.03.25, decidiu pela legitimidade do Ministério Público para propositura do ANPP nos casos de ação penal de iniciativa privada, fixando a seguinte tese:

"1. O ANPP é cabível em ações penais privadas, mesmo após o recebimento da queixa-crime, desde que presentes os requisitos legais. 2. O Ministério Público possui legitimidade supletiva para propor o ANPP em ação penal privada, quando houver inércia ou recusa infundada do querelante. 3. A distinção entre ANPP e transação penal justifica uma abordagem diferenciada, não se aplicando automaticamente a jurisprudência restritiva do STJ sobre transação penal".

Outro ponto que merece destaque envolve a possibilidade de oferecimento do ANPP na **audiência de custódia.** Não obstante a manifestação contrária de diversos juristas, não vemos qualquer obstáculo à propositura do ANPP durante a audiência de custódia, desde que, obviamente, exista competência pré-fixada nesse sentido. Apesar da audiência de custódia não se destinar a tal fim, nada impede que o investigado, devidamente assistido por seu defensor, venha a pactuar com o Ministério Público o ANPP como forma de se solucionar, de forma célere, os interesses do agente e do Estado. Nesse sentido está o §3º do art. 19 da Resolução CNJ 329/2020: § 3º A participação do Ministério Público deverá ser assegurada, com intimação prévia e obrigatória, podendo propor, inclusive, o acordo de não persecução penal nas hipóteses previstas no artigo 28-A do Código de Processo Penal.

12.9.9 Direitos das vítimas a serem observados no ANPP

Sobre os direitos das vítimas na seara do ANPP, vale a menção à Resolução CNMP 243/21 (estudada em outro capítulo) e à nomeada Carta de Araxá, firmada pelos Ministérios Públicos da Região Sudeste, que traz, em síntese, os seguintes enunciados:

> 3. Os órgãos do Ministério Público deverão zelar pela efetiva promoção dos direitos das vítimas, informando-as dos seus direitos, notadamente sobre a reparação do dano causado pela infração, salvo impossibilidade.
>
> 4. Buscando efetivar a reparação dos danos civis causados às vítimas hipossuficientes, o Ministério Público, quando necessário, deve encaminhá-las, mediante comunicação formal, a serviços gratuitos de atendimento jurídico.
>
> 9. Quando presente dano material suportado por vítima(s) certa(s) e determinada(s), a sua reparação deve constar do ajuste celebrado entre o Ministério Público e o (a) investigado (a), salvo quando demonstrada a impossibilidade de fazê-lo, incumbindo ao investigado a prova cabal de sua vulnerabilidade financeira, não bastando a mera alegação.
>
> 10. Considerando que a norma do art. 28-A, do CPP não limitou o ressarcimento da vítima em relação aos prejuízos sofridos, o órgão de execução do Ministério Público pode, diante do caso concreto, fixar o valor mínimo do dano moral.
>
> 12. Com fundamento nos arts. 8º., 141, 356, 492 e 515, III, todos do Código de Processo Civil, aplicados ao Código de Processo Penal (art. 3º.), o capítulo do acordo de não persecução penal relativo à composição de danos civis poderá ser pactuado com caráter de autonomia, constituindo título

executivo de natureza cível apto à execução, mesmo na hipótese de posterior rescisão do ajuste.

13. No caso de ter havido fixação de fiança e esta ter sido efetivamente paga pelo investigado (a), mostra-se possível pactuar como cláusula do ajuste, considerando o disposto no art. 336 do CPP, que o valor depositado judicialmente seja revertido a título de reparação de danos civis.

12.10 ARQUIVAMENTO

A Resolução CNMP 181/17 modificou a sistemática do arquivamento dos procedimentos de investigação criminais, em observância à decisão proferida pelo STF no âmbito das ADIs que envolviam o instituto do juiz das garantias.

De acordo com a nova redação conferida ao art. 19 pela Resolução 289/24, se o membro do Ministério Público responsável pelo inquérito policial, procedimento investigatório criminal ou quaisquer elementos informativos de natureza criminal, se convencer da inexistência de fundamento para a propositura de ação penal pública, nos termos do art. 17, decidirá fundamentadamente pelo arquivamento dos autos.

Conforme se extrai do §1º, decidido pelo arquivamento do inquérito policial, do procedimento investigatório criminal ou de quaisquer elementos informativos de natureza criminal, o membro do Ministério Público adotará as providências necessárias para **comunicar ao juízo competente, à vítima, ao investigado e à autoridade policial.**

Objetivamente, o §2º assinala que os bens apreendidos, vinculados a inquéritos policiais, a procedimento investigatório criminal ou de quaisquer elementos informativos de natureza criminal que tenham sido arquivados devem ter a destinação prevista em lei.

O art. 19-A, incluído pela nova Resolução, dispõe que **após a comunicação ao juízo competente**, a decisão de arquivamento será comunicada, preferencialmente por meio eletrônico, às vítimas ou a seus representantes legais, conforme o art. 28, § 1º, do Código de Processo Penal, bem como aos investigados e à autoridade policial, dentro do prazo de 5 (cinco) dias.

Antecipando-se a uma análise mais detida das extensas decisões proferidas nas ADIs que versavam sobre o tema (6.298, 6.300 e 6.305), a Resolução do CNMP não previu o encaminhamento de ofício da promoção de arquivamento à instância de revisão ministerial para homologação, como consta do texto ainda vigente (e submetido a "interpretação conforme") do art. 28, *caput,* CPP. Ressalvada nossa divergência no plano teórico[32], a normativa do Conselho Nacional parece ter sido amplamente acolhida pelos Ministérios Públicos dos Estados e parece questão superada.

De forma objetiva, os §§1º a 5º do art. 19-A preveem as formas de se realizar a comunicação:

> §1º No caso de morte da vítima por fatos sem nexo de causalidade com o crime, a ciência será dada ao cônjuge, companheiro ascendente, descendente ou irmão.
>
> §2º Nos crimes praticados em detrimento de entes federativos, a comunicação deverá ser dirigida à chefia do órgão a quem couber a sua representação judicial, nos termos do artigo 28, § 2º, do Código de Processo Penal.
>
> §3º Estando o investigado preso, a comunicação ao juízo competente deverá ser feita no prazo de 24 (vinte e quatro) horas, sem prejuízo do requerimento de revogação da prisão.
>
> § 4º Não sendo localizada a vítima e/ou investigado, a comunicação poderá feita por edital no Diário Oficial do Ministério Público, na forma de regulamentação própria.
>
> §5º No caso de procedimentos investigativos que não sejam conduzidos por autoridade policial, é dispensável a ciência aos respectivos condutores da investigação.

O § 6º dispõe que apresentado, no prazo legal[33], pela vítima ou seu representante legal o pedido de revisão, que independe de representação por defesa técnica, previsto nos § 1º e §2º do art. 28 do CPP, o membro do Ministério Público deverá remetê-lo, caso não haja reconsideração no prazo de 5 (cinco) dias, ao órgão superior para apreciação, no prazo de 10 (dez) dias, independentemente de a decisão estar em conformidade com súmula, enunciado ou orientação editada pela instância de revisão ministerial.

A norma não prevê, de forma expressa, a instância de revisão ministerial, prevalecendo o entendimento de que, no âmbito dos Ministérios Públicos dos Estados, a instância revisora será o Procurador-Geral de Justiça e, no âmbito do MPF, a 2ª Câmara de Coordenação e Revisão do MPF.

---

32. Remete-se o leitor à análise do tema feita no artigo *homologação do arquivamento da investigação criminal pelo Ministério Público,* de Guilherme CÂMARA: <https://www.conjur.com.br/2024-fev-23/homologacao-do-arquivamento-da-investigacao-criminal-pelo-ministerio-publico/>

33. § 1º Se a vítima, ou seu representante legal, não concordar com o arquivamento do inquérito policial, poderá, **no prazo de 30 (trinta) dias do recebimento da comunicação**, submeter a matéria à revisão da instância competente do órgão ministerial, conforme dispuser a respectiva lei orgânica.

O §7º, por sua vez, prevê que havendo provocação pelo juízo competente para revisão da decisão de arquivamento, em caso de teratologia ou patente ilegalidade, **o membro do Ministério Público poderá exercer o juízo de retratação, no prazo de 5 (cinco) dias, contado da ciência.** Não havendo retratação, o membro do Ministério Público aguardará o fim do prazo para interposição de recurso pela vítima para encaminhar os autos à instância de revisão.

Por fim, o §8º assinala que em caso de retratação pelo membro do Ministério Público, a vítima deverá ser comunicada, no prazo de 5 (cinco) dias.

O art. 19-B, por sua vez, dispõe que havendo provocação ao órgão de revisão ministerial, se esta homologar a decisão de arquivamento, determinará o retorno dos autos ao juízo competente para os fins de direito.

O art. 19-C, tratando da não homologação da promoção de arquivamento realizada pelo membro do Ministério Público, prevê que **rejeitada a homologação** pelo órgão de revisão ministerial, **será designado outro membro do Ministério Público** para a adoção de uma das seguintes providências: I – requisição de diligências úteis e necessárias para a instrução do caso; II – propositura de acordo de não persecução penal; III – ajuizamento da ação penal.

O art. 19-D, reforçando a independência institucional, dispõe que o órgão de revisão ministerial poderá constituir jurisprudência própria, em súmulas, enunciados e orientações, notadamente em matérias repetitivas, cujo conteúdo servirá de fundamento para a decisão de arquivamento pelos órgãos de execução, bem como para estabelecer uma diretriz político-criminal no âmbito de cada Ministério Público.

Em importante recorte, com o espoco de se evitar o arquivamento implícito, o art. 19-E prevê que se aplicam as disposições dos dispositivos anteriores no caso de arquivamento parcial, que se refere a alguns fatos e/ou investigados do procedimento investigatório.

O art. 19-F dispõe que o estabelecido nos dispositivos anteriores é aplicável para **todos os casos de arquivamento de inquérito policial ou procedimento investigatório criminal** ou de quaisquer elementos informativos da mesma natureza previstos na legislação penal e processual penal, **inclusive afetos a justiça eleitoral e militar.**

Segundo o art. 19-G, nos casos de atribuição originária, aplica-se, no que couber, os dispositivos acima, observado o disposto no art. 12, inciso XI, da Lei nº 8.625/93.

O art. 19-H, excepcionando o regramento em razão da natureza procedimental, assinala que **não se aplicam os dispositivos acima para o**

arquivamento das notícias de fato ou procedimentos não investigativos, que observarão a Resolução 174, de 04 de julho de 2017, do Conselho Nacional do Ministério Público.

De forma objetiva, o art. 19-I prevê que se observará, no que couber, a Resolução n.º 243, de 18 de outubro de 2021, inclusive no tocante à necessidade de ciência da decisão de arquivamento para, no mínimo, uma vítima indireta, em caso de inexistência da vítima direta, e o art. 19-J que os ramos e unidades ministeriais poderão regulamentar formas automatizadas de comunicação da ciência da decisão de arquivamento à autoridade policial.

O art. 19-K, em importante esclarecimento, na mesma linha que sustentamos desde a primeira edição de nosso Manual de Processo Penal, nos comentários atinentes à figura do juiz das garantias e modificação da sistemática do arquivamento prevista no art. 28 do CPP, prevê que **não se aplica a sistemática de arquivamento prevista nesta Resolução às situações de extinção de punibilidade**." Isso porque não cabe ao *parquet* declarar a extinção da punibilidade, matéria sujeita à **reserva de jurisdição**, a exemplo da declaração da prescrição e morte do agente.

Nos termos do art. 19-L, quando, nos autos de inquérito policial, procedimento investigatório criminal ou de quaisquer elementos informativos da mesma natureza, o membro concluir ser **atribuição de outro Ministério Público**, deverá submeter sua decisão ao respectivo órgão de revisão, **no prazo de 3 (três) dias.** O §1º prevê que deixando o órgão revisor de homologar a declinação de atribuição, designará, desde logo, outro membro para conduzir a investigação. Por sua vez, o §2º assinala que homologada a declinação de atribuição, no prazo de 5 (cinco) dias, o órgão de revisão remeterá os autos ao Ministério Público com atribuição para o caso.

Objetivamente, o art. 20 destaca que se houver notícia da existência de novos elementos de informação, poderá o membro do Ministério Público requerer o desarquivamento dos autos, providenciando-se a comunicação a que se refere o art. 5º desta Resolução.

Ao fim e ao cabo, o art. 21, em reforço à sistemática constitucional, prevê que no procedimento investigatório criminal serão observados os direitos e as garantias individuais consagrados na Constituição da República Federativa do Brasil, bem como as prerrogativas funcionais do investigado, aplicando-se, no que couber, as normas do Código de Processo Penal e a legislação especial pertinente.

12.10.1 Quadro-resumo

Da extensa regulamentação, podemos extrair a seguinte sistemática:

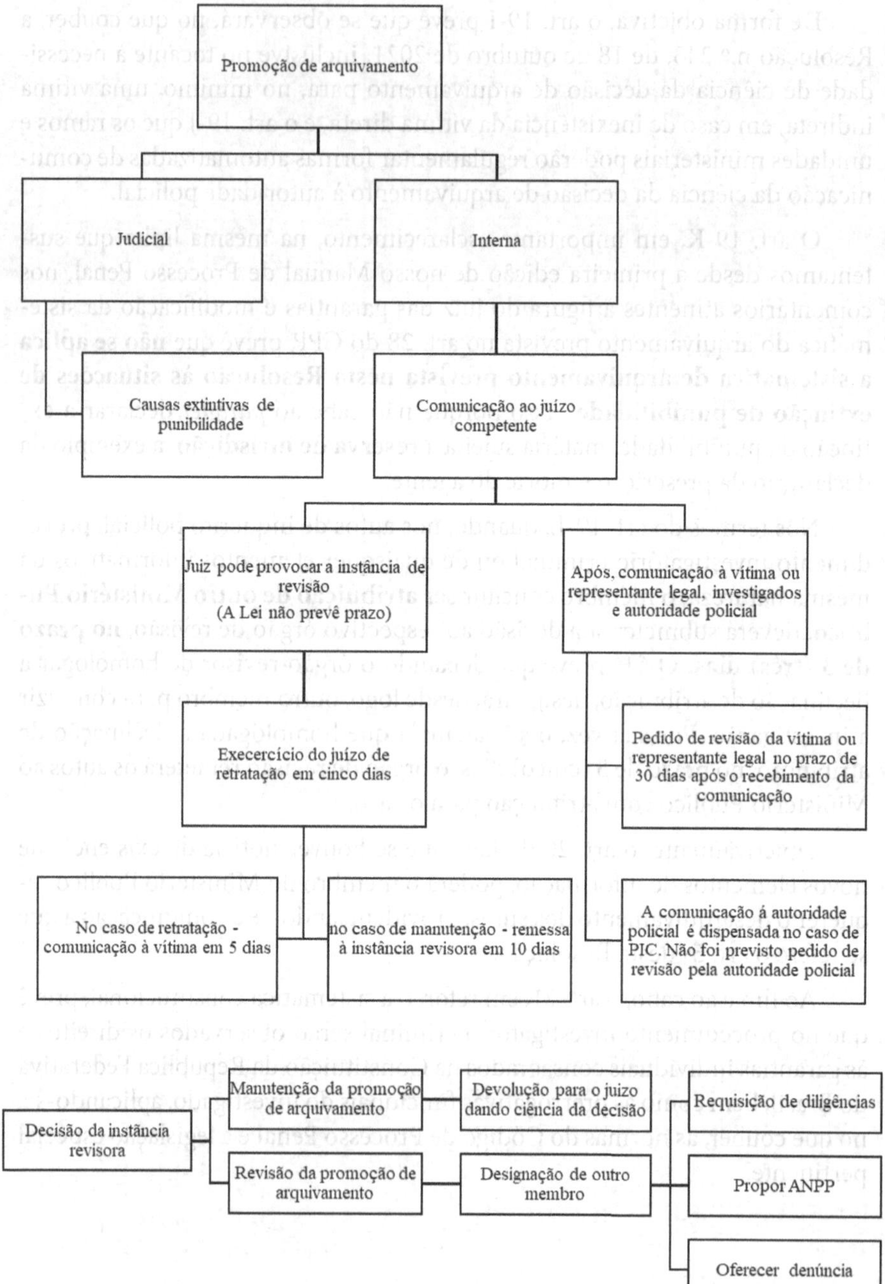

13

REFERÊNCIAS BIBLIOGRÁFICAS

ABREU, Fernando. **Direito Penal**. Parte Geral. 4ª ed. São Paulo: Juspodivm, 2024.

_________. **Direito Penal**. Parte Especial. 2ª Ed. São Paulo: Juspodivm, 2024.

_________. **Manual de Processo Penal**, 2ª ed. São Paulo: Juspodivm, 2024.

ABREU, Fernando; GOMES, Enéias Xavier. **Lei de Drogas Comentada**. 2ª ed. São Paulo: Juspodivm, 2024.

ALEXY, Robert. **Teoría de los derechos fundamentales**. Traducción de Ernesto Garzón Valdés. Madrid: Centro de Estudios Constitucionales, 1993.

ALLEN, Ronald J. PARDO, Michael S. *Relative plausibility and its critics*. https://doi.org/10.1177/1365712718813781.

ALMEIDA, Joaquim Canuto Mendes de. **Princípios fundamentais do processo penal**. São Paulo: Editora Revista dos Tribunais, 1973.

ANDREUCCI, Ricardo Antônio. **Legislação Penal Especial**. 15ª ed. São Paulo: Saraiva, 2021.

ARANHA, Adalberto José Q. T. de Camargo. **Da prova no processo penal**. 7ª ed. São Paulo: Editora Saraiva, 2006.

ARAS, Vladimir; LUZ, Ilana Martins. **Lavagem de dinheiro: comentários à Lei n. 9.613/1998**. Coimbra: Grupo Almedina (Portugal), 2023. E-book. ISBN 9786556279152. Disponível em: https://integrada.minhabiblioteca.com.br/#/books/9786556279152/. Acesso em: 12 fev. 2024.

AVENA, Norberto. **Processo penal.** 12ª ed. Rio de Janeiro: Forense; São Paulo: Método, 2020

ÁVILA, Humberto. **Teoria dos princípios da definição à aplicação dos princípios jurídicos.** 13ª ed. São Paulo: Malheiros Editores, 2012.

ÁVILA, Thiago André Pierobom de. **Provas Ilícitas e proporcionalidade.** Rio de Janeiro: Lumen Juris, 2007

AVOLIO, Luiz Francisco Torquato. **Provas ilícitas: interceptações telefônicas, ambientais e gravações clandestinas.** 3ª ed. São Paulo: Editora Revista dos Tribunais, 2003.

AZEREDO, Marcelo André. **Direito Penal**: Parte Geral. Salvador: Juspodivm, 2012.

BADARÓ, Gustavo. **Correlação entre acusação e sentença**. 3ª ed. São Paulo: Editora Revista dos Tribunais, 2013.

__________. **Ônus da prova no processo penal**. São Paulo: Editora Revista dos Tribunais, 2003.

__________. **Processo Penal**. 9ª ed. São Paulo: Thomson Reuters Brasil, 2021

BADARÓ, Gustavo Henrique; BOTTINI, Pierpaolo Cruz. **Lavagem de dinheiro: aspectos penais e processuais penais: comentários à Lei 9.613/98, com alterações da lei 12.683/12**. São Paulo: Editora revista dos Tribunais, 2012.

BARBOSA MOREIRA, José Carlos. **Julgamento e ônus da prova**. Temas de direito processual: 2ª série. São Paulo: Saraiva, 1980.

BARROSO, Luís Roberto. **Interpretação e Aplicação da Constituição**. São Paulo: Saraiva, 1999.

__________. **O novo direito constitucional e a constitucionalização do direito**. In: Diálogos constitucionais: direito, neoliberalismo e desenvolvimento em países periféricos. Rio de Janeiro: Renovar, 2006.

BAUMANN. Jürgen. **Derecho penal**: conceptos fundamentares y sistema. Trad. espanhola Conrado A. Finzi. Buenos Aires: Depalma, 1973.

BECK, Ulrich. **Sociedade de risco**: rumo a uma outra modernidade. Trad. Sebastião Nascimento. São Paulo: Ed. 34, 2010.

BEDÊ JR, Américo; SENNA, Gustavo. **Princípios do Processo**: entre o garantismo e a efetividade da sanção. São Paulo: Revista dos Tribunais, 2009.

________. **Garantismo e (des)lealdade processual**. In: CALABRICH, Bruno; FISCHER, Douglas; PALELLA, Eduardo (Org.). Garantismo Penal Integral: questões penais e processuais, criminalidade moderna e a aplicação do modelo garantista no Brasil. 3ª. ed. São Paulo: Atlas, 2015.

BELING, Ernst von. **Esquema de derecho penal**: la doctrina del delicto--tipo. Trad. Sebastian Soler. Buenos Aires: Depalma, 1994.

BITENCOURT, Cezar R. **Crimes contra o sistema financeiro nacional e contra o mercado de capitais.** 4ª edição. Curitiba: SRV Editora LTDA, 2023.

________. **Tratado de Direito Penal**: parte geral, vol. 1. 17ª ed. São Paulo: Saraiva, 2012.

________. **Tratado de Direito Penal**: Parte especial: crimes contra a pessoa. Vol. 2, 20 ed. São Paulo: Saraiva Educação, 2020.

________. **Tratado de direito penal**: parte especial. vol. 3. 14. ed. São Paulo: Saraiva Educação, 2018.

________. **Tratado de direito penal**: parte especial. vol. 4. 12. ed. São Paulo: Saraiva Educação, 2018.

________. **Tratado dc direito penal**: parte especial. vol. 5. 12. ed. São Paulo: Saraiva Educação, 2018.

________. **Tratado de Direito Penal Econômico**, v. 1. São Paulo: Editora Saraiva, 2016.

________. **Tratado de direito penal econômico**. v 2. Curitiba, SRV Editora LTDA, 2016. E-book. ISBN 9788547210212.

BITENCOURT, Cezar, R. e BUSATO, Paulo César. **Comentários à Lei de Organização Criminosa: Lei 12.850, de 02 de agosto de 2013**. São Paulo: Editora Saraiva, 2014.

BITENCOURT, Cezar Roberto; CONDE, Francisco Muñoz. **Teoria geral do delito**. São Paulo: Saraiva, 2000.

BONFIM, Edílson Mougenot. **Curso de processo penal**. 13ª ed. São Paulo: Saraiva Educação, 2019.

BRANDALISE, Rodrigo da Silva. **O consenso processual penal analisado a partir de hipóteses negociais colombianas**. Revista do Ministério Público do Estado do Rio de Janeiro, nº 71, jan/mar. 2019. http://www.mprj.mp.br/documents/20184/1287128/Rodrigo_da_Silva_Brandalise.pdf.

BRANDÃO, Cláudio. **Teoria jurídica do crime**. Rio de Janeiro: Forense, 2002.

BRUNO, Aníbal. **Direito Penal:** parte geral, T. I. 5ª. ed. Rio de Janeiro: Forense, 2005.

BUSATO, Paulo César. **Direito penal**: parte geral, v. 1. 4ª ed. São Paulo: Atlas, 2017.

CABRAL, Rodrigo Leite Ferreira. **Manual do acordo de não persecução penal**. Salvador: 2020, Juspodivm.

CALLEGARI, André Luís. **Sigilo do advogado e lavagem de dinheiro**. https://www.conjur.com.br/2022-set-21/andre-callegari-sigilo-advogado-lavagem-dinheiro/#_ftnref. Acesso em 05.03.2024.

CAMARGO, Antônio Luís Chaves. **Imputação objetiva e direito penal brasileiro**. 1ª ed. São Paulo: Cultural Paulista, 2002.

CANÊDO, Carlos. **O genocídio como crime internacional**. Belo Horizonte: Del Rey. 1999

CANOTILHO, José Joaquim Gomes. **Direito Constitucional e teoria da constituição**. 3ª ed. Coimbra: Almedina, 1999.

CAPEZ, Fernando. **Curso de Direito Penal**: parte geral, vol. 1, (arts. 1º a 120). 16ª ed. São Paulo: Saraiva, 2012.

_________. **Curso de direito penal**: parte especial: arts. 121 a 212, vol. 2. 18 ed. São Paulo: Saraiva Educação, 2018.

_________. **Curso de direito penal**: parte especial: arts. 213 a 359-H, vol. 3. 10 ed. São Paulo: Saraiva, 2012.

_________. **Legislação Penal Especial**. 18ª ed. São Paulo: Editora Saraiva, 2023.

CEREZO MIR, José. **Curso de Derecho Penal español**. T. II. Parte General. 6ª ed. Madrid: Tecnos, 1998.

_________. **Curso de Derecho Penal español**: Parte General, T.III. Madrid: Tecnos, 2001.

CONDE, Francisco Muñoz. **Teoria Geral do Delito**. Porto Alegre: Sergio Antonio Fabris Editor, 1988.

CUNHA, Leonardo José Carneiro. **Jurisdição e competência**. São Paulo: Editora Revista dos Tribunais, 2008.

CUNHA, Rogério Sanches. **Manual de Direito Penal:** parte geral (arts. 1º ao 120), 4ª ed. Salvador: Juspodivm, 2016.

_________. **Pacote Anticrime - Lei 13.964/2019**: Comentários às Alterações no CP, CPP e LEP. Salvador: Juspodivm, 2020.

DE BEM, Leonardo Schmitt; MARTINELLI, João Paulo Orsini. **Lições fundamentais de direito penal**: parte geral. São Paulo: Saraiva, 2018.

DELMANTO, Celso; DELMANTO, Roberto; DELMANTO JUNIOR, Roberto; DELMANTO, Fabio M. de Almeida. **Código Penal comentado**. 8. ed. São Paulo: Saraiva, 2010.

DELMANTO, Fábio Machado de A.; DELMANTO, Roberto; JÚNIOR, Roberto D. Leis penais especiais comentadas. Curitiba: SRV Editora LTDA, 2018. E-book. ISBN 9788553602209. Disponível em: https://integrada.minhabiblioteca.com.br/#/books/9788553602209/. Acesso em: 28 mai. 2024.

DEZEM, Guilherme Madeira. SOUZA, Luciano Anderson de. **Comentários ao pacote anticrime**. São Paulo: RT, 2020.

DIAS, Jorge Figueiredo. **Direito Penal**: Parte Geral. Tomo I. Coimbra: Coimbra Editora, 2004.

_________. **Questões Fundamentais de Direito Penal Revisitadas**. São Paulo: RT, 1999.

_________. **Sobre o estado actual da doutrina do crime**: sobre os fundamentos da doutrina e a construção do tipo-de-ilícito. Revista Portuguesa de Ciência Criminal, 1, pp. 9-54, 1991.

DWORKIN, Ronald. **O Império do direito.** 2ª ed. São Paulo: Martins Fontes, 2007.

EDINGER, Carlos. **Cadeia De Custódia, Rastreabilidade Probatória**. Revista Brasileira de Ciências Criminais, v. 120, p. 237-257, mai.-jun./2016

EIBE, Manuel José Arias. **Funcionalismo penal moderado o teleológico-valorativo *Versus* Funcionalismo Normativo o Radical**. Doxa: Cuadernos de Filosofia del Derecho, nº29. Alicante: Universidade de Alicante: 2006.

FARALDO CABANA, Patrícia. **Las causas de levantamiento de la pena**. Valencia: Tirant lo Blanch, 2000.

FEITOZA, Denílson. **Direito processual penal**: teoria, crítica e práxis. 7ª edição. Niterói/RJ: Editora Impetus, 2010.

FELIPPETTO, Rogério. ROCHA, Luísa Carolina Vasconcelos Chagas. **Colaboração Premiada: contornos segundo o sistema acusatório**. Belo Horizonte: 2017. Ed. D'Plácido.

FERNANDES, Antônio Scarance. **Processo penal constitucional**. 3ª ed. São Paulo: Editora Revista dos Tribunais, 2002.

_________. **A reação defensiva à imputação**. São Paulo: Editora Revista dos Tribunais, 2002.

FERRAJOLI, Luigi. **Direito e razão: teoria do garantismo penal**. 2ª ed. São Paulo: Editora Revista dos Tribunais, 2006.

FISCHER, Douglas. **Garantismo penal integral (e não o garantismo hiperbólico monocular) e o princípio da proporcionalidade**: breves anotações de compreensão e aproximação dos seus ideais. Revista de Doutrina da 4ª Região, Porto Alegre, n. 28, mar. 2009. Disponível em: Acesso em 12.09.2019, às 21h20min.

FISCHER, Douglas. **O que é garantismo (penal) integral?** In: CALABRICH, Bruno; FISCHER, Douglas; PALELLA, Eduardo (Org.). Garantismo penal integral: questões penais e processuais, criminalidade moderna e a aplicação do modelo garantista no Brasil. 3ª. ed. São Paulo: Atlas, 2015.

FRAGOSO, Heleno Cláudio. **Lições de Direito Penal**: parte geral. 15ª. ed. Rio de Janeiro: Editora Forense, 1995.

GALVÃO, Fernando. **Direito Penal**: parte geral. 2ª ed. Belo Horizonte: Del Rey, 2007.

GARCIA, Basileu. **Instituições de Direito Penal**, v.1, Tomo I. São Paulo: Max Limonad, 1951.

GASCÓN ABELLÁN, Marina. *Los hechos en el derecho*. 3ª ed. Madri: Marcial Pons, 2010.

GOMES FILHO, Antônio Magalhães: **Estudos em homenagem à professora Ada Pellegrini Grinover**. Coord.: Flávio Luiz Yarshell e Maurício Zanóide de Moraes. São Paulo: DPJ Editora, 2005.

GONÇALVES, Victor Eduardo Rios; BALTAZAR JÚNIOR, José Paulo. **Legislação penal especial**. 7ª. ed. São Paulo: Saraiva Educação, 2021.

GRECO, Luís. **A teoria da imputação objetiva**: uma introdução. In: ROXIN, Claus. Funcionalismo e imputação objetiva no direito penal. Rio de Janeiro: Renovar, 2002.

_______. **Cumplicidade através de ações neutras**: A imputação objetiva na participação. Rio de Janeiro: Renovar, 2004.

_______. **Dolo sem vontade**. *Liber Amicorum de José de Sousa e Brito em comemoração do 70º aniversário - Estudos de Direito e Filosofia*. Coimbra: Almedina, 2009, p. 885-905.

_______. **Introdução à dogmática funcionalista do delito**. Revista brasileira de direito comparado: Rio de Janeiro: v. 20, n. 32, p. 211-283.

_______. **Um panorama da Teoria da Imputação Objetiva**. Rio de Janeiro: Lumen Juris, 2005.

GRECO, Luís e Tórtima, Fernanda Lara (Orgs.). **O bem jurídico como limitação do poder estatal de incriminar?** Rio de Janeiro: Lumen Juris, 2011.

GRECO, Luís; LEITE, Alaor. **O que é e o que não é a teoria do domínio do fato sobre a distinção entre autor e partícipe no direito penal**. Revista dos Tribunais, vol. 993. São Paulo: RT, 2003, p. 61-93.

GRECO, Rogério. **Curso de Direito Penal**: Parte Geral. 18ª ed. Niterói: lmpetus, 2016.

_______. **Curso dc Direito Penal**: parte especial, vol. II. 14. Ed. Niterói: Impetus, 2017.

_______. **Curso de Direito Penal**: parte especial, vol. III. 14. Ed. Niterói: Impetus, 2017.

GRINOVER, Ada Pellegrini; GOMES FILHO, Antonio Magalhães e FERNANDES, Antonio Scarance. **Recursos no processo penal brasileiro**. 6ª ed., revista atualizada e ampliada. São Paulo: Editora Revista dos Tribunais, 2009.

_______. **As nulidades no processo penal.** 8ª ed. São Paulo: RT, 2004.

HASSEMER, Winfried. **Introdução aos fundamentos do Direito Penal**. Porto Alegre: Sérgio Antônio Fabris Editor, 2005.

_______. **Los elementos característicos del dolo**. Anuario de derecho penal y ciencias penales, Tomo 43, Fasc/Mes 3, p. 909-932. 1990.

_______. **Persona, Mundo y Responsabilidad.** Valência: Marcial Pons, 1999.

HASSEMER, Winfried; MUÑOZ CONDE, Francisco. **Introducción a la Criminología y al Derecho penal**. Valencia: Tirant lo Blanch, 2001.

HESSE, Konrad. **A força normativa da Constituição**. Traduzido por Gilmar Ferreira Mendes. Porto Alegre: Sergio Antonio Fabris, 1991.

HUNGRIA, Nélson. **Comentários ao código penal**, vol. 1. Rio de Janeiro: Forense, 1949.

________. **Comentários ao Código Penal**, volume V, arts. 121 a 136. 3ª ed. Rio de Janeiro: Editora Forense, 1955.

________. **Comentários ao Código Penal,** volume VII. 2ª ed. Rio de Janeiro: Forense, 1958.

________. **Comentários ao Código Penal**, volume IX 2ª ed. Rio de Janeiro: Forense, 1959.

JAKOBS, Günther. **Derecho Penal**: Parte General: Fundamentos y teoria de la imputación. Madrid: Marcial Pons, 1997.

________. **Direito Penal do Inimigo.** In: MOREIRA, Luiz; OLIVEIRA, Eugênio Pacelli (orgs.). Direito Penal do Inimigo. Rio de Janeiro: Lumen Juris, 2009.

________. **Dogmática de derecho penal y la configuración normativa de la sociedad**. Civitas Ediciones, Madrid: 2004.

________. **Fundamentos del derecho penal**. Buenos Aires: Ad-Hoc, 1996.

________. **Sociedad, norma y persona en una teoría de un Derecho penal funcional**. Bogotá: Universidad Externado de Colombia, 1996. p. 49.

________. **Tratado de Direito Penal: Teoria do Injusto Penal e Culpabilidade**. Belo Horizonte: Del Rey, 2009.

JARDIM, Afrânio Silva. **Direito Processual Penal**. 9ª ed. Rio de Janeiro: Forense, 2000.

JESCHECK, Hans-Heinrich; WEIGEND, Thomas. **Tratado de derecho penal**: parte general. Traducción de Miguel Olmedo Cardenete. 5ª ed. Granada: Comares Editorial, 2002.

JESUS, Damásio E. de. **Direito penal**: parte geral, vol. 1. 32ª. ed. São Paulo: Saraiva, 2011.

________. **Direito penal**. Vol. 3. 24ª ed. São Paulo: Saraiva, 2020.

________. **Lei Antitóxicos anotada**. 8ª. ed. São Paulo: Saraiva, 2005.

JIMÉNEZ DE ASÚA, Luis. **La Ley y el Delito:** Principios de Derecho Penal. México-Buenos Aires: Ed. Hermes, 1954.

JUSTEN FILHO, Marçal. **Curso de Direito Administrativo**. São Paulo: Saraiva, 2005, p. 128.

KELSEN, Hans. **Teoria Geral do Direito e do Estado.** Tradução: Luís Carlos Borges. 3ª ed. São Paulo: Martins fontes, 1998.

LIMA, Marcellus Polastri. **Manual de processo penal**. 2ª ed. Rio de Janeiro: Editora Lumen Juris, 2009.

LIMA, Renato Brasileiro de. **Legislação criminal especial comentada**: volume único. 4ª ed. Salvador: JusPodivm, 2016.

________. **Manual de processo penal**: volume único. 8ª ed. Salvador: Juspodivm, 2020.

________. **Nova lei de abuso de autoridade**. Salvador: Juspodivm, 2020.

LUHMANN, Niklas. **Teoria politica en el Estado de Bienestar**. Madri: Alianza Universidad, 1997. Sociologia do direito. V. I. Rio de Janeiro: Tempo Universitário, 1983.

LUHMANN, Niklas. **Sociologia do direito I**. Trad. brasileira de Gustavo Bayer. Rio de Janeiro: Tempo Universitário, 1983

LOPES JR., Aury. **Direito processual penal e sua conformidade constitucional**. Vol. II. Rio de Janeiro: Editora Lumen Juris, 2009.

LOPES JR., Aury Lopes; BADARÓ, Gustavo Henrique Righi Ivahy. **Direito ao Processo Penal no prazo razoável.** Rio de Janeiro: 2009, Lumen Juris, p. 54.

MACHADO, Marta Rodriguez de Assis. **Sociedade do risco e direito penal**. São Paulo: IBCCRIM, 2005.

MAGALHÃES NORONHA, Edgard. **Direito Penal**, vol. 2. São Paulo: Saraiva, 1972.

________. **Direito penal**, vol. 3. 17ª. ed. São Paulo: Saraiva, 1984.

________. **Direito penal**, volume 4. 16ª. ed. São Paulo: Saraiva, 1983.

MAGGIO, Vicente de Paula Rodrigues. **Curso de Direito Penal**: Parte Especial, arts. 289 e 361. Salvador: 2015. Juspodivm.

MALAN, Diogo Rudge. **Direito ao confronto no processo penal**. Rio de Janeiro: Editora Lumen Juris, 2009.

MALATESTA. Nicola Framarino Dei. **A lógica das provas em matéria criminal**. 2ª ed. Campinas, 2001: Bookseller.

MARÇAL, Victor Souza. **Da Participação Culposa no Direito Penal Brasileiro**. Dissertação de Mestrado, UFMG. Belo Horizonte: 2020.

MARÇAL, Vinícius. MASSON, Cléber. **Crime organizado**. 2ª ed. São Paulo: MÉTODO, 2016.

MARCÃO, Renato. **Tóxicos: Lei n. 11.343, de 23 de agosto de 2006: anotada e interpretada**. 10. ed. São Paulo: Saraiva, 2015.

MARINONI, Luiz Guilherme. ARENHART, Sérgio Cruz. MITIDIERO, Daniel. **Novo curso de processo civil: teoria do processo civil**, vol. 1. São Paulo: 2017, Revista dos Tribunais.

MARTELETO FILHO, Wagner. **Dolo e risco no direito penal**. Fundamentos e limites para a normativização. São Paulo: Marcial Pons, 2020.

MASSON, Cleber. **Direito penal esquematizado**: parte geral, vol. 1. 11ª ed. Rio de Janeiro: Forense: São Paulo: MÉTODO, 2017.

________. **Direito penal**: parte especial: arts. 121 a 212. 11. ed. rev., atual. e ampl. Rio de Janeiro: Forense, São Paulo: MÉTODO, 2018.

________. **Direito penal**: parte especial: arts. 213 a 359-H. 8ª. ed. rev., atual. e ampl. São Paulo: Forense, 2018.

MASSON, Cléber. MARÇAL, Vinícius. **Lei de drogas: aspectos penais e processuais**. 3ª ed. rev. atual e ampl. Rio de Janeiro: Método, 2022.

MAXIMILIANO, Carlos. **Hermenêutica e Aplicação do Direito**. 20ª ed. Rio de Janeiro: Forense, 2011.

MAZZUOLI, Valério de Oliveira. **Curso de Direitos Humanos**. São Paulo: Método, 2014.

MENDES, Gilmar Ferreira. **Direitos fundamentais e controle de constitucionalidade**: estudos de direito constitucional. 3ª ed. São Paulo: Saraiva, 2004.

MENDONÇA, Andrey Borges de; CARVALHO, Paulo Roberto Galvão de. **Lei de drogas: Lei 11.343, de 23 agosto de 2006 - comentada artigo por artigo**. 3. ed. São Paulo: Método, 2012.

MIR PUIG, Santiago. **Derecho Penal**: Parte General. 8ª ed. Barcelona: Reppertor, 2010.

MIRABETE, Julio Fabbrini. **Manual de direito penal**. - parte especial, v. 3, 21 ed. São Paulo: Atlas, 2006.

MORO, Sérgio Fernandes. MOSER, Manoela Pereira. **Provas Ilícitas no Processo Penal e a Teoria dos Frutos da Arvore Envenenada.** Economic Analysis of Law Review (EALR), V. 10, nº 1. Universidade Católica de Brasília: 2019.

MOSSIN, Heráclito Antônio. **Nulidades no direito processual penal.** 3. ed. São Paulo: Manole, 2005.

MUÑOZ CONDE, Francisco; ARÁN, Mercedes García. **Derecho penal**: parte general. 6ª ed. rev. e atual. Valencia: Tirant Lo Blanch, 2004.

NICOLITT, André Luiz. **As subversões da presunção de inocência: violência, cidade e processo penal**. Rio de Janeiro: Lumen Iuris, 2006.

NUCCI, Guilherme de Souza. **Código de Processo Penal Comentado**. 4ª ed. São Paulo: Editora Revista dos Tribunais, 2005.

________. **Leis penais e processuais penais comentadas**, Vol. 1. 8ª ed. Rio de Janeiro: Forense, 2014

________. **Leis penais e processuais penais comentadas.** 6ª ed., São Paulo: Revista dos Tribunais, 2012, v. 2, p. 648.

________. **Manual de Processo Penal e Execução Penal**. 5ª ed. São Paulo: Editora Revista dos Tribunais, 2008.

PACELLI, Eugênio. **Curso de processo Penal**. 25. Ed. São Paulo: Atlas, 2021.

PAGANELLA BOSCHI, José Antônio, **Das Penas e Seus Critérios de Aplicação**. Porto Alegre: Livraria do Advogado Editora, 2006.

PAGLIARO, Antônio; COSTA JÚNIOR, Paulo José da. **Dos crimes contra a administração pública**. 4ª ed. São Paulo: Atlas, 2009.

PIERANGELI, José Henrique; ZAFFARONI, Eugenio Raúl. **Manual de Direito Penal Brasileiro.** 6ª Ed. São Paulo: RT, 2006.

PIOVESAN, Flávia. **Direitos Humanos e o Direito Constitucional Internacional.** 15ª. ed. São Paulo: Saraiva, 2015.

PONTE, Leila Hassem da. **Genocídio.** Curitiba: SRV Editora LTDA, 2013. *E-book.* Disponível em: https://integrada.minhabiblioteca.com.br/#/books/9788502209404/. Acesso em: 08 mai. 2024.

PRADO, Geraldo. **Prova penal e sistemas de controle epistêmicos**. A quebra da cadeia de custódia das provas obtidas por métodos ocultos, São Paulo: Marcial Pons, 2014.

PRADO, Luis Régis. **Bem Jurídico-Penal e Constituição**. São Paulo: Editora Revista dos Tribunais, 1997.

________. **Curso de Direito Penal Brasileiro, Vol. 1**. 13ª Ed., São Paulo: Revista dos Tribunais, 2014.

PRADO, Luiz Régis; CARVALHO, Érica Mendes de. **Teorias da imputação objetiva do resultado**. São Paulo: RT, 2002.

PUPPE, Ingeborg. **A Distinção Entre Dolo e Culpa**. São Paulo: Manole, 2004.

QUEIJO, Maria Elizabeth. **O direito de não produzir prova contra si mesmo**: (o princípio nemo tenetur se detegere e suas decorrências no processo penal). São Paulo: Saraiva, 2003.

RANGEL, Paulo; BACILA, Carlos Roberto. **Lei de drogas: comentários penais e processuais**. 3. ed. São Paulo: Atlas, 2015.

RIBAUX, O.; BAYLON, A.; ROUX, C.; DELEMONT, O.; LOCK, E.; ZINGG, C.; MARGOT, P. **Intelligence-led crime scene processing**. Part I: Forensic intelligence. Forensic Science International, v.195, p.10-16, 2010.

RORTY, Richard. ENGEL, Pascal. ***What's the use of truth?*** New York: Columbia University Press, 2007.

ROXIN, Claus. **Derecho Penal**: Parte General. Tomo I. Fundamentos. La Estructura de la Teoria del Delito.2ª ed. Trad.: Diego-Manuel Luzon Peña *et. al.* Madrid: Editorial Civitas, 1997.

________. **Derecho Penal**: Parte General. Tomo II: especiales formas de aparición del delito. Madrid: Civitas, 2014.

________. **Estudos de direito penal**. Trad. Luís Greco. Rio de Janeiro: Renovar, 2006.

________. **Política Criminal e Sistema Jurídico-Penal**. Tradução Luís Greco. Rio de Janeiro - São Paulo: Renovar, 2000.

________. **A proteção de bens jurídicos como função do direito penal**. Tradução de André Luis Callegari e Nereu José Giacomolli. 2ª. Ed. Porto Alegre: Livraria do Advogado, 2013, p. 18.

SALGADO, Daniel de Resende Salgado; QUEIROZ, Ronaldo Pinheiro de. (org.). **A prova no enfrentamento à macrocriminalidade.** 3ª Ed. Salvador: Juspodivm, 2019.

SALVADOR NETTO, Alamiro Velludo. **Tipicidade penal e sociedade de risco**. 1ª. ed. São Paulo: Quartier Latin, 2006.

SICA, Leonardo. **Direito Penal de Emergência e Alternativas à prisão**. São Paulo: Revista dos Tribunais, 2002.

SCHMITT, Ricardo Augusto. **Sentença Penal Condenatória**: Teoria e Prática. 12. ed. Salvador: Juspodivm, 2018.

SCHÜNEMANN, Bernd. **La Reforma del Proceso Penal**. Madrid: Dykinson, 2005.

SIEGEL, J.A. **Collection and chain of evidence**. In: SIEGEL, J.A.; SAUKKO, P.J.; KNUPPER, G.C. (Org.) Encyclopedia of Forensic Science. London: Academic Press Limited, 2000.

SILVA, Franklyn Roger Alves. **Investigação criminal pela defesa**. Salvador: Editora Juspodivm, 2019

SILVA, Viviani GHIZONI; MELO E SILVA, Philipe Benoni; MORAIS DA ROSA, Alexandre. **Fishing Expedition e Encontro Fortuito na Busca e Apreensão**. Florianópolis: EMais, 2019.

SILVA JÚNIOR, Walter Nunes. **Curso de direito processual penal: teoria (constitucional) do processo penal**. Rio de Janeiro: Renovar, 2008.

SYDOW, Spencer Toth. **A teoria da cegueira deliberada**. Belo Horizonte: D'Plácido, 2016.

TARUFFO, Michele. **Consideraciones sobre prueba y motivación**. Madri: Fundación Coloquio Jurídico Europeo, 2009.

TAVARES, Juarez. **Interpretación, princípio de legalidad y jurisprudência**, in Revista anuário de Derecho Penal y Ciencias Penales, vol. 40, tomo 3. Madrid: Ministerio de Justicia, 1987.

________. **Teoria do crime culposo**. 3.ed. Rio de Janeiro: Lumen Juris, 2009.

________. **Teoria do Delito**. São Paulo: Estúdio Editores.com, 2015.

________. **Teoria do Injusto Penal.** Belo Horizonte, Del Rey, 2003.

TÁVORA, Nestor; ALENCAR, Rosmar Rodrigues. **Curso de direito processual penal**. 4ª ed. Salvador: Editora Juspodivm, 2010.

TOLEDO, Francisco de Assis. **Princípios básicos de Direito Penal.** 4ª. ed. São Paulo: Saraiva, 1991.

TORRANO, Bruno. **O advogado delator: limites isonômicos do "dever de reportar" previsto na lei de lavagem de dinheiro**. Revista CEJ, Brasília, Ano XXII, n. 74, p. 72-84, jan./abr. 2018. Acesso em 12.02.2024.

TORNAGHI, Hélio Bastos. **Curso de Processo penal**. Vol. 2. 10ª ed. São Paulo: Saraiva, 1997.

________. **Instituições de processo penal**. São Paulo: Saraiva, 1959, v. 4.

TOURINHO FILHO, Fernando da Costa. **Processo Penal**. Vol. 1, 20ª ed. São Paulo: Saraiva, 1999.

TROIS NETO, Paulo Mário Canabarro. **Direito à não autoincriminação e direito ao silêncio**. Porto Alegre: Editora Livraria do Advogado, 2011, p. 104.

TUCCI, Rogério Lauria. **Teoria do direito processual penal: jurisdição, ação e processo penal (estudo sistemático)**. São Paulo: Editora Revista dos Tribunais, 2002.

VIDAL, Josep Pont. **A teoria neosistêmica de Niklas Luhmann e a noção de autopoiese comunicativa nos estudos organizacionais**. Disponível em https://doi.org/10.1590/1679-395157480.

VIVES ANTÓN, Tomás Salvador. **Fundamentos del Sistema penal**. Valencia: Tirant lo Blanch, 1996.

WELZEL, Hans. **Derecho penal aleman**: Parte general. 11ª ed. Santiago de Chile: Editorial Jurídica de Chile, 1997.

________. **Direito Penal**. 1ª ed., 2ª tir. Campinas: Romana. Trad. Afonso Celso Rezende, 2004.

WESSELS, Johannes. **Direito Penal:** Parte Geral (Aspectos Fundamentais). Trad. Juarez Tavares; Porto Alegre: Sergio Antonio Fabris editor, 1976.

ZAFFARONI, Eugênio Raul. **Em busca das penas perdidas**: a perda da legitimidade do sistema penal. 5ª. ed. Rio de Janeiro: Revan, 2001.

________. **Direito Penal Brasileiro**: Teoria do Direito Penal, Vol. 1. 2ª ed. Rio de Janeiro, Revan, 2003.

________. **Manual de Derecho Penal**, 6ª. ed. Buenos Aires: Ediar, 1991.

ZAFFARONI, Eugênio Raúl; SLOKAR, Alejandro; ALAGIA, Alejandro. **Derecho Penal**: parte general, 2ª ed. Buenos Aires: Ediar, 2002.

EDITORA JusPODIVM
www.editorajuspodivm.com.br

COLOR system

JUS4242